Potenziale guter Nachbarschaft

Kulturelle Bildung in Deutschland und Polen

Schriftenreihe
Kunst- und Kulturvermittlung in Europa
Herausgegeben von der Stiftung Genshagen

Band 2

Gefördert durch

Realisiert durch

Potenziale guter Nachbarschaft

Kulturelle Bildung in Deutschland und Polen

Herausgegeben von der Stiftung Genshagen und dem Narodowe Centrum Kultury

BAND 2

Potencjał dobrego sąsiedztwa

Edukacja kulturalna w Niemczech i w Polsce

B&S SIEBENHAAR VERLAG

Inhaltsverzeichnis

8 **Vorwort Narodowe Centrum Kultury**
12 **Vorwort Stiftung Genshagen**

16 **I. Rückblick. Die Zeit vor 1989 und die Zeit der Transformation**
18 Unabhängige Kultur in der Volksrepublik Polen, *Sebastian Ligarski*
31 Rahmenbedingungen der Teilhabe an Kultur und Kultureller Bildung in Zeiten der gesellschaftlichen Transformation (1989-1999), *Zina Jarmoszuk*
48 „Der rote Faden wird weiter gesponnen". Alternative Kulturaktivitäten in der DDR, *Interview mit Thomas Krüger. Adam Gusowski und Daniel Kraft*
70 Zur Geschichte der Kulturellen Bildung in der Bundesrepublik Deutschland bis zur deutschen Einigung, *Max Fuchs*
80 Die Wiedervereinigung: Vom Aufbruch mit Brüchen, *Birgit Wolf*

96 **II. Polen und Deutschland. Systeme der Kulturellen Bildung. Theorie, aktuelle Tendenzen und Diskurse**
98 Raum für Vielfalt. Kulturelle Bildung in ausgewählten Ministerialprogrammen nach 1989, *Anna Wotlińska*
113 Kulturelle Bildung in Polen, *Katarzyna Plebańczyk*
131 Kulturelle Bildung in der Schule. Kunst- und Musikunterricht in polnischen Grundschulen und Gymnasien, *Marek Krajewski*
141 Kulturhäuser innerhalb der Strukturen Kultureller Bildung, *Tomasz Kukołowicz, Marlena Modzelewska*
153 Kulturpersonal. Das Schulungsprogramm des Nationalen Zentrums für Kultur, *Magdalena Karowska-Koperwas*
162 Kulturelle Bildung und ihre Akteure in Deutschland. Trisektoralität. Förderung. Ein Überblick, *Norbert Sievers, Franz Kröger*
187 Zwischen Potenzialen und Verantwortung – Aktuelle gesellschaftspolitische Themen in der Kulturellen Bildung, *Kirsten Witt*
196 Kulturelle Bildung aus der Perspektive der Wissenschaft in Forschung und Lehre, *Vanessa-Isabelle Reinwand-Weiss*
211 Kulturelle Bildung und Diversität in der heterogenen Gesellschaft, *Stefanie Kiwi Menrath*

222	**III. Praxis der Kulturellen Bildung auf beiden Seiten der Oder**
224	Musik kennt keine Grenzen – die Praxis der Kulturellen Bildung im Bereich Musik, *Agnieszka Ostapowicz*
236	Unterschiede zum Klingen bringen. Das interreligiöse Musikprojekt „Trimum", *Bernhard König*
241	Auf Kreuzfahrt nach „Neusehland", *Barbara Meyer*
250	Erziehung zur Kultur – Ausrichtung auf Vielfalt und die Wechselseitigkeit von Beziehungen, *Monika Nęcka*
262	Wer integriert hier wen, was und wie?, *Karl Ermert*
272	Zeitgenössische Kunst verstehen: Bildungsprogramme für Kinder und Jugendliche in polnischen Museen und Galerien, *Izabela Franckiewicz-Olczak*
284	Meine eigene Geschichte – als eigenes Buch!, *Nina Stoffers, Birgit Schulze Wehninck, Sven Riemer, Rulo Lange*
294	Die partizipative Bildungsarbeit in Museen, *Marianna Otmianowska, Marek Płuciniczak*
312	Die Sieben Künste von Pritzwalk, *Gerrit Gohlke*
320	Vom Freiraum des Scheiterns, *Adam Gusowski*
328	Lokale Initiativen dynamisch gestalten, *Małgorzata D. Zielińska*
338	Was kann und soll Kultur im ländlichen Raum?, *Peter Henze*
345	Kunst auf Rädern, *Katarzyna Zarzycka*
353	Mit allen Sinnen – das Wunderkammerschiff, *Julia Rust*
358	Neue Trends in der theatralen Bildung, *Joanna Kocemba*
367	Die neue polnische Museumslandschaft und ihre Angebote zur historisch-politischen Bildung, *Marek Mutor*
379	Historisch-politische Bildung auf dem Spielbrett, *Karol Madaj*
389	Virtuelle Realität als neues Instrument in der historischen Bildung, *Tomasz Dobosz, Mariusz Laszuk*
400	Digitale Kulturelle Bildung, *Benjamin Jörissen, Lisa Unterberg*
408	Anhang
408	Die Partnerinstitutionen
409	Biografien der Autorinnen und Autoren
421	Impressum, Bildnachweis

Vorwort

Narodowe Centrum Kultury

Die vorliegende Publikation erscheint in Polen in polnischer und in Deutschland in deutscher Sprache. Sie ist das Ergebnis der intensiven Zusammenarbeit des Nationalen Zentrums für Kultur und der Stiftung Genshagen. Die Anfänge dieser Zusammenarbeit reichen ins Jahr 2015 zurück, als in Genshagen eine Konferenz zum Thema Kulturelle Bildung in Polen und Deutschland stattfand, an der Vertreterinnen und Vertreter des Nationalen Zentrums für Kultur teilnahmen. Die Initiatoren der Konferenz äußerten den Wunsch, die begonnene Zusammenarbeit und den Austausch deutsch-polnischer Erfahrungen weiterzuführen.

Zwei der Perspektiven, aus denen wir derzeit Maßnahmen im Bereich Kultur und die Praxis Kultureller Bildung betrachten, sind der gesellschaftliche Wandel und die derzeitige Verfassung des zeitgenössischen Europas. In der heutigen Welt, angesichts der fortschreitenden Technologisierung und einer Desorientiertheit des Individuums, die durch das Überangebot an Informationen aus allen Richtungen verursacht wird, erweisen sich die Praktiken der Kulturellen Bildung immer öfter als zweckdienliches Werkzeug bei der Schaffung von Bedingungen für den zwischenmenschlichen Dialog, den Chancenausgleich, den Kampf gegen Diskriminierung und Fremdenfeindlichkeit sowie bei der Wiedereingliederung von ausgeschlossenen Gruppen in die Gesellschaft. Länder Mittelosteuropas, wie beispielsweise Polen, haben mit anderen Problemen zu kämpfen als westeuropäische Länder wie Deutschland. Dies schlägt sich in der Thematik und der Art der Umsetzung von Kulturprojekten nieder, die auf beiden Seiten der Oder durchgeführt und in dieser Publikation vorgestellt werden.
Im polnischen kulturellen Leben hat sich in den fast drei Jahrzehnten seit der Transformation des politischen Systems viel verändert. Der Begriff „Kulturelle Bildung" entwickelt sich in Polen stetig, er wird synonym oder parallel zu den erst kürzlich entstandenen Begriffen „Kulturelle (Allgemein-)Bildung" (edukacja kulturowa) und „praktische Kulturarbeit" (animacja kulturalna) benutzt.

Bis 1989 funktionierte die Kultur in Polen in zwei Sphären – in der offiziellen, vom sozialistischen Staat institutionalisierten Sphäre der limitierten Kultur und ab den siebziger Jahren in der sogenannten zweiten Sphäre, dem „Untergrund", der unabhängig, inoffiziell und illegal, ein Ausdruck des Widerstands gegen die sozialistische Regierung war. Das heutige kulturelle Leben entwickelt sich frei und unterliegt ständigen Veränderungen. Es tauchen neue kulturelle Praktiken in der Gesellschaft auf, die jedes Mal eine neue Qualität einführen. Kulturelle Bildung wird in einem multilateralen Raum umgesetzt, immer öfter versteht man sie als Raum für gemeinsame Aktivitäten, für Partizipation und das gemeinsame Schaffen, wobei ihr Feld erweitert und gleichzeitig von der traditionellen Relation Lehrende-Lernende abgegangen wird. Sie ist ebenfalls ein wichtiges Element der Kulturpolitik des Staates sowie der Selbstverwaltungen in Polen, was in zahlreichen Förderprogrammen seinen Ausdruck findet, wie zum Beispiel in den Programmen des Ministers für Kultur und Nationales Erbe und den Förderprogrammen von Selbstverwaltungen auf verschiedensten Ebenen. Sie ist auch ein wesentliches, in ihren Statuten verankertes Element der Aktivitäten von Kulturinstitutionen.

Die Kulturelle Bildung ist untrennbar verbunden mit Aktivitäten aus dem Bereich der künstlerischen Bildung. Denn sie hat das Ziel, kreative Persönlichkeiten und kulturelle Kompetenzen hervorzubringen, Bildungsdefiziten vorzubeugen, die Teilnehmenden wert zu schätzen und zu fördern, das Gefühl der Zugehörigkeit zur Gemeinschaft zu stärken, zu integrieren – oft unter Anwendung spontaner und spielerischer Methoden. Die in lokalen Gemeinschaften agierenden Kulturarbeiter nehmen in Prozessen, die diese Gemeinschaften aktivieren, eine zentrale Rolle ein. Es sind die neuen Initiativen von unten, die „beweglichen", die in Kleinstädten und Dörfern Wirkung zeigen und es ermöglichen, mit ihren Bewohnerinnen und Bewohnern in einen Dialog zu treten, und zwar nachhaltiger, als dies traditionelle Kulturinstitutionen vermögen. Der Erfolg solcher Initiativen kommt daher, dass sie sich auf die lokalen Besonderheiten konzentrieren; die Teilnehmenden entdecken ihren Wohnort neu, sie sind dort präsent und engagieren sich für Aktivitäten, die dem Gemeinwohl dienen.

Ein Beispiel für neue Tendenzen von oben der vergangenen Jahre ist das Aufblühen des polnischen historischen Museumswesens, das seinen Beginn mit der Eröffnung des Museums des Warschauer Aufstandes 2004 in Warschau fand. Es entstehen neue Museumseinrichtungen um historische Orte und Themen, die zuvor oft aus politischen und finanziellen Gründen von der Agenda der öffentlichen Debatte ausgeschlossen waren. Die polnischen Museen, von denen es statistisch wesentlich weniger gibt als in westeuropäischen Ländern, haben diese Versäumnisse rasch aufgeholt. Obwohl sie weniger gute Ausgangsbedingungen hatten, realisieren sie mit immer besseren Ergebnissen die Prinizipien einer „partizipativen Bildung", indem sie das Publikum zum Engagement anregen und ständig neue Rezipienten gewinnen. In den Bildungsangeboten dieser Einrichtungen spielen neue Technologien als attraktive Wissensträger eine immer größere Rolle. Mit ihrer Hilfe werden schwierige Themen behandelt, wie zum Beispiel Totalitarismen, Kriegstraumata und Besatzung.

Bei der Neuausrichtung der Kulturellen Bildung in Polen spielt das Nationale Zentrum für Kultur eine führende Rolle. Es initiierte die Umgestaltung der Strukturen und Programme innerhalb des Systems der Kulturhäuser, indem es 2009 das Förderprogramm „Dom Kultury+" (Kulturhaus+) ins Leben rief. Das Programm ermöglicht mit der Fortbildung des Personals von Kulturhäusern, dass durch Strategieentwicklung ein Bewusstsein für das Ziel der Einrichtungsarbeit entsteht. Gleichzeitig wurde das Förderprogramm „Infrastruktura Domów Kultury" (Infrastruktur von Kulturhäusern) geschaffen. Mit den Schulungen im Rahmen des Programms „Kadra Kultury" (Kulturpersonal) wirkt das Nationale Zentrum für Kultur auf regionaler Ebene, indem es lokale Kulturinstitutionen dabei unterstützt, kulturelle Bedürfnisse zu kreieren und weiterzuentwickeln. Immer öfter konzentrieren wir uns auf Aktivitäten, die bisher übergangene gesellschaftliche Gruppen in die Kultur einbeziehen, indem beispielsweise ein Kulturelles Bildungsangebot für Menschen mit Behinderung entwickelt wird. Indem wir mit dem Schulungsprojekt „Zaproś nas do siebie" (Lad uns zu dir ein) Fortbildungen in kleine Einrichtungen im ganzen Land verlegen, werten wir lokale Kulturgemeinschaften auf. Die zahlreichen Projekte des Nationalen Zentrums für Kultur werden unter verschiedenen Voraussetzungen umgesetzt, denn alles hängt von den Bedürfnissen und Möglichkeiten der jeweiligen Gruppe ab. Um die Rezipienten von Kultur erfolgreich zu inspirieren, setzen wir auf die ständige Erweiterung der Qualifikationen des Managementpersonals. Polenweite Schulungen geben Vertreterinnen und Vertretern verschiedener Kulturinstitutionen die Möglichkeit, einander kennenzulernen und ihre unterschiedlichen Perspektiven miteinander zu konfrontieren.

Die Kulturelle Bildung im deutsch-polnischen Kontext ist aufgrund der engen Nachbarschaft, der gemeinsamen – oft schwierigen – Geschichte und auch, weil wir in diesem Bereich nicht viel übereinander wissen, ein ausgesprochen interessantes Thema, und zwar allein schon, wenn man von terminologischen Fragen ausgeht: Beispiele dafür sind die polnischen Begriffe „działalność kulturalna" (Kulturarbeit) und „pedagogika kultury" (Kulturpädagogik). Dass es im allgemeinen Bewusstsein an einer breiteren Perspektive und an systematisiertem Wissen über die Organisation des

kulturellen Lebens und die Rolle der Kulturellen Bildung in beiden Ländern fehlt, ist ein Paradoxon, weil Polen und Deutschland gemeinsam viele kulturelle Unternehmungen durchgeführt haben, sowohl im grenzüberschreitenden Gebiet (zum Beispiel Frankfurt – Słubice, Wrocław – Berlin) als auch international (das Deutsch-Polnische Jugendwerk, das „gemeinsame Deutsch-Polnische Jahr in Polen und Deutschland").
Unsere Publikation richtet sich an alle, die ihr Wissen über Kulturelle Bildung erweitern wollen, die deren historischen Bedingtheiten und die Spezifika kultureller Praxis in Polen und Deutschland kennenlernen wollen. Unsere Zusammenarbeit in Europa bedeutet ein ständiges Brechen mit vorgegebenen Mustern, die Notwendigkeit, sich in eine andere Sprache hineinzudenken, in eine andere Denkweise, in eine andere Interpretation der Wirklichkeit, und auch den Versuch, die unterschiedlichen künstlerischen Formen und Themen zu verstehen, die in der öffentlichen Debatte auf beiden Seiten der Oder aufgegriffen werden. Obwohl unsere beiden Länder unterschiedliche Traditionen, gesetzliche Regelungen und staatliche Organisationsstrukturen haben, entstammt unsere Kultur ein und derselben Quelle. Das bessere Kennenlernen der jeweiligen Praktiken ist im Hinblick auf die weitere Zusammenarbeit und auf die Herausforderungen der Zukunft, wertvoll.

Mein besonderer Dank gilt Dr. Angelika Eder, Vorstandsmitglied der Stiftung Genshagen, und den Mitarbeiterinnen und Mitarbeitern der Stiftung Genshagen, deren Engagement wir auf jeder Etappe der gemeinsamen Arbeit an dieser Publikation spüren konnten, einer Publikation, die die Idee der Zusammenarbeit und den Willen ausdrückt, im deutsch-polnischen Dialog Verständnis aufzubauen und Erfahrungen auszutauschen.

Elżbieta Wrotnowska-Gmyz

Vorwort

Stiftung Genshagen

Die Stiftung Genshagen verfolgt das Ziel, Europa in seiner kulturellen Vielfalt, politischen Handlungsfähigkeit, sozialen Kohärenz und wirtschaftlichen Dynamik zu stärken. Ihre besondere Aufmerksamkeit gilt den deutsch-französischen und den deutsch-polnischen Beziehungen sowie dem Weimarer Dreieck. Sie widmet sich daher in fast allen ihren Projekten den Nachbarländern Deutschlands, Frankreich und Polen. Und so ist es nur konsequent, nach dem Band über Kulturelle Bildung in Deutschland und Frankreich „Das Recht auf Kulturelle Bildung. Ein deutsch-französisches Plädoyer", den wir 2014 in Zusammenarbeit mit dem französischen Observatoire des politiques culturelles und dem Institut für Kulturpolitik der Universität Hildesheim herausgegeben haben[1], auch einen Sammelband über Kulturelle Bildung in Deutschland und Polen zu publizieren. Dieses Buch haben wir gemeinsam mit unserem Partner, dem Narodowe Centrum Kultury (NCK) in Warschau, erarbeitet, es erscheint zeitgleich auf Deutsch[2] und auf Polnisch[3].

Polen und Deutschland haben durch die Ereignisse des Wendejahres 1989 tiefgehende politische, ökonomische, gesellschaftliche und kulturelle Wandlungen erfahren, die auch das Verhältnis beider Länder auf eine neue Basis stellten, unter anderem symbolisiert durch den deutsch-polnischen Nachbarschaftsvertrag von 1991. Diese Veränderungen sind für Kultur und Bildung so grundlegend, dass wir dieses deutsch-polnische Buch mit einem kurzen Rückblick auf die Situation in der Volksrepublik Polen, der BRD und der DDR bis 1989 beginnen, uns dann aber auf die Gegenwart und aktuelle Tendenzen in der Kulturellen Bildung in Polen und Deutschland konzentrieren und jeweils herausragende Praxisbeispiele vorstellen.
Kulturelle Bildung in Deutschland hat in den letzten fünfzehn Jahren einen regelrechten Hype erlebt. Dies zieht sich durch die drei für die Kulturelle Bildung zuständigen Bereiche Kultur, Bildung und Jugend und äußert sich in einer entsprechenden Vielzahl an Aktivitäten und wissenschaftlichen Auseinandersetzungen. Nahezu jede Kulturinstitution verfügt inzwischen über eine Abteilung, die – mit unterschiedlichen Schwerpunk-

ten – Maßnahmen und Projekte Kultureller Bildung durchführt. Neben der Sensibilisierung des ‚Publikums von morgen' geht es dabei auch um einen implizierten Bildungsauftrag. Seit 2008 müssen alle vom Bund geförderten Einrichtungen nachweisen, dass sie aktiv kulturelle Vermittlungsarbeit betreiben. Auch der seit 2009 alljährlich von der Beauftragten der Bundesregierung für Kultur und Medien verliehene BKM-Preis Kulturelle Bildung zeugt von der Relevanz der Kulturellen Bildung – selbst wenn es in Deutschland primär die Bundesländer sind, die für die Kulturelle Bildung verantwortlich und zuständig sind. Doch auch das Bundesministerium für Bildung und Forschung (BMBF) hat 2013 mit Kultur macht stark. Bündnisse für Bildung ein immenses außerschulisches Programm aufgelegt, das Projekte der Kulturellen Bildung im Sinne von Chancengleichheit fördert. Neue Allianzen zwischen der öffentlichen Hand und privaten Stiftungen sind entstanden, um bereichsübergreifende Projekte wie das umfangreiche Programm Kulturagenten für kreative Schulen – seit 2011 in fünf Bundesländern mit Förderung der Kulturstiftung des Bundes, weiterer privater Stiftungen, der Länder sowie der Kommunen – zu ermöglichen.

Die Entwicklung der Kulturellen Bildung ist in ihren Ausformungen immer auch Abbild der gesellschaftlichen Veränderungen. So hat sich zum Beispiel in Deutschland im Zuge der Aufnahme von Geflüchteten das Aufgabenfeld in den letzten Jahren erweitert. Kulturelle Bildung beschäftigt sich mit Themen gesellschaftlicher Relevanz und spiegelt diese. Und so zeigen die Texte aus Polen wie aus Deutschland die Vielfalt der Meinungen und Diskurse. Sie zeigen, was die Gesellschaften und damit auch die Akteurinnen und Akteure Kultureller Bildung bewegt, welche Ansätze es gibt und welche inspirierenden Projekte entstehen können. Dabei kann und soll es in diesem Band nicht um einen direkten Vergleich gehen, zu verschieden sind Handelnde und Rahmenbedingungen. Vielmehr wollen wir Einblicke in die unterschiedlichen Konzepte und Vorgehensweisen geben, mit denen die Brücken zwischen Schule und Kultur, zwischen Kultureinrichtungen und ihren Zielgruppen, zwischen Jugend- und Bildungseinrichtungen, zwischen Zivilgesellschaft und privater Förderung gebaut und mit denen Entfaltung und Kreativität ermöglicht werden.

Allein die Definition und Übersetzung des Begriffs *Kulturelle Bildung* zeigt die unterschiedlichen Ebenen, auf denen Kulturelle Bildung stattfinden kann und umgesetzt wird. Im Polnischen wird sowohl der Begriff der *edukacja kulturalna* (Kulturelle Bildung) als auch der der *edukacja kulturowa* (Allgemeinbildung mit kulturellem Bezug (4)) verwendet. *Edukacja kulturalna* bezieht sich eher auf den Bereich der Kunst und wird aus der Perspektive der Beteiligung des Individuums am künstlerisch-kulturellen Leben gesehen, wobei hier auch das Bild von Lernenden und Lehrenden mitschwingt. *Edukacja kul-*

turowa hingegen ist ein breiterer Begriff, der sich auf die anthropologische Definition von Kultur bezieht, die umfassender, das heißt als Gesamtheit der in der Gesellschaft stattfindenden Bildungsprozesse verstanden wird. Dabei sind nicht nur künstlerisch-kulturelle Prozesse gemeint, sondern auch gesellschaftliche, ökonomische, technologische etc. Hier ist das Individuum aktiver Teilnehmer und Adressat dieser Prozesse, gestaltet selbst und ist nicht nur Rezipient. Schließlich gibt es im Polnischen noch den Begriff der *animacja kulturalna* (praktische Kulturarbeit), der in der polnischen Kulturellen Bildung ebenfalls häufig verwendet wird.

Der deutsche und der polnische Bildungsbegriff spiegeln die jeweiligen geistesgeschichtlichen Entwicklungen. Im Deutschen ist zum Beispiel das Element der Selbstbildung in der Genese des deutschen Bildungsbegriffs zentral, wird dadurch doch der Pädagogik eher eine begleitende und ermöglichende Rolle zugewiesen. Und so meint der Begriff Bildung im Deutschen weniger Erziehung als vielmehr die Befähigung zum selbst Gestalten – im Kontext der Kulturellen Bildung mit ästhetischen Mitteln. Auch der Begriff der Lebenskompetenzen, der Aneignung von Kompetenzen, das eigene Leben gut zu gestalten, spielt hier eine Rolle. Und so zeigt sich allein schon an den Fragen der Übersetzung, dass bei allen Gemeinsamkeiten Kulturelle Bildung immer auch Spezifika und Merkmale der jeweiligen Kultur und Gesellschaft aufweist. Sowohl in der Übersetzung als auch durch Erläuterungen zu Schlüsselbegriffen in den Anmerkungen haben wir versucht, diese verschiedenen Ebenen in die jeweils andere Sprache zu übertragen.

Ausgangspunkt für diese deutsch-polnische Zusammenarbeit war die deutsch-polnische Konferenz über Kulturelle Bildung in der Stiftung Genshagen 2015, an der auch unsere polnischen Partner vom NCK beteiligt waren und an die sich seitdem weitere Treffen und Redaktionssitzungen anschlossen.
Als ich im November 2017 die Leitung des Bereichs Kunst- und Kulturvermittlung in Europa in der Stiftung Genshagen übernahm, war ein Großteil der für ein solches Vorhaben notwendigen Aufgaben getan. Mein großer Dank gilt deshalb meiner Vorgängerin Christel Hartmann-Fritsch, die dieses Projekt mit viel Engagement initiiert und vorangebracht hat. Dank auch allen Expertinnen, Verbündeten, Partnerinnen und Akteuren, die dieses deutsch-polnische Buch auf seinem Entstehungsweg begleitet haben. Ohne unsere polnischen Partner vom NCK in Warschau, seinen Direktor Rafał Wiśniewski, die stellvertretende Direktorin Elżbieta Wrotnowska-Gmyz und ihre Kolleginnen und Kollegen, gäbe es dieses Buch nicht. *Dziękuję bardzo za dobrą i udaną współpracę!* (Herzlichen Dank für die gute und enge Zusammenarbeit!)

Ermöglicht haben diese Publikation die Beauftragte der Bundesregierung für Kultur und Medien sowie die Stiftung für deutsch-polnische Zusammenarbeit.

Ich bedanke mich darüber hinaus bei allen Autorinnen und Autoren, den Übersetzerinnen und Übersetzern, den Redakteurinnen sowie bei unserer Verlegerin Dagmar Boeck-Siebenhaar. Zusammengehalten hat diesen deutsch-polnischen Verbund von Beginn an meine Kollegin Magdalena Nizioł – und damit dieses Buch auf den Weg gebracht. Danke!

Ich wünsche dem Buch Leserinnen und Leser, die neugierig sind auf den Nachbarn, die sich inspirieren lassen wollen für neue Wege Kultureller Bildung und die Lust bekommen auf gemeinsame Projekte mit Polen, Deutschen und weiteren europäischen Partnern.

Angelika Eder

(1) Wolfgang Schneider, Jean-Pierre Saez, Marie-Christine Bordeaux, Christel Hartmann-Fritsch (Hrsg.): Das Recht auf Kulturelle Bildung. Ein deutsch-französisches Plädoyer, B&S Siebenhaar, Berlin/Kassel 2014.
(2) Stiftung Genshagen/Narodowe Centrum Kultury (Hrsg.): Potenziale guter Nachbarschaft. Kulturelle Bildung in Deutschland und in Polen, B&S Siebenhaar, Berlin/Kassel 2018.
(3) Narodowe Centrum Kultury/Stiftung Genshagen (Hrsg.): Potencjał dobrego sąsiedztwa. Edukacja Kulturalna w Niemczech i w Polsce, Wydawnictwo Narodowe Centrum Kultury, Warszawa 2018.
(4) im Folgenden übersetzt mit „Kulturelle (Allgemein-)Bildung"

KAPITEL 1

RÜCKBLICK.
DIE ZEIT VOR 1989
UND DIE ZEIT
DER TRANSFORMATION

Unabhängige Kultur in der Volksrepublik Polen

Sebastian Ligarski, Historiker, Doktor der Geisteswissenschaften, Leiter des Abteilungsbüros für Historische Forschungen des Institutes für Nationales Gedenken in Szczecin

Unabhängige Kultur ist ein unbestimmter und vieldeutiger Begriff, was ihre Klassifikation und klare Definition erschwert. Beispielsweise hat Aleksander Wojciechowski diese Unabhängigkeit gleichgesetzt mit der Selbstbefreiung von Künstlerinnen und Künstlern aus der Kontrolle des kommunistischen Regimes, von Künstlern, für die der höchste Wert die Freiheit war.[1] Zweifelsohne war die unabhängige Kultur zu Zeiten der Volksrepublik Polen in vielen Fällen eine Reaktion auf die Ideologisierung der offiziellen kulturellen Linie. Die 80er Jahre waren aufgrund der bahnbrechenden Entstehung der Gewerkschaft Solidarność und wegen des darauf folgenden Kriegsrechts entscheidend für die unabhängige Kultur, obwohl hierbei nicht vergessen werden sollte, dass nicht alle Künstler sich mit der Gewerkschaft und ihrem politischen Programm identifizierten.

Die Politik der kommunistischen Regierung gegenüber Künstlern

Die Politik der kommunistischen Regierung gegenüber Künstlerinnen und Künstlern in den Jahren 1945–1989 lässt sich in mehrere Etappen unterteilen. Die erste Etappe dauerte von der Jahreswende 1944/45 bis November 1947 und war gekennzeichnet von taktischem Liberalismus, dessen Ziel es war, die neue Regierung zu legitimieren. Der zweite Abschnitt ist die Zeit von November 1947 bis Ende 1949, als der sozialistische Realismus in allen Bereichen des kulturellen Lebens obligatorisch eingeführt wurde. Eine nächste Etappe endet mit der Jahreswende 1954/55, als kommende Veränderungen zu spüren waren, weil die Regierung schwächer wurde (die sogenannte Abrechnung mit Verstößen gegen die sozialistische Rechtsstaatlichkeit). Die Tauwetterperiode dann zog sich über das ganze Jahr 1955 bis zur Jahreswende 1956/57. Während der Regierung von Władysław Gomułka (Oktober 1956–Dezember 1970) veränderte sich das Verhältnis der Machthaber zu den Künstlern nicht wesentlich, kennzeichnend für diesen Zeitraum sind eine ideologische Offensive und Repressionen gegen Symptome des Widerstands und der Unabhängigkeit in der kreativen Szene.

In den Jahren 1970–1980, als Edward Gierek die Funktion des Ersten Sekretärs des Zentralkomitees der Polnischen Vereinigten Arbeiterpartei (KC PZPR) bekleidete, lassen sich zwei Etappen herausarbeiten. Die erste, von 1971 bis 1976, war gekennzeichnet von Liberalismus und Pragmatismus gegenüber künstlerischen Kreisen, was wiederum der Legitimierung der Regierung diente. In der zweiten Etappe, die von Februar 1976 bis August 1980 andauerte, begannen infolge der Proteste von Künstlern gegen das Regime prophylaktisch-repressive Elemente zu überwiegen (Verschärfung der Zensur, zahlreiche Durchsuchungen, Vernehmungen, Psychoterror), und zwar gegen manche Vertreter der Kunstszene, um diese einzuschüchtern und mundtot zu machen. In den Jahren 1980–1981 konzentrierte man sich darauf, politisch konforme Vorstände in den Künstlerverbänden zu erhalten, parteitreue Künstlerinnen und Künstler zu unterstützen sowie auf vergebliche Versuche, die neutrale Mitte zu erreichen (das Gros der Künstler hatte beschlossen, sich von politischen Gefechten fern zu halten). Während des Kriegsrechts dominierten die repressive Politik (Internierungen, Verwarnungsgespräche, Emigration wurde nahegelegt, Psychoterror) und vergebliche Versuche, den Boykott öffentlicher Institutionen zu brechen. Diese Maßnahmen wurden auch nach Beendigung des Kriegsrechts weitergeführt, was zu einer noch stärkeren und anhaltenden Polarisierung der Künstlerkreise und zu ihrer Entzweiung führte (Auflösung von Künstlerverbänden, Gründung neuer Verbände mit anderen Vorstandszusammensetzungen, Förderung und Unterstützung für eine bestimmte Gruppe von Künstlern, die bis dahin politisch indifferent gewesen waren). Die Bestrebungen, Künstlerinnen und Künstler zur Legitimierung von Maßnahmen des Regimes während der Perestroika auszunutzen, führten nur teilweise zum Erfolg. Die politischen Veränderungen 1989 lenkten das Interesse des Regimes von der Kulturpolitik ab.

An dieser Stelle sollte erwähnt werden, dass für die Kulturpolitik mehrere Struktureinheiten verantwortlich waren, hauptsächlich parteitreue, die die sogenannte Kulturelle Bildung der Gesellschaft gestalteten.(2) Eine helfende und kontrollierende Funktion erfüllten die Zensur und der Sicherheitsapparat, der in den 80er Jahren (insbesondere 1980–1982) praktisch die Rolle übernahm, aktiv an Entscheidungs- und Planungsprozessen mehrerer Künstlervereinigungen (unter anderem in der Literatur und der Bildenden Kunst) mitzuwirken.

Die Anfänge unabhängiger künstlerischer Initiativen

Die ideologische Offensive in der Kultur, die jegliche Form der Unabhängigkeit unmöglich machte (beispielsweise endeten die Versuche von Katarzyna Kobro und Władysław Strzemiński geradezu im Zunichtemachen der Künstler), hielt fast den ganzen stalinistischen Zeitraum hindurch an. Zeugnis für Veränderungen in Polen waren die V. Weltfestspiele der Jugend und Studenten für Frieden und Freundschaft, die 1955 in Warschau stattfanden. Teil dessen war die Ausstellung junger bildender Künstler Gegen Krieg – Gegen Faschismus in der Warschauer Galerie Arsenał, in der die Künstlerinnen und Künstler eine gänzlich andere Erzählform über die Welt als bisher üblich präsentierten, was den Bruch mit dem sozialistischen Realismus einleitete. Ab der Jahreswende 1955/56 bildeten sich in der Malerei Richtungen neu heraus, die bis dato verboten gewesen waren (wie der Polnische Kolorismus, Abstrakte Kunst, Surrealismus und Expressionismus). Ihre Fürsprecher waren Künstlergruppen, die eine neue Sichtweise auf die Kunst vorschlugen, wie zum Beispiel die Gruppe 55 in Warschau, die Gruppe Junger Bildender Künstler in Krakau und die Gruppe Zamek in Lublin.

Die darauffolgenden Jahre waren geprägt von der Entwicklung unabhängiger Initiativen. An dieser Stelle sollen das Warschauer Büro für Lyrik von Andrzej Partum, die Galerie Repassage (anfangs Sigma), die Stiftung Egit, die von Wojciech Krukowski geleitete Akademia Ruchu (Akademie der Bewegung), die Krakauer Gruppe Wprost, die Gruppe KwieKulik (Zofia Kulik und Przemysław Kwiek) und die Aktivitäten von Jerzy Kalina und der Gruppe Luxus aus Wrocław genannt werden. Diese Initiativen von unten entwickelten sich nicht selten fast parallel zu der regimeunabhängigen Kulturarbeit.

Die Regierung fuhr, je nach Situation, den Künstlerinnen und Künstlern gegenüber einen repressiven oder milden Kurs und tolerierte nicht selten recht eigene Symbiosen, was insbesondere in der Kabarettszene (Kabaret

Pod Egidą (Kabarett unter der Ägide)) und der Theaterszene (Teatr Ósmego Dnia (Theater des Achten Tages) in Poznań und Theater Provisorium Lublin) zu beobachten war. Eine ähnliche Taktik wurde gegenüber Musikerinnen und Musikern der jüngeren Generation angewendet, die mit der Punkszene, der alternativen Szene der 70er Jahre assoziiert wurden (zum Beispiel Kryzys, Turbo, Tilt, Miki Mauzoleum, Klaus Mittwoch). In Polen hatte insbesondere in den 70er Jahren die Neoavantgarde eine enorme Bedeutung erlangt, darunter unter anderem die konzeptionelle Linie, die „die Existenz des Kunstwerks als materiellen Artefakt negierte"(3). Bedeutsam ist, dass viele Künstlerinnen und Künstler, die sich für neue Richtungen des künstlerischen Ausdrucks einsetzten (mail-art, street art), den politischen Kontext ihrer Aktivitäten überhaupt nicht berücksichtigten oder ihn gar nicht wahrnahmen. Patryk Wasiak zitierte Jarosław Suchan: „Der Grund dafür, dass [inoffizielle Strukturen von unten – Anm. d. Verf.] entstanden, war die Unzufriedenheit mit der Vorgehensweise offizieller Ausstellungssalons, die allzu sehr der Kulturpolitik des Staates untergeordnet waren und nur mit Mühe die künstlerische Unabhängigkeit akzeptierten. Aus ähnlichen Quellen [...] entstand auch die in Polen (wie in anderen sozialistischen Ländern) außergewöhnliche Beliebtheit von mail-art, in der man die Anfänge eines Forums für den künstlerischen Austausch sah, außerhalb des Offiziellen und frei von jeglicher Aufsicht. Diese beiden Phänomene verband eines: Ihr Ziel war nicht nur die offene Kritik der Galerien als Produkt der Moderne, das seine Möglichkeiten ausschöpft, sondern auch der Aufbau alternativer Räume für die zeitgenössische progressive Kunst. Dass die vorhandenen institutionellen Strukturen, die mit dem staatlichen Netz der BWA-Ausstellungspavillons (Biuro Wystaw Artystycznych (Büro für künstlerische Ausstellungen)) in Verbindung gebracht wurden, Ablehnung erfuhren, [...] resultierte aus der Tatsache, dass diese Strukturen der akademischen Kunst und der Salonkunst gewidmet waren."(4)

Kulturinitiativen während des Karnevals der Solidarność

In den 80er Jahren explodierte die künstlerische Unabhängigkeit regelrecht, was einerseits auf die Unterzeichnung der Augustabkommen 1980 (in Szczecin, Gdańsk, Jastrzebie Zdrój und Katowice), andererseits auf die Erweiterung derjenigen Künstlerkreise zurückzuführen war, die sich intensiv mit neoavantgardistischer Kunst befassten und sich, indem sie die günstigen Bedingungen nutzten, für Initiativen von unten einsetzten. Im August 1981 wurde es möglich, in der Hala Olivia in Gdańsk (in dem Zeitraum, zu dem normalerweise das Sopot Festival (Internationales Musikfes-

tival Sopot) stattfand, das 1981 abgesagt worden war) das Erste Festival des Wahren Liedes unter der Regie von Marek Karpiński zu organisieren. (5)
Auf der Welle des Karnevals der Solidarność(6) kam der Debütfilm „Indeks"(7) von Janusz Kijowski in die Kinos, der zuvor der Zensur zum Opfer gefallen war. In der Zeit, da die Gewerkschaft Solidarność legal arbeitete, entstanden unabhängige Filminitiativen (obwohl der Grad ihrer Unabhängigkeit unterschiedlich war), wie beispielsweise das Karol-Irzykowski-Studio und die Fernsehagentur Solidarność. Bohdan Kosiński von der Filmgesellschaft Wytwórnia Filmów Dokumenatalnych i Fabularnych (WFDiF) war beteiligt an der Entstehung des Films „Robotnicy '80" („Arbeiter '80"), weil er bei seinen Vorgesetzten erzwungen hatte, ein Fernsehteam zu den Streikenden auf die Danziger Werft zu schicken. Dies war das einzige Team aus Polen, das auf das Werftgebiet gelassen wurde.
Diese Zeit war auch die Blütezeit des Teatr Ósmego Dnia (Theater des Achten Tages) in Poznań, das die Entstehung der Gewerkschaft „mit Freude, aber auch sehr großem Abstand"(8) begrüßte, wovon die im Herbst 1980 notierten Worte zeugen: „Und in unserem besseren ‚Jetzt' entdecken wir immerfort Not, Demütigung, Intoleranz und Zorn"(9) Gleichzeitig aber nahm das Theater an der Danziger Veranstaltung Teatr Studencki Robotnikom – Gdańsk '80 (Studententheater für Arbeiter – Gdańsk '80) teil, die die Enthüllung des Denkmals für die gefallenen Werftarbeiter begleitete, sowie auch, teilweise, an den künstlerischen Feierlichkeiten zur Enthüllung des Mahnmals des Posener Aufstands im Juni 1956. Besonders originell verhielten sich die Vertreter der Warschauer Akademia Ruchu (Akademie der Bewegung), die nach der Entstehung der Solidarność ihre Theaterarbeit einstellten und ein Jahr lang mit den Arbeitern in den Warschauer Kleidungsbetrieben Cora arbeiteten.
Damals fanden zahlreiche Ereignisse und Veranstaltungen statt, die von einem neuen, unabhängigen Geist geprägt waren. Dabei muss erwähnt werden, dass die Grenze zwischen der unabhängigen und der offiziellen Kunst weiterhin sehr fließend war. Viele Künstler schlossen sich dem Strom der unabhängigen Kultur an, während sie gleichzeitig bei offiziellen Künstlerverbänden und in staatlichen Arbeitsstätten tätig waren.

Die Künstlerszenen während des Kriegsrechts

Ein wichtiger Moment für die Entwicklung der unabhängigen Kultur war die Verhängung des Kriegsrechts in der Nacht vom 12. auf den 13. Dezember 1981. Es kam zur Internierung von Künstlerinnen und Künstlern, zu Festnahmen und stundenlangen Verhören, in denen sie dazu gedrängt wurden, Loyalitätserklärungen (sogenannte *lojalka*) zu unterschreiben. Die

Arbeit von Künstlerverbänden und -vereinen wurde untersagt. Die Kulturschaffenden gründeten spontan Komitees zur Unterstützung von Internierten, und die Leitungen der verbotenen Verbände kämpften für die Freilassung ihrer Mitglieder.

Nach dem 13. Dezember 1981 begann die Künstlerszene mit einem Boykott der offiziellen Kulturinstitutionen. Die Grundlage dafür bildete der sogenannte Okkupationskodex vom Januar 1982 (der in der Szene auch Moralkodex genannt wurde); dieser wurde in der Untergrundzeitschrift „KOS" abgedruckt. Als Zeichen der Missbilligung wurden Künstler, die man damit assoziierte, die Kriegsrecht-Regierung zu unterstützen, ‚überklatscht', ausgepfiffen und ‚überhustet'. In literarischen Kreisen drückte sich der Widerspruch so aus, dass man den betreffenden Autorinnen und Autoren ihre Bücher zurückschickte, ihnen nicht die Hand gab, sie nicht grüßte und nicht mit ihnen sprach.

Der Boykott der Schauspieler führte zu einer überaus originellen Initiative des Teatr Domowy (Häusliches Theater), das in Privatwohnungen Theaterstücke aufführte.(10) Die Vorstellungen wurden stets mit Partylärm getarnt, um das tatsächliche Ziel der Zusammenkunft einer so großen Gruppe an einem Ort zu verheimlichen. In den Jahren 1982–1987 gestaltete das Theater sieben Inszenierungen in verschiedenen Besetzungen, die etwa vierhundert Mal aufgeführt wurden. Am stärksten in Erinnerung geblieben sind das Kabaret mit dem berühmten *Bluzg, czyli Życzeniami dla Generała* (Mit Geschimpf, sprich Wünsche für den General) von Emilian Kamiński, das sich an Wojciech Jaruzelski(11) richtete, und das Stück „Degrengolada" (Moralischer Verfall) von Pavel Kohout, bei dessen Aufführung der Sicherheitsdienst über einhundert Personen, sowohl Schauspielerinnen und Schauspieler als auch Zuschauerinnen und Zuschauer, festnahm. Im April 1982 gaben die Künstlerszenen den Aufruf *Głos, który jest milczeniem* (Die Stimme, die Schweigen ist) heraus, in dem sie zum unabhängigen Kunstverkehr aufriefen. In Reaktion auf den Aufruf der bildenden Künstlerinnen und Künstler zum Boykott offizieller Ausstellungen beschloss der Kunst- und Programmrat der IX. Internationalen Plakatbiennale, die Veranstaltung abzusagen. Zu einer solchen Situation kam es auch in Krakau im Zusammenhang mit den Vorbereitungen zur Internationalen Grafik-Biennale.

Während des Kriegsrechts und in den darauffolgenden Jahren fand die unabhängige Kulturbewegung Unterstützung in der Kirche, die den Künstlerinnen und Künstlern weitgehend ermöglichte, ihrer Arbeit in Kirchgebäuden und deren Umgebung nachzugehen. Zu den größten künstlerischen Unternehmungen, die unter dem Schutz der Kirche ab 1975 organisiert wurden, gehörten die Wochen (Tage) der Christlichen Kultur. Die 80er Jahre waren ihre Blütezeit. Charakteristisch ist, dass in der ersten Hälfte der

80er Jahre nationale beziehungsweise patriotische Themen und die Solidarność-Thematik dominierten, später hingegen begann man, häufiger Motive aus der Sozialllehre der Kirche und die Herausforderungen, vor denen der gläubige Mensch in der damaligen Welt stand, aufzugreifen.

In den 80er Jahren wurden auch viele Orte außerhalb der Kirchen zu Enklaven der Kunst, so zum Beispiel Galerien (vor allem private) und andere Orte, die von Künstlerinnen und Künstlern bewirtschaftet wurden, wie die Koffergalerie, deren Initiator Marek Sapetto war. Zu den unabhängigen Unternehmungen zählt auch die 1987 in Gdańsk entstandene Lubliner Galerie Labirynt. Die Galerie Wyspa (ebenfalls bekannt unter dem Namen Wyspa Progres) vereinigte junge Künstlerinnen und Künstler, unter anderem von der Akademie der Schönen Künste in Gdańsk. Die Krakauer Gruppe Wprost führte ihre Arbeit weiter, indem sie sehr aussagekräftige Botschaften formulierte, beispielsweise „didaktische Allegorien des eingekerkerten und geplagten Polens" in Anspielung auf Artur Grottgers Zyklus Polonia aus der Mitte des 19. Jahrhunderts. Auch zahlreiche weitere Künstlergruppen wurden aktiv, wie in Warschau Gruppa, in Wrocław Luxus und in Poznań Koło Klipsa.

Einer der markantesten Künstler war zweifelsohne Jerzy Kalina. Obwohl die Anfänge seiner Arbeit wie erwähnt bis in die Mitte der 70er Jahre des 20. Jahrhunderts zurückreichen, fiel seine schöpferischste Phase in die Zeit des Kriegsrechts. Verbunden mit dem Widerstand der Gesellschaft und der Kirche schuf der Künstler in dieser Periode berühmte, überzeugende, ungewöhnlich emotionale Formen, wie die künstlerische Gestaltung der Pilgerfahrten des Heiligen Vaters Johannes Paul II. nach Polen in den Jahren 1987 und 1991, das Grab und die künstlerische Gestaltung des Begräbnisses von Jerzy Popiełuszko, das Kreuz auf dem Damm in Włocławek und die Installation Znak Krzyża (Kreuzzeichen) sowie die Auferstehung und Geburt Gottes in Warschauer Kirchen.

Nach der Verhängung des Kriegsrechts wurde damit begonnen, massenhaft Briefmarken und Postkarten der Solidarność zu drucken, deren Motive an Ereignisse und Figuren anknüpften, die nicht im offiziellen Umlauf waren. Die Untergrundpost war ein untrennbares Element des gesellschaftlichen Widerstands. Die Idee, Briefmarken inoffiziell in Umlauf zu bringen, entstammte der Tradition des Polnischen Untergrundstaats aus der Zeit des Zweiten Weltkriegs. Zu den energischsten Verlagen der 80er Jahre gehörten die Post der Solidarność, die Post der Solidarność Walcząca (Die Kämpfende Solidarność) und die Post der Konföderation des Unabhängigen Polens. Es gab auch mehrere kleinere philatelistische Verlage, die an die patriotische Tradition anknüpften.

Besonders interessant waren die Briefmarken, die in Internierungslagern hergestellt wurden. Sie stammten aus Uherce, Białołęka, Grodków und anderen Haftanstalten und drückten das tragische Schicksal und die Entschlossenheit der Menschen aus, die sich dort aufhalten mussten.

Eine Welt-Sensation war das Untergrund-Radio Solidarność (und anderer oppositioneller Gruppen), das aus mehreren Dutzend Orten in Polen sendete. Es entstand in den Jahren 1980/81, als unabhängige Medien aktiv waren und versuchten, das Informationsmonopol des Regimes zu umgehen. Zum ersten Mal konnten die Warschauer am 12. April 1982[12], dem Ostermontag, Radio Solidarność hören. Ab dem 9. Mai wurden bis zur Aufdeckung des Senders und der Belegschaft (Jacek Bąk und Dariusz Rutkowski) am 6. Juni 1982 weitere Sendungen einmal wöchentlich ausgestrahlt. (Um das Risiko, entdeckt zu werden, möglichst gering zu halten, dauerten sie nicht länger als 7-10 Minuten.) Später wurde seltener gesendet, jedoch in regelmäßigen Zeitabständen. Infolge der Festnahme von Zbigniew Romaszewski am 29. August 1982 schwieg Radio Solidarność für längere Zeit. Die nächste Sendung wurde erst am 6. November ausgestrahlt. Das Radio sendete nicht nur in Warschau, sondern auch in Wrocław, Lublin, Gdańsk, Toruń (Ballonradio) und in kleinen Ortschaften wie Lubin und Dzierżoniów.

Eine Neuheit der zweiten Hälfte der 80er Jahre – in Reaktion auf die Bedrohung durch das Kriegsrecht und ganz anders als der Ernst der Ausstellungen in Kirchen und Privatgalerien und die bis dahin bekannten Formen gesellschaftlichen Widerstands – war die Entstehung der Alternative in Orange (Pomarańczowa Alternatywa, PA) in Wrocław. Sie kämpfte mit einem bis dahin ungekannten Maß an Groteske und Absurdem gegen das System der Volksrepublik Polen. Ihr Ideengeber und ihre Frontfigur war Waldemar ‚Major' Frydrych. Die Aktionen der PA machten die Ordnungskräfte durch ihre Slogans in gewisser Weise unschädlich (daher auch ihre Wirkungskraft). Sie warf quasi mit Formulierungen um sich, die sich unmöglich sanktionieren ließen, beispielsweise: „Wir feiern den Jahrestag der Oktoberrevolution", „Delikatess-Senf ist nach dem Mittagessen am besten", „Ich bin sensibel für eure Probleme", „Ruhiger Lebensabend in der Świdnicka-Straße" (einer der Hauptstraßen in Wrocław, Anm. der Red.) oder „Die Heiligen Nikoläuse, die führende Kraft der Nation". Auch die Demonstrationen der mit Zwergenmützen Verkleideten (sie waren nicht zwangsläufig orange) bereiteten den Milizionären, die intervenieren wollten, Schwierigkeiten.

Viele Kulturinitiativen, die in den 80er Jahren entstanden, fanden die Unterstützung der Untergrundstrukturen der Solidarność. Eine von ihnen war das im Dezember 1982 gegründete Kollektiv der Unabhängigen Kultur (Zespół Kultury Niezależnej), das sich Anfang 1983 in Komitee für Unabhängige Kultur (KKN) umbenannte. Es war mit der Solidarność verbunden, aber formal von ihr unabhängig. Geleitet von Teresa Bogucka (‚Kinga'), setzte es sich aus Künstlerinnen und Künstlern, Kritikerinnen und Kritikern aus verschiedenen Bereichen zusammen: bildende Kunst, Literatur, Theater, Musik, Film und Publizistik. Für das Komitee arbeiteten unter anderem Andrzej Drawicz, Władysław Kunicki-Goldfinger, Marta Fik, Andrzej Jarecki, Bohdan Kosiński, Tadeusz Kaczyński, Halina Mikołajska, Kazimierz Kaczor und Andrzej Szczepkowski.

Maßnahmen des Sicherheitsdienstes gegen Künstler, die in der Opposition aktiv waren

Viele Künstlerinnen und Künstler, darunter auch diejenigen, die in ihren Kunstgebieten als Autoritäten galten, gehörten zu den entstehenden oppositionellen Organisationen und Gruppen KOR (Komitee zur Verteidigung der Arbeiter), SKS (Studentisches Komitee der Solidarność), KPN (Konföderation des unabhängigen Polens), ROPCiO (Bewegung für die Verteidigung der Menschen- und Bürgerrechte), was dazu führte, dass sich der Sicherheitsdienst sehr schnell für sie interessierte. Die Arbeitsweise des Sicherheitsdienstes gegen Personen aus dem Kulturbereich war bestimmt von einer neuen Taktik gegenüber der Opposition. Ab April 1976 wurde der Schwerpunkt auf Prophylaxe, Information und Erkennung gelegt. Auf diese Weise veränderte man langsam die Strategie des Kampfes gegen den Feind. Dies dokumentieren Gespräche zwischen der Leitung des Innenministeriums und dem Sekretär des Zentralkomitees der Polnischen Vereinigten Arbeiterpartei Stanisław Kania im Oktober 1976 sowie die Besprechung der Direktoren der Abteilungen III der Woiwodschaftspräsidien im November 1976. Der Direktor des Departments III, General Adam Krzysztoporski, erklärte die Gründe für die Veränderungen in der Herangehensweise an die Opposition vor der Gründung der Solidarność so: „Genossen, aus der politischen Situation geht einfach hervor, dass in diesem Moment unklar ist, ob die strafrechtliche Repression in Form von Ermittlungen und Gerichtsverfahren in Bezug auf diese Menschen nicht ein zusätzliches, unnötiges Echo im Ausland oder unnötige solidarische Akte in manchen Personenkreisen des Landes hervorruft".[13] Zur Hauptaufgabe des Sicherheitsdienstes wurden die Kontrolle und die Überwachung von unabhängigen kulturellen Ereignissen, was mit einer Infiltrierung in einen sehr breiten Kreis von Oppositionsmitgliedern einherging. Mehr noch, die Sicherheitsbehörde tolerierte, inspirierte oft sogar geradezu die Gründung von zum Beispiel weiteren Verlagen, betrachtete dies aber als Ausgangspunkt eines tieferen Eindringens in die Oppositionsstruktur. Diese Ziele wurden mithilfe sorgfältig ausgewählter Agentinnen und Agenten umgesetzt, die aus den jeweiligen Kreisen stammten. Viele Menschen aus dem Kreis der unabhängigen Kultur waren von Überwachung und operativen Maßnahmen in operativen Vorgängen betroffen, die von der Sicherheitsbehörde gegen Gruppen der demokratischen Opposition durchgeführt wurden.

Den Maßnahmen des Sicherheitsapparats gingen Analysen von Theaterstücken voraus, die zur Aufführung vorbereitet wurden, von Inhalten einzelner Ausgaben von Zeitungen und Büchern; erstellt wurden diese Analysen von Informantinnen und Informanten (zum Beispiel Beraterinnen und Beratern). Normalerweise gelten solche Berichte sprachlich nicht als wertvoll, eher als recht primitive Texte, doch der Sicherheitsdienst rekrutierte Agenten aus den Kreisen, die von der Überwachung betroffen waren, und deshalb waren unter ihnen Literaten, Kritiker und Kunsthistoriker sowie Literaturkritiker. „Ihre Gutachten zeichnen sich durch Kompetenz, analytische Professionalität, Präzision und wirksame Beweisführung, publizistische Verve, ausgezeichnete Kenntnisse in allen Angelegenheiten der schriftstellerischen Kreise aus"(14), schrieb Stanisław Bereś über die Literaten, die mit dem Sicherheitsdienst zusammenarbeiten. Die von ihnen erstellten Analysen wurden als Grundlage für Repressionen gegen Künstler benutzt.

Nach der Verhängung des Kriegsrechts wurde die Taktik geändert, und zwar hin zu repressiveren und härteren Maßnahmen. Besonders stark wurden die Künstlerinnen und Künstler bedrängt, die am aktivsten am Widerstand gegen die Regierung teilnahmen. Ihnen drohten hohe Strafen, von Geldstrafen bis hin zu Freiheitsentzug von bis zu zehn Jahren. Von den Methoden des Sicherheitsdienstes zeugten beispielsweise Repressionen gegen Marek Nowakowski, gegen die Theatergruppe Nie Samym Teatrem (Nicht vom Theater allein) in Wrocław und gegen das Teatr Ósmego Dnia (Theater des Achten Tages) in Poznań.

Ein erwähnenswertes Thema ist die Zusammenarbeit des Sicherheitsdienstes mit der Zensur. Beide Institutionen planten gemeinsam Aktionen, bemühten sich, vorbereitete Veranstaltungen frühzeitig zu verhindern oder wenigstens ihre zeitliche und inhaltliche Ausdehnung zu begrenzen. So war es beispielsweise bei der Organisation der Veranstaltungsreihe Droga i Prawda (Der Weg und die Wahrheit), die regelmäßig in der Heiligkreuzkirche in Wrocław stattfanden. Offiziere des Sicherheitsdienstes trafen sich mit dem Leiter der Zensurbehörde in Wrocław und besprachen die Taktik der durchzuführenden Maßnahmen. Sie zeigten die Fehler auf, die von der Zensur gemacht wurden, dass sie beispielsweise zugelassen hatte, dass eine Anzeige in der Presse erschien, die die Eröffnung der Bezirksausstellung für Bildende Kunst (Okręgowa Wystawa Plastyki) ankündigte. Zu ähnlichen Aktionen kam es 1989 bei der geplanten Ausstellung zur unabhängigen Kunst Osteuropas. Die gemeinsamen Maßnahmen des Sicherheitsdienstes, der Zensur und der Militärischen Grenztruppen führten dazu, dass an der Grenze Werke beschlagnahmt wurden, die einen integralen Teil der Ausstellung darstellten. Die Organisatoren ließen deshalb die Stellen, an denen die fehlenden Ausstellungsstücke hätten hängen sollen, leer. Hier sei erwähnt, dass in den 70er und 80er Jahren die inoffiziellen Kontakte zwischen Künstlern aus Polen und aus den Ostblockländern ein wichtiges Element der unabhängigen Aktivitäten waren. Polen fiel hier eine besondere Rolle zu, über die Urszula Czartoryska schrieb: „Dank mancher Initiativen war Polen ein Ort des Erfahrungsaustausches, der ‚Kreuzung', wo auch Künstler aus der Tschechoslowakei und Ungarn zu Wort kamen und Künstler aus Jugoslawien ihre Kontakte pflegen konnten, die sie anderswo geknüpft hatten; dieses Phänomen ist kaum zu überschätzen."(15)

Im Januar 1989 stellte der Sicherheitsdienst eine fortschreitende Radikalisierung der Künstler fest, die mit den ehemaligen Vereinen verbunden waren: Sie strebten mit aller Kraft danach, die Künstlerverbände, die es vor dem 13. Dezember 1981 gegeben hatte, zu erneuern. Dies war jedoch aufgrund der tiefen Spaltung in der Szene praktisch nicht möglich.

Am 1. April 1989 fand an der Universität Wrocław das Unabhängige Kulturforum statt, das die Zusammenarbeit mit dem Ministerium für Kultur und Kunst ausschloss. Die Kultur-Kommission des Bürgerkomitees übernahm die Rolle des Komitees für Unabhängige Kultur (KKN). Im Resümee wurde ausdrücklich manifestiert, dass „die Vielfalt von Künstler-Vereinen als festes und gedeihliches Element des Lebens in dieser Gesellschaft verstanden werden muss".(16)

Das Jahr 1989 war ein wichtiger Meilenstein für die Entwicklung der unabhängigen Kultur. Die Künstlerinnen und Künstler, die damit identifiziert wurden, setzten ihre Arbeit unter den Bedingungen des neuen politischen Systems fort. Zum Symbol für die vor sich gehenden Veränderungen wurde die offizielle Aufhebung der Zensur ein Jahr später. Auch infolgedessen war die unabhängige Szene nicht mehr so fundamental mit den staatlichen Steuerungsinstrumenten verbunden.

(1) A. Wojciechowski: Czas smutku, czas nadziei. Sztuka niezależna lat osiemdziesiątych (Zeit der Traurigkeit, Zeit der Hoffnung. Die unabhängige Kunst der 80er Jahre), Warszawa 1992, S. 8.
(2) Vor allem muss hier das ZK der PZPR (Zentralkomitee der Polnischen Vereinigten Arbeiterpartei) genannt werden, das über die Richtlinien entschied und die Anweisungen für die weiteren Entwicklungsetappen der kommunistischen Kultur formulierte. Ebenso wichtig war die Kulturabteilung des ZK der PZPR, die einzelne Fragen und Konzepte für Maßnahmen in Bezug auf Künstler erarbeitete. Mit ihrer privilegierten Rolle (zum Beispiel in der Personalpolitik in Künstlerverbänden) und der Möglichkeit, direkt Einfluss auf die Künstlerinnen und Künstler und ihre Werke zu nehmen, war die Kulturabteilung ein wesentliches Element im Kontrollmechanismus der gesamten Kulturpolitik und ihrer Umsetzung. Ihre

Einflüsse waren abhängig von den durch die Partei und die leitenden Personen dieser Abteilung angenommenen und realisierten Richtlinien. Dies war vor allem in den 70er Jahren (Józef Tejchma) und in den 80er Jahren (Waldemar Świrgoń, Andrzej Wasilewski) des 20. Jahrhunderts zu sehen. Als nächstes kam das Ministerium für Kultur und Kunst. Seine Hauptaufgabe war die exakte Umsetzung der Richtlinien und Pläne, die von den oben erwähnten Institutionen entworfen wurden. In der Praxis waren natürlich die entsprechenden Zellen der Woiwodschafts-, Kreis- und Gemeindekomitees der PZPR und der Organe zur territorialen Selbstverwaltung (Nationalräte der Woiwodschaften, der Städte und der Gemeinden) für die Kulturpolitik zuständig.

(3) P. Wasiak: Formalne i nieformalne kontakty pomiędzy artystami wizualnymi z Polski, Węgier, Czechosłowacji i NRD w latach 1970–1989 (Offizielle und inoffizielle Kontakte zwischen visuellen Künstlern aus Polen, Ungarn, der Tschechoslowakei und der DDR in den Jahren 1970–1989), maschinengeschriebener Text, S. 10.

(4) Ebd, S. 135.

(5) Daran nahmen unter anderem teil: Przemysław Gintrowski, Jacek Kaczmarski, Jacek Kleyff, Jan Pietrzak, Andrzej Rosiewicz, Jan Tadeusz Stanisławski, Maciej Zembaty und Jacek Fedorowicz. Die Veranstaltung wurde von Daniel Olbrychski moderiert. Es wurden etwa 90 Werke vorgetragen, die zuvor von der Zensur bestätigt worden waren. Sie umfassten „alle verbotenen Themen von gestern und heute". Gewinner des damals vergebenen Preises Silberner Knebel war Jacek Kaczmarski. Er war Coautor berühmter gesungener Poesie, die in den Jahren 1979–1981 gespielt wurde: Mury (Mauern), Raj (Paradies), Muzeum (Museum) und Krzyk (Schrei).

(6) Als Karneval der Solidarność werden die 16 Monate zwischen der Unterzeichnung der Augustabkommen in Gdańsk und weiteren Städten im August 1980 und der Einführung des Kriegsrechts durch die kommunistische Regierung am 13. Dezember 1981 bezeichnet. Charakteristisch für diese Zeit war, dass in allen Lebensbereichen mehr Freiheit herrschte, die Zensur eingeschränkt und Bürgerrechte anerkannt wurden. Die kommunistischen Machthaber fühlten sich dadurch bedroht und verhängten im Dezember 1981 das Kriegsrecht. (Anm. d. Red.)

(7) Der Film wurde von der Gruppe Zespół Filmowy X produziert, sein voller Titel lautet Indeks. Życie i twórczość Józefa M. (Index. Das Leben und Schaffen des Józef M.). Er zeigt die Generation, die nach 1968 erwachsen wurde.

(8) Z. Gluza: Ósmego dnia (Am achten Tag), Warszawa 1994, S. 5.

(9) Ebd.

(10) Gründerinnen und Gründer des Teatr Domowy (Häusliches Theater) waren Ewa Dałkowska, Emilian Kamiński, Andrzej Piszczatowski, Maciej Szary und Tomasz Miernowski. Die erste Aufführung unter dem Titel Przywracanie porządku (Wiederherstellung der Ordnung) fand am 1. November 1982 in der Wohnung von Ewa Dałkowska statt und versammelte 40 Personen.

(11) der das Kriegsrecht verhängt hatte (Anm. d. Red.)

(12) Die Sendung dauerte knappe acht Minuten. Sie war nicht nur in Warschau, sondern auch in Nowy Dwór Mazowiecki und in Falenica zu hören und angeblich (dank der speziellen Ul-

trakurzwellen, auf denen gesendet wurde) sogar in Tarnobrzeg. Marek Rasiński und Janusz Klekowski sendeten vom Dach eines Gebäudes an der Ecke der Straßen Niemcewicza/Grójecka mithilfe des Senders „Komar" (Mücke), der von Ryszard Kołyszka konstruiert worden war. Die Schlüssel zum Dachboden und zum Fahrstuhl stellte ihnen Wojciech Kochlewski zur Verfügung, der in diesem Haus wohnte, als Sprecherin und Sprecher arbeiteten Zofia Romaszewska und Janusz Klekowski. Romaszewska war zugleich die Initiatorin, und Klekowski spielte die Erkennungsmelodie für das Radio: ein Fragment des Kriegsliedes „Siekiera, motyka" (Axt, Hacke). Zur ersten Besetzung des Warschauer Radios gehörten ebenfalls Danuta Jadczak (zuständig für alle Ausstrahlungsorte, die gefunden werden mussten), Irena Rasińska, Elżbieta Gomulińska und Andrzej Gomuliński, die ihre Wohnungen für die Aufnahmen zur Verfügung stellten. Um die technische Seite des Radios kümmerte sich Mariusz Chudzicki. Seine Aufgabe war es auch, das Studio mit Kassetten zu versorgen.

(13) „Twórczość obca nam klasowo" (Schaffen, dass uns als Klasse fremd ist). Aparat represji wobec środowiska literackiego 1956–1990 (Der Repressionsapparat gegen die Literaturszene 1956–1990), Hrsg. A. Chojnowski, S. Ligarski, Mitarbeit K. Batorowicz-Wołowiec, Warszawa 2009, S. 16.

(14) S. Bereś: Agenci na froncie literackim (Agenten an der Literaturfront), in: Twórcy na służbie, w służbie twórczości (Künstler im Dienste stehend, im Dienste des Schaffens), Hrsg. S. Ligarski, Warszawa 2013, S. 16.

(15) P. Wasiak: Formalne i nieformalne kontakty pomiędzy artystami wizualnymi z Polski, Węgier, Czechosłowacji i NRD w latach 1970–1989 (Offizielle und inoffizielle Kontakte zwischen visuellen Künstlern aus Polen, Ungarn, der Tschechoslowakei und der DDR in den Jahren 1970–1989), maschinengeschriebener Text, S. 136.

(16) S. Ligarski: Środowisko twórcze wobec zmian w Polsce w 1989 roku (Die Künstlerszene angesichts der Veränderungen in Polen im Jahr 1989), „Polska 1944/45–1989" (Polen 1944/45–1989) 2011, Nr. 10, S. 366.

Rahmenbedingungen der Teilhabe an Kultur und Kultureller Bildung

in Zeiten der gesellschaftlichen Transformation (1989–1999)

Dr. Zina Jarmoszuk, Doktor der Geisteswissenschaften, forscht zu Themen Kultur, Kulturmanagement und zum Wissen über Kultur

Das Wendejahr 1989 ereilte die polnische Kulturszene als geteilte Community, sie hatte kein gut durchdachtes und abgesprochenes Programm für die Umwälzungen der als autonom verstandenen Kultursphäre. Generell herrschte unter den Kunstschaffenden die Überzeugung, das demokratische politische System und die freie Marktwirtschaft würden mit für sie typischen Methoden die gewachsenen Probleme der polnischen Kultur lösen. Offen war nur die Frage, wie lange es dauern würde, jenes Syndrom von Phänomenen, das in einem 1989 veröffentlichten Kulturbericht ‚Kulturkatastrophe' genannt wurde, zu überwinden. Sehr schnell jedoch stellte sich heraus, dass die bereits seit längerer Zeit beunruhigenden Krisensymptome nicht nur nicht verschwanden, sondern dass sich gewisse negative Phänomene in der Kultur besonders scharf abzeichneten, und zwar als Folge von Entscheidungen, die zu den radikalen Wirtschaftsreformen gehörten. Obwohl Verallgemeinerungen, die von einer Gefährdung aller Kulturgebiete sprachen, sich als unbegründet erwiesen und die Verluste geringer waren als pessimistisch prognostiziert, erwiesen sich dennoch die Kosten, von denen die Gewerbe und speziellen Anbieter der aktiven Kulturszene betroffen waren, als erheblich.

Vor allem mussten die Veränderungen Beunruhigung mit Blick auf die Teilhabe an Kultur auslösen.(1)

Vorwort

Vor 1989 Kulturarbeit zu machen, war im großen Maße vom Staat konzessioniert; er verfügte über jegliche Berechtigungen und alle finanziellen Mittel. Das zentralistische System der Verwaltung von Kultur charakterisierte sich durch eine starke politisch-administrative Einflussnahme auf alle Kulturgebiete sowohl im Zentrum des Landes als auch an seinen Peripherien. Das Hauptziel war natürlich die Realisierung der ideologischen und integrativen Funktion der Kultur. Ein neues demokratisches System nach 1989 zu schaffen, war vor allem verbunden mit dem Prozess des Selbstständig-Werdens von Kultur, und damit hing ein Wandel in Bezug auf ihre bisherige Funktion im Staat zusammen.

Die Transformation des politischen Systems in Polen betraf fast alle Bereiche des gesellschaftlichen Lebens. In den politischen Strukturen kam es zu Prozessen, die mit der Umsetzung neuer demokratischer Prozeduren und Institutionen verbunden waren, im Bereich der Wirtschaft begann die Umsetzung des Reformpakets, oft als Schocktherapie bezeichnet, von Leszek Balcerowicz, Vizepremier und Finanzminister in der Regierung von Tadeusz Mazowiecki. Die Konsequenz dieser Reformen war vor allem, dass die zentral gesteuerte Wirtschaft zur Marktwirtschaft überging, dass Prinzipien des freien Marktes, der sich auf Privateigentum gründete, eingeführt wurden. Im gesellschaftlichen Bereich sollten Prozesse eintreten, die zur Veränderung der Mentalität und zur gesellschaftlichen Akzeptanz der neuen Regeln führen sollten. Die Kultur musste sich in jedem dieser Bereiche neu finden, denn wie sich herausstellte, war sie von allen Bereichen betroffen, alle beeinflussten ihre Gestalt unter den neuen Bedingungen, ihre Wahrnehmung und ihre Rezeption. Das Problem der Kultur in den Zeiten der Transformation des Systems bestand hauptsächlich darin, dass sie tief in der Sphäre der Politik feststeckte, trotz einer gewissen Erweiterung der Grenzen der Freiheit in den 70er und 80er Jahren und der immer häufigeren Kontakte ins Ausland.

Die Transformation der neunziger Jahre und die Lage der Kultur

In den 90er Jahren des 20. Jahrhunderts hatten für die Kultur die wesentlichste Bedeutung:
- Veränderungen, die Folge des eintretenden Demokratisierungsprozesses waren, das heißt die Abschaffung der Zensur und der Prozess der Dezentralisierung des Staates
- erste Veränderungen im Bereich der Gesetzgebung bezüglich der Selbstverwaltungen, der Organisation und Durchführung von kulturellen Aktivitäten sowie der Organisation und des Betriebs kultureller Institutionen
- Veränderungen, die Transformation der Marktkultur genannt wurden, die den Rückzug des Staats aus der Verwaltung und Finanzierung mancher Kulturinstitutionen betrafen, quasi eine Ökonomisierung der Kultur
- Veränderungen im Bereich des künstlerischen Schaffens wie der Pluralismus der Aussage in der künstlerischen Welt und das Auftauchen neuer Phänomene infolge dieser Veränderungen
- Veränderungen, die aus der Öffnung Polens gegenüber dem Westen resultierten und die nicht immer positiv kommentiert wurden, es kam sogar zu Diskussionen über die Gefährdung der polnischen Kultur
- Veränderungen durch die Suche nach einem neuen Platz im gesellschaftlichen Leben, die unter anderem auch daraus resultierte, dass die Kultur aufhörte, ein Raum zu sein, in dem man seinen Widerstand gegen verschiedene Verbote und Anweisungen ausdrücken konnte
- Veränderungen, die zeigten, dass ganze Kulturgebiete – das Schaffen, die Verbreitung, der Zugang – aufgehört hatten, von der Politik abzuhängen, und zunehmend ökonomische Bedeutung bekamen

Das erste Jahrzehnt der Transformation erwies sich hinsichtlich der vor sich gehenden Veränderungen als ein interessanter Zeitraum, zeigte aber auch den geringen Stellenwert der Kultur in der Politik des Staates und der Selbstverwaltungen. Die wichtigsten Aktivitäten der 90er Jahre in der Kultur bestanden in der etappenweisen Einführung von Veränderungen:

1. **Die Jahre 1989/90** waren eine vorläufige Etappe der Transformation: mit der Privatisierung des Buchmarktes und des Musikmarktes und der beginnenden Dezentralisierung öffentlicher Aufgaben aus dem Kulturbereich. Die Gemeinden übernahmen die Mehrheit der Einrichtungen zur Verbrei-

tung von Kultur: Bibliotheken, Kulturhäuser und Kulturzentren, Klubhäuser und Klubs sowie manche Museen. Das Gesetz vom 8. März 1990 über die Selbstverwaltung der Gemeinden und das Gesetz vom 11. April 1990 über die Aufhebung des Gesetzes über die Kontrolle von Publikationen und Events, über die Auflösung der diese Kontrolle ausführenden Organe und über die Änderung des Pressegesetzes traten in Kraft.

Angesichts der schwierigen finanziellen Situation im Jahr 1990 nahm die Mehrheit der Gemeinden in Polen bei den Ausgaben für Kultur einschneidende Kürzungen vor. Es wurden 258 Kulturhäuser und Kulturzentren, 899 Klubs und Klubhäuser, 181 Museen, 87 Galerien, 380 Bibliotheken und ihre Filialen geschlossen.(2) Die finanziellen Einschränkungen machten auch Veränderungen bei der Organisation des Kulturlebens erforderlich, unter anderem eine Verringerung der Kosten für das Funktionieren von Einrichtungen, Schwerpunktsetzung auf die Erwirtschaftung von eigenem Einkommen, auf selbstständige Unternehmensformen und Maßnahmen zur Gewinnung von zusätzlichen Mitteln. Diese Veränderungen hatten nicht nur negative Folgen, sie bewirkten auch einen enormen Anstieg der Aktivität von Menschen, die sich mit Kultur befassten, sowohl im Bereich der Verwaltung als auch in kulturellen Institutionen. Die Transformationen erzwangen Maßnahmen, die sich darauf konzentrierten, die Angebote an den tatsächlichen Bedarf anzupassen, die Selbstständigkeit der Einrichtungen und die Entwicklung verschiedener Finanzierungsformen zu stärken.

2. Die Jahre 1991–1993 waren bestimmt vom Versuch einer Systemreform der Kulturinstitutionen. Vor allem wurde die Verwaltung von Institutionen dezentralisiert, indem sie unterteilt wurden in:
- staatliche Kulturinstitutionen, deren Träger der Minister für Kultur und Kunst ist;
- selbstverwaltende Kulturinstitutionen, deren Träger Einheiten der territorialen Selbstverwaltung sind.

Zentral war in dieser Zeit die Verabschiedung des Gesetzes über die Organisation und Durchführung von kulturellen Aktivitäten im November sowie des Gesetzes zu Rundfunk und Fernsehen im Dezember 1991, das den öffentlichen Medien eine neue kommerzielle Form gab. Das Engagement des Staates für die Kulturszene äußerte sich auch in entstehenden Strategiepapieren für das Kulturressort. Nach dem Dokument „Kultur im Übergangszeitraum" von 1990 (in dem als Hauptaufgabe der Kulturpolitik des Staates der „Schutz der Bürgerrechte zur freien kreativen Arbeit, zur freien Wahl der Form der Teilhabe und zur freien Wahl ihres Wertes"(3) angenommen wurde) und nach den „Richtlinien der staatlichen Kulturpolitik" von 1992 wurde am 10. August 1993 vom Ministerrat das Dokument „Staatliche Kulturpolitik. Richtlinien" angenommen. Dieses nannte als Hauptaufgabe und Priorität die Pflege des nationalen Erbes, die Pflege des Buches, der Kinematografie, des künstlerischen Schaffens, der lokalen Kultur, der künstlerischen Ausbildung im Schulsystem und der Kulturellen Bildung.

3. Die Jahre 1994-1997 waren geprägt vom fortdauernden Prozess der Dezentralisierung und der Übernahme weiterer 79 Kulturinstitutionen aus der Regierungsverwaltung in die Hand die Städte. Träger der meisten bis dato existierenden staatlichen Kulturinstitutionen wurden Selbstverwaltungseinheiten der Woiwodschaft und – in vereinzelten Fällen – der Landkreise. Im November 1994 entstand ein weiteres Dokument „Aufgaben des Ministeriums für Kultur und Kunst 1995-1997", in dem definiert wurde, dass der Staat die Rolle des Mäzenen hat, und als wichtigste Aufgaben die Pflege des nationalen Erbes, die Förderung von Büchern und des Lesens sowie der Kulturellen Bildung festgelegt wurden. Im Jahr 1997 wurde ebenfalls der Bericht „Polnische Kultur 1989-1997"(4) veröffentlicht, der im Auftrag des Ministeriums für Kultur und Kunst im Institut für Kultur erstellt worden war. Dieser Bericht enthält eine Fülle elementarer Informationen über die sich verändernde polnische Kultur in der Zeit der Transformation und ist zweifelsohne eine wichtige Quelle für empirisches Wissen, aber auch eine interessante Sammlung von Texten, die die Prozesse und Phänomene interpretieren, die in der polnischen Kultur vor sich gingen. Er ist darüber hinaus ein ausführlicher zusammenfassender Blick auf die Umbrüche in der Kultur im Polen der 90er Jahre.

4. Die Jahre 1989-1999 waren die letzte Etappe der Dezentralisierung. Als Konsequenz der Verwaltungsreform kam es zu Veränderungen in der Organisationsstruktur und Finanzierung von Kultur. Die Erhöhung von Mitteln durch Einheiten der territorialen Selbstverwaltung führte dazu, dass die Finanzierung von Kultur zur Aufgabe der Gemeinde wurde und sich die Rolle des Staates nunmehr lediglich auf die Anwendung des Subsidiaritätsprinzips begrenzen sollte. Der Prozess der Dezentralisierung der Kultur und die Übertragung an Selbstverwaltungsinstitutionen fanden leider ohne klare Kriterien für die Unterteilung der Institutionen statt und vor allem ohne eine Definition der Rolle von Kultur in der Selbstverwaltungspolitik. Eines der am häufigsten angeführten Beispiele für Fehler, die in diesem Bereich gemacht wurden, war die falsche Einschätzung der Mittel, die 1999 den Selbstverwaltungen im Zusammenhang mit der Übernahme neuer Aufgaben im Kulturbereich zugewiesen wurden. Auch hatte man sich nicht wirklich bewusst gemacht, dass das ganze Kultursystem immer abhängiger von der Ökonomie wurde, von professioneller

Verwaltung, der Gesetzgebung, der Technologie, und dass es damit zu einer zivilisatorischen Veränderung kommt. Der öffentliche Sektor wurde kleiner, dafür vergrößerte sich das kulturelle Angebot aus der Zivilgesellschaft, es kamen Träger hinzu, die im privaten und regierungsunabhängigen Sektor aktiv waren, neue Player auf dem Kulturmarkt. In der Kulturpolitik, die ohnehin immer weniger Einfluss darauf hatte, was die Polen erwarteten und welche der verfügbaren kulturellen Angebote sie annahmen, kam es zu Überlegungen über Gefährdungen für die Kultur.

Im März 1999 entstand das Dokument „Ausrichtungen für die Kulturpolitik der Regierung", das über die Präsentation der Ressortarbeit und die Platzierung von Kultur in Strategiemaßnahmen des Staates hinausging. Dies war das erste Dokument, das keine Information des Kulturministers war und nicht lediglich dem Ministerrat vorgelegt wurde, sondern bei einer Sejm-Debatte als Regierungspapier diskutiert wurde. Die grundlegenden Aufgaben, die darin genannt werden, sind: Erhaltung und Entwicklung der nationalen und bürgerlichen Gemeinschaft, Erhaltung und Verbreitung des kulturellen Erbes, Entwicklung von Prinzipien zur Unterstützung von künstlerischem Schaffen und Kultureller Bildung sowie die Förderung von polnischer Kultur im Ausland.

Teilhabe an Kultur

Das in den 90er Jahren moderne Lebensmodell, das dem Selbstständig-Werden Vorschub leistete, aber auch das Gefühl verstärkte, sich in seinem Umfeld nicht zurechtzufinden, kennzeichnete zugleich eine Zeit, in der die Teilhabe der Polen an Kultur und kulturellen Aktivitäten bedeutend nachließen. Es kam zu einem sichtlichen Rückgang der Partizipation vor allem an der isolierten Sphäre der institutionalisierten Kultur. In der Publizistik dieser Jahre war oft die Rede von einer Kulturkrise. Zu finden sind aber auch Informationen und Beschreibungen von Phänomenen, die mit dem eigenartigen Begriff ‚audiovisuelles Wunder' bezeichnet wurden. Der Rückgang der Partizipation begann schon früher, vor 1989, und war vor allem der Verbreitung des Fernsehens geschuldet, das die Rolle der Kulturinstitutionen übernahm.(5)

Der freie Markt vereinnahmte nach und nach sowohl die Wirtschaft als auch die Medien. Das Fernsehen, das bis dato ausschließlich in den Händen des Staates gewesen war, öffnete sich für kommerzielle Sender. Millionen Polen, die im vorangegangenen System nur begrenzten Zugang zur Medienkultur der Welt hatten, konnten sich ab Beginn der 90er Jahre mittels eigener Fernseher dem Fernsehkonsum hingeben und die Geburt von polnischen und polnisch-sprachigen Sendern verfolgen, die mit dem bis dahin monopolistischen Polnischen Fernsehen TVP konkurrierten. Der Regress des kulturellen Lebens und der kulturellen Infrastruktur in vielen Bereichen, verursacht durch die Knappheit öffentlicher Gelder und die Verarmung der Gesellschaft, führte dazu, dass der audiovisuelle Sektor in dieser Zeit an Bedeutung gewann. Die Expansion dieses Sektors bedeutete vor allem, dass der Anteil der Haushalte, die mit Videorekordern, Satellitenantennen und Fernsehgeräten ausgestattet waren, prozentual um ein gutes Dutzend stieg. Möglich war dies dank des Preisabfalls für audiovisuelle Geräte und durch die Änderung der Umrechnungskurse westlicher Währungen im Verhältnis zum Złoty. Immer mehr Menschen und Haushalte konnten es sich leisten, sich ein Hauskino und ein häusliches Unterhaltungszentrum einzurichten. In den 90er Jahren schauten 90 Prozent der Gesellschaft gemeinsam im Kreis der Familie fern, lediglich 10 Prozent der Bevölkerung erklärten, sie hätten vollkommen allein ferngesehen. Der polnische audiovisuelle Markt wurde in dieser Zeit sehr attraktiv für internationale Firmen aus diesem Sektor, sowohl im Bereich der Technik als auch im Bereich der übermittelten Inhalte.

Gleichzeitig führte das Lebensmodell des Selbstständig-Werdens dazu, dass die Polen (besonders am Ende des Jahrzehnts) mehr Freizeit hatten, die sie nicht kreativ zu nutzen wussten. Die Phänomene der Globalisierung der Kultur, der gesteigerte Informationszufluss, die Entwicklung von sehr verschiedenen Formen der Popkultur (Massenkultur)(6) wurden zur Herausforderung für den Kultursektor und die Kulturpolitik. Es stellte sich nämlich die Frage, wie diejenigen kulturellen Aktivitäten gefördert werden sollten, die Gefahr laufen, aufgrund ihres Charakters aus dem gesellschaftlichen Raum der Rezeption verdrängt zu werden. Dies betraf sowohl die verschiedensten Formen der einheimischen Kunst als auch Varianten kultureller Aktivitäten, die mit der Entwicklung der elektronischen Medien und der massenhaften Kulturproduktion zurückgingen. Ein Beispiel dafür ist die künstlerische Amateurbewegung, die in der vorangegangenen Epoche, das heißt in der Volksrepublik Polen, als Möglichkeit zur Verbreitung und Egalisierung von Kultur betrachtet wurde. Die Transformation des politischen Systems, vor allem die Machtübertragung an die lokalen Selbstverwaltungen zur Gestaltung dieser Politik ließ die Bedeutung der Amateurbewegung erheblich schwinden, was wiederum einen Rückgang der Zahl von Amateurgruppen und des Interesses für diese Sphäre kultureller Aktivität nach sich zog. Denn immer öfter begrenzten die Polen ihre sozialen Beziehungen auf die Nutzung von Massenmedien. Ende der 90er Jahre kam es zu Aussagen von Politikern und Publizisten, die an die Rolle der Kultur als Bewegung anknüpften, wie sie für die 80er Jahre charakteristisch war, als dank der kulturellen Aktivität die Polen das öffentliche Leben mit ihren Ambitionen und Haltungen in viel größerem Maße gestalteten als andere Bereiche des gesellschaftlichen Lebens. Es muss jedoch auch hinzugefügt werden, dass die Teilung in Massen und in Eliten, die höhere Werte verkörpern, nun aufhörte zu existieren, obwohl – wie zu sehen ist – es die Sehnsucht nach einer solchen Rolle von Eliten durchaus gab.

Die gesellschaftlichen Prozesse Ende des 20. Jahrhunderts waren verbunden damit, dass neue Medien aufkamen und die Massengesellschaft sich gleichzeitig in eine Konsumgesellschaft umgestaltete. Sie führten zur Differenzierung kultureller Bedürfnisse und soziokultureller Muster, zur Spaltung der Generationen, Identitätsproblemen und zu Spaltungen, die aus der Ungleichheit der ökonomischen Positionen herrührten.

Laut Studien der 90er Jahre und Ergebnissen von Meinungsumfragen waren die Hauptfaktoren, die die kulturelle Aktivität der Polen zu dieser Zeit bestimmten, die materielle Situation und der Bildungsstand. Marian Golka[7] analysierte 1996 die Determinanten des Wandels in der kulturellen Teilhabe und benannte als konkrete Bedingtheiten in dieser Zeit:
- finanzielle Kosten der Teilhabe an Kultur
- fehlende Freizeit
- die durch die Gesellschaft vermittelte pessimistische oder optimistische Überzeugung, die eigenen Lebensbedingungen verbessern zu können

Grundlegende Rahmenbedingungen waren:
- ein geringer Stellenwert des kulturellen Lebens in der gesellschaftlichen Wertehierarchie und der Verlust seines Selbstzweck-Charakters
- ein Niedergang des symbolisch-romantischen Wertekomplexes
- die Verdrängung der Partizipation an Kultur angesichts wachsenden Konsums
- ein fehlendes Verständnis von Kultur als Gemeingut in den Maßnahmen des Staates und der politischen Parteien, der Kirche und der Massenmedien
- mangelnde Bildung und Erziehung für die Kultur
- die geschichtliche Wende, die die Verbreitung von Kultur und die Beteiligung an ihr nicht begünstigte
- der Wandel der polnischen Intellektuellen von einer vorbildgebenden gesellschaftlichen und kulturelle Elite zu einer typischen geistigen Klasse, für die ihr professionelles instrumentelles Wissen und nicht die Tugenden des Geistes herausragendes Merkmal und in der Gesellschaft prestigebildend ist
- zivilisatorische Megatrends wie die Marktwirtschaft, die Entwicklung des Pluralismus und der Demokratie sowie der Massenkommunikation

Aus dem Bericht Polnische Kultur 1989–1997 geht hervor, dass der stärkste Rückgang der quantitativen Teilhabe an künstlerischem Schaffen in das Jahr 1992 fällt. Dies steht im Zusammenhang mit der ökonomischen Situation der Haushalte, die zu dieser Zeit die Folgen der Balcerowicz-Reformen am heftigsten zu spüren bekamen. Die Schwierigkeiten des Alltagslebens beeinflussten den Wandel der Bedürfnishierarchie, und die Grundbedürfnisse wurden zu den wichtigsten. Der Zustand der polnischen Gesellschaft wirkte sich hier direkt auf die Sphäre der Partizipation an Kultur aus. Im Jahr 1992 vermerkten fast alle Kultureinrichtungen die niedrigsten Zuschauer- und Hörerzahlen. Ab 1993 kam es in den meisten Institutionen zu einem deutlichen Anstieg der Publikumszahlen. Dies war jedoch keine stetige Tendenz, bereits in den Jahren 1994 und 1995 wurde wieder ein Rückgang der Zuschauer- und Hörerzahlen verzeichnet. Dieses Phänomen des Rückgangs (im Jahr 1995 im Vergleich zu 1990) ist beispielsweise für Kunstgalerien charakteristisch (um 53 Prozent), für Philharmonien (um 82 Prozent), für dramatische Theater (um 8 Prozent) und für Museen (um 12 Prozent). Zugleich ist im betrachteten Zeitraum eine Steigerung der Besucherzahlen beispielsweise in Musiktheatern(8) und Kinos zu verzeichnen. Ausgelöst wurde das Interesse in hohem Maße durch das attraktive Repertoire, das unter anderem eine Menge spektakuläre Weltpremieren enthielt.

Ein gutes Beispiel ist „Metro", ein polnisches Musical mit Musik von Janusz Stokłosa und einem Libretto von Agata Miklaszewska und Maryna Miklaszewska, Regie führte Janusz Józefowicz. Es war eine große Sensation, ein enormer Erfolg, die erste Kultvorstellung der 90er Jahre (Premiere 1991) mit unschätzbarer Bedeutung nicht nur für das polnische Theater, sondern auch für den ganzen Musikmarkt. Das Musical war eine unabhängige Produktion, der ein polenweites Casting vorausgegangen war.

Die 90er Jahre waren Zeiten eines attraktiven Filmangebotes, das sich als so umfangreich erwies, dass es in den Städten an Kinosälen fehlte. Im Jahr 1995 entstand als joint venture zwischen dem UCI, United Cinemas International, und dem ITI, International Trading and Investments Holdings SA Luxemburg Multikino, ein Netz an Multiplex-Kinos.(9) Ein Durchbruch, der die Rückkehr der Kino-Mode (weg vom Heim-Kino und dem Schauen von Filmen auf Videokassetten) einleitete, war der Film Jurassic Park von Steven Spielberg im Jahr 1993.(10) Dies ist Filmverleihen zu verdanken, die in den 90er Jahren sehr dynamisch tätig waren, wodurch die Zuschauer in Polen die Filme bereits kurz nach ihrer Premiere sehen konnten, manche Produktionen kamen sogar früher nach Polen. Von 1992 bis 1995 kam es zu einer Steigerung der Zuschauerzahl in den Kinos um über 70 Prozent.

Die 90er Jahre waren auch:
- ein Markt der leichten Literatur, die für Leser der mittleren Bildungsschicht bestimmt war (Abenteuerliteratur, Fantasy, Ratgeber, Romanzen, Bücher über private Geheimnisse berühmter Leute)
- ein Pressemarkt, der von Publikumszeitschriften dominiert wurde
- Heim-Kino, das sich durch die Nachfrage nach Videorekordern und ein Netz von Videotheken entwickelte
- ein in der Entstehung befindlicher Markt für Computerspiele, die sich besonders unter Jugendlichen immer größerer Beliebtheit erfreuten
- die Entwicklung des kommerziellen Fernsehens und des Satellitenfernsehens, das beispielsweise als Kabelfernsehen empfangen wurde. Der Boom des Satellitenfernsehens begann, nachdem 1991 die Vorschriften gestrichen worden waren, nach denen man hierfür eine entsprechende Erlaubnis der Polnischen Post haben musste.

Ein charakteristisches Phänomen dieser Jahre war die Teilhabe an der Populärkultur, die dominiert war vom Fernsehen, vom Musikhören (hauptsächlich Popmusik), dem Lesen von Zeitungen, Zeitschriften (Publikumsmagazinen) und Büchern und dem Kennenlernen und Beteiligen an der Adaption neuer Phänomene, wie zum Beispiel der Techno-Kultur, neuer Bräuche, die in Polen heimisch wurden (wie der Valentinstag und Halloween), sowie der Teilnahme am Massentourismus, der sich als eines der wichtigeren kulturgesellschaftlichen Phänomene der 90er Jahre erwies. Diese intensive Partizipation war speziellen Marketingmaßnahmen zu verdanken, die mit der Popkultur verbunden waren und einen attraktiven Markt der verschiedensten kulturellen Güter und Dienstleistungen schufen. Die Häufigkeit der Kontakte mit Popkultur und der künstlerischen Hoch-Kultur änderte sich in den 90er Jahren nicht sonderlich, die Partizipation an der Hochkultur jedoch, die entsprechende kulturelle Kompetenzen erforderte, hatte normeln sporadischen und Gelegenheitscharakter. Alle Studien zur kulturellen Partizipation, die im letzten Jahrzehnt des 20. Jahrhunderts durchgeführt wurden, zeigen, dass für die Mehrheit der Polen (etwa 70 Prozent) das Fernsehen die Hauptform der Partizipation an Kultur war.

Die Kulturelle Bildung

- Kulturelle Bildung, als eines der grundlegenden Bedürfnisse des zeitgenössischen Polen, ist die vorrangige Aufgabe des Staates. Sie kann durch die Errichtung neuer gesetzlicher Normen realisiert werden, durch die Initiation neuer Bildungsprogramme als Elemente der Schulbildung,

durch die Zusammenarbeit mit Medien und die Organisation kultureller Veranstaltungen.
- Eine besondere Aufgabe des Staates ist der Schutz der jüngsten Nutzer von Kultur vor schädlichen Inhalten der Massenkultur, die in Medien, in der Werbung und bei verschiedensten künstlerischen Veranstaltungen auftauchen.(11)

Traditionell wird die Kulturelle Bildung mit der Vorbereitung auf den Kontakt mit der Symbolkultur als Sphäre von Werten, Zeichen und Bedeutungen sowie mit Verhaltensweisen, die die Verständigung der Menschen untereinander bestimmen, verbunden. Die Kulturelle Bildung gehört zum gesellschaftspolitischen Bereich des Staates und hat eine wesentliche Bedeutung für den Aufbau einer offenen und toleranten Gesellschaft. In den 90er Jahren wurde sehr viel von Kultureller Bildung gesprochen und geschrieben, hauptsächlich im Zusammenhang mit Gefahren wie dem Konsumismus und dem Rückgang der Partizipation an Kultur. Eine halbwegs genaue Beschreibung der gesellschaftlichen Bedingtheiten der Kulturellen Bildung in den 90er Jahren liefern die Ergebnisse von Studien, die vom Institut für Kultur im Auftrag des Ministeriums für Kultur und Kunst in den Jahren 1992–1995 vorgenommen wurden.

In der Studie des Instituts für Kultur von 1993 wird Vertreterinnen und Vertretern von Institutionen, die mit kulturellen Aktivitäten zu tun haben, folgende Frage gestellt: „Die Kulturelle Bildung ist ein Begriff mit weit gefasster Bedeutung. Man kann ihn unterschiedlich auslegen, je nachdem, welchen seiner verschiedenen Aspekte man betonen will. Bitte beschreiben Sie kurz, was Sie unter dem Begriff Kulturelle Bildung verstehen."(12) Unter den Antworten dominierten drei Auslegungen des Begriffes.

Erstens: Die Herausbildung kultureller Kompetenzen, die Bereicherung der geistigen und intellektuellen Entwicklung des Individuums, die Vorbereitung des Individuums auf die bewusste Rezeption und Bewertung von Kulturgütern, die Herausbildung von kulturellen Gewohnheiten und Vorlieben, auch die Vermittlung von Wissen über die nationale Kultur und die Kultur anderer Länder.

Zweitens: Die Vorbereitung des Individuums, hauptsächlich des jungen Menschen, auf die Partizipation an Kultur. Dieses Verständnis von Kultureller Bildung verband man mit der Mitwirkung in Kunstinstitutionen, mit dem Lesen, der Kreation und dem Schutz von Kulturgütern und mit ihrer Verbreitung. Dem Auslegungsfeld von Kultureller Bildung wurde hier die Teilhabe an verspielter Kultur und Sport beigefügt.

Drittens: Die Entwicklung der Persönlichkeit, hauptsächlich durch die Entwicklung ethischer, emotionaler und ästhetischer Sensibilität. Hierbei (Kulturelle Bildung wurde in dieser Auslegung am seltensten beschrieben) wurden auch gute Erziehung, die Beziehung zur Natur, die eigene Gesundheitspflege und die persönliche Hygiene einbezogen.

Die entschiedene Mehrheit der Befragten war vom hohen Stellenwert und der Bedeutung von Kultur und Kultureller Bildung überzeugt.

Die Studie umfasste institutionalisierte Formen der Bildungsarbeit, die lokale Landschaft, die Medien, die Familie, aber vor allem die Jugend. In der ersten Etappe des Monitorings, das um die Jahreswende 1992/93 durchgeführt wurde, wurden 47 Gemeinden untersucht, darunter 18 Institutionstypen, die verschiedenste Formen kultureller Bildungsarbeit durchführten. Die gesammelten Informationen bestätigten, dass in vielen untersuchten Gemeinden Phänomene vorzufinden sind wie zum Beispiel:
- schwache kulturelle Infrastruktur,
- finanzielle Schwierigkeiten, die die Arbeit lokaler Institutionen für Kultur und Bildung behindern.

Diese kulturelle Infrastruktur, das heißt die Versorgung des Gemeindegebietes mit Institutionen und Einrichtungen für Kultur und Bildung, legte im hohen Maße die Möglichkeiten kultureller Bildungsarbeit in lokalen Gemeinschaften fest. In Gemeinden mit ausgebauter kultureller Infrastruktur waren ein reicheres, das heißt vielseitigeres Angebot an lokalen kulturellen Veranstaltungen und eine stärkere Zusammenarbeit zwischen den verschiedenen Institutionen im Bereich Kulturelle Bildung zu verzeichnen. Die Studienergebnisse zeigten die sehr wichtige Rolle der Schule, der Gemeindekulturzentren und der öffentlichen Bibliotheken für die Gesamtheit des kulturellen Lebens in den untersuchten städtisch-ländlichen und rein ländlichen Gemeinden.
In städtisch-ländlichen Gemeinden waren, wie sich herausstellte, eine natürliche Stütze und Hinterland der Kulturellen Bildung vor allem die Familie und die lokalen Kulturzentren, in ländlichen Gemeinden hingegen die Schule und die öffentliche Bibliothek. In kleinen ländlichen Gemeinden mit schwacher Infrastruktur und geringer kultureller Aktivität konnte man nicht auf die Familie zählen, weil sie keine kulturellen Gewohnheiten und keine Möglichkeiten hatte, kulturelle Bedürfnisse zu befriedigen. Es fehlte an Einrichtungen der Gemeinde, und wenn sie vorhanden waren, dann funktionierten sie als dörfliche Kulturhäuser oder Klubs mit sehr bescheidenen Möglichkeiten. Die Ergebnisse dieser Untersuchungen zeigten vor allem einen stark spürbaren Mangel an kompetentem Personal zur

Durchführung kultureller Bildungsarbeit, insbesondere in ländlichen Gemeinden. Die Ethik-Lehrer in der Schule oder die Bibliothekare als Kulturarbeiter waren nicht in der Lage, ihre Bildungsfunktionen zu erfüllen. Es fehlte ihnen eine inhaltliche Basis.

Die Fortsetzung der Studie, die um die Jahreswende 1992/93 durchgeführt wurde, trägt den Titel: Das Umfeld der Kulturellen Bildung von Kleinstädten und Dörfern aus der Perspektive der Jugend – Studie 94. Die Untersuchungen fanden in achten Klassen von Schulen statt, die sich in Ortschaften mit Gemeindesitz und in engster Nachbarschaft des Gemeindeamts befanden. In der Studie 94 wurde eine Stichprobe der für die Studie 93 ausgewählten Gemeinden verwendet. Die Studie 94 hatte eine etwas andere Form, denn ihr Ziel war es unter anderem, auch eventuelle Abhängigkeiten zwischen der kulturellen Form der Partizipation und der nationalen Tradition des häuslichen Umfeldes zu untersuchen. Die Ergebnisse der Studie 94 zeigten die Korrelation zwischen der sozial-beruflichen Position der Eltern und der Aktivität im Bereich Kulturelle Bildung, zum Beispiel bei der Initiierung von außerschulischem Unterricht für Jugendliche durch die Eltern. Eltern mit mittlerem und höherem Bildungsstand schickten ihre Kinder öfter zu Sprach- oder Musikkursen als Eltern, die diesen Bildungsstand nicht hatten.

Das Angebot von außerschulischem Unterricht erreichte fast die Hälfte der befragten Jugendlichen nicht. Die von den Jugendlichen genannten Gründe dafür, dass sie das Angebot nicht wahrnahmen, waren eher subjektiver Natur (fehlendes Bedürfnis) als objektiver, wie zum Beispiel kein Angebot und kein Geld. Die Studie 94 zeigte eine begrenzte Reichweite der Kontakte der dörflichen und kleinstädtischen Jugend mit Kultur auf höherem Niveau (Theater, Oper, Philharmonie). Diese Kontakte wurden ihnen hauptsächlich durch audiovisuelle Medien garantiert. Beispielsweise erklärte lediglich ein Prozent der Jugend, dass sie ernste Musik rezipieren. Als Hauptbarriere der kulturellen Partizipation der Jugend wurde ein erschreckend niedriges Niveau an kulturellen Bedürfnissen genannt.

Die Analyse des Wirkungskreises Kultureller Bildung in Kleinstädten und Dörfern (10 Woiwodschaften, 47 Gemeinden) zeigte die Ungleichheit der kulturellen Chancen und die unterschiedlichen Bildungsmöglichkeiten der dörflichen Jugend selbst innerhalb der gleichen Gemeinde. Die Analyse machte auch Defekte im Wirkungskreis der Kulturellen Bildung sichtbar – in den Familien, den Schulen, den Kultureinrichtungen, dem gleichaltrigen Umfeld und anderen Bereichen, die für die Stimulation der kulturellen Entwicklung und das Wecken kultureller Bedürfnisse und Interessen wichtig sind.

Nach einer Phase der Faszination für die westeuropäische und amerikanische Kultur wurde zur damaligen Zeit die Diskussion über die Förderung wertvoller polnischer Angebote und der Befähigung zur Rezeption traditioneller und neuer künstlerischer Phänomene besonders wichtig. Diese Aufgabe wurde dem Minister für Kultur und Kunst übertragen, der durch seine Schirmherrschaft für Chancengleichheit in der Kulturellen Bildung sorgen, gleichzeitig das Recht der Bürger auf freie Wahl der Institutionen und Formen Kultureller Bildung schützen sowie rechtliche Grundlagen und finanzielle Mechanismen schaffen sollte, die es Einzelpersonen, sozialen Gruppen, lokalen Regierungen und Vereinen ermöglichen, Bildungsaktivitäten zu initiieren. Erst Ende der 90er Jahre wurden auf staatlicher Ebene konkrete integrierte Maßnahmen im Bereich der Kulturellen Bildung etabliert.

Dank der Studien und Analysen entstand das „Ressortübergreifende Programm für Kulturelle Bildung", erarbeitet von den Ressorts für Nationale Kultur und Bildung unter Beteiligung von Vertretern von Rundfunk und Fernsehen sowie des Programms „Kulturelles Erbe in der Region", das auf die Bedürfnisse einer humanistischen Bildung, basierend auf kulturellen Werten(13), eingehen sollte.

Die kulturelle Strategie der Gemeindevorstände, darunter Maßnahmen zur Kulturellen Bildung nach Diskussionen zur Einführung des Ressortübergreifenden Programms, lässt sich am Beispiel von Warschauer Gemeinden zeigen(14). Kulturelle Bildung war für die Mehrheit unter ihnen die prioritäre Richtung der Politik und der Kulturarbeit. Auf Grundlage von zusammengetragenem empirischem Material wurden mehrere Modelle der Kulturellen Bildung unterschieden, die für die 90er Jahre charakteristisch waren:

- ein Modell, in dem die Bildungsarbeit sich ausschließlich auf die Schulen beschränkt; die Gemeinde finanziert kulturelle Veranstaltungen in der Schule
- ein Modell für Bildungsarbeit in Kultur- und Bildungszentren der Gemeinde, in denen Massenveranstaltungen zur Bildung von Kindern und Jugendlichen in musischen Fächern durchgeführt werden, Lehrveranstaltungen für begabte Kinder sowie Lehrveranstaltungen für Theater und Musik für ältere Jugendliche
- ein Bildungsmodell, das auf Aktivitäten in Gemeinde- und genossenschaftlichen Kulturinstitutionen und in Schulen beruht (Beispiele sind das Zentrum für Kultur und Internationale Integration im Warschauer Stadtteil Ursynów und Kulturzentren, für die Wohngenossenschaften zuständig sind)

Zu Aktivitäten im Bereich Kulturelle Bildung kam es auch in:
- staatlichen Unternehmen, die über eine eigene institutionelle Struktur in Form von Bibliotheken, Klubräumen, Radiozentralen, Zeitungen verfügten
- Pfarreien, in denen Theater- und Musikveranstaltungen zu den grundlegenden religiösen Aktivitäten gehörten
- Programmen von Stiftungen und Vereinen, deren Hauptziel die Pflege und der Wiederaufbau der regionalen Tradition war
- privaten wirtschaftlichen Trägern, die eine Kulturarbeit leisteten, die auf Profit und die Gewinnung neuer Kunden ausgerichtet war

Zur Vervollständigung dieses Bildes muss der spontane und lebhafte Prozess der Dezentralisierung des kulturellen Lebens in den 90er Jahren erwähnt werden. Bedeutende erfolgreiche Kulturinitiativen in verschiedenen Orten in Polen, oft sehr weit entfernt vom Zentrum, wurden von Künstlern und Pädagogen unternommen, die nicht mit dem lokalen Netz der Kulturinstitutionen verbunden waren. Mit dem zunehmend besseren Funktionieren der Selbstverwaltungsstrukturen kam es zu neuen Initiativen und kulturbildenden Zentren. Beispiele dafür sind Stiftungen wie Pogranicze Sztuk, Kultur, Narodów (Das Grenzgebiet der Künste, Kulturen, Völker) in Sejny, Muzyka Kresów (Musik aus dem Grenzland) in Lublin, die Kulturgemeinschaft Borussia in Olsztyn und auch das Forum Inicjatyw Pozarządowych (Forum für Nichtregierungsinitiativen), in dem sich die kulturelle Aktivität mit der Arbeit für die Entwicklung der Zivilgesellschaft verband. Die Menschen, die sich für die Schaffung neuer Träger einsetzten, waren Pädagogen eines neuen Typus, die auch im Bereich der Kulturellen Bildung, hauptsächlich durch Experimente und Erfahrungen damit, neue Formen kreierten und die mit ihrer Arbeit zur aktiven Teilnahme an Kultur anregten. Zur damaligen Zeit handelte es sich um innovative Aktivitäten, für die alle zugänglichen Mittel eingesetzt wurden (die lokale Presse, das lokale Radio, das Kabelfernsehen), um dem um sich greifenden Stil der passiven Beteiligung entgegenzuwirken.

Der hohe Stellenwert von Kultur im Leben des Individuums und der Gesellschaft und die Auslegung von Kultureller Bildung als Prozess, der die kulturelle Übertragung unterstützt und Kompetenzen und Kreativität formt, waren präsent im Bewusstsein derer, die sich mit Pädagogik und Bildung in lokalen Gemeinschaften, aber auch in Städten beschäftigten. Diese Kreise teilten sich die Arbeit: Pädagogen, die mit unkonventionellen Methoden arbeiteten, jedoch nur vereinzelte Gemeinschaften erreichten, und Pädagogen, die oft unter sehr schwierigen Bedingungen nach konventionellen, zuweilen veralteten Standards der Kulturellen Bildung arbeiteten, die von Institutionen wie Kulturhäusern, Bibliotheken, Schulen und Pfarreien entwickelt worden waren.

Fazit

Die polnische Kultur musste nach der Zeit der Volksrepublik Polen ihren Platz im gesellschaftlichen Leben neu finden. Sie hörte auf, ein Raum des Widerstands zu sein, musste nicht mehr nach Ausdrucksformen suchen, mit denen sie das Verbot durch die Zensur umgehen konnte. Die 90er Jahre zeigten, dass die Kosten-Nutzen-Rechnung ein komplizierter Adaptionsprozess war, der enorm von den eingeführten gesetzlichen und ökonomischen Regelungen beeinflusst wurde, von der Transformation des Systems und des Marktes, aber auch vom Verhalten der Polen und ihrer Zustimmung zu den sich vollziehenden Veränderungen, und zwar durch ihre Aktivität und Partizipation an Kultur.

(1) T. Kostyrko: Wprowadzenie – obszar naszych zainteresowań (Einführung – unser Interessengebiet), in: Kultura polska w dekadzie przemian (Polnische Kultur im Jahrzehnt der Wende), hrsg. v. T. Kostyrko, M. Czerwiński, Warszawa 1999, S. 9–10.
(2) Nach einer Analyse für Narodowa Strategia Rozwoju Kultury (Nationale Strategie für Kulturentwicklung) für die Jahre 2004–2013. Warszawa: MKiDN 2007, S. 8. Dokument, das im Vergleich zum von der Regierung der Republik Polen 2004 angenommenen Dokument modifiziert ist. Angepasst an die Anforderungen des Gesetzes vom 6. Dezember 2006 über die Prinzipien zur regionalen Entwicklung, CPO.
(3) A. Wąsowska-Pawlik: Polityka kulturalna Polski 1989–2012 (Die Kulturpolitik Polens 1989–2012), in: Kultura a rozwój, (Kultur und Entwicklung), hrsg. v. J. Hausner, A. Karwińska, J. Purchla, NCK (Nationales Zentrum für Kultur), Warszawa 2013, S. 113.
(4) Kultura polska 1989–1997. Raport (Polnische Kultur 1989–1997. Ein Bericht), hrsg. v. T. Kostyrko, Warszawa 1997.
(5) Ende der 80er Jahre und zu Beginn der 90er Jahre entwickelten sich in Polen Kabelfernsehnetze. Angeboten wurden vor allem ausländische Kanäle, die damals im Grunde nicht ganz legal ausgestrahlt wurden, ohne die Unterzeichnung von Verträgen mit den Sendern und oft ohne deren Wissen. Der Hauptgrund dafür war natürlich, dass es an entsprechenden Regelungen fehlte.
(6) Massenkultur ist ein Begriff, der negative Assoziationen hervorruft. Sie wurde wahrgenommen als Werkzeug zur Vereinheitlichung menschlicher Geschmäcker, Bedürfnisse und Verhaltensstandards, während der Begriff der Popkultur, der zumeist das beinhaltet, was vorher – manchmal auch jetzt – Massenkultur genannt wurde, Strömungen aus sehr verschiedenen Botschaften integriert, von Inhalten mit verschiedenen Formen, die an viele, ganz bestimmte Empfänger gerichtet sind. Popkultur ist die Antwort auf verschiedene Erwartungen. Sie nivelliert nicht die Unterschiede, sondern vertieft und verfestigt sie.
(7) Siehe: Kultura polska 1989–1997. Raport (Polnische Kultur 1989–1997. Ein Bericht), S. 133.
(8) Musiktheater erfreuten sich schon in den 80er Jahren einer enormen Beliebtheit unter den Zuschauern, hauptsächlich wegen des modernen Repertoires, das auf internationalen Bühnen präsent war.

(9) Das erste Kino dieser Kette entstand 1998 in Poznań. Ein weiteres Objekt wurde 1999 in Warschau zu Nutzung freigegeben. Das Repertoire umfasste viele kommerzielle Hollywood-Produktionen, aber auch eine Reihe wichtiger und bedeutender Filme (zum Beispiel Die zwei Leben der Veronika von K. Kieślowski, Das Piano von J. Campion, Der geheime Garten von A. Holland, Erbarmungslos von C. Eastwood).

(10) Jurassic Park wurde 1993 von 2,8 Millionen Zuschauern gesehen, das ist eine Rekordzahl.

(11) „Antwort des Staatssekretärs im Ministerium für Kultur und Nationales Erbe – mit der Bevollmächtigung des Ministers – auf die Anfrage Nr. 2.673 zu den Perspektiven der Entwicklung der polnischen Kultur", 16. November 1999, http://orka2.sejm.gov.pl/IZ3.nsf/main/4F8E3916 (Abruf am 09.06.2018).

(12) E. Kolbowska: Społeczne warunki edukacji kulturalnej w Polsce lat dziewięćdziesiątych (Die sozialen Bedingungen der kulturellen Bildung im Polen der 90er Jahre), in: Kultura polska 1989–1997. Raport (Polnische Kultur 1989–1997. Ein Bericht), S. 155.

(13) Beschluss der Republik Polen vom 20. August 1997 zur kulturellen Bildung, dem kulturellen Erbe in der Region und der Promotion und Entwicklung von Begabungen der jungen Generation der Polen. http://prawo.sejm.gov.pl/isap.nsf/download.xsp/WMP19970540512/O/M19970512.pdf (Abruf am 09.06.2018).

(14) Siehe: Kultura polska 1989–1997. Raport (Polnische Kultur 1989–1997. Ein Bericht), S. 150.

Der rote Faden wird weiter gesponnen

Alternative Kulturaktivitäten in der DDR

Thomas Krüger, DDR-Bürgerrechtler, Jazz-Fan und Präsident der Bundeszentrale für politische Bildung, im Gespräch über seine Kontakte nach Polen, den Warschauer Jazz-Jamboree und Opposition in der DDR – mit **Adam Gusowski und Daniel Kraft**

Adam Gusowski/Daniel Kraft: Für viele ist die Jugend die Zeit des ersten gesellschaftlichen und politischen Engagements. Ihre Jugend fiel auf die Mitte der 70er Jahre in der DDR. Was war die DDR für Sie gerade zu jener Zeit? Welche Bilder, welche Emotionen verbinden Sie mit den 70er Jahren und mit diesem Staat in Ihrer Jugend?

Thomas Krüger: Die DDR war ein merkwürdig langweiliges Land, es war da eine Bräsigkeit, die nicht zu überbieten war. Man ist irgendwie groß geworden in einer Zeit, die nicht wirklich spannend war. Die politische Sozialisation verlief bei mir im Kontext weltpolitischer Ereignisse. Was ich wahrgenommen habe, ist, dass ich zum Beispiel in der Schule rote Rosen für Mikis Theodorakis gemalt habe. In meinem Elternhaus habe ich den Sechstagekrieg in Israel am Radio mitverfolgt, und natürlich war der Vietnam-Krieg präsent. Ideologisch war ich in der DDR immer in der Situation, dass man mich auf Linie bringen wollte. Und da kam dann mein Elternhaus ins Spiel. Dessen kritische Distanz hat mich mehr geprägt als die staatlich verordneten Lehrinhalte. Als dann Mitte der 70er Jahre die Ereignisse mit Wolf Biermann passierten, war plötzlich eine Situation da, wo man Farbe bekennen musste. Dies führte bei mir zunächst zu meiner ersten Verhaftung.

Gusowski/Kraft: Da waren Sie 20?

Krüger: Nein, noch jünger, 19!

Gusowski/Kraft: Das war, als Sie an dem Prozess gegen Havemann 1978 in Fürstenwalde dabei waren.

Krüger: Genau, ich hatte mit Freunden versucht, in die öffentliche Verhandlung gegen Robert Havemann wegen Devisenvergehens im Kreisgericht Fürstenwalde reinzukommen. In Fürstenwalde habe ich meinen Beruf gelernt, als Plast- und Elastverarbeiter. Wir hatten eine Gemeinde dort, eine engagierte Gruppe von jungen Leuten unter dem Dach der Kirche, und sind einfach los marschiert. Das war ab Anfang der 80er Jahre: Biermann war ausgewiesen, Sarah Kirsch war schon außer Landes. Wir sind dann bei Havemann, der Ikone der DDR-Opposition, eben in dieses Kreisgericht gegangen, um uns solidarisch zu zeigen. Einfach, um uns zu zeigen: „Wir schauen zu". Das führte sofort zur Feststellung der Personalien. Wir kamen nicht in den Knast, sondern wurden verhört. Es war (noch) nicht die Stasi, sondern nur die Polizei.

Eine kleine Blase der eingebildeten Freiheit

Gusowski/Kraft: Sie waren schon damals, Anfang der 80er Jahre, in der Subkultur aktiv.

Krüger: Neben den politischen Aktivitäten in den 80er Jahren habe ich mich in den kirchlichen oder kirchennahen Kreisen engagiert. Allerdings jetzt nicht, indem ich jede Woche zu den Besprechungen und Diskussionen ging, sondern ich war eher aktionsorientiert unterwegs. Friedenswerkstatt hieß dieses damals recht große Format. Auch bei Aktionen für Frieden und Abrüstung habe ich immer mitgemacht.

Gusowski/Kraft: Und immer wieder die Kunst …

Krüger: In der Jugend sucht man nach Freiraum und Selbstverwirklichung. Deshalb habe ich versucht, mir in diesem langweiligen Land einen Abenteuerspielplatz zu bauen. Und dies ging am besten mit verrückten Reiseaktionen: Ich habe Straßentheater in Ungarn gespielt, eine Fahrradtour durch den Norden der DDR gemacht oder in Zeltlagern und auf öffentlichen Marktplätzen Theaterstücke vorgeführt. Das war eher als Gemeinschaftserlebnis gedacht. Wir wollten nicht konform sein, sondern einfach was anderes machen. Die kleine Distanz artikulieren, Freiheit ausdrücken und uns organisieren. Da ist sehr schnell die künstlerische Form als Medium interessant geworden.

Kraft: Dazu gehörte dann auch sicher der Jazz, oder?

Krüger: Ich war regelmäßig bei Free Jazz-Veranstaltungen, die schon seit den 70er Jahren eine große Rolle spielten. Meine ersten Konzerte habe ich bereits vor meiner Armeezeit in den 70er Jahren besucht. Das war eine unbändige, nicht zu maßregelnde Form von künstlerischem Ausdruck. Sehr expressiv. Die Regeln brechend. Das sind Referenzpunkte gewesen, die für mich wichtig waren. Mich haben die künstlerischen Aktionen in Leipzig und Berlin brennend interessiert, das, was in selbstgegründeten Galerien oder bei Lesungen privat zu Hause passierte. Der Kunstbereich war für mich sozusagen eine kleine Blase der eingebildeten Freiheit. Freiheit unter den Bedingungen von Unfreiheit. Das Bild des Trainingslagers trifft es am besten. Man hat mal geübt, wie es wäre, wenn …

Gusowski/Kraft: War die Punk-Band Schlimme Limo auch so eine Trainingsübung?

Krüger: Oh ja, die Schlimme Limo! Eine schräge Geschichte Ende der 80er Jahre. Ich habe damals als Vikar in der Kirchgemeinde Berlin-Friedrichshain gearbeitet. In dieser Gemeinde tauchten zweimal die Woche Punks auf, die meistens keine feste Nahrung zu sich nahmen. Die habe ich betreut, bin mit ihnen zum Gericht gegangen usw. Denn die DDR-Punks bekamen oft unter irgendwelchen Vorwänden Verfahren an den Hals. Einige von denen haben dann eine Punkband gegründet und in der Kirche immer dienstags und donnerstags geübt. Einmal habe ich ihnen vorgeschlagen, dass wir zusammen nach Leipzig zu einem Event fahren. Dabei ging es darum, ein paar Sachen aufzuführen, also haben wir kurzerhand eine ‚Band' gegründet. Ein anderer Bekannter von mir, mit dem ich bis heute verbunden bin, und ich haben mit den Punks dann für diesen Anlass Arbeiterlieder eingeübt. Zum Beispiel Spaniens Himmel von Paul Dessau: „Wir kämpfen und siegen für dich: Freiheit!" Das waren schräge Performances, mit Schlagzeug, Eisenstangen und Bass; und das Ganze nannten wir dann Schlimme Limo...

Gusowski/Kraft: ... schlimmer Name.

Krüger: Diese Selbstbezeichnung ostdeutscher Band- und Gruppennamen war sehr kreativ. Es gab eine spezifische ostdeutsche Ästhetik, ein bisschen eine direkte Warenästhetik. Eine Gruppe hieß Schwerer Brüter 3 (statt Schneller Brüter), oder die Straßentheatergruppe, mit der wir in Ungarn waren, hieß Art Breaker, also die Kunstkotzer. Hirnschrot, eine andere Gruppe, war eine Figur von Hans Sachs im Volkstheater. Wir fanden Hirnschrot so treffend, dass dies gleich der Name unserer Straßentheatergruppe wurde. Es passte in die 80er Jahre, in der die DDR sich von innen her delegitimiert hatte. Meine Generation, die dort erwachsen geworden ist, hatte eigentlich ein ganz anderes Leben angefangen, das gar nichts mehr mit der DDR zu tun hatte. Diese Einstellung kam natürlich immer wieder an Grenzen und war auch zum Scheitern verurteilt, erst recht, als ganz viele Leute ausgereist sind und für sich eine Zäsur gemacht haben. Der Geist der 80er Jahre war geprägt von einer permanenten Einübung und Grenzüberschreitung in das Porös-Machen gängiger Verabredungen. Künstlerisch war es eine Spätphase des sozialistischen Realismus und politisch gesehen auch eine Spätphase des real existierenden Sozialismus. Das haben alle irgendwie gespürt, das lag in der Luft. Darauf haben wir reagiert.

Da waren uns die Polen immer viele Schritte voraus

Gusowski/Kraft: Da wir gerade über Grenzen sprechen: Schauten Sie manchmal über die Staatsgrenzen? Hatten Sie Kontakt nach Polen, hörten Sie polnische Musik, fuhren Sie zu polnischen Festivals nach Szczecin oder Gryfino oder zu polnischen Blues-Festivals nach Schlesien?

Krüger: Ich bin jedes Jahr beim Jazz-Jamboree in Warschau gewesen. Selbst in den Zeiten des Kriegsrechts: Dies gelang, weil ich mir vor dem Kriegsrecht auf dem Postamt in Warschau Briefumschläge abstempeln lassen habe. Freunde haben dann später auf Polnisch Einladungen geschrieben und die hab ich in die bereits abgestempelten Umschläge packen können. Daher konnte ich auch in Zeiten des Kriegsrechts nach Polen fahren und das Jazz-Festival besuchen. Natürlich hatten wir dann Kontakte zu Widerstandsgruppen, zu Solidarność wie auch zur Exilgruppe der polnischen Arbeiterpartei. Dasselbe traf auf die Tschechoslowakei zu und mit Abstrichen auch auf Ungarn.

Gusowski/Kraft: Das waren meist Jazz-Kontakte?

Krüger: Nein, es waren immer auch politische Kontakte. Meine Präferenz war aber sehr stark vom Jazz geprägt, und ich bin auch zu Konzerten gefahren. Czesław Niemen habe ich gesehen – das ist ein Musiker, der alle Grenzen überschritten hat. Er war im Jazz wie in der elektronischen Musik und im Rock zu Hause und hat ganze Fußballstadien gefüllt. Das musikalische Highlight für mich war aber immer das Jazz-Jamboree.

Gusowski/Kraft: Was wussten Sie damals in den 70ern über Polen, jenseits der Pionierlager? Kannten Sie die politische Lage Polens, war das ein Thema für Sie und Ihre Freunde? „Lernt polnisch" kam ja etwas später, aber waren die Vorzeichen bereits da?

Krüger: Ja, ich habe damals, Mitte der 70er Jahre, als Lehrling meine erste Begegnungsreise unternommen und bin auf junge Polinnen und Polen in Poznań gestoßen, mit denen wir einen relativ offenen Austausch hatten. Daraus sind langjährige Kontakte entstanden. Die allgemeine politische Situation ist schon bekannt gewesen, auch die Zuspitzung innerhalb Polens. Polen war – so meine Einschätzung – kein ‚gleichgeschaltetes' kommunistisches Land, zumindest, was die Zivilgesellschaft betraf, sondern sehr stark von der katholischen Kirche geprägt.
Es gab außerdem – und das ist eine Besonderheit – einen Versöhnungs-Diskurs, der von Initiatoren aus den Kirchen ausging und schon in den 60er Jahren begonnen hatte, zum Beispiel mit Fahrradfahrten durch Polen. Konrad Weiß war einer der Protagonisten. Im kirchlichen Kontext ist das immer Thema gewesen. Es gab eine Versöhnungsdimension, und als Ostdeutscher war ich da nah dran und hatte das Gefühl, einen Beitrag dazu leisten zu können. Das ist allerdings unterhalb des Radars des öffentlichen Austausches passiert.
Ganz wesentlich war natürlich auch Willy Brandts Ostpolitik. Die Geste in Polen und der Kniefall in Warschau, der als Ikone auch in den Gedächtnissen der Ostdeutschen existiert hat. Zwar gab es große Vorbehalte, die Vorurteile gegenüber Polen waren sehr ausgeprägt in der DDR, bis hin zur offenen Fremdenfeindlichkeit. „Polen klauen" war sozusagen der permanente latente Vorwurf. Ich muss allerdings sagen, dass sich das mit meiner Erfahrung nie gedeckt und gespiegelt hat. Meine Erfahrung war vielmehr ein sehr offener interessierter Austausch.

Gusowski/Kraft: … und sicher haben Sie auch die berühmte polnische Gastfreundlichkeit kennen gelernt?

Krüger: Genau, die Gastfreundlichkeit – und vor allem waren die meisten Polen, die ich getroffen habe, viel internationaler. Sie waren total Amerika-affin, und das war richtig zu merken. Es war so eine transatlantische Sehnsucht nach Freiheit da, und die war schon ansteckend.

Gusowski/Kraft: Wie war Ihr Verhältnis zur Solidarność-Bewegung in den 80ern? Was ist aus der damaligen Bewegung in der DDR angekommen, und wie prägend waren für Sie die Veränderungen in Polen?

Krüger: Solidarność war die mutige Bürgerrechtsbewegung in den 80er Jahren. Die Charta 77 in der Tschechoslowakei war schon auch eine wichtige Referenzebene, die aber sehr viel mit 1968 und der Niederschlagung des Prager Frühlings zu tun hatte. Solidarność war eine gewerkschaftlich getragene Massenbewegung. Man wusste eigentlich immer, die Polen lassen sich in ihren Bedürfnissen durch die kommunistische Regierung nur bedingt zügeln. Die Gewerkschaft war eine national geprägte, aber eine, die eben sehr viele Sympathien bekam aus dem Ostblock. Ich habe während meiner Besuche der Jazz-Jamboree immer Ausschau gehalten nach den Kontakten zu Solidarność.

Für mich ging es in erster Linie um die Verknüpfung zweier Komponenten: einmal die Subkultur, insbesondere der Jazz, der eine Passion von mir war. Dann aber auch meine zweite Seite, die, sich nicht alles gefallen zu lassen. Da waren uns die Polen immer viele Schritte voraus, und wir konnten viel von ihnen lernen.

Ein produktiver Umweg

Gusowski/Kraft: Noch einmal zurück zur Berufsausbildung zum Facharbeiter für Plaste- und Elaste-Verarbeitung. Was macht so eine Ausbildung mit einem Menschen, der sich vielleicht eine andere Zukunft erträumt hat? Wussten Sie schon damals, dass das nur eine Zwischenstation ist, und wie gingen Sie durch diese Zeit?

Krüger: Für mich war das eine relativ klare Ansage, dass ich keine Chance hatte, auf die erweiterte Oberschule zu kommen, um direkt Abitur zu machen. In der DDR gab es den Umweg über die Berufsausbildung mit Abitur. Dieser Umweg war aber allerdings bei genauem Hinsehen der spannendere Weg. Im Produktionsprozess konnte ich konkrete Erfahrungen sammeln, was mir mehr Bodenständigkeit gebracht hat. Ich war nicht in dieser ideologischen Bildungsblase, sondern machte konkrete Basiserfahrungen. Übrigens habe ich da die polnischen Vertragsarbeiter sehr schnell als Freunde gewonnen, die in Fürstenwalde Fließbandarbeit machten. Mit denen hat ein reger Austausch existiert, und zwar informell, unterhalb des offiziellen Levels. Wir haben Seite an Seite in den Produktionsprozessen gestanden.

Diese beruflichen Kontakte waren das eine Thema, zum zweiten hatte ich aber auch persönliche und familiäre Kontakte nach Polen. Ich hatte meine erste Reise mit meinen Eltern nach Polen an den Geburtsort meines Vaters gemacht. Er kommt aus Pommern, aus der Nähe von Szczecin. Aber der zweite Besuch in Polen war dann eben dieser Jugendaustausch mit Poznań. Dieser hat mich wirklich geprägt und neugierig gemacht auf Polen. Wir hatten einen regen Austausch, nicht auf Deutsch, nicht auf Polnisch, sondern auf Englisch. Russisch nur in Ansätzen, wenn wir alle nicht mehr weiter wussten. Es war sehr interessant, wie wir versucht haben, auch schon kulturell hegemoniale Sachen zu reflektieren und zu umgehen. Ansonsten habe ich Fürstenwalde nie als eine Katastrophe erlebt, sondern als einen für mich produktiven Umweg.

Gusowski/Kraft: Aber für Sie war klar, dass es ein Umweg sein würde?

Krüger: Für mich kam nicht in Betracht, dass ich da Schwerchemie studiere und sozusagen diesen beruflichen Weg weiter einschlage. Ich wollte die Möglichkeit haben, durch die Berufsausbildung mit Abitur meinen Horizont zu erweitern und den Alltag kennenzulernen. Von 1976 bis 1979 habe ich im Vierschichtsystem gearbeitet.

Sich nichts gefallen lassen

Gusowski/Kraft: Danach ging es zur Armee, Ihr Weg dort: auch nicht gerade vorbildlich. Sie wurden verhaftet. Was haben Sie angestellt, und was stellte die Armee mit Ihnen an? Welcher Thomas Krüger verließ die Kaserne nach der Armeezeit?

Krüger: Ich glaube, ich habe mich unter anderem politisiert in dieser Armeezeit. Zuvor fand schon durch die Solidarität mit Havemann und den Kontakt zur Opposition in Fürstenwalde eine erste Vernetzung mit der Ostberliner Oppositionsbewegung statt, die aber im kirchlichen Kontext unterwegs war. Während der Armeezeit gab es eine Gruppe von jungen Soldaten, mit denen wir uns regelmäßig getroffen haben. Ich habe absurderweise dort die am längsten währenden Freundschaften geschlossen, die bis heute anhalten, was natürlich mit der Extremsituation zu tun hat. Aber selbstverständlich gab es auch die Spitzel, Leute, die über mich berichtet haben; auch gedachte Freunde, die sich dann als Nichtfreunde herausstellten. Leute, die mich im Parteiauftrag ausgequetscht haben.

Gusowski/Kraft: Aber wie kam es zu der Verhaftung?

Krüger: Die Armeezeit war eine Zeit, in der ich erwachsen geworden bin und Widerspruch gelernt habe. Und dieser Widerstand war der Grund, weshalb ich arretiert wurde. Sie sind auf mich aufmerksam geworden, weil ich eine große Beschwerde eingelegt hatte. Soldaten meiner Kompanie hatten sich betrunken, daher wurde eine Kollektivstrafe verhängt – das ganze Bataillon wurde in einem Nachtmarsch über Schnee und Eis geschickt. Ich habe eine Beschwerde dazu verfasst und diese mit Zitaten von Honecker und des Armeechefs untermalt. Die Strafe sei eine Demoralisierung der Truppe, und außerdem sei die medizinische Versorgung unzureichend für solch einen Gewaltmarsch gewesen. Das führte dazu, dass es einen riesigen Aufstand gab, die Kontrollkommissionen einrückten und das Ganze dann ausging wie das Hornberger Schießen. Die Offiziere wurden aus dem Urlaub zurückgeholt und haben dann auf die erste Gelegenheit gewartet, um sich an mir zu rächen. Der Grundwehrdienst in der NVA dauerte ja anderthalb Jahre, und ich habe im zweiten Halbjahr faktisch nie Ausgang erhalten.
Im dritten Halbjahr ging es dann wieder so los. Irgendwann hatte ich den Kanal voll. Ich hab mir in Brandenburg Zivilsachen verstecken lassen und bin über den Zaun abgehauen. Ich wollte einfach mal raus, zu Hause sein! Dann haben sie mich in Potsdam auf der Straße durch einen blöden Zufall erwischt. Ein Offizier, der eine offene Rechnung mit mir hatte, hat mich gesehen. Wenn ich abgehauen wäre, dann hätte es eine riesige Fahndung gegeben. So hieß es zurück in die Kaserne und direkt in den Knast: drei Tage Bau und vier Wochen Ausgangs- und Urlaubssperre. Ich bin dann sogar als Gefreiter degradiert worden, weil wir zusätzlich irgendeinen Quatsch gemacht haben.
Sich nichts gefallen lassen, viel lesen und reflektieren und ein stark entwickeltes politisches Selbstbewusstsein – verbunden mit Institutionen-Kritik –, das habe ich in der Armee gelernt.

Gusowski/Kraft: Das Theologiestudium war dann eine logische Folge davon?

Krüger: Ich hatte ursprünglich vor, mich bei den Theaterwissenschaften in Leipzig zu bewerben. Das habe ich dann auch getan, bin allerdings aus politischen Gründen gescheitert. Die ersten beiden Stufen habe ich noch geschafft, und bei der dritten Stufe ist mir dann mitgeteilt worden, dass ich aus ,kader-politischen Gründen' keine Chance hatte, in Leipzig zu studieren. Ich hatte einen Kirchenhintergrund, und sie wollten sich keinen ‚Oppositionsvogel' ins Haus holen. Für mich war dann klar, dass ich in diesen ganzen kreativen Bereichen, die mich interessierten, keine Chance hatte. Mit meinem Leben wollte ich weiter machen, das hieß dann für mich freies Studium, und so habe ich eben das Theologiestudium als eine Art Studium Generale eingeschlagen. Für mich war ohnehin schon klar: Wenn ich nicht in diesen kreativen Bereich reinkomme, dann versuche ich an anderer Stelle das Maximum an Freiheit und Freigeist in der DDR zu entfalten. Die Kirche war eine Art Schutzzone, ein Freiraum, in dem mehr Realisierungs- und Verwirklichungsmöglichkeiten bestanden als sonst wo. Deshalb habe ich mich von ganzem Herzen entschieden, Theologie zu studieren. Dabei hatte ich aber immer den Blick auf den kreativen Bereich, bin viel ins Theater gegangen. Theologie war ein spannendes Studium: Ich habe es gern gemacht und mich auch viel mit Philosophie beschäftigt. Mein Handwerkszeug, die Textarbeit und -exegese, das Argumentieren und die freie Rede, das habe ich in dieser Zeit gelernt!

Gusowski/Kraft: Hätten Sie sich vorstellen können, auch wirklich Pfarrer in der DDR zu werden?

Krüger: Das wäre die logische Konsequenz gewesen. Aber Pfarrer in der DDR hieß eben auch, neben dem religiösen Bekenntnis, eine politische Schutzfunktion auszuüben. Insbesondere für Leute, die in Not waren, die diskutieren wollten, für junge Leute, die sich freier bewegen wollten und den Schutz suchten. Pfarrer in der DDR hatten nicht nur den klassischen religiösen Auftrag, sondern auch eine implizite Verantwortung für menschliche Solidarität.

Das richtige Leben im falschen führen

Gusowski/Kraft: Was passierte mit Ihnen politisch in der zweiten Hälfte der 80er Jahre? Da hat ja die gesamte oppositionelle Bewegung in der DDR an Fahrt aufgenommen. Was war das erklärte Ziel der damaligen Zeit bei Ihnen und Ihren Freunden beziehungsweise Weggefährten?

Krüger: Mein Weg in die Bürgerrechtsbewegung hatte eigentlich Anfang der 80er Jahre begonnen. Allerdings war das nur einer der vielen Pfade, die ich beschritten habe. Dazu kam noch die große Friedensinitiative in der DDR, diese verschiedenen Aktionen, die im Kontext der freien Arbeit in der Kirche stattfanden. Dort habe ich mich seit Anfang der 80er Jahre beteiligt.

Auch durch den Kontext des Studiums gab es immer wieder Berührungen und Begegnungen mit der Opposition. Viele Kommilitonen waren richtig institutionell engagiert. Hans Misselwitz zum Beispiel im Pankower Friedenskreis; da war ich nur sporadisch, denn so ritualisierte Gruppentreffen waren nichts für mich und passten auch nicht in meinen Terminkalender. Wenn zu diesem Zeitpunkt eine interessante Theateraufführung oder spannende Galerieeröffnung war, musste ich natürlich dort hin. In der DDR wurden fast alle Termine geschafft, wenn man denn wollte, es gab nicht so viele. Und ich hatte wieder einmal Ärger mit der Armee. Ich habe damals nämlich den Reservedienst verweigert. Und da wollten sie mich natürlich sofort wieder einziehen. Aber ein Einspruch von Manfred Stolpe auf der Ebene der Kirchenleitung half, sodass mir dies erspart geblieben ist.

Parallel dazu hatte sich Anfang der 80er Jahre ein zweiter Strang entwickelt, den ich ‚Das richtige Leben im falschen führen' nennen würde. Wir haben unsere Urlaube und Partys schräg organisiert, versucht, andere Formen für uns zu finden. Wir sind mit 40 Leuten ins Pirin-Gebirge nach Bulgarien gereist, oder einmal bin ich ‚unerkannt durchs Freundesland' in die Sowjetunion gefahren. Wir haben versucht, das, was an Bewegungsmöglichkeiten da war, irgendwie auszuleben.

Und der dritte Strang war die Subkultur. In der Armeezeit bin ich zum Leser geworden, habe mich sehr intensiv mit Büchern, auch mit DDR-Literatur, beschäftigt. Ich wollte reflektieren, wo ich hier eigentlich lebe. Und es gab diese sehr starke Affinität zu subkulturellen Geschichten, wie es der Free Jazz gewesen ist. Das waren Performances, die illegalen Galerien im Osten, die unterschiedlichsten Formen der zeitgenössischen Kunst. Dazu gehörten auch illegale Lesungen bei Leuten zu Hause. Diese Subkultur spielte schon eine entscheidende Rolle.

Gusowski/Kraft: Was passierte danach?

Krüger: In der zweiten Hälfte der 80er Jahre bin ich dann selbst aktiver geworden, habe die Ursonate Kurt Schwitters' inszeniert (Anm. der Redaktion: Thomas Krüger tritt heute wieder mit dieser bundesweit auf). Wir haben Straßentheatergruppen gegründet, und ich habe zwei Inszenierungen zusammen mit Thorsten Schilling in einer Kirchgemeinde realisiert. Wir haben Texte geschrieben, uns abgearbeitet an den ideologischen Bestandteilen von dramatischer Literatur, und dies auch verarbeitet. Es kam also eine eher produktive Dimension in den 80er Jahren hinzu. Die hat dann 1988/89 auch dazu geführt, dass wir uns entscheiden mussten: Sollten wir den nächsten Schritt gehen? Ich habe diese Frage für mich mit Ja beantwortet, bin zu vielen Demos gegangen und habe mich politischen Initiativen angeschlossen – und ich begann, in westdeutschen Zeitungen zu veröffentlichen.

Ich kannte den DDR-Korrespondenten der Frankfurter Rundschau (FR), Karl-Heinz Baum, ganz gut, und habe dort unter eigenem Namen zweimal etwas veröffentlicht. Einmal habe ich das Verhältnis Staat–Kirche thematisiert und ein weiteres Mal eine Predigt veröffentlicht, die ich gerade anlässlich der Verhaftung von Bürgerrechtlern bei der Liebknecht-Luxemburg-Demonstration geschrieben hatte. Sie stand unter dem Motto der Trompeten von Jericho. Den Text hatte ich sehr appellativisch ausgelegt, das Gebrüll und die Trompeten Josuas, die die Mauern Jerichos zum Einsturz brachten, auf die Situation in der DDR übertragen. Diese Interpretation fand der Journalist so ‚affenscharf', dass er nicht nur die ganze Predigt im Original abdruckte, sondern auch seinen Folgeartikel mit der Überschrift „Am siebten Tag stürzen die Mauern Jerichos" überschrieb. Das war der erste Medienscoop, den ich erlebt hatte. Man steckte uns natürlich in der DDR die FR zu.

Das war eine enorm produktive Phase. Und man riskierte etwas, lehnte sich aus dem Fenster. Das führte dann zwangsläufig in die politischen Kontexte. Ich war unter anderem beim „Sputnik", einem Magazin, das sehr Perestroika-nah war und später verboten wurde, und weiteren oppositionellen Initiativen dabei. Zudem protestierte ich mit vielen anderen gegen die Zensur der evangelischen Zeitung „Die Kirche". Die Beteiligung an dieser Demonstration führte dann zu einer erneuten Verhaftung. Ich bin jedoch sofort wieder freigelassen worden.

Gusowski/Kraft: Das sind ja wirklich viele verschiedene Initiativen gewesen.

Krüger: Und es waren noch mehr! Im Sommer 1989 habe ich mich für zwei weitere Aktivitäten engagiert: Zum einen habe ich die alternative Stimmauszählung bei der Kommunalwahl vom 7. Mai 1989 in drei Berliner Bezirken koordiniert (Weißensee, Friedrichshain, Prenzlauer Berg). Ich war als Vikar der Kirche von Unten mit den Punks unterwegs und habe vor allem Prenzlauer Berg betreut. Friedrichshain hat Rainer Eppelmann organisiert, Weißensee die Kunststudenten von der dortigen Hochschule. Nach der Schließung der Wahllokale versammelten sich in diesen erstmals Bürger, um die Auszählung der Stimmen zu beobachten. In so gut wie allen Wahlkreisen wurden von den Beobachtern deutlich mehr Neinstimmen registriert als offiziell bekanntgegeben. Diese Beobachtungen sammelten wir und da konnte der Wahlbetrug erstmals nachgewiesen werden. Das gab erneut einen riesigen Medienscoop und stärkte die Oppositionsbewegung in der DDR nachhaltig.

Zum anderen schrieb ich in dem Zeitraum meine Examensarbeit, was ich in der Berliner Umweltbibliothek getan habe. Es gab dort schon einen Amiga-Computer, den die Grünen aus Westberlin gestiftet hatten, und damit habe ich meine Arbeit in den Nächten getippt.

Danach bin ich erneut unerkannt in den Kaukasus gefahren und habe noch eine Wette abgeschlossen: Wenn ich wieder zurückkomme, gibt es mindestens drei Parteien – es gab aber vier, als ich wieder in Berlin zurück war! Und dort erlebte ich dann eine ziemlich absurde Geschichte. Ich durfte meine Cousine in Westberlin, die Mutter geworden war, anlässlich der Geburt besuchen. Sie lebte zwar längst in Bremen, aber ich hatte eine Besuchsreise für vier bis fünf Tage nach Westberlin. Dort habe ich dann einen alten Bekannten getroffen, der in der Kantine der Hochschule, in der ich einst studiert hatte, früher einmal Koch war. Der Bekannte nahm mich mit zu Roland Jahn und Rüdiger Rosenthal, die für den Sender Freies Berlin (SFB) die Kontakte zu Ost-Oppositionellen managten. Dort gab ich ein Interview für das ARD-Politikmagazin Monitor, das auch ausgestrahlt worden ist. Wir rätselten dabei, für welche der Gruppen ich nun sprechen sollte. Dann kam die Idee von den beiden Journalisten Jahn und Rosenthal: Ich solle doch für das „Neue Forum" sprechen, das seien die Bekanntesten. Und als ich zurückkam, habe ich gefragt, wo kann ich hier für das Neue Forum unterschreiben, ich habe schon mal ein Interview für Monitor in Westberlin gegeben.

Gusowski/Kraft: Turbulente Zeiten …

Krüger: Ja, so muss man sich die Zeiten von damals vorstellen. Nachdem ich mir die Positionspapiere des Neuen Forums durchgelesen hatte, entschied ich mich aber selbst sehr schnell um. Die Frage war für mich: Wenn ich mich jetzt engagiere, wo hat das Aussicht auf Relevanz beziehungsweise Nachhaltigkeit? Meine größte Sympathie war bei den Anarchosyndikalisten der Böhlener Plattform. Aber es war mir direkt klar, dass sie nur eine marginale Rolle als Fußnote innerhalb der Oppositions-Bewegung spielen würden. Mir ging es aber um Relevanz und deshalb um die Frage: Melde ich mich bei den Sozialdemokraten oder nicht? Das haben viele nicht nachvollziehen können, die meine bisherigen politischen und subversiven Aktivitäten, vor allem im Kunstbereich, kannten. Für mich war das aber ein Paradigmenwechsel. Wenn jetzt eine andere Zeit kommt, dann gehe ich dahin, wo es Potenzial hat. Und so kam ich in die damalige SDP und später in die SPD.

Gusowski/Kraft: Also eine rationale Entscheidung, keine Herzensangelegenheit?

Krüger: Ja, bezogen auf 1989/90 habe ich mich sehr rational positioniert, und zwar mit der Überlegung: Wenn das jetzt alles anders und neu wird, wo siehst du dich, in welchem Ort? Bei mir war immer klar: links von der Mitte. Das war immer meine Überzeugung. Aber es war damals keineswegs so, dass ein Parteieintritt bedeutete, dass man dort auch immer blieb. Viele Leute haben sich einfach aus Zugehörigkeit zu irgendwelchen Freundeskreisen für bestimmte politische Positionen entschieden. Das hat sich dann alles ausdifferenziert. Ich bin bei meiner Partei geblieben und damit genauso froh wie kritisch verfahren.

Lassen ist nicht so mein Ding …

Gusowski/Kraft: Einer ihrer Einstiege in die Politik war ein bemerkenswertes Wahlplakatfoto. Sie ließen sich nackt ablichten und sagten dazu in einem Interview einmal: „Es gab ein Fotoshooting mit guten Freunden, ausgelassene Stimmung, etwas Alkohol, viel Spaß." War das die Grundstimmung der damaligen Zeit bei den politisierten Menschen aus dem Osten? Alles ist möglich, wenn wir es auf unsere Art und Weise machen können. Freiheitsgefühl …

Krüger: Das spielt sicherlich auch eine Rolle, aber es war eigentlich eine Verzweiflungstat. Denn seinerzeit stand ich zwar fest auf der Landesliste, meine Wahl in den Bundestag war relativ klar, aber die Gegenkandidatur der letzten DDR-Wirtschaftsministerin Christa Luft (damals SED, danach PDS) und die Wahlprognosen eines Umfrageexperten, den wir konsultiert hatten, waren sehr ernüchternd. Wir hatten letztendlich die Alternative vor Augen: Entweder riskieren wir etwas, das öffentliche Diskussionen auslösen wird, oder wir lassen das lieber mit dem Wahlkampf. Lassen ist nicht so mein Ding …

Gusowski/Kraft: Nervt Sie das, darauf immer noch mal angesprochen zu werden?

Krüger: (lacht) Nein! Die Frage, ob ich es nochmals machen würde, ist ein bisschen müßig. Ich habe es gemacht, und es hängt einem den Rest seines Lebens an. Denn ich kann in Berlin nicht Taxi fahren, ohne auf das Plakat angesprochen zu werden. Also ist das schon noch im Langzeitgedächtnis vieler Berliner.

Gusowski/Kraft: Sowohl positiv als auch negativ. Die Gegner holen das ja auch immer wieder raus. Es ist eines der bekanntesten Wahlplakate Deutschlands, zumindest von einem Politiker.

Krüger: Es gab damals sogar ein bisschen Ärger, weil der SPD-Parteivorstand uns angerufen und zur Mäßigung unserer Wahlkampf-Aktivitäten aufgerufen hat. Der Spitzenkandidat Rudolf Scharping sollte auch mal vorkommen in den Medien ...

Gusowski/Kraft: Ihre weitere Vita als Politiker: Mitglied der Volkskammer, Mitglied des Abgeordnetenhauses, Mitglied des Bundestages. Was waren die Beweggründe für die Politikkarriere? Erschien Ihnen damals die Politik wirksamer als die Arbeit in der Gemeinde, und wie empfinden Sie das heute?

Krüger: 1989 war doch die Frage, ob dieser Moment jetzt eine historische Sekunde ist, in der Engagement gefordert ist und alles andere irgendwie zurücktreten muss. Für mich stellte sich das so dar, und ich habe für mich die Frage so beantwortet, dass dies jetzt Priorität hat. Und zwar in dem Maße, in dem ich reingerutscht bin, auch in Bezug auf die Mandate. Für mich hat sich damals einfach eine ganz andere Perspektive aufgetan, die zu DDR-Zeiten nie angesagt gewesen wäre. In der DDR hätte ich mich – außer in der Opposition – niemals in politischen Strukturen engagiert. Ab 1989 nahm das Ganze dann einen neuen Verlauf. Der entscheidende Punkt war, dass damals so etwas wie ein Elitewechsel notwendig war und alle diejenigen, die in einer Opposition oder im kirchlichen Bereich unterwegs waren, letztendlich die Experten für eine Alternative zu dem waren, was in der DDR-Politik stattgefunden hat. Insofern wurde man in die Situation geworfen, und die Frage war eben: Verweigere ich diese historische Sekunde oder greife ich sie beim Schopfe? Ich habe zugefasst.

Gusowski/Kraft: Und wie fühlten Sie sich in der aktiven Politik, gerade in den aufregenden Jahren der frühen 90er? Welche Ziele haben Sie sich gestellt, welche erreicht, und welche mussten Sie aufgeben?

Krüger: Das wichtigste Ziel war, einen Elitewechsel stattfinden zu lassen und eine demokratische Struktur anzustreben. Wir haben in der damaligen Situation – und das ist vielleicht das nicht erreichte Ziel – von einem dritten Weg geträumt. In Mittel- und Osteuropa war ‚der dritte Weg' ja noch als der Sozialismus mit menschlichem Antlitz in Erinnerung. Sei es 1968 in Prag oder auch Solidarność. Dieser dritte Weg hat sich relativ schnell zerstreut, weil die Menschen es nicht wollten und die politische Situation es auch nicht hergab. Das Zeitfenster der deutschen Einheit war ein kleines, das kurz mit Gorbatschow aufging und dann eben genutzt worden ist. Insofern sind da auch Träume geplatzt. Auf der anderen Seite war das große Ziel, Demokratie herzustellen, und dieses Ziel ist ja auch erreicht worden. Und mit dem kann ich mich auch heute noch voll identifizieren.

Sie machte auf mich nicht gerade einen schreiend avantgardistischen Eindruck

Gusowski/Kraft: Sie haben sich dann aus der aktiven Politik zurückgezogen. Was waren die Gründe?

Krüger: Reine Familiengründe. Ich wollte etwas von meinen beiden Söhnen miterleben, und das war eine gute Entscheidung! Davon profitiere ich bis heute.

Gusowski/Kraft: Und nach der Elternzeit kam die Bundeszentrale für politische Bildung. Ist für Sie politische Bildung heute wichtiger als aktuelle Politik?

Krüger: Mit der Bundeszentrale für politische Bildung hat sich für mich der Kreis geschlossen, der in den 80er Jahren begonnen hat.
Wir waren natürlich in der Opposition selbst in der Situation, politische Bildung für uns zu organisieren, vor allem in Form von Seminaren. Wir haben uns mit verschiedenen Phänomenen, mit Utopien und Gesellschaftssystemen beschäftigt und diese diskutiert. Auch mit Bildungsfragen haben wir uns befasst, all das hat meine 80er Jahre sehr stark geprägt. Die Suche nach einer politischen, pluralen Diskussion, in der wir uns streiten und unterschiedliche Meinungen austauschen konnten, in der man sich eben im besten Sinne des Wortes bilden kann. Nach meiner politischen Karriere, die ja relativ turbulent und zügig verlief, sowie der Auszeit war dieses plötzliche Angebot irgendwie ein Wink aus dem Jenseits oder aus einer anderen Welt, wieder da anzuknüpfen, wo mein ursprüngliches Interesse lag, also den eigenen Weg zu demokratischen Verfahren zu finden und durch Bildung zu organisieren.

Gusowski/Kraft: War das ganz spontan oder irgendwie angedacht?

Krüger: Nein, das habe ich nie angestrebt. Ich hatte in meiner Zeit als Bundestagsabgeordneter 1994–1998 einmal einen Besuch bei der Bonner ‚Bundeszentrale', die damals noch an der Kennedybrücke saß. Sie machte auf mich jetzt nicht gerade einen schreiend avantgardistischen Eindruck. Gesehen und abgehakt. Die Publikationen, die von dort kamen, waren zwar interessant, und vor allem in der Zeit zwischen 1989 und 1990 haben wir davon und auch von den Publikationen der Landeszentralen für politische Bildung stark profitiert. Aber ich kann nicht sagen, dass die Institution bei mir irgendwie einen besonderen Eindruck hinterlassen hat.

Und dann kam im Jahre 2000 diese Anfrage. Ich war noch im Erziehungsurlaub, habe ein bisschen publiziert und dieses und jenes gemacht, war aber nicht darauf aus, sofort irgendetwas fix zu machen. Dieses Angebot hat mich dann aber schon gereizt, denn in dem Gespräch wurde sehr schnell deutlich, dass diese Institution quasi neu erfunden werden sollte. So eine Situation gibt es nicht jeden Tag: einen Nullpunkt einer Institution zu definieren, von dem aus die Arbeit gemeinsam mit den Kolleginnen und Kollegen neu buchstabiert und neu erfunden werden kann.

Gusowski/Kraft: Noch einmal zurück in die Anfangszeit 1989: Sie erlebten, wie eine Grenze fiel, neue kamen hinzu. Welche Gefühle begleiteten Sie in den ersten Monaten und Jahren nach 1989? Was konnten Sie bei ihren Mitstreitern beobachten? Freude, Angst, Freiheit, Unsicherheit, Kraft, Ohnmacht?

Krüger: All das nebeneinander und miteinander vermengt. Es gab Leute, die sehr früh 1989/90 mit gestartet sind und sich dann nach Frustrationserlebnissen aus dem politischen Bereich zurückgezogen haben. Es gab andere, die große Karriere gemacht haben, Dritte, die in den Strukturen verblieben sind, und es gab Vierte, die wiederum in Nichtregierungsorganisationen ausgewichen sind. Letztere haben sich so ein Stück weit eine Alternative zu ihrem Oppositions-Selbstverständnis gebaut. Mein Eindruck ist heute, dass wir uns in den frühen 90er Jahren aus einer relativ zusammengehörigen Gruppe – wir hatten ja ein großes Zusammengehörigkeitsgefühl in der Opposition – in alle Himmelsrichtungen zerstreut haben.
Die frühen 90er waren ein Ausdifferenzierungsprozess. Das war schon auch interessant, vor allem auch die Verengung des Blicks, der eigentlich stattgefunden hat. Auf der einen Seite ein Freiheitserlebnis, mitzudiskutieren, sich einzumischen, zu engagieren und einen eigenen Weg zu gehen. Auf der anderen Seite kam es zu neuen Verengungen. Sehr interessant war, dass in der öffentlichen Diskussion der Erinnerungsdiskurse die frühen 90er Jahre sehr stark dieses Schwarz-Weiß-Denken definiert haben. Es wurden Täter definiert, es wurden Opfer definiert. Dass eigentlich alles viel komplizierter, viel verschränkter und unüberschaubarer ist, wurde erst in den 2000er Jahren deutlicher herausgearbeitet.
Der Alltag in der DDR hatte ein bunteres Gesicht als nur Täter- und Opfer-Perspektiven. Es ist durchaus verständlich, dass letzteres in einem postrevolutionären Zeitfenster dominierte, aber es ist natürlich auch ein verstellter, verengter Blick, den es erst einmal wieder auszuweiten galt. Da ist sicherlich auch viel an Verletzungen und Unzufriedenheit entstanden. Viele kulturelle Risse und Brüche, die dazu geführt haben, dass nicht jeder diesen Weg im gleichen Maß mitgegangen ist.

Die Bundesrepublik ist protestantischer geworden

Gusowski/Kraft: Zwei Gesellschaften mussten erst einmal wieder einen gemeinsamen Nenner finden. Wer suchte Ihrer Meinung nach intensiver danach? Welcher gemeinsame Nenner wurde in der neuen gemeinsamen Republik gefunden, und ist dieser gleich mit dem, was Sie sich vorgestellt haben, als es um die deutsche Einheit ging?

Krüger: Der gleiche Nenner sind erst einmal demokratische Verfahren sowie die Legitimierung durch demokratische Verfahren. Das ist ein Punkt, der nicht hoch genug geschätzt werden kann. Gleichzeitig ist es aber schon so, dass sich die Bundesrepublik selbst auch verändert hat. Sie ist protestantischer geworden. Mit der DDR und den neuen Bundesländern kamen weitgehend protestantisch geprägte und zugleich säkularisiert geprägte Landstriche hinzu. Das führte zum Beispiel zu einer veränderten Familienpolitik. Die Ehe ist keine Sakralbeziehung im protestantischen Raum, sondern eher eine Vertragsbeziehung. Kindererziehung als öffentliche Aufgabe spielt eine ganz andere Rolle als in katholischen Gebieten in Südwestdeutschland. Die Bundesrepublik war katholischer geprägt oder sagen wir lieber katholisch-protestantisch nivelliert. Durch das Hinzutreten der neuen Bundesländer gab es da schon eine Verschiebung.

Gusowski/Kraft: Sehen Sie noch weitere Veränderungen, die Gesamtdeutschland erlebt hat?

Krüger: Die Republik ist auch weiblicher geworden, Frauen als Akteure spielen in protestantischen Regionen ja immer eine viel stärkere Rolle, nehmen Sie nur das Zölibat. Das hat sich indirekt in katholisch geprägte Regionen auch politisch eingelesen. Wer repräsentiert eigentlich Politik? Es ist ja nicht so, dass mit den Grünen und der Frauenquote in der SPD die Diskussionen in der alten Bundesrepublik nicht zuvor schon stattgefunden hätten, aber dass sie sich so durchsetzen konnten, hatte sehr viel damit zu tun, dass sich die Bundesrepublik insgesamt neu strukturiert hat und versucht hat, sich neu zu finden.
Ein weiterer Punkt ist, dass die alte Bundesrepublik 1989/90 in Sachen Migration oder Integration eigentlich relativ nah war an einer großen Zeitenwende. Diese ist verschoben worden durch die nationale Perspektive. Jetzt stand nicht mehr die Integration von Menschen mit Migrationshintergrund oben auf der Tagesordnung, sondern vielmehr die Integration zwischen Ost und West.

Meiner Meinung nach lassen sich eine ganze Reihe solcher ‚Verschiebungen' beobachten. Öffentliche Verwaltung ist zum Beispiel viel stärker Steuerungsinstrumenten unterworfen worden. Wer denkt, dass die DDR im Orkus der Geschichte verschwunden ist, kann das nur bezogen auf das Gesellschaftssystem insgesamt feststellen, nicht aber auf die kulturellen Praktiken. Die Steuerungsphilosophie der öffentlichen Verwaltung, die kybernetisch, also durch Steuerung, durch Kostenleistungsrechnung, vollzogen wird, das sind doch eher DDR-Ideen. Diese ganzen Fantasien hatten in der Vergangenheit eher eine Geschichte des Scheiterns im Osten, wurden aber nun, wie vieles andere auch, neu auf den Plan gerufen.
Vieles aus der DDR, was im Westen Deutschlands über Jahrzehnte nicht durchsetzbar war, kam in der Folge 15 bis 20 Jahre später auf die Agenda: Ganztagsschulen, Kinderbetreuung, hohe Frauenerwerbstätigkeit oder dergleichen. Das ist auch ein Ergebnis der deutschen Einheit. Nicht nur, aber auch.

Es ist die Soll-Seite, mit der wir uns befassen müssen

Gusowski/Kraft: Was wurde in Bezug auf die Transformation bereits erreicht, und wo sind die größten Defizite? Was war richtig, was falsch? Das ist sicher ein weites Feld, aber vielleicht können Sie in Bezug auf die politische Bildung oder den deutsch-deutschen Transfer ein paar Punkte benennen?

Krüger: Ein paar habe ich ja eben schon genannt. Eine große Leistung ist, dass mit politischer Bildung solche Transformationsprozesse ganz anders reflektiert werden können. Das ist sicherlich auf der Haben-Seite zu vermerken. Viele Leute sind auch mitgenommen worden, aber eben leider nicht alle. Der eine oder andere ist zurückgeblieben, und das waren oft diejenigen, die die Transformationszeit als großes Problem empfunden haben. Ihre Biographien wurden entwertet, und zwar nicht nur im Osten, sondern auch im Westen. Es entstand eine neue Konkurrenzsituation, durch junge aktive mobile Ostdeutsche, die die prosperierenden Arbeitsmärkte im Westen unter Leistungsdruck setzten. Da sind eben auch Leute zurückgeblieben, und andere Leute haben sich neu durchgesetzt.
Dieser Braindrain aus dem Osten in den Westen hat die westliche Wirtschaft auch leistungsfähiger gemacht. Währenddessen ist im Osten ein demokratisches Problem entstanden, ländliche Regionen wurden abgehängt. Das ist der Preis der Freiheit, der gezahlt werden musste. Und trotzdem nochmals: Auf der Haben-Seite ist eine ganze Menge zu verzeichnen.

Jedoch existiert auch eine Soll-Seite, die nach wie vor auf der Agenda steht und mit der wir uns befassen müssen.

Gusowski/Kraft: Würden Sie sagen, dass die ostdeutschen Bundesländer mit ähnlichen Identitätsproblemen wie die mittelosteuropäischen Länder zu kämpfen haben? Sind das Probleme, die auch auf die Transformationszeit zurückzuführen sind?

Krüger: Definitiv ja. Es ist aber sowohl ökonomisch als auch fiskalisch gesehen prinzipiell etwas anderes, wenn ich innerhalb eines Landes einen Vereinigungsprozess durchziehen kann. Gerade in Bezug auf die Strukturen der Institutionen, wenn ein Land in ein anderes integriert wird. Dagegen sind die anderen mittel- und osteuropäischen Länder, die sich in diesen Transformationsprozessen befanden, sehr viel stärker durchgeschüttelt worden. Sie hatten das große Problem, die Institutionen und die postkommunistischen Kader abzuschütteln. Alle haben sich gewandelt, auch die kommunistischen Kader. Und in der Folge entsteht in diesen Ländern eine große Polarisierung, die eben nicht automatisch werden wie der Westen, sondern durch eine harte Konfliktzeit durch müssen.

Das ist für die mittel- und osteuropäischen Länder ein Generationenprojekt, während die Deutschen sich glücklich schätzen können, dass sie in ein funktionierendes demokratisches System integriert worden sind. Natürlich auch mit Kollateralschäden, aber diese sind beherrschbar im Vergleich zu dem Furor, den die Transformationen in vielen anderen Ländern ausgelöst haben – bis hin zu populistischen Ausformungen, die ein Selbstverständnis haben, das irgendwie aus der Zeit gefallen ist, das eher mit dem 19. als mit dem 21. Jahrhundert zu tun hat. Man kann das alles historisch nachvollziehen. Polen ist ein Beispiel. Ich kann das schon verstehen, wenn ein Land so zerrieben und infrage gestellt wird als Verfügungsmasse zwischen zwei Großmächten wie der Sowjetunion und Deutschland, dass man dann erst einmal das eigene Bewusstsein als Nation wieder erlangen will. Aber auf der anderen Seite befinden wir uns – und das ist eben die riesige Chance, mit der wir in Europa zu tun haben – auf dem Weg, transnationale Strukturen zu bauen, die vielen Ländern zugutekommen. Nicht nur dem eigenen Land, sondern auch den Nachbarn! Das gemeinsame Wirtschaften, der Kulturaustausch. Alles das braucht eben eine Friedensordnung, und diese hat sehr stark damit zu tun, dass man nicht nur auf die eigenen vier Wände schaut, sondern auch auf die der Nachbarn.

Gusowski/Kraft: Sie haben ja schon erzählt, wie Ihre Kontakte während der DDR-Zeit zu Polen waren, was Sie schon über Polen gewusst und gelernt haben. Wurde das auch später bestätigt?

Krüger: Ja und nein. In den 90er Jahren sind die Kontakte ja fortgeschrieben worden und haben sich weiterentwickelt. Freunde von mir sind nach Polen gegangen, um dort zu leben, und wir haben gemeinsame Projekte gemacht. Meine Kontakte haben sich in der Zwischenzeit auch gewandelt. Es ist eine andere Generation von Polen sichtbar geworden als die, mit der ich damals zu tun hatte.

Ein Thema war für mich aber die gesamte Zeit über sehr wichtig: Die noch nicht eingelöste Versöhnungsgeschichte zwischen Polen und Deutschen. Das stand und steht bis heute auf meiner politischen Agenda. Deshalb war es für mich immer wichtig – trotz aller Vorurteile, die in der Öffentlichkeit da waren, trotz der Zurückhaltung und Skepsis –, Formen zu finden, um Erfahrungen weiter auszutauschen. Die Länder weiter durchlässig zu machen, Anregungen zu geben. Ich habe mich als Jugendsenator relativ früh eingeklinkt in die Diskussion um ein deutsch-polnisches Jugendwerk. Ein Gedanke, der damals für mich sehr naheliegend war. Das hat eine ähnliche Relevanz wie das deutsch-französische Jugendwerk, das über Generationen hinweg schon das Verhältnis von Deutschen und Franzosen beeinflusst hat. Eine ähnliche Erfahrung brauchen wir auch zwischen Deutschland und Polen. Ich habe mich sowohl in der Landes- als auch in der Bundespolitik dafür engagiert und muss sagen, dass das bis heute ein Thema ist, dem ich einen relativ hohen Stellenwert einräume. Gerade in der politischen Bildungsarbeit in der Bundeszentrale.

Gusowski/Kraft: Abschließend noch einmal zurück zum Jazz. Sie waren dem polnischen Jazz ja sehr zugetan und oft auf den Festivals. Der Jazz in der DDR und Polen war sehr lebendig. Es gab Berührungspunkte und Begegnungen, auch der polnische und der ostdeutsche Free Jazz suchten sich und fanden sich oft. Wie ist Ihr Verhältnis zum polnischen Jazz, zur Kunst und Kultur?

Krüger: Ich habe den polnischen Jazz vom Hören im Radio, aber vor allem durch die Begegnungen in Polen schätzen und lieben gelernt. Die Zeit von Krzysztof Komeda, dem Filmmusiker von Roman Polanski, habe ich nicht miterlebt, sondern lediglich mitbekommen, wie prägend sie sich auf das Selbstverständnis des polnischen Jazz ausgewirkt hat. Mir in Erinnerung geblieben sind die späten 70er und dann vor allen Dingen die 80er Jahre, als ich regelmäßig auf der Jazz-Jamboree in Warschau war. Ich habe die großen Stars wie Zbigniew Namysłowski und vor allem Tomasz Stańko gesehen, der bis heute bei mir einen sehr prägenden Eindruck hinterlassen hat. Auch habe ich neue Positionen kennengelernt, wie zum Beispiel durch Adam Pierończyk, der heute einer der wichtigsten Protagonisten des polnischen Jazz ist.

Du hast natürlich im polnischen Jazz auch den Mainstream, der mich ebenso wie der hier in Deutschland weniger interessiert hat. Das Freie und Expressive im polnischen Jazz fand ich viel spannender, es ist vielleicht nicht einmal die Mehrzahl der Musiker, die so unterwegs sind, aber es sind sehr prägende Musiker.

Mir ist schon damals aufgefallen, dass es im polnischen Jazz ein paar Unterschiede zum ostdeutschen Jazz gibt. Ich glaube, der polnische Jazz hatte als Referenz den US-amerikanischen viel stärker im Fokus, als das in der DDR der Fall war. Viele Musiker, die aus Polen ausgewandert sind, haben in den USA Fuß gefasst. So beispielsweise die Eltern von Stan Getz – dem Cool Jazzer. Stan Getz, ursprünglich hieß er ja Stanley Gayetzsky, der aus einer polnischen Familie kam, hat den amerikanischen Jazz mitgeprägt. Nicht zuletzt deshalb war die Referenzebene „da sind Leute ‚von uns' unterwegs" immer sehr wichtig.

Die Bedeutung drückte sich vielleicht auch darin aus, dass die USA diese Jazz-Jamboree immer gesponsert und gefeaturet haben, wahrscheinlich hat auch die CIA da Geld reingesteckt. Der Jazz war schließlich auch ein Freiheitsversprechen.

Gusowski/Kraft: Beim DDR-Jazz traf das nicht so zu?

Krüger: Nein, der DDR-Jazz orientierte sich eher an europäischen Positionen, war freier improvisiert und hatte seine Referenz in der ‚Neuen Musik'. Es sind unterschiedliche Pfade und Kulturen entstanden, bis heute interessiert mich das ganze Feld. Im polnischen Jazz spiegelte sich auch immer ein Traum von Hollywood wider. Dafür muss viel gegeben werden, die Künstler müssen sehr viel in die Tasten hauen oder die Knöpfe drücken, um sozusagen dazuzugehören. Diese Dynamik spiegelte sich für mich im polnischen Jazz wider.

Gusowski/Kraft: Von allen Jazzfans, die wir kennen, sind Sie der leidenschaftlichste. Hat es Sie nie selbst fasziniert, ein Instrument zu spielen?

Krüger: Ich habe es versucht. Aber manchmal ist man als Zuhörer talentierter, als wenn man selbst spielen würde. Meine Versuche, das Tenorhorn und die Gitarre in Klänge zu übersetzen, waren nicht so vom Erfolg gekrönt. Ich habe es zwar einmal in ein Pionierblasorchester geschafft, aber der Gitarre ist relativ schnell der Hals gebrochen. Dieses Negativerlebnis hat dazu geführt, dass diese Instrumente mich nicht wollten und ich sie dann irgendwann auch nicht mehr mochte. Aber ich war immer offen dafür und habe als junger Mensch durch das Hören von Musik mitbekommen, dass da mein eigentliches Talent liegt: im Zuhören, Mitfiebern und

Feedback-Geben. Bei den Jazz-Events im Osten habe ich auch eigene Sessions organisiert. Wir haben quasi die Musiker nach ihren Konzerten abgeholt, in irgendwelche Klubs geschleppt oder sie in private Wohnungen gebracht und Jam-Sessions veranstaltet. Organisation war doch schon eher mein Ding, aber nur weil ich qualifiziert hören und mitfiebern wollte.

Der rote Faden wird weiter gesponnen

Gusowski/Kraft: Marek Prawda hat Ihnen 2008 das polnische Verdienstkreuz in Silber verliehen. Was bedeutet diese Auszeichnung für Sie?

Krüger: Das war für mich eine große Überraschung und ein sehr schönes Zeichen, dass ein Thema, das ich über viele Jahre verfolgt habe, auch wahrgenommen worden ist. Ganz besonders hat mich gefreut, diese Auszeichnung aus der Hand von Marek Prawda zu bekommen, der ja selbst aktiv in der Solidarność war und mit seinem Bürgerkomitee 1989 ganz wesentlich an der Unterstützung der DDR-Flüchtlinge in Warschau beteiligt war. Er war der Organisator, der die in die westdeutsche Botschaft geflüchteten DDR-Bürger in Gewerkschaftsunterkünften in Danzig untergebracht hat, bevor sie ausreisen konnten. Marek Prawda war selbst Teil der Friedens- und Freiheitsbewegung. Da gibt es einen Brückenschlag, der mir menschlich sehr viel bedeutet hat.

Gusowski/Kraft: Sind Sie manchmal noch in Polen?

Krüger: Ich nutze natürlich jede Gelegenheit, bei Konferenzen oder Veranstaltungen in Polen zu sein. Aber ich bin auch mal inkognito in Szczecin oder Wrocław unterwegs und mag das Land nach wie vor sehr gern. Ein spannendes Land, in dem es sehr viel zu entdecken gibt, ein Land mit Geschichte, und für mich ist es nicht nur die Anwesenheit in Polen selbst, die eine Rolle spielt, sondern auch die Kontakte mit Polen in Deutschland. Ich versuche das mit der politischen Bildung zu verknüpfen. Wir haben die Leiter aller Landeszentralen, die jährlich zusammenkommen, sogar einmal nach Warschau gelockt, statt uns hier in Deutschland zu treffen. Die deutsch-polnischen Beziehungen haben wir da zum Gegenstand gemacht. Der rote Faden wird weiter gesponnen.

Zur Geschichte der Kulturellen Bildung

in der Bundesrepublik Deutschland bis zur deutschen Einigung

Prof. Dr. Max Fuchs, Honorarprofessor für Erziehungswissenschaft an der Universität Essen-Duisburg

Vorbemerkung

Wer sich heute für die Situation der Kulturellen Bildung in Deutschland interessiert, findet eine reichhaltige Praxis innerhalb und außerhalb der Schule, die von Personen mit verschiedensten Professionen und in den unterschiedlichsten Einrichtungen bereitgestellt wird.(1) (2) Angesichts der derzeitigen Konjunktur Kultureller Bildung, die sich an finanziell gut ausgestatteten Förderprogrammen ablesen lässt, könnte man den Eindruck gewinnen, dass es sich hierbei um eine neue Erscheinung handelt. Doch zeigt ein Blick in die Geschichte, dass eine solche Praxis eine lange Tradition vorweisen kann, die zum Teil bis in das antike Griechenland zurückreicht und bis heute wirksam ist.

Diese Vielfalt in der Praxis und dieser Reichtum an Traditionen führen allerdings auch zu einer gewissen Unübersichtlichkeit, die sich bereits an unterschiedlichen Bezeichnungen ablesen lässt. So gibt es neben dem Begriff der Kulturellen Bildung, der in dieser Form erst seit Beginn der 70er Jahre in Westdeutschland zu einem wichtigen Begriff geworden ist, auch Bezeichnungen wie etwa ästhetische, künstlerische, soziokulturelle, musische oder musisch-kulturelle Bildung. Man spricht zudem von Kulturarbeit oder Soziokultur.

Das Problem hierbei ist, dass in der Praxis gelegentlich derselbe Inhalt mit unterschiedlichen Begriffen bezeichnet wird beziehungsweise man denselben Begriff bei sehr unterschiedlichen Praxisformen verwendet. Der Grund für diese verwirrende Vielfalt an Bezeichnungen ist zum einen darin zu finden, dass Kulturelle Bildung (hier in Bezug auf Kinder und Jugendliche) in unterschiedlichen Gesellschaftsbereichen stattfindet, nämlich im Kontext der Schule, in Jugendeinrichtungen und im Kulturbereich, die weitgehend unabhängig voneinander in den drei Politikfeldern der Bildungs-, Jugend- und Kulturpolitik agieren. Dazu kommt, dass es speziell in der Jugend- und Kulturpolitik neben Einrichtungen der öffentlichen Hand auch sogenannte freie Träger gibt, die zwar oft wesentlich durch öffentliche Zuschüsse unterstützt werden, aber in ihrer inhaltlichen Arbeit weitgehend autonom sind. In diesen Feldern haben sich bestimmte Traditionen und – damit verbunden – eigene Bezeichnungsweisen entwickelt.

Selbst im Bereich der Schule, der in Deutschland fest in der Hand des Staates, nämlich der einzelnen Bundesländer ist, gibt es aufgrund des föderalen Systems unterschiedliche Bezeichnungen. Man muss zudem berücksichtigen, dass Kulturelle Bildung ein Sammelbegriff ist, der im Kern künstlerische Ausdrucksformen erfasst, darüber hinaus aber auch für die ästhetischen Gestaltung von Alltagsgegenständen sowie für Spiel-, Medien- und Zirkuspädagogik verwendet wird. Dies hat zur Folge, dass in einzelnen Arbeitsfeldern eher Begriffe wie musikalische, theatrale oder tänzerische Bildung verwendet werden, weil man denkt, dass hiermit die Spezifik der jeweiligen Ausdrucksform präziser artikuliert wird.[3]

Im Folgenden soll versucht werden, in knapper Form in einem historischen Zugriff eine gewisse Ordnung in diese verwirrende Vielfalt in Bezug auf die Bundesrepublik vor der Wende zu schaffen.

Unterschiedliche Strukturen und Zuständigkeiten

Die Bundesrepublik Deutschland wurde nach dem Zweiten Weltkrieg als föderaler Staat gegründet. Dabei wurden Zuständigkeiten der unterschiedlichen Ebenen (Bund, Länder, Kommunen) insofern sehr genau im deutschen Grundgesetz aufgeteilt, als der Bund nur diejenigen Zuständigkeiten bekam, die im Grundgesetz explizit erwähnt wurden. Da dies für die Bereiche von Bildung und Kultur nicht der Fall war, haben die Länder eine primäre Zuständigkeit für Bildung und Kultur (Kulturhoheit der Länder). Das hat zur Folge, dass in den verschiedenen Bundesländern zum Teil recht unterschiedliche Schulsysteme installiert wurden. Auch im Kulturbereich ist das Engagement der verschiedenen Länder sehr verschieden. Die drei Politikfelder (Bildung, Jugend und Kultur) unterscheiden sich zudem deutlich im Hinblick auf vorhandene gesetzliche Regelungen.

Jugendpolitik

So hat der Bund eindeutig eine Zuständigkeit im Bereich der Jugendpolitik, die zudem durch ein bundeseinheitliches Gesetz (Kinder- und Jugendhilfegesetz als Teil des Sozialgesetzbuches) geregelt ist, was unter anderem zur Folge hat, dass es ein Bundesjugendministerium mit einem ausgewiesenen und beachtlichen Haushaltstitel für die Förderung der Jugendarbeit gibt. Kulturelle (bis ca. 1970: ‚musische') Jugendarbeit wurde dabei immer schon im Kontext der Jugendpolitik gefördert und gilt neben etwa sportlicher und politischer Bildung als anerkannte Form von Jugendarbeit. Mit der Novellierung des alten Jugendwohlfahrtgesetzes im Jahre 1990 wurde Kulturelle Bildung auch im Paragrafen 11 des (neuen) Kinder- und Jugendhilfegesetzes explizit aufgenommen.

Jugendpolitik spielt deshalb eine zentrale Rolle im Bereich der Kulturellen Bildung, weil in diesem Feld zwar auch (zeitlich befristete) Projekte gefördert werden, es aber insgesamt ein klares Bekenntnis zur Förderung einer langfristigen und stabilen Infrastruktur von entsprechenden Einrichtungen und Verbänden gibt. Innerhalb der föderalen Struktur gibt es entsprechende Ausführungsgesetze auf Länderebene sowie Haushaltstitel auf kommunaler Ebene. Wichtig ist, dass mit diesen staatlichen Mitteln nicht bloß staatliche und kommunale Einrichtungen gefördert werden, sondern auch Einrichtungen in freier Trägerschaft, die meist in Form eines gemeinnützigen Vereins (e.V.) organisiert sind. Damit ist bereits eine große Pluralität im Verständnis Kultureller Bildung, ihren Themen und den methodischen Ansätzen sichergestellt.

Diese gesetzliche Regelung reicht bis in die Weimarer Republik zurück, als nämlich im Jahre 1922 erstmals ein entsprechendes Gesetz im Bereich der Jugendhilfe (Jugendwohlfahrtgesetz) verabschiedet wurde. Auch diese gesetzliche Regelung hat einen gesellschaftlichen Vorlauf im 19. Jahrhundert, als man sich nämlich im Deutschen Kaiserreich (1871–1918) Sorgen um die ‚Verwahrlosung' der Jugend machte. Staatliche Jugendpolitik pendelte daher stets zwischen dem Ziel einer Disziplinierung der Jugend, speziell nach Beendigung der Schulzeit, und der Bereitstellung pädagogischer Hilfe.(4)

Schulpolitik

Die Bildungs- oder genauer: die Schulpolitik ist in Deutschland fest in der Hand der Länder. Die Schule spielt in unserem Zusammenhang deshalb eine zentrale Rolle, weil immer schon zumindest zwei, in einigen Bundesländern sogar drei künstlerische Fächer zum obligatorischen Kanon im Lehrplan der Schule gehörten. So gab es in allen Bundesländern Musik und bildende Kunst als Schulfach, in einigen Bundesländern gibt es auch das Schulfach Theater oder Darstellendes Spiel. Auch dies hat eine lange Tradition, die bis zu dem Theaterangebot in jesuitischen Schulen im späten Mittelalter oder dem Zeichenunterricht seit dem 18. Jahrhundert zurückreicht. Musik wiederum spielte immer schon eine Rolle im ‚Lehrplan des Abendlandes' (5), doch handelte es sich auf universitärer Ebene eher um eine mathematisierte Musiktheorie im Anschluss an Pythagoras als um eine musikalische Praxis.

Diese Verankerung von drei künstlerischen Ausdrucksformen (Tanz fand zumindest im Lehrplan des Schulfaches Sport einen Platz) führt dazu, dass alle Kinder und Jugendlichen mehr oder weniger intensive Begegnungen mit diesen Kunstsparten erhalten, eben weil die Schule alle Kinder und Jugendlichen erfasst. Sie führte zudem dazu, dass es schon recht früh entsprechend ausgebildete Fachlehrerinnen und Fachlehrer gab, sodass es zu einer Professionalisierung in den jeweiligen künstlerischen Pädagogikdisziplinen kam. Die Fachlehrerinnen und Fachlehrer organisierten sich in entsprechenden Lehrerverbänden, wodurch sie sich auch in die politischen Debatten um die Weiterentwicklung der Lehrpläne einmischen konnten. Wichtig in diesem Zusammenhang ist zudem, dass es in jedem Bundesland ein Schulgesetz und damit eine gesetzliche Absicherung der entsprechenden Aktivitäten gibt.

Kulturpolitik

Dieses letztere war in dem dritten Bereich, der Kulturpolitik, nicht der Fall. Wie erwähnt wird Kultur im Grundgesetz nicht erwähnt, lediglich in Bayern wird die Bezeichnung ‚Kulturstaat' verwendet. Kulturförderung findet zwar auch auf allen drei Ebenen der öffentlichen Hand statt (Bund, Länder und Gemeinden), doch gab es in der alten Bundesrepublik kein eigenständiges Kulturministerium, sondern lediglich eine Kultur-Abteilung im Innenministerium auf Bundesebene. Die öffentlichen Ausgaben für Kultur wurden daher auch recht unterschiedlich aufgebracht: Der Bund hatte bis zur deutschen Einigung lediglich einen Anteil von etwa 4 bis 5 Prozent, der Rest wurde etwa im Verhältnis von 60 zu 40 von den Kommunen beziehungsweise Ländern – allerdings wiederum mit erheblichen Unterschieden zwischen den Ländern – erbracht. Dies bedeutet, dass die Kommune der zentrale Akteur im Bereich der Kulturpolitik war. Die Kommunen waren (und sind) im Wesentlichen die Träger der Bibliotheken, der Volkshochschulen, der Museen, der Stadttheater und Konzerthäuser. Das Problem hierbei ist, dass aufgrund des Fehlens einer verbindlichen gesetzlichen Regelung Kulturförderung als „freiwillige Selbstverwaltungsaufgabe der Kommunen" gilt. Dies wiederum hat zur Folge, dass bei Finanzproblemen auf kommunaler Ebene immer wieder der Kuturetat zur Disposition stand (und steht).

Dass Kulturelle Bildung heute als dritte Säule (neben der Erhaltung des Kulturerbes und Künstlerförderung als erster beziehungsweise zweiter Säule) in der Kulturpolitik verstanden wird, ist eine neue Erscheinung. In der alten Bundesrepublik gab es zwar mit Museen Kultureinrichtungen, die einen Bildungsauftrag hatten und wahrnahmen, doch fand sich eine Akzeptanz eines Bildungsauftrags im Kulturbereich nur sehr begrenzt. Dies gilt insbesondere für die Zeit nach dem Zweiten Weltkrieg bis etwa 1970. Denn wie man sich erinnert, gab es in den westlichen Staaten Ende der 60er Jahre vielfältige gesellschaftliche Aufbruchs- und Reformbemühungen, die auch den Kulturbereich erreichten. So entwickelte man im Kontext des Europarates das Konzept einer Kulturpolitik als Gesellschaftspolitik, in der der Bildungsaspekt eine große Rolle spielte.(6) Diese konzeptionellen Überlegungen einer Neuen Kulturpolitik, die sich nicht mehr primär auf die Erhaltung des Kulturerbes konzentrierte, sondern die eine demokratische Gestaltung der Gesellschaft auch im Bereich der Kultur zum Ziele hatte, spielten insbesondere auf kommunaler Ebene eine große Rolle (wichtige Namen in diesem Zusammenhang sind Herrmann Glaser und Hilmar Hoffmann). Es wurden neue kulturpädagogische Einrichtungen entwickelt (zum Beispiel soziokulturelle Zentren, Jugendkunstschulen, pädagogische Abteilungen in Theatern, Strukturen der Museumspädagogik etc.), die neben schon länger vorhandene Einrichtungen wie etwa Musikschulen traten.

Wie bereits oben erwähnt, spielt in dem Sozialstaatsmodell der Bundesrepublik Deutschland der Gedanke der Subsidiarität eine große Rolle. Dies hat zur Folge, dass in Hinblick auf die Bereitstellung staatlicher Leistungen nicht primär staatliche Einrichtungen diese erbringen, sondern dass Organisationen aus dem ‚Dritten Sektor', dem frei-gemeinnützigen Bereich, mithilfe staatlicher Gelder Leistungen etwa im Bereich der Sozialpolitik erbringen sollen. Dies gilt in besonderer Weise für Einrichtungen der Kulturellen Bildung. So gibt es zwar auch kommunale Theater mit theaterpädagogischen Abteilungen, es gibt kommunale Musikschulen, kommunale Volkshochschulen und kommunale Bibliotheken, die alle eine wichtige Rolle in der Kulturellen Bildung spielen. Daneben gibt es aber viele sogenannte freie Träger vor allen Dingen im Bereich der Medien, der Musik, der anderen Künste, die mit kommunalen oder Länderzuschüssen Angebote für Menschen in allen Altersstufen bereitstellen.

Einige Hinweise auf die Ideen- und Geistesgeschichte der Kulturellen Bildung in der Bundesrepublik Deutschland

Man kann die Geschichte der Kulturellen Bildung als Geschichte der zugrunde liegenden Ideen und Konzepte beschreiben, man kann aber auch die Geschichte der Kulturellen Bildung als Realgeschichte der Praxisfelder, Institutionen und Professionen beschreiben, wobei es durchaus eine anspruchsvolle Aufgabe ist, die Beziehungen zwischen der Entwicklung der Ideen und Konzepte auf der einen Seite und der Entwicklung der Realität auf der anderen Seite jeweils zu analysieren. Leider ist die Forschungslage bis heute noch nicht so, dass man auf entsprechende anspruchsvolle umfassende historische Darstellungen zurückgreifen könnte (kurze Hinweise finden sich in (6) und (7). So gibt es zwar historische Darstellungen (sowohl zur Ideen- als auch zur Realgeschichte) zu einzelnen künstlerischen Schulfächern, es gibt durchaus auch Darstellungen der Entwicklung der Jugendarbeit, der Geschichte der Jugend und Jugendkulturen, doch oft genug sind solche Darstellungen auf ein enges Thema begrenzt und stellen keine Querverbindungen her. Daher können hier nur knapp einzelne Entwicklungsstränge skizziert werden.

So gibt es eine lange Geschichte einer Thematisierung der Beziehung zwischen dem Ästhetischen und dem Pädagogischen. Ein Problem hierbei besteht darin, dass bereits der Begriff des Ästhetischen ein sehr junger Begriff ist, denn er wurde erst Mitte des 18. Jahrhunderts von dem Philosophen Alexander Baumgarten erfunden und blieb bis tief ins 19. Jahrhundert umstritten. Allerdings diskutierten bereits die Griechen im Kontext ihres Bildungsideals über das Wahre, Schöne und Gute. Dies spielte eine zentrale Rolle, da – ebenfalls in der zweiten Hälfte des 18. Jahrhunderts – in vielen Ländern Europas der Diskurs über das Schöne, über Künste und eben auch über Ästhetik aufblühte. Akzeptiert man die These von Terry Eagleton(8), dass man in diesen Debatten zwar über das Schöne und seine Konstitutionsbedingungen sprach, dass aber in all diesen Diskursen eine andere Frage, nämlich die nach der Konstitution des (bürgerlichen) Subjekts eine entscheidende Rolle spielte, so kann man die pädagogische Relevanz dieser Ästhetikdebatten leicht erkennen. Denn auch in der Pädagogik ist dies die zentrale Frage, wie sie sich im Kontext von Bildung und Erziehung stellt, nämlich die Frage nach der Unterstützung bei der Konstituierung des Subjekts. Spätestens mit der Entwicklung des Neuhumanismus von Wilhelm von Humboldt rückte diese Frage nach der Rolle des Schönen in pädagogischen Kontexten geradezu in den Mittelpunkt. Humboldt wiederum war eine zentrale Bezugsperson in der von dem Berliner Pädagogen und Philosophen Wilhelm Dilthey begründeten Geisteswissenschaftlichen Pädagogik am Ende des 19. Jahrhunderts. Dessen Schüler (Eduard Spranger, Herman Nohl und andere) waren wiederum die führenden Erziehungswissenschaftler in der Weimarer Republik (1919–1933), wobei viele von ihnen nach dem Zweiten Weltkrieg in der Bundesrepublik ihre akademische Karriere fortsetzen konnten. In diesem Kontext wurde bereits in den 20er Jahren eine erste Kulturpädagogik entwickelt (auch wenn man noch nicht von Kultureller Bildung, sondern vielmehr von musischer Bildung sprach).

Eine zweite Bewegung, die den Diskurs über Künste in der Pädagogik forcierte, war die Reformpädagogik in Verbindung mit der Jugendbewegung. Es ging um eine Kritik an der Buch- und Paukschule, die spätestens seit der zweiten Hälfte des 19. Jahrhunderts immer dringlicher wurde und die sich in eine Vielzahl anderer gesellschaftlicher Bewegungen einordnete wie die Frauenbewegung, die Monte-Veritas-Bewegung, die Lebensreformbewegung und zum Teil auch die Arbeiterbewegung. In diesen reformpädagogischen Ansätzen, die politisch von links bis rechts reichten, spielte eine künstlerisch-ästhetische Praxis als Gegenpol zu einer dominierenden kognitivistischen Verengung der pädagogischen Praxis in den kritisierten Schulen eine wichtige Rolle.

Beide genannten Bewegungen, die Kulturpädagogik in der Geisteswissenschaftlichen Pädagogik seit Wilhelm Dilthey sowie die gesellschaftspolitisch orientierten Reformbewegungen spielen bis in die aktuellen Debatten hinein eine wichtige Rolle. Die verstärkte Einbeziehung des Ästhetischen gilt in diesen Kontexten als Ergänzung der auf das Kognitive konzentrierten öffentlichen Schule, wobei dies oft genug mit einer harten Kritik an den Deformationen einhergeht, die die (kapitalistisch organisierte) Industriegesellschaft mit sich bringt.

Es sind daher unterschiedliche Diskurse zu unterscheiden, die nur begrenzt aufeinander Bezug nahmen:
- So gibt es einen Diskurs in der Allgemeinen Erziehungswissenschaft, der auf einer philosophischen Ebene die Dimension des Ästhetischen als einen Begriff des Menschen hervorhebt. In dieser Debatte werden vor allen Dingen die großen philosophischen Autoren, die sich mit Ästhetik aus philosophischer Sicht befassen, hinzugezogen.
- Es gibt unterschiedliche Diskurse in den verschiedenen Fachdidaktiken (Musik, bildende Kunst, Theater) mit ihren jeweils prominenten Autoren, die sich oft nur am Rande auf die oben genannten philosophischen Ästhetik-Konzeptionen beziehen.
- Es gibt in der Jugendforschung die regelmäßig vorgelegten Jugendstudien, wie sie etwa von der Mineralölfirma Shell finanziert werden, wobei spätestens seit den 80er Jahren ästhetische Praktiken der Jugendlichen geradezu in den Mittelpunkt dieser Untersuchungen rückten: Jugendforschung ist seither wesentlich Jugendkulturforschung.
- Es gibt eine Diskussion über die Rolle ästhetischer Praktiken in der Jugend- und Sozialarbeit.
- Nicht zuletzt gibt es entsprechende Debatten in außerschulischen kulturpädagogischen Einrichtungen, die zum Teil – wie die Musikschulen – ebenfalls auf eine jahrzehntelange Tradition zurückblicken können, so wie sie etwa mit der oben erwähnten Reformpädagogik rund um 1900 entstanden ist.

Auch aufgrund der mangelhaften Forschungs- und Theorielage in diesem heterogenen kulturpädagogischen Feld wurde kürzlich ein Sammelband vorgelegt, der zumindest exemplarisch neun unterschiedliche Theoriekonzeptionen in der Kulturpädagogik sowie eine Reihe historischer Schilderungen präsentiert.(9) Es finden sich dort zwar keine Beschreibungen der Genese der künstlerischen Schulfächer, aber nachvollziehbare Berichte über die Entwicklung der Rolle kultureller Bildungsangebote in der Jugend- und Sozialarbeit wie auch – von einem der wichtigsten Akteure in diesem Feld (Wolfgang Zacharias) – ein Bericht zur seit Ende der 70er Jahre entstehenden neuen Kulturpädagogik. (Wie oben erwähnt, gab es bereits in der Weimarer Zeit eine erste Kulturpädagogik, von der sich allerdings diese Neue Kulturpädagogik deutlich unterschied.)

Der Erziehungswissenschaftler Jörg Zirfas (ebd.) skizziert diese Entwicklung und unterscheidet nachvollziehbar verschiedene Etappen:

Eine erste Etappe ist die oben erwähnte Geisteswissenschaftliche Pädagogik, die sich nach dem Ersten Weltkrieg in der Weimarer Republik bewusst auch Kulturpädagogik nennt. Eine solche Kulturpädagogik ordnet sich ein in die wachsende Prominenz einer Thematisierung von Kultur in Philosophie und Soziologie am Ende des 19. Jahrhunderts.(10) Diese prominent werdende Thematisierung von Kultur (etwa anstelle des Sozialen oder Politischen) wird als Ausdruck eines wachsenden Krisenbewusstseins angesichts der Missstände verstanden, die die dynamische Industrialisierung in Deutschland mit sich gebracht hat. Auch die neu entstehende Kulturpädagogik am Anfang des 20. Jahrhunderts wird von Zirfas als Ausdruck eines solchen Krisenbewusstseins verstanden.

Eine zweite Etappe beginnt in der Darstellung von Zirfas mit den emanzipatorischen Bewegungen in den 60er und 70er Jahren. Es geht um die bereits oben erwähnte Neue Kulturpolitik, bei deren Begründung der Europarat mit seinen Zielen einer Demokratisierung der Kultur und einer kulturellen Demokratie eine wichtige Rolle spielte. In diesem Kontext entstand eine neue Kulturpädagogik, die sich die neuen gesellschaftspolitischen Ziele einer Demokratisierung und einer ‚Kultur für alle' zu eigen machte.

Eine dritte und letzte Etappe, die bis heute anhält, nennt Zirfas „reflexive Kulturpädagogik", die er in den 80er Jahren beginnen lässt. Es geht um vertiefte Anstrengungen im Hinblick auf eine theoretische Fundierung des Begriffs der Kulturellen Bildung, verbunden mit einer wachsenden Etablierung kulturpädagogischer Studiengänge an Hochschulen. Man kann die Darstellung historischer Entwicklungstendenzen sowie der theoretischen, politischen, sozialen und kulturellen Rahmenbedingungen dieser Entwicklung, so wie sie in diesem Text und in dem Beitrag von Zirfas angesprochen wird, als Teil dieser reflexiven Kulturpädagogik verstehen.

Schlussbemerkungen:
Die deutsche Einigung als Wende?

Mit der deutschen Einigung trafen auch im Bereich der Kulturellen Bildung zwei Systeme aufeinander, bei denen es unterschiedliche Organisationsformen, unterschiedliche professionelle Verständnisweisen, unterschiedliche theoretische Konzeptionen und Praxisstrukturen gab. In der DDR gab es ein gut ausgebautes und flächendeckendes System entsprechender Kultureinrichtungen, die alle auch der Vermittlung Kultureller Bildung verpflichtet waren. Es mussten allerdings die Kolleginnen und Kollegen, die in diesen Einrichtungen beschäftigt waren, erkennen, dass es für die Finanzierung eines solchen Systems in Westdeutschland nicht die Mittel im erforderlichen Umfang gab, sodass ein Stichwort dieser Wendezeit ‚Umprofilierung' war. Die deutsche Einigung war kein Zusammenschluss zweier gleichberechtigter Partner. Daher dominierten die westdeutschen Strukturen. So war ein unterscheidender Aspekt die in Westdeutschland vorhandene Trennung zwischen freien und öffentlichen Trägern im Bereich der Jugend-, Kultur- und Sozialarbeit. Eine Struktur freier Träger musste daher in Ostdeutschland – unterstützt durch ein entsprechendes Sonderprogramm im Bundesjugendministerium – erst aufgebaut werden.

Bestimmte Begriffe wie etwa der der Allgemeinbildung, als die in Deutschland Kulturelle Bildung verstanden wurde, lösten aufgrund der entsprechenden politischen Tradition in der DDR Befremden aus. Zudem spielte in Westdeutschland der außerschulische Bereich auch insofern eine wichtige Rolle, als man dort ein Verständnis von Pädagogik entwickelt hatte, das sich – mit welcher Berechtigung auch immer – von einem schulischen Pädagogikverständnis deutlich absetzte. Auch dies war in solcher Form in der DDR kaum anzutreffen.

Ich bin nicht sicher, ob nach inzwischen fast 30 Jahren deutscher Einigung die Unterschiede schon völlig verschwunden sind. Man muss sehen, dass, auch wenn Strukturen übertragen und vereinheitlicht wurden, Mentalitäten und Traditionen dauerhaft wirksam sind und sich nur allmählich verändern.

(1) Deutscher Bundestag (Hrsg.)(2007): Schlussbericht der Enquête-Kommission Kultur in Deutschland. Drucksache 16/7000. Berlin.
(2) Max Fuchs, Gabi Schulz, Olaf Zimmermann (2005): Kulturelle Bildung in der Bildungsreformdiskussion. Regensburg: conbrio.
(3) Hildegard Bockhorst, Vanessa Reinwand, Wolfgang Zacharias (Hrsg.) (2012): Handbuch Kulturelle Bildung. München: Kopaed.
(4) Jürgen Reyer (2002): Kleine Geschichte der Sozialpädagogik. Hohengehren: Schneider.
(5) Josef Dolch (1971): Lehrplan des Abendlandes. Ratingen: Renn.
(6) Max Fuchs (1998): Kulturpolitik als gesellschaftliche Aufgabe. Opladen: Westdeutscher Verlag.
(7) Wolfgang Zacharias (2001): Einführung in die Kulturpädagogik. Opladen: Leske und Budrich.
(8) Terry Eagleton (1994): Ästhetik. Stuttgart/Weimar: Metzler.
(9) Tom Braun, Max Fuchs, Wolfgang Zacharias (Hrsg.)(2015): Theorien der Kulturpädagogik. Weinheim/Basel: Beltz-Juventa.
(10) Georg Bollenbeck(1994): Bildung und Kultur. München: Beck.
Max Fuchs (2008): Kulturelle Bildung. München: Kopaed.
Max Fuchs (1994): Kultur lernen. Remscheid: BKJ.

Die Wiedervereinigung:

Vom Aufbruch mit Brüchen

Dr. phil. Birgit Wolf, Diplom-Museologin, Forscherin, Autorin und Lehrbeauftragte

„Die jahrzehntelange Polarisierung zwischen beiden deutschen Staaten war der ideale Boden für Abspaltungen von beiden Seiten. Man brauchte sich gegenseitig, um dem anderen zuzuschieben, was man bei sich selbst nicht sehen wollte. So war selbst die Spaltung Deutschlands eine Chance zur kollektiven Abwehr gemeinsamer, belastender Vergangenheit und verdrängter Innerlichkeit. Es kann in Wirklichkeit weder um eine ‚Wiedervereinigung' noch um einen ‚Anschluss' gehen – letzteren wird man zwar realpolitisch durchsetzen, weil damit beiden Seiten die mühevolle Aufarbeitung erspart bleibt. Aber eine gesunde Vereinigung zur Ganzheit würde notwendige bittere Erkenntnisse von Veränderungen auf beiden Seiten bedeuten!"[1]

Zur Situation in den 80er Jahren des 20. Jahrhunderts

Betrachtet man die Deutsche Demokratische Republik (DDR) und die Volksrepublik Polen (Polen) vor der Wende, dann verbanden die beiden sozialistischen Länder seit 1950 die Oder-Neiße-Friedensgrenze ebenso wie die Bündnisse Rat für gegenseitige Wirtschaftshilfe und Warschauer Pakt. In den 80er Jahren nahmen die wirtschaftlichen Probleme stark zu. Es gab Parallelen: Mangelwirtschaft, verfallende Städte, heruntergewirtschaftete Betriebe, Improvisation im Alltag bis hin zur (gefühlten) Sicherheit in Bezug auf Arbeitsplatz, Wohnung und Rente. In der DDR war das verbunden mit einer sehr hohen Erwerbstätigkeit der Frauen und dem Auftrag zur Erziehung zur allseitig entwickelten sozialistischen Persönlichkeit.[2]

Die Beziehungen zwischen den beiden Staaten waren zu diesem Zeitpunkt jedoch entzweit. Nach den Solidarność-Streiks im August 1980 wurde der 1972 eingeführte visafreie Reiseverkehr seitens der DDR im Oktober 1980 aufgehoben. Die Bürgerinnen und Bürger konnten nur noch mit offizieller Einladung jenseits der Oder reisen.

Betrachtet man die Deutsche Demokratische Republik (DDR) und die Bundesrepublik Deutschland (BRD) in den 80er Jahren, so trennte die beiden deutschen Staaten der Eiserne Vorhang zwischen dem Bündnis Warschauer Pakt und Nato ebenso wie dem Bündnis Rat für gegenseitige Wirtschaftshilfe und Europäische Wirtschaftsgemeinschaft. Beide deutsche Staaten verbanden historische und kulturelle Wurzeln sowie familiäre Bande, doch die Jahrzehnte der Teilung ließen beidseits der Mauer eine jeweils eigene Identität entstehen. Wirtschaftlich, sozial und politisch ebenso wie gesellschaftlich und kulturell trennten die deutschen Staaten Welten: das sozialistische und das kapitalistische Gesellschaftssystem. Das Gros in Politik, Kirche und Medien der BRD unterstützte die DDR-Opposition in ihren Forderungen nach Demokratie, nach freien Wahlen, Meinungs-, Presse- und Reisefreiheit.

Im Juni 1989 fanden in der Volksrepublik Polen die ersten zum Teil freien Wahlen seit 1945 statt. Diese gewann die Solidarność-Bewegung. Der Dissident Tadeusz Mazowiecki wurde Premierminister. Mit der Verfassungsänderung im Dezember 1989 wurde die Republik Polen gegründet. Diese politischen und gesellschaftlichen Veränderungen sowie die Politik von Glasnost und Perestroika Michael Gorbatschows in der Sowjetunion seit 1986 bildeten einen Grundstock für gesellschaftspolitische Veränderungen in der DDR. Die Gruppen der Ausreisewilligen und derjenigen, die sich für gesellschaftliche Veränderungen im Land einsetzten, wuchsen. Im Sommer 1989 flüchten hunderte DDR-Bürgerinnen und -Bürger in die Botschaften der BRD in Budapest, Prag und Warschau, um ihre Ausreise in die BRD zu erwirken. Ungarn öffnete seine Grenze nach Österreich. Polen stellte Züge zur Verfügung, mit denen die nach Polen geflüchteten DDR-Bürger in die BRD reisen konnten. Die friedliche Revolution im Oktober 1989 leitete die Wende ein.
1989/90: Rasant vollzogen sich von nun an die politischen Veränderungen sowohl in Deutschland als auch in Polen. Bündnisse brachen. Der Rat für gegenseitige Wirtschaftshilfe und der Warschauer Pakt wurden aufgelöst. Die Wiedervereinigung der beiden deutschen Staaten fand am 3. Oktober 1990 statt. Die neue polnische Regierung unterstützte die Wiedervereinigung. Die DDR wurde an diesem Tag Teil der Europäischen Wirtschaftsgemeinschaft und der Nato, 1999 wurde Polen Mitglied der Nato und trat 2004 der Europäischen Union bei.

Dieser Beitrag zeichnet einige ausgewählte Aspekte der Wiedervereinigung im Bereich der Kulturellen Bildung in den fünf neuen Bundesländern nach. Der Fokus liegt dabei auf den Transformationen der Institutionen und Strukturen der kulturellen Kinder- und Jugendbildung.

Vom Aufbruch der DDR 1989, der zur Wiedervereinigung wurde

Der Herbst 1989 bedeutete für einige in der DDR einen Aufbruch. Sie wollten eine andere DDR, eine „freiheitliche, sozialistische Alternative zur Bundesrepublik"(3) schaffen. Andere wollten die DDR erhalten, so wie sie war. Wiederum andere forderten ein vereintes Deutschland. Helmut Kohl hatte dem Deutschen Bundestag bereits am 28. November 1989 einen Zehn-Punkte-Plan zu einem wiedervereinten Deutschland unterbreitet. Im Wahlkampf versprach er allen blühende Landschaften. Die Mehrheit stimmte bei der ersten freien Volkskammer-Wahl am 18. März 1990 für Kohl und die Allianz für Deutschland, den Zusammenschluss der DDR-Blockpartei Christlich-Demokratische Union, der Deutschen Sozialen Union und des Demokratischen Aufbruchs. Die Weichen waren auf Wiedervereinigung gestellt.
Nach der Wahl überschlugen sich die Ereignisse: Am 1. Juli 1990 wurde in der DDR die Deutsche Mark eingeführt. Zeitgleich trat das Treuhandgesetz in Kraft. Die neu gegründete Treuhandanstalt übernahm es, „über 12.000 Volkseigene Betriebe zu privatisieren. Etwa 3.000 Unternehmen werden stillgelegt. Darüber hinaus ist die Treuhandanstalt für rund 30.000 Einzelhandelsgeschäfte, Hotels und Gaststätten, landwirtschaftliche Nutzflächen und Liegenschaften verantwortlich"(4).
Volkskammer und Bundestag stimmten am 20. September 1990 für den Vertrag zwischen der BRD und der DDR über die Herstellung der Einheit Deutschlands, kurz Einigungsvertrag, der am 3. Oktober 1990 von beiden Regierungen ratifiziert wurde. Aus den 14 DDR-Bezirken entstanden die neuen Bundesländer Mecklenburg-Vorpommern, Brandenburg, Sachsen-Anhalt, Thüringen, Sachsen sowie das geeinte Berlin.

In den Jahren der Teilung galt die Pflege der deutschen Kultur als eine Grundlage der fortbestehenden Einheit der deutschen Nation. Kultur sollte nun auch „im Prozess der staatlichen Einheit der Deutschen auf dem Weg zur europäischen Einigung einen eigenständigen und unverzichtbaren Beitrag"(5) leisten. Der Artikel 35 des Vertrages zur deutschen Einheit legte den Erhalt der kulturellen Substanz und die „übergangsweise Förderung der kulturellen Infrastruktur, einzelner kultureller Maßnahmen und Einrichtungen"(6) aus Bundesmitteln fest. Kultur sollte zum Aufbau-Mittel im teilweise zermürbenden Prozess der deutsch-deutschen Veränderungen gerade für die Ostdeutschen und zum (Ver-)Binde-Mittel für die Westdeutschen werden. Der Artikel 32 regelte den Auf- und Ausbau der freien Jugendhilfe und deren Förderung im Rahmen der gesetzlichen Zuständigkeiten. In den neuen Bundesländern wurden mit dem Einigungsvertrag sowohl die bundesdeutschen Strukturen und Finanzierungsmodelle als auch deren Organisationsformen sowie die politischen und rechtlichen Entscheidungsmechanismen eingeführt. Innerhalb von vier Monaten wurde von den zentralistischen DDR-Strukturen auf die pluralistischen Strukturen der föderalen BRD sowie vom sozialistischen ins kapitalistische System gewechselt.

Der Bund unterstützte die neuen Bundesländer und Kommunen mit „wesentlichen Mitteln aus dem Fonds Deutsche Einheit, dem Gemeinschaftswerk Aufschwung Ost und der Kommunalen Investitionspauschale"(7). 1991 stellte allein der Bundesjugendplan den „Trägern der freien Jugendhilfe zusätzlich 47 Millionen DM für ihre Arbeit in den und für die neuen Bundesländer"(8) zur Verfügung. Diese gesamtgesellschaftlichen Entwicklungen wirkten sich auf die Bereiche Kultur, Jugend und Bildung aus.

Die Wiedervereinigung aus ostdeutscher Perspektive

In einem nie erahnten Tempo vollzogen sich in den neuen Bundesländern „tiefgreifendste Umbrüche in allen, wirklich allen Lebensbereichen. Und angesichts der sich verschärfenden ökonomischen und sozialen Probleme machte sich dort – so schnell nach der Euphorie – Unsicherheit, bei einigen sogar eine Katerstimmung breit"(9). Soziale wie berufliche Strukturen brachen weg. Großbetriebe wurden geschlossen, Ausbildungen nicht anerkannt.
Ostdeutsche fühlten sich nicht gefragt und empfanden das Eins-zu-eins-Überstülpen der westdeutschen Strukturen auf die ostdeutschen Bedingungen oft als Deklassierung. Während die ältere Generation in den Vorruhestand verabschiedet wurde, verloren junge Menschen ihren Berufsabschluss, ihre Arbeit und somit ein Stück ihrer Identität. Viele Jugendliche suchten nach einer neuen Lebensperspektive und fühlten sich dabei allein gelassen. Ein Teil der jungen Menschen aus der Jugendkultur empfand zu Beginn der 90er Jahre durch den „ersatzlosen Wegfall der gewohnten Alltagskultur von der ehemals schon spärlichen Kneipenkultur über Freizeitstätten und kulturelle Jugendeinrichtungen bis hin zu Spielstätten für Rockbands und -musiker ein Vakuum, das durch die ostdeutschen Tempel der Hochkultur nicht kompensiert werden"(10) konnte. Es

prägten sich „jugendspezifische Kulturformen aus, die auf die Erosion des Wertesystems, auf soziale Desintegration, auf Sinn- und Identitätsverlust mit der Produktion kultureller Zusammenhänge reagieren, in denen trotzig ein Stück DDR weiterzuleben scheint"(11). Ein anderer Teil nutzte die neuen Freiheiten, um ihre (Lebens)Träume zu verwirklichen und gründete Gruppen der freien Szenen ebenso wie Vereine. Ein weiterer Teil, vor allem junge Frauen, zog in die alten Bundesländer.

Ostdeutsche Jugendliche lebten in einer „faktisch schlechteren Lebenssituation gegenüber den Gleichaltrigen in den alten Bundesländern"(12). Zudem wiesen ihnen die „westlichen Aufbauhilfen die Position der Hilfsbedürftigen zu" (ebd.). 38 Prozent der 21- bis 24-jährigen ostdeutschen Jugendlichen bezogen 1994 Gelder aus dem staatlichen Unterstützungssystem wie Sozialhilfe, während dies nur für 6 Prozent der entsprechenden Altersgruppe in den alten Bundesländern relevant war.(13)

In den ersten vier Jahren nach der Wiedervereinigung „verließen fast 1,4 Millionen Bürger ihre ostdeutschen Herkunftsländer"(14). Das waren überwiegend gut ausgebildete, junge Frauen. 25 Jahre später sind die Folgen schrumpfende Kommunen sowie ein hoher Anteil männlicher, weniger gebildeter und ungebundener Männer. Der Mangel an gebärfähigen Frauen hat zur Folge, dass in weiten Gebieten Ostdeutschlands „jede Generation um ein Drittel kleiner sein wird als die vorige"(15).

Transformationen im Kulturbereich

Den 16.675 Millionen Einwohnerinnen und Einwohnern, die 1988 in der DDR lebten, standen 741 Museen, 213 Theater, darunter 22 Puppentheater, 10 Kabaretts, 808 Filmtheater, 6.817 hauptamtlich und 7.382 nebenberuflich geleitete Bibliotheken, 1.838 Kultur- und Klubhäuser sowie 962 Jugendklubs offen. In 7.368 Interessengemeinschaften des künstlerischen Volksschaffens und Freundeskreise der Kunst engagierten sich 131.100 Mitglieder.(16) Die Finanzierung der Kulturinstitutionen ebenso wie der neben- und ehrenamtlich organisierten Kulturarbeit in Filmklubs, Amateurtheater- und Tanzensembles, Chören und Orchestern erfolgte durch das Ministerium für Kultur, den Freien Deutschen Gewerkschaftsbund (FDGB), die Freie Deutsche Jugend (FDJ), den Kulturbund und andere Organisationen. Zudem musste „jeder Betrieb drei Prozent seiner Lohnmittel für Kultur- und Sozialarbeit einsetzen"(17).

Die Erziehung zur allseitig gebildeten sozialistischen Persönlichkeit war in der DDR eng verbunden mit der Vermittlung der sozialistischen Kultur an

die junge Generation. Der sozialistisch denkende und handelnde Mensch sollte als Subjekt mit
- „der Fähigkeit zur schöpferisch-produktiven körperlichen und geistigen Tätigkeit,
- einer sozialistischen politisch-moralischen Grundhaltung und Konsequenz des Denkens und Verhaltens in allen Lebensbereichen,
- dem Vermögen und Bedürfnis, sozialistische Gemeinschaftsbeziehungen herzustellen,
- dem Streben nach Bildung, nach kulturell-künstlerischem Ausdruck"(18) erzogen werden.

Zu den Orten der (außerschulischen) Kinder- und Jugendkulturarbeit zählten Pionierpaläste und -zirkel, FDJ-Klubs, Kinder- und Jugendtheater, Schülerfreizeitzentren, Kulturhäuser ebenso wie die Strukturen des künstlerischen Laienschaffens in Mal- und Zeichenzirkeln oder Fanfarenzügen – in der Zuständigkeit der Ministerien für Kultur und Volksbildung beziehungsweise des Pionierverbandes oder der FDJ.
Kinder und Jugendliche konnten sich vielseitig, ihrer Neigung entsprechend künstlerisch ausprobieren und produzieren und standen dabei zwischen Förderung und Kontrolle. Schülerinnen und Schüler wurden „regelmäßig mit der sozialistischen Theater- und Konzertkultur vertraut gemacht; ganze Schulklassen haben Lessings ‚Nathan der Weise' oder Brechts ‚Mutter Courage' gesehen, nahmen auch langatmige Klavierkonzerte oder seichte Operettenstoffe ergeben hin"(19). Das endete zumeist 1990.

Nach dem Zusammenbruch der staatlichen Finanzierung und dem Systemwechsel entstand 1990 ein Vakuum. Zum einen mussten die gesetzlichen Voraussetzungen für die Arbeit in den Einrichtungen der Kulturellen Bildung geschaffen, zum anderen die demokratischen und pluralistischen Strukturen der Kultur- und Jugendarbeit aufgebaut werden.
Zugleich galt es, den verunsicherten DDR-Mitarbeiterinnen und -Mitarbeitern eine mögliche Zukunft aufzuzeigen, für sie Fort- und Weiterbildungsangebote zu schaffen und diese zu finanzieren.
Der Dach- und Fachverband der Kulturellen Jugendbildung, die Bundesvereinigung Kulturelle Jugendbildung (BKJ) und deren Mitglieder hatten die Herausforderung erkannt. Das erste deutsch-deutsche Fachforum Kulturelle Jugendbildung fand am 9. Mai 1990 im Freizeit- und Erholungszentrum (FEZ) Berlin-Wuhlheide statt. In der Erklärung der Teilnehmenden an den Bundestag, die Länderregierungen und die Volkskammer hieß es: „In Anbetracht der grundlegenden Veränderungen unserer gesellschaftlichen Entwicklung sind wir besorgt darüber, dass die Förderung der Jugendkulturarbeit wirtschaftlichen Sachzwängen und Prioritätensetzungen zum

Opfer fällt, anstatt dass bewährte Strukturen erhalten, neue Basisprojekte unterstützt und die Kooperationen der Träger in Ost und West wirksam gefördert werden."(20)

Die Teilnehmenden aus der DDR verabschiedeten das Positionspapier „Kulturelle Jugendbildung stärken!" mit der Botschaft: „Der Mensch lebt nicht von Brot allein. Die Einheit der beiden deutschen Staaten muss von der Kulturellen Bildung insbesondere der jungen Generation begleitet werden, soll die Einigung nicht über die Köpfe und Herzen der Menschen hinweg gehen".(21) Sie setzen sich ein für die strukturelle und finanzielle Unterstützung der DDR-Einrichtungen der kulturellen Kinder- und Jugendbildung wie Kulturhäuser, Musikschulen, Schülerfreizeitzentren, Jugendklubs sowie FDJ- und Pionierhäuser und darüber hinaus für den Erhalt der Volkskunstzirkel, Arbeitsgemeinschaften des künstlerischen Amateurschaffens und der Kulturkabinette.

Wie prekär die Situation der DDR-Kulturschaffenden war, verdeutlichen folgende Stimmen der Tagung Die Einheit und ihre Folgen der BKJ am 19. Oktober 1990.

„Als die Einheit nicht mehr zu verhindern war, waren alle Ebenen gezwungen, sich an den westlichen Modellen zu orientieren, sich über die Modelle zu informieren und zwangsläufig sich den BRD-Modellen anzupassen beziehungsweise die Voraussetzungen dafür zu schaffen. (Selbstredend ein Prozess, der eher mit Frust verbunden war und ist als mit Aufbruchstimmung.)"(22)
Nilson Kirchner, Netzwerk SpielKultur Prenzlauer Berg

„Der innovative Aufschwung vom Herbst 1989 ist längst gebrochen und zermürbt durch die Unsicherheit über das Fortbestehen neu entstandener und etablierter Einrichtungen. Das letzte Wort gehört dem Geld."(23)
Christel Hoffmann, Direktorin der DDR-ASSITEJ

„Wir sind innerhalb kürzester Zeit in die Lage versetzt worden, unsere eigenen Interessen und Vorstellungen selbst in die Hand nehmen zu können, aber auch zu müssen. [...] Wir können nicht gutheißen, dass mit finanziellen Versprechungen, die schon erpresserischen Charakter haben, Mitgliederwerbungen für Bundesverbände betrieben werden. Wir bitten also darum, lassen Sie den Amateurverbänden in der ehemaligen DDR die erforderliche Zeit, sich weiter zu konsolidieren, machen Sie Ihre Hilfe und Zusammenarbeit nicht davon abhängig, ob eine Erklärung zum Anschluss oder Beitritt erfolgt."(24)
Gerlinde Hennig, Verbände des künstlerischen Amateurschaffens

„Schätzungsweise die Hälfte der früher über 200 Filmklubs der DDR hat vor diesen Bedingungen kapituliert."(25)
Reinhold T. Schöffel, Interessenverband Filmkommunikation e.V.

Das Statement seitens des Deutschen Städtetags auf dieser Tagung lautete: „Die Förderung der kulturellen Jugendbildung in den Kommunen hängt damit wesentlich von den Finanzzuweisungen des Bundes und der Länder ab. [...] Die für die Stadtpolitik Verantwortlichen müssen eine wichtige Aufgabe darin erkennen, dass die für die Entwicklung der Kinder und Jugendlichen sehr wesentlichen Angebote der kulturellen Bildung in ausreichendem Maße gefördert werden."(26)

Transformationen konkret: am Beispiel der Musikschulen und Pionierhäuser

Der im Herbst 1989 beginnende Transformationsprozess wird exemplarisch anhand von zwei Beispielen der außerschulischen Kulturellen Bildung in der DDR beschrieben, den Musikschulen und den Pionierhäusern.

Musikschulen

Zu Beginn der 20er Jahre entstanden aus dem musikalischen Bereich der Jugendbewegung, der Jugendmusikbewegung, die Musikschulen in Hamburg und in Berlin, „um für breite Bevölkerungsschichten ein Angebot für die musisch-kulturelle Bildung zu haben"(27).
Durch die Betonung deutscher (Volks-)Musik fand die Jugendmusikbewegung nach 1933 bei den Nationalsozialisten Unterstützung. Die Reichsjugendführung forcierte die Gründung der Jugend- und Volksmusikschulen mit dem Ziel, möglichst allen Jugendlichen einen qualifizierten, preisgünstigen Musikunterricht anbieten zu können. Ab 1938 wurden die Musikschulen für Jugend und Volk errichtet, um eine einheitliche außerschulische Musikerziehung der Jugend und die musikalische Schulung der Erwachsenen im ganzen Reich sicherzustellen. Die Vielfalt der kommunalen, staatlichen oder privaten Einrichtungen für die musikalische Laienausbildung wurde beendet. Die Strukturen wurden gleichgeschaltet. Die Zahl der Musikschulen wuchs schnell. Existierten im Sommer 1938 zehn Musikschulen, waren es 1939 bereits 66 mit insgesamt ca. 700 Lehrkräften und 15.580 Schülern. 1942 stieg die Zahl auf ungefähr 120 an und lag 1944 bei ca. 160. Diese Musikschulen bildeten nach 1945 den Grundstein für die Musikschulen in öffentlicher Trägerschaft sowohl in der DDR als auch in der BRD.(28)

Nach der Kapitulation Deutschlands nahm die Musikschule Berlin-Neukölln als erste in Deutschland 1945 ihren Unterricht wieder auf. 1953 existierten in Berlin „zehn Volksmusikschulen mit 7.000 Schülern"(29). 1948 eröffnete die 1940 gegründete Städtische Musikschule Hamm wieder. Zwölf wieder gegründete Musikschulen in Nordrhein-Westfalen schlossen sich 1952 zum Verband der Jugend- und Volksmusikschulen zusammen, dem heutigen Verband deutscher Musikschulen.
In der sowjetischen Besatzungszone wurden 1947 zehn Musikschulen wieder eröffnet. Durch die „Verordnung über Volksmusikschulen erfolgte ab 1955 der Ausbau kommunaler Volksmusikschulen mit hauptamtlichen Lehrkräften"(30) in der DDR. Diese standen im Sinne der Breitenarbeit allen sozialen Schichten und allen Altersstufen als Ausbildungs-, Freizeit- und Begegnungsstätte offen.

Musikschulen genossen in der DDR einen hohen gesellschaftlichen Rang. Unter der zentralistischen Führung des Kulturministeriums stehend, regelten die Richtlinien für die Musikschulen die inhaltlichen und organisatorischen Belange. Die Zahl der Musikschülerinnen und -schüler war nach oben begrenzt, und es gab lange Wartelisten. „Die Einnahmen erbrachten in der Regel 7 Prozent der Kosten, den Rest trug diskussionslos der Staat."(31) Dennoch konnte jede Musikschule ihr eigenes Profil, ihren eigenen Stil entsprechend den Lehrenden und den regionalen Besonderheiten – wie die Pflege der Blasmusik im Erzgebirge – entwickeln. Die Musikschulen mussten den Auftrag der „Absicherung des Musikernachwuchses für die unverhältnismäßige hohe Zahl von 88 Orchestern der damaligen DDR" (im Jahr 1989)(32) erfüllen. Dabei stand die musikalische Ausbildung von Kindern und Jugendlichen im Vordergrund. „An der Erfüllung dieser Aufgaben wurden die Musikschulen gemessen."(33) Jedoch nahmen weniger als 10 Prozent der Schülerinnen und Schüler ein Musikstudium auf. 1989 existierten fast „230 staatliche Musikschulen (124) und Musikunterrichtskabinette (104)"(34) in der DDR.

Ab Herbst 1989 erfolgte der Aufbau des Musikschulverbandes der DDR sowie der Landesverbände, „um in Vorbereitung eines deutsch-deutschen Zusammenschlusses vergleichbare und verfügbare Gremien zu haben"(35). 1990 betrug der „Ausstattungsgrad der Bevölkerung mit Musikschulplätzen in den alten Bundesländern 2,0 Prozent und in den neuen Bundesländer 0,5 Prozent"(36). 778 westdeutsche Musikschulen waren Mitglied im Verband deutscher Musikschulen, nach dem Beitritt des Musikschulverbandes der DDR im November 1990 zählte er über 1.000.(37)

Pionierhäuser

Pionierhäuser, die der Volksbildung unterstellt waren, zählten zu den Orten der außerschulischen Bildung. Allen Kindern und Jugendlichen offerierten sie kostenfrei sportliche, künstlerische und kulturelle Angebote. Das konnten Arbeitsgemeinschaften für bildnerisches und plastisches Gestalten, Theater, Tanz, Musik, Textilgestaltung, Fotografie und Film, aber auch Arbeitsgemeinschaften Junger Kosmonauten, Junger Feuerwehrmänner oder Junger Geografen sein.
In jedem Kreis existierte ein Pionierhaus, das von der Pionierorganisation Ernst Thälmann oder der Freien Deutschen Jugend (FDJ) getragen wurde. Die meisten dieser Häuser wurden in den 50er Jahren gegründet. Der erste Pionierpalast eröffnete 1952 im Dresdener Schloß Albrechtsberg seine Tore, Mitte der 50er Jahre folgte das Pionierhaus Georg Schwarz in Leipzig. Als größtes seiner Art wurde 1979 der Pionierpalast Ernst Thälmann in Berlin-Wuhlheide eröffnet. „1983 gab es 192 Pionierhäuser."(38)
Insbesondere künstlerisch-kulturelle Werkstätten und Kurse boten Kindern und Jugendlichen Freiräume, „in denen man Erfahrungen mit dem Ich-Sein machen konnte, Pausen vom Wir, vom Kollektiv, den festumrissenen Zielen und den ewigen Erfolgen. Hinterfragen, zweifeln, ausprobieren, neugierig sein auf Ungewohntes und bisher Verborgenes, lustvolles Erleben und Genießen ohne vordergründigen Nutzen. [...] So absurd es klingt, die Pionierorganisation selbst war Träger vieler Aktionen, Werkstätten und Veranstaltungen, die eher den kritischen als den angepassten Schüler förderten. Dies war sicher nicht beabsichtigt"(39).

1990 waren Pionierhäuser „Orte kultureller Jugendbildung, deren flächendeckende Struktur verloren zu gehen scheint. Das FEZ betreibt seit einiger Zeit verstärkt Zielgruppenarbeit, zum Beispiel für Behinderte und Kindergartenkinder sowie offene Angebote"(40).
Das Los der Pionierhäuser nach 1990 war sehr verschieden: Mancherorts wurden sie geschlossen. Anderorts wurden die Pionierhäuser teils in kommunale Trägerschaft, teils in freie Trägerschaft überführt. Der vom Ministerium für Volksbildung finanzierte Pionierpalast in der Wuhlheide wurde das FEZ, Europas größtes gemeinnütziges Kinder-, Jugend- und Freizeitzentrum, und dem Magistrat von Berlin zugeordnet. Aus dem Pionierpalast in Dresden wurde eine JugendKunstschule, die nun im Torhaus des Schlosses Albrechtsberg beheimatet ist. Aus dem Leipziger Pionierhaus entstand das Kinder- und JugendKulturZentrum O.S.K.A.R. Diese beiden Einrichtungen sind seitdem in kommunaler Trägerschaft.
Viele der Pionierhäuser, Kulturhäuser und Jugendklubs profilierten sich nach der Wende zu soziokulturellen Zentren, Schülerfreizeittreffs oder Ju-

gendkunstschulen. Seit 1991 konnte der Bundesverband der Jugendkunstschulen und kulturpädagogischen Einrichtungen im Rahmen des AFT-Programms (s. u.) diese Einrichtungen konkret beim Organisationsaufbau und der -entwicklung ebenso wie beim Aufbau der landesweiten Strukturen unterstützen. 1994 existierten „über 118"(41) dieser Einrichtungen in den neuen Bundesländern.

Das Programm zum Aus- und Aufbau von Trägern der freien Jugendhilfe in den neuen Bundesländern: aus Sicht der Bundesvereinigung Kulturelle Jugendbildung

Fünf bundesdeutsche Dachverbände – die Arbeitsgemeinschaft für Jugendhilfe, die Deutsche Sportjugend, der Deutsche Bundesjugendring, die Bundesvereinigung Kulturelle Jugendbildung (BKJ) und eine gemeinsame Initiative der Träger der politischen Bildung – hatten im Oktober 1990 das Memorandum Jugendarbeit in der ehemaligen DDR verfasst. Infolge dessen bewilligte das Bundesministerium für Frauen und Jugend von Ende 1991 bis Ende 1994 das jugendpolitische Programm zum Aus- und Aufbau von Trägern der freien Jugendhilfe in den neuen Bundesländern (AFT-Programm), das von 70 hauptamtlichen Tutorinnen und Tutoren umgesetzt wurde.
Neben der BKJ partizipierten deren Mitglieder Bundesarbeitsgemeinschaft Spiel und Theater, Jeunesses Musicales Deutschland, das Kinder- und Jugendtheaterzentrum in der BRD sowie der Bundesverband der Jugendkunstschulen und kulturpädagogischen Einrichtungen an dem dreijährigen AFT-Programm, das sowohl dem Aufbau der Infrastruktur als auch der Qualifizierung haupt-, neben- und ehrenamtlicher Mitarbeiterinnen und Mitarbeitern der Jugendarbeit diente.
Die Tutorinnen und Tutoren leisteten vor allem Praxis-, Politik- und Strukturberatung für die seit 1990 entstandenen Landesverbände in den Sparten der Kulturellen Bildung. Anfänglich überwogen der Beratungs- und Fortbildungsbedarf der haupt- und ehrenamtlichen Mitarbeiterinnen und Mitarbeiter, die Einarbeitung in das Verbandsmanagement sowie die rechtlichen und finanziellen Grundlagen.
Das AFT-Programm ermöglichte zum Beispiel den Aufbau der Strukturen der Landesvereinigungen Kulturelle Jugendbildung (LKJ). 1992 entstanden die Landesvereinigungen Kulturelle Jugendbildung Mecklenburg-Vorpommern, Sachsen und Thüringen. Im Mai 1994 wurden die LKJ Sachsen-Anhalt sowie im Juni 1994 die LKJ Brandenburg gegründet. In Hessen, Bayern, Bremen, Hamburg, Rheinland-Pfalz und im Saarland war dies noch nicht erreicht worden.

Als Standortbestimmung diente 1993 die Tagung Woher – Wohin? Kinder- und Jugendkulturarbeit in Ostdeutschland. Deutlich wurde, dass „der Transformationsprozess in Ostdeutschland, der Prozess der Entstaatlichung von Jugend- und Kulturarbeit noch lange nicht abgeschlossen ist und es noch vieler Anstrengungen aller Verantwortlichen in Praxis und Verwaltung bedarf, um die nötige Infrastruktur auszubauen und zu stabilisieren"(42).

Das unmittelbar folgende Modellprojekt Entwicklung und Erprobungen von Weiterbildungsmaßnahmen für Mitarbeiter und Mitarbeiterinnen in der Kinder- und Jugendkulturarbeit in den neuen Bundesländern – bewilligt vom 1. Oktober 1994 bis 31. März 1997 – diente der

- Weiterentwicklung „tragfähiger Konzepte für eine gemeinsame Interessenvertretung und Vernetzung auf Landesebene,
- Konzeption und Begleitung von Fortbildungsvorhaben,
- logistische[n] und fachliche[n] Unterstützung von Modellvorhaben und landesweiten Projekten"(43).

Ab 1995 verschlechterten sich die Rahmenbedingungen der Kulturellen Bildung unter anderem durch das Auslaufen der Transferleistungen und der Arbeitsbeschaffungsmaßnahmen-Programme. Der Geburtenknick, der ab 1990 eine Halbierung der Geburtenzahlen zur Folge hatte, erreichte die Akteure der Kinder- und Jugendkulturarbeit. Der Legitimationsdruck der Träger nahm zu. Mit der dritten Phase, dem dreijährigen Modellprojekt Mach-Art – Lernen für die kulturelle Bildung, versuchte die BKJ diese Kluft mittels innovativer, kulturpädagogischer, berufsbegleitender Fortbildungsreihen, Werkstatt-Tagungen und Werkstätten zu schließen.(44)

Nach zehn Jahren AFT-Programm

Der Zehnte Kinder- und Jugendbericht 1998 konstatierte, die „Umgestaltung der Kulturarbeit der DDR, die in vielen Regionen über eine gut ausgestattete Infrastruktur verfügte, von einer staatlich zentralen in eine föderale, mit pluralistischer Trägerstruktur und Praxisvielfalt ausgestattete, ist nur ansatzweise gelungen; ein Zusammenbruch der kulturellen Infrastruktur konnte nur teilweise verhindert werden. Es ist die angespannte Haushaltslage der ostdeutschen Kommunen, die es den Jugendbehörden schwer macht, ihrer Förderzuständigkeit für die Kinder- und Jugendkulturarbeit nachzukommen"(45).

Zehn Jahre nach der Wiedervereinigung endeten die Programme zum Aus- und Aufbau der Jugendhilfe in den neuen Bundesländern. In dieser Zeit wurde dank staatlicher Förderung die Implementierung der (musisch-)

kulturellen Bildung in den Landesjugendplänen, der Aufbau der LKJ-Strukturen und die Etablierung stabiler Landesstrukturen der Fachverbände der Kulturellen Bildung erreicht.

Im Rückblick ist festzustellen: Die Wiedervereinigung war für alle Neuland. Den Beteiligten fehlten die Erfahrungen beim Umstellen von zentralistischen auf pluralistische Strukturen. „Hinzu kam der Zeitdruck, sodass im Gegensatz zur BRD keine Verbandsstrukturen wachsen konnten". (46) Die bundesdeutschen Vereinsstrukturen wurden entweder eins zu eins übernommen, oder die eigenständigen DDR-Verbände wurden in den bundesdeutschen Fachverband integriert.
Teilweise lagen 1990 die ost- und westdeutschen Bedürfnisse wie Probleme nahe beieinander: Die Kinder- und Jugendkulturarbeit stand auch in einigen Bereichen der alten Bundesländer auf finanziell wackligen Beinen. Der Kampf um den Erhalt der fünf kommunalen Kinder- und Jugendtheater der DDR war zugleich ein Kampf für die finanzielle Unterstützung der westdeutschen Kinder- und Jugendtheatergruppen. So stärkte das AFT-Programm die ost- und die westdeutsche Kinder- und Jugendtheaterszene.
Verpasst wurde zum Beispiel die Integration der Szene der Puppenspielerinnen und Puppenspieler in die Strukturen der Kulturellen Bildung. Diese Szene konnte 22 feste Spielstätten mit Ensembles sowie an der Staatlichen Schauspielschule Ernst Busch den Studiengang Puppenspiel vorweisen. Ferner hatten die Trickfilmerinnen und Trickfilmer sich mit ihren Animationsfilmen und dem Sandmann ein großes Publikum geschaffen. 1992 wurde das DEFA-Trickfilm-Studio in Dresden abgewickelt. Für die BKJ hätte die Unterstützung dieser ostdeutschen Strukturen auch zu einer Aufwertung der westdeutschen freien Szene und zur Erweiterung des eigenen Spektrums führen können.

Die Projekte zum Aufbau der Strukturen und zur Qualifizierung der Mitarbeiterinnen und Mitarbeiter des Arbeitsfeldes orientierten sich an den Bedürfnissen der ostdeutschen Akteure. Doch der Transfer erfolgte meist nur in West-Ost-Richtung. Die Akteure und Verbände der Kulturellen Bildung in der BRD hätten vom hohen Stellenwert der Kinder- und Jugendkulturarbeit in der DDR und vom Selbstverständnis der Zusammenarbeit von Bildungs- und Kultureinrichtungen profitieren können. Das (Selbst-)Verständnis der einrichtungsübergreifenden Kooperationen und die Wirkung von (Kultureller) Bildung auf Kinder und Jugendliche wie auch auf Erzieherinnen und Erzieher, Lehrerinnen, Lehrer und Eltern ist ein Erfahrungsschatz, der den westdeutschen Bundesländern Impulse hätte schenken können. Seit 2000 befördern mannigfaltige (Modell-)Projekte diese Kooperationen zwischen Kultur- und Bildungseinrichtungen. Auch die Erfahrungen der Ostdeutschen in Bezug auf Kinderkrippe, Kindergarten, Ferienlager und Schulhort fanden in umgekehrter Richtung wenig Widerhall. Dass sich diesbezüglich Jahre später Veränderungen in den alten Bundesländern einstellen, ist eher volkswirtschaftlichen sowie bildungs- und kulturpolitischen Hintergründen zu verdanken. Was in der DDR Usus war, wird nun mit unterschiedlicher Vehemenz in den Bundesländern forciert: der Ausbau der Kindertagesstätten und die Einrichtung von Ganztagsschulen.

Dreißig Jahre später: Kulturelle Bildung als Brücke zwischen Deutschland und Polen

Deutschland und Polen haben in der Geschichte der Europäischen Union eine jeweils besondere Rolle gespielt – und tun es in den aktuellen Veränderungen und Auseinandersetzungen innerhalb der EU bis heute. Umso wichtiger sind Brückenerhalt und Brückenbau zwischen den jungen Menschen beidseits der Oder – durch politisches und privates Engagement, Aktivitäten des Deutsch-Polnischen Jugendwerkes oder der Stiftung Genshagen. Es sind Projekte wie die Trilaterale Sommerwerkstatt der Landesvereinigung Kulturelle Kinder- und Jugendbildung Sachsen mit dem Osiedlowy Dom Kultury in Jelenia Góra, die nicht nur zu einem freundschaftlichen Miteinander junger Menschen aus Polen, Frankreich und Deutschland beitragen, sondern auch immer wieder gesellschaftliche und politische Gemeinsamkeiten und Unterschiede der Nationen in der künstlerischen Auseinandersetzung neu aushandeln. Solche Projekte bieten den Bürgerinnen und Bürgern ein Forum für künstlerisch-kulturelle Begegnung und die gemeinsame Vertiefung demokratischer Werte und Freiheiten, die es beidseitig der Oder im vereinigten Europa und der globalen Welt zu wahren und zu verteidigen gilt.

(1) Hans-Joachim Maaz: Der Gefühlsstau: Psychogramm der DDR, Berlin 1990, S. 205.
(2) 18. März 1990: erste freie Volkskammerwahl, *www.bpb.de/izpb/195467/18-maerz-1990*, verifiziert am 7. November 2017.
(3) Wolfgang R. Langenbucher, Ralf Rytlewski, Bernd Weyergraf (Hrsg.): Kulturpolitisches Wörterbuch, Siehe Stichwort „Menschenbild, sozialistisches", 1988, S. 481.
(4) Wirtschaft im wiedervereinigten Deutschland, *www.bmwi.de/Redaktion/DE/Artikel/Ministerium/90-98.html*, verifiziert am 17. September 2017.
(5) Der Vertrag zur deutschen Einheit. Artikel 35 (1), 1990, *www.gesetze-im-internet.de/einigvtr/EinigVtr.pdf*, verifiziert am 21. September 2017.
(6) Der Vertrag zur deutschen Einheit. Artikel 35 (7), 1990, *www.gesetze-im-internet.de/einigvtr/EinigVtr.pdf*, verifiziert am 21. September 2017.

(7) Neunter Jugendbericht – Bericht über die Situation der Kinder und Jugendlichen und die Entwicklung der Jugendhilfe in den neuen Bundesländern, Bonn 1994, S. V.
(8) Neunter Jugendbericht – Bericht über die Situation der Kinder und Jugendlichen und die Entwicklung der Jugendhilfe in den neuen Bundesländern, Bonn 1994, S. VI.
(9) Wolfgang Thierse: Kultur als das Gemeinsame in den vierzig Jahren der Trennung und das Trennende in den zwanzig gemeinsamen Jahren? In: Drews, Albert (Hrsg.): Zur Lage der Kulturnation. Wo sind kulturpolitischer Aufbruch und zivilgesellschaftlicher Gestaltungswille 20 Jahre nach der Wende?, Loccum 2010, S. 19.
(10) Peter Wicke: „Born in the GDR" – Zur Situation von Jugendkultur und Rockmusik. In: Woher – Wohin? Kinder- und Jugendkulturarbeit in Ostdeutschland, Remscheid 1993, S. 100.
(11) Peter Wicke: „Born in the GDR" – Zur Situation der Jugendkultur und Rockmusik. In: Woher – wohin? Kinder- und Jugendkulturarbeit in Ostdeutschland, Remscheid 1993, S. 99.
(12) Neunter Jugendbericht – Bericht über die Situation der Kinder und Jugendlichen und die Entwicklung der Jugendhilfe in den neuen Bundesländern, Bonn 1994, S. 574.
(13) Neunter Jugendbericht – Bericht über die Situation der Kinder und Jugendlichen und die Entwicklung der Jugendhilfe in den neuen Bundesländern, Bonn 1994, S. 38.
(14) Zug nach Westen – Anhaltende Abwanderung, www.bpb.de/geschichte/deutsche-einheit/lange-wege-der-deutschen-einheit/47253/zug-nach-westen?p=all, verifiziert am 19. September 2017.
(15) Heinz Bude: Ein natürliches Experiment. In: ÜberLeben im Umbruch, Bonn 2012, S. 18.
(16) Statistisches Jahrbuch der Deutschen Demokratischen Republik, 1989, Seite 375 ff www.digizeitschriften.de/dms/img/?PID=PPN514402644_1989%7Clog81; verifiziert am 22. September 2017.
(17) Ebd., S. 554.
(18) Michael Hametner, Brigitte Prautzsch: Woher – Wohin? Das Wiepersdorfer Gespräch. In: Woher – Wohin? Kinder- und Jugendkulturarbeit in Ostdeutschland, Remscheid 1993, S. 335.
(19) Neunter Jugendbericht – Bericht über die Situation der Kinder und Jugendlichen und die Entwicklung der Jugendhilfe in den neuen Bundesländern, Bonn 1994, S. 22.
(20) Hildegard Bockhorst: Kulturelle Jugendbildung BRD – DDR. BKJ-Info Service, Remscheid 1990, S. 6.
(21) Hildegard Bockhorst: Zur Zukunft der Jugendarbeit. In: Kulturelle Jugendbildung stärken – Tips für die neuen Bundesländer, Remscheid 1990, S. 15.
(22) Nilson Kirchner: Zur Situation der kommunalen Kinder- und Jugendkulturarbeit. In: Die Einheit und ihre Folgen: Kulturelle Jugendbildung in der ehemaligen DDR, 1990, S. 29.
(23) Christel Hoffmann: Zur Situation des Kinder- und Jugendtheaters. In: Die Einheit und ihre Folgen: Kulturelle Jugendbildung in der ehemaligen DDR, Remscheid 1990, S. 4.
(24) Gerlinde Hennig: Zur Situation der Verbände des künstlerischen Amateurschaffens. In: Die Einheit und ihre Folgen: Kulturelle Jugendbildung in der ehemaligen DDR, Remscheid 1990, S. 27 ff.
(25) Reinhold T. Schöffel: Zur Situation der Filmklubs. In: Die Einheit und ihre Folgen: Kulturelle Jugendbildung in der ehemaligen DDR, Remscheid 1990, S. 23.
(26) Oliver Scheytt: Zur Finanzsituation der Kommunen in den neuen Bundesländern. In: Die Einheit und ihre Folgen: Kulturelle Jugendbildung in der ehemaligen DDR, Remscheid 1990, S. 33.

(27) Helga Stock: Beschreibung einzelner Sparten. In: Wiltrud Gieseke, Karin Opelt, Helga Stock, Inge Börjesson: Kulturelle Erwachsenenbildung in Deutschland, Münster 2005, S. 271.
(28) Birgit Wolf: Jugendmusikbewegung in den 20er und 30er Jahren. In: Kulturelle Bildung zwischen kultur-, bildungs- und jugendpolitischen Entwicklungen, München 2014, S. 26.
(29) Musikschule Neukölln: Chronik 1920–2012, www.musikschuleneukoelln.de/content/chronik.php, verifiziert am 16. September 2017.
(30) Helga Stock: Beschreibung einzelner Sparten. In: Wiltrud Gieseke, Karin Opelt, Helga Stock, Inge Börjesson: Kulturelle Erwachsenenbildung in Deutschland, Münster 2005, S. 271.
(31) Ulrich Marckardt: Musikschulen zwischen gestern und morgen. In: Woher – Wohin? Kinder- und Jugendkulturarbeit in Ostdeutschland, Remscheid 1993, S. 114.
(32) Ebd., S. 113.
(33) Renate Oehme: Die Musikschule Rostock. In: Woher – Wohin? Kinder- und Jugendkulturarbeit in Ostdeutschland, Remscheid 1993, S. 108.
(34) Ulrich Marckardt: Musikschulen zwischen gestern und morgen. In: Woher – Wohin? Kinder- und Jugendkulturarbeit in Ostdeutschland, Remscheid 1993, S. 114.
(35) Ebd., S. 113.
(36) Renate Oehme: Die Musikschule Rostock. In: Woher – Wohin? Kinder- und Jugendkulturarbeit in Ostdeutschland, Remscheid 1993, S. 109.
(37) Musikschulen im VdM, www.musikschulen.de/musikschulen/fakten/vdm-musikschulen/index.html, verifiziert am 9. November 2017.
(38) Pionierhaus, https://de.wikipedia.org/wiki/Pionierhaus; verifiziert am 20. September 2017.
(39) Birgit Seger: Vom Pionierhaus zur Musik- und Kunstschule. In: Woher – Wohin? Kinder- und Jugendkulturarbeit in Ostdeutschland, Remscheid 1993, S. 299.
(40) Irmtraud Charlier: Statement Protokolle Arbeitsgruppe Bildende Kunst. In: Kulturelle Bildung BRD – DDR. 1990, S. 38.
(41) Bernd Schnellen: Jugendkunstschulen: Aufbau – Beratung – Qualifikation. In: Akzente Fakten Themen – Kulturelle Kinder- und Jugendbildung in den neuen Bundesländern, Remscheid 1994, S. 24.
(42) Neue Bundesländer, In: Tätigkeitsbericht der BKJ 1991–1994. Kulturelle Kinder- und Jugendbildung fördern, Bonn 1994, S. 19.
(43) Brigitte Prautzsch: Kulturelle Kinder- und Jugendbildung in den neuen Bundesländern: Aufgaben und Zielsetzungen des AFT-Programms. In: Akzente Fakten Themen – Kulturelle Kinder- und Jugendbildung in den neuen Bundesländern, Remscheid 1994, S. 8.
(44) Birgit Wolf: Die friedliche Revolution in der DDR und Aufbau der Strukturen Kultureller Bildung in den fünf neuen Bundesländern. In: Kulturelle Bildung zwischen kultur-, bildungs- und jugendpolitischen Entwicklungen, München 2014, S. 113.
(45) Bericht über die Lebenssituation von Kindern und die Leistungen der Kinderhilfen in Deutschland – Zehnter Kinder- und Jugendbericht, Berlin 1998, S. 223.
(46) Max Fuchs: Diskussionen und Ergebnisse des 1. Deutsch-deutschen Fachforums Kulturelle Bildung am 9. Mai 1990 im FEZ Wuhlheide – 3. Diskussionsrunde. In: Kulturelle Jugendbildung BRD – DDR, Remscheid 1990, S. 23.

KAPITEL **II**

POLEN UND DEUTSCHLAND.
SYSTEME DER KULTURELLEN BILDUNG.
THEORIE, AKTUELLE TENDENZEN UND DISKURSE

Raum für Vielfalt

Kulturelle Bildung in ausgewählten Ministerialprogrammen nach 1989

Dr. Anna Wotlińska, Leiterin der Abteilung für Kulturelle Bildung im Ministerium für Kultur und Nationales Erbe

Der Kultur kann man nicht entkommen – das ist die einfachste Antwort auf die Frage, warum es sich lohnt, in Kulturelle Bildung beziehungsweise, genauer gesagt, in eine kulturelle Allgemeinbildung (*edukacja kulturowa*) zu investieren.(1) Mit dem Adjektiv *kulturowa* möchte ich das breite Spektrum dieses Gegenstandes betonen, der, wie die Autoren der Publikation „Edukacja kulturowa. Podręcznik" (Kulturelle (Allgemein-)Bildung. Ein Handbuch) schreiben, zwischen künstlerischer Kultur und der Kultur des Alltagslebens oszilliert, zwischen den traditionellen und neuen Medien, der symbolischen und der materiellen Sphäre, dem Lokalen und dem Globalen. Während der ‚klassische' Begriff der Kulturellen Bildung (*edukacja kulturalna*) mit der traditionell verstandenen Vorbereitung auf die Teilhabe an Kultur (zum Beispiel Lesen von Büchern, Theaterbesuche, Konzerte etc.) verbunden ist, beschreibt kulturelle Allgemeinbildung (*edukacja kulturowa*) das weiter gefasste, ganzheitliche Handeln in diesem Bereich. Für die Forscherinnen und Forscher des Zentrums für Bildungspraxis in Poznań, das unter finanzieller Beteiligung des Ministeriums für Kultur und Nationales Erbe gegründet wurde, ist „Kultur eine von vielen Formen unseres Seins und eine Möglichkeit, sinnvolle Beziehungen einzugehen"(2). Dieser Begriff beschreibt deshalb besser das sich wandelnde Modell der Teilhabe an Kultur.

Ich akzeptiere diese Sichtweise, möchte aber gleichzeitig die Diskussion über die Definition beenden. Seit vielen Jahren wird sie von Theoretikern geführt, und ihre Formulierungen sind jedes Mal unbefriedigend. Daher distanziere ich mich von starren Definitionen zugunsten der Untersuchung des Geflechts an semantischen Verbindungen, mit denen ein Aspekt identifiziert werden kann und oft auch identifiziert wird. Das gibt mir die Möglichkeit, in das Denken von Theoretikern und Praktikern einzusteigen und meine eigene, manchmal enge, Perspektive aufzugeben. Weil ich mir der Wandelbarkeit der Realität, auch der kulturellen Realität, bewusst bin, kann ich mir neue oder scheinbar neue Ideen, Theorien, Überlegungen und Fragen zu ihrer Eignung und Stichhaltigkeit gut anhören (manchmal auch kritisch). Nach vielen Jahren der Arbeit an Dokumenten, die dieses amalgamartige transdisziplinäre Thema in einen rechtlichen und institutionellen Rahmen bringen, nährt sich in mir die Überzeugung, dass es nach wie vor in jeder Hinsicht relevant ist und bleiben wird, solange es Fragen nach der Form der Kultur, ihrer Dimension, unserer Beteiligung daran, nach ihrer Akzeptanz oder der Negation ihrer Elemente gibt. Meiner Meinung nach ist dies die Essenz der Bildung, die, unabhängig von dem sie näher beschreibenden Adjektiv, eine Reise in die Tiefen der menschlichen Neugier und Kreativität sein sollte. Der verbale Ausdruck letzterer sind Fragen, die oft ohne befriedigende Antworten bleiben, und dennoch lohnt es sich weiterhin, sie zu artikulieren.

Der Vorabend epochaler Veränderungen

1989 war aus bekannten Gründen ein Jahr des spektakulären Wandels. Dies betraf nicht nur das politische und ideologische System, sondern vor allem begann damals ein Prozess von Bewusstseinsveränderungen, der unter den neuen Bedingungen eines freien Polens notwendig geworden war. Die Frage nach einer Kulturellen (Allgemein-)Bildung (*edukacja kulturowa*) stellte sich jedoch nicht erst zu diesem Zeitpunkt. Um festzustellen, dass diese Themen bereits Ende der 80er Jahre im Mittelpunkt der Aufmerksamkeit standen, genügt ein Blick in die damalige, auch die lokale Presse. Bezeichnend ist, dass die dort aufgeworfenen Probleme nach wie vor relevant sind und weiterhin diskutiert werden. Dazu gehören unter anderem Aspekte der Zusammenarbeit, der Öffentlichkeitsarbeit und der Alltagspraxis in für die Bildung wichtigen Kultureinrichtungen. Beim Durchblättern von Zeitschriften aus der Region um Kielce stieß ich auf einige Artikel, die dies bestätigen. In seinen Überlegungen zur Tätigkeit des Städtischen Kulturzentrums in Ostrowiec Świętokrzyskie schrieb ein Journalist in der Kielcer Zeitschrift „Echo Dnia" (Echo des Tages) 1987, dass die Institution trotz unbestreitbarer Verdienste

„ihre Zusammenarbeit mit den städtischen Kulturzentren in Skarżysko Kamienna und Starachowice, [...] mit Sozial- und Jugendorganisationen, Unternehmen und Institutionen ohne eigene kulturelle Basis [...] kontinuierlich ausbauen solle"(3). Wie der Autor beschrieb, organisierte das Zentrum unter anderem einen Tanzkurs, einen Kurs über künstlerische Webstoffe und einen Arbeitskreis für Rezitation, doch es wurde notwendig, dieses Aktivitätsspektrum zu erweitern und das künstlerische Niveau zu heben.(4) Die Einwohner von Kielce konnten hingegen ihre Zeit mit verschiedenen kreativen Aktivitäten verbringen. Die (in Polen weiterhin existierenden) Kulturzentren in Wohnsiedlungen boten rhythmische Früherziehung, Vokal-, Tanz-, Musik- und Theater-Ensembles. Diese Institutionen, die zu den Wohnungsgenossenschaften gehörten, verließen – wie ein Publizist in seinem Artikel „Einrichtungen nicht nur für Wohnsiedlungen" schrieb – ihre Bürogebäude, nahmen an städtischen Veranstaltungen teil und wurden zu „Organisatoren von Abendveranstaltungen, Wettbewerben, Treffen für verschiedene Altersgruppen"(5). Auf ein jüngeres Publikum hofften sicherlich die Organisatoren des Rockmusik-Wissenswettbewerbs: Der Kielce Record Klub (Kielecki Klub Płytowy) war für das Kulturhaus der Woiwodschaft tätig(6) und regte dazu an, sich für diese Art von Musik zu öffnen, allerdings in reflektierender Weise und ohne zur Aktivität anzuregen.

Wie man sieht, beschäftigten sich Kultureinrichtungen (und ich denke, nicht nur die genannten) in den 80er Jahren mit Kultureller Bildung weitgehend schematisch, auf der Basis von vorgegebenen Angebotsformen. Und obwohl die kulturelle Bildungsarbeit traditionell konnotiert zu sein scheint, können das Interesse an Unterhaltungsmusik und die Zusammenarbeit mit sozialen Organisationen als erste Vorboten der bevorstehenden Veränderungen angesehen werden.

Als mein berufliches Abenteuer mit der kulturellen Allgemeinbildung, aber auch mit Personenkreisen, die sich damit befassen, begann, fiel mir schnell auf, dass ich einen Bereich betrat, der ernsthafte Überlegungen erforderte und der noch immer unterschätzt wurde. In den ersten Jahren des 21. Jahrhunderts waren vor allem die hohe Kunst, das kulturelle Erbe und Fragen rund um die Institutionen, die die entsprechenden Prozesse lenken, relevant. Damals kämpfte der Kultursektor mit dem Thema der sich selbst verwaltenden Kultureinrichtungen, die im Rahmen der Verwaltungsreform wirtschaftliche Probleme bekamen. Auch wenn dies nicht Gegenstand dieses Aufsatzes ist, so ist es doch erwähnenswert, denn bis heute schlagen sich die Probleme der späten 90er Jahre hier und da nieder. Dennoch wurde die Kulturelle Bildung (*edukacja kulturalna*) – denn nur so wurde sie damals bezeichnet – vom Kulturministerium unterstützt. Förderung gab es unter anderem für Institutionen, die wichtig für die Bildung waren, zum Beispiel das Zentrum für Kinderkunst (Centrum Sztuki Dziecka) in Poznań. Obwohl es sich zu dieser Zeit nicht mehr um eine staatliche, sondern um eine städtische Institution handelte, mag allein ihre Geschichte beweisen, dass Fragen der Kulturellen Bildung und des künstlerischen Angebots für Kinder und Jugendliche ernst genommen wurden. Trotz aller Schwierigkeiten nach den unvermeidlichen administrativen Veränderungen des Zentrums verschwand es nicht nur nicht von der kulturellen Landkarte Polens, sondern hat sich auch erheblich weiterentwickelt. Heute ist es eine Schmiede für neue Kunstschaffende, für innovative Trends und die Kreativitätsförderung. Ich erwähne diesen speziellen institutionellen Fall, um zu zeigen, dass die Reform, die den kommunalen Selbstverwaltungen eine Reihe von Befugnissen und Aufgaben übertrug, sehr komplex war und nicht schwarzweiß bewertet werden sollte, ebenso wenig wie die Idee der Selbstverwaltung an sich. Schon zu Beginn des 21. Jahrhunderts gab es Kommunen, die sich um kulturelle Angelegenheiten kümmerten, deren Organisation und Verwaltung zu ihrer eigenen Aufgabe machten und den Fragen der entsprechenden Infrastruktur höchste Bedeutung beimaßen. Zweifelsohne werden dabei die Akzente bis heute unterschiedlich gesetzt, abhängig von den wirtschaftlichen und sozialen Variablen.

Die ressortübergreifende Idee der Kulturellen Bildung

Das erste Planungsdokument, mit dem ich bei meiner Arbeit im Ministerium zu tun hatte, war das Ressortübergreifende Programm für Kulturelle Bildung(7), das für die Jahre 1997–2010 konzipiert wurde und die Behörden des Kulturministeriums verpflichtete, sich mit diesem Thema zu befassen.

Anfang des 21. Jahrhunderts erwies sich die 13-jährige Perspektive als zu lang in Zeiten des permanenten Wandels der Weltsicht und des politischen Systems. Die Regelungen des Programms zur Aufgabenteilung wurden innerhalb kurzer Zeit inaktuell, und die für ihre Umsetzung entstandene Selbstverwaltung musste sich erneut auf die Entwicklung einer lokalen Strategie für ihre Arbeit konzentrieren. Dennoch, und das ist bei weitem der größte Nachteil langfristiger Programmfestschreibungen, blieb das Programm unverändert und konnte nicht ignoriert werden, weil es Umsetzung und Berichterstattung einforderte.
Spricht man über die (reale oder scheinbare) Existenz des Programms, ist der Ordnung halber zu beachten, dass sein Hauptziel darin bestand, „die Rolle der Kultur im menschlichen Leben zu betonen". Die Autoren dachten unter anderem an „die Vertiefung der humanistischen Motivation für Ent-

scheidungen, Hilfe bei der Werteentscheidung, verantwortungsvolles und bewusstes Tragen der Konsequenzen eigener Entscheidungen beim Aufbau einer kulturellen Persönlichkeit, […] Erleichterung der Kontakte mit der symbolischen Kultur, die universelle Inhalte der nationalen und der Weltkultur umfasst".

Es sei darauf hingewiesen, dass sich schon damals die kulturelle (Allgemein-)Bildung (*edukacja kulturowa*) vor allem auf die Jugend bezog und daher mit der Schulbildung verbunden war (dieses Thema kehrte im Jahr 2015 zurück). Davon ausgehend stellten die Initiatoren des Programms große Überschneidungen der kulturellen Allgemeinbildung (*edukacja kulturowa*) mit dem Programm der staatlichen Gesellschaftspolitik fest und nahmen (im Zuge der erwähnten Verwaltungsreform) die notwendige Zusammenarbeit mit den zentralen und lokalen Behörden auf. Zur besseren Umsetzung der Regelungen war es ebenfalls erforderlich, im Einvernehmen mit der katholischen Kirche und anderen religiösen Vereinigungen, dem öffentlich-rechtlichen Rundfunk und Fernsehen sowie dem künstlerischen Schulwesen zu handeln. Auch Offenheit gegenüber der Entstehung anderer nicht-institutioneller Formen und neuer kultureller Bildungsträger wurde signalisiert, deren quasi Anerkennung damit zu mehr Vielfalt und einer Bereicherung des Angebots führte. Es ist nicht schwer zu erraten, dass die Autoren an Nichtregierungsorganisationen dachten, die heute vollwertige Organisatoren dieses Kultur- und Bildungsbereichs sind, jedoch damals von den Entscheidungsträgern, die das Bild von Kultur zu prägen versuchten, nur gerade so anerkannt wurden. Die scheinbar übertriebene Konzentration auf institutionelle Formen der Bildungsarbeit scheint symptomatisch für diese Zeit zu sein. Die Zeit für NGOs sollte noch kommen.

Während die Überlegungen derjenigen, die das Programm für den NGO-Sektor schrieben, heute anachronistisch erscheinen, müssen andere Elemente als bis heute relevant anerkannt werden: so die bereits erwähnte Zusammenarbeit zwischen dem Kultur- und dem Bildungssektor, der potenzielle Chancenausgleich beim Zugang zu kultureller (Allgemein-)Bildung (*edukacja kulturowa*), die Unterstützung von Gemeinschaften mit erschwertem Zugang zur Kultur und die Verknüpfung von Sachthemen, wie Ökologie oder lebenslanges Lernen, mit Interdisziplinarität. Wichtig war auch das Postulat, dass Menschen mit Behinderungen an Kultur teilhaben sollen, obwohl es noch unzureichend umgesetzt wurde und bis heute diskutiert wird. Der Prozess der Angebotsgestaltung öffentlicher Kultureinrichtungen, die in dem Dokument seit Ende der 90er Jahre eine deutliche, aber außergewöhnlich traditionelle Rolle spielen, ist noch im Gange. Diese Einrichtungen ermöglichen – nach den Vorstellungen der Autoren – beispielsweise, „dass Jugendliche mit Kunstwerken (Museen, Theater, Philharmonie) in Berührung kommen", sie „veranstalten Lesungen (Bibliotheken), organisieren künstlerische Aktivitäten, kompensieren und erweitern den Prozess der Schulbildung (Kulturzentren und -häuser)". Wie die an das Kulturministerium gerichteten Zuschussanträge zeigen, haben sich heute die Tätigkeitsformen der Einrichtungen erheblich erweitert, und ihre Bildungs- und Kunstprojekte machen deutlich, dass der Wandlungsprozess noch im Gange ist; (innovative) Bibliotheken stellen nicht nur Bücher zur Verfügung, und (moderne) Museen konzentrieren sich nicht mehr ausschließlich auf das Sammeln und die Präsentation von Kunstwerken.

Als wichtig und symbolisch für das damalige Polen können die Überlegungen zum Beitritt zur Europäischen Union angesehen werden. Dieser wurde zu Recht als Übergang in eine neue „zivilisatorische Epoche (von der industriellen zur digitalen Zivilisation) und Epoche der ökologischen Nachhaltigkeit" angesehen, als neues Netzwerk von Beziehungen zwischen der Umwelt und der Gesellschaft.

Die europäischen Bestrebungen wurden damals bereits mit der Notwendigkeit verbunden, das Bildungsparadigma zu ändern und Interkulturalität einzubeziehen. Das heißt die Offenheit für kulturelle Differenz, die Bekämpfung kultureller Stereotype, die den Aufbau enger Beziehungen behindern, und das Erlernen von Fremdsprachen zu fördern. Die Autoren brachten ihre Überzeugung zum Ausdruck, dass „die Annäherung an Europa und die künftige Integration mit anderen europäischen Ländern weder die individualisierten Merkmale unserer Kultur noch die Besonderheit der Kulturellen Bildung zerstören".
Die ökologische Nachhaltigkeit als Teil einer kulturellen Allgemeinbildung (*edukacja kulturowa*) wurde von den Urhebern mit den Gefahren in Verbindung gebracht, die die Verschmutzung des Planeten, die Verknappung der natürlichen Ressourcen usw. mit sich bringen. Die Idee des ökonomischen Fortschritts um jeden Preis wurde dabei in Frage gestellt. Unter diesen Umständen wurde eine nachhaltige Entwicklung entscheidend, die davon ausgeht, dass „der Umweltschutz, die wirtschaftliche Entwicklung des Landes und die menschliche (individuelle und soziale) Entwicklung voneinander abhängig sind und sich gegenseitig beeinflussen".

Der Umsetzung des Dokuments gingen Überlegungen zur Situationsanalyse mithilfe von Forschungen des inzwischen nicht mehr existierenden Kulturinstituts in Warschau voraus. Als wichtige Probleme wurden dabei „die Umwertung sozialer und moralischer Normen, die Desorganisation des Lebens vieler sozialer Gruppen, […] die ‚Aussetzung' kultureller Bedürfnisse" benannt. Letzteres wurde mit funktionellem Analphabetismus, niedrigem Innovationsgrad und nur passiver, häuslicher Teilnahme an Kultur verbunden. Hinzu kamen wirtschaftliche Disproportionen, die Brutalisierung des gesellschaftlichen Lebens, die Kommerzialisierung beispielsweise des Zeitschriftenmarktes, der nach Ansicht der Autoren das Modell eines leichten und angenehmen Lebens lancierte.

Da das Programm ressortübergreifender Natur war, war die Liste derer, die es umsetzen sollten, recht lang. Sie umfasste unter anderem das Ministerium für Kultur und Kunst(8), das Ministerium für Nationale Bildung, das Ministerium für Nationale Verteidigung, das Statistische Hauptamt, das Ministerium für Arbeit und Sozialpolitik, den Staatlichen Fonds zur Rehabilitation behinderter Menschen (PERON) und natürlich die oben genannten lokalen Regierungseinheiten.

Zu den Aufgaben, die nur dem Ministerium für Kultur und Nationales Erbe und ihm untergeordneten Institutionen übertragen wurden, gehörten unter anderem: „[d]ie Unterstützung verschiedener Formen der sogenannten Pädagogisierung künstlerischer Studiengänge, die Ausschreibung eines offenen Wettbewerbs für Programme zur Personalentwicklung in der kulturellen Bildungsarbeit; die Schaffung von Bedingungen für die Entstehung von Bildungsdienstleistungen; die Fortsetzung der Forschung zum kulturellen Bildungsumfeld von Kindern und Jugendlichen; die Umsetzung des Programms ‚Kultur, Kommunikation und neue Technologien'; die Förderung wertvoller Literatur". Beispiele für Aufgaben, die in Partnerschaft mit anderen Ministerien oder Selbstverwaltungen durchgeführt wurden, sind unter anderem „die organisatorische und inhaltliche Anpassung von schulischen, pädagogischen und öffentlichen Bibliotheken an internationale Standards; die Unterstützung von sozialen Kunstzentren; die Förderung von Programmen, die von Kultureinrichtungen, Bildungsinstitutionen, sozialen Bewegungen durchgeführt werden; die Förderung junger Talente; die Errichtung eines Informationssystems über angebotene Workshops, Open-Air-Veranstaltungen, interpersonelle Schulungen usw."

Heute, Jahre später, kommt man nicht umhin, einigen Vorschlägen der Autoren zuzustimmen und ihre Arbeit zu würdigen, doch lassen sich das übermäßige Wunschdenken und die Aufgeblasenheit nicht übersehen, die die für das Dokument wichtigen Inhalte eher verdeckten. Es beinhaltet überraschende Schlagworte, die heute Verwunderung hervorrufen, wie zum Beispiel die oben erwähnte kreative Persönlichkeit; die dogmatischen Bestimmungen über Konsequenzen und Verantwortung hingegen klingen geradezu grotesk in einer Zeit, in der der demokratische Charakter der Kultur als ihr höchstes Gut angesehen wird.

Das Programm „Kulturelle Bildung" als neues Fördersystem

Diesen Werten hatten sich diejenigen, die die neue Struktur für die operativen Programme des Ministers für Kultur und Nationales Erbe schufen, von Anfang an verschrieben. Im Jahr 2005 hatte ich das Vergnügen, zu dieser Gruppe zu gehören und unter anderem das Programm Kulturelle Bildung mitzugestalten. Ich denke, wir alle hatten damals das Gefühl, dass die Zeit unsere Ideen auf den Prüfstein stellen wird. Das ist natürlich geschehen. Dennoch wurde, wie sich herausstellte, der damals geltende rein amtliche und oft einköpfige Entscheidungsprozess dauerhaft ausgesetzt. Er wurde durch eine Ausschreibung abgelöst, deren Jury mehrköpfig war, obwohl sie in den ersten Jahren des Programms noch aus Mitarbeitern verschiedener dem Ministerium unterstellter Abteilungen und Institutionen bestand. Damit endete jedoch der Zustand, den ich zu Beginn des 21. Jahrhunderts vorfand, als die finanziellen Mittelzuweisungen nicht immer gerechtfertigt waren und in deren Rahmen die kulturelle (Allgemein-)Bildung (*edukacja kulturowa*) drittrangig war. Das Programm hat ihre Situation verändert, obwohl die Kombination mit traditioneller Kultur und Kunsterziehung (im Zusammenhang mit dem Schulsystem von Schulen künstlerischen Profils) sie nicht so begünstigte, wie ich es mir vorgestellt hatte. In den ersten Jahren seiner Umsetzung bestand das Programm Kulturelle Bildung und Verbreitung der Kultur(9) aus zwei Schwerpunkten: 1) Kulturelle Bildung und Ausbildung von Kulturpersonal und 2) Schutz des volkstümlichen Kulturerbes. Letzteren werde ich in diesem Aufsatz außer Acht lassen, obwohl er auch Elemente der regionalen Bildung enthielt, die im Übrigen bis heute nicht Teil des hier besprochenen Programms ist.

Die in Punkt eins genannten Ziele waren damals sehr weit gesteckt. Dazu gehörten „die Erweiterung der kulturellen Kompetenzen der Gesellschaft; die Stärkung der Rolle der Kultur im Prozess der Bildungsarbeit, der Sozialisierung und der sozialen Anpassung; die Vorbereitung von Kindern und Jugendlichen auf die aktive Teilnahme an Kultur; die Schaffung von Bedingungen für die Entwicklung kreativer Arbeit; die Erhaltung der Tradition und Botschaft des volkstümlichen Kulturerbes; die Verbesserung der Qualifikationen und beruflichen Entwicklung der Menschen, die in der Verbreitung von Kultur tätig sind". Diese recht breite Palette von Zielen wurde von einer Vielzahl von Aufgaben begleitet. Die Liste umfasst daher unter anderem Aufgaben, die darauf abzielen, das Freizeitangebot zu bereichern, zum Beispiel durch Workshops und Schulungen in allen Bereichen der Kunst, die die Teilhabe an Kultur und ihre bewusste Wahrnehmung als Gewohnheit prägen sollten; Aufgaben, die der sozialen Ausgrenzung und Benachteiligungen entgegenwirken; Förderprojekte im Rahmen von Festivals, Ausstellungen usw.; Leistungen von nicht-professionellen, auch jungen Künstlerinnen und Künstlern und schließlich Programme für Lehrer und Kulturarbeiter, die eine berufliche Entwicklung im Bereich des kulturellen Wissens anstreben. Zu den Aufgaben, die finanziell unterstützt wurden, gehörten unter anderem Konferenzen und Seminare, Veröffentlichungen von Forschungsarbeiten und Kongresspublikationen zur Reflexion des Kulturbereichs, komplexe Forschungs- und Dokumentationsarbeiten sowie Analysen zum Stand des Kultursektors und der Beteiligung an der Kultur. Bildungsarbeit in Museen und Bibliotheken war von der finanziellen Unterstützung im Rahmen des hier analysierten Schwerpunkts ausgeschlossen. Für diese Arbeit gab es damals zwei separate Programme.

Das breite Spektrum des Schwerpunkts Kulturelle Bildung und Kulturvermittlung musste folgerichtig eine ebenso lange Liste von Antragstellern umfassen: Einheiten der territorialen Selbstverwaltungen, staatliche und kommunale Kultureinrichtungen(10) und Filminstitutionen, Kirchen und religiöse Vereinigungen, öffentliche und private Kunstschulen der I. und II. Stufe, Kunsthochschulen, staatliche und nichtstaatliche Hochschulen, Forschungs- und Entwicklungseinheiten, die dem Minister für Kultur und nationales Erbe unterstellt waren, und Nichtregierungsorganisationen. Betrachtet man die Dokumente von 2005 bis 2008, kann man heute den Eindruck gewinnen, dass die kulturelle Allgemeinbildung (*edukacja kulturowa*) damals ein gemischtes Gebiet mit überwältigender Vielfalt war. Die sich überschneidenden Bedürfnisse machten es äußerst schwierig, Projekte auszuwählen, die finanzielle Unterstützung erhalten sollten. Für die Experten, zu deren Gruppe ich gehörte beziehungsweise die ich leitete, war es schwierig, eindeutig zu entscheiden, was wichtiger ist: kreative Workshops, Umschulungen oder vielleicht die Kulturforschung. Letztere steckte damals noch in den Kinderschuhen, was erklärt, warum sie zu den Aufgaben der kulturellen (Allgemein-)Bildung gezählt wurde. Mit dem wachsenden Forschungsbedarf wurde sie kurz darauf als separater Schwerpunkt mit eigener Priorität gefasst, der dann schließlich zu einer separaten Abteilung des Nationalen Zentrums für Kultur in Warschau wurde.

In den folgenden Jahren wurde das Programm Kulturelle Bildung verifiziert, auf untaugliche Elemente verzichtet, neue Elemente, die sich aus sozialen Bedürfnissen ergaben, wurden hinzugefügt und Versuche unternommen, die finanziellen und materiellen Auswirkungen auf die Formen Kultureller Allgemeinbildung (*edukacja kulturowa*) in Polen zu bestimmen. Es war die intensivste Phase der Arbeit am Programmkonzept, auch aufgrund einer zweijährigen externen Evaluierung und der Zusammenarbeit mit Kulturarbeitern und Kulturpädagogen. Die vom Ministerium in Auftrag gegebene Evaluation ergab Schwächen in der Konstruktion der Regelungen, wodurch zuweilen deren Verständnis eingeschränkt wurde. Dies war eine unschätzbare Lehre für mich als diejenige, die das Regelwerk und mit einem Team neue Ausschreibungen erstellte. In den Evaluierungsbögen wurde die durchgängig positive Einstellung der Programmverantwortlichen gegenüber den Bewerberinnen und Bewerbern von letzteren – unabhängig vom Endergebnis – als wertschätzend und aufbauend bewertet. Dies zeugt nicht nur von der Professionalität der Programmumsetzer, sondern auch von der hohen Verantwortung und Bereitschaft zur Zusammenarbeit mit den Kulturarbeiterinnen und Kulturarbeitern, die eine unschätzbare Informations- und Wissensquelle waren und ebenfalls kooperieren wollten. So entstand die Idee, die Bewertungsteams vom Kulturministerium zu trennen und ihnen ein möglichst breites Spektrum an unabhängigen Experten für den jeweiligen Bereich zur Verfügung zu stellen. In der Regel sollten die Expertinnen und Experten sowohl aus öffentlichen Kultureinrichtungen als auch aus sozialen Organisationen stammen. Letztere hatten sich seit Beginn des Programms als enorm wirksam erwiesen. Sie verfügten über ausgebildete, erfahrene und motivierte Mitarbeiter, realisierten qualitativ hochwertige Aktivitäten zu ausgewogenen Kosten und orientierten sich an den Erwartungen ihrer Kunden beziehungsweise Klienten. Die letztere Eigenschaft lieferte erfrischende Impulse für eine andere, soziale, anregende und schließlich partizipative Sicht auf Kultur, einschließlich kultureller (Allgemein-)Bildung (*edukacja kulturowa*).

Kommen wir noch einmal auf den Aufbau des Programms selbst zurück: Zur ersten wesentlichen Veränderung im Regelwerk kam es 2009, als das Programm „Kulturelle Bildung und Kulturanalyse" damit begann, sich auf Themen zu konzentrieren, die einer kulturellen Allgemeinbildung (*edukacja kulturowa*) viel näher kamen, dem Ziel also, die kulturellen Rezeptionskompetenzen der Gesellschaft zu stärken, aber auch künstlerische und kulturelle Werte zu schaffen, Kinder und Jugendliche auf die aktive Teilhabe an der Kultur vorzubereiten, das kreative Freizeitangebot zu bereichern und das Bildungspotenzial von Kulturzentren und Bibliotheken zu verbessern. Folgende Ziele hatten Priorität: 1) Kulturelle Bildung. Wie unschwer zu erraten ist, bestand der Schwerpunkt 2) in einer wissenschaftlichen Begleitung der Kultur, die auf Forschung und die Verbesserung der Qualifikation der im Kulturbereich Tätigen ausgerichtet war. Zu den bezuschussten Aufgaben gehörten zum einen die Analyse des Sektors und der Ausbildung des Personals, zum anderen interdisziplinäre Bildungsprojekte für Kinder und Jugendliche mit verschiedenen Aktivitäten, wie zum Beispiel künstlerisch-kreative Workshops unter Beteiligung von Künstlerinnen und Künstlern aller Genres mit abschließender Präsentation; komplexe interdisziplinäre oder einem Kunstbereich gewidmete Bildungsprojekte für Kinder und Jugendliche; Shows oder Festivals des nicht-professionellen künstlerischen Schaffens in Verbindung mit Workshops von Künstlerinnen und Künstlern; Werbekampagnen und soziale Aktionen zur Förderung der aktiven Teilnahme an Kultur.

Das Jahr 2010 war auch eine wichtige Zeit für den Schwerpunkt, der nicht nur als Programm existierte, sondern sich bereits auf Aktivitäten im Bereich Bildungs- und Kulturarbeit konzentrierte. Damals konnten Nichtregierungsorganisationen, kommunale Kultureinrichtungen und Unternehmen einen Zuschussantrag stellen. Grünes Licht im Programm erhielten interdisziplinäre Projekte, die sich auf eines oder mehrere Themen konzentrierten; Bildungsprojekte, die Kreativität und konkrete Fähigkeiten förderten; kulturpädagogische Projekte, die sich auf die Arbeit mit der Gemeinschaft bezogen, und schließlich generationsübergreifende Projekte. Der letzte Bereich stand in Zusammenhang mit der steigenden Aktivität von Seniorinnen und Senioren und der Notwendigkeit, diese Gruppe in einen größeren Kontext sozialer Beziehungen zu involvieren. Auch der Auftrag, kreatives Potenzial anzuregen, war äußerst wichtig, der im Grunde zu Recht bis heute eine der wesentlichsten Aufgaben des Programms ist. Als ich damals an dem Regelwerk arbeitete, verstand ich unter kreativem Schaffen eine permanente Veranlagung, verbunden mit entsprechenden klassischen Fertigkeiten, unter anderem der Fähigkeit, Fragen zu stellen, und der Fähigkeit, bestehende Ideen, Muster, Schemata usw. zu transformieren. Ein solches Set psychosozialer Fähigkeiten wird von einigen Forschern als für jedermann zugänglich angesehen. Psychologisch bedeutet dies, dass „die Kreativität sowohl für den Menschen als auch für seine Produkte ein ständiges Merkmal ist, das heißt sie kann in unterschiedlicher Intensität auftreten, von minimal oder sogar null bis sehr groß, typisch für brillante Werke und ihre Autoren"[11]. Unter der Vielzahl der psychologischen Theorien ist uns Edward Nęckis Sichtweise, dass der menschliche Geist von Natur aus kreativ ist[12] und diese Eigenschaft angeregt werden sollte, sympathisch geworden.

Im Jahr 2012 griffen die Koordinatoren der Förderstruktur die Schwerpunkte wieder auf, und das Programm wurde erneut zu einem von drei in den Bereichen künstlerische Bildung, Kulturforschung und Medienbildung. In den Jahren 2014–2015 begann das letztgenannte Bildungssegment separat als Medien- und Informationserziehung zu arbeiten. Dieser Bereich wurde von Forschern und Praktikern schon damals als einer der wichtigsten wahrgenommen. Er bezog sich auf das sich ständig erweiternde Feld des kreativen Schaffens, der kritischen Nutzung und der Produktion von Informationen sowie der effektiven und sicheren Nutzung neuer Informationstechnologien, vor allem für Zwecke, die mit der Teilnahme an Kultur verbunden sind. Das Programm war damals das einzige, das in Polen diese Art von Bildungsarbeit förderte. Obwohl es derzeit nicht existiert, wird ein Teil seiner Aufgaben von der Nationalen Filmothek. Audiovisuelles Institut (Filmoteka Narodowa – Instytut Audiowizualny) in Warschau umgesetzt.

Im Jahr 2015 wurde in den Schwerpunkt Kulturelle Bildung ein neues Element aufgenommen, nämlich künstlerische Veranstaltungen für Kinder und Jugendliche. Doch die Probleme wuchsen, weil es keinen Fördermechanismus (und das ist noch immer Teil der Aufgaben des Ministeriums) für ein professionelles künstlerisches Angebot für ein junges Kunstpublikum gab. Obwohl es manchmal äußerst schwierig ist, die beiden sich überschneidenden Tätigkeitsfelder – Bildung und Kunst – voneinander zu trennen, ist es wichtig, ihre Grenzgebiete zu klären und sogar teilweise zu separieren. Dies sollte im Interesse der Professionalisierung von Kunst für ein jüngeres Publikum geschehen. Heute, da das Programm „Kunstereignisse für Kinder und Jugendliche" (seit 2017) selbstständig arbeitet, ist am besten zu erkennen, welche Missverständnisse in diesem Bereich entstehen können und wie viel noch zu tun ist. Natürlich gibt es auch Träger, die auf professionelle und pädagogische Weise sowohl Bildungsarbeit als auch künstlerische Aktivitäten durchführen (unter anderem das bereits erwähnte Zentrum für Kinderkunst in Poznań, aber auch das Puppentheater Kubuś in Kielce, der Verein Nowe Horyzonty Edukacji Filmowej (Neue Horizonte der filmischen Bildungsarbeit) in Warschau und andere mehr), aber es gibt auch Einrichtungen (und das sind noch immer nicht wenige), für die Kunst für Kinder einzig in der Organisation von Wettbewerben und Schul- oder Vorschulaufführungen besteht, die von Gleichaltrigen gestaltet sind. An solchen Kinder- und Jugendprojekten ist nichts auszusetzen, doch neben Bildungsmaßnahmen, zu denen ich letztere zähle, braucht es auch professionelle Ausstellungen, Theatervorstellungen, Opern, Tanzaufführungen, Konzerte und Festivals für ein jüngeres Publikum, bei denen die Kinder- und Jugendsektion der jeweiligen Institutionen mit der gebotenen Ernsthaftigkeit behandelt wird und sich durch hohe Qualität auszeichnet. Oft werden diese professionellen Aktivitäten mit pädagogischen Formen kombiniert, die ihnen Komplexität verleihen. Was die Wettbewerbe betrifft, so ist ihre Flut leider seit vielen Jahren enorm, dabei begünstigen sie weder die effektive Bildungsarbeit und die Förderung kreativer Fähigkeiten[13] noch haben sie viel mit dem künstlerischen Angebot zu tun. Natürlich können sie Orte für Auseinandersetzungen sein, aber im Bildungsprozess ist es wichtig, miteinander zu kooperieren und das Ziel zu verfolgen, Fähigkeiten zu erwerben, und nicht etwa zu rivalisieren. Vielleicht sollten sie eine völlig eigenständige Form der Kulturarbeit darstellen und beispielsweise mit einem bestimmten Bereich künstlerischer Aktivitäten kombiniert werden, bei denen es notwendig ist, sich mit Fähigkeiten auseinanderzusetzen, um zum Beispiel Talente, Potenziale usw. einzuschätzen? Diese Frage bleibt offen.

Überlegungen nach Jahren

Für mich und die Abteilung für Kulturelle Bildung des Ministeriums, die bis 2015 die Arbeit am Programm Kulturelle Bildung koordinierte, war es naheliegend, diese besonders sensiblen Kulturaktivitäten in ihrem Zusammenhang mit dem Aufbau von Sozialkapital(14) als Set psychosozialer Fähigkeiten, wie Kreativität, die Fähigkeit zu vertrauen und zur Zusammenarbeit, zu verstehen.
Der Professionalitätsanspruch der Aufgaben, ein hohes Fähigkeits-, Wissens- und Qualifikationsniveau der sie Umsetzenden, die Offenheit und Flexibilität des Formats, die Überzeugung und innere Motivation der Teilnehmenden sowie Offenheit für die Vielfalt letzterer waren die grundlegenden Parameter für die Bewertung der eingereichten Anträge. Dies wurde auch in den Kriterienkatalog des Regelwerkes aufgenommen. Schon damals war klar, dass professionelle und effektive Bildungsarbeit teuer ist. Im Gegensatz zu dem, was viele Jahre lang gedacht wurde, waren es nicht nur künstlerische Produktionen, die finanzielle Mittel erforderten, sondern auch Bildungsprojekte. Heute wissen wir, dass Kunst, die für Kinder und Jugendliche gemacht wird, ebenso finanzielle Mittel erfordert. Die Zusammenarbeit mit anerkannten Künstlern, Pädagogen, Wissenschaftlern und Kulturarbeitern, der Einsatz neuer Technologien, die Anpassung der Räumlichkeiten und ihre Sicherung, die Schaffung technischer Grundlagen und schließlich die Erstellung moderner Publikationen erfordern viel Aufwand und hohe Geldmittel (und das ist nur ein Teil der Kosten). Am Bildungsprozess zu sparen verspricht immer schlechte Zukunftsaussichten, auch im Bereich der kulturellen Dienstleistungen. Und ich spreche nicht nur vom Aufbau eines potenziellen Publikums, sondern auch von der Entwicklung eines kulturellen Bewusstseins, das die Gesellschaft beispielsweise vor Fremdenfeindlichkeit und Manipulation zu schützen vermag.

In all den Jahren der Programmgestaltung und -durchführung hat die Abteilung für Kulturelle Bildung des Ministeriums für Kultur und Nationales Erbe immer wieder Expertinnen und Experten mit dokumentierter, realer Berufserfahrung und hohen ethischen Wertvorstellungen zur Zusammenarbeit eingeladen. Die ethischen Maßstäbe waren relevant für die Beurteilung von Bewerbungen von Menschen aus dem gleichen Umfeld, die schließlich nicht immer auf schematisch gleiche Art und Weise denken. Für mich war der Kontakt mit ihnen eine weitere Lektion, die sowohl mit den inhaltlichen Aspekten meiner Arbeit als auch mit der Professionalisierung meiner beruflichen Laufbahn zusammenhing. Bei der Umsetzung des Programms Kulturelle Bildung hatte ich das Glück, mit zuverlässigen Menschen zusammenzuarbeiten, die einen weiten Horizont, ausgezeichnete Fähigkeiten und Verantwortungsbewusstsein für die vorgenommenen Bewertungen und Meinungsäußerungen hatten. Das waren Menschen, die wie meine Kollegen und ich der Meinung waren, dass Bildung das wichtigste Element und die Grundlage unseres Handelns ist, dass sie Selbstbewusstsein gibt, dass sie lehrt, wichtige Entscheidungen selbstständig zu treffen, sowohl im Leben als auch im Bereich Kultur, die ein integraler, unentbehrlicher Bestandteil dessen ist. Sie glaubten daran, dass künstlerische Tätigkeit auch kreative Fähigkeiten fördert, die für ein besseres Zurechtkommen in der Welt zweifellos relevant sind.

Anknüpfend an Edward Nęcki halte ich den Einfluss makrosozialer und kultureller Faktoren auf die kreative Tätigkeit nach wie vor für wichtig. Und obwohl in der eng damit verbundenen kulturellen (Allgemein-)Bildung (*edukacja kulturowa*) auch auf strategischer Ebene bereits viel getan wurde, sollte die weitere Arbeit nicht aufgegeben werden. In sozialer und systemischer Hinsicht, wie der Krakauer Psychologe schrieb, „ist das menschliche Individuum Teil eines größeren Systems, das an der Entstehung des kreativen Werks beteiligt ist. Systemkonzepte konzentrieren sich naturgemäß auf herausragendes Schaffen und fast gar nicht auf das Merkmal der Kreativität"(15). Deshalb ist es wichtig, beim Verfassen von Regelungen in der Zukunft vor allem auch letzteres zu berücksichtigen, das heißt das für die persönliche Entwicklung, aber ebenso für die Entwicklung sozialen Potenzials zentrale Charakteristikum der Kreativität.

(1) Im Polnischen gibt es zwei Begriffe für Kulturelle Bildung mit teils unterschiedlicher Bedeutung. Edukacja kulturalna (Kulturelle Bildung) fokussiert in erster Linie auf die Beteiligung des Individuums am künstlerisch-kulturellen Leben. Im Kern dieser Vermittlungsleistung geht es darum, dass eine Lehrperson ihr Wissen und ihre Erfahrung an die Lernenden weitergibt. Das Spektrum der zu vermittelnden Kompetenzen reicht von praktischen künstlerischen Techniken über kunstgeschichtliches Hintergrundwissen bis hin zur Einführung in die praktische Teilhabe.
Edukacja kulturowa (Kulturelle Allgemeinbildung) hingegen geht von der anthropologischen Definition von Kultur aus, welche die Gesamtheit der in einer Gesellschaft sich ereignenden Bildungsprozesse umfasst und somit neben den künstlerisch-kulturellen unter anderem auch historische, ökonomische und technologische Entwicklungen einbezieht.

In diesem Zusammenhang versteht sich das Individuum weniger als lernendes Subjekt oder Rezipient, sondern hat vielmehr die Möglichkeit, sich als gestaltende Person zu erleben. (Anm. d. Red.)

(2) Edukacja kulturowa. Poręcznik (Kulturelle (Allgemein-)Bildung. Ein Handbuch), Hrsg. R. Koschany, A. Skórzyńska, Centrum Kultury ZAMEK, Poznań 2014, S. 15–16.

(3) T.W., Po dwóch latach doświadczeń (Nach zwei Jahren Erfahrung), „Echo Dnia" (Echo des Tages), 1987, Nr. 5, S. 4–5.

(4) Ebd.

(5) Placówki nie tylko osiedlowe (Einrichtungen nicht nur für Wohnsiedlungen), „Echo Dnia" (Echo des Tages), 1987, Nr. 8, S. 3.

(6) Może muzyka na „rozgrzewkę"? (Vielleicht Musik zum Aufwärmen?), „Echo Dnia" (Echo des Tages), 1987, Nr. 8, S. 2.

(7) Alle Zitate stammen aus dem Dokument des Ministeriums für Kultur und Kunst, das am 27.11.1996 unter dem Titel „Międzyresortowy program edukacji kulturalnej" (Ressortübergreifendes Programm für Kulturelle Bildung) angenommen wurde, redaktionelle Bearbeitung J. Masłowska.

(8) Der damalige Name des Ministeriums für Kultur und Nationales Erbe.

(9) Die Zitate aus den ersten Jahren (2005–2007) stammen aus elektronischen Archivbeständen im Department der Staatlichen Schirmherrschaft des Ministeriums für Kultur und Nationale Bildung. Ab 2008 sind die Regelwerke des Programms und des Schwerpunkts Kulturelle Bildung (das ist die aktuelle Bezeichnung) auf der Seite des Ministeriums für Kultur und Nationale Bildung zu finden; von hier stammen die angeführten Ausschnitte.

(10) Kurz darauf wurden die staatlichen (heute nationalen) und halbstaatlichen Kulturinstitutionen von der Liste der Antragsteller im Programm Kulturelle Bildung gestrichen. Im Jahr 2010 wurde im Ministerium für Kultur und Nationales Erbe das Programm „Bildung+" ins Leben gerufen, dessen Ziel unter anderem war, das Potenzial der Bildungsabteilungen dieser Institutionen zu vergrößern und Modelle für Bildungsprogramme zu erarbeiten, die von anderen interessierten Trägern genutzt werden können. Das Programm wurde nur einmal durchgeführt und förderte 22 Bildungsmaßnahmen.

(11) E. Nęcka: Psychologia twórczości (Die Psychologie des Schaffens), Sopot 2003, S. 22.

(12) Ebd.

(13) Ausführlich schreibt zu dem Thema E. Nęcka. Er bezieht sich auf verschiedene Studien und stellt heraus, dass Rivalitäten kreative Prozesse stören. „Rivalisierungsmotive können in der hochwertigen Kunst Bedeutung haben, wovon Bekenntnisse großer Künstler zeugen, aber sie sind eher eine Ergänzung anderer Motive als eine dominierende Prämisse in der Herangehensweise an kreative Arbeit." Siehe: E. Nęcka, Psychologia twórczości (Die Psychologie des Schaffens), Sopot 2003, S. 169.

(14) In dieser Zeit setzte das Kulturressort die am 26.03.2013 angenommene „Strategie zur Entwicklung von Sozialkapital 2020" um, http://ks.mkidn.gov.pl/media/download_gallery/20130520SRKS_na_stronie_internetowej.pdf (Abruf am 19.07.2018).

(15) E. Nęcka: Psychologia twórczości (Die Psychologie des Schaffens), Sopot 2003, S. 173.

Kulturelle Bildung in Polen

Dr. Katarzyna Plebańczyk, Theaterwissenschaftlerin, Autorin von Forschungsprojekten und Entwicklungsstrategien von Kulturinstitutionen

Einleitung

Dass die Kulturelle Bildung ein wichtiges Element der menschlichen Entwicklung ist, der Herausbildung der Identität, des Zugehörigkeitsgefühls zur jeweiligen Gemeinschaft, des Aufbaus von sozialem und intellektuellem Kapital, scheint unbestritten. In der internationalen Fachdiskussion versteht man heute unter Kultureller Bildung verschiedene Formen der Bildung: die künstlerische, kreative, „die anregt, das Angebot von Kulturinstitutionen zu nutzen"[1], und auch die, die zusammenhängt mit dem Aufbau einer kulturellen Identität, mit dem Schutz des eigenen Kulturerbes und des von anderen, mit dem Respekt für kulturelle Vielfalt und der Dialogbereitschaft gegenüber anderen Kulturen – eine Form der Bildung, in der die Verbindungen zwischen Bildung und Kunst sehr eng sind. Dabei wird hervorgehoben, dass die Kulturelle Bildung und Kunsterziehung die persönliche und soziale Entwicklung beeinflussen, indem sie das Selbstwertgefühl, die Identität, die Vorstellungskraft, die Innovativität, die expressiven und kommunikativen Fähigkeiten sowie die Dialogbereitschaft stärken. In ihrem Beitrag zur Diskussion über die Reichweite und Bedeutung Kultureller Bildung betonte Katarzyna Olbrycht, Forscherin in dem Arbeitsfeld seit vielen Jahren, dass ein vielleicht passenderer und umfassenderer Begriff dafür ‚Bildung im Bereich Kultur' wäre, ein Begriff, der alle Facetten und Dimensionen dessen, was Kulturelle Bildung ist und was nicht, einschließen würde.[2] Dies scheint Józef Kargul, ein weiterer langjähriger Forscher zu dieser Problematik, zu bestätigen, indem er den Begriff ebenso weit fasst und sagt, die zeitgenössische Kulturelle Bildung sei gleichbedeutend mit einer breit verstandenen humanistischen Bildung, ästhetischen Bildung, Bildung durch Kunst und der Vorbereitung auf das Partizipieren an Kultur.[3]

Beide Wissenschaftler wie auch andere Forscherinnen und Forscher sind sich jedoch darüber einig, dass die Rolle des Staates darin besteht, Bedingungen für die Entwicklung von Kultur überhaupt und dabei auch für die Kulturelle Bildung zu schaffen. Die Aktivitäten des Staates im Bereich Kulturpolitik sind in Strategiepapieren festgelegt und werden mittels unterschiedlichster Programme und Initiativen auf allen Ebenen der öffentlichen Verwaltung umgesetzt. Dieser Aufsatz legt in einem allgemeinen Abriss die Bedingungen dar, unter denen sich Aktivitäten zur Kulturellen Bildung entwickeln können, und zeigt danach verschiedenste Beispiele zur Umsetzung der strategischen Richtlinien auf.

Kulturelle Bildung – die Ebene des öffentlichen Managements

In Polen wurde die Kulturelle Bildung zur Pflicht des Staates, sowohl durch die Tatsache, dass Polen zur Europäischen Union gehört und deren Grundsätze umsetzt, als auch dadurch, dass diese EU-Richtlinien in Strategiepapiere des Staates und in die Gesetzgebung aufgenommen wurden. Beschränkt man sich auf die Dokumente, in denen dieses Thema ausführlicher besprochen wird, fällt die Kulturelle Bildung als einer der Hauptschwerpunkte der öffentlichen Interventionen in dem Bereich der „Entwicklungsstrategie des Landes 2020" auf, der dem gesellschaftlichen und territorialen Zusammenhalt gewidmet ist, und zwar durch die „Garantie des allgemeinen Zugangs zu Bildung hoher Qualität auf all ihren Stufen und zur Kultur (darunter die Verbreitung des Lebenslangen Lernens, der E-Bildung, der Kulturellen Bildung)".(4)

In der angeführten Strategie ist geplant, das oben Genannte in andere Strategiepapiere des Staates aufzunehmen, beispielsweise in die „Entwicklungsstrategie für das Humankapital 2020", in die „Entwicklungsstrategie für das Sozialkapital 2020" und in die Entwicklungsstrategien für Woiwodschaften. In der Entwicklungsstrategie für das Humankapital 2020 werden zwar keine direkten Richtlinien zur Umsetzung Kultureller Bildung vorgegeben, doch wird auf ihre Elemente hingewiesen, wie etwa die Förderung des allgemeinen Zugangs zur kulturellen Infrastruktur, die Entwicklung kultureller Kompetenzen und die Stärkung der Kulturellen Bildung in Lehrprozessen.(5) Mehr Aufmerksamkeit wurde dem Problem in der „Entwicklungsstrategie für das Sozialkapital 2020" gewidmet, was zweifelsohne auch mit der Tatsache zusammenhängt, dass für die Vorbereitung und Umsetzung dieser Strategie der Minister für Kultur und Nationales Erbe zuständig ist.(6) Gleichzeitig wurde die Kulturelle Bildung in das grundlegende Gesetz aufgenommen, das in der polnischen Gesetzgebung die Durchführung von kulturellen Aktivitäten regelt. Dabei handelt es sich um das Gesetz vom 25. Oktober 1991 über die Organisation und Durchführung kultureller Aktivitäten, in dem diese dem Kompetenzbereich des Ministers zugeordnet werden, der für kulturelle Fragen zuständig ist. Die entsprechende Eintragung steht gleich am Anfang dieses Rechtsdokuments: „Der Staat übernimmt über die Kulturarbeit die Schirmherrschaft, die in der Unterstützung und Förderung von Kreativität, Kultureller Bildung und des kulturellen Bildungssystems, kultureller Aktivitäten und Initiativen sowie der Denkmalpflege besteht."(7)

Das Ministerium für Kultur und Nationales Erbe ist der wichtigste Akteur der staatlichen Politik im Bereich Kulturelle Bildung. In seinen Strukturen hat das Ministerium das „Department für künstlerisches Schulwesen und Kulturelle Bildung" eingerichtet, dessen Aufgaben sich auf die Entwicklung und Förderung der Kulturellen Bildung konzentrieren. Dazu gehören unter anderem die Initiierung verschiedener Projekte, die Zusammenarbeit mit dem Umfeld und mit Trägern, die Aktivitäten mit kulturellem Bildungscharakter durchführen. Das Ministerium führt auch das Programm Kulturelle Bildung durch, das Projekte „im Bereich der kulturellen Bildung, die für die Entwicklung des Sozialkapitals von Bedeutung sind"(8), fördert, die von entsprechenden Trägern durchgeführt werden.

Das Budget für Kulturelle Bildung ist Bestandteil des allgemeinen polnischen Kulturetats, der sich um 1 Prozent des Staatshaushalts bewegt, wobei hierzu nicht nur das Budget des Ministeriums für Kultur und Nationales Erbe selbst gehört, sondern auch regionale und lokale Fonds, Programme zur Kofinanzierung von Projekten (zum Beispiel regionale operative Programme) und viele andere, die nicht immer direkt auf Aktivitäten in diesem Bereich hinweisen.
Darüber hinaus kann die Kulturelle Bildung nach den oben genannten Strategien in die Zuständigkeit anderer Abteilungen der öffentlichen Verwaltungen fallen. Die Aufgaben, die mit der Kulturellen Bildung zusammenhängen, gehören zum Aufgabenbereich der unteren Ebenen der öffentlichen Verwaltung der Regionen und Kommunen. Jede Region in Polen (hier ist die Woiwodschaft als Verwaltungseinheit gemeint) hat ihre eigenen Entwicklungsstrategien, und die Gesetzgebung zur Arbeitsweise der einzelnen Ebenen der öffentlichen Verwaltung garantiert, dass sie Maßnahmen zugunsten der Kultur ergreifen müssen. Deshalb wurden sie in die Strategiepapiere aufgenommen. Einige von ihnen haben nicht nur allgemeine, sondern auch branchenbezogene Teilstrategien entwickelt – in diesem Fall hängen sie mit der Entwicklung der Kultur zusammen. Im Allgemeinen enthalten die Stra-

tegien keine direkten Maßnahmen im Zusammenhang mit der Kulturellen Bildung, manchmal ergeben sich diese jedoch indirekt aus anderen Bestimmungen, und sie wirken sich auf operative Programme aus, die auf der Ebene der Regionen durchgeführt beziehungsweise von der Region kofinanziert werden. Ein Beispiel dafür ist das Regionale Operative Programm der Woiwodschaft Małopolskie, in dem die Themen Lebenslanges Lernen und die Schaffung von Bildungsorten auch außerhalb von Bildungseinrichtungen aufgegriffen werden, während die Partizipation an Kultur und der Zugang zur Kultur mit Blick auf die E-Kultur separat behandelt werden.

Eine neue Regelung auf regionaler Ebene ist das im Februar 2018 verabschiedete „Programm für Kulturelle Bildung der Woiwodschaft Mazowieckie" (Mazowiecki Program Edukacji Kulturalnej), das sich auf die Entwicklungsstrategie der Woiwodschaft Mazowieckie bezieht. Es wurde gemeinsam von der Selbstverwaltung der Woiwodschaft, dem Kulturinstitut der Woiwodschaft Mazowieckie (Mazowiecki Instytut Kultury) (einer öffentlichen Einrichtung, die mit der Verwaltung des Programms beauftragt ist) und der Föderation Masowiens (einer Nichtregierungsorganisation) anhand von Methoden der gesellschaftlichen Teilhabe entwickelt. Zu den Zielen gehören unter anderem:
- Stärkung der Kohärenz bestehender Auslegungsweisen und Umsetzungsformen der Kulturellen Bildung
- Erhöhung der Präsenz Kultureller Bildung in der Lokalpolitik (einschließlich lokaler Strategien und mehrjähriger Entwicklungsprogramme)
- Förderung der Kompetenz von Kulturpädagogen und Kulturarbeitern
- Erweiterung der Zusammenarbeit zwischen Kulturpädagogen und Kulturarbeitern aus unterschiedlichen Regionen und Bereichen des gesellschaftlichen Lebens, Vertiefung der Integration
- Verbesserung der Zugänglichkeit von Kultureller Bildung
- Entwicklung der kulturellen Bildung zu einem Instrument der sozialen Integration auf lokaler Ebene(9)

Programme für Kulturelle Bildung werden heute meist von lokalen Regierungen formuliert, die diese tatsächlich am direktesten umsetzen. Warschau hat ein solches Programm, dessen Umsetzung bereits bis in die Jahre 2015–2020 geplant ist. Das Hauptziel lautet hier: „Universelle, bewusste, regelmäßige und aktive Teilnahme der Warschauer an verschiedenen Aktivitäten im Bereich der Kulturellen Bildung, unabhängig von Alter, finanziellem Status, kulturellen Kompetenzen und Bildung."(10)
Das Programm setzt auf Vielfalt im Sinne der Berücksichtigung verschiedener Kunstbereiche, Genres, Stile sowie mit Blick auf verschiedene in der Kulturellen Bildung tätige Träger mit unterschiedlichen Rechtsformen,

Organisationskulturen, Erfahrungen und Handlungsweisen. Großer Wert wurde auch auf die Offenheit für kulturelle Bedürfnisse und Kompetenzen aller Empfängerinnen und Empfänger gelegt, insbesondere von Menschen mit Behinderung, Menschen nichtpolnischer Herkunftssprache, sozial benachteiligten Menschen mit geringer kultureller Kompetenz, die bisher keinen Kontakt mit Kultur hatten und institutionellen Kulturprogrammen skeptisch gegenüberstehen, sowie von Einwohnern von Regionen mit schwacher kultureller Infrastruktur (wie geschlossener Wohnsiedlungen oder Vororte), von Einwohnern aller Altersgruppen (Kinder im Vorschul- und jüngeren Alter, Schüler, Studenten, Erwachsene einschließlich Senioren), die sich nicht mit der Stadt identifizieren, sich außerhalb des formalen Bildungssystems bewegen und selbstständig nach Entwicklungsmöglichkeiten suchen. Das Programm (koordiniert vom Bevollmächtigten für Kulturelle Bildung des Bürgermeisters von Warschau) zielt darauf ab, alle institutionellen, bildungspolitischen, nichtstaatlichen und informellen Gemeinschaften und Ressourcen zu integrieren. Es unterstützt ihre Arbeit (zum Beispiel durch die Kulturgenossenschaft, das heißt durch den Austausch von Ressourcen wie Räumen, Ausrüstung, kulturellen Produkten), stärkt die Kompetenz der Kulturpädagoginnen und -pädagogen (zum Beispiel durch das Labor für Kulturelle Bildung (Laboratorium Edukacji Kulturalnej) und vergibt Preise für die interessantesten Projekte (Warschauer Preis für Kulturelle Bildung der Hauptstadt Warschau (Warszawska Nagroda Edukacji Kulturalnej m.st. Warszawa).

Andere Städte ergreifen in diesem Bereich ähnliche Maßnahmen, wenn auch bisher nicht in der Größenordnung von Warschau. An dieser Stelle soll das Beispiel Lublin genannt werden, das im Rahmen der „Strategie der Kulturentwicklung von Lublin 2013–2020" das Projekt „Bezirksräume der kulturellen Bildungsarbeit" (Dzielnicowe Przestrzenie Edukacji Kulturalnej) durchführt, darunter zyklische Kunstworkshops mit Musik, Kunst, Tanz und Theater. In Suwałki wurde das Suwałki-Programm für Bildung und Kulturarbeit (SPEAK) durchgeführt, das Kulturpädagoginnen und -pädagogen und Teilnehmende von Bildungsaktivitäten bei der Weiterbildung unterstützt. Das „Programm zur Entwicklung der Kultur in Krakau bis 2030" (Program Rozwoju Kultury w Krakowie do roku 2030) hat das Ziel, ein unabhängiges Maßnahmenpaket zur Kulturellen Bildung für die kommenden Jahre zu entwickeln.

Die oben genannten Programme versuchen, die auf europäischer und nationaler Ebene vorhandenen Trends, aber auch lokale Probleme zu berücksichtigen. Die häufigsten Ziele sind der Aufbau und die Entwicklung von Sozialkapital, nicht nur zur Verbesserung der Kooperationsfähigkeit, sondern auch zur Steigerung der Wettbewerbs- und Innovationsfähigkeit der polnischen Gesellschaft und Wirtschaft. Untersuchungen des Statistischen Hauptamts (GUS) zeigen, dass Polen, wie die meisten europäischen Länder, mit dem Problem der Bevölkerungsalterung konfrontiert ist, und dieses Phänomen wird in den kommenden Jahrzehnten weiter zunehmen. Prognosen zufolge wird sich die Bevölkerung Polens im Jahr 2050 auf 33.951.000 belaufen (das heißt, sie wird gegenüber der Basisprognose für 2013 um 12 Prozent zurückgehen), und es werden weitere negative Veränderungen der Bevölkerungsstruktur hinsichtlich des Alters, des Anteils von Frauen im gebärfähigen Alter sowie der Geburtenrate zu beobachten sein.(11) Der zweite häufig zu beobachtende Trend ist der Zustrom von Einwanderern. Auf Grundlage von Daten über die Zahl der ersten ausgestellten Aufenthaltstitel hat Eurostat berechnet, dass im Jahr 2016 Polen unter den EU-Ländern an zweiter Stelle bei der Offenheit für Einwanderer in die Europäische Union stand und 585.969 Migrantinnen und Migranten aufnahm, von denen 84,3 Prozent Wirtschaftsmigranten sind und 5,6 Prozent im Zusammenhang mit Bildungsplänen nach Polen kamen. Die Berechnungen von Eurostat wurden anhand der von Ämtern ausgestellten Aufenthaltsgenehmigungen durchgeführt – nur die britischen Einwanderungsbehörden stellten 2016 mehr solcher Dokumente aus.(12) In Polen überwiegt die Einwanderung aus wirtschaftlichen Gründen, vor allem aus den Nachbarländern, aber es ist bemerkenswert, dass oft ganze Familien migrieren, die auch ihre Kinder auf polnische Schulen schicken. Laut der Tageszeitung „Gazeta Krakowska" gab es im Februar 2018 bereits über 2.300 Einwanderer in Krakau, während es 2014 kaum 400 waren(13), was die polnische Schule immer multikultureller macht und vor neue Herausforderungen stellt.

Kulturelle Bildung in der formalen Bildung

Die oben genannten Strategien und Programme zur Kulturellen Bildung sind der Rahmen für die Durchführung kultureller Bildungsarbeit. Dazu gehört im weitesten Sinne auch die Arbeit im Rahmen des formalen Bildungssystems (Schulen, Kindergärten) in Kooperation mit Kulturinstitutionen, geplant in der Entwicklungsstrategie für das Sozialkapital 2020, die den Schwerpunkt auf das kulturelle und künstlerische Lehrprogramm in allen Bildungsstufen legt und die aktive Teilnahme an und Schaffung von Kultur als Ergebnis der Bildung fördert.
Der Rahmenlehrplan der achtjährigen Grundschule, der im September 2017 in Kraft getreten ist, sieht den Unterricht musischer Fächer im Rahmen der formalen Bildung vor, wobei der Schwerpunkt auf der Zusammenarbeit mit kulturellen Institutionen/Organisationen liegt.

Traditionell gehört zu den Schulfächern der Kunstunterricht, ergänzt durch andere Unterrichtsformen, die in allen Jahrgangsstufen durchgeführt werden. Solche Formen sind:
- Unterricht in Galerien, Museen, Sakralbauten, Künstlerateliers
- Ausflüge, dazu gehören Aktivitäten im Freien
- Erstellung von Ausstellungen eigener Werke sowie von Werken ganzer Klassen und Schulen
- Ausstellungsbesuche
- Treffen mit Künstlern
- Kennenlernen der Denkmäler und der Künstlerinnen und Künstler der Region; wenn möglich, Mitgestaltung der regionalen Kultur in Zusammenarbeit mit Institutionen, die sich mit der Verbreitung von Kultur und Kunst befassen
- Teilnahme an Kunstwettbewerben[14]

Das zweite Grundfach ist Musik, mit dem Schwerpunkt, dass die Schule Bedingungen für den Kontakt mit Live-Musik durch die Teilnahme von Schülerinnen und Schülern an Konzerten und musikalischen Darbietungen in und außerhalb der Schule sowie für die öffentliche Präsentation der Fähigkeiten der Schülerinnen und Schüler schaffen soll. Der Schulunterricht kann durch andere Unterrichtsformen ergänzt werden, von denen hier folgende genannt werden sollen:
- Teilnahme an Konzerten, Aufführungen und Musiksendungen
- Unterricht in Konzertsälen, Musikschulen, Museen
- Mitgestaltung von Konzerten, Präsentationen und Musikveranstaltungen
- Organisation, Förderung von und Teilnahme an Konzerten wie zum Beispiel „Kinder für Kinder" (Dzieci dzieciom)
- Teilnahme an interdisziplinären Klassen- und Schulprojekten
- Treffen mit Künstlerinnen und Künstlern
- Kennenlernen der lokalen musikalischen Folklore und der Menschen, die sie spielen; soweit möglich, Mitgestaltung der regionalen Kultur in Zusammenarbeit mit Institutionen, die sich mit der Verbreitung von Kultur und Kunst befassen
- Teilnahme an Shows, Festivals und Musikwettbewerben[15]

Künstlerische Fächer sind auch im Rahmenlehrplan für weiterführende Schulen vorgesehen. Als Teil der Grundbildung werden hier Kunst, Musik und Philosophie gelehrt, als weiterführende Bildungsinhalte Musikgeschichte, Kunstgeschichte, Latein und antike Kultur. Vorgesehen sind die gleichen Lehrmethoden wie in der ersten Ausbildungsperiode.

Fächer, die gemäß dem seit September 2017 geltenden Rahmenlehrplan mit der Kulturellen Bildung in der Primar- und Sekundarstufe verbunden sind:

Bildungsstufe	Grundschule		Lyzeum/technische Fachschule	
	Klassen I-III	Klassen IV-VIII	Klassen I	Klassen II-IV/V
Musik	X	X	X	
Kunst	X	X	X	
Musikgeschichte			X	X
Kunstgeschichte			X	X
Latein und antike Kultur			X	X

∧ Quelle: eigene Bearbeitung (16)

Im Rahmen seiner Aufgaben setzt sich das Kulturministerium für die Einrichtung von Sekundar- und Hochschulen mit künstlerischem Profil ein, die eine vom allgemeinen Bildungssystem getrennte Struktur darstellen. Dieses spezialisierte Schulsystem besteht aus fast tausend Schulen und künstlerischen Einrichtungen und 19 Universitäten in Polen, an denen fast 100.000 Schülerinnen und Schüler beziehungsweise über 16.000 Studentinnen und Studenten studieren.(17)

Die Bildungsreform, die im Schuljahr 2017/18 in Kraft getreten ist, hat nicht nur die Bildungsstruktur, sondern auch die Lehrpläne der Schulen stark verändert, was neue, noch nicht analysierte Herausforderungen für die Kulturpädagoginnen und Kulturpädagogen mit sich bringt. Während der Kulturkonferenz „EduAktion Warszawa #Systembelüftung" (Konferencja Kulturalna EduAkcja Warszawy #napowietrzaniesystemu) im Juni 2017 diskutierten die Teilnehmenden, wie sich Veränderungen im System auf die Kulturelle Bildung im Allgemeinen auswirken und wie nicht-formale Bildungsarbeit gestaltet werden soll. Grundsätzlich wurde festgestellt, dass die Veränderungen und der kontinuierliche Dialog von Schulen mit Kultureinrichtungen und NGOs beobachtet werden müssen. Zu den wichtigsten Empfehlungen gehörten unter anderem:
- Unterstützung von Lehrerinnen und Lehrern, Entwicklung ihrer Kompetenzen, Vernetzung
- Durchführung von Workshops in Schulen in partnerschaftlicher Zusammenarbeit mit Institutionen/Organisationen/Künstlerinnen und Künstlern
- Erleichterung der Bildung von sektorenübergreifenden Koalitionen
- Förderung von Partnerschaften bei der Durchführung von Aktivitäten (zum Beispiel Schulen und Nichtregierungsorganisationen)
- Unterstützung der Aktivitäten kreativer Menschen, nicht nur von Institutionen und Organisationen

- Förderung von Erfahrungen, der Arbeit mit Emotionen, der eigenen Kreativität
- Bildungsarbeit in Schulen mit Fokus auf zeitgenössische Kunst
- Einführung von zusätzlichen Veranstaltungsformaten in Kindergärten als Betätigungsfeld für kulturelle Bildungseinrichtungen, Kulturinstitutionen und Nichtregierungsorganisationen(18)

Kulturelle Bildung in der Praxis. Beispiele für erfolgreiche Projekte auf dem Kulturmarkt

Lokale und regionale Behörden sind die Träger von spezialisierten Einrichtungen, die sich mit Kultureller Bildung befassen. Im Jahr 2016 gab es 4.204 öffentliche Kulturzentren, Kulturhäuser, Klubs und Klubhäuser in Polen (4.070 im Jahr 2015). Den größten Teil bildeten Klubhäuser (33,9 Prozent aller Einrichtungen), den kleinsten Teil Klubs (7,8 Prozent). Die meisten von ihnen (449) befinden sich derzeit in der Woiwodschaft Małopolskie, die wenigsten (81) in der Woiwodschaft Lubuskie(19), was auf historische und geographische Rahmenbedingungen zurückzuführen ist. Im Jahr 2016 organisierten Kulturzentren, Gemeindezentren, Kulturhäuser, Klubs und Klubhäuser 236.400 Veranstaltungen (217.400 im Jahr 2015) mit 35,5 Millionen Teilnehmerinnen und Teilnehmern (34,3 Millionen im Jahr 2015). Diese Statistik offenbart eher die Nichtteilnahme, denn sie zeigt, dass durchschnittlich jeder Pole (unabhängig vom Alter) an knapp einer Veranstaltung pro Jahr teilgenommen hat, was sicher nicht besonders viel ist.

Am häufigsten wurden Workshops (15,4 Prozent) organisiert, die ein dauerhaftes und grundlegendes Angebot von Kulturzentren bildeten, außerdem Vorträge, Treffen, Vorlesungen (15,1 Prozent) und Konzerte (14,3 Prozent). Gemessen an der durchschnittlichen Teilnehmerzahl einer Veranstaltung wurden am häufigsten Festivals und Kunstevents (526) sowie Konzerte (352) besucht, die verständlicherweise viele Teilnehmerinnen und Teilnehmer aufweisen konnten. Systematischer Unterricht mit einem spezifischen thematischen Profil in festen Gruppen wurde auch von Arbeitskreisen und Klubs durchgeführt. Im Jahr 2016 waren 25.100 Arbeitskreise tätig (22.900 im Jahr 2015), an deren Veranstaltungen 522.600 Personen teilnahmen (496.200 im Jahr 2015). Im Durchschnitt versammelte ein Arbeitskreis 21 Teilnehmerinnen und Teilnehmer; die meisten Mitglieder hatten Filmklubs (60), Seniorenverbände/Universitäten des dritten Lebensalters (53) sowie Tourismus-, Sport- und Freizeitkreise (22). Diese Zahlen zeigen zunächst die Bandbreite der Interessen der Polen, sind aber auch das Ergebnis der Kulturpolitik. Einerseits haben Filmklubs in Polen eine lange

Tradition, und es gab sie schon zu kommunistischen Zeiten, andererseits sind Aktivitäten für Seniorinnen und Senioren das Ergebnis der EU-Politik, die eine Vielzahl von Programmen für diese Gruppe ermöglicht. Auch bei den Sport- und Freizeitaktivitäten erinnern sich die älteren Generationen sehr gut an die zahlreichen Exkursionen, die zum Beispiel vom Polnischen Tourismusverband (PTTK) organisiert wurden und nicht nur ein Resultat des heutigen Trends zu einem gesunden Lebensstil sind. Zu beachten ist jedoch, dass Sportveranstaltungen (zum Beispiel verschiedene Laufarten, Sportwettbewerbe) heute weitaus mehr Teilnehmerinnen und Teilnehmer anziehen als kulturelle Veranstaltungen.

Am meisten Schülerinnen, Schüler und Jugendliche nahmen an den regelmäßigen Aktivitäten von Kulturzentren, zum Beispiel künstlerisch-technischen Arbeitskreisen (77.100) und Tanzkursen (74.400), teil, im Durchschnitt die meisten Mitglieder hatten in dieser Altersklasse Tanzkurse (18), Kurse für Kunst und Technik (14) und Musikkurse (11). Für viele Zentren sind hohe Beteiligungszahlen kein Erfolgsmaßstab, obwohl sie ein messbares Ergebnis ihrer Arbeit sind und in Berichten an die Verwaltungsbehörden, denen sie unterstellt sind, auftauchen müssen. Allerdings sollte jede Tätigkeit für sich betrachtet werden, da die Steigerung der Teilnehmerzahl nicht das wichtigste Ziel der betreffenden Maßnahmen ist.

Ein interessantes Phänomen ist in diesem Zusammenhang die Tätigkeit der ländlichen Klubhäuser, da die in der zweiten Hälfte der 80er Jahre einsetzende Auflösung der staatlichen landwirtschaftlichen Betriebe (PRG) und Genossenschaften dazu führte, dass die Institutions- und Verkehrsinfrastruktur in ländlichen Gebieten fast vollständig verschwunden ist (es wurden Kindertagesstätten, Bibliotheken, Gemeindezentren, Sportplätze, der öffentliche Nahverkehr, Sportvereine usw. abgeschafft). Heute erleben sie eine Renaissance, sie spielen eine wichtige Rolle an Orten, an denen es sonst an zusätzlichen Organisationen fehlt, die die Gemeinschaft aktivieren.[20] Erwähnenswert ist, dass „das kulturelle Engagement der ländlichen Bevölkerung in drei Hauptbereiche eingeteilt werden kann: Gemeinschaft, Kreativität und Praxis".[21] Wichtiger als die Art einer Aktivität ist es, diese zusammen zu erleben, und die Teilnehmerstatistiken dienen vor allem dazu, die Notwendigkeit der Existenz solcher Institutionen zu rechtfertigen. Monika Mazurczak-Kaczmaryk schrieb: „Das Klubhaus ist aufgrund seiner Verfügbarkeit ein natürlicher Ort für die Arbeit verschiedener Interessengruppen und Enthusiasten. Nicht die Schule, die zu bestimmten Zeiten und Stunden arbeitet und von den Einwohnern entfernt ist, sondern das Klubhaus, das sich in Wohnortnähe der Mitglieder der ländlichen Gemeinschaft befindet und je nach den Bedürfnissen und Aktivitäten der Bewohner geöffnet sein kann. Der Schlüssel zum Klubhaus ist immer vor Ort, das heißt im Dorf, und das Klubhaus ist ein natürlicher Raum für Aktivitäten der Bürger. Es kann von aktiven Bevölkerungsgruppen und örtlichen Vereinen genutzt werden: Landfrauenverbände, Freiwillige Feuerwehren, örtliche Vereine, örtliche Vokal- und Instrumentalensembles etc."(22)

Die Klubhäuser sind in der Regel Teil eines Kulturzentrums der Gemeinde, in der Gemeinde Kuźnia Raciborska mit zwölftausend Einwohnern gibt es zum Beispiel sechs solcher Zentren. Kurse finden in kleinem Rahmen statt, in der Regel einmal pro Woche, wofür Kursleiterinnen und Kursleiter aus dem Hauptzentrum kommen und Aktivitäten im Bereich Kunst, Tanz oder Film durchführen. Unter der Woche kann jeder den Schlüssel holen und die Bibliothek oder Sportgeräte benutzen, deshalb ist es schwierig, hohe Teilnehmerzahlen vorzuweisen.(23) Die Alterspyramide für die Gemeinde zeigt, dass die größte Gruppe Menschen über 50 sind und relativ wenige Kinder und Jugendliche das Klubhaus nutzen.(24)

Eine interessante moderne Form sind die Orange-Ateliers (Pracownie Orange), bei denen es sich um multimediale ländliche beziehungsweise städtische Klubhäuser handelt, die mithilfe der 2005 von der Firma Orange Polska S.A. gegründeten Orange-Stiftung eingerichtet wurden. Das Hauptziel dieser Ateliers ist es, den Einwohnerinnen und Einwohnern einen besseren Zugang zu neuen Technologien zu ermöglichen, ihre digitalen Kompetenzen zu stärken und Raum für gemeinsame Aktivitäten zu schaffen. Jedes Studio ist mit Computern, einem LCD-TV, Spielekonsolen und Möbeln ausgestattet. Die Orange-Ateliers sind Orte der Begegnung, der Entwicklung von Leidenschaften, für Kurse, Workshops und lokale Traditionen, und sie sind offen für alle Einwohnerinnen und Einwohner. Sie stehen unter der Schirmherrschaft des Ministeriums für Digitalisierung.

Im Jahr 2012 organisierten Musiktheater und Institutionen insgesamt 13.200 Lesungen und Vorträge, Filmvorführungen, Konzerte, Wettbewerbe, Workshops, Seminare, Festivals, Veranstaltungen im Freien sowie wissenschaftliche Sitzungen und Seminare (2,3 Prozent mehr als ein Jahr zuvor) mit 2,4 Millionen Teilnehmenden (17,9 Prozent mehr als ein Jahr zuvor). Darüber hinaus organisierten Philharmonien und Orchester 11.900 Schulmusikprogramme.(25)

Beispiele für interessante Aktivitäten könnten unzählige genannt werden, denn das Ziel fast jeder Kulturinstitution ist es heute, ein zusätzliches Angebot an Workshops zu unterbreiten oder die formale Bildung im Allgemeinen zu unterstützen. Auch Bibliotheken ergreifen eigene Maßnahmen. In Skawina bei Krakau wurde als Zweigstelle der Öffentlichen Stadtbibliothek das MultiCentrum gegründet. Dank externer Mittel entstand eine sehr moderne Einrichtung, die den Bedürfnissen der digitalen Gesellschaft gerecht wird und vielfältige Möglichkeiten zur Nutzung moderner digitaler Medien bietet, wie die Entdeckung der Kunstwelt oder das digitale Komponieren von Musik u.v.m. Das Angebot richtet sich sowohl an Schulklassen als auch an Lehrkräfte und Einzelpersonen jeden Alters; so ermöglicht MultiKunst (MultiSztuka) Kindern, die Welt der Kunst zu entdecken und mit dem Computerprogramm ArtRage eigene Bilder zu erstellen; das Programm Lustige Noten (Wesołe Nutki) führt Kinder spielerisch in die Welt der klassischen Musik ein. Auch Kurse für Seniorinnen und Senioren werden angeboten, in denen diese lernen können, wie man einen Computer benutzt und sich sicher im Internet bewegt. Die meisten Aktivitäten sind kostenlos. Bislang ist diese Bibliotheksfiliale die einzige derartige Einrichtung in der Woiwodschaft Małopolskie.

Kurse im MultiCentrum in Skawina
Quelle: Das Material wurde vom MultiCentrum in Skawina zur Verfügung gestellt.

Kulturelle Bildung wird zunehmend im privaten Sektor umgesetzt. Nach Angaben des Statistischen Hauptamtes (GUS) betrug im Jahr 2016 der Anteil des öffentlichen Sektors 93,6 Prozent, der des privaten Sektors 6,4 Prozent.(26) Obwohl sich das politische System in Polen 1989 geändert hat, sind erst in den letzten Jahren neue rechtliche Möglichkeiten für Kulturhäuser entstanden, und zwar durch Änderungen des Gesetzes über die Organisation und Durchführung kultureller Aktivitäten im Jahr 2012(27). Dank dessen werden sie nun auch von anderen als nur von öffentlichen Trägern durchgeführt. Ein gutes Beispiel dafür ist das sich dynamisch entwickelnde Kulturhaus Inspiro, das als Nichtregierungsorganisation in Podłęże an der Stadtgrenze von Krakau tätig ist und inzwischen auch von Krakauern genutzt wird, die bereit sind, die Fahrt dorthin auf sich zu nehmen. Über die Anfänge ihrer Tätigkeit sagte Beata Kwiecińska 2015 im Sender Radio Krakau: „Wir hatten ein Kulturhaus, aber wir hatten kein Gebäude, daher der Name Bezdom Kultury (Kultur ohne Wände). Wir mieteten Turnhallen, organisierten Outdoor-Aktivitäten, und weil in unserer Vereinssatzung die Zusammenarbeit mit lokalen Einrichtungen steht, haben wir oft Institutionen angesprochen. Jede Woche kamen wir mit neuen Ideen zum Bürgermeister Stanisław Kracik. Irgendwann klappte es. Der Bürgermeister von Niepołomice unterzeichnete einen Vertrag über die Inbetriebnahme eines Kulturhauses."(28) Es ist kein typisches Kulturhaus, denn es veranstaltet verschiedene Workshops, Aktivitäten und Ateliers. Gleichzeitig ist es ein

Ort, an dem sich jeder jederzeit wie zu Hause fühlen kann, wo jeder weiß, wo er Kaffee, Tee und einen Teelöffel findet, und wo sich jede und jeder in einem sicheren Raum wohlfühlen kann.

Kurse im Inspiro in Podłęże
Quelle: Das Material wurde vom Kulturhaus Inspiro in Podłęże zur Verfügung gestellt.

Im Bericht über die lokalen Kulturzentren ist zu lesen: „Eine ideale Kulturinstitution ist nach Ansicht des Publikums ein Ort, an dem man aktiv Zeit verbringen und Leidenschaften entwickeln kann und der ein Treffpunkt für alle ist."(29)
Die angeführten Beispiele scheinen auf diese Bedürfnisse einzugehen. Wahrscheinlich spielt es keine Rolle, wo die staatlichen Richtlinien zur Kulturellen Bildung umgesetzt werden, obwohl erwähnenswert ist, dass sie auch an ganz anderen Orten stattfinden, wie beispielsweise in Einkaufszentren, die Kulturarbeiterinnen und Kulturarbeiter beschäftigen, aber auch Raum für pädagogische und künstlerische Aktivitäten bieten. So beherbergt beispielsweise das Kaufhaus Galeria Bronowice in Krakau eine Filiale des Kinos Mikro, nämlich einen Lesesaal, der von einer Nichtregierungsorganisation geführt wird und zu dem Literaturliebhaberinnen und -liebhaber eingeladen sind, sowie eine Akademie, in deren Rahmen Ausstellungen und viele andere Aktivitäten stattfinden, die wiederum von der Akademie der Bildenden Künste in Krakau vorbereitet werden.

∧ *Workshop im Kulturhaus Inspiro in Podłęże.*

Zusammenfassung

Diese Beispiele zeigen die immer bessere Zusammenarbeit zwischen dem privaten und dem öffentlichen Bereich, nicht nur mit der Bereitstellung von Räumlichkeiten, sondern auch durch gemeinsame Aktivitäten. Darüber hinaus wird die Tätigkeit privater Unternehmer zunehmend sichtbar, sowohl in der Projektfinanzierung (immer mehr Firmen kofinanzieren Projekte im Bereich der Kulturarbeit und der Kulturellen Bildung) als auch beim Betrieb von Zentren und der Gründung von Unternehmen, die ein breites Spektrum an Aktivitäten zur Kulturellen Bildung und Kunsterziehung anbieten. Gerade der letztere Aspekt stellt eine große Herausforderung für diejenigen dar, die Aktivitäten im Rahmen der Kulturellen Bildung analysieren. Er ist noch wenig erforscht, erfreut sich jedoch zugleich großer Nachfrage unter den Teilnehmenden. Beispiele für Unternehmen (Geschäftsaktivitäten), die Kurse in Programmierung, Raumpädagogik, Gruppenarbeit, Kreativitätsentwicklung, zum Beispiel mit LEGO-Bausteinen, durchführen, lassen sich viele aufzählen. Sehr oft werden solche Kurse in öffentlichen Kulturhäusern durchgeführt, was die Aufrechterhaltung der Geschäftstätigkeit ermöglicht (normalerweise sind diese Kurse die teuersten im Angebot der Kulturzentren), aber auch die Attraktivität des Angebots beeinflusst: Das bereits erwähnte MultiCentrum verwendet für solche Aktivitäten eigenes Personal und K'nex-Bausteine, aber nur wenige der Zentren können sich diesen Luxus leisten. Auf dem privaten Markt sind künstlerische Aktivitäten unter Beteiligung von Künstlerinnen und Künstlern sehr beliebt, wie zum Beispiel das Atelier Areté in Krakau, das sich außerdem auf literarische Bildung spezialisiert hat (zum Beispiel veranstaltet es den Workshop „Expedition in das Innere eines Buchs", der Literatur, Kunst und kreatives Denken lehrt). In diesem Zusammenhang muss erwähnt werden, dass derartige Aktivitäten Elternbeiträge voraussetzen, die generell nicht ausreichen, weshalb die Unternehmen anstreben, Verträge über dauerhafte Kooperationen mit Schulen und Kindergärten abzuschließen.

Gleichzeitig zeigt das letztgenannte Beispiel das größte Problem des Bereichs, nämlich den Mangel an Geld. Die Zentren sind mit einem neuem Management (einschließlich neuer Geschäftsmöglichkeiten), aufkommendem Wettbewerb (private haben in der Regel bessere Voraussetzungen und Ressourcen) und neuen Realitäten (sich verändernde Erwartungen, Multikulturalismus) konfrontiert. Öffentliche Zentren sind in der Regel unterfinanziert, und obwohl sie zusätzliche Mittel beantragen, erhalten sie diese nicht immer, die Kurse aber sind vielfach nicht kostenpflichtig (und selbst wenn, sind die Teilnehmerbeiträge relativ gering). Joanna Orlik schrieb, das große Problem von Kulturhäusern in der Diskrepanz zwischen den Perspektiven der Selbstverwaltungen(30) und der Institutionen bestehe darin, dass die Aktivitäten durch die Vorgabe von Normen und dadurch, dass über die Teilnehmenden und die Effektivität zahlenmäßig Bericht erstattet werden muss, eingeschränkt werden.(31) Hinzu kommt, dass das Angebot und die Beteiligung von Kulturpädagoginnen und -pädagogen nicht immer auf fruchtbaren Boden fallen, und dann ist es sehr schwierig, dem Veranstalter über die Zahlen Rechenschaft abzulegen. In kleinen Gemeinden macht das Kulturzentrum oft nicht nur kulturelle Bildungsarbeit, sondern führt auch sportliche Aktivitäten mit dem Ziel durch, die gesamte, meist teure Infrastruktur zu erhalten. Wie die obigen Beispiele zeigen, können dank der Beteiligung von Pädagogen, Direktoren oder anderen Personen, die Bildungsarbeit durchführen, viele Hindernisse überwunden werden, wenn auch oft mit sehr großem Aufwand.

Es scheint, dass die wichtigste Herausforderung für die Zukunft der Kulturellen Bildung die Kooperation zwischen den Kulturschaffenden und den Selbstverwaltungen und die gegenseitige Unterstützung ist, denn diese Arbeit wird von den Menschen, ihren Leidenschaften und ihrer Fähigkeit getragen, sie an andere weiterzugeben. Die Praktikerinnen und Praktiker teilen ihre Ressourcen und ihr Know-how zunehmend in Form von Meetings, Workshops und Publikationen, die Handbuch-Charakter haben, sogenannten tools. Der dritte „NichtKongress der Kulturarbeiter" (NieKongres Animatorów Kultury) im April 2018 führte zur Unterzeichnung der „Selbstverwaltungscharta für Kultur" (Samorządowa Karta dla Kultury). Sie legt die Grundsätze und Regeln der Zusammenarbeit zwischen Kulturarbeitern und lokalen Behörden fest und weist auf den gegenseitigen Nutzen der Kooperation hin, die strukturelle Unterschiede überwindet.(32) Derzeit haben zwölf Vertreter lokaler Behörden in Person von Oberbürgermeistern, Bürgermeistern und Dorfvorstehern die Charta unterzeichnet. Die Herausforderung besteht darin, über strukturelle Grenzen hinweg zusammenzuarbeiten, da der Rahmen für die Umsetzung kultureller Bildungsarbeit offiziell um die Möglichkeit erweitert wurde, diese von privaten Trägern und Nichtregierungsorganisationen durchführen zu lassen, seit es die Möglichkeit formaler öffentlich-privater Vereinbarungen gibt. Der private Markt selbst stellt eine immer größere Herausforderung dar, zumal er wenig untersucht ist, aber Marketinginstrumente viel besser nutzt.

Kulturelle Bildung kann auf vielen Ebenen realisiert werden, es gibt einen Platz für jeden. Genau wie vor hundert Jahren, als die ersten Kulturzentren gegründet wurden (wie jene, die seit 1882 von dem Verein Polska Macierz Szkolna (Polnische Schulheimat) organisiert wurden, Volksuniversitäten und Bildungshäuser, die nach der Wiedererlangung der Unabhängigkeit Polens im Jahre 1918 populär wurden)(33), beginnen wir, zu den damaligen Konzepten, nämlich zu den Gemeinschaftshäusern, zurückzukehren. Heute sollen sie unabhängig von ihrer Rechtsform oder organisatorischen Zugehörigkeit die gleichen Ziele verfolgen und auf die tatsächlichen Bedürfnisse der lokalen Gemeinschaften eingehen, den Zugang zu Kunst und Wissen verbessern, die Entwicklung der Körperkultur fördern, soziale Kontakte bereichern und Orte schaffen, an denen Menschen gemeinsam Zeit verbringen wollen.

(1) K. Olbrycht: Edukacja kulturalna – potrzeby, uwarunkowania, perspektywy (Wystąpienia plenarne Kongresu Kultury Województwa Śląskiego 2010), (Kulturelle Bildung – Nöte, Bedingungen, Perspektiven (Plenarauftritte beim Kongress der Kultur in der Woiwodschaft Ślaskie 2010)), *http://regionalneobserwatoriumkultury.pl/110.html?file=tl.../Edukacja%20kulturalna%20* (Abruf am 11.06.2018).

(2) Siehe: Kompetencje do prowadzenia edukacji kulturalnej – wobec „kompetencji kluczowych" (Kompetenzen zur Durchführung Kultureller Bildung – angesichts „zentraler Kompetenzen"), in: Kompetencje do prowadzenia edukacji kulturalnej (Kompetenzen zur Durchführung Kultureller Bildung), Hrsg. K. Olbrycht, B. Głyda, A. Matusiak, Katowice 2014, S. 17–20.

(3) J. Kargul: Czy brak szans edukacji kulturalnej? (Fehlt es an Chancen für die Kulturelle Bildung?), in: Edukacja zorientowana na XXI wiek (Auf das 19. Jahrhundert ausgerichtete Bildung), Hrsg. J. Gajda, Lublin 2000, S. 111–119.

(4) Strategia Rozwoju Kraju 2020 (Entwicklungsstrategie des Landes 2020), „Monitor Polski" (Monitor Polens) 2012, Pos. 882, S. 112, *http://prawo.sejm.gov.pl/isap.nsf/download.xsp/WMP20120000882/O/M20120882.pdf* (Abruf am 06.03.2018).

(5) Ebd.

(6) Strategia Rozwoju Kapitału Społecznego 2020 (Entwicklungsstrategie des Sozialkapitals), „Monitor Polski" (Monitor Polens) 2013, Pos. 378, *http://prawo.sejm.gov.pl/isap.nsf/download.xsp/WMP20130000378/O/M20130378.pdf* (Abruf am 06.03.2018).

(7) Abs. 1, Art. 1, Pkt. 2 des Gesetzes vom 25. Oktober 1991 über die Organisation und Durchführung kultureller Aktivitäten, GBl. von 1991, Nr. 114, Pos. 493 (vereinheitlichter Text: *http://isap.sejm.gov.pl/isap.nsf/download.xsp/WDU19911140493/U/D19910493Lj.pdf* (Abruf am 13.06.2018).

(8) Regelwerk des Programms des Ministers für Kultur und Nationales Erbe 2018 Edukacja kulturalna (Kulturelle Bildung), *www.mkidn.gov.pl/media/po2018/dokumenty/20171219_Regulamin_Edukacja_kulturalna_2018.pdf* (Abruf am 13.06.2018).

(9) Auf der Grundlage des Mazowiecki Program Edukacji Kulturalnej (Programm für Kulturelle Bildung der Woiwodschaft Mazowieckie), Warszawa 2017. Das Dokument wurde am 13.02.2018 vom Vorstand der Woiwodschaft Mazowieckie angenommen und wartet auf Bestätigung durch den Sejmik der Woiwodschaft Mazowieckie, Bereich Haushalt und Umsetzung. Unveröffentlicht, zur Verfügung gestellt vom Kulturinstitut der Woiwodschaft Mazowieckie (Mazowiecki Instytut Kultury) und dem Department für Kultur, Förderung und Touristik im Marschallamt der Woiwodschaft Mazowieckie in Warschau.

(10) Warszawski Program Edukacji Kulturalnej 2015–2020 (Warschauer Programm für Kulturelle Bildung), S. 21, *www.wpek.pl/pi/95815_1.pdf* (Abruf am 10.03.2018).
(11) Nach: Prognoza ludności na lata 2014–2050 (Bevölkerungsprognosen für die Jahre 2014–2050), GUS (Statistisches Hauptamt), Warszawa 2014, *https://stat.gov.pl/files/gfx/portalinformacyjny/pl/defaultaktualnosci/5469/1/5/1/prognoza_ludnosci_na_lata____2014_-_2050.pdf* (Abruf am 02.03.2018).
(12) *http://ec.europa.eu/eurostat/documents/2995521/8456381/3-16112017-BP-EN.pdf/e690a572-02d2-4530-a416-ab84a7fcbf22* (Abruf am 13.06.2018).
(13) M. Mrowiec: Dwa tysiące imigrantów w szkołach. Są pilni, ambitni, ale jest problem (Zweitausend Einwanderer in Schulen. Sie sind fleißig und ehrgeizig, aber es gibt ein Problem), „Gazeta Krakowska", 09.02.2018, online: *www.gazetakrakowska.pl/strona-kobiet/tu-zyje/a/dwa-tysiace-imigrantow-w-szkolach-sa-pilni-ambitni-ale-jest-problem,12919526* (Abruf am 13.06.2018).
(14) Rahmenlehrpläne für Schulen auf der Seite *https://men.gov.pl/pl/zycie-szkoly/ksztalcenie-ogolne/podstawa-programowa* (Abruf am 09.03.2018).
(15) Ebd.
(16) Auf Grundlage des Rahmenlehrplans für Schulen, online: *https://men.gov.pl/pl/zycie-szkoly/ksztalcenie-ogolne/podstawa-programowa* (Abruf am 09.03.2018).
(17) Die Daten für das Schuljahr 2015/2016 stammen von der Seite des Ministeriums für Kultur und Nationales Erbe, *www.mkidn.gov.pl/pages/strona-glowna/uczniowie-i-studenci/szkoly-artystyczne.php* (Abruf am 09.03.2018).
(18) Kulturalna EduAkcja Warszawy #napowietrzaniesystemu 2017 (Kulturkonferenz EduAktion Warszawa #Systembelüftung 2017). Der Bericht wurde zur Verfügung gestellt von Anna Michalak-Pawłowska, Beauftragte des Oberbürgermeisters der Stadt Warschau für kulturelle Bildung.
(19) Alle Daten stammen aus den lokalen Datenbanken und statistischen Auswertungen des Statistischen Hauptamtes (GUS) und dem Dokument „Wyniki finansowe instytucji kultury w okresie I–XII 2017 roku" (Finanzielle Ergebnisse kultureller Institutionen von Januar bis Dezember 2017), *http://stat.gov.pl/obszary-tematyczne/kultura-turystyka-sport/kultura/wyniki-finansowe-instytucji-kultury-w-okresie-i-vi-2017-roku,8,3.html* (Abruf am 06.03.2018).
(20) Siehe: J. Orlik: Rozmowa jest działaniem (Das Gespräch ist eine Maßnahme), in: Strategie dla kultury. Kultura dla rozwoju (Eine Strategie für die Kultur. Kultur für die Entwicklung), Hrsg. M. Śliwa, Kraków 2011, S. 8; online: *http://badania-w-kulturze.mik.krakow.pl/files/Strategie-dla-kultury.pdf* (Abruf am 13.06.2018).
(21) P. Sadura, K. Murawska, Z. Włodarczyk: Wieś w Polsce 2017: diagnoza i prognoza (Das Dorf in Polen 2017: Analysen und Prognosen), Warszawa 2017, S. 23; online: *http://fundacjawspomaganiawsi.pl/wp-content/uploads/2017/09/Wie%C5%9B-w-Polsce-2017-Diagnoza-i-Prognoza-Raport-Fundacji-Wspomagania-Wsi-pe%C5%82na-wersja.pdf* (Abruf am 06.03.2018).
(22) M. Mazurczak-Kaczmaryk: Świetlica wiejska – moje wymarzone miejsce pracy, odpoczynku i nauki (Das dörfliche Klubhaus – mein Traumort für Arbeit, Erholung und Wissenschaft); *http://witrynawiejska.org.pl/o-nas/item/27562-niezbednik-pracownika-swietlicy-wiejskiej* (Abruf am 01.03.2018).

(23) Interview der Autorin mit dem Direktor des Städtischen Zentrums für Kultur, Sport und Erholung in Kuźnia Raciborska.
(24) Statistische Daten nach: Bank Danych Lokalnych GUS (Lokale Datenbanken des Statistischen Hauptamtes), *https://bdl.stat.gov.pl/BDL* (Abruf am 13.06.2018).
(25) Siehe: *https://stat.gov.pl/cps/rde/xbcr/gus/KTS_dzialalnosc_instyt_kultury_w_polsce_2012.pdf* (Abruf am 01.03.2018).
(26) Kultura w 2016 (Kultur im Jahr 2016), Statistisches Hauptamt (GUS) 2017, *https://stat.gov.pl/obszary-tematyczne/kultura-turystyka-sport/kultura/kultura-w-2016-roku,2,14.html* (Abruf am 01.03.2018).
(27) Gesetz vom 25. Oktober 1991 über die Organisation und Durchführung kultureller Aktivitäten, GBl. von 1991, Pos. 493, mit späteren Änderungen, insbesondere der Novellierung von 2012.
(28) Aufzeichnung des Gespräches vom 04.09.2015, Kulturhaus Inspiro in Podłęże: „Wir machen das nicht für Geld. Das ist unser Beitrag für die Veränderung der Welt", siehe: *www.radiokrakow.pl/rozmowy/dom-kultury-inspiro-w-podlezu-nie-robimy-tego-dla-pieniedzy-to-jest-nasz-wklad-w-zmiane-swiata-w-ktorym-zyjemy* (Abruf am 13.06.2018).
(29) Lokalne centra kultury: działania i diagnozy (Örtliche Kulturzentren: Aktivitäten und Analysen), Przedsiębiorstwo Społeczne Agencja Artystyczna GAP sp. z o.o., Kraków 2016, S. 49, http://nck.pl/
badania/raporty/raport-lokalne-centra-kultury-dzialania-a-diagnozy (Abruf am 01.03.2018).
(30) Als Selbstverwaltungen werden die Verwaltungseinheiten der Kommunalebene in Polen bezeichnet. Auf lokaler Ebene sind dies Kreise (powiaty) und Gemeinden (gminy), auf regionaler Ebene Woiwodschaften (województwa). Sie realisieren den Teil der Verwaltungsaufgaben, der nicht landesweiten Charakter hat und nicht direkt der Regierung unterliegt. (Anm. d. Red.)
(31) J. Orlik: Rozmowa jest działaniem (Das Gespräch ist eine Maßnahme), Strategie dla kultury. Kultura dla rozwoju (Eine Strategie für die Kultur. Kultur für die Entwicklung), Hrsg. M. Śliwa, Kraków 2011.
(32) Das Dokument ist online verfügbar: *www.poznan.pl/mim/main/tekst-samorzadowej-karty-dla-kultury,p,41947,41948.html* (Abruf am 13.06.2018).
(33) Siehe: K. Plebańczyk: Analiza historyczno-funkcjonalna domów kultury (Historisch-funktionale Analyse von Kulturhäusern), in: Kultura pod lupą. Funkcjonowanie domów kultury na przykładzie Nowohuckiego Centrum Kultury (Kultur unter der Lupe. Die Arbeit von Kulturhäusern am Beispiel des Kulturzentrums in Nowa Huta), Hrsg. K. Plebańczyk, J. Szulborska-Łukaszewicz, Kraków 2015, S. 27–42; online: *www.academia.edu/23314995/Kultura_pod_lupą._Funkcjonowanie_domów_kultury_na_przykładzie_Nowohuckiego_Centrum_Kultury* (Abruf am 13.06.2018).

Kulturelle Bildung in der Schule

Kunst- und Musikunterricht in polnischen Grundschulen und Gymnasien

Prof. Dr. Marek Krajewski, Soziologe, Professor am Institut für Soziologie der Universität Adam Mickiewicz in Poznań

Vorwort

Es ist ausgesprochen schwierig, die Spezifik und Erscheinungsformen von Kunsterziehung in polnischen Schulen zusammenfassend zu beschreiben. Diese Schwierigkeit kommt vor allem daher, dass, obwohl dieser Unterricht nach einem für das ganze Land einheitlichen, von der Verordnung des Ministeriums für Nationale Bildung (MEN) definierten Rahmenlehrplan durchgeführt wird, musische Fächer gleichzeitig sehr unterschiedlich unterrichtet werden und in hohem Maße von den jeweiligen Lehrerinnen und Lehrern abhängen. Sie sind es, die die Lehrbücher, die Unterrichtsmethoden und die didaktischen Hilfsmittel für den Unterricht auswählen.

Eine zusätzliche Schwierigkeit ist, dass das Niveau und die Form der Kunsterziehung im formalen Unterricht aufgrund mehrerer Faktoren, wie Studien[1] zeigen, in Polen außergewöhnlich unterschiedlich sind. Zwei dieser Faktoren scheinen dabei am wichtigsten zu sein. Der erste ist die

Bildungsstufe, in der die Kunstfächer unterrichtet werden (wie wir im weiteren Text zeigen werden, ist die Kunsterziehung vor allem in Grundschulen präsent). Der zweite Faktor ist die Größe der Ortschaft, in der sich die Schule befindet. Einrichtungen in den größten Ballungsgebieten haben oft innovative Programme, die die Kreativität anregen, und originelle Formen außerschulischen Unterrichts; sie besitzen für gewöhnlich perfekt ausgestattete Kunst- und Musikräume, einen unkomplizierten Zugang zu den wichtigsten Kulturinstitutionen und zu prominenten Künstlern. In Schulen auf dem Land hingegen und in Kleinstädten fehlt es nicht nur an der Ausstattung, sondern sie haben auch mit viel grundlegenderen Problemen zu kämpfen, zum Beispiel mit dem fehlenden Zugang zu einem hochwertigen Kulturangebot, mit der Mehrfachbelastung von Musik- und Kunstlehrerinnen und -lehrern, die auch andere Fächer unterrichten, mit fehlenden Musik- und Kunsträumen, mit mangelhafter technischer Ausstattung und mangelhafter Ausstattung mit Materialien, die für den Unterricht benötigt werden, und vielen anderen Defiziten.

Ein weiteres Problem, das die Beschreibung des Status der Kunsterziehung in polnischen Schulen erschwert, ist die Tatsache, dass, obwohl formale Unterrichtsrahmen bestehen, die Unterrichtsqualität ungewöhnlich stark mit der Haltung, den Fähigkeiten und dem Wissen des Lehrers selbst korreliert. Eine große Herausforderung bei der Anhebung des Niveaus der Kunsterziehung in polnischen Schulen ist deshalb, dass es an effektiven Mechanismen fehlt, die sie unterstützen, an Evaluierung und der Verbreitung bewährter Praktiken (ähnlich wie dies im Falle der Kulturellen Bildung und der Kulturarbeit aussieht, deren Teil sie ist). Dieser Mangel ist, wie wir zeigen wollen, ein Indikator für die marginale Position, die Musik und Kunst in den Bildungsinstitutionen in Polen haben. Das bedeutet natürlich nicht, dass die Schulen in unserem Land keine wertvollen Musik- und Kunst-Aktivitäten durchführen. Im Gegenteil, Beispiele für innovative und kreative Formen dieser Art Bildungspraxis gibt es sehr viele. Das Problem ist jedoch, dass sie Erfolge ‚positiver Spinner'(2) sind und oft trotz der Beschränkungen durchgeführt werden, die die Schule und das Bildungssystem auferlegen, dass sie eben nicht die Frucht guter Regelungen mit Systemcharakter sind.

Musik- und Kunstunterricht in polnischen Schulen – wechselnde rechtliche Rahmen

Der Stellenwert der Kunsterziehung in polnischen Schulen hat sich in den vergangenen Jahrzehnten sehr dynamisch verändert, was jedoch keinen wesentlichen Einfluss auf den marginalen Status von Kunst und Musik im Lehrprozess hatte. Gemäß der Verordnung des MEN vom 15. Februar 1999(3) wurde das Fach Kunst in die Lehrpläne aufgenommen, wobei dafür in den Klassen 4-6 der Grundschule, in den Klassen 1-3 des Gymnasiums und in den weiterführenden Klassen eine Stunde wöchentlich vorgesehen war. Die Verordnung des MEN vom 12. Februar 2002(4) unterteilte die Kunst (*sztuka*) zwar in Musik- und Kunstunterricht (*muzyka i plastyka*), erlaubte aber auch, sie unter dem alten Namen in einem Block zu unterrichten. Zu einer weiteren Veränderung kam es kraft der Verordnung des MEN vom 18. April 2008(5), nach der Musik und Kunst zu verschiedenen Unterrichtsfächern wurden. Die Verordnung vom MEN vom 23. März 2009(6) hingegen führte ein zusätzliches Fach ein, das fakultativen Charakter hatte und an Gymnasien gegeben wurde: die Kunststunde (*zajęcia artystyczne*). Musik und Kunst gehören gemäß dem neuen Rahmenlehrplan für Grundschulen(7), der ab Februar 2017 gilt, in den Klassen 4-8 zu den Pflichtfächern.(8) Beide Fächer werden gemäß der Verordnung von MEN vom 31. März 2017 bezüglich Lehrplänen für öffentliche Schulen(9) vier Jahre lang eine Stunde wöchentlich unterrichtet, was in der Praxis bedeutet, dass nur die Klassen 4-7 Kunstunterricht haben. Wichtig ist, dass diese Fächer in den folgenden Bildungsstufen (das heißt in den nach der Grundschule weiterführenden Schulen – Lyzeen, technische Fachschulen, Berufsschulen) nicht weitergeführt werden. Die neuen Lehrpläne sehen auch keine Weiterführung der Kunststunde vor, die mit einer Unterrichtsstunde wöchentlich in den Gymnasien unterrichtet wurde und den Musik- und Kunstunterricht ergänzte. Dies bedeutet einen Abbau der Zeit, die für Kunsterziehung in polnischen Schulen vorgesehen war, um eine Stunde wöchentlich und eine wesentliche Verkürzung des Lehrprozesses für diese Fächer.

Diese sich sehr dynamisch verändernden gesetzlichen Richtlinien, die den Umfang von Kunsterziehung in den Lehrplänen definierten, schlagen sich in Problemen nieder, die mit der Qualifikation der Lehrer, die sich in polnischen Schulen mit Kunsterziehung befassen, zusammenhängen. Besonderen Schaden hatte die Lehrplanreform von 1999 angerichtet, in deren Zuge der Musik- und Kunstunterricht in einem Fach zusammengefasst wurde: Kunst. Dadurch wurde es nämlich notwendig, die Zahl der Lehrkräfte, die sich mit den musischen Fächern befassten, zu reduzieren, sodass die Lehrerinnen und Lehrer, die sie unterrichtet hatten, dazu gezwungen waren, sich mit etwas zu beschäftigen, worauf sie nicht vorbereitet waren (Kunstlehrer mit Musik, Musiklehrer mit Kunst). Die Veränderung, die 2009 kam, unterteilte das Fach Kunst wieder in Kunst- und Musikunterricht als zwei getrennte Fächer und führte wiederum zum Konflikt damit, dass die Hochschulen, die die Lehrkräfte ausbildeten, im vorangegangenen Jahrzehnt ihre Programme geändert hatten, um Absolventinnen und Absolventen zu befähigen, ein Fach zu unterrichten, nämlich das Fach Kunst, das den Kunst- und Musikunterricht beinhaltete.

Resultat dieses Wandels (aber auch der begrenzten Präsenz von Musik- und Kunstunterricht in den Lehrplänen) ist eine ganze Reihe ungünstiger Phänomene. Unter anderem gehören dazu:

- die Mehrfachbelastung der Kunstlehrerinnen und -lehrer. Über 60 Prozent von ihnen unterrichten auch andere Fächer oder sind in mehreren Schulen oder Kulturinstitutionen gleichzeitig angestellt
- Musik und Kunst werden von Lehrkräften unterrichtet, die nicht dafür ausgebildet sind. Fast 40 Prozent der Lehrer für Kunst und Musik haben ein Studium abgeschlossen, das nichts mit Kunstunterricht zu tun hat, die übrigen unterrichten diese Fächer mit Qualifikationen, die sie sich im Rahmen von Weiterbildungskursen angeeignet haben(10)
- Unklarheit darüber, welche Qualifikationen gebraucht werden, um Kunst und Musik zu unterrichten(11)

Musik und bildende Kunst in polnischen Schulen – Formen ihrer Präsenz

In allgemeinbildenden Schulen auf dem Gebiet Polens ist Kunsterziehung, neben den Pflichtfächern Musik und Kunst, auch in anderen Formen vorhanden. Sehr intensiver Unterricht dieser Art findet im Rahmen außerschulischer Bildungsformen statt: Arbeitskreise, musikalische Ensembles, Orchester und Chöre, durch die Organisation von Wettbewerben im Bereich bildende Kunst und Musik sowohl innerhalb von Schulen als auch mit regionalem, landesweitem und internationalem Charakter. Stark präsent ist Kunsterziehung auch in der Arbeit von Schulhorten und Schulbibliotheken. Eine feste Arbeitsform von Schulen ist ebenfalls die Einbindung von Musik und Kunst zur Umrahmung wichtiger schulischer Ereignisse und als Ikonosphäre von Bildungseinrichtungen (von Schülerinnen und Schülern produzierte Schulzeitungen, Ausstellungen ihrer Werke in Räumen von Bildungseinrichtungen etc.).

Ein wichtiger Aspekt der Kunsterziehung ist zudem die Zusammenarbeit mit Kulturinstitutionen (12). Sie nimmt dreierlei Gestalten an. Erstens: In Schulen werden künstlerische Ereignisse veranstaltet, die von Kulturinstitutionen durchgeführt werden (vor allem Konzerte, Vorführungen, aber auch Treffen mit Künstlern und Workshops, die von professionellen Künstlern geleitet werden). Zweitens: Kulturinstitutionen, insbesondere Museen, Theater und Musikeinrichtungen, organisieren Unterricht für

Schülerinnen und Schüler in ihren eigenen Räumen. Hier geht es sowohl um Unterricht im Museum, Sondervorführungen und Inszenierungen, die mit Workshop-Arbeit und Diskussionen verbunden sind, als auch um längerfristige, zyklische Formen der Zusammenarbeit zur Durchführung von Kunstprojekten. Drittens entstehen lokale und landesweite Programme, die das Ziel haben, die Aktivitäten von Schulen und Kultureinrichtungen oder Nichtregierungsorganisationen zu verbinden, um das Angebot Kultureller Bildung in Bildungseinrichtungen und die Anwesenheit von Schülerinnen und Schülern an Orten, an denen Kultur gemacht und verbreitet wird, zu verstärken. Zu solchen Programmen, die in den letzten Jahren entstanden sind, gehören: das Programm „Sehr junge Kultur" (Bardzo Młoda Kultura), koordiniert vom Nationalen Zentrum für Kultur (*www.edukacjakulturowa.pl*); das Pilotprogramm für die Entwicklung von Musikateliers „Lasst uns in der Schule spielen" (Grajmy w Szkole; *http://grajmywszkole.pl*); lokale Programme, die die Kulturelle Bildung unterstützen, unter ihnen vor allem das „Warschauer Programm für Kulturelle Bildung" (Warszawski Program Edukacji Kulturalnej), das mit großem Erfolg seit einigen Jahren in der Hauptstadt durchgeführt wird (*www.wpek.pl*); Unternehmungen, die das Ziel haben, Lehrerinnen und Lehrern besseres Material für den Unterricht zur Verfügung zu stellen, unter anderem „Schulische Theaterwerkstatt" (Teatroteka Szkolna; *www.instytut-teatralny.pl/projekty/teatroteka-szkolna*) und „Schulische Filmothek" (Filmoteka Szkolna; *www.filmotekaszkolna.pl*).

Was wird im Musik- und Kunstunterricht gelehrt?

Die Lehrinhalte für Musik und Kunst werden in Polen, wie bereits erwähnt, von einem Rahmenlehrplan vorgegeben. Seine neueste Version (2017 angenommen) zeigt drei grundlegende Ziele für den Kunstunterricht: a) Erwerb der Fähigkeit, sich einer Sprache zu bedienen, die für die Beschreibung von Kunstwerken notwendig ist, das heißt sie auch zu verstehen und interpretieren zu lernen, b) Wissen über bildende Kunst aufzunehmen, sowohl über die universelle als auch über die polnische, c) Perfektionierung der bildnerischen, kunsthandwerklichen, expressiven Fähigkeiten, mit denen in der Kunst gearbeitet wird.(13) Was das Fach Musik betrifft, so wurden die Bildungsziele in drei grundlegende Bereiche aufgeteilt, die im Übrigen den Bereichen für die Kunst entsprechen: a) kreative Expression und Perfektionierung der musikalischen Fähigkeiten, b) musikalische Sprache und kreative Arbeit, c) nationales und internationales kulturelles Erbe aus historischer Sicht, unter Berücksichtigung des Wissens der Schülerinnen und Schüler in diesem Bereich.(14)

Die Ergebnisse einer im Jahr 2014 durchgeführten Umfrage unter Lehrerinnen und Lehrern für musische Fächer zeigen hingegen, dass das grundlegende Ziel, das sie in ihrem Unterricht zu verwirklichen versuchen, die Förderung verschiedener Soft Skills ist, wie zum Beispiel: die Vorstellungskraft und Kreativität zu entwickeln; die Schülerinnen und Schüler zu bestärken in der Überzeugung, dass jeder kreativ sein kann, und ihr Interesse für Kunst zu wecken; sie vertraut zu machen mit verschiedenen Kunstformen.(15) Zusätzlich weisen diese Analysen darauf hin, dass die Lehrerinnen und Lehrer sich sehr bewusst sind, dass Kunst ein wichtiger Aspekt des gesellschaftlichen Lebens ist, durch den sich ungewöhnlich wertvolle Kompetenzen entwickeln wie die Fähigkeit, sich mit anderen zu verständigen und zusammenzuarbeiten, Empathie und sich daran zu gewöhnen, für das öffentliche Wohl tätig zu sein.

Zu den etwas beunruhigenden Feststellungen der hier angeführten Studie gehört die verhältnismäßig verbreitete Überzeugung der Lehrerinnen und Lehrer, ihre Hauptaufgabe sei vor allem die Entwicklung der Fähigkeiten von künstlerisch talentierten Schülerinnen und Schülern und nicht die Steigerung der kulturellen Kompetenzen aller Kinder. Gleichzeitig – und das soll hier hervorgehoben werden – zeigt die Studie, dass ein verhältnismäßig großer Teil der Lehrerinnen und Lehrer in der Praxis progressive Lehrformen anwendet, insbesondere was ihre Methoden betrifft (neue Medien, Elemente der Jugendkultur, Arbeit mit der Projekt- und Workshop-Methode, performative Aktivitäten und Aktivitäten im öffentlichen Raum), und sich bemüht, Bedingungen für eine lebendige, aktive Beteiligung der Schülerinnen und Schüler an Kultur zu schaffen, auch außerhalb der Schule.

Zusammenfassung – Marginalität von Kunst und Musik in der formalen Bildung

Die Analyse der Bereiche und Erscheinungsformen von Kunsterziehung in polnischen allgemeinbildenden Schulen zeigt, dass sie ein recht marginaler Aspekt des Lehrprozesses ist. Dieses düstere Bild wird verstärkt durch die Wahrnehmung derjenigen, die die musischen Fächer unterrichten. Diese Lehrerinnen und Lehrer weisen darauf hin, dass Kunst und Musik in der informellen schulischen Fächer-Hierarchie und in der Bewertung der Schülerinnen und Schüler den niedrigsten Stellenwert haben. Mehr noch, auch die Schulleiterinnen und -leiter sowie die Eltern halten die musischen Fächer für wenig wichtig. Der geringe Status von Musik und Kunst reproduziert und verstärkt sich in diesem Teufelskreis selbst zusätzlich, denn: „Die Schülerinnen und Schüler betrachten diese Fächer als zweitrangig, was

dazu führt, dass sie sich keine besondere Mühe damit geben. Die fehlenden Bemühungen ihrerseits führen wiederum dazu, dass die Lehrerinnen und Lehrer aufhören, sich für den Unterricht einzusetzen, weil sie der Meinung sind, dass die Schülerinnen und Schüler zu wenig Talent haben und die Arbeit mit ihnen nicht die erwarteten Ergebnisse bringt, und sie versuchen, dem Unterricht den Charakter von entspannenden und lockeren ‚Päuschen' im Stundenplan zu geben. In der Folge werden diese Fächer auf niedrigem Niveau und ohne die Überzeugung unterrichtet, dass sie für irgendjemanden von Bedeutung sein könnten. Und dies führt dazu, dass die Schülerinnen und Schüler sie für zweitrangig und bedeutungslos halten."(16)
Der niedrige Status der künstlerischen Fächer zeigt sich auch im geringen Status der Lehrerinnen und Lehrer, die Musik und Kunst unterrichten, in ihrer marginalen Verhandlungsposition sowohl im Verhältnis zu den Schülerinnen und Schülern und deren Eltern als auch im Verhältnis zu den Schulleitungen.(17)

Ein häufig genannter Grund für diesen Status der Kunsterziehung in polnischen Schulen ist der, dass Musik und Kunst hybride Fächer sind, die zwei Sphären in sich vereinen: Bildung und Kultur. Das wiederum heißt, dass eine stärkere Bedeutung von Kunsterziehung die enge Zusammenarbeit zwischen den Ressorts Bildung und Kultur erfordert, die jedoch seit vielen Jahrzehnten unabhängig voneinander funktionieren und nicht in der Lage sind, ihre Aktivitäten für die Entwicklung der Kulturellen Bildung miteinander zu koordinieren. Doch dieses düstere Bild wird durchbrochen von den oben genannten Programmen, die darauf ausgerichtet sind, Verbindungen zwischen den Sphären Bildung und Kultur und der Innovativität und dem Engagement der Musik- und Kunstlehrerinnen und -lehrer zu schaffen.
Hoffnung auf eine Veränderung des hier beschriebenen Standes der Dinge gibt auch, dass seit über einem Jahrzehnt in Polen sehr intensive Diskussionen zum Thema Kulturelle Bildung geführt werden, dass mit ihren neuen Formen experimentiert und versucht wird, strukturelle Regelungen zu schaffen, die diese neuen Formen unterstützen. Eine Folge dieser Initiativen ist die Wahrnehmung, dass diese Bildungsformen nicht nur für die Entwicklung künstlerischer Kompetenzen eine wichtige Rolle spielen, sondern auch für die Förderung der kulturellen und sozialen Kompetenzen, die für den Aufbau einer offenen, demokratischen Gesellschaft unerlässlich sind.

Dies ist umso notwendiger, als die Teilnahme polnischer Bürger an Kultur, wie sehr viele Studien zeigen, ungewöhnlich gering ist(18) und aufgrund dessen, dass Polen (als Kollektiv und als Individuum) unter mangelndem gesellschaftlichen Vertrauen und mangelnder Fähigkeit zur Zusammenarbeit leiden(19), dass wir uns über die Unfähigkeit, konstruktive Diskussionen zu führen, beklagen und dass wir in einem unter ästhetischen Gesichtspunkten vernachlässigten Umfeld leben(20). Das Paradox liegt darin, dass wir den Grund für all diese Phänomene treffend analysieren können: Es ist die schlechte Kulturelle Bildung. Nach wie vor haben wir jedoch Probleme, effektive systemische Lösungen zu finden, die die Kulturelle Bildung stärken würden; und wenn wir solche Lösungen finden, dann ist immer etwas anderes wichtiger, als sie umzusetzen. Der erste Schritt zu einer Veränderung wurde schon getan: Wir wissen, dass Kulturelle Bildung gebraucht wird. Nun ist der nächste Schritt notwendig, nämlich: dieses Wissen in die Praxis umzusetzen.

(1) M. Krajewski, F. Schmidt: Raport końcowy z badań nad procesem wprowadzania nowej podstawy programowej z plastyki i muzyki (Abschlussbericht der Studie zum Einführungsprozess des neuen Rahmenlehrplans für Musik- und Kunstunterricht), Poznań 2014, online: *http://mkidn.gov.pl/pages/strona-glowna/uczniowie-i-studenci/przedmioty-artystyczne-w-szkolnictwie-powszechnym.php* (Abruf am 29. Mai 2018).

(2) Ein ‚positiver Spinner' ist eine recht verbreitete Figur in Personenkreisen, die sich in Polen mit Kulturarbeit und Bildung befassen. Man kann sie definieren als Menschen, die sich voll und ganz für ihre Aktivitäten einsetzen, sie ohne Rücksicht auf persönliche und ökonomische Kosten und gegen den Widerstand des Umfelds aufnehmen und die ihre Tätigkeit als eine Art Mission verstehen, die der Vermehrung des öffentlichen Wohls dient, als ehrenamtliche Tätigkeit für ihre Gemeinschaft. Eine Eigenschaft des positiven Spinners ist auch, dass er die Kosten seiner Aktivität privatisiert, indem er auf jeglichen Lohn für seine Arbeit verzichtet und für diese sein Privateigentum einsetzt, indem er häufig alle notwendigen Mittel selbst finanziert und die gesamte ihm zur Verfügung stehende Zeit für sie einsetzt (siehe: M. Krajewski: Mapując edukację kulturową w Polsce (Kulturorientierte Bildung in Polen auf der Landkarte), in: Projekt Edukacja Artystyczna (Projekt Kunsterziehung), Hrsg. J. Ryczek, Poznań 2015; Online: *http://uap.edu.pl/wp-content/uploads/2018/01/Projekt-Edukacja-Artystyczna-2015.pdf* (Abruf am 29. Mai 2018)).

(3) Verordnung des Ministers für Bildung vom 15. Februar 1999 zum Rahmenlehrplan für den allgemeinbildenden Unterricht (GBl. von 1999 Nr. 14, Pos. 129).

(4) Verordnung des Ministers für Nationale Bildung und Sport vom 12. Februar 2002 für die Rahmenlehrpläne in öffentlichen Schulen (GBl. von 2002, Nr. 15, Pos. 142).

(5) Verordnung des Ministers für Nationale Bildung vom 18. April 2008, mit der die Verordnung bezüglich der Rahmenlehrpläne in öffentlichen Schulen geändert wurde (GBl. von 2008. Nr. 72, Pos. 420).

(6) Verordnung des Ministers für Nationale Bildung vom 23. März 2009, die die Verordnung bezüglich der Rahmenlehrpläne in öffentlichen Schulen änderte (GBl. von 2009 Nr. 54, Pos. 442).

(7) Verordnung des Ministers für Nationale Bildung vom 14. Februar 2017 bezüglich des Rahmenlehrplans für die Vorschulerziehung und des Rahmenlehrplans für allgemeinbildende Grundschulen, darunter für Schüler mit geistiger Behinderung mittleren und schweren

Grades, für allgemeinbildende Fachschulen I. Stufe, allgemeinbildende Spezialschulen, die auf das Berufsleben vorbereiten, und für nach dem Lyzeum weiterführende allgemeinbildende Schulen (GBl. 2017, Pos. 356).

(8) 2017 kam es in Polen zu einem Umbau des Bildungssystems: Die Gymnasien wurden abgeschafft, und man kehrte zum Acht-Klassen-Modell der Grundschule mit einem vierjährigen Lyzeum zurück.

(9) Verordnung des Ministers für Bildung vom 28. März 2017 bezüglich der Rahmenlehrpläne für öffentliche Schulen (GBl. 2017, Pos. 703).

(10) Siehe Antwort vom MEN auf die Zweifel hinsichtlich der Qualifikationen, die zum Unterrichten musischer Fächer in polnischen Schulen berechtigen: Raport z przeprowadzonych konsultacji publicznych i opiniowania projektu rozporządzenia Ministra Edukacji Narodowej w ramowych planów nauczania dla publicznych szkół (Bericht über öffentliche Konsultationen und die Begutachtung eines Entwurfs für die Verordnung des Bildungsministers für Rahmenlehrpläne für öffentliche Schulen), Warszawa 17.03.2017, S. 8–9. Online: *https://legislacja.rcl.gov.pl/docs//501/12294461/12408666/dokument280045.pdf* (Abruf am 6. Juni 2018).

(11) Alle angeführten Daten stammen aus folgendem Bericht: M. Krajewski, F. Schmidt: Raport końcowy z badań nad procesem wprowadzania nowej podstawy programowej z plastyki i muzyki (Abschlussbericht der Studie zum Einführungsprozess des neuen Rahmenlehrplans für Musik- und Kunstunterricht).

(12) Aus den von uns durchgeführten Studien geht jedoch hervor, dass diese Zusammenarbeit nicht besonders intensiv ist, insbesondere in kleineren Ortschaften. Ein zusätzliches Problem ist die Begrenztheit der Form dieser Art von Zusammenarbeit. In dem oben zitierten Bericht steht: „Nur 11 Prozent der Schulen informieren auf ihrer Internetseite über die systematische Aufnahme der Zusammenarbeit mit Kulturinstitutionen oder Nichtregierungsorganisationen, die sich mit kultureller Bildung befassen, 36 Prozent hat eine solche Zusammenarbeit mindestens einmal aufgenommen. Die häufigste Form dieser Art Zusammenarbeit sind gleichzeitige Besuche in historischen Museen (Freilichtmuseen, archäologische Museen, Museen, die alte Kunst ausstellen, Schlösser und Paläste) während Schulausflügen (22 Prozent der Schulen). In besonders wenigen Fällen konnten wir eine Zusammenarbeit mit Nichtregierungsorganisationen (8 Prozent) oder Besuche in Galerien und Museen für zeitgenössische Kunst (3 Prozent) verzeichnen." (Ebd., S. 29).

(13) Siehe: Analiza podstawy programowej do plastyki dla klas IV–VIII z 14 lutego 2017 roku w kontekście obecnie obowiązującej podstawy programowej (Analyse des Rahmenlehrplans für den Kunstunterricht für die Klassen 4-8 vom 14. Februar 2017 im Kontext des derzeit geltenden Rahmenlehrplans) (*www.wsip.pl/upload/2017/03/Analiza-projektu_PLASTYKA.pdf*).

(14) Analiza podstawy programowej do muzyki dla klas IV–VIII szkoły podstawowej z 14 lutego 2017 roku (Analyse des Rahmenlehrplans für Musik in den Klassen 4-8 der Grundschule vom 14. Februar 2017 (*www.wsip.pl/upload/2017/03/MUZYKA_analiza-postawa-programowa.pdf*).

(15) M. Krajewski, F. Schmidt: Raport końcowy z badań nad procesem wprowadzania nowej podstawy programowej z plastyki i muzyki (Abschlussbericht der Studie zum Einführungsprozess des neuen Rahmenlehrplans für Musik- und Kunstunterricht), S. 18–19.

(16) Ebd., S. 24.

(17) Siehe: B. Kunat: Ranga nauczyciela plastyki i edukacji plastycznej w polskiej szkole – kierunki zmian (Der Stellenwert des Lehrers für Kunsterziehung in der polnischen Schule – Richtungen des Wandels), in: Kierunki rozwoju edukacji w zmieniającej się przestrzeni społecznej. Księga jubileuszowa dedykowana profesorowi doktorowi habilitowanemu Michałowi Balickiemu (Entwicklungsrichtungen der Bildung im sich verändernden gesellschaftlichen Raum. Prof. Dr. hab. Michał Balicki gewidmeter Jubiläumsband), Hrsg. A. Cudowska, Białystok 2011.

(18) Siehe: R. Chymkowski, J. Kopeć, I. Koryś, Z. Zasacka: Stan czytelnictwa w Polsce w 2016 roku (Stand des Lesens in Polen im Jahr 2016), Warszawa 2017. Online: *www.mkidn.gov.pl/media/po2017/dokumenty/20170420_Stan_czytelnictwa_w_Polsce_w_2016_roku.pdf*, (Abruf am 6. Juni 2018); R. Drozdowski, M. Fliciak, B. Fatyga, M. Krajewski, T. Szlendak: Praktyki kulturalne Polaków (Die kulturellen Praktiken der Polen), Toruń 2014; A. Bachórz, K. Ciechorska-Kulesza, T. Grabowski, L. Michałowski, C. Obracht-Prondzyński, K. Stachura, P. Zbieranek: Przemiany pomorskiego sektora kultury 2012–2017 (Der Wandel des Kultursektors an der Küste 2012–2017), Gdańsk 2017. Online: *https://wns.ug.edu.pl/sites/default/files/_nodes/strona-wns/71913/files/przemiany_pomorskiego_sektora_kultury_2012-2017.pdf*, (Abruf am 6. Juni 2018); E. Janicka-Olejnik: Uczestnictwo Polaków w kulturze w świetle aktualnych raportów (Die Teilnahme der Polen an der Kultur im Lichte aktueller Berichte), Studia BAS 2016, Nr. 2(46), S. 57-75. Online: *http://orka.sejm.gov.pl/wydbas.nsf/0/B471AF57F97E3F04C-1257FD3003291A9/%24File/Strony%200dStudia_BAS_46-3.pdf* (Abruf am 6. Juni 2018); Kultura w 2016 roku (Kultur im Jahr 2016), GUS (Hauptstatistikamt), Kraków 2017.

(19) Siehe: Potencjał społecznikowski oraz zaangażowanie w pracę społeczną (Ehrenamtliches Potenzial und Engagement für Sozialarbeit), CBOS (Meinungsforschungszentrum), Komunikat z badań (Bericht zur Studie), 15/2016; Gotowość Polaków do współpracy w latach 2002–2012 (Die Bereitschaft der Polen zur Zusammenarbeit in den Jahren 2002–2012), CBOS (Meinungsforschungszentrum), Komunikat z badań, (Bericht zur Studie) 19/2012; T. Zarycki: Kapitał społeczny a trzy polskie drogi do nowoczesności (Gesellschaftliches Kapital und drei polnische Wege zur Modernität), Kultura i Społeczeństwo 2004 (Kultur und Gesellschaft 2004), Nr. 2; Kapitał społeczny. Ekonomia społeczna (Sozialkapital. Soziale Ökonomie), Hrsg. T. Kaźmierczak, M. Rymsza, Warszawa 2007; M. Ziółkowski: Kapitały społeczny, kulturowy i materialny i ich wzajemne konwersje we współczesnym społeczeństwie polskim (Soziales, kulturelles und materielles Kapital und ihre gegenseitigen Konversionen in der heutigen polnischen Gesellschaft), Studia Edukacyjne 2012 (Bildungsstudien 2012), Nr. 22.

(20) Siehe: F. Springer: Wanna z kolumnadą. Reportaże o polskiej przestrzeni (Wanne mit Säulengang. Reportagen zum polnischen Raum), Warszawa 2013; P. Sarzyński: Wrzask w przestrzeni. Dlaczego w Polsce jest tak brzydko? (Schrei im Raum. Warum ist es in Polen so hässlich?), Warszawa 2012; J. Sepioł: Przestrzeń życia Polaków (Der Lebensraum der Polen), Warszawa 2014.

Kulturhäuser innerhalb der Strukturen Kultureller Bildung

Dr. Tomasz Kukołowicz, Sozialwissenschaftler, Leiter der Abteilung für Forschung und Analysen des Nationalen Zentrums für Kultur
Marlena Modzelewska, Mitarbeiterin des Nationalen Zentrums für Kultur

Vorwort

Der kulturelle Lernprozess ist endlos und allumfassend. Aufgrund des enormen Tempos des technologischen und gesellschaftlichen Wandels sind alle Menschen unabhängig vom Alter gezwungen, sich regelmäßig neue Kompetenzen anzueignen. Die Globalisierungsprozesse und die Entwicklung der Informatik-Technologie bringen uns unaufhörlich in Situationen mit interkulturellen Kontakten.(1) Die ausgeprägte Pflicht zur Kreativität, die charakteristisch ist für unsere Zeiten(2), hat nicht nur normativen Charakter, sondern auch strukturellen. Wir sind unaufhörlich Einflüssen ausgesetzt, die die Fähigkeit, aktiv und kreativ an Kultur teilzuhaben, aus uns ‚herauslocken' sollen.(3)

Es bleibt der Kern der Kulturellen Bildung – trotz des allumfassenden Charakters der Kultur, die wir das ganze Leben hindurch lernen –, bei Kindern und Jugendlichen Kompetenzen herauszubilden, die für den Kontakt mit der Kunst und die Aufnahme eigener kreativer Arbeit von Bedeutung sind. Zu den Institutionen, die sich in Polen am stärksten für diese Arbeit einsetzen, gehören die Kulturhäuser(4) und die Schulen. In dem über Jahre geformten institutionellen Netz stellen sie gesonderte Untersysteme dar, die ihre Aufgaben in hohem Maße unabhängig erfüllen. Obwohl die einen wie die anderen zum größten Teil den Selbstverwaltungen(5) unterstehen, ist die Art und Weise der Organisation ihrer Arbeit unterschiedlich.

Öffentliche Schulen setzen Curricula gemäß dem Rahmenlehrplan für allgemeinbildende Schulen um, der vom Ministerium für Nationale Bildung erstellt wird. Kulturhäuser haben viel Freiraum bei der Gestaltung ihrer Arbeit. Die Unterschiede zwischen der Arbeitsweise von Schulen und der von Kulturhäusern sind per Gesetz festgelegt. Das Bildungsrecht legt präzise die Aufgaben der Schulen fest.(6) Es lässt Ausnahmen zu (die Möglichkeit, eigene Lehrprogramme zu erstellen, sogar häuslichen Unterricht), doch in der Praxis sind dies seltene Phänomene. Letztlich müssen alle Schüler die gleichen standardisierten Prüfungen ablegen. Anders sieht die Situation bei Kulturhäusern aus, deren Arbeit von Vorschriften geregelt wird, die im Gesetz über die Organisation und Durchführung von Kulturarbeit niedergelegt sind(7). Sie zeigen eine lediglich allgemeine Auslegung von Kulturarbeit, die darin besteht, „Kultur zu machen, zu verbreiten und zu pflegen" (Art. 1 Abs. 1). Das Gesetz verpflichtet den Staat auch, einen Bericht über seine Schirmherrschaft abzulegen, die unter anderem darin besteht, die Kulturelle Bildung und das kulturelle Bildungswesen zu unterstützen (Art. 1 Abs. 1). Es nennt Kulturhäuser als eine organisatorische Form von Kulturarbeit (Art. 2). Derzeit gibt es keine gesetzliche Regelung, die die Aufgaben und Arbeitsweise von Kulturhäusern detaillierter festlegt. Deshalb wird dies jeweils vom Statut der Institution geregelt, das sich die Organisatoren geben (Art. 13).

Aufgrund der beschriebenen Unterschiede erfordern die Tätigkeiten von Kulturhäusern und Schulen eine jeweils gesonderte Besprechung. Im vorliegenden Aufsatz konzentrieren wir uns auf die Rolle der ersteren, wobei nicht vergessen werden darf, dass sie lediglich einen Teil des komplexen Institutionennetzes darstellen. Handelt es sich dabei um ein System? Wenn wir uns dieses Begriffes zur Beschreibung bedienen und nicht als normative Kategorie, lautet die Antwort: Ja. Man kann sogar von einer langen Tradition der Kulturellen Bildung in Polen sprechen. Gleichzeitig ließe sich kein Autor funktionierender Lösungen nennen. Es gibt auch niemanden, der die Kontrolle übernehmen oder die Gesamtheit der Kulturellen Bildung in Polen leiten würde. Die in diesem Bereich vorhandenen Praktiken sind größtenteils inoffiziell, ihre Form wird durch die Tradition vorgegeben (was in der Sprache des neuen Institutionalismus Pfadabhängigkeit heißt).

Tätigkeitsformen von Kulturhäusern

Die Arbeitsweise von Kulturhäusern in Polen hat sich während der letzten mindestens einhundert Jahre herausgebildet. Überraschend bekannt klingen die Hinweise, die vor 80 Jahren Helena Radlińska Personen gab, die vorhatten, ein Gemeinschaftshaus (den Vorgänger der Kulturhäuser) zu gründen: „Die größte Bedeutung des Gemeinschaftshauses besteht darin, soziale Bindungen zu stärken, den Begriff der Gemeinnützigkeit zu verbreiten und das Gefühl der kollektiven Kraft zu nähren."(8) Treffend bleibt auch folgende Feststellung: „Oftmals wird das Unterhaltungsangebot für den wichtigsten Wert des Gemeinschaftshauses gehalten."(9) Dies verdeckt nicht die hohen Ziele, die Radlińska mit der Metapher einer Schmiede beschreibt, „in der die Bauernhirne geschmiedet werden".(10) Natürlich unterscheiden sich die heutigen Kulturhäuser wesentlich von den Gemeinschaftshäusern der Vorkriegszeit.(11) Dennoch bleiben die drei erwähnten Aufgaben – Stärkung der sozialen Bindung in der lokalen Gemeinschaft, Durchführung von kultureller Bildungsarbeit und das Angebot von Unterhaltung – die wichtigsten Funktionen, die Kulturhäuser heute erfüllen.

Im Hinblick darauf, dass es auf landesweiter Ebene an Regelungen fehlt, ist die Frage nach den tatsächlichen Prioritäten der Kulturhäuser berechtigt. Die notwendigen Daten liefert eine Umfrage, die unter 1.054 Kulturhäusern von einem Forschungsteam unter der Leitung von Agnieszka Szczurek im Rahmen einer Evaluationsstudie des Programms Kulturhaus+ durchgeführt wurde: Kulturhaus+ 2010–2011 und Kulturhaus+ Lokale Initiativen 2013, 2014, 2015, 2016.(12) Die Studie war landesweit angelegt. Den Fragebogen füllten 160 der 200 Kulturhäuser aus, die in den Jahren 2013–2016 Nutznießer des Programms waren, sowie 894 Kulturhäuser, die nicht Nutznießer des Programms waren. Die zusammengefassten Antworten ergeben ein Gesamtbild der Arbeit von Kulturhäusern in Polen.(13)

Die Studienteilnehmerinnen und -teilnehmer wurden gebeten, die wichtigsten aller Aufgaben zu benennen, die ihr lokales Kulturhaus erfüllt, und dabei maximal 4 von 14 aufgelisteten Punkten auszuwählen. Sie durften der Liste selbst weitere Aufgaben hinzufügen. Der genaue Wortlaut der Fragen war folgender:

Zu Beginn bitten wir Sie, die wichtigsten Aufgaben zu nennen, die ihr Kulturhaus im vergangenen Jahr in seiner lokalen Gemeinschaft erfüllte. Bitte wählen Sie maximal vier Antworten aus.
1. Entdeckung von Talenten
2. Interesse für Kunst und für die Teilnahme an Kultur wecken

3. Unterhaltung, angenehme Formen der Freizeitbeschäftigung
4. Vorbereitung auf die kritische Rezeption von Kunst
5. Aufbau einer lokalen Identität
6. Herausbildung kommunikativer Fähigkeiten
7. Herausbildung von Kreativität
8. Herausbildung künstlerischer Fähigkeiten
9. Kennenlernen von Kunstwerken
10. Herausbildung von Ästhetikempfinden
11. Arbeit mit ausgeschlossenen Menschen
12. Förderung und Unterstützung der generationsübergreifenden Zusammenarbeit
13. Aktivierung der Zivilgesellschaft
14. Förderung des lokalen kulturellen Erbes
15. Andere Aufgaben, welche ...?

Die Antwort „andere Aufgaben" wurde von sehr wenigen Kulturhäusern angekreuzt (unter 2 Prozent). Die verbleibenden Antworten lassen sich in drei Kategorien aufteilen: Kulturelle Bildung (Punkt 1, 2, 4, 6, 7, 8, 9, 10), Stärkung der sozialen Bindung und der lokalen Identität (Punkte 5, 11, 12, 13, 14) und Unterhaltung (Punkt 3).

Aus der Analyse der zusammengetragenen Antworten geht hervor, dass für fast alle Kulturhäuser (94 Prozent) Aufgaben aus dem Bereich Kulturelle Bildung zu den Prioritäten gehören. An zweiter Stelle steht die Stärkung der sozialen Bindungen und der lokalen Identität, an dritter Stelle die Unterhaltung. In folgendem Diagramm werden die Ergebnisse detailliert dargestellt:

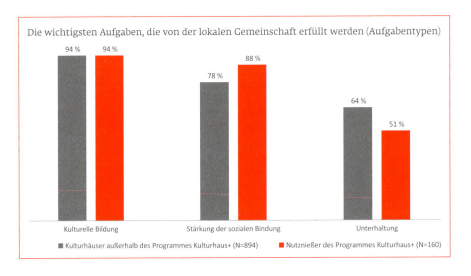

Die Antworten zeigen, dass die Beteiligung am Programm Kulturhaus+ das Rollenverständnis von Kulturhäusern in der lokalen Gemeinschaft beeinflusst. Für Institutionen, die am Programm Kulturhaus+ teilgenommen hatten, sind die sozialen Aufgaben des Kulturhauses fast ebenso wichtig wie die Kulturelle Bildung (88 Prozent), während die Unterhaltung eine zweitrangige Funktion hat (51 Prozent). Etwas weniger Wert auf soziale Aktivitäten legten Kulturhäuser, die nicht am Programm Kulturhaus+ teilgenommen hatten, das heißt die große Mehrheit der polnischen Kulturhäuser. Unter ihnen wurde von 78 Prozent mindestens eine der Aufgaben angekreuzt, die der Stärkung der sozialen Bindung und der lokalen Identität dienen. 64 Prozent zählen hingegen die Unterhaltung zu den Aufgaben, die Priorität haben. Dieses Ergebnis erfordert einen kurzen Kommentar. Unterhaltung anzubieten, vor allem gute Unterhaltung, ist sozial nützlich, dennoch gelten die Stärkung der sozialen Bindung und der lokalen Identität aus der Perspektive öffentlicher Institutionen als wesentlich wichtigere Aufgaben.

Die Ergebnisse der Umfrage von 2017 zeigen, dass die Kulturelle Bildung auf der Skala des gesamten Landes das wichtigste Aktivitätsfeld von Kulturhäusern ist. Innerhalb dieser Kategorie stehen die Entwicklung künstlerischer Fähigkeiten und das Wecken von Interesse für Kunst und für die Teilnahme an Kultur im Vordergrund. Etwas weniger Aufmerksamkeit schenkt man der Entdeckung von Talenten und der Herausbildung von Kreativität. Für einen sehr geringen Teil der Kulturhäuser haben Aufgaben Priorität, die ein wesentliches Element der künstlerischen Bildung darstellen: das Kennenlernen von Kunstwerken, die Herausbildung von Ästhetikempfinden und die Vorbereitung auf die kritische Rezeption von Kunst. Die zusammengetragenen Antworten zeigen interessanterweise, welche Rolle die Kulturhäuser tatsächlich erfüllen: Es sind Institutionen, die den Kontakt mit Kultur und die Aufnahme eigener künstlerischer (Amateur-)Aktivitäten fördern, aber keinen größeren Wert auf die Entwicklung des kritischen Denkens und die Erweiterung des Wissens über Kunst legen. Das dominierende Modell ist also die Förderung von aktiver Beteiligung an Kultur, wofür man nicht im Besitz hoher Kompetenzen sein muss. Dies erscheint verständlich, wenn man die Tatsache berücksichtigt, dass neben Bibliotheken Kulturhäuser der am stärksten verbreitete Typ von Kulturinstitutionen sind (dieser Punkt wird im weiteren Teil dieses Aufsatzes detaillierter dargestellt). Die zentralen Aufgaben im Rahmen der Kunsterziehung werden anderen Institutionen, vor allem Kunstschulen, überlassen.(14)

< *Quelle: Evaluationsstudie des Programmes Kulturhaus+: Kulturhaus+ 2010–2011 und Kulturhaus+ Lokale Initiativen 2013, 2014, 2015, 2016. Evaluationszentrum und ASM (Zentrum für Studien und Marktanalysen), 2017, eigene Bearbeitung auf der Grundlage der Umfrageergebnisse.*

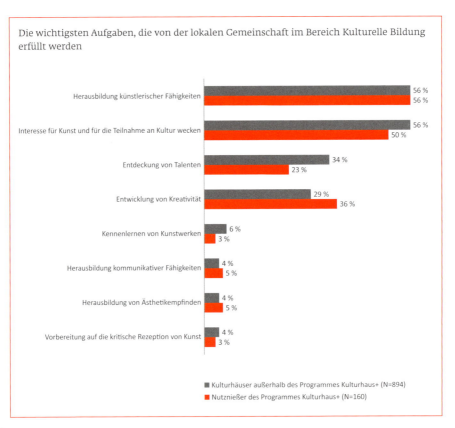

∧ Quelle: Evaluationsstudie des Programmes Kulturhaus+: Kulturhaus+ 2010–2011 und Kulturhaus+ Lokale Initiativen 2013, 2014, 2015, 2016. Evaluationszentrum und ASM (Zentrum für Studien und Marktanalysen), 2017, eigene Bearbeitung auf der Grundlage der Umfrageergebnisse.

Die Art und Weise, wie Kulturhäuser kulturelle Bildungsarbeit durchführen, wird zweifelsohne auch durch ihre starke Verbindung zu den lokalen Gemeinschaften beeinflusst. Der Charakter ihrer Aktivitäten auf diesem Gebiet wird klarer, wenn man die im Rahmen der Kategorie Stärkung der sozialen Bindungen und der lokalen Identität zusammengetragenen Antworten analysiert. In folgendem Diagramm werden die Ergebnisse detailliert dargestellt:

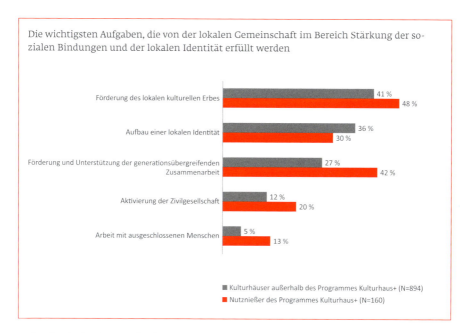

∧ Quelle: Evaluationsstudie des Programmes Kulturhaus+: Kulturhaus+ 2010–2011 und Kulturhaus+ Lokale Initiativen 2013, 2014, 2015, 2016. Evaluationszentrum und ASM (Zentrum für Studien und Marktanalysen), 2017, eigene Bearbeitung auf der Grundlage der Umfrageergebnisse.

Innerhalb der Aktivitäten, die der Stärkung der lokalen Gemeinschaft dienen, stehen Aufgaben im Vordergrund, die mit der lokalen Identität und dem kulturellen Erbe zusammenhängen. Weniger Aufmerksamkeit widmen die Kulturhäuser der Förderung der generationsübergreifenden Zusammenarbeit, der Aktivierung der Zivilgesellschaft und der Arbeit mit ausgeschlossenen Menschen. Dieses Ergebnis zeigt, dass sich der Fokus der Kulturinstitutionen auf Aktivitäten richtet, die zum Kultursektor zählen (gemäß der Aufteilung des Staatshaushalts nach Bereichen und Abteilungen). Zu Aktivitäten, die typisch sozialen Charakter haben, kommt es eher im Zuge von Kulturereignissen. Sie sind kein eigenes Ziel per se.

Die dritte der von uns hervorgehobenen Kategorien ist die Unterhaltung, im Fragebogen formuliert als „angenehme Formen der Freizeitbeschäftigung". Diese Funktion wird von kommerziellen Unternehmen effektiv erfüllt. Das Angebot von Unterhaltung fand sich deutlich häufiger unter den Prioritäten von Kulturhäusern auf dem Dorf als bei denen in der Stadt. Dies resultiert vielleicht aus der Tatsache, dass dörfliche Gemeinschaften so klein sind, dass sich die Organisation von kommerziellen Ereignissen mit Unterhaltungscharakter wenig lohnt. In dieser Situation gehen die Kulturhäuser auf das Bedürfnis nach angenehmen Formen der Freizeitbeschäftigung ein.

Die Finanzierung der Arbeit von Kulturhäusern

Das Gesetz über die Organisation und Durchführung von Kulturarbeit bindet die Kulturhäuser an keine Ebene der öffentlichen Behörden. Die territoriale Aufteilung Polens setzt sich aus drei administrativen Ebenen zusammen:
- 16 Woiwodschaften
- 380 Landkreise (darunter 66 Städte mit Kreisrecht)
- 2.478 Gemeinden

Die einzelnen Einheiten sind für verschiedene Bereiche der öffentlichen Arbeit zuständig. Die Kultur, und somit auch die Kulturhäuser, liegt vor allem in der Verantwortung der Gemeinden und Städte mit Kreisrecht.(15) In Polen ist das System der öffentlichen Finanzierung in staatliche Ausgaben und Ausgaben der Selbstverwaltungen aufgeteilt. Eine wesentlich größere Rolle bei der Finanzierung von Kultur spielen dabei zweitere (im Jahr 2016 deckten sie 74 Prozent der öffentlichen Ausgaben für Kultur, wobei 26 Prozent der Ausgaben vom Staat finanziert wurden).(16) Im Fall der Kulturhäuser ist das Missverhältnis noch größer. Die Haushaltsausgaben teilen sich in Bereiche, diese wiederum in Unterbereiche auf. Die Kultur gehört zum Bereich 921, und der Unterbereich 92109 umfasst die Arbeit der Kulturhäuser. Im Jahr 2016 wurden 99,8 Prozent der Ausgaben im Unterbereich 92109 von den Selbstverwaltungen gedeckt.(17)
Kulturhäuser, Kulturzentren, Klubhäuser und Klubs(18) stellen oft eine von mehreren Formen oder sogar die einzige Form des Kontaktes der lokalen Gemeinschaft mit Kultur dar, insbesondere dort, wo der Zugang zu anderen Kulturquellen begrenzt ist.(19) Diesen Institutionen wird manchmal vorgeworfen, ineffektiv zu arbeiten, sich hauptsächlich auf die Zuschüsse der Selbstverwaltungen zu verlassen(20) und keine konkrete Mission zu haben.(21) Dennoch sind die Kulturhäuser häufig die wichtigsten Orte für Begegnungen, für die Organisation von Kulturevents, für Veranstaltungen unterschiedlichsten Charakters – vor allem in den Dörfern. Kulturhäuser sind, neben Bibliotheken, die Institutionen, von denen es in Polen am meisten gibt, deshalb wird ihnen auch der größte Teil des Kulturhaushalts zuerkannt.

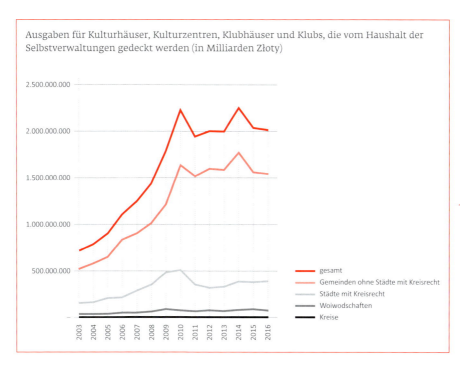

∧ Quelle: Eigene Bearbeitung auf der Grundlage der Finanzberichte von Selbstverwaltungen, zugänglich auf der Internetseite des Finanzministeriums, online: https://www.mf.gov.pl/ministerstwo-finansow/dzialalnosc/finanse-publiczne/budzety-jednostek-samorzadu-terytorialnego/sprawozdania-budzetowe (Abruf am 14.04.2018).

Aus dem obigen Diagramm geht hervor, dass die meisten Mittel für Kulturhäuser von den Gemeinden gegeben wurden. Dieses Ergebnis ist nicht verwunderlich im Hinblick darauf, dass Kulturhäuser in hohem Maße für den Zugang zu Kultur in vielen Ortschaften zuständig sind.

Weil Kulturhäuser hauptsächlich von Gemeinden finanziert werden, haben wir geprüft, wie die aktuelle finanzielle Situation der Einrichtungen bei Unterscheidung nach den einzelnen Gemeindetypen aussieht. Am meisten geben ländliche Gemeinden für Kulturhäuser aus – davon gibt es in Polen am meisten, und oft sind gerade dort Kulturhäuser besonders wichtig, denn sie sind vor allem verantwortlich dafür, ein Kulturangebot im jeweiligen Dorf zu garantieren. Die Pläne für das Jahr 2017 geben, obwohl sie sich als geringer als die letztlich realisierten Ausgaben erweisen, eine Vorstellung von der jüngsten Struktur der Gemeindeausgaben – die Tendenz ist insgesamt gleichbleibend.

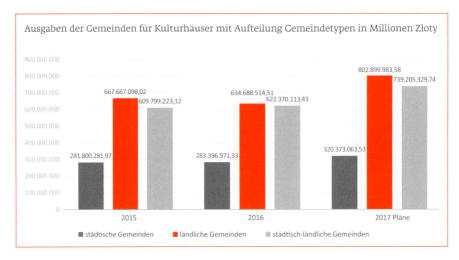

^ Quelle: Eigene Bearbeitung auf der Grundlage der Finanzberichte von Selbstverwaltungen, zugänglich auf der Internetseite des Finanzministeriums, online: https://www.mf.gov.pl/ministerstwo-finansow/dzialalnosc/finanse-publiczne/budzety-jednostek-samorzadu-terytorialnego/sprawozdania-budzetowe (Abruf am 14.04.2018).

Unter Berücksichtigung der obigen und weiterer Analysen erhalten wir ein Bild der Ausgaben für Kulturhäuser in Polen. Erstens sind sie im Laufe der Jahre 2003–2016 maßgeblich gestiegen. Bei der Pro-Kopf-Summe und den durchschnittlichen Ausgaben für Kultur war vom Beginn der Analyse bis zu ihrem Abschluss sogar ein dreifacher Anstieg zu verzeichnen. Dies resultiert in hohem Maße aus der allgemeinen Anstiegstendenz bei Ausgaben für Kultur. Gemeinden, in denen Kulturhäuser eine besonders wichtige Rolle spielen, stellen seit Jahren unter den sonstigen Einheiten der territorialen Selbstverwaltung die meisten Gelder für Kulturhäuser zur Verfügung.

Schluss

Die Analyse der zur Verfügung stehenden Daten zur Arbeit von Kulturhäusern in Polen führt zu dem Ergebnis, dass die Kulturelle Bildung aus Sicht dieser Institutionen eine Aufgabe mit Priorität ist. Die Rolle, die Kulturhäuser spielen, lässt sich folgendermaßen charakterisieren: lokale, allgemeine, zur aktiven Beteiligung anregende und in geringem Maße formalisierte Aktivitäten. Dies wird von der starken Dezentralisierung dieser Gruppe von Kulturinstitutionen begünstigt, die sowohl aus den gesetzlichen Regelungen resultiert als auch aus der Art der Finanzierung ihrer Aktivitäten.

Der überwiegende Teil der Kulturhäuser des Landes befindet sich in Dörfern und kleinen Städten. Ländliche und städtisch-ländliche Gemeinden setzen ebenfalls mehr Gelder für die Finanzierung von Kulturhäusern ein als städtische Gemeinden und Städte mit Kreisrecht. Die Arbeitsweise von Kulturhäusern lässt sich mit der Tradition der Gemeinschaftshäuser aus der Vorkriegszeit vergleichen. Neben der Kulturellen Bildung sind für diese Institutionen Aktivitäten von hoher Bedeutung, die die sozialen Bindungen und die lokale Identität stärken. Gleichzeitig schenken die Kulturhäuser der Entwicklung von kritischem Denken und der Weitergabe von Wissen über Kunstwerke eine geringe Aufmerksamkeit.

Bei der Beschreibung der Arbeit von Kulturhäusern haben wir uns auf Statistiken gestützt, die per se eine Vereinfachung bedeuten. Jedes dieser Kulturhäuser kann in Absprache mit seinem Träger – meistens ist dies die Gemeinde – seine eigene Prioritätenliste erstellen. Jedes dieser Kulturhäuser kann ein bisschen anders sein, und die Erfahrung zeigt, dass dies tatsächlich der Fall ist.

Für die deutsche Ausgabe leicht gekürzte Version des polnischen Originalaufsatzes.

---

(1) R. Wiśniewski: Transgresja kompetencji międzykulurowych. Studium socjologiczne młodzieży (Die Transgression interkultureller Kompetenzen. Soziologische Studie an Jugendlichen), Warszawa 2016.
(2) A. Rekwitz: Odkrycie kreatywności. O procesie społecznej estetyzacji (Die Entdeckung der Kreativität. Über den Prozess der gesellschaftlichen Ästhetisierung), Warszawa 2017.
(3) Siehe: M. Krajewski, M. Frąckowiak: Raport z realizacji programu Bardzo Młoda Kultura (Bericht über die Durchführung des Programms Sehr Junge Kultur), NCK (Nationales Zentrum für Kultur), Warszawa 2016, S. 5, online: *http://nck.pl/dotacje-i-stypendia/dotacje/programy-dotacyjne-nck/bardzo-mloda-kultura/aktualnosci/raport-z-realizacji-programu-bardzo-mloda-kultura-w-roku-2016* (Abruf am 8.06.2018).
(4) Neben Kulturhäusern können Kulturzentren, Klubs und Klubhäuser genannt werden. All diese Institutionen erfüllen ähnliche Funktionen. In diesem Text werden sie alle unter dem Begriff Kulturhäuser zusammengefasst.
(5) Als Selbstverwaltungen werden die Verwaltungseinheiten der Kommunalebene in Polen bezeichnet. Auf lokaler Ebene sind dies Kreise (powiaty) und Gemeinden (gminy), auf regionaler Ebene Woiwodschaften (województwa). Sie realisieren den Teil der Verwaltungsaufgaben, der nicht landesweiten Charakter hat und nicht direkt der Regierung unterliegt. (Anm. d. Red.)
(6) Gesetz vom 14. Dezember 2016 – Bildungsgesetz, GBl. vom 11. Januar 2017, Pos. 59.
(7) Gesetz über die Organisation und Durchführung von Kulturarbeit vom 25. Oktober 1991, konsolidierter Text des GBl. 2017, Pos. 862.

(8) H. Radlińska: Jak patrzeć na dom społeczny (Wie das Gemeinschaftshaus betrachtet werden soll), in: Dom społeczny, organizacja, budowa, urządzenia wewnętrzne i działalność: z 49 rysunkami i 10 projektami domów społecznych (Das Gemeinschaftshaus, Organisation, Aufbau, innere Ausstattung und Tätigkeit: mit 49 Zeichnungen und 10 Gemeinschaftshaus-Projekten), Hrsg. T. Więckowski, Warszawa 1939, S. 8.
(9) Ebd., S. 9.
(10) Ebd., S. 8.
(11) Siehe: J. Kargul: Upowszechnianie, animacja, komercjalizacja kultury (Kultur: Verbreitung, Anregung, Kommerzialisierung), Warszawa 2012; E. Bobrowska, Przemiany modelowe instytucji domu kultury (Wandel der Institution Kulturhaus als Modell), Kraków 1997.
(12) Siehe: A. Szczurek u. a.: Badanie ewaluacyjne programu Dom Kultury+: Dom Kultury+ 2010-2011 oraz Dom Kultury+ Inicjatywy Lokalne 2013, 2014, 2015, 2016 (Evaluierungsstudie des Programmes Kulturhaus+: Kulturhaus+ 2010–2011 und Kulturhaus+ Lokale Initiativen 2013, 2014, 2015, 2016), Warszawa 2017, online: *http://nck.pl/upload/2018/02/oe_nck_raport-koncowy.pdf* (Abruf am 28.02.2018).
(13) Rocznik Kultury Polskiej 2017 (Jahrbuch der Polnischen Kultur 2017), NCK (Nationales Zentrum für Kultur), Warszawa 2017, S. 52, online: *http://nck.pl/upload/2018/02/rocznik-kultury-polskiej-2017.pdf* (Abruf am 28.02.2018).
(14) 2017 gab es in Polen 755 Kunstschulen der I. und II. Stufe, in denen 98.475 Schüler ausgebildet wurden. Rocznik Kultury Polskiej 2017 (Jahrbuch der polnischen Kultur 2017), NCK (Nationales Zentrum für Kultur), Warszawa 2017, S. 104, online: *http://nck.pl/upload/2018/02/rocznik-kultury-polskiej-2017.pdf* (Abruf am 28.02.2018).
(15) Siehe: Rocznik Kultury Polskiej 2016 (Jahrbuch der Polnischen Kultur 2016), NCK (Nationales Zentrum für Kultur), Warszawa 2016.
(16) Sprawozdanie z wykonania budżetu państwa i budżetu środków europejskich w części 24 i dziale 921 – kultura i ochrona dziedzictwa narodowego za 2016 rok (Bericht über die Durchführung des Staatshaushalts und des Budgets aus EU-Mitteln im Gebiet 24 und dem Bereich 921 – Kultur und Pflege des nationalen Erbes für das Jahr 2016), Ministerstwo Kultury i Dziedzictwa Narodowego (Ministerium für Kultur und Nationales Erbe), Warszawa 2017.
(17) Die Daten, auf denen die folgenden Berechnungen beruhen, stammen aus Aufstellungen, die auf der Seite des Ministeriums für Finanzen veröffentlicht sind, und von der lokalen Datenbank des Hauptstatistikamtes.
(18) Für eine bessere inhaltliche Transparenz werden wir im Folgenden die gekürzte Bezeichnung des Unterbereichs der Budgetklassifikation 92109 benutzen: Kulturhäuser.
(19) J. Głowacki, J. Hausner, K. Jakóbik, K. Markiel, A. Mituś, M. Żabiński: Finansowanie kultury i zarządzanie instytucjami kultury. Raport o stanie kultury (Finanzierung von Kultur und Management von Kulturinstitutionen. Bericht über den Zustand der Kultur), Kraków 2009, S. 98.
(20) *www.zoomnadomykultury.pl/publikacje* (Abruf am 14.04.2016).
(21) *www.dwutygodnik.com/artykul/473-wokol-kongresu-kultury-polskiej-domy-kultury-2.html* (Abruf am 14.04.2016).

Kulturpersonal

Das Schulungsprogramm des Nationalen Zentrums für Kultur

Magdalena Karowska-Koperwas, Autorin von Unterrichtsplänen und anderen Handreichungen für Kulturarbeiter

Vorwort

Seit vielen Jahren führt das Nationale Zentrum für Kultur (NCK) ein Schulungsprogramm mit dem Titel „Kulturpersonal"(1) durch und entwickelt es stetig weiter. Das Programm ist an die lokalen Kulturinstitutionen in ganz Polen gerichtet. Es setzt sich aus mehreren komplementären Komponenten zusammen (unter anderem aus Schulungsreihen, Internettools, dem Austausch bewährter Praktiken) und unterstützt alle typischen Mitarbeitergruppen kultureller Institutionen (Pädagoginnen und Pädagogen, Managerinnen und Manager, Leiterinnen und Leiter) auf jeder beruflichen Entwicklungsstufe, vom Bewerbungsprozess angefangen bis hin zur Unterstützung am Arbeitsplatz.

Hauptziel des Programms ist, die administrativen und inhaltlichen Kompetenzen der Mitarbeiter von Kulturinstitutionen zu entwickeln, Erfahrungen auszutauschen, bewährte Praktiken weiterzugeben, die Kommunikation zu verbessern und enge Kontakte zwischen den Mitarbeitern herzustellen.

Eine der Aufgaben, die das NCK mit dem Programm Kulturpersonal erfüllt, ist, die kulturelle und künstlerische Bildung in lokalen Kulturinstitutionen auszubauen und ein einzigartiges, im lokalen Erbe angesiedeltes Angebot in diesem Bereich zu erstellen. Besonders sorgt das NCK dafür, dass in jeder Kulturinstitution bewusst und stetig an einem Angebot gearbeitet wird, das kulturelle Bildung, pädagogische Arbeit, Impresariate und die nationale und regionale Kultur in Proportionen einbezieht, die den Bedürfnissen der Nutzer entsprechen, und gleichzeitig berücksichtigt, dass es auch die Aufgabe von Kulturinstitutionen ist, kulturelle Bedürfnisse zu kreieren.

„Kultur ohne Ausnahme"

Ein Element des NCK-Programms Kulturpersonal, das besonders die Entwicklung von kultureller Bildung fördert, ist die Schulungsreihe „Kultur ohne Ausnahme" für Kulturpädagoginnen und -pädagogen, Kulturarbeiterinnen und -arbeiter. Die Reihe besteht aus Workshops; dazu gehören auch solche, bei denen die Teilnehmenden eigene Erfahrungen machen, Studienreisen absolvieren und der Austausch bewährter Praktiken eine Rolle

spielt. Die Schulungen konzentrieren sich darauf, ein Angebot für verschiedene Gruppen zu erstellen, die an Kultur teilhaben, insbesondere für Personen mit unterschiedlichen Behinderungen – zum Beispiel der Sinnesorgane, des Bewegungsapparates, geistige Behinderungen –, aber auch für bestimmte Altersgruppen wie Senioren, Kinder, Jugendliche, Erwachsene sowie Familien und andere generationsübergreifende Gruppen.

∧ Teilnehmende der Schulung „Inklusion der Menschen mit Hör- und Sehstörung in kulturelle Aktivitäten".
< Teilnehmende der Schulung „Inklusion der Menschen mit geistiger Behinderung, Autismus und Downsyndrom in kulturelle Aktivitäten".

Die Schulungstreffen dauern normalerweise drei Tage. Wir setzen alles daran, dass die wichtigsten Schulungsziele gemäß den Richtlinien erreicht werden. Bei der Veranstaltungsreihe, die der Arbeit mit verschiedenen Altersgruppen gewidmet ist, beginnen wir mit der Systematisierung von Wissen über die aktuellen Probleme und Bedürfnisse der jeweiligen Gruppe, verschaffen uns dann einen Überblick über die neusten Sozialstudien, um am Ende Aktivitäten für die Schulungsteilnehmer anzubieten. Wir haben uns für diese Methode entschieden, weil es unserer Meinung nach kein Rezept für Projekte gibt, die beispielsweise an Senioren und Kinder gerichtet sind, denn alles hängt vom Kontext der Aktivitäten und von den Bedürfnissen und Möglichkeiten der jeweiligen Gruppe ab. Deshalb diversifizieren wir die Projektmethoden und legen in den Schulungen Wert auf das inspirierende Element, das uns die Präsentation bewährter Praktiken bei Studienbesuchen garantiert, und auf die Möglichkeit, in thematischen Workshops aus der Position des Nutzers heraus zu lernen. Wir wählen die Schulungsorte sorgfältig aus, damit diese ebenfalls inspirierend wirken und die Arbeit mit dem Kulturerbe unterstützen.

Die Schulungen betreffen die Inklusion von Menschen mit Behinderungen in die Kulturarbeit und initiieren eine Art Veränderungsprozess und die Beschäftigung mit der Frage nach der Zugänglichkeit von Angeboten in Kulturinstitutionen. In unseren Schulungen legen wir nicht nur auf die Anpassung der Instituts-Infrastruktur Wert, sondern auch auf die Erstellung des Angebots, darauf, dass dank sensibilisierten und engagierten Personals die Teilnehmer involviert werden, auf die Möglichkeit, die Ressourcen der Institution zu nutzen. Beispiele hierfür sind die Verfügbarkeit eines Übersetzers für Gebärdensprache, einer Instruktionsschleife, die Möglichkeit, Kopien oder Drucke in Hochdruck zu erstellen, Audits bezüglich der Zugänglichkeit durchzuführen und die Methodik der Instruktionsarbeit zu ändern. Unsere Reihe trägt einen kleinen Teil zum Prozess der Öffnung von Kulturinstitutionen für Personen mit Behinderungen bei. Menschen, die geschult wurden, setzen sich mutiger für Veränderungen in ihren Institutionen ein. Sie werden zu Vorreitern und Koordinatoren für die Zugänglichkeit. Bei jeder Schulung sind die Trainer zumeist Menschen mit Behinderungen, was von Anfang an die Überwindung innerer Barrieren und Ängste im Kontakt erleichtert. Unsere Teilnehmer arbeiten mit Personen mit Sehbehinderungen, mit taubblinden Menschen, mit Gehörlosen, mit Menschen, die sich im Rollstuhl fortbewegen, und auch mit Self-Advocacy-Menschen(2).

„Landesweite Projektbörse"

Eine zweite Komponente des NCK-Programms Kulturpersonal, die für diese Publikation beschrieben werden soll, ist die seit sieben Jahren veranstaltete „Landesweite Projektbörse", während der Kulturarbeiter ihre Projekte vorstellen, die ein bestimmtes Leitmotiv haben (zum Beispiel öffentlicher Raum, Wasser, Geschichte, Raum und Feiertage). Unsere Teilnehmer nennen die „Börse" das Fest der Kulturarbeiter. Ihr festes Element sind Workshops, in denen wir die Arbeitsmethoden der Kulturarbeiter kennenlernen und konkrete Fähigkeiten erwerben. Aufgabe der Börse ist auch die Weitergabe bewährter Praktiken in der Partnerarbeit und der Teamführung im Hinblick auf die Erfüllung der Mission von Kulturinstitutionen, deshalb wird die Veranstaltung nach partnerschaftlichen Prinzipien mit lokalen

∧ *Teilnehmer der Landesweiten Projektbörse 2017, Schulung im Museum der Stadt Gdynia.*

und regionalen Kulturinstitutionen durchgeführt. Die Zusammenarbeit innerhalb dieses Projekts hat einen enormen Bildungs- und Entwicklungswert für alle beteiligten Seiten.

Die Börse findet einmal im Jahr jeweils in einer anderen Stadt statt und aktiviert die lokalen Kulturarbeiter. Das NCK bemüht sich, auf diese Weise deren Projekte wert zu schätzen und bekannt zu machen. Wir waren schon zu Gast in Warschau, in Wrocław, Katowice, Lublin und Gdynia. Im Jahr 2018 findet die Börse in Białystok statt, wo wir uns mit dem gemeinschaftlichen Feiern in verschiedenen Kontexten befassen werden (Nationalfeiertage, Gedenken, lokales, religiöses und familiäres Erbe). Nach jeder Börse entsteht eine gedruckte und elektronische Publikation, in der wir die besten Praktiken präsentieren, damit sich andere Kulturarbeiter davon inspirieren lassen. Die Publikation ist kostenlos. Unser Ziel ist, dass das Nationale Zentrum für Kultur mit dem Dialog, der durch diese Veranstaltungen mit den Kulturarbeitern geführt wird, ganz Polen erreicht.

Sommerakademie für Kunsthandwerk und Kunst

Das Angebot Kulturpersonal beinhaltet auch Schulungen für Kursleiter und Kulturarbeiter, die sich mit Kunsthandwerk beschäftigen. Im Jahr

2018 kann man im Rahmen der Sommerakademie für Kunsthandwerk und Kunst seine Fähigkeiten in den Bereichen Keramik, Korbflechterei, Siebdruck, sensorisches Spielzeug und Fotografie weiterentwickeln. Insgesamt verbringen wir mit unseren Teilnehmern neun arbeitsreiche Tage. Der Kurs wird bereichert durch pädagogische Elemente, die mit der Arbeit mit dem lokalen Erbe und Diskussionen über künstlerische und Kulturelle Bildung verbunden sind. Viel Aufmerksamkeit schenken wir während der Akademie Fragen zur Einrichtung von Ateliers und Gemeinschaftsräumen und zum Umfeld von Kulturinstitutionen – dabei interessieren uns die Zugänglichkeit, die Einrichtung, die Ergonomie und der Dialog, in den diese Kulturinstitutionen mit der Gemeinschaft treten.

Die Akademie bedeutet für die Teilnehmenden sehr intensive Workshop-Arbeit, für das NCK bietet sie die Möglichkeit, aufmerksam die Bedürfnisse wahrzunehmen, auf die wir ständig aktuell eingehen müssen.

Die Akademie des NCK fördert den in der polnischen Kultur immer stärker sichtbaren Trend der Rückkehr zur persönlichen kreativen Arbeit, zum Erbe des Kunsthandwerks, zu gemeinschaftlichen künstlerischen Aktivitäten. Die Teilnehmer der Akademie werden neben praktischen Kenntnissen auch mit methodischen Tools ausgestattet. Reelle Unterstützung erhalten nicht nur die Teilnehmer aus Kunstateliers, sondern ebenso benachbarte Gruppen, die in Zentren für lokales Handeln arbeiten, Mütter- und Seniorengruppen, und auch lokale Picknicks und Feste werden mit Kunsthandwerk bereichert.

„Lad uns zu dir ein!"

Eine besondere Komponente von Kulturpersonal und wesentlich für die Entwicklung der kulturellen Bildung ist das Projekt „Lad uns zu dir ein!" Hieran nehmen ganze Teams aus Kulturinstitutionen teil, um ihr Angebot zu analysieren und umzugestalten. Die Teilnehmer – Vertreter von 20 sich selbst verwaltenden Kulturinstitutionen aus dem ganzen Land – besuchen fast ein Jahr lang Schulungen in Form von Studienbesuchen und Workshops. Wir widmen uns der Arbeit mit dem Erbe, dem Erstellen von schlüssigen Kulturangeboten und der Kommunikation mit der lokalen Gemeinschaft. In diesem Projekt legen wir sehr viel Wert darauf, Manager auf Veränderungen und den Umgang damit vorzubereiten.

„Die Veranstaltung Lad uns zu dir ein! ist ein außergewöhnliches Projekt im Schulungsangebot des NCK – wir lernen hier durch Erfahrungen, durch Teilnahme und durch den direkten Kontakt mit Künstlern. Wir knüpfen Beziehungen und tauschen Erfahrungen mit Menschen aus, die so wie wir im Kultursektor tätig sind. Das Programm macht uns zu einer ‚Familie', auf die man sich immer verlassen kann", sagt die Koordinatorin Anna Ciecierska über das Projekt.

„Und … wir haben den Mut, anders über uns zu sprechen, von Event-Feuerwerken abzugehen und uns dem Aufbau von Ortsidentitäten zuzuwenden", ergänzt Ewa Zbroja, Tutorin in dem Projekt.

Im Jahr 2017 haben wir über 300 Stunden miteinander verbracht, mehrere Dutzend Kulturinstitutionen und eine riesige Zahl lokaler Sozialarbeiter und Kultur-, Geschichts- und Bildungsfans kennengelernt. Alle Teams, die dem Projekt beitreten, müssen mit unserer Hilfe folgendes leisten: 1) Analyse der lokalen Ressourcen und der Bedürfnisse der Gemeinschaft, 2) kritische Analyse des Institutionsmanagements, insbesondere der Gruppenarbeit mit einer Mission, 3) Analyse der Kommunikation nach innen und nach außen – und im nächsten Schritt, unter Anwendung der während der Studienbesuche erworbenen Methoden, Werkzeuge, Erfahrungen, auch unter Anwendung von Mitteln und Wegen, die sofort einsetzbar sind: 4) gemeinsames Erarbeiten eines Angebotsprogramms.
Wir legen großen Wert darauf, die Erfahrungen großer und kleiner, nationaler, lokaler und regionaler Institutionen zu zeigen, solcher mit großen oder kleinen Budgets, Institutionen, die sich auf die Arbeit mit verschiedenen Nutzergruppen spezialisieren, die sich in verschiedenen Winkeln Polens befinden und deshalb in unterschiedlichen kulturellen Kontexten arbeiten. Weil für die Projektziele die Zusammenarbeit mit Gemeinschaften, der Dialog und die Beteiligung eine wesentliche Rolle spielen, ist ein großer Teil des Programms dem Volontariat und der Arbeit damit gewidmet. Wir konzentrieren uns dabei auf bewährte Methoden des langfristigen und generationsverbindenden Volontariats. Im Jahr 2018 betonen wir den Kontext des hundertsten Jahrestages der Wiedererlangung der Unabhängigkeit Polens.

Hier einige bewährte Praxisbeispiele, die für Schulungszwecke im Projekt Lad uns zu dir ein! genutzt wurden:
- KARTA Zentrum – Workshop zur Errichtung von Gemeinschaftsarchiven, in dem Methoden des Beteiligens und Animierens von lokalen Gemeinschaften zur aktiven Gewinnung von Sammlungen vorgestellt werden: wie und wo man nach Material sucht, wie man es richtig beschriftet, dokumentiert, scannt (auch die Herausbildung von technischen Fähigkeiten), sichert, Ausstellungen konzipiert; Erstellung von Bildungsprojekten, die auf der Grundlage dieser Sammlungen und interessanter Gegenstände und Räume durchgeführt werden.

- Kulturhaus Dorożkarnia, Kulturhaus in Służew – wir lernen die sehr bewährte, langjährige praktische Erfahrung dieser Kulturhäuser in der Arbeit mit der lokalen Gemeinschaft kennen und die Aktivitäten, die aus der Initiative der Bewohner und für sie entstanden sind. Die unternommenen Aktivitäten haben langfristigen und mehrdimensionalen Charakter, sie aktivieren, integrieren und bilden. Sie sind die Antwort auf die vorab erkundeten Bedürfnisse der lokalen Gemeinschaft und konkreter Gruppen wie zum Beispiel Kinder, Jugendliche, Familien und Senioren.
- Theater 21 – Workshop zur Inklusion von Menschen mit Down-Syndrom und einer Autismus-Spektrum-Störung in die Theaterarbeit, bei dem Methoden für die Angebotsanpassung in Kulturinstitutionen vorgestellt werden und wie sich ihre Teams darauf vorbereiten. Ziel ist es, Menschen mit geistiger Behinderung einen freien Zugang zu Kultur zu ermöglichen, ihnen die Chance zu geben, diese mitzugestalten und sich bei diesen Aktivitäten geborgen zu fühlen. Die Teilnehmer unserer Schulungen lernen die Ergebnisse der Arbeit von Theater 21 kennen, indem sie bei einer Vorstellung mitwirken und die Schauspieler – Menschen mit geistiger Behinderung – in persönlichen Treffen kennenlernen.
- Tagebau Guido – Revitalisierung und Nutzung stillgelegter Industrieanlagen für kulturelle Aktivitäten sowie ihre Integration in das Leben der lokalen Gemeinschaft (ehemalige Bergarbeiter führen durch den Tagebau).
- Museum des Martyriums des Polnischen Dorfes in Michniów – Bildungsarbeit mit dem schwierigen Erbe, dem Gedenken, das bedeutet vor allem die Herausbildung von Haltungen und Reflexionen, Diskussionen darüber, was Gedächtnis ist und warum das Gedenken ein so wesentliches Element der Kultur ist. Kennenlernen der Dokumentationsarbeit und der Erstellung von Bildungsmaterial (Poster, Freiluftausstellungen) sowie Einrichten von Räumen, die Element des Dialogs mit der Gemeinschaft sein sollen.
- Park Dzieje (Park der Geschichte) in Murowana Goślina – Einbeziehung der Gemeinschaft, Arbeit mit Praktikanten, Organisation großer Open-Air-Events
- Museum für Emigration in Gdynia – Fragen der Revitalisierung und Belebung von Raum, modernes Ausstellungswesen

Und dies ist nur ein Ausschnitt von über 40 inspirierenden Projekten.

Ein verhältnismäßig neuer Bereich, der sich großen Interesses erfreut, sind die NCK-Web-Seminare. Dabei handelt es sich um eine Reihe kostenloser Online-Schulungen, an denen jeder von jedem Ort aus teilnehmen kann, unter der Bedingung, dass er einen Internetzugang hat. Die behandelten Themen umfassen Fragen, die mit der Erstellung von Kulturangeboten zusammenhängen, mit der Verbreitung und Kommunikation, dem Praktikum im Kulturbereich sowie der Gewinnung von Geldmitteln. Während der Web-Seminare haben die Teilnehmer die Gelegenheit, Fragen an Experten zu stellen; die Aufnahme wird auf dem YouTube-Kanal des Nationalen Zentrums für Kultur veröffentlicht und ist ohne Beschränkungen abrufbar.

(1) Alle Informationen über das Programm Kulturpersonal des Nationalen Zentrums für Kultur sind auf folgender Seite abrufbar: *www.kadrakultury.nck.pl*

(2) Die Selbsthilfebewegung ist in erster Linie eine Bewegung von Menschen mit geistiger Behinderung, die in ihrem eigenen Namen handeln, ihre Interessen und die anderer Menschen mit Behinderungen vertreten wollen. Der Polnische Verband für Menschen mit geistiger Behinderung hat den größten Beitrag zur Einführung der Self-Advocacy-Idee in Polen geleistet (seit 2016 arbeitet er als Polnischer Verein für geistig behinderte Personen). Nach: *www.tyfloswiat.pl/selfadwokatura* (Abruf am 03.07.2018).

Kulturelle Bildung und ihre Akteure in Deutschland. Trisektoralität. Förderung

Ein Überblick

Franz Kröger, Stellvertretender Geschäftsführer der Kulturpolitischen Gesellschaft e.V. (Bonn)
Dr. Norbert Sievers, Leiter des Instituts für Kulturpolitik und Geschäftsführer des Fonds Soziokultur e.V. (Bonn)

Vorbemerkung:
Zur Aktualität der Kulturellen Bildung (1)

Die Kulturelle Bildung hat seit einigen Jahren an Bedeutung in der Kulturpolitik gewonnen. Spätestens seit die Enquete-Kommission des Deutschen Bundestages „Kultur in Deutschland" im Dezember 2007 ihren Bericht vorgelegt hat, stehen die schulischen und außerschulischen Aktivitäten, Angebotsformen und Strukturen im Bildungs- und Kulturbereich im Zentrum des kulturpolitischen Interesses (s. Deutscher Bundestag 2007: 377–411). Die Länder, wie etwa Nordrhein-Westfalen, Hamburg, Berlin und Niedersachsen, wetteifern mit neuen Programmen, um vor allem Kinder und Jugendliche an Kunst und Kultur heranzuführen, und auch der Beauftragte der Bundesregierung für Kultur und Medien schließt sich diesem Trend an, hat ein entsprechendes Förderreferat (von 2013 bis 2016: K 16) eingerichtet und schreibt den „BKM-Preis Kulturelle Bildung" aus, der im Jahr 2009 zum ersten Mal vergeben wurde. Vor dem Hintergrund der Flüchtlingswelle 2015 wurde darüber hinaus der Förderpreis „Kultur öffnet Welten" ins Leben gerufen, der 2017 in die zweite Runde ging und ebenfalls Projekte der kulturellen Bildung im Fokus hat, vor allem aber Kultur für alle zugänglich machen will.

Neu an diesen Initiativen und Förderprogrammen ist nicht nur ihre Vielfalt, Mittelausstattung und konzeptionelle Ausrichtung, neu sind auch die Initiatoren und Träger, sodass es zunehmend schwerer fällt, den Überblick zu behalten und sich im kultur- und bildungspolitischen Feld Kulturelle Bildung zu positionieren. Immer mehr Akteure tummeln sich auf diesem Feld, um Kindern und Jugendlichen, aber auch Erwachsenen und Senioren Angebote machen zu können, sich kulturell zu bilden oder kulturell aktiv zu werden. Bemerkenswert ist, dass die öffentlichen und zivilgesellschaftlichen Akteure, die in den letzten Jahrzehnten für das Thema standen und sich damit profilieren konnten, inzwischen erhebliche ‚Konkurrenz' bekommen haben, insofern als auch private Stiftungen sich inzwischen aktiv auf diesem Feld zu Wort melden. Die Trisektoralität, von der neuerdings in der Kulturpolitik vermehrt die Rede ist, erfährt im Feld der Kulturellen Bildung damit ihre empirische Entsprechung (s. auch Deutscher Bundestag 2007: 91 ff.).

Die Motive, die hinter diesem neuen Interesse an Kultureller Bildung vermutet werden dürfen, sind unterschiedlich. Es ist zum Teil eine Reaktion auf die Engführung des Schulunterrichts auf kognitiv-instrumentelle Lerninhalte und die Vernachlässigung der Persönlichkeitsbildung als Ziel des pädagogischen Bemühens und der kulturellen Sozialisation. Es hat aber auch zu tun mit der Sorge, dass den öffentlich geförderten Kultureinrichtungen perspektivisch das Publikum ausgehen könnte (s. Deutscher Bundestag 2007: 379). Denn, so wird allenthalben konstatiert, wenn Kinder und Jugendliche nicht in frühen Jahren mit Kunst und Kultur in Berührung kommen, fehlen ihnen wichtige Voraussetzungen für die kulturelle Teilhabe im späteren Leben.

Akteure der Kulturellen Bildung

Die Landschaft der Kulturellen Bildung in Deutschland ist ebenso vielfältig wie unübersichtlich. Dies ist zum einen der föderalistischen Struktur der Bundesrepublik mit ihrer Kulturhoheit der Länder geschuldet, die die Herausbildung zentralstaatlicher Einrichtungen und Organisationen zur Kulturellen Bildung erschwerte. Zum anderen begünstigten die nur schwach entwickelten öffentlichen Kompetenzen in diesem Bereich die Entwicklung zivilgesellschaftlicher Organisationen und Verbände, die ebenfalls kulturvermittelnd tätig wurden. Zudem erleichterte die staatliche Zurückhaltung in Sachen Kultureller Bildung das Auftreten privatwirtschaftlicher Akteure, die über Stiftungen zunehmend Einfluss auf das Kulturelle Bildungsangebot nehmen.

Insgesamt ist die Landschaft der Kulturellen Bildung in Deutschland im außerschulischen Bereich in den letzten 30 Jahren in den drei Sektoren (öffentlich, gemeinnützig, privat) kontinuierlich gewachsen und differenzierter geworden: quantitativ wie qualitativ. Mittlerweile dürfte es kaum eine Kommune mittlerer Größe geben, die nicht über eine entsprechende kulturelle Infrastruktur wie Musikschule, VHS, Jugendkunstschule, Museum, Soziokulturelles Zentrum etc. verfügt. Doch nicht nur das Angebot an Einrichtungen stieg erheblich, auch die personelle Ausstattung und die kulturpädagogische Qualifikation der Beschäftigten haben sich positiv entwickelt. Dies alles vollzog sich vor dem Hintergrund eines allgemeinen Bedeutungszuwachses Kultureller Bildung, die über den künstlerisch-musischen Bereich hinaus zunehmend zur gesellschaftlichen Kreativkraft avancierte.

Mit dem wachsenden Angebot und der steigenden Akteursdichte veränderte sich zudem das Systemgefüge der Kulturellen Bildung. Vereinfachend formuliert, wurden die Akteure inhaltlich klarer, politisch professioneller, verbandlich organisierter und gesellschaftspolitisch vernetzter.

- Auf der politischen Ebene existierten mit der Verabschiedung des „Ergänzungsplans musisch-kulturelle Bildung zum Bildungsgesamtplan" (1977) der Bund-Länder-Kommission für Bildungsplanung und Forschungsförderung (BLK) zum ersten Mal bundesweite „Richtlinien für die weitere Entwicklung der musisch-kulturellen Bildung".
- Auf der staatlichen Ebene vollzog sich die Professionalisierung in einer wachsenden Bundeskompetenz in Sachen Kulturelle Bildung. Das Bundesministerium des Innern – später auch der Beauftragte für Kultur und Medien (BKM) –, das Bundesfamilien- und das Bundesbildungsministerium erhielten zunehmend Einfluss auf die Initiierung, wissenschaftliche Begleitung und Gestaltung der Entwicklungen im Feld der Kulturellen Bildung.(2)
- Auf der verbandlichen Ebene war ein kontinuierlicher Prozess der Organisation und Vernetzung fachlicher Interessenvertretungen Kultureller Bildung zu verzeichnen. Seit 1971 agiert dabei die Bundesvereinigung Kul-

turelle Kinder- und Jugendbildung e.V. (BKJ) als Dachverband von mittlerweile 56 bundesweit aktiven Institutionen, Fachverbänden und Landesdachorganisationen der Kulturellen Bildung, die im schulischen und außerschulischen Bereich aktiv sind.(3)
- Auf der privatwirtschaftlichen Ebene entdeckten immer mehr Stiftungen das Thema für sich. Motiviert und angetrieben wurde diese Entwicklung hin zum kulturellen Engagement durch eine Neubewertung der ‚Produktivkraft Bildung'. Kreativ-schöpferische Kompetenzen sollen instrumentelle Fähigkeiten erweitern, Kulturelle Bildung soll die fachliche Ausbildung ergänzen.

Ein wichtiges Kennzeichen der Akteurslandschaft in der Kulturellen Bildung ist ihre trisektorale Struktur und die Vernetzung der Akteure und Förderinstrumente. Hatten anfangs die Fachverbände – zum Beispiel ausgestattet mit Mitteln des Kinder- und Jugendplans des Bundes (vormals Bundesjugendplan) – weitgehend die Kulturelle Bildung dominiert, sind seit etwa fünfzehn Jahren staatliche und private Institutionen in diesem Feld stärker präsent. So startete bereits 1998 die Senatsinitiative „Theater und Schule" (TuSch) in Berlin, die seitdem in mehreren anderen Großstädten Nachfolger gefunden hat. 2003 hob die Kulturstiftung der Länder das Projekt „Kinder zum Olymp!" aus der Taufe und veranstaltete inzwischen (bis 2017) acht große Kongresse zu herausragenden Kooperationen von Schule und Kultur. 2004 verabschiedete die Kulturbehörde der Freien und Hansestadt Hamburg ihr Rahmenkonzept „Kinder und Jugendkulturarbeit", das die Kulturelle Bildung als ressortübergreifendes Netzwerk initiierte. Und 2007 wurde im Rahmen der Vorbereitungen zur Kulturhauptstadt Ruhr.2010 das Programm „Jedem Kind ein Instrument" (JeKi) auf den Weg gebracht, das seit dem Schuljahr 2015/16 unter dem neuen Namen „Jedem Kind Instrumente, Tanzen, Singen" (JeKits) agiert und viele Nachahmer in anderen Bundesländern und sogar international gefunden hat.

Die staatlichen Offensiven in Sachen Kulturelle Bildung wurden wesentlich befördert durch eine neue Behörde, die seit 1998 die kulturellen Kompetenzen des Bundesministeriums des Innern (BMI) bündelte und mit neuen Förderinstrumenten versah. Der Beauftragte für Kultur und Medien (BKM) und die 2002 gegründete Kulturstiftung des Bundes demonstrierten nicht zuletzt den Willen des Bundes, in Sachen Kulturelle Bildung Flagge zu zeigen. Förderpolitisch ‚tonangebend' im Bereich staatlicher Akteure ist indes seit 2013 das Bundesministerium für Bildung und Forschung (BMBF), das mit dem Programm „Kultur macht stark. Bündnisse für Bildung" bis 2022 rund 500 Millionen Euro für Kulturelle Bildung verausgabt haben wird.

Ebenfalls in die Öffentlichkeit drängen seit einiger Zeit aus der Privatwirtschaft erwachsene Stiftungen, die im gleichen ‚Geschäftsfeld' aktiv werden. Sie tun dies – wie etwa die Stiftung Mercator in Essen – mit Summen, die selbst der Kulturstiftung des Bundes zur Ehren gereichen würden. Man agiert dabei ebenso mit staatlichen Stellen wie auch in Kooperation mit zivilgesellschaftlichen Akteuren, die nicht zuletzt von den neuen finanziellen Möglichkeiten profitieren. Die Förderaktivitäten der Stiftungen sind dabei nicht selten mit einem politischen Anspruch verknüpft, Einfluss auf das staatliche Bildungssystem zu nehmen. In dieser Hinsicht entwickelt sich derzeit im Bereich Kulturelle Bildung ein Akteurs- und Finanzierungs-Mix, der vertraute Strukturen in Frage stellt und bekannte Verantwortlichkeiten abzulösen beginnt.

Trotz des gegenwärtigen Bedeutungsgewinns von Bildung und Kultur darf eines jedoch nicht vergessen werden: Im Zentrum der Kulturellen Bildung steht nach wie vor die Schule, vor allem mit ihrem Kunst- und Musikunterricht. Rund 11 Millionen Schülerinnen und Schüler besuchten im Schuljahr 2016/17 allgemein bildende und berufliche Schulen in Deutschland. Laut Curricula der Länder hätten sie durchschnittlich insgesamt 2 bis 3 Stunden Musik- und/oder Kunstunterricht pro Woche erhalten müssen. De facto erhielten sie nach Schätzungen von Gewerkschaft (GEW) und Elternverbänden nicht einmal die Hälfte davon. Dieses Manko lässt sich auch durch ein steigendes Angebot frei-gemeinnütziger und privater Akteure der kulturellen Bildung nicht kompensieren. Allerdings wird gegenwärtig das Verhältnis von Schule und Kultur von den verschiedenen Akteuren im Feld neu bestimmt.

Öffentliche Akteure

1. Bundesministerien

Wie bereits angesprochen, hatten die Bundesministerien im Bereich Kulturelle Bildung lange Zeit kaum Kompetenzen. Mit der Installation einer Bund-Länder-Kommission für Bildungsplanung und Forschungsförderung (1970/76) und der Verabschiedung des Ergänzungsplans musisch-kulturelle Bildung zum Bildungsgesamtplan (1977) änderte sich die Situation. Nun wurden zum ersten Mal Richtlinien für die weitere Entwicklung der musisch-kulturellen Bildung formuliert, die geeignet waren, „den auf dem Gebiet der musisch-kulturellen Bildung Verantwortlichen als Orientierung zu dienen". Involviert in diese Phase kultureller Neuorientierung waren vor allem das Bundesfamilien- (BMFSFJ), das Bundesbildungs- (BMBF) und das Innenministerium (BMI) beziehungsweise später der Beauftragte der Bundesregierung für Kultur und Medien (BKM).(4)

Bundesministerium für Familien, Senioren, Frauen und Jugend (BMFSJ)

Unmittelbar mit Angelegenheiten von Kinder- und Jugendlichen befasst ist das BMFSJ. Die rechtliche Grundlage dafür liefert das Kinder- und Jugendhilfegesetz, die finanzielle Basis stellt der Kinder- und Jugendplan des Bundes dar. Standen im ersten Bundesjugendplan 1950 für die Kinder- und Jugendarbeit rund 17 Millionen DM zur Verfügung, waren es 2013 bereits 148 Millionen Euro. Rund 8,5 Millionen davon flossen in die verbandliche Infrastruktur sowie in Projekte der Kulturellen Bildung für Kinder und Jugendliche. Eingebettet sind die Aktivitäten in die „Entwicklung einer eigenständigen Jugendpolitik", die die Herausforderungen und Bedürfnisse von Jugendlichen sowohl in thematischen Fachforen als auch in Pilotprojekten der Träger der Kinder- und Jugendhilfe unter die Lupe nehmen und neu verorten will.

Bundesministerium für Bildung und Forschung (BMBF)

Zu den Kernaufgaben des BMBF gehört die Bildung. Schon der Ergänzungsplan musisch-kulturelle Bildung zum Bildungsgesamtplan von 1977 ff. war im Rahmen der gemeinsamen Arbeit der Bund-Länder-Kommission (BLK) durch verschiedene Modellversuche und Forschungsvorhaben begleitet worden. Die vom damaligen BMBW mit getragenen BLK-Modellprojekte hatten für die (Weiter-)Entwicklung der Kulturellen Bildung häufig Vorbildcharakter. Beispielhaft steht dafür etwa der Modellversuch „Künstler und Schüler" 1977–1979, der einen großen Einfluss auf die Entwicklung der Kulturellen Bildung hatte. Das bis dato letzte große Modellvorhaben widmete sich dem Thema „Kulturelle Bildung im Medienzeitalter" (KuBiM). Die Beschlüsse der Föderalismuskommission 2009 haben den Spielraum der BLK-Modellversuche allerdings erheblich eingeengt.

Mit der „Allianz für Bildung" hat das BMBF 2011 eine neue Offensive gestartet. Das dazu gehörige Aktionsfeld 2 ist der Kulturellen Bildung gewidmet. Darin heißt es: „Die Kulturelle Bildung bietet mit Spiel, Theater, Tanz, Musik, Bildender Kunst, Literatur oder Medien wichtige Gelegenheiten zur Selbstbildung und Kompetenzentwicklung junger Menschen. Wir wollen diese Arbeit unterstützen, lokale Kulturnetzwerke aufbauen und Kulturschaffende dazu ermuntern, gerade auf Schulen in sozialen Brennpunkten zuzugehen und gemeinsame Projekte zu entwickeln." Ein zentraler Baustein ist die Gemeinschaftsaktion „Lesestart" (2011 ff.), für die bei einer

Laufzeit von 8 Jahren insgesamt 28 Millionen Euro bereitgestellt wurden. Nicht vergessen werden dürfen in diesem Zusammenhang auch die Projekte des Referats für Kulturelle Bildung, das seit den 80er Jahren Vorhaben fördert, die den Vermittlungsaspekt von Kunst und Kultur thematisieren und seit dem Nationalen Integrationsplan 2007 verstärkt auch Fragen der interkulturellen Bildung behandeln.

Mit Kultur macht stark. Bündnisse für Bildung hat das BMBF 2013 ein Förderprogramm aufgelegt, das vor allem der frei-gemeinnützigen kulturellen Akteurslandschaft in Deutschland neue Perspektiven eröffnete. Mindestens drei Einrichtungen oder Vereine müssen dabei vor Ort zusammenarbeiten und außerschulische Angeboten entwickeln, bei denen „Kinder und Jugendliche durch die Beschäftigung mit Kunst, Musik, Theater, Tanz oder Literatur ihre eigenen Fähigkeiten erkennen und Fertigkeiten sowie Haltungen entwickeln, die sie für das gesamte Leben stärken". Umgesetzt wurde das Programm durch 23 Bundesverbände der Kulturellen Bildung aus den unterschiedlichsten Sparten, die sich mit einem entsprechenden Konzept beim BMBF bewerben mussten. Ausgestattet mit rund 250 Millionen Euro über eine Laufzeit von 5 Jahren konnten so in rund 15.000 Bildungsangeboten knapp 500.000 Kinder und Jugendliche erreicht werden. Der offensichtliche Erfolg des Programms hat die Verantwortlichen davon überzeugt, die Fördermaßnahme um weitere 5 Jahre (bis 2022) bei gleicher finanzieller Ausstattung fortzusetzen.(5)

Bundesministerium des Innern (BMI)

Seit den 70er Jahren waren ‚Kulturelle Angelegenheiten' neben solchen für Vertriebene und Flüchtlinge in einer gemeinsamen Abteilung des BMI organisiert. Diese Abteilung verstand ihre kulturelle Aufgabe zuvörderst als Ordnungspolitik. Dazu bedurfte es gesicherter Zahlen und Daten zum kulturellen Leben in Deutschland, was erste Grundlagen für eine empirische Kulturforschung schuf. Seit Beginn der 80er Jahre begann sich das kulturelle Aufgabenspektrum des BMI zu erweitern. So wurden etwa die bundesweiten Förderfonds für Literatur (1980), Kunst (1980), Soziokultur (1987) und Darstellende Künste (1987) hier angesiedelt. Nach der deutschen Wiedervereinigung fiel dem BMI durch den Einigungsvertrag eine Fülle neuer kultureller Aufgaben zu. Dies führte schließlich zur Einrichtung eines Beauftragten der Bundesregierung für Kultur und Medien und zur Einsetzung eines gleichnamigen Kulturausschusses im Deutschen Bundestag. Fragen der Kulturellen Bildung spielten dabei zwar nicht immer eine Hauptrolle, gewannen aber nach und nach immer mehr an Bedeutung.

Beauftragte(r) der Bundesregierung für Kultur und Medien (BKM)

Die ‚Kulturabteilung' des BMI ging 1998 im Wesentlichen auf den neu geschaffenen BKM über. Für den vormaligen Kulturstaatsminister Bernd Neumann (2005–2013) bildete die Kulturelle Bildung einen Schwerpunkt des Amtes. Deshalb förderte er zahlreiche Projekte und Initiativen, die sich der Vermittlung von Kunst und Kultur widmeten. Im Mittelpunkt standen dabei Menschen, die bislang kaum von kulturellen Angeboten Gebrauch machten. Bis 2013 wurden für entsprechende Projekte jährlich 1,2 Millionen Euro zur Verfügung gestellt. Neumanns Nachfolgerin im Amt, Kulturstaatsministerin Monika Grütters, führt die kulturelle Förderpolitik ihres Vorgängers im Wesentlichen fort. Seit 2009 vergibt der/die BKM zudem jährlich einen Preis für Kulturelle Bildung, der mit insgesamt 60.000 Euro dotiert ist; seit 2013 ist bereits die Nominierung eines Projektes mit einem Anerkennungspreis in Höhe von 5.000 Euro verbunden. Zur Koordinierung und Weiterentwicklung des entsprechenden Profils wurde im selben Jahr ein eigenes Referat Kulturelle Bildung (K 16) eingerichtet, das neben seinem interkulturellen Engagement förderpolitisch auch im Bereich inklusive Kulturarbeit und kulturelle Flüchtlingsarbeit Flagge zeigte.

Die aus BKM-Mitteln gespeiste Kulturstiftung des Bundes vergibt zudem seit ihrer Gründung (2002) einen nicht unerheblichen Teil ihres Förderetats von rund 35 Millionen Euro ebenfalls an Modellvorhaben, die sich der Vermittlung von Kunst und Kultur widmen.

2. Länderministerien

Die durch Bundeszuständigkeiten nicht infrage gestellte Kulturhoheit der Länder hat mit dazu beigetragen, dass Maßnahmen und Modelle der Kulturellen Bildung mit dem Fokus auf Kinder und Jugendliche vor allem auf Länderebene entwickelt und realisiert wurden. Bundesweit beispielgebend waren bislang in diesem Zusammenhang Berlin, Hamburg, Niedersachsen und Nordrhein-Westfalen.

Berliner Modell für Kulturelle Bildung

Seit 2006 verfolgt die Hauptstadt ein eigenes Modell für Kulturelle Bildung, das vor allem auf Kinder und Jugendliche zielt und dabei eine stärkere Vernetzung der städtischen Kulturlandschaft mit Schulen, Kitas und Trägern der Jugendarbeit im Blick hat. Ziel ist die Etablierung von Kooperationen zwischen Berliner Bildungs- und Kultureinrichtungen unter aktiver Einbindung der Kunst- und Kulturszene Berlins.

Grundlage des Modells ist das „Rahmenkonzept Kulturelle Bildung", das 2008 von der Senatsverwaltung für Bildung, Wissenschaft und Forschung sowie der Berliner Kulturverwaltung entwickelt wurde und seitdem in jährlichen Fortschrittsberichten überprüft wird. 2016 erfolgte eine Überarbeitung der Konzeption, ohne indes dessen grundsätzliche Zielsetzung infrage zu stellen. Zu den Kernpunkten des Rahmenkonzepts gehören unter anderem:

- die Bestandsaufnahme der zahlreichen Angebote der kulturellen Bildungsarbeit,
- die stärkere Gewichtung Kultureller Bildung in Schulen, Kitas, Kinder- und Jugendfreizeitstätten,
- die Verpflichtung der öffentlich geförderten Kulturinstitutionen zur Unterstützung Kultureller Bildungsarbeit,
- die Einbeziehung der freien Szene sowie von Künstlern und Kulturschaffenden in die Kulturelle Bildungsarbeit,
- die Vorstellung und Initiierung von Best Practice-Modellen.

Seit 2016 wird allerdings ein größeres Gewicht auf Fragen der Diversität und Transkulturalität in der kulturellen Bildung sowie auf verbesserte Möglichkeiten zur Partizipation gelegt. Darüber hinaus soll die Aus- und Fortbildung der Kulturvermittler verbessert werden. Ein Großteil der Maßnahmen wird durch die landeseigene Gesellschaft Kulturprojekte Berlin GmbH umgesetzt. Die gemeinnützige Einrichtung organisiert unter anderem kulturelle Projekte und konzipiert Programme der Kulturellen Bildung. Als operativer Arm steht ihr dabei der Berliner Projektfonds Kulturelle Bildung zur Verfügung, der in drei Fördersäulen jährlich 2 Millionen Euro vergibt.

2010 wurden die rund 60 institutionell geförderten Kultureinrichtungen der Hauptstadt evaluiert, um den Stand der Umsetzung des Rahmenkonzepts Kulturelle Bildung zu überprüfen. Der „Bericht zur Evaluation Kulturelle Bildung" (2011) von Birnkraut|Partner für die Senatskanzlei – Kulturelle Angelegenheiten gibt einen ersten Einblick in den Erfolg der Maßnahmen, verweist jedoch auch auf die Schwierigkeiten, ein derart komplexes Rahmenkonzept mit so vielen Partnern umzusetzen. Eine erneute Überprüfung im Vorfeld der Aktualisierung des Rahmenkonzepts 2016 kam zu ähnlichen Ergebnissen. Die dabei geforderte Erhöhung der jährlichen Fördermittel auf 4 Millionen Euro wurde bis dato (2017) nicht umgesetzt.

Hamburger Rahmenkonzept zur Förderung der Kinder- und Jugendkultur

2004 wurde vom Hamburger Senat ein Fachkonzept verabschiedet mit dem Ziel, „Hamburg zu einer Modellregion für Kinder- und Jugendkultur auszubauen" (damalige Kultursenatorin Karin v. Welck). Dieses „Rahmenkonzept Kinder- und Jugendkulturarbeit in Hamburg" wurde von der Kulturbehörde in Zusammenarbeit mit der Behörde für Bildung und Sport, der Behörde für Soziales und Familie sowie der Behörde für Wissenschaft und Gesundheit erarbeitet und mit einem Anfangsbudget von 375.000 Euro ausgestattet. Es soll der Erkenntnis Rechnung tragen, „dass gerade die kulturelle Bildung ein entscheidendes Fundament ist, mit dem die Lebensperspektiven von jungen Menschen gesichert werden können".

Unter Federführung der Kulturbehörde wird das Konzept seitdem mit verschiedenen städtischen und freien Kooperationspartnern umgesetzt. Dabei ist beabsichtigt,
- „die Kräfte der verschiedenen Arbeitsbereiche zu bündeln und Synergien zu schaffen,
- neue Formen der Zusammenarbeit zu fördern und zu entwickeln,
- die öffentliche Aufmerksamkeit auf Kinder- und Jugendkultur zu lenken,
- den Zugang zu Kunst und Kultur für Kinder und Jugendliche zu erleichtern,
- die Vielfalt der Angebote und Trägerstrukturen zu pflegen sowie
- die Qualität der Angebote zu sichern". (Rahmenkonzept, S. 1)

Diese Zielsetzungen werden in insgesamt 11 Handlungsfeldern realisiert, die sich im Überschneidungsbereich der Arbeitsbereiche von Kultur-, Bildungs- und Jugendhilfepolitik befinden. Dazu gehören unter anderem Kulturelle Bildung als Schlüsselkompetenz, Transkulturelle Dynamik, Schule und Kulturelle Bildung, Stadtteilkultur, Mediale Initiativen, Kulturelle Traditionen und Ausbildung, Fortbildung, Forschung. Als konkrete Maßnahmen wurden unter anderem das Projekt Theater und Schule ausgeweitet, Orchestermusiker an Schulen eingesetzt, Ganztagsschulen als Pilotschulen Kultur eingerichtet, ein digitales Netzwerk Kulturelle Bildung geknüpft und die Kooperation Schule/außerschulische Einrichtungen insgesamt intensiviert.

2011 wurde das Rahmenkonzept nach achtjährigem Praxistest einer Revision unterzogen. Dabei wurden die Handlungsfelder gestrafft und die Kooperationsformen vereinfacht. Darüber hinaus wurden die Finanzmittel – inkl. Sponsorenleistungen – auf nahezu 2 Millionen Euro gesteigert. 2012 wurde das neue Rahmenkonzept vom Senat der Freien und Hansestadt Hamburg verabschiedet. Seitdem wird es in mehr als 40 Kulturprojekten mit den unterschiedlichsten Partnern in der Stadt umgesetzt. Zur Verstetigung des Konzeptes wird überlegt, im Kulturhaushalt einen zentralen Fonds für Kinder- und Jugendkultur einzurichten. Dieser Fonds könnte Mittel aus der Kulturbehörde, Schulbehörde, Wissenschaftsbehörde und Sozialbehörde für Kinder- und Jugendkultur umfassen.

Kulturelle Kinder- und Jugendbildung des Landes Niedersachsen

Das Flächenland Niedersachsen erarbeitet seit 2010 in einem offenen Prozess das beteiligungsorientierte Kulturentwicklungskonzept (KEK). Der Prozess partizipativer Diskussion und Reflexion über Kultur und Kulturförderung bezieht die kulturellen Akteure sowie die Bürgerinnen und Bürger ein, seine Ergebnisse werden in Zielvereinbarungen umgesetzt, die das Land mit den relevanten Kulturakteuren im Land abschließt. Das Kulturentwicklungskonzept führt in seinen Grundsatzüberlegungen die Kulturelle Bildung als ein Schwerpunktthema auf. Denn: „Die Vermittlung Kultureller Bildung ist unverzichtbare Aufgabe jeder Kultureinrichtung". (Kulturbericht Niedersachsen 2010, S. 51)

In der Kulturellen Kinder- und Jugendbildung des Landes sind vier Fachministerien involviert: das Ministerium für Wissenschaft und Kultur, das Kultusministerium, das Ministerium für Soziales, Frauen, Familie und Gesundheit sowie das Ministerium für Inneres, Sport und Integration. Kultur- und Kultusministerium arbeiten dabei besonders intensiv zusammen. Im tendenziellen Gegensatz zu anderen Bundesländern sind die Fachministerien durch spezielle Förderprogramme oder Modellprojekte weniger selbst aktiv, sondern haben entsprechende Aufgaben in Zielvereinbarungen formuliert und an Fachverbände der Kulturellen Jugendbildung delegiert. Die Landesverbände der niedersächsischen Kunstschulen (LVKS) sowie der Musikschulen, aber vor allem die Landesvereinigung Kulturelle Jugendbildung (LKJ Niedersachsen) mit ihren 30 Mitgliedsverbänden sind – neben einigen (Landes-)Stiftungen – die operativen Akteure in Sachen Kulturvermittlung in Niedersachsen.

Der LVKS ist zuständig für das Modellprojekt „Kunstschule 2020" – Neue Strukturen für kulturelle Teilhabe, in dem unter anderem auf die Konkurrenz durch Ganztagsschulen reagiert werden soll. Die LKJ betreut zum Beispiel das Gemeinschaftsvorhaben „Kultur macht Schule", mit dem systematische Kooperationsmöglichkeiten zwischen den Institutionen und Handelnden der Kulturellen Bildung sowie den Schulen entwickelt werden sollen. Die Stiftung Niedersachsen ist Initiator des Netzwerks Musikland Niedersachsen, in dem die musikalische Bildung von Kindern und Jugendlichen in zahlreichen Einzelprojekten gefördert wird. Und der Landesverband niedersächsischer Musikschulen ist Träger des Projektes „Wir machen die Musik", bei dem in mittlerweile 700 Kitas und 450 Grundschulen 37.000 Kinder zwischen 0 und 10 Jahren spielerisch an Musik herangeführt werden (Jahresbericht 2016). Insgesamt fließen so jährlich ressortübergreifend mehrere Millionen Euro in die Kulturelle Bildung in Niedersachsen.

Kinder- und Jugendkulturland Nordrhein-Westfalen

Die Kulturelle Bildung in NRW hat seit den Landtagswahlen von 2005, die einen Regierungswechsel brachten, einen enormen Bedeutungsgewinn erfahren. Sinnfälligster Ausdruck ist der Selbstanspruch des Landes, zum Modell-Land Kulturelle Bildung zu avancieren (s. Sievers 2010). Voraussetzung für den Erfolg kultureller Bildung sei dabei die möglichst frühe und systematische Begegnung von Kindern mit Kultur und kultureller Bildung. Die nachfolgenden rot-grünen Landesregierungen unter den Kulturministerinnen Ute Schäfer (2010–2015) und Christina Kampmann (2015–2017) haben diesen Selbstanspruch fortgeführt und auf eine neue juristische Basis gestellt.

Mit der Verabschiedung des „Gesetzes zur Förderung und Entwicklung der Kultur, der Kunst und der kulturellen Bildung in Nordrhein-Westfalen" (Kulturfördergesetzes NRW) 2014/15 hat das Land eine bis dato bundesweit einmalige rechtliche Grundlage zur Förderung der kulturellen Bildung geschaffen. Das Gesetz verankert die Kulturelle Bildung als einen von drei Schwerpunkten der Landeskulturförderung – neben der Produktion und Präsentation künstlerischen Schaffens und dem Erhalt des kulturellen Erbes. „Es macht kulturelle Bildung zur gesetzlichen Pflichtaufgabe für alle landeseigenen Kultureinrichtungen und schafft die Möglichkeit, Aktivitäten im Bereich der kulturellen Bildung zur Voraussetzung von institutionellen Förderungen des Landes zu machen" (Kulturfördergesetz NRW, S. 3).

Mittlerweile werden quer durch alle Sparten rund 20 Millionen Euro in die Kreativität von Kindern und Jugendlichen investiert, das heißt rund ein Zehntel des Kulturetats von NRW fließt in die Kulturelle Bildung. Zwei Förderprogramme bilden dabei seit mittlerweile rund zehn Jahren die ‚Flaggschiffe' der kulturpädagogischen Offensive der Landesregierung.

– Mit dem Programm „Kultur und Schule" werden Künstler aller Sparten ergänzend zum Unterricht in die Schulen geholt, um Kinder so früh wie möglich für Kunst und Kultur zu begeistern. Besonders berücksichtigt werden Ganztagsgrundschulen und Ganztagshauptschulen mit erweitertem Angebot. 2016 fanden insgesamt 12.000 Projekte in allen Kunstsparten statt. Damit wurden mehr als die Hälfte aller Grundschulen in

NRW erreicht. Das Kulturministerium förderte das Programm mit rund 3,7 Millionen Euro. (Kulturbericht des Landes Nordrhein-Westfalen 2016)

- Das Modellprojekt Jedem Kind ein Instrument (JeKi) gilt als modellhaft für ganz Deutschland und hat auch in anderen Bundesländern (zum Beispiel Hamburg und Hessen) Nachahmer gefunden. Bei Jeki steht ebenfalls die Grundschule im Zentrum der Förderaktivitäten, die mit der örtlichen Musikschule ein Bündnis auf vier Jahre eingeht. Dabei wird jedem Schüler im Ruhrgebiet die Möglichkeit eröffnet, ein Musikinstrument zu erlernen und konzertant zu spielen. Das Modellprojekt war ein ‚Leuchtturm' rund um das Kulturhauptstadtjahr Ruhr.2010 und wurde ursprünglich von der Kulturstiftung des Bundes und der Stiftung Mercator mit jeweils 10 Millionen Euro kofinanziert. Nach Ablauf der Maßnahme 2011 übernahm das Land die Hauptlast der Weiterfinanzierung und steuert jährlich rund 10 Millionen Euro bei. Seit dem Schuljahr 2015/16 firmiert das Programm unter dem Namen JeKits (Jedem Kind Instrumente, Tanzen, Singen), ist mittlerweile landesweit aufgestellt und aktuell mit rund 8 Millionen Euro ausgestattet.

Neben den oben genannten Schwerpunktprogrammen fördert das Kulturministerium eine Reihe weiterer Maßnahmen, die ebenfalls zum positiven Image des Modell-Landes Kulturelle Bildung betragen. So werden jährlich Städte und Gemeinden, die wirksame kommunale Gesamtkonzepte für Kulturelle Bildung entwickelt haben, mit Preisgeldern in Höhe von bis zu 30.000 Euro ausgezeichnet. Darüber hinaus stärkt das „Kulturrucksack"-Programm seit 2012 mit einem Pro-Kopf-Zuschuss von jährlich 4,40 Euro für die Altersgruppe der 10- bis 14-Jährigen sowie zusätzlichen Projektmitteln die kommunale Kulturlandschaft. Die Kulturelle Bildung soll dabei „Kindern und Jugendlichen die Tür zu Kunst und Kultur soweit wie möglich öffnen". 2016 waren bereits 220 Städte mit mehr als 2.600 Veranstaltungen aktiv in der Maßnahme. Das Land unterstützt die Kulturrucksack-Kommunen mit jährlich 3 Millionen Euro.

3. Öffentliche Stiftungen

In den letzten 15 Jahren haben immer mehr Stiftungen die Kulturelle Bildung als thematisches Förderfeld für sich entdeckt. Das hat sicher auch damit zu tun, dass Bund und Länder aus den verschiedensten Gründen zunehmend selbst zum Stifter wurden, ist aber ebenso der Tatsache geschuldet, dass in der öffentlichen Diskussion seit PISA Bildungsfragen insgesamt ein höherer Stellenwert zukommt. Nicht zufällig wurde dabei Kulturelle Bildung zunehmend als fester Bestandteil der allgemeinen Bildung verstanden.(6)

Kulturstiftung des Bundes

Die Kulturstiftung des Bundes (KSB) wurde 2002 gegründet mit dem Ziel, bundesweit bedeutende kulturelle Vorhaben zu fördern. Sie verfügt über ein Jahresbudget von 35 Millionen Euro und gehört damit zu den größten Kulturstiftungen des Landes. 2005 wurde das Förderprofil der Einrichtung neu ausgerichtet. Ein Schwerpunkt liegt nun auf Projekten und Programmen, die gezielt die Vermittlung von Kunst und Kultur an ein neues – junges – Publikum fördern.

Paradigmatisch umgesetzt wurde dieser Anspruch bei der Förderung des Ruhr.2010-Projekts Jedem Kind ein Instrument, das von der Stiftung über vier Jahre mit 10 Millionen Euro gefördert wurde. Darüber hinaus war die Stiftung maßgeblich am Projekt Kulturagenten für kreative Schulen ebenfalls mit 10 Millionen Euro beteiligt. Von 2011 bis 2015 wurden dabei in 5 Bundesländern sogenannte Kulturagenten an Schulen eingesetzt, die gemeinsam mit Schülern, Lehrern, Eltern, Künstlern und Kulturinstitutionen ein fächerübergreifendes Angebot der Kulturellen Bildung entwickeln und langfristige Kooperationen zwischen Schulen und Kultureinrichtungen aufbauen. Seit dem Schuljahr 2015/16 werden die Kulturagenten für kreative Schulen als Länderprogramme fortgeführt. Die Kulturstiftung des Bundes versteht ihre Fördertätigkeit im Feld der Kulturellen Bildung als Zusammenspiel mit dem BKM (s. Völckers 2012).

Kulturstiftung der Länder

Gleichsam als länderspezifisches Pendant zur Kulturstiftung des Bundes fungiert die Kulturstiftung der Länder (KSL). Sie wurde 1988 gegründet, um der föderalen Struktur der Bundesrepublik entsprechend ein passendes Förderinstrument für Kultur vorzuhalten. Das Gesamtbudget beläuft sich auf mehr als 10 Millionen Euro, die von den Ländern aufgebracht werden. Bundes- und Sponsorenmittel ergänzen den KSL-Haushalt. Der Schwerpunkt ihrer Tätigkeit liegt bei der Erwerbung und Bewahrung von Kunstwerken und kulturellen Zeugnissen, die für Deutschland von besonderer Bedeutung sind. In den vergangenen zehn Jahren hat sich allerdings die Förderphilosophie der Stiftung insofern gewandelt, als dass Fragen der kulturellen Bildung größere Bedeutung erlangten.

Sinnfälliger Ausdruck dieses Bedeutungswandels ist das Projekt Kinder zum Olymp!, das seit 2003 Schulen, Kultureinrichtungen und Künstler zusammenführt, um Kinder und Jugendliche aktiv mit Kunst in Kontakt zu bringen. In diesem Zusammenhang ruft die Kulturstiftung der Länder jedes Jahr bundesweit zu einem Wettbewerb für Schulen auf. Kinder und Jugendliche sollen so die Möglichkeit erhalten, sich aktiv in kulturellen Projekten zu engagieren und eigene künstlerische Erfahrungen zu sammeln. Ihre Lust auf Literatur, Musik, Tanz, Theater oder bildende Kunst haben bisher rund 300.000 Schülerinnen und Schüler in rund 7.800 Wettbewerbsprojekten der Bildungsinitiative Kinder zum Olymp! bewiesen: Bis 2014 zeichnete die Kulturstiftung mit ihren Preisen des bundesweiten Wettbewerbs „Schulen kooperieren mit Kultur" – der über zehn Jahre durch die Deutsche Bank Stiftung unterstützt wurde – herausragende Kooperationen von Schulen aus. 2015 startete der Wettbewerb mit einem neuen Konzept, um nachhaltige verstetigte Kooperationen von Schulen mit kulturellen Institutionen und Künstlern zu würdigen.

Zivilgesellschaftliche Akteure

1. Private Stiftungen

Stiftung Mercator

Die Stiftung Mercator wurde 1996 gegründet und ist eine der größten privaten Stiftungen in Deutschland. Seit einer programmatischen Neuausrichtung im Jahr 2008 verfolgt sie reformerische Ziele in den Themenclustern Integration, Klimawandel und Kulturelle Bildung. Eine zentrale Zielsetzung ist dabei, den Stellenwert von kultureller Bildung in Deutschland zu erhöhen.(7) Vor allem die Schule als staatliche Zentralinstanz für Bildung und Erziehung spielt in den Überlegungen der Stiftung eine große Rolle.

Eine Reihe von kleineren Projekten widmet sich aktuell der musisch-künstlerischen Bildung in NRW und behandelt in diesem Zusammenhang auch Migrationsaspekte und Integrationserfordernisse. Zu ihren Hauptprojekten gehörten dabei die Kulturagenten für kreative Schulen, welche die Stiftung – wie auch die KSB – mit 10 Millionen Euro bis 2015 in den Bundesländern NRW, Baden-Württemberg, Thüringen, Berlin und Hamburg förderte. Im selben Jahr startete ein Nachfolgeprogramm, das die Maßnahme in NRW mit einer Übergangsfinanzierung fortführt. Die Stiftung Mercator ist dabei wiederum eine strategische Partnerschaft mit der Kulturstiftung des Bundes eingegangen, um ihr kulturpädagogisches und gesellschaftspolitischen Anliegen zu erreichen. Im Zusammenwirken mit anderen Stiftungen in einem Rat für Kulturelle Bildung will sie dieses strategische Engagement weiter ausbauen.

Bertelsmann Stiftung

Die Bertelsmann Stiftung gehört mit einem Fördervolumen von knapp 73 Millionen Euro (2016) ebenfalls zu den großen privatwirtschaftlichen Stiftungen in Deutschland. Bereits 1977 in Gütersloh gegründet, will sie – abgesehen vom ökonomisch motivierten Eigeninteresse – „Menschen bewegen" und „Zukunft gestalten". Kulturelle Bildung ist dabei ein Baustein, der sich besonders an junge Menschen und solche mit Migrationshintergrund richtet.

2010 flossen rund 5,6 Millionen Euro in die Programmbereiche Bildung und Kultur, die ‚Brücken der Verständigung' errichten sollen. Für das Themenfeld Integration und Bildung wurden insgesamt 3,6 Millionen Euro zur Verfügung gestellt. Die musikalische Förderung wurde mit rund 2 Millionen Euro ausgestattet. Finanziert wurden damit einerseits Programme zum Zusammenhang von Schule, Vielfalt und Integration, andererseits Maßnahmen zur musikalischen Früherziehung im Vorschulalter und in der Grundschule.

Die Bertelsmann Stiftung ist ausschließlich operativ tätig. Zu ihren Kooperationspartnern zählen Einrichtungen auf Bundes-, Länder- und kommunaler Ebene. Die Programmbereiche Bildung und Kultur arbeiten vor allem mit Schulen und Kindertagesstätten zusammen. Kontakte zu anderen aus der Privatwirtschaft entstandenen Stiftungen sind häufig.

PwC-Stiftung Jugend – Bildung – Kultur

Die PcW-Stiftung ist eine Initiative des international agierenden Finanzdienstleisters PricewaterhouseCoopers International Limited in Deutschland. Sie wurde 2002 ins Leben gerufen und verfügt über jährliche Fördermittel in Höhe von 1,5 Millionen Euro (2016). Die PwC-Stiftung setzt sich dafür ein, allen Kindern und Jugendlichen in Deutschland Kulturelle Bildung zugänglich zu machen. Aktives Erleben und Kreativität sollen dabei dem passiven Konsum von Kulturprodukten entgegenwirken.
Die spartenübergreifende Projektförderung steht im Zentrum der Stiftungstätigkeit. Konzerte, Theateraufführungen, aber auch Ausstellungen, Wettbewerbe, Workshops und Tagungen zu den verschiedensten Aspekten kultureller Kinder- und Jugendbildung prägen die Arbeit der Einrichtung. Daneben werden Eigen- und Initiativprogramme wie zum Beispiel Kultur. Forscher! und Klang.Forscher! durchgeführt. Als Kooperationspartner wirken zum Beispiel die Deutsche Kinder- und Jugendstiftung (DKJS), die Kulturstiftung der Länder oder auch die Elbphilharmonie. Die PwC-Stiftung ist nur in Ausnahmefällen operativ tätig.

2. Verbände

Neben den oben genannten Akteuren der Kulturellen Bildung im öffentlichen Sektor ist die Vermittlung von Kunst und Kultur vor allem im Blick auf Kinder und Jugendliche ein wichtiges Arbeitsfeld von zivilgesellschaftlichen Einrichtungen und Verbänden, die sich in den letzten 35 Jahren in bewusster Absetzung vom schulischen Bildungssystem herausgebildet und etabliert haben. Die meisten von ihnen sind mittlerweile in bundesweiten Netzwerken organisiert und von der Politik als verlässliche Partner der Kulturellen Bildung anerkannt. Viele engagieren sich als operative Unterstützer und Dienstleister mit Blick auf die öffentlich geförderten Programme Kultureller Bildung.

Bundesvereinigung Kulturelle Kinder- und Jugendbildung

Als Dachverband aller frei-gemeinnützigen Akteure in diesem Feld fungiert die Bundesvereinigung Kulturelle Kinder- und Jugendbildung e.V. (BKJ) mit Sitz in Remscheid. Hier laufen nicht nur alle verbandlichen Fäden der entsprechenden Fachszenen zusammen, hier residiert auch der ‚Kopf' der zahlreichen Landesverbände, die gemäß der föderalen Struktur der Bundesrepublik relativ selbstständig in den Ländern agieren. Das Spektrum reicht dabei von Kinder- und Jugendtheatern über Musik- und Jugendkunstschulen bis hin zu Kindermuseen, Jugendfilmzentren und Kinderzirkussen. Die besondere Stellung der BKJ wird nicht zuletzt in der herausragenden Einbindung des Dachverbands bei der Umsetzung des BMBF-Förderprogramms Kultur macht stark deutlich.

Bundesverband der Jugendkunstschulen und kulturpädagogischen Einrichtungen

Der Bundesverband der Jugendkunstschulen und kulturpädagogischen Einrichtungen e.V. (BJkE) gehört zwar als Mitglied der BKJ an, ist aber als Fachverband maßgeblich an der Kulturellen Kinder- und Jugendbildung in Deutschland beteiligt. Seine rund 400 Mitgliedseinrichtungen erreichen mit ihren Aufführungen, Ausstellungen, Filmvorführungen oder sonstigen Präsentationen etwa 600.000 aktive Kinder und Jugendliche jährlich. Jugendkunstschulen und kulturpädagogische Einrichtungen sind daher für die Grundversorgung mit Kultureller Bildung unerlässliche Partner.

Fonds Soziokultur

Um das soziokulturelle Praxisfeld auch förderpolitisch aufzuwerten, wurde 1987 der Fonds Soziokultur e.V. eingerichtet, der mittlerweile rund 1 Millionen Euro jährlich zur Verfügung hat. Damit wurde ein bundesweites Förderinstrument geschaffen, das erheblichen Wert auf die Vermittlung kulturell-künstlerischer Kompetenzen legt. Wie die Förderpraxis in den letzten 25 Jahren belegt, ist die Soziokultur in den meisten Fällen untrennbar mit spezifischen Methoden und Formaten der Kulturellen Bildung verbunden. Der Fonds fördert jährlich ca. 80 bis 100 Projekte; schätzungsweise über die Hälfte davon können als Projekte der Kulturellen Bildung bezeichnet werden.

3. Weitere Akteure

Politik und Stiftungen sind in letzter Zeit vermehrt dazu übergegangen, zur operativen Entwicklung von größeren Vorhaben der Kulturellen Bildung eigene Arbeitsstellen einzurichten.(8) Eine beliebte Organisationsform ist dabei die gemeinnützige GmbH, die im Auftrag eines Bundeslandes, einer Stiftung beziehungsweise der Kooperationspartner entsprechende Aktionen durchführt und verantwortet. Beispiele dafür sind etwa die Kulturprojekte GmbH, die entsprechende Angebote des Berliner Senats umsetzt, oder das Forum K&B GmbH in der Hauptstadt, das im Auftrag der Stiftung Mercator und der Kulturstiftung des Bundes die Kulturagenten für kreative Schulen betreut.

Zukunft der Kulturellen Bildung – Anmerkungen zur Lage

Die vorstehende Skizze einiger Entwicklungen im Bereich der kulturellen Bildung und ihrer Akteure vermitteln einen Eindruck von der Entwicklungsdynamik und den Veränderungen, die es in diesem Feld gibt, auch wenn die hier versuchte Standortbestimmung unvollständig bleiben muss. Nicht nur das Spektrum der Akteure der Kulturellen Bildung hat in den letzten Jahren eine strukturelle Erweiterung und Differenzierung erfahren, auch deren Programme und Formate unterlagen einer erheblichen Neuakzentuierung. Als Ergebnis kann einerseits eine bemerkenswerte Fokussierung auf die Institution Schule konstatiert werden und andererseits eine Veränderung der Akteurs- und Kooperationsstruktur.

Fokus Schule

Die Konjunktur der Kulturellen Bildung in den 80er und 90er Jahren im letzten Jahrhundert war wesentlich von jenen Akteuren getragen, die dem System Schule kritisch gegenüber standen und ästhetische Erziehung jenseits des Systems Schule praktizieren wollten. Sie waren überzeugt davon, dass nur außerhalb der bestehenden Einrichtungen Kulturelle Bildung zur Selbstverwirklichung junger Menschen beitragen könne. Pädagogik wurde – überspitzt formuliert – eher als Belastung empfunden, da sie staatliche Regelsysteme voraussetzte. Schulen galten als Einrichtungen, in denen sich Kreativität nicht entfalten könne.

Mit der zunehmenden Etablierung der Ganztagschule vor dem Hintergrund der Bund-Länder-Aktion Investitionsprogramm „Zukunft Bildung und Betreuung" wurde der Ganztag zum bestimmenden Merkmal des Schulsystems. Den außerschulischen Einrichtungen der Kulturellen Bildung kamen so nicht nur die zeitlichen Freiräume, sondern auch ihr Klientel immer mehr abhanden. Wollte man die eigenen Angebote nicht auf den Spätnachmittag beziehungsweise frühen Abend legen, war man gezwungen, neue Bündnisse zu schließen.

Im Zuge der diversen PISA- und IGLU-Studien, die die Bedeutung mathematisch-naturwissenschaftlicher Fächer betonten, kamen als Reaktion darauf immer häufiger Stimmen auf, die eine Kulturelle Bildungskatastrophe (so der frühere NRW-Kulturstaatsekretär Hans-Heinrich Grosse-Brockhoff, in: Der Ministerpräsident des Landes Nordrhein-Westfalen 2008) befürchteten, wenn die Künste immer mehr aus der Schule verdrängt würden.

In den letzten zehn Jahren wurden daher zunehmend Landesprogramme initiiert, die den Zusammenhang von Schule und Kultur mit Leben füllen sollten. Ob nun Kinder zum Olymp!, TuSch, Jedem Kind ein Instrument oder Wir machen Musik: Neue künstlerische Angebote wurden in die Schule transportiert, um auch die ästhetische Erziehung der Kinder und Jugendlichen zu befördern. Nicht selten kamen dabei die Fachleute wieder zum Einsatz, die einst dem Bildungssystem mit dem Hinweis auf dessen künstlerische Defizite den Rücken gekehrt hatten.

So schließt sich gewissermaßen der Kreis, an dessen Anfang einst die außerschulische Kulturelle Bildung gestanden hat. Die Schule wird wieder zu einem zentralen Ort ästhetischer Erziehung, indem sie diejenigen Kräfte, die das ‚System' mit dem Hinweis auf seine künstlerische Beschränkung verlassen hatten, wieder zu integrieren versucht. Und die Akteure der Kulturellen Bildung von staatlicher und privatwirtschaftlicher Seite beleben diesen Prozess nachhaltig. Vor allem die privatwirtschaftlichen Stiftungen tun dies nach eigenem Bekunden auch in der Absicht, damit Einfluss auf die curriculare Gestaltung des Unterrichts zu nehmen.

In eine eher defensive Situation sind dabei die sogenannten freien Akteure der Kulturellen Bildung geraten, die in den letzten 35 Jahren die außerschulische Kulturelle Bildung aus zivilgesellschaftlicher Initiative aufgebaut haben. Sie sehen sich zunehmend gezwungen, ihren Handlungsbereich auch auf die Schule auszurichten, neue Bündnisse zu schließen und neue Kooperationsmodelle zu entwickeln. Nicht selten werden sie dabei zum operativen Umsetzer von Programmen, die andere Akteure aufgelegt haben, welche über die notwendigen finanziellen Ressourcen verfügen.

Fokus Vernetzung/Kooperation

Mit der Differenzierung des Akteursfeldes und der Programme im Bereich der Kulturellen Bildung geht ein Prozess der Vernetzung und zunehmenden Kooperation/Koordination einher. Dieser Prozess vollzieht sich auf politischer, finanzieller und programmatischer Ebene. Begünstigt wird diese Entwicklung durch die Tatsache, dass Kulturelle Bildung auch im Selbstverständnis der Akteure als klassische Querschnittsaufgabe verstanden wird:

- Auf der politischen Ebene verwischen zunehmend traditionelle Ressortgrenzen. Vor allem auf Länderebene (auch auf Bundesebene) bilden sich interministerielle Arbeitsgruppen und vergleichbare Koordinierungsausschüsse, die wie etwa in NRW, Berlin und Hamburg Kompetenzen von Schule, Kultur und Jugend im Feld der Kulturellen Bildung zusammenfassen.[9]
- Damit verbunden ist häufig ein Mix der finanziellen Mittel, die für Kulturelle Bildung bereitgestellt werden. Relativ neu ist dabei das Engagement von privatwirtschaftlichen Stiftungen, die – wie etwa die Stiftung Mercator mit der Kulturstiftung des Bundes – projektbezogen strategische Bündnisse mit staatlichen (Förder-)Einrichtungen eingehen.
- Begünstigt wird das neue Netzwerk zudem durch eine Entideologisierung und Angleichung der programmatischen Grundlagen. Kulturelle Bildung in ihrer Doppelrolle als konstitutiver Bestandteil der Allgemeinbildung sowie als ästhetische Erziehung zur kreativen Persönlichkeitsentwicklung wird mittlerweile von niemandem mehr ernsthaft infrage gestellt.

Diese Entwicklung steht im Zusammenhang mit einem neuen Modus der (Kultur-)Förderung, der auf Kooperation und die Zusammenlegung von Ressourcen setzt, um synergetische Effekte und eine größere Wirkung in der Sache zu erzielen. Dabei geht es nicht mehr nur darum, einzelne Einrichtungen oder Maßnahmen zu fördern, sondern Anreize zu geben und Rahmenbedingungen zu schaffen, damit die verschiedenen Akteure im heterogenen Feld der Kulturellen Bildung effektiver zusammenwirken.

Bemerkenswert ist vor allem die Systematik der Förderkonzeption: Landesprogramme und Wettbewerbe geben Impulse, Fortbildungen qualifizieren die Akteure, Preise schaffen Öffentlichkeit, Koordination erleichtert die Zusammenarbeit, Publikationen stimulieren zur Nachahmung, und Evaluationen überprüfen den Erfolg der Projekte.

Das Netzwerk Kulturelle Bildung in Hamburg, der Kulturrucksack in NRW, der Berliner Projektfonds Kulturelle Bildung und die Kommunalen Gesamtkonzepte Kulturelle Bildung in NRW folgen diesen Überlegungen. Dabei schließen sich öffentliche, frei-gemeinnützige und private Akteure mit verschiedenen finanziellen Möglichkeiten im programmatischen Konsens zusammen, um die Kulturelle Bildung in Stadt, Land und Bund nachhaltig zu fördern.

Fazit und abschließende Fragen

Kulturelle Bildung in Deutschland mit dem Fokus auf Kinder und Jugendliche(10) hat in den letzten 35 Jahren einen erstaunlichen Wandel erlebt. Vom schulischen ‚Aschenputtel' avancierte sie erst zum erfolgreichen neuen Praxisfeld der freien kulturpädagogischen Szene, bis sie schließlich wieder zurück in das staatliche Bildungssystem fand, diesmal allerdings unter erheblich veränderten Vorzeichen. Den Ausgangs- und Endpunkt der kulturpädagogischen Reise bildet dabei die Schule, die vom Hort des Kunst- und Musikunterrichts am Vormittag zum Bildungszentrum im Ganztag mit zahlreichen kulturellen Zusatzangeboten ausgebaut werden soll. Dabei wirken die zentralen Akteure Kultureller Bildung zusammen.

Auf der staatlichen Ebene besteht ein starkes Interesse daran, das Schulsystem auch im musisch-künstlerischen Bereich zu profilieren. Während die zuständigen Länderministerien dies durch die Integration zusätzlicher Fachleute und Angebote in den Unterrichtsalltag zu realisieren versuchen, unterstützen die entsprechenden Bundesministerien – dem Kulturföderalismus und ihren jeweiligen Ressortaufgaben entsprechend – die Entwicklung neuer Programme und Strukturen im Feld der Kulturellen Bildung eher durch Pilotprojekte, begleitende Forschungen oder andere jugend- beziehungsweise bildungspolitische Initiativen.

Die privatwirtschaftlichen Akteure, allen voran die Stiftungen, verfolgen ähnliche Zielsetzungen wie die staatlichen Organe. Auch sie möchten die Kulturelle Bildung in der Schule stärken, um so der Allgemeinbildung ein ästhetisches Bezugssystem zu verschaffen, das den steigenden gesellschaftlichen Anforderungen an die junge Generation eher entspricht als eine nur instrumentelle Ausbildung. Ihr Anliegen scheint jedoch zuvörderst ökonomisch motiviert zu sein, Bildung ist in ihren Augen vor allem Humanressource und insofern Produktivkraft.

Die frei-gemeinnützigen Vertreter der (außerschulischen) Kulturellen Bildung haben ebenfalls Interesse an einer weiteren Stärkung des Praxisfeldes. Von den öffentlichen und privaten Akteuren wurde ihnen allerdings das Heft des Handelns aus der Hand genommen. Hatten sie einst in bewusster Absetzung vom staatlichen Bildungssystem einen eigenen Mikrokosmos Kulturelle Bildung und faktisch ein duales System (schulisch/außerschulisch) entwickelt, sehen sie sich nun aufgefordert, ihre Kompetenzen wieder in den Schulalltag zu reintegrieren, zumal der Ganztag die Zeitressourcen ihrer Klientel immer mehr beschneidet.

Vor diesem Hintergrund wird gegenwärtig das Verhältnis von Kultur und Schule im trisektoralen Akteurs-Mix von Staat, Wirtschaft und Freier Szene neu bestimmt. Und es ist noch gar nicht ausgemacht, welches Leitbild Kultureller Bildung Deutschlands Kultur- und Bildungslandschaft zukünftig prägen wird. Dennoch lassen sich schon jetzt Probleme benennen und Fragen formulieren, die alsbald auf der bildungs- und kulturpolitischen Tagesordnung stehen dürften:

- Was passiert zum Beispiel zukünftig mit dem Kernbestand Kultureller Bildung in der Schule, dem Musik- und Kunstunterricht, wenn fortlaufend zusätzliche Angebote im Kreativbereich gemacht werden? Schon jetzt mehren sich Stimmen, die eine weitere Aushöhlung des Kunst- und Musikunterrichts befürchten.
- Wie verändert sich etwa das Selbstverständnis von Künstlern und Kulturschaffenden, wenn sie immer häufiger im System Schule eingesetzt werden und pädagogisch wirksam werden sollen? Ein Künstler ist per se noch kein guter Kunstvermittler. Und welche Folgen hat das für die Ausbildung von Künstlern und sonstigen Kulturschaffenden?
- Wie entwickeln sich zukünftig die außerschulische Kulturelle Bildung und ihre Einrichtungen, wenn ein Großteil der entsprechenden öffentlichen und privaten Ressourcen in das staatliche Bildungssystem fließt und der schulische Ganztag für Kinder und Jugendliche zum Regelfall wird? Schon jetzt gibt es, etwa in Niedersachsen, Versuche, Jugendkunstschulen stärker auf die Seniorenkulturarbeit auszurichten.
- Welche Zukunft hat die strategische Partnerschaft von Staat und Wirtschaft bei der Kulturellen Bildung? Schule ist ‚staatliche Pflichtveranstaltung' und unterliegt damit einem öffentlichen Hoheitsanspruch. Dieser

wird aber zusehends durch ergänzende Maßnahmen und Programme privater Stiftungen beeinflusst.
- Wird die gegenwärtige Konjunktur der Kulturellen Bildung auch die öffentlichen Kultureinrichtungen wie Museen, Theater oder Konzerthäuser erfassen, die im Blick auf Kinder und Jugendliche erst langsam ihre kulturpädagogischen Angebote auf- und ausbauen? Der BKM und einige Kulturministerien der Länder machen den von ihnen geförderten Einrichtungen mittlerweile per Bewilligungsbescheid oder Zielvereinbarung zur Auflage, kulturelle Vermittlungsarbeit zu leisten.
- Schließlich: Wo bleiben die Interessen der Kinder und Jugendlichen, die sich einem zunehmenden Prozess der kulturellen Vereinnahmung ausgesetzt sehen? Verschwindet die Freizeit als notwendige Phase der Selbstfindung und des Experimentierens zunehmend hinter dem Schleier der kreativen Erschließung weiterer Humanressourcen?

Das Feld der Kulturellen Bildung verändert sich gegenwärtig sehr stark: programmatisch, organisatorisch und finanziell. Hier konnte es nur einen kleinen Einblick in die neu entstandenen Akteursstrukturen und die neu aufgelegten Programme geben. Es wäre mehr als lohnend, diesen Einblick durch weitere Recherchen zu vertiefen und zu qualifizieren, die Beziehungen der Akteure zu untersuchen und die Logik der neuen Programme und Formate der Kulturellen Bildung zu analysieren.

(1) Der Text fußt auf einer entsprechenden Untersuchung, die die Kulturpolitische Gesellschaft 2012 für das Bundesministerium für Bildung und Forschung erstellt hat.
(2) Ein frühes Beispiel ist dafür der Modellversuch Künstler und Schüler (1977–1979) des Bundesministeriums für Bildung und Wissenschaft.
(3) Auch die Kulturpolitische Gesellschaft und der Deutsche Kulturrat haben sich als spartenübergreifende Verbände schon früh mit dem Thema Kulturelle Bildung befasst. Die Dokumentationen der KuPoGe und die Konzeptionen Kulturelle Bildung des Deutschen Kulturrats (1988/1994/2005) bilden diesen Prozess ab.
(4) Auch das Auswärtige Amt ist in Sachen Kulturelle Bildung aktiv, wird im Rahmen dieses Aufsatzes jedoch nicht weiter behandelt.
(5) Das starke finanzielle Engagement des BMBF in Sachen Kultureller Bildung hat in der entsprechenden Verbändelandschaft indes nicht nur Begeisterung ausgelöst. Kritiker befürchten eine strukturelle Abhängigkeit der Szene, die auf Dauer ihre Unabhängigkeit infrage stellen dürfte.
(6) Die Stiftungslandschaft in Deutschland in Sachen Kulturelle Bildung ist äußerst vielfältig. Kaum eine Einrichtung, die nicht auch in diesem Bereich fördernd tätig wäre. Nach einer aktuellen Studie des Bundesverbandes Deutscher Stiftungen existieren in Deutschland gegenwärtig mehr als 550 Stiftungen, die sich der gesellschaftlichen Teilhabe von Kindern und Jugendlichen widmen. Etwa ein Drittel davon ist im Bereich Bildung/Wissenschaft und/oder

Kunst/Kultur aktiv. Die meisten davon sind jedoch eher kleine Einrichtungen und agieren lokal bezogen. Wirklich relevante Stiftungen mit entsprechendem Kapitalvermögen, die sich bundesweit vornehmlich der Kulturellen Bildung widmen, sind eher selten. Zu den größten in diesem Feld gehören von öffentlicher Seite zweifellos die Kulturstiftung des Bundes als öffentliche und die Stiftung Mercator als privatwirtschaftliche Gründung.

(7) Zu diesem Zweck hat die Stiftung Mercator zwei große Studien in Auftrag gegeben, die einerseits quantitative (mapping//kulturelle-bildung), andererseits qualitative (Ruhratlas Kulturelle Bildung) Strukturen und Inhalte Kultureller Bildung eruieren sollen.

(8) Als Beispiel kann hier die Arbeitsstelle Kulturelle Bildung in Schule und Jugendarbeit in der Akademie Remscheid (seit 2009) als Teil der Landesinitiative Modell-Land Kulturelle Bildung NRW genannt werden. Sie hat vor allem eine koordinierende Funktion. Träger ist die Akademie Remscheid. „Zentrale Aufgabe der Arbeitsstelle ist es, die an der Entwicklung kultureller Bildung beteiligten Systeme zu vernetzen, Kooperationen zu initiieren, Personal zu qualifizieren und die entsprechenden Prozesse zu moderieren. Langfristig geht es darum, ein Netzwerk mit Anbietern und Trägern aus Schule und Jugend(kultur-)arbeit auszubauen, die das Angebot kultureller Bildung aufeinander abstimmen und weiterentwickeln." (Adelt/Schorn 2010: 21)

(9) Beispielhaft ist dafür die Initiative des Landes Nordrhein-Westfalen, ein Modell-Land für Kulturelle Bildung werden zu wollen, die bereits Ende 2006 gestartet wurde. Ziel dieser Initiative des damaligen Ministeriums für Schule und Weiterbildung, des Ministeriums für Generationen, Familie, Frauen und Integration sowie der Kulturabteilung der Staatskanzlei ist die Förderung einer systematischen und dauerhaften Zusammenarbeit aller Institutionen, die in der Kinder- und Jugendarbeit, im Kulturbetrieb und in der Bildung tätig sind. Es ging darum, deren Programme im Land miteinander zu vernetzen, ihren Wirkungsgrad zu erhöhen sowie neue Angebote anzuregen und umzusetzen.

(10) Kulturelle Bildung zählt selbstverständlich auch Erwachsene zur ihrer Zielgruppe und hat in letzter Zeit gerade in der Seniorenkulturarbeit ein neues Aufgabenfeld erschlossen. Im Zentrum des Praxis- wie auch des Politikfeldes stehen jedoch eindeutig Kinder und Jugendliche, die von öffentlichen, privaten und frei-gemeinnützigen Angeboten profitieren sollen.

Literatur

Adelt, Eva/Schorn, Brigitte (2010): *Modell-Land Nordrhein-Westfalen. Kulturelle Bildung in- und außerhalb der Schule*, in: *politik und kultur*, Mai/Juni 2010, S. 20 f.

Bund-Länder-Kommission für Bildungsplanung und Forschungsförderung (Hrsg.): *Musisch-Kulturelle Bildung. Ergänzungsplan zum Bildungsgesamtplan*, 2 Bde., Stuttgart: Klett 1977

Bundesministerium für Bildung und Forschung (Hrsg.): *Stärken entfalten durch Kulturelle Bildung. Programm, Projekte, Akteure*, Berlin: Eigenverlag 2016

Deutscher Bundestag (Hrsg.): *Kultur in Deutschland. Schlussbericht der Enquete-Kommission des Deutschen Bundestages*, Regensburg: ConBrio Verlagsgesellschaft 2008

Der Ministerpräsident des Landes Nordrhein-Westfalen (Hrsg.): *Kulturbericht Nordrhein-Westfalen. Landesförderung 2006/2007*, Düsseldorf: Eigenverlag 2008

Der Ministerpräsident des Landes Nordrhein-Westfalen (Hrsg.): *Kulturbericht Nordrhein-Westfalen. Landesförderung 2008*, Düsseldorf: Eigenverlag 2009

Der Ministerpräsident des Landes Nordrhein-Westfalen (Hrsg.): *Kulturbericht Nordrhein-Westfalen. Landesförderung 2009*, Düsseldorf: Eigenverlag 2010

Deutscher Bundestag (Hrsg.) (2007): *Schlussbericht der Enquete-Kommission Kultur in Deutschland*, Drucksache 16/7000 (11.12.2007)

Deutscher Kulturrat (Hrsg.): *Konzeption Kulturelle Bildung I. Positionen und Empfehlungen*, Bonn: Eigenverlag 1988

Deutscher Kulturrat (Hrsg.)/Red.: Krings, Eva/Schulz, Gabriele: *Konzeption Kulturelle Bildung II. Analysen und Perspektiven*, Essen: Klartext Verlag 1994

Deutscher Kulturrat (Hrsg.)/Fuchs, Max/Schulz, Gabriele/Zimmermann, Olaf: *Kulturelle Bildung in der Bildungsdiskussion. Konzeption Kulturelle Bildung III*, Berlin: Eigenverlag 2005

Deutscher Kulturrat (Hrsg.)/Kristin Bäßler/Fuchs, Max/Schulz, Gabriele/Zimmermann, Olaf: *Kulturelle Bildung: Aufgaben im Wandel*, Berlin: Eigenverlag 2009

EDUCULT (Hrsg.): *Förderung von Modellprojekten kultureller Bildung*. Eine Studie im Auftrag der Beauftragten der Bundesregierung für Kultur und Medien, des Ministeriums für Wissenschaft, Forschung und Kunst Baden-Württemberg, des Ministeriums für Wissenschaft und Kultur Niedersachsen und des Sächsischen Staatsministeriums für Wissenschaft und Kunst, in Kooperation mit der Bundesakademie für Kulturelle Bildung Wolfenbüttel, Wien: Eigenverlag 2014

Kröger, Franz: *„So viel Kulturelle Bildung war nie …". Zur Renaissance eines alten Konzepts*, in: *Kulturpolitische Mitteilungen*, Heft 119 (VI), 2007, S. 85

Kröger, Franz: *Heilserwartungen. Kulturelle Bildung ist wieder chic*, in: *Kulturpolitische Mitteilungen*, Heft 128 (I), 2010, S. 98

Ministerium für Familie, Kinder, Jugend, Kultur und Sport des Landes Nordrhein-Westfalen (Hrsg.): *Kultur im Wandel. Kulturförderung 2010*, Düsseldorf: Eigenverlag 2011

Ministerium für Familie, Kinder, Jugend, Kultur und Sport des Landes Nordrhein-Westfalen (Hrsg.): *Kulturfördergesetz. Gesetz zur Förderung und Entwicklung der Kultur, der Kunst und der kulturellen Bildung in Nordrhein-Westfalen*, Düsseldorf: Eigenverlag 2015

Ministerium für Familie, Kinder, Jugend, Kultur und Sport des Landes Nordrhein-Westfalen (Hrsg.): *Kulturbericht des Landes Nordrhein-Westfalen. Kulturförderung 2015*, Düsseldorf: Eigenverlag 2016

Niedersächsisches Ministerium für Wissenschaft und Kultur (Hrsg.): *Kulturbericht Niedersachsen 2010*, Hannover: Eigenverlag 2011

Regionalverband Ruhr (Hrsg.): *Bildungsbericht Ruhr*, Münster u.a.: Waxmann 2012

Scheytt, Oliver: *Kulturelle Bildung als Kraftfeld der Kulturpolitik* (14. S.), im Online-Dienst der Bundeszentrale für politische Bildung unter: *www.bpb.de/themen/ EINDHH.html*

Sievers, Norbert (2010): *Modell-Land Kulturelle Bildung Nordrhein-Westfalen* (7 S.), im Online-Dienst der Bundeszentrale für politische Bildung unter: *www.bpb.de/themen/ DIGQ5U.html*

Völckers, Hortensia (2012): *Doppelpässe für Kulturelle Bildung*, in: Börnsen, Wolfgang; Junkersdorf, Eberhard; Zimmermann, Olaf (Hrsg.), *Roter Teppich für die Kultur. Wortmeldungen zur Kulturpolitik. Zu Ehren von Bernd Neumann*, Berlin: be.bra wissenschaft verlag, S. 112–114

Zwischen Potenzialen und Verantwortung

Aktuelle gesellschaftspolitische Themen in der Kulturellen Bildung

Kirsten Witt, Grundsatzreferentin und stellvertretende Geschäftsführerin der Bundesvereinigung Kulturelle Kinder- und Jugendbildung

Musik per Kopfhörer hören oder ins Konzert gehen, Clips auf dem Handy schauen, ins Kino gehen, Bücher lesen, Mangas zeichnen, Computerspiele spielen … Kinder, Jugendliche und natürlich auch Erwachsene beschäftigen sich täglich mit kulturellen und künstlerischen Produkten und Aktivitäten. Kunst und Kultur gehören zu unserem Alltag. Sie sind Teil unseres Lebens. Wir bringen mit kulturellen Ausdrucksformen uns selbst und unser Lebensgefühl zum Ausdruck.

Kulturelle Bildung – Vielfalt der Sparten und Angebotsformen

Schon auf diese Weise vollziehen sich kulturelle Bildungsprozesse im Alltag. Zudem gibt es ein vielfältiges Praxisfeld, das Angebote Kultureller Bildung für alle Altersgruppen bereithält: Workshops, Kurse und zeitlich befristete Projekte, Ausstellungen in Kinder- und Jugendmuseen, Theater und Konzerte für Kinder und Jugendliche oder auch Internationale Begegnungen, bei denen gemeinsam etwas künstlerisch erarbeitet oder untersucht wird. Die Praxis Kultureller Bildung beschränkt sich nicht auf das Zuhören, Zuschauen, Betrachten oder Lesen. Das Rezeptive und das Gestaltende greifen in der Praxis Kultureller Bildung immer ineinander. Die Kulturelle Bildung nutzt alle künstlerischen Sparten und kulturellen Ausdrucksformen im Sinne eines weiten Kulturbegriffes. Auch Spielkultur und mobile spielkulturelle Angebote gehören dazu. Kulturelle Bildung umfasst also Musik und Rhythmik, Theater und Tanz, Spiel und Zirkus, Bildende Kunst, Design und Architektur, Kunst mit digitalen Medien, Computerspiele, Fotografie, Film, Erzählkunst, Kreatives Schreiben und Literatur. Allerdings beschränken sich viele Angebote nicht auf eine Sparte, sondern arbeiten interdisziplinär.

Orte Kultureller Bildung

Dementsprechend vielfältig sind die Orte der Kulturellen Bildung. Die Angebote und Aktivitäten finden in Institutionen mit eigenen Räumen statt (wie Museen, Theatern, Musikschulen, Jugendkunstschulen, Bibliotheken oder Opern- und Konzerthäusern) und ebenso organisiert durch Vereine und Initiativen, oft auch im öffentlichen Raum, wie in Einrichtungen der Jugendarbeit und in Schulen. Weitere Orte Kultureller Bildung sind kultur- beziehungsweise medienpädagogische Einrichtungen, soziokulturelle Zentren, Bürgerhäuser und natürlich auch Kindertageseinrichtungen.

Zentrale gesellschaftspolitische Themen Kultureller Bildung

Wer sich selbst künstlerisch ausprobiert, kann neue Fähigkeiten entdecken, Haltungen und Visionen entwickeln beziehungsweise überprüfen und verändern, sich eine eigene Meinung bilden und diese mit anderen künstlerisch diskutieren. Für Kulturelle Bildung gibt es weder festgelegte

Orte noch Zeiten. Sie geschieht überall dort, wo sich Menschen mit künstlerischen Werken oder Prozessen auseinandersetzen oder sich kulturell ausdrücken und so in einen Dialog treten. Kulturelle Bildung soll für jeden Menschen möglich und zugänglich sein, von Anfang an und ein Leben lang. Dahinter steht die Überzeugung, dass Kulturelle Bildung kein *Nice to have* ist. Sie ist unverzichtbar für die Bildungsbiografie jeder und jedes Einzelnen. Sie ist ebenso unverzichtbar für das kulturelle – und soziale – Leben einer Gesellschaft. Kulturelle Bildung ist kein rein kulturpolitischer Gegenstand im engeren Sinne, zum Beispiel um Kultureinrichtungen zu legitimieren oder ihren Nachwuchs zu sichern. Kulturelle Bildung ist ein Querschnittsthema der Politikbereiche Soziales/Jugend, Bildung, Kultur, Arbeit sowie Europa/Internationales. Ein gesellschaftspolitischer Auftrag wird darin gesehen, durch die Stärkung Kultureller Bildung dazu beizutragen, positive Lebensbedingungen und eine gute Lebensqualität, Chancen- und Bildungsgerechtigkeit sowie umfassende kulturelle und gesellschaftliche Teilhabe zu verwirklichen. Dem oben geschilderten Selbstverständnis entsprechend beschäftigen die Akteurinnen und Akteure Kultureller Bildung alle Themen, die gesellschaftliche Relevanz besitzen. Unter anderen sind dies: Diversität und Inklusion, Flucht und Migration, (gerechte) Teilhabe und gesellschaftliche Partizipation, Fragen politischer Bildung, gesellschaftlichen Zusammenhalts und der Demokratieförderung. Im Folgenden soll geschildert werden, wie diese Themen im Feld der Kulturellen Bildung diskutiert werden.

Diversität und Inklusion

Für die Träger Kultureller Bildung ist Ziel und Grundlage ihrer Arbeit, dass Diversität in unserer Gesellschaft als Tatsache anerkannt und Strukturen, Institutionen, Organisationen und ihre Verfahren für eine aktive Teilhabe aller weiterentwickelt werden müssen. Wer ausschließlich Integration in ein bestehendes Sozial- und Kulturgefüge fordert, übersieht, dass ein demokratisches Miteinander ohne konkrete Erfahrungen der Teilhabe und des Mitentscheidens (im Sinne des Mitbestimmens und -gestaltens) nicht möglich ist. Doch gerechte Teilhabe ist eine Vision und noch lange keine Realität. Zu viele Menschen finden sich vor strukturellen und institutionellen Hürden wieder, die ihnen Anerkennung verwehren und die Wahrnehmung ihrer Rechte erschweren. In dieser gesellschaftlichen Situation sehen sich insbesondere zivilgesellschaftliche Akteurinnen und Akteure Kultureller Bildung in der Verantwortung, mit ihrer Praxis und auch in der Reflexion und Weiterentwicklung von Praxis einen Beitrag zur Anerkennung von Diversität und der Umsetzung von Inklusion zu leisten, in Bezug auf die Pluralität der Lebenslagen, Lebensführungen und -bedarfe. Dabei ist es wichtig, auch strukturelle Diskriminierung ausfindig zu machen und zu bearbeiten. Die Szene der Kulturellen Bildung ist gefordert, sich in ihren unterschiedlichen Organisationsformen weiter und in stärkerem Maße für eine inklusive Öffnung über die üblichen Grenzen einer weißen und westlichen Kulturellen Bildung hinaus zu öffnen.

In einem zukunftsfähigen Leitbild Kultureller Bildung ist der Begriff der Integration und das damit noch immer weit verbreitete Denken, die Aufgabe der Eingliederung liege einseitig bei Einwanderinnen und Einwandern, nicht mehr passend. Das Paradigma eines weiten Inklusionsbegriffs, der die besonderen Bedürfnisse und Potenziale aller berücksichtigt und vor allem jener, die von unterschiedlichsten Benachteiligungen betroffen sind, ist die geeignetere Alternative. Ein aktueller Diskurs beschäftigt sich daher mit der Frage, wie sich ein transkulturelles Verständnis unserer Gesellschaft und Kultur in der Praxis der Kulturellen Bildung umsetzen und durch sie befördern lässt. Sicher erscheint, dass die Erfahrung zentral ist, dass Kultur und Werte etwas Veränderbares, sich Entwickelndes sind, das kontinuierlicher Aushandlung bedarf.

Einen zentralen Auftrag sehen Akteurinnen und Akteure Kultureller Bildung in Deutschland darin, Teilhabe- und Beteiligungsrechte derjenigen zu stärken, die in benachteiligenden Lebenssituationen aufwachsen oder leben. Denn Inklusion bedeutet, Menschenrechte einzulösen und das gesellschaftliche Zusammenleben für alle Menschen ohne Ausgrenzungen und Diskriminierungen zu gestalten. Es bedeutet, dass jede und jeder, in ihrer und seiner einmaligen Persönlichkeit, seinen vielfältigen Zugehörigkeiten gesehen wird und erwünscht ist. Um dies zu erreichen, müssen diejenigen, die kulturelle Bildungsprozesse gestalten, unterschiedliche Zugangsweisen und Ausdrucksmöglichkeiten akzeptieren und Kommunikation so gestalten, dass sie wertschätzend und respektvoll ist und niemanden (unabsichtlich) ausgrenzt. Dafür ist ein gesellschaftspolitisch orientiertes Konzept Kultureller Bildung notwendig, das sich unter anderem in Partizipations- und Demokratiethemen, im Sozialraumbezug und in inklusiven, diversitätsbewussten sowie nachhaltigen Ansätzen ausdrückt. Die Herausforderung liegt darin, Methoden, Praxiskonzepte und Strategien der Organisationsentwicklung weiterzuentwickeln, ohne abermals durch Zuschreibungen Ausgrenzung und Benachteiligung zu verursachen.

Im Prozess der inklusiven Öffnung in der Kulturellen Bildung geht es auch um das Erkennen und den Abbau von Barrieren, um allen Menschen gleichberechtigte Zugänge und Mitgestaltung zu ermöglichen. Um innewohnende Barrieren im eigenen Denken und Handeln, in Institutionen und in der Gesellschaft zu erkennen, ist eine Auseinandersetzung mit unterschiedlichen Formen von Diskriminierung hilfreich. Diese Auseinandersetzung beginnt bei jedem Menschen selbst. Es geht um Normvorstellungen und Diskriminierung, um Privilegien und Benachteiligung. Das Eingeständnis, selbst nicht abseits von den gängigen Mechanismen zu agieren, ist schmerzhaft, doch ein notweniger erster Veränderungsschritt.

Flucht und Migration

2015 und 2016 stieg die Zahl der Menschen, die auf der Flucht vor Krieg, Verfolgung und Not nach Deutschland kamen, vorübergehend an. Vorübergehend, denn im Laufe des Jahres 2016 verschloss die Europäische Union ihre Grenzen fester denn je gegen Schutzsuchende. An den im ganzen Land entstandenen Initiativen zur Unterstützung geflüchteter Menschen beteiligten sich vielerorts Akteurinnen und Akteure der kulturellen Bildungsarbeit. Sie wollten Zugang zu Spiel, Kultur und Bildung sowie die Begegnung mit anderen Menschen ermöglichen. Getragen vom Geist einer spontanen Willkommenskultur legten viele einfach los. Heute stellen sich die Akteure die Frage danach, wie aus einem Willkommen ein Ankommen und Aufgenommen werden kann, wie aus Ideen nachhaltige Konzepte hervorgehen, wie sich aus Initiativen verlässliche Netzwerke entwickeln können. Waren zu Beginn der großen Fluchtbewegung unter den Fachkräften das besondere persönliche Engagement und die individuellen Überzeugungen Grundlage für die kulturpädagogische Arbeit, liegt nun die Aufmerksamkeit auf den grundsätzlichen strukturellen und gesellschaftlichen Entwicklungs- und Veränderungsbedarfen. Hier liegt die Verantwortung des Praxisfeldes Kultureller Bildung und seiner Potenziale für eine vielfältige Gesellschaft, die als lebendiges ‚Wir' funktioniert.

Zugleich richtet sich der Blick auf die spezifischen Potenziale (und Grenzen) im Hinblick auf das, was kulturelle Praxis und Teilhabe bedeuten kann für Menschen, die als Einwanderinnen und Einwanderer, nach einer Flucht oder vorübergehend in Deutschland leben. In einer Umgebung, in der sprachliche Verständigung schwerfällt, können künstlerische Ausdrucksformen Wege der Auseinandersetzung mit Ungewohntem sein, mit Erlebtem, mit widersprüchlichen Gedanken und Gefühlen. Auf künstlerischem Wege können Menschen sich auf einer anderen Ebene damit befassen und das zum Ausdruck bringen, wofür ihnen möglicherweise die Worte fehlen. Menschen werden durch kulturelle Ausdrucksformen als Individuen sicht- und hörbar, mit einer Geschichte, einer Gegenwart und einer Zukunft.

Beheimatete und Geflüchtete können individuelle und kulturelle Prägungen, persönliche Fähigkeiten, Talente und Stärken zusammenbringen und gemeinsam hybride Kulturformen erschaffen. Dieser Prozess ermöglicht Orientierung, unterstützt Identitätsbildung und soziales Bewusstsein, unabhängig davon, ob man in Deutschland geboren, eingewandert oder dorthin geflohen ist. Teilhabe an kulturellen Projekten kann angesichts des unsicheren Status von Menschen, die unter den Bedingungen von Asyl leben müssen, vorübergehend ein Stück Normalität bieten. Partizipative Kulturprojekte, an denen Menschen mit und ohne Flucht-/Migrationsgeschichte teilnehmen, sind Gelegenheiten des Dialogs und Austauschs mit Menschen außerhalb des jeweiligen eigenen Milieus.

Teilhabe und Partizipation

Teilhabe zu verbessern und zu sichern ist ein oft formuliertes Ziel kultureller Bildungspraxis. Der Diskurs darum, mit welchen Strategien dies zu realisieren ist, ist entsprechend umfangreich. Das Leitziel der Teilhabe beinhaltet im Diskurs Kultureller Bildung auch die Herstellung von Bildungsgerechtigkeit. Da Bildung als eine der wichtigsten Voraussetzungen für gesellschaftliche und politische Partizipation, einen gelingenden Lebensentwurf, Gesundheit und Wohlergehen sowie beruflichen Erfolg gilt, wird Bildungsgerechtigkeit als Teil allgemeiner gesellschaftlicher Teilhabegerechtigkeit gesehen. Der souveräne Umgang mit kulturellen Ausdrucksformen und Codes wird als Grundbedingung von Teilhabe verstanden. Um kulturelle Potenziale nutzen zu können, ist eine Aneignung kulturellen Wissens und kultureller Ausdrucksformen durch Bildungsprozesse erforderlich, so die Grundannahme. Kulturelle Teilhabe als Teil der Auseinandersetzung um Partizipation am gesellschaftlichen Leben begründet daher im Sinne eines Grundrechtes die Teilhabeorientierung der Kulturellen Bildung.

Das Potenzial, einen spezifischen Beitrag zu Bildungsteilhabe leisten zu können, wird mit verschiedenen Charakteristika der Kulturellen Bildung begründet: der Orientierung an Stärken und Fähigkeiten, der Subjektorientierung und einem weiten Bildungsverständnis. So umfasst Kulturelle Bildung emotional-affektive, kognitiv-intellektuelle, körperlich-sinnliche und sozial-kulturelle Prozesse. Grundidee ist es, Gelegenheiten für Selbstbildungsprozesse im Sinne eines individuellen und eigenständigen Sich-Bildens in Erfahrungen, Beziehungen und Handlungen zu schaffen. Kulturelle Bildung wird demnach als Persönlichkeitsbildung gesehen, die auf kommunikative, gestaltende und kreative Kompetenzen zielt, die für eine gelingende Lebensführung wichtig sind.

Fehlende Teilhabe bildet ein zentrales Moment für die Legitimierung der Praxis Kultureller Bildung einerseits sowie der Notwendigkeit ihrer strukturellen und konzeptionellen Weiterentwicklung. Der Teilhabe-Diskurs wird vorwiegend von dort aus geführt, wo Teilhabe fehlt oder sie zu wenig vorhanden ist. Als Ursachen werden (unzureichende) materielle Voraussetzungen ebenso wie ein wenig kultur- beziehungsweise bildungsaffiner Lebensstil der Familie angeführt. Subtilere Gründe werden in einem spezifischen Habitus, der in von Kunst und Kultur geprägten Szenen und Settings vorherrscht, vermutet. Schließlich kann eine fehlende oder nicht zu erkennende Relevanz für die eigene Situation, Lebenswirklichkeit und Biografie eine Ursache sein. Doch auch räumliche Gegebenheiten (fehlende Erreichbarkeit) oder ein nicht vorhandenes Angebot können Teilhabebarrieren sein. Eine Herausforderung besteht also auch darin, mit den Angeboten die nötige Reichweite zu entfalten. Wissen und Erfahrungen über gelingende Konzepte und Methoden liegen auf vielfältige Art und Weise vor – das Feld hat vor allem ein Umsetzungsproblem beziehungsweise ein Implementierungsproblem.

Partizipation

Partizipation bedeutet in Hinsicht auf Kulturelle Bildung zweierlei: zum einen Beteiligung im künstlerischen Prozess als partizipativem Erfahrungs- und Erprobungsraum, zum anderen politische Partizipation mittels künstlerischer/kultureller Ausdrucksformen beziehungsweise künstlerischer Interventionen. Politische Partizipation zielt auf die Teilnahme an Entscheidungen oder die Einflussnahme auf Entscheidungen, die überindividuell sind – also mehrere/alle betreffen. In der Praxis des kulturpädagogischen Diskurses lässt sich häufig beobachten, dass beides miteinander vermischt wird. Will kulturpädagogische Praxis Partizipation also als grundsätzliches Prinzip ernst nehmen und umsetzen, so wie es den selbst formulierten Werten und Zielen entspricht, hat dies zur Voraussetzung, dass Erwachsene Macht abgeben und Entscheidungsräume für junge Menschen öffnen. Dieses Machtgefälle müssen sich Fachkräfte der Kulturellen Bildung bewusst machen und die eigene machtvolle Position reflektieren, wenn sie den Partizipationsanspruch Kultureller Bildung ernst nehmen.

Ein rechtebasiertes Verständnis versteht Partizipation als umfassend, nicht als etwas, das, wie Heiner Keupp es ausdrückt, als „Gnadenerweis aus der politischen Dominanzkultur der Erwachsenen eröffnet, aber auch wieder genommen werden kann, wenn es dieser politisch nicht mehr opportun erscheint"[1]. Die Idee und der Anspruch auf Partizipation fordern also Strukturen, Bildungsverantwortliche und individuelle Akteurinnen und Akteure heraus, von ihrer machtvollen Position zurückzutreten. Partizipation als Methode garantiert (gesellschaftliche) Mitgestaltung nicht. „Partizipation kann leider auch als Unterwerfungsgeste und als Akt der Unterdrückung […] verstanden werden."[2] Wer an einem Prozess beteiligt war, kann ihn im Nachhinein schwieriger kritisieren – so wird Partizipation zur Legitimierungsstrategie. Partizipative Methoden lassen sich missbrauchen, um Beteiligung vorzutäuschen. Während die Beteiligten abgelenkt sind, werden woanders (die wirklich wichtigen) Entscheidungen getroffen. Diese Gefahr stellt sich für die Praxis Kultureller Bildung auch. Ein Spannungsfeld kann entstehen, wenn junge Menschen einerseits positive Partizipationserfahrungen im (kultur-)pädagogischen Bereich machen dürfen und im Gegensatz dazu außerhalb dessen wenig Einfluss- und Gestaltungsmöglichkeiten vorfinden beziehungsweise eingeräumt bekommen.

Ästhetische Erfahrungen gelten, wie oben beschrieben, als wichtige Erprobungs- und Lernfelder, um sich ein Bild von sich und der Welt zu machen. Es gibt aber auch Reibungsflächen, beispielsweise den Zusammenhang von künstlerischer Qualität und Beteiligungsqualität. Ein gutes kulturpädagogisches Angebot verbindet künstlerischen Anspruch mit dem Anspruch, alle Teilnehmenden entsprechend ihren Fähigkeiten und Interessen angemessen und gleichberechtigt zu beteiligen. Wird der Anspruch an künstlerische Qualität jedoch über diesen kulturpädagogischen Anspruch gestellt und nicht mit ihm verbunden, kommt es zu Reibungen.

Distinktionsfaktor Kultur

Kunst und Kultur ebenso wie die Teilnahme an kulturellen Bildungsangeboten werden auch dazu genutzt, um soziale und gesellschaftliche Unterschiede zu markieren und zu verstärken.[3] Die Struktur und Ausrichtung von Angeboten Kultureller Bildung kann also entweder dazu beitragen, bestehende Formen der Ungleichheit zu bestätigen und zu verstärken oder aber zu vermindern. Kulturelle Distinktionsprozesse laufen subtil als habituelle Unterströmung ab. „Was Dazugehören heute zu einer so herausfordernden Aufgabe macht, ist, dass kulturelle Szenen und Gruppen nicht nur hochkomplex ausdifferenziert sind; ebenso wie ihre komplizierten kulturellen Codes verändern sie sich auch rasant. Es sind überdies die harmlosen Dinge des Lebens wie Geschmack, kultureller Background, Vorlieben und Abneigungen, die soziale Herrschaft ausmachen und sie reproduzieren."[4] Kulturelle Bildungspraxis kann Zusammenhänge von kulturellem Habitus und Macht erkennbar und gesellschaftliche Wirkungsmechanismen bewusst machen.

Gesellschaftlicher Zusammenhalt – Demokratieförderung – Zivilgesellschaft

Im öffentlichen Diskurs wird der Wert von Diversität an Kulturen und Lebensentwürfen neuerdings in einem Maße offen in Frage gestellt, in dem wir dies bisher nicht kannten. Diese Stimmen repräsentieren nicht die Mehrheit – dennoch sind gesellschaftliche Debatten von einer viel stärkeren Polarität geprägt als in früheren Jahren. Dadurch wird das Thema Gesellschaftlicher Zusammenhalt für die Kulturelle Bildung zunehmend relevanter. Jede Teilhabe, jedes aktive Beteiligen und Mitgestalten von inklusiven Veränderungsprozessen hinterlässt nicht nur Spuren in gesellschaftlichen Zusammenhängen, sondern auch bei den involvierten Menschen. Die eigene Wirksamkeit zu erleben und dadurch Selbstwertgefühle zu empfinden stärkt das Selbstvertrauen und die Bereitschaft, sich weiterhin aktiv zu äußern und zu beteiligen. Damit leistet inklusives Handeln einen wichtigen Beitrag zur Demokratieentwicklung.

Zivilgesellschaft schafft öffentliche und partizipative Aushandlungsorte für Konflikte und Divergenzen. Sie fördert das gesellschaftspolitische Engagement von Bürgern und Trägern und agiert als konstruktiv-kritischer Partner des Staats. Zivilgesellschaftliche Interessenvertretung Kultureller Bildung ist im Idealfall nah am Menschen. Sie bringt Stimmen zu Gehör und argumentiert aus den Lebenslagen der Menschen heraus. Sie ist auf die Veränderung nicht zufriedenstellender Lebenslagen ausgerichtet. In einem zweiten Schritt fragt sie, welche Strukturen Politik und Verwaltung für die notwendigen Veränderungen bereithält. Erweisen diese sich als unzureichend, versucht zivilgesellschaftliche Interessenvertretung Kultureller Bildung darauf hinzuwirken, dass sich politische Förder- und Steuerungsstrukturen entsprechend verändern und weiter entwickeln.

(1) Heiner Keupp: Sozialpsychologische Dimensionen der Teilhabe, Kulturelle Bildung Online, 2014/2008, S. 2
(2) Jürgen Zirfas: Kulturelle Bildung und Partizipation: Semantische Unschärfen, regulative Programme und empirische Löcher. Kulturelle Bildung Online, 2015, 2014, S. 4
(3) Pierre Bourdieu: Die feinen Unterschiede, Frankfurt/M, Suhrkamp, 1987, S. 1
(4) Jens Maedler, Kirsten Witt: Gelingensbedingungen Kultureller Teilhabe, Kulturelle Bildung Online, 2014, S. 3

Kulturelle Bildung aus der Perspektive der Wissenschaft in Forschung und Lehre

Prof. Dr. Vanessa-Isabelle Reinwand-Weiss,
Direktorin der Bundesakademie für Kulturelle Bildung in Wolfenbüttel und Professorin für Kulturelle Bildung an der Universität Hildesheim

Theorie und Praxis Kultureller Bildung bieten ein reiches Forschungsfeld, das allerdings nicht durch eine wissenschaftliche Disziplin abzubilden ist, sondern vielmehr durch Forschungsarbeiten aus unterschiedlichsten Disziplinen, also interdisziplinär, entsteht. Auch in der wissenschaftlichen Ausbildung, in der Lehre, gibt es kein einheitliches Curriculum, das auf die Forschung oder die Praxis in der Kulturellen Bildung vorbereitet. Der folgende Artikel versucht demnach, trotz der Breite der Thematik, in aller Kürze verschiedene Forschungsthemen, Forschungsansätze und -perspektiven, die aktuell beforscht und angewendet werden, vorzustellen und sehr allgemein wissenschaftliche Ausbildungsinhalte zu beleuchten, die für eine wissenschaftliche und/oder praktische Tätigkeit im Feld der Kulturellen Bildung in Deutschland derzeit relevant erscheinen. Zudem versucht der Artikel einige exemplarische Hinweise darauf zu geben, welche praktischen Erkenntnisse in den letzten Jahren durch Forschung in der Kulturellen Bildung erzielt werden konnten.

Tertiäre Ausbildungen für das Feld Kulturelle Bildung

In der von der Kulturpolitischen Gesellschaft angelegten und stetig aktualisierten Datenbank zum Studium Kultur *(www.studium-kultur.de)* finden sich derzeit 364 Studiengänge, die im weitesten Sinne auf eine (wissenschaftliche) Tätigkeit im Berufsfeld Kultur vorbereiten. „In die Bestandsaufnahme und Befragung einbezogen wurden Studienangebote, die sich mit Inhalten und Methoden der Kulturvermittlung und der Interkultur im weiteren Sinne befassen. Dabei wurde ein weiter Begriff der Kulturvermittlung zugrunde gelegt als Gestaltung der Beziehungen zwischen Kulturproduktion, Kulturrezeption und Kulturdistribution. Einbezogen wurden Studiengänge der Kulturwissenschaft(en), der Kulturvermittlung, der Kulturarbeit, der Kulturpädagogik, der Kulturphilosophie, des Kulturjournalismus, der Kulturanthropologie/Ethnologie, des Kulturellen Erbes, des Kulturtourismus und der Interkultur, sofern Kulturvermittlung oder Interkultur zu ihren aufgeführten Studieninhalten beziehungsweise Berufsfeldern gehören." *(http://www.studium-kultur.de/studienangebote.html)* Diese Bandbreite macht einerseits deutlich, wie vielfältig die Tätigkeiten und damit Ausbildungsschwerpunkte in der Kulturarbeit in Deutschland sind, auf der anderen Seite wird die hohe Nachfrage von Studieninteressierten an dem Feld der Kulturarbeit deutlich.

Aktuell werden immer wieder neue Masterstudiengänge mit dem Schwerpunkt Kulturvermittlung/Kulturelle Bildung aufgelegt: so jüngst der Master Kulturelle Bildung an der PH Ludwigsburg, der Master Kulturvermittlung an der PH Karlsruhe oder auch der Master Kunstvermittlung und Kulturmanagement an der Universität Düsseldorf. Einer der ältesten und bekanntesten Ausbildungswege für das Feld der Kulturvermittlung und Kulturellen Bildung mit dem Schwerpunkt in den Künsten sind sicherlich die Studiengänge des Fachbereichs 2 der Universität Hildesheim Kulturwissenschaften und Ästhetische Kommunikation, hervorgegangen aus der Denomination Kulturpädagogik in den 80er Jahren. Dass das Ausbildungsfeld sich immer weiter ausdifferenziert, ist auch an erfolgreichen berufsbegleitenden Weiterbildungsstudiengängen wie dem Master Kulturelle Bildung an Schulen der Universität Marburg oder dem Weiterbildungsmaster Museumspädagogik/Bildung und Vermittlung im Museum der HTWK Leipzig zu sehen, die beide in den letzten fünf Jahren gegründet wurden.

Neben der Einführung in Kulturtheorien, pädagogische Inhalte und wissenschaftliches Arbeiten werden in den meisten Studiengängen zur Kulturvermittlung und Kulturellen Bildung auch praktische Fähigkeiten im Umgang mit den Künsten und mit Projekten Kultureller Bildung vermittelt. Kenntnisse des Kulturmanagements und im Bereich des Entrepreneurships werden in Zeiten, in denen sich der Arbeitsmarkt schneller denn je wandelt und hohe Ansprüche an den Einzelnen gestellt werden, immer wichtiger. Selbstständige Tätigkeiten sind auch im Bereich der Kulturvermittlung sehr gefragt. Projekte – die sicherlich häufigste Arbeitsform der Kulturvermittlerinnen und Kulturvermittler – müssen akquiriert, verwaltet und abgerechnet werden, wozu es nicht nur inhaltliche Kompetenzen, sondern vor allem auch manageriales Geschick braucht. Organisationales und systemisches Denken kommen in den meisten Studiengängen noch zu kurz, werden aber im kulturvermittelnden Berufsalltag immer notwendiger. Kulturvermittlung findet ja gerade nicht nur in Kultureinrichtungen, sondern auch in Bildungsinstitutionen und im Bereich Jugend/Soziales statt, im formalen, non-formalen und informellen Bereich. Kenntnisse über den Aufbau und die Funktionsweise ‚fremder' Organisationen und Strukturen können da hilfreich sein, um erfolgreiche Angebote zu planen und umzusetzen. Darüber hinaus unterliegt auch die Kulturvermittlung und Kulturelle Bildung gesellschaftlichen Transformationsprozessen wie der Digitalisierung, Internationalisierung, der wachsenden Diversität oder dem demografischen Wandel. Konzepte und Handlungsstrategien müssen vor dem Hintergrund dieser Veränderungsprozesse entworfen und ausgestaltet werden.

So befindet sich also der tertiäre Ausbildungsmarkt wie der Berufsmarkt in einem stetigen Wandel, um einerseits wissenschaftliche Grundfähigkeiten zu vermitteln, aber hauptsächlich andererseits im Wettbewerb um Employability, ein wichtiges Stichwort im Bologna-Prozess, und damit um bei Studierendenzahlen die ‚Nase vorn' zu haben. Während in den Bachelorstudiengängen mittlerweile Basiswissen und Grundfähigkeiten für spezifische Disziplinen vermittelt werden, bereiten Master- oder berufsbegleitende Studiengänge stärker auf ein spezifisches Berufsfeld vor (und oft nicht wie eigentlich gefordert auf eine wissenschaftliche Laufbahn) und bilden damit auch Trends in den jeweiligen Berufsfeldern ab. Gerade Masterstudiengänge im Feld der Kulturvermittlung sind häufig sehr praxisnah ausgerichtet. Die Ausbildung für eine wissenschaftliche Forschungslaufbahn wird immer noch hauptsächlich während der Promotion gelegt.

Nicht nur aufbauend auf Studiengängen der Kulturvermittlung oder der Kulturellen Bildung werden Promotionen verfasst, die dem Forschungsfeld der Kulturellen Bildung zuzurechnen sind. Auch in der Allgemeinen Pädagogik, der Psychologie, der Linguistik, in den Künsten und Kunstwissenschaften, aber auch in der Philosophie oder den Sportwissenschaften werden Arbeiten abgeschlossen, die für das Feld Kultureller Bildung relevante Forschungsfragen behandeln. Seit 2013 existiert ein bundesweites Forschungskolloquium für Promovierende der Kulturellen Bildung, das sich aus Doktorandinnen und Doktoranden unterschiedlichster Disziplinen und diversester Hochschulen zusammensetzt. Das Kolloquium besteht im Rahmen des 2010 gegründeten Netzwerks Forschung Kulturelle Bildung (*www.forschung-kulturelle-bildung.de*) und stellt neben den disziplinären Verortungen eine übergreifende Diskursplattform Kultureller Bildung für Promovierende dar.

Forschung in der Kulturellen Bildung. Förderung, Themen und Ansätze

Forschung in der Kulturellen Bildung ist im Aufwind, was eine gestiegene Publikationsdichte in den letzten Jahren und eine Qualitätssteigerung der Arbeiten nach sich zieht (Jörissen/Liebau 2013: 40). Neben den Promotionen, die wohl am ehesten die individuellen Forschungsinteressen einzelner Wissenschaftlerinnen und Wissenschaftler widerspiegeln und dementsprechend thematisch breit sind, wurde in der öffentlichen Wahrnehmung die Forschung in der Kulturellen Bildung in den letzten Jahren stark durch private Stiftungen und themenspezifische Förderrichtlinien des Bundesministeriums für Wissenschaft und Forschung (BMBF) bestimmt. Weder in der Deutschen Forschungsgemeinschaft (DFG) noch in der Deutschen Gesellschaft für Erziehungswissenschaften gibt es ein Fachkollegium beziehungsweise eine Sektion/Kommission für Kulturelle Bildung oder Kulturvermittlung. Die allgemeinen Bezugspunkte für Forschungsarbeiten sind daher meist entweder die Bildungs- oder Erziehungswissenschaften oder die Kunstwissenschaften in ihren spartenspezifischen Ausprägungen. Besonders vor diesem Hintergrund wurden die jüngsten Förderrichtlinien des BMBF (zur Kulturellen Bildung allgemein, zur Weiterbildung in der Kulturellen Bildung und zur Digitalisierung im Feld der Kulturellen Bildung) und die Ausschreibung des Forschungsfonds zur Wirkungsforschung des Stiftungsverbundes Rat für Kulturelle Bildung e.V. von Wissenschaftsakteuren im Feld der Kulturellen Bildung sehr begrüßt.

Gefördert werden durch diese Programme von einer Jury ausgewählte Forschungsprojekte, die thematisch zu den gesetzten Schwerpunkten passen, aber auch Arbeiten, die in zwei bis drei Jahren Erkenntnisse versprechen und meist Forschungsfragen enthalten, die sich vermeintlich aktuellen Herausforderungen in der Bildungspolitik widmen. Grundlagenforschung dagegen zu theoretischen und historischen, pädagogischen oder kulturpolitischen Fragestellungen ästhetischer Bildung oder aufwändige spartenspezifische Strukturanalysen haben es schwer, eine Förderung zu finden und sich überhaupt in einer breiten Disziplin wie der Pädagogik oder Soziologie zu behaupten, das heißt in größerem Rahmen rezipiert zu werden.

Die Nachfrage nach Studien zur Wirkungsforschung in der Kulturellen Bildung ist ein gutes Beispiel für die politische Beeinflussung von Forschungsthemen und -ansätzen: Bildungspolitisch sucht man nach einer Legitimation für Investitionen in Kulturvermittlung und Kulturelle Bildung und wünscht sich diese von Seiten der Wissenschaft; Forschung soll durch positive Evaluationen im Nachhinein die Legitimation für ein Programm oder eine politische Entscheidung liefern oder diese erst vorbereiten. Allerdings erfordern gesicherte allgemeine Wirkungsnachweise für Prozesse ästhetischer und kultureller Bildung auf der Mikro- (Individuum), der Meso- (Organisation) oder der Makroebene (Gesellschaft) eine umfassende jahrzehntelange Grundlagen- und Detailforschung. Durch zwei- bis dreijährige Forschungsprojekte können zwar sehr begrenzte, belastbare Aussagen gemacht werden, die aber selten dazu geeignet sind, Vermittlungspraxis grundlegend zu beeinflussen oder gar größere Projekte in Hinblick auf ihren Bildungserfolg zu legitimieren (Rat für Kulturelle Bildung 2017). Dies führt dazu, dass beispielsweise Wirkungsforschung mit hohen politischen Erwartungen staatlich oder privat gefördert wird und damit vor allem empirische Forschungsansätze befördert werden, aber nicht wirklich neue, verwertbare Erkenntnisse für die Akteure zur Veränderung einer bildungs- oder kulturpolitischen Praxis generiert werden. Forschung wird damit zum Feigenblatt einer Kultur- und Bildungspolitik, die sich eigentlich nach ökonomischen Kriterien richtet und häufig nur die Annahmen bestätigt haben möchte, die normativ bereits der politischen Steuerung zugrunde liegen. Die Stärkung der MINT-Fächer und der sogenannten PISA-Kompetenzbereiche (Lesen, Mathematik und Naturwissenschaften) in den allgemeinbildenden Schulen und die gleichzeitige Schwächung der ästhetischen Schulfächer ist ein gutes Beispiel dafür (vgl. hierzu Rat für Kulturelle Bildung 2015). Staatlich unterstützt wird nur das, was in einer Wettbewerbslogik ‚wirkt'. Was nicht nachweisbar wirkt, kann weg. Durch die Forderung nach Wirkungsforschung in der Kulturellen Bildung wird damit zugleich – auch wenn vielleicht zunächst ein grundlegendes Erkenntnisinteresse hinter diesen Forderungen steckt – die Stellung der ästhetischen Fächer als selbstverständlicher Teil einer umfassenden Allgemeinbildung in einem humanistischen Bildungsverständnis herabgesetzt.

Forschung und Forschungsfragen sind also nicht unschuldig. Je nachdem, was gefördert wird, wird geforscht, und was geforscht und öffentlich durch

Tagungen präsentiert wird, bestimmt den Diskurs, weitere Forschungen und gegebenenfalls politische Entscheidungsprozesse.

Neben der politischen Unterstützung der Wirkungsforschung und verschiedenster Evaluationen wird zudem die Vermessung des Feldes in Form von Statistiken und Monitoring gern öffentlich unterstützt, auch wenn es bislang immer noch keine regelmäßige Datenerhebung für den gesamten Kulturbereich (wie etwa Nutzerzahlen, sozioökonomische Daten zu den Nutzern, Angebotszahlen zu Maßnahmen Kultureller Bildung etc.) in Deutschland gibt. Punktuell (zum Beispiel spartenspezifisch oder begrenzt auf eine Kommune/Region) verspricht man sich genaue Erkenntnisse über die Angebotsvielfalt und den Nutzen, um besser politisch steuern zu können oder Mittel zu legitimieren.

Solche Formen der Förderung evidenzbasierter Bildungsforschung (Jornitz 2009; Fuchs 2016) machen also auch vor dem Feld der Kulturellen Bildung nicht halt. Die empirische Wirkungsforschung vor allem in Bezug auf Transfereffekte ästhetischer Bildung (zum Beispiel Rat für Kulturelle Bildung 2017), Monitoring und Statistiken, Evaluationen sowie die themenspezifische Forschung zu gesellschaftlichen Transformationsprozessen sind derzeit die öffentlich vorherrschenden Forschungsansätze im Feld Kultureller Bildung und am ehesten sichtbar. Grundsätzlich ist gegen diese Forschungsperspektiven nichts einzuwenden. Sie sind mit Blick auf die Publikationen seit 1990 in der Kulturellen Bildung sogar unterrepräsentiert (Jörissen/Liebau 2013: 34) und damit ihre Förderung für den allgemeinen Forschungsstand natürlich wünschenswert. Wichtig scheint mir jedoch zu betonen, dass die Fragen nach dem ‚Wie' einer angemessenen kulturellen Bildungspraxis kaum von diesen Studien erfasst werden und sie damit nicht geeignet sind, um Bildungspraxis inhaltlich und gegenstandsadäquat weiterzuentwickeln. Auch sind sie meist nicht dazu geeignet, den Stellenwert der ästhetischen Bildung in der Gesellschaft zu erhöhen – oder hat schon jemand je den Nutzen und die Wirkung von Mathematikunterricht beforscht?

Forschungsplattformen wie die Online-Bibliothek Wissensplattform Kulturelle Bildung Online sowie das Netzwerk Forschung Kulturelle Bildung, ein bundesweiter freier Zusammenschluss von Wissenschaftlern unterschiedlichster Disziplinen, haben es sich zur Aufgabe gemacht, durch einen breiten Blick auf Forschungsarbeiten in der Kulturellen Bildung die Varianz an Forschungsthemen und -perspektiven sichtbar zu machen sowie qualifiziertes und reflektiertes Praxiswissen der *scientific community* zugänglich zu machen und gemeinsam zu diskutieren. Zudem hat das

Netzwerk Forschung Kulturelle Bildung 2016 mit der Initiierung von Forschungsclustern zu thematischen wissenschaftlichen Arbeitsgruppen in der Kulturellen Bildung aufgerufen, um Forscherinnen und interessierte Praktiker bundesweit zu vernetzen und auf diese Weise voneinander zu profitieren zu lassen. Diesen vernetzenden Projekten liegt die Annahme zugrunde, dass es nur interdisziplinär und methodisch vielfältig möglich ist, Forschungsfragen ästhetischer und kultureller Bildung anzugehen. Sie stellen den Versuch dar, Plattformen des fachlichen Diskurses zu schaffen, die bislang in Deutschland nicht existieren. Es gibt beispielsweise immer noch keine etablierte und breit rezipierte deutschsprachige wissenschaftliche Zeitschrift zur ästhetischen Bildung.

International ist der Diskurs um die Kulturelle Bildung durch zwei Weltkonferenzen in Lissabon (2006) und Seoul (2010) vorangetrieben worden. Im Kontext der Seoul Agenda entstand auch das International Network for Research in Arts Education (INRAE) *(http://www.arts-edu.org)*. Eines der Projekte dieses Netzwerks, „Monitoring national arts education systems (MONAES). A pilot study investigating the implementation of the Seoul Agenda in the world", widmet sich vor allem dem kaum beforschten Thema der Implementierung ästhetischer und kultureller Bildung in verschiedenen Ländern und nimmt eine vergleichende Perspektive ein. Dies ist aber kein leichtes Unterfangen, da die nationalen Datenlagen oftmals sehr dünn sind.

Das 2014 abgeschlossene Projekt Forschung zur Kulturellen Bildung in Deutschland: Bestand und Perspektiven erhebt publizierte Forschungsbeiträge zur Kulturellen Bildung in Deutschland seit 1990. Bis 2019 wird die aus dem Projekt hervorgegangene Datenbank fortlaufend vom Institut für Pädagogik II der Universität Erlangen-Nürnberg aktualisiert. Betrachtet man mittels dieser Datenbank Forschungsarbeiten zur ästhetischen und kulturellen Bildung disziplin- und spartenspezifisch, so zeigt sich, dass beispielsweise in der Musik eine relativ reiche Forschungstradition über Fragen der Vermittlung und Wirkung besteht. Dagegen sind Sparten wie Architektur, Design, Digital Games, Spiel und Zirkus in der Forschung unterrepräsentiert (Jörissen/Liebau 2013: 25). In der Pädagogik und den Kunstwissenschaften sowie den Kulturwissenschaften findet man die meisten Arbeiten zur ästhetischen Bildung, während die Neurowissenschaften und die Philosophie sehr wenig beisteuern (a.a.O.: 26). Zudem zeigt sich eine hohe Differenz in den Forschungsperspektiven der einzelnen Kunstsparten (a.a.O.: 32). Insgesamt zeigt die Sichtung der Forschungsarbeiten die Heterogenität in Zielen, Perspektiven und Methoden, was eine Anschlussfähigkeit und damit Bezugnahme der Arbeiten untereinander erschwert. Es mangelt an Grundlagenforschung, vor allem historischer und empirischer

Forschung und Methodenbewusstsein (vgl. a.a.O.: 43 ff.). „Vor diesem Hintergrund erscheint eine grundlegend systematische Förderung des Forschungsfeldes notwendig, wenn die begonnenen Entwicklungen de facto in die weitergehende Entwicklung und Etablierung von Forschungsstandards, die allgemeine Hebung des Methodenbewusstseins, die Entwicklung intradisziplinärer Bezüge, die Findung von Synergieoptionen und die Schließung von Forschungslücken münden sollen. Eine solche Entwicklung würde eine breite forschungsinduzierte Rückwirkung auf das Praxisfeld der Kulturellen Bildung durch Anhebung professioneller Standards und Entwicklung einer gehobenen Evaluationskultur (und Praxisforschung) nachhaltig befördern." (a.a.O.: 42)

Dieses Zitat der Autoren der Studie „Forschung zur Kulturellen Bildung in Deutschland" zeigt einmal mehr, dass es sich bei der Kulturellen Bildung und Kulturvermittlung um ein wissenschaftlich schwer zu erfassendes und überschauendes Forschungsfeld handelt, auch wenn in den letzten Jahren Fortschritte diesbezüglich erzielt wurden. Internationale und nationale Vernetzung und Sichtbarkeit von Forschungsarbeiten sind wichtig, um eine Disziplin inhaltlich weiterzuentwickeln und einen Gegenstand gezielt zu bearbeiten; ob indes die erwünschten Wirkungen auf das Praxisfeld dadurch direkt befördert werden, wie die Autoren konstatieren, bleibt jedoch zu fragen, da die politische Steuerung und Einflussnahme bei der Entwicklung von Forschungsperspektiven und -methoden und bei der Sichtbarkeit von spezifischen Arbeiten nicht zu unterschätzen ist und häufig einer eigenen Logik folgt.

Exemplarische Forschungserkenntnisse und Auswirkungen auf das (zukünftige) Praxisfeld Kultureller Bildung in Deutschland

Im Folgenden sollen nun einige Hinweise dazu gegeben werden, welche wissenschaftlichen Erkenntnisse das Praxisfeld Kulturelle Bildung in welcher Form in den letzten Jahren beeinflusst haben. Mit dem Praxisfeld Kulturelle Bildung ist sowohl eine formale beziehungsweise non-formale als auch eine informelle Bildungspraxis gemeint, das heißt ästhetische Fachdidaktiken an Schulen, außerschulische Angebote verschiedener Träger wie Musikschulen, Volkshochschulen, Kultureinrichtungen oder Organisationen der Kinder- und Jugendhilfe, aber auch informelle Settings, wie sie gerade im Bereich der kulturellen digitalen Medienbildung häufig vorkommen. Forschungserkenntnisse und ihr Einfluss auf diese unübersichtlichen und reichen Praxisfelder, auf verschiedene Adressatengruppen und Formate können an dieser Stelle nur exemplarisch und relativ allgemein dargestellt werden. Es geht aber darum aufzuzeigen, welche Grundannahmen und Prämissen aus der Forschung aktuell den Umgang mit der Steuerung und Praxis Kultureller Bildung prägen, ohne damit natürlich einen abschließenden Wissensstand zu markieren. Gerade durch die Vielfalt der Praxisformen Kultureller Bildung gibt es vieles, das noch nicht (ausreichend) erforscht beziehungsweise einer Forschung nach den herkömmlichen wissenschaftlichen Methoden generell schwer zugänglich ist.

Einer der bekanntesten Befunde, der in bislang jedem weiteren Nationalen Bildungsbericht bestätigt wird, ist die Tatsache, dass Bildungserfolge in Deutschland in hohem Maße abhängig sind vom sozioökonomischen Status der Herkunftsfamilie, auch unter Berücksichtigung von Migration. Dieses Ergebnis gilt nicht nur für Bildung allgemein, sondern kennzeichnet ebenso die Bildungschancen im Feld der kulturellen und ästhetischen Bildung. Eine häufige Kulturnutzung korreliert immer noch deutlich mit dem sozioökonomischen Status (beispielsweise Keuchel/Larue 2012). Weitere Befunde weisen immer wieder darauf hin, dass ein früher Kontakt mit Kunst und Kultur prägende Wirkung für den gesamten weiteren Lebenslauf entfaltet, das heißt je früher und intensiver Kinder und Jugendliche mit künstlerischen Werken und Artefakten in Kontakt kommen, desto wahrscheinlicher entwickelt sich ein Kulturinteresse, das ein Leben lang anhält (ebd.). Die Chancen jedoch, eine umfassende kulturelle Bildung in den ersten Lebensjahren zu erfahren, sind in Deutschland sehr ungerecht verteilt: So kann die frühkindliche kulturelle Bildung sehr unterschiedlich ausfallen, je nachdem, ob das Kind eine Krippe oder einen Kindergarten besucht und ob in diesen Einrichtungen ästhetische Bildung einen besonderen Stellenwert hat. Des Weiteren ist es bedeutsam, ob die Erzieherinnen und Erzieher eine spezielle Ausbildung in diesem Bereich erfahren haben oder ob das Elternhaus beispielsweise durch musikalische Früherziehung den Kontakt zu den Künsten fördert.

In der Schule dann sind die Aktivitäten im künstlerisch-kulturellen Bereich, allein wenn man nur die ästhetischen Fachdidaktiken (Bildende Kunst, Musik, gegebenenfalls Darstellendes Spiel) betrachtet, von Schulart zu Schulart unterschiedlich stark ausgeprägt. Eine Studie des Rates für Kulturelle Bildung e.V. aus dem Jahr 2015 hat in einer repräsentativen Befragung von Neunt- und Zehntklässlern unterschiedlicher Schulformen eindrucksvoll aufgezeigt, dass die Versorgung mit ästhetischem Fachunterricht und kulturellen Aktivitäten an Gymnasien deutlich besser ist als an Sekundarschulen (Rat für Kulturelle Bildung 2015: 9). Da Kinder aus Akademikerfamilien signifikant häufiger das Gymnasium besuchen, profitieren sie gleich mehrfach: „74 Prozent der Akademikerkinder geben an, dass die

Eltern ihr Kulturinteresse geweckt haben, indes nur 33 Prozent der Kinder aus bildungsfernen Elternhäusern. Zudem stufen Akademikerkinder das Kulturinteresse der Eltern annähernd fünfmal häufiger (51 Prozent) als sehr hoch ein als Kinder von Eltern mit einfacher beziehungsweise mittlerer Schulbildung (11 Prozent). Akademikerkinder nehmen in der Freizeit auch erkennbar häufiger mit den Eltern kulturelle Angebote wahr (Differenz bis zu 41 Prozentpunkte). Insgesamt interessieren sie sich doppelt so häufig besonders stark für Kultur im Vergleich zu allen anderen Schülerinnen und Schülern." (a.a.O.: 7 f.) Diese Abhängigkeiten von allgemeinem Bildungserfolg und Kulturinteresse werden – trotz verschiedenster Anstrengungen in den letzten Jahren, gerade sogenannte bildungsferne Kinder und Jugendliche mit Kultureller Bildung zu versorgen (siehe zum Beispiel das Programm „Kultur macht stark. Bündnisse für Bildung des Bundesministeriums für Bildung und Forschung") – immer wieder durch Studien bestätigt.

Die oben genannten Befunde gelten, obwohl von Angeboten Kultureller Bildung in der Regel signifikant stärker Neueinsteiger beziehungsweise Beginner profitieren (Rat für Kulturelle Bildung 2017: 22 ff. und 76 ff.). Diese Erkenntnis wäre ein weiteres Plädoyer dafür, flächendeckend frühe Erstkontakte mit Kunst und Kultur über Projekte oder schulische Angebote zu schaffen, um einen Grundstein für ein weiteres kulturelles Eigeninteresse zu legen. Hier sollte aber darauf geachtet werden, dass qualitativ hochwertige Angebote zwar kurzfristig positive Effekte gerade bei Erstnutzern fördern, jedoch kaum in der Lage sind, „allgemeine kunstbezogene Einstellungen oder die grundsätzliche Neigung" (Kliment 2017: 216) zu Kulturbesuchen zu verändern (exemplarisch gut nachgewiesen in Kliment 2017). Langfristige Einstellungsveränderungen und ein nachhaltiges Kulturinteresse sind wohl nur über den Einfluss des Elternhauses beziehungsweise der Schule oder einer länger andauernden außerschulischen Kulturaktivität erreichbar. Ein Argument für kommunale Bildungslandschaften, die allen Kindern und Jugendlichen, aber auch Erwachsenen und Senioren durch eine systematische Vernetzung verschiedenster Bildungsakteure vielfältige Gelegenheiten zu kulturellen und künstlerischen Erfahrungen geben und zumindest von einigen Städten in Deutschland bereits (im Ansatz) realisiert werden (Rat für Kulturelle Bildung 2016).

Grundsätzlich muss aber darauf hingewiesen werden, dass jüngere Forschungsarbeiten auch gezeigt haben, dass die Beschäftigung mit Kunst und Kultur nicht immer inkludierende, also positive Effekte hervorruft, sondern auch abschrecken kann (Fink/Tegtmeyer 2014). Das heißt nicht, dass generell Differenzerfahrungen, also Erfahrungen, die einen Unterschied zur herkömmlichen Lebenswelt markieren, zu umgehen sind. Eine

Lebensweltorientierung von Angeboten Kultureller Bildung ist bedeutsam, aber nur insoweit, als sie eine Brücke zur Erfahrungswelt von Kindern und Jugendlichen oder Erwachsenen schlagen. Die ästhetische Erfahrung an sich sollte durchaus noch Potenzial zur Irritation enthalten, um Bildungsprozesse anzustoßen. Der Gegenstand, Ort oder – wie in den meisten Fällen – das spezifische Vermittlungshandeln (Reinwand-Weiss 2015) kann, wird eine Differenzerfahrung nicht ausreichend eingebettet oder fehlt generell die ‚Brücke' zur Lebenswelt, auch exkludierende Wirkung entfalten und dafür sorgen, dass künstlerische Erfahrungen zukünftig vermieden werden. Um solche Szenarien auszuschließen, sollte vermehrt in die Fort- und Weiterbildung von vermittelndem Fachpersonal, seien es Lehrerinnen, Pädagogen oder Künstler, investiert werden. Angebote Kultureller Bildung sind nur so gut wie die Personen, die diese arrangieren und anleiten. Dass eine qualitativ hochwertige Vermittlung nicht voraussetzungslos ist und nicht von jedem angeboten werden kann, haben Evaluationen der Praxis Kultureller Bildung in den letzten Jahren deutlich gezeigt.

Die Vermittlungspersonen stellen aber nur einen entscheidenden Faktor in der Wirkung von kulturellen Bildungsangeboten dar. Daher sollten bei der (politischen) Ausgestaltung einer bildungsgerechten Praxis nicht primär die Transfereffekte künstlerischer Tätigkeiten im Mittelpunkt stehen, die je nach Projektanlage äußerst fragil sind, sondern die Gesamtentwicklung des Individuums innerhalb des jeweiligen Angebotes betrachtet werden. Gerade in neueren Wirkungsstudien wurde vielfach darauf hingewiesen, dass die Gruppenzusammensetzung, die Dauer des Angebotes, die anleitenden Personen, das Vermittlungskonzept oder die Wahl des ästhetischen Gegenstandes (im Tanz beispielsweise Ballett oder moderner Tanz) sowie das Geschlecht der Teilnehmenden einen entscheidenden Unterschied in nachweisbaren Auswirkungen auf beispielsweise Selbstkonzept, Kreativität, Sprach- oder emotionale Kompetenz machen. Allgemein kann man in der Wirkungsforschung, die Transferwirkungen in den Blick nimmt, bislang konstatieren, dass künstlerische Tätigkeiten häufig Auswirkungen auf ähnlich geartete Kompetenzen haben. So wurde nachgewiesen, dass eine musikalische Tätigkeit sich positiv auf die Sprachkompetenz auswirkt, dass Tanz allgemein die Motorik stärkt oder auch bildende Kunst die geometrische Denkfähigkeit (vgl. Winner/Goldstein/Vincent-Lancrin 2013). Mögliche Wirkungen müssen aber weitaus spezifischer in Hinblick auf das jeweilige Angebot und das jeweilige Individuum betrachtet werden. In einer eher schematischen Wirkungsforschung zu Transfereffekten liegt damit nicht der Schlüssel zum Verständnis der Potenziale der Künste für die Bildungsprozesse des Subjektes. Selbst die von der OECD geförderte Metastudie Kunst um der Kunst willen? (ebd.) kommt letztlich zu diesem

Schluss: „Auch wenn es einige Beweise für die Bedeutung kultureller Bildung für Kompetenzen außerhalb der Künste gibt, ist die Auswirkung kultureller Bildung auf andere nicht kulturelle Kompetenzen und auf Innovation am Arbeitsmarkt nicht unbedingt die wichtigste Rechtfertigung für kulturelle Bildung in den heutigen Lehrplänen. Die Künste existieren seit der menschlichen Frühzeit; sie sind Bestandteil aller Kulturen und sind ein wichtiger Bereich des menschlichen Erlebens, genau wie Wissenschaft, Technologie, Mathematik und die Geisteswissenschaften. In dieser Hinsicht sind sie auf ihre eigene Weise wichtig für unsere Bildung. Schüler, die eine Kunstform zu beherrschen lernen, entdecken möglicherweise ihre Lebensaufgabe oder eine lebenslange Leidenschaft. Die Künste bieten jedoch allen Kindern eine andere Art des Verstehens als die Naturwissenschaften und andere akademische Fächer. Denn sie stellen ein Umfeld ohne richtige und falsche Antworten dar, sie geben Schülern die Freiheit zu erforschen und zu experimentieren. Sie sind auch ein Ort, an dem man in sich selbst gehen und seinen persönlichen Sinn finden kann." (a.a.O.: 23)

Informelle kulturelle Aktivitäten wie beispielsweise ästhetische Rezeption und Produktion in den digitalen Medien sind ein noch kaum beforschter, aber in der Praxis enorm relevanter Bereich, wenn es um Bildungsbiografien von Heranwachsenden geht. Video-Tutorials, (literarische) Rezensionen, Games und Netzkommunikation werden oft in ihrem kulturellen und ästhetischen Bildungspotenzial unterschätzt. Auch Eltern und Vermittler hinken häufig den aktuellen ästhetischen digitalen Ausdrucksformen hinterher, oder es mangelt generell an Kenntnissen über relevante Praxisformen im digitalen Raum. Sicherlich ist hier ein Bereich Kultureller Bildung angesprochen, der in den nächsten Jahren noch erhebliche Potenziale in Bezug auf die Bildungswirklichkeit von Kindern und Jugendlichen sichtbar machen wird und dringend erforscht werden sollte.

Ein Schlüssel, um Angebote Kultureller Bildung in Bezug auf ihre Wirksamkeit auf der Mikroebene durch Forschung zu verbessern, ist es, sie intensiv zu begleiten und verschiedene Instrumente und Methoden der Beobachtung und Befragung unterschiedlicher Beteiligter anzuwenden, ohne in die Falle des ‚Wenn, dann' einer unreflektierten Wirkungsforschung zu tappen. Allgemein gültige Erkenntnisse in Bezug auf die Ausgestaltung eines künstlerischen oder kulturellen Bildungsangebotes aufgrund jüngerer Forschungen zu formulieren, gestaltet sich vor diesem Hintergrund als kaum möglich. Umso wichtiger ist es, die reiche Angebots- und Praxislandschaft, die sich in Deutschland in den letzten 70 Jahren entwickelt hat, weiter zu fördern und Mittel und Ressourcen zur kritischen Reflexion und zur Aus- und Weiterbildung der anleitenden Akteure vorzusehen. Da die international vergleichende Forschung in der Kulturellen Bildung kaum entwickelt ist, ist es schwer, von Best-Practice-Modellen aus dem Ausland zu lernen. Auch an dieser Stelle böten sich Chancen durch einen gelungenen Wissenstransfer von forscherischen Erkenntnissen in handlungsleitende Praxismodelle.

Tertiäre Ausbildung und Forschung in der Kulturellen Bildung. Aktuelle Herausforderungen

In aller Kürze sollen nun aktuelle Herausforderungen für Forschung und Lehre in der Kulturellen Bildung und für die Praxis Kultureller Bildung als Fazit stichpunktartig zusammengefasst werden:

- Meines Erachtens wäre es sinnvoll, Studiengänge in der Kulturvermittlung und Kulturellen Bildung stärker dahingehend zu profilieren, dass auf den ersten Blick klar wird, für welches Berufsfeld (Wissenschaft oder vermittelnde/künstlerische Praxis) sie qualifizieren. Für das wissenschaftliche Feld kultureller und ästhetischer Bildung fehlt es an Studiengängen, die einen Schwerpunkt auf Theorien und Methoden zur Erforschung ästhetischer Prozesse legen. Für die Praxis mangelt es Studierenden häufig an managerialen Kenntnissen und Fähigkeiten sowie an praktischem pädagogischen Wissen.
- Die erfolgreiche Gründung von sehr spezifizierten Studiengängen in der Kulturellen Bildung zeigt, dass es immer noch Bereiche wie beispielsweise die Museumspädagogik gibt, für die kaum direkte Ausbildungsgänge zur Verfügung stehen. Enge sparten- oder generationenspezifische Vermittlungsbereiche sind also in der praxisnahen tertiären Ausbildung durchaus noch ausbaufähig.
- Es mangelt an qualitativ hoher, stetiger Grundlagenforschung in der ästhetischen und kulturellen Bildung. Da die bestehenden Forschungen oft zu wenig systematisierenden Charakter haben, gibt es zu wenig Anschlussmöglichkeiten, Vernetzung und Sichtbarkeit der Forschungen insgesamt und damit auch wenig generalisierende Aussagen in Bezug auf die Praxis Kultureller Bildung aus forscherischer Sicht. Öffentliche Programme fördern Forschungsschwerpunkte, können aber langfristig nicht zur Entwicklung des Forschungsfeldes als Ganzes beitragen; zudem bleibt zu fragen, ob sie den Stellenwert der ästhetischen und kulturellen Bildung im formalen Bildungssystem befördern.
- Diejenigen Forschungserkenntnisse, die in den letzten Jahren vermehrt bestätigt werden konnten, müssen endlich ihre Wirksamkeit in Bezug auf die Praxis Kultureller Bildung entfalten. Das heißt vor allem, dass die ästhetischen Fachdidaktiken und täglichen Begegnungsmöglichkeiten

mit Kunst und Kultur auszubauen und in allen allgemeinbildenden Institutionen (Kindergärten wie Schulen) in angemessenem Rahmen anzubieten sind, um die ungerechte Kopplung von Elternhaus, Kulturinteresse und Bildungserfolg zu durchbrechen. Des Weiteren muss in die Aus- und Weiterbildung von Fachpersonal sowie in Ressourcen zur fachlichen Reflexion von formaler, non-formaler und informeller Bildungspraxis investiert werden, um Qualität und damit kulturelle Bildungswirkungen zu erzeugen.
- Es gibt keine regelmäßig erscheinende wissenschaftliche Zeitschrift, die sich Fragen der ästhetischen Bildung aus der Perspektive unterschiedlicher Disziplinen und mit Blick auf verschiedene Kunstsparten widmet.
- Die international vergleichende Forschung in der Kulturellen Bildung ist kaum entwickelt und wäre auch in Hinblick auf die Weiterentwicklung des Praxisfeldes Kultureller Bildung sehr wünschenswert.

Kulturelle Bildung hat in Forschung und Lehre seit der Jahrtausendwende durchaus an Qualität, Sichtbarkeit und Output in Form von wissenschaftlichen Erkenntnissen und tertiären Ausbildungsstrukturen gewonnen. Auch das Praxisfeld hat parallel von diesen Entwicklungen profitiert, indem vielfach Angebote in Hinblick auf mögliche Bildungswirkungen oder Bildungsungerechtigkeiten kritischer unter die Lupe genommen wurden. Dies darf aber nicht darüber hinweg täuschen, dass ästhetische und kulturelle Bildung in Deutschland wissenschaftlich immer noch ein sehr kleiner und wenig entwickelter Forschungsbereich ist und auch die formale wie non-formale Praxis Kultureller Bildung im Vergleich zur Bewertung der MINT-Fächer in Schulen und im beruflichen Alltag ein Nischendasein fristet. Zu beforschende Fragestellungen gäbe es allerdings genug, und die Bildungspotenziale einer umfassenden, auch informellen Kulturellen Bildung sind längst noch nicht ausreichend erkannt und damit ausgeschöpft.

Literatur

Nana Eger, Antje Klinge (Hrsg.): *Künstlerinnen und Künstler im Dazwischen: Forschungsansätze zur Vermittlung in der Kulturellen Bildung.* Bochum/Freiburg: projekt verlag 2015.

Tobias Fink, Inken Tegtmeyer: „*Wenn sich die offenen Räume der Kulturellen Bildung schließen. Kulturelle Bildungsprojekte als Pflichtveranstaltungen*". In: Kristin Westphal, Ulrike Stadler-Altmann, Susanne Schittler, Wiebke Lohfeld (Hrsg.): *Räume Kultureller Bildung. Nationale und transnationale Perspektiven.* Weinheim/Basel: Beltz Juventa, 2014, S. 329–334.

Max Fuchs: „*Wissen, was wirkt*" *– Anmerkungen zur evidenzbasierten Bildungspolitik im Bereich der kulturellen Bildung,* 2016. In: *Wissensplattform Kulturelle Bildung.* Verfügbar unter *https://www.kubi-online.de/artikel/wissen-was-wirkt-anmerkungen-zur-evidenzbasierten-bildungspolitik-bereich-kulturellen* (Abruf am 25.7.2017).

Benjamin Jörissen, Eckart Liebau: *Forschung zur Kulturellen Bildung in Deutschland: Bestand und Perspektiven. Projektbericht*. Friedrich-Alexander-Universität Erlangen-Nürnberg 2013. Lehrstuhl für Pädagogik II. Verfügbar unter *https://www.paedagogik.phil.fau.de/files/2012/10/Liebau-Jo%CC%88rissen-e.a.-2013.-Forschung-zur-Kulturellen-Bildung-in-Deutschland-Projektbericht.pdf* (Abruf am 27.7.2017).

Siglinde Jornitz: *Evidenzbasierte Bildungsforschung*. In: *Institut für Pädagogik und Gesellschaft. Pädagogische Korrespondenz. Zeitschrift für kritische Zeitdiagnostik in Pädagogik und Gesellschaft*. Heft 40/Herbst 2009, S. 68–75. Verfügbar unter *http://bildung-wissen.eu/wp-content/uploads/2014/05/PaedKorr_2009_40_Jornitz_Evidenzbasierte_Bildungsforschung_D_A.pdf* (Abruf am 25.7.2017).

Susanne Keuchel, Dominic Larue: *Das 2. Jugend-KulturBarometer. „Zwischen Xavier Naidoo und Stefan Raab …"*. Köln: ARCult Media Verlag, 2012.

Tibor Kliment: *Wallraff – der Museumsbus. Befunde einer quantitativen Wirkungsevaluation*. In: Sebastian Konietzko, Sarah Kuschel, Vanessa-I. Reinwand-Weiss (Hrsg.): *Von Mythen zu Erkenntnissen? Empirische Forschung in der Kulturellen Bildung*. München: Kopaed, 2017, S. 199–218.

Sebastian Konietzko, Sarah Kuschel, Vanessa-I. Reinwand-Weiss (Hrsg.): *Von Mythen zu Erkenntnissen? Empirische Forschung in der Kulturellen Bildung*. München: Kopaed, 2017.

Rat für Kulturelle Bildung: *Jugend/Kunst/Erfahrung*. Horizont 2015. Essen: Rat für Kulturelle Bildung e.V., 2015.

Rat für Kulturelle Bildung: *Städte/Geld/Kulturelle Bildung*. Horizont 2016. Essen: Rat für Kulturelle Bildung e.V., 2016.

Rat für Kulturelle Bildung: *Wenn. Dann. Befunde zu den Wirkungen Kultureller Bildung*. Essen: Rat für Kulturelle Bildung e.V., 2017.

Vanessa-I. Reinwand-Weiss: *Künstlerisches Vermittlungshandeln am Übergang von Kita zu Grundschule. Beobachtungen anhand des Projektes „Zeig mal – lass hören! Mit allen Sinnen sprechen"*. In: Nana Eger, Antje Klinge (Hrsg.): *Künstlerinnen und Künstler im Dazwischen: Forschungsansätze zur Vermittlung in der Kulturellen Bildung*. Bochum/Freiburg: projekt verlag 2015, S. 167–178.

Kristin Westphal, Ulrike Stadler-Altmann, Susanne Schittler, Wiebke Lohfeld (Hrsg.): *Räume Kultureller Bildung. Nationale und transnationale Perspektiven*. Weinheim/Basel: Beltz Juventa, 2014.

Ellen Winner, Thalia R. Goldstein, Stéphan Vincent-Lancrin: *Kunst um der Kunst willen? Ein Überblick*. Paris: OECD Publishing, 2013.

Kulturelle Bildung und Diversität in der heterogenen Gesellschaft

Dr. Stefanie Kiwi Menrath, Kultur- und Musikvermittlerin, Wissenschaftliche Mitarbeiterin

Vielfalt beziehungsweise *Diversity* waren 2016 und 2017 in der Kulturellen Bildung in Deutschland in aller Munde. Warum hat das Thema aktuell so eine Konjunktur? Seit dem europäischen Sommer der Migration 2015 sind Diversität – und auch ‚Integration' – Thema in vielen politischen Debatten und Medienberichten. Doch auf welche Diskussionen treffen diese Themen in der Kulturellen Bildung, und was sind die Schnittstellen?

Vielfalt wird oft als Stärke der Kulturellen Bildung beschrieben. Doch gleichzeitig mehren sich auch die Hinweise darauf, dass Kulturelle Bildung selbst Ausschlüsse produzieren kann. Was hat es damit auf sich? Im Folgenden soll ein Überblick über die jüngere Geschichte und die aktuelle Gemengelage zu Diversität im deutschen Diskurs und der Praxis Kultureller Bildung gegeben und ein Ausblick auf Perspektiven Kultureller Bildung nach dem Sommer der Migration 2015 geworfen werden.

Die heterogene Gesellschaft: Wer sind ‚wir'? Und wer fühlt sich „fremd im eigenen Land"?

1992. Der afrodeutsche Rapper Torch hat einen „grünen Pass mit 'nem goldnen Adler drauf" (Advanced Chemistry 1992) – also bereits seit Längerem die deutsche Staatsbürgerschaft[1]. Dass er sich jedoch „Fremd im eigenen

Land" fühlt – Titelsong des Debüts seiner Hip Hop-Gruppe Advanced Chemistry und eine der ersten deutschsprachigen Rap-Singles –, liegt an einer Welle von rassistischen Gewalttaten und Übergriffen auf Unterkünfte von Geflüchteten und auf People of Color, die die Stimmung Anfang der 90er Jahre im neuen Deutschland eintrüben. Die Jugendkultur Hip Hop ist damals in Deutschland von den sogenannten Migranten der 2. und 3. Generation geprägt (vgl. Menrath 2002), die in der Mehrheit keine deutschen Pässe besitzen oder – wie Torch – sich trotzdem ausgeschlossen fühlen. Torch gehörte zu den postmigrantischen Jugendlichen, die mit ihren Verflechtungen kulturelle Neuschöpfungen vollbringen.

Dass kulturelles Mixing eine Selbstverständlichkeit ist und unsere Gesellschaften seit jeher davon geprägt sind, war zu diesem Zeitpunkt noch lange nicht in der deutschen Mehrheitsgesellschaft angekommen. Stattdessen herrschte die Vorstellung, dass „die deutsche Gesellschaft einst ethnisch homogen [gewesen sei] und erst durch die Einwanderung nach dem zweiten Weltkrieg multikulturell geworden [sei]. Diese Sichtweise ist schon historisch nicht haltbar, insofern Einwanderung in der Geschichte nicht eine Ausnahme darstellt, sondern vielfach die Regel war" (Neubert et al. 1992: 22 f.). „Die offizielle Geschichte der Arbeitsmigration in die BRD begann [dann] 1955 […]. Bis zum Anwerbestopp im Jahre 1973 durften mehr als 2,39 Millionen sogenannter ‚Gastarbeiter' […] einreisen, um in dieser Periode der Vollbeschäftigung den wirtschaftlichen Aufschwung zu ermöglichen". (Ha 1999: 27)

Die Vorstellung, dass Migrantinnen und Migranten in Deutschland nur ‚zu Gast' sind, hielt sich jedoch hartnäckig. In den 80er Jahren begannen in der BRD in kirchlichen und gewerkschaftlichen Kreisen erste Debatten um „Multikulti" und in der Erziehungswissenschaft um „Ausländerpädagogik". Anfang des Jahrtausends dominierte dann die Rede vom ‚Migrationshintergrund' die öffentliche Debatte. Die Markierung von Menschen „mit Migrationshintergrund" ist durchaus problematisch, da sie bei einem vermeintlichen Defizit ansetzt und gegen die so markierten „Migrationsanderen" (Mecheril 2004) ein homogenes ‚Wir' setzt. Dieses ethnisch und kulturell homogene Wir ist eine beharrliche Imagination, und sie wird in Deutschland von rechtlichen Grundlagen gestützt: Im Gegensatz zu klassischen Einwanderungsländern wie den USA oder Kanada galt im Nationalstaat Deutschland lange ein „vom Abstammungsprinzip getragenes nationales Identitätskonzept" (Neubert et al. 1992: 18) – mit einer sprachlichen und kulturellen beziehungsweise ethnischen Identität. Erst im Jahr 2000 kam es schließlich zu einer Reformation des Staatsbürgerschaftsrechts, sodass nun neben der Abstammung auch der Geburtsort in der BRD eine deutsche Staatsbürgerschaft begründen kann. Allerdings entfiel erst im Jahr 2014 die

Pflicht, sich dabei für den einen oder anderen Pass zu entscheiden. Und somit wurde für die mittlerweile fast schon vierte Generation von Migranten die deutsche Staatsbürgerschaft endlich eine tatsächliche Option.

Obwohl die Migrationsgesellschaft als Realität längst offensichtlich geworden ist, benennt das Bundeskanzlerin Angela Merkel erst im Juni 2015 – und auch nur zögerlich: „Wir sind *im Grunde* schon ein Einwanderungsland" (FAZ 2015, Hervorhebung der Autorin). Zwei Monate später folgt dann Merkels „Wir schaffen das" – das mittlerweile zum Slogan einer „Willkommenskultur" der Deutschen gegenüber Geflüchteten geworden ist. Da ist es wieder, dieses ‚Wir' – doch wer ist das genau? Wer ist hier ein- und wer ist ausgeschlossen? Sind das alle oder nur die „Nicht-Migrationsanderen"? Wie divers darf dieses ‚Wir' sein?

Integration und Kulturelle Bildung

Die bundesdeutsche (Mehrheits-)Gesellschaft hat sich nur sehr langsam an den Gedanken gewöhnt, dass sie heterogen ist. Die Versäumnisse beim Gestalten dieser gesellschaftlichen Heterogenität waren in den 2000er Jahren offenkundig geworden: Die Pisa-Studien führten allen deutlich vor Augen, wie sehr Erfolg im deutschen Bildungssystem von Herkunft und familiärem Bildungshintergrund abhängig ist. Eine der Reaktionen auf den einsetzenden „Pisa-Schock" waren die sogenannten Integrationsgipfel – ab 2006 fast jährlich vom Bundeskanzleramt initiierte Konferenzen mit verschiedensten Vertretern aus Politik, Migrantenverbänden, Medien und anderen zur verbesserten ‚Integration' von Zuwanderern.(2) Kulturelle Bildung wurde im Kontext dieser Integrationsdebatte als Mittel propagiert, um den gesellschaftlichen Zusammenhalt zu stärken: „Kulturelle Bildung unterstützt den Integrationsprozess", konstatiert der Nationale Integrationsplan von 2007 (Presse- und Informationsamt der Bundesregierung 2007: 27).

Mitte der 2000er Jahre starteten viele Förderprogramme zur Kulturellen Bildung. Förderung Kultureller Bildung kommt in Deutschland sowohl aus dem Bildungsbereich, der Kulturpolitik als auch aus dem Jugendbereich(3). (Becker 2013) In den letzten Jahren ist auch das Engagement privater Stiftungen stark gewachsen. Charakteristisch für alle Fördermaßnahmen ist jedoch, dass sie „[k]eine Unterstützung in Form von struktureller Sicherheit bieten": „Vielfach übersteigen die Etats der Sonderprogramme die grundständigen Fördermittel, mit denen die Infrastruktur gesichert werden soll, die eine Umsetzung der Sonderprogramme doch erst möglich macht. […] Selbst da, wo der Aufbau von Strukturen das Programmziel ist, werden diese selbst nicht finanziert, sondern prekäre Verhältnisse [...] fortgeschrieben". (Becker 2013) Kulturelle Bildung wurde im Rahmen der „Integrationsdebatte" als fortlaufendes Provisorium entworfen, das Versäumnisse in der Bildungs- und Migrationspolitik ausgleichen soll.

Kulturelle Bildung und Diversität

Während Kulturelle Bildung in der Praxis von vielfältigen Akteuren mit unterschiedlichen Agenden betrieben wird, „betont die öffentliche Rede über Kulturelle Bildung [...] vor allem ihren Wert für [...] den gesellschaftlichen Zusammenhalt" (Becker 2013). Integration wird jedoch „vielfach, wenn auch nicht durchgängig, als Anpassung der ‚Anderen', der ‚Fremden' an das Bestehende, das Vorgefundene verstanden" – während die „doppelseitige An- und Herausforderung" (Wagner 2012: 5) darin zwar (in Form von Selbstverpflichtungen) auch erwähnt wird, aber letztlich vage bleibt.

Entscheidend andere Richtungen schlägt das Konzept einer „Gestaltung von Vielheit" (Terkessidis 2010: 33) ein: „Zum einen zielt das Konzept auf die Institutionen selbst [...], nicht auf die Personen, die in diesen Institutionen nicht der Norm entsprechen. Zum anderen stehen nicht bestimmte Gruppen im Zentrum des Konzepts, sondern das Individuum. Hierin besteht der Unterschied zum Ansatz der Integration[, der] weiterhin davon aus[geht], dass es ein großes Ganzes gibt mit einer Normgruppe und abweichenden Gruppen" (Terkessidis 2007: 15). In der diversen Gesellschaft kommen dabei auch mehr Differenzlinien in den Blick als nur die kulturelle Herkunft – Geschlecht, Sexualität, Alter, Sozialstatus, Gesundheit, Religion etc. spielen eine Rolle. In erziehungswissenschaftlichen Konzepten hat sich dieser Umgang mit Differenz bereits niedergeschlagen: Die Markierung von Schülerinnen und Schülern über das Kriterium des „Migrationshintergrunds" wird (zumindest in der Theorie) abgelöst von der Idee einer Kulturellen Bildung für alle Menschen und gesellschaftlichen Gruppen mit ihrer Vielfalt von Differenzen. Der Ansatz von Diversity ist dabei sowohl für die Kulturelle Bildungsinstitution Schule von Bedeutung als auch für Kulturinstitutionen, für die langsam, aber stetig eine differenzsensible Entwicklung eingefordert wird.

Kultur und Diversity

Im Kulturbetrieb bildet sich die gesellschaftliche Heterogenität nämlich bislang keineswegs ab. Das Problem beginnt bereits bei der Ausbildung: Dass „[k]ein anderes gesellschaftliches Spielfeld [...] so exklusiv [ist] wie die

Künste", ist das Ergebnis mehrerer Forschungsprojekte zu Ausschlussmechanismen an Kunsthochschulen; ein komplexes Zusammenspiel „der mit den Kategorien Race, Class, Gender, Ability und Age verbundenen, machtvollen Zuschreibungen strukturiert die […] Auswahlprozesse" (Mörsch 2016a), die auch darüber bestimmen, welche Personen überhaupt Kulturberufe ergreifen und unter anderem in Kultureller Bildung und in Kultureinrichtungen tätig werden.

Auch beim Publikum zeigen sich Spaltungen: Empirische Studien zum Kulturpublikum zeigen, dass vor allem die soziale Herkunft (und diese noch mehr als die ethnisch-kulturelle Herkunft) darüber entscheidet, ob klassische Kultureinrichtungen besucht werden (Mandel 2017: 3): „Die Stammbesucher/innen der öffentlich geförderten Kultureinrichtungen verfügen größtenteils über einen hohen Bildungsgrad und Sozialstatus. Unter den jungen Menschen besuchen fast nur noch Gymnasiasten klassische Kultureinrichtungen. Es besteht also ein enger Zusammenhang von sozialer Herkunft und kultureller Inklusion. Diese soziale Spaltung des Kulturpublikums hat sich im Zeitvergleich [sogar noch] verstärkt" (Mandel 2017: 5, vgl. auch Keuchel 2015).

Sowohl auf der Ebene des Personals von Kulturinstitutionen als auch auf der ihres Programmangebots und des adressierten beziehungsweise erreichten Publikums wird daher momentan die Forderung nach einem differenzsensiblen Wandel laut (vgl. Aikins 2017). Eine kritische Diversity-Perspektive setzt dabei weniger bei – defizitär gedachten – Nicht-Besuchern von Kultureinrichtungen an. Statt diese durch Kompensationen in die bestehenden Einrichtungen eingliedern zu wollen, lenkt sich der Blick auf die Institutionen selbst: „Die Institutionen selbst müssen sich verändern, und zwar dahingehend, dass sie sich auf Individuen einstellen, die unterschiedliche Voraussetzungen und unterschiedliche Hintergründe haben, und nicht nur für Gruppen da sind, die scheinbar schon immer die richtigen Voraussetzungen haben" (Terkessidis 2011: 15). Das deckt sich mit Ergebnissen von (interkulturellen) Audience Development Evaluationen: „[Ü]ber […] partizipative […] Projekte neue Besucherinnen zu gewinnen und zu binden, [… wird] nicht gelingen, wenn sich die Einrichtungen nicht zugleich auch in ihren Zielsetzungen, ihren internen Strukturen und ihrer Programmpolitik verändern"(Mandel 2017).

Dass der Schlüssel zu einem Wandel in der Kulturarbeit darin liegt, Migranten als Akteure in entscheidenden Positionen einzubeziehen, wurde bereits Anfang der 2000er Jahre formuliert (Köhl 2001: 70). In den letzten Jahren hat die Kulturelle Bildung in Deutschland dann viel über Diversität in (unter anderem Reinwand-Weiss 2012) und die Öffnung von Kulturinstitutionen diskutiert (Stang 2017). Auch eine diversitätsorientierte Organisationsentwicklung steht dabei im Fokus: 2016 wurde das Berliner Projektbüro für Diversitätsentwicklung vom Berliner Senat eingesetzt und mit dem Auftrag versehen, für „den gesamten Kulturbereich […] handlungsleitende Ansätze und Maßnahmen weiterzuentwickeln und sie zu verstetigen". Im Rahmen einer diversitätsorientierten Organisationsentwicklung geht es hier unter anderem darum, „kollaborative […] und diskriminierungskritische […] Strukturen in Kultureinrichtungen zu gestalten".(4) Parallel dazu wurden Weiterbildungsangebote im Bereich Diversity für das Personal im praktischen Kulturbetrieb entwickelt – sowohl in Institutionen als auch für die Weiterbildung von freischaffenden Künstlerinnen und Künstlern in der Kulturellen Bildung.(5)

Kultur verlernen

Deutlich wird bei empirischen Studien im internationalen Vergleich auch, „dass in Deutschland der gebräuchliche Kulturbegriff enger ist als in vielen anderen Ländern. […] [D]er deutschen Kulturpolitik [liegt] tendenziell ein Kulturbegriff zu Grunde, der vorwiegend an den Künsten und den Institutionen der klassischen Kultur orientiert ist und der auch in der Bevölkerung vorherrscht" (Mandel 2017). Dieser normativ aufgeladene Kulturbegriff kommt etwa „dort zur Anwendung, wo eine ‚Hochkultur' von einer Alltags- oder populären Kultur unterschieden wird" (Fuchs 2012) und auch zum Synonym für einen bürgerlichen Lebensstil wird. Wenn sich Kulturelle Bildung ästhetisch-künstlerischer Ausdrucksformen bedient, muss sie sensibel dafür sein, dass Kunst und Kultur auch als Medium der Differenzierung von Gesellschaft fungieren. Sie muss dieser Differenzierung durch einen ‚weiten' Kulturbegriff aktiv entgegentreten, wenn sie nicht selbst Ausgrenzung vergrößern und Privilegien von Eliten stabilisieren will. Kultur kann in der Praxis auch noch zu anderen Unterscheidungen dienen – beispielsweise der zwischen ‚eigener' und ‚fremder' Kultur wie im frühen ethnologischen Kulturbegriff. Mediendiskussionen, wie die um eine „Leitkultur", haben in Deutschland immer wieder einen Kulturbegriff befördert, der nationale Kultur als ethnisch homogen, territorial gebunden imaginiert und gleichzeitig mit einem bürgerlichen Wertekanon verbunden wird. Kulturelle Bildung hingegen arbeitet mit einem weiten Kulturbegriff – einem spezifischen, erweiterten Kulturverständnis, für das in der Bundesrepublik Deutschland kulturpolitisch vor allem Entwicklungen seit den 70er Jahren maßgebend waren – wie die der „Kultur für alle" (Hoffmann 1979) und der „Soziokultur" (Glaser & Stahl 1974, 1983). Wenn Kulturelle Bildung sich im

Gegensatz dazu aber in einen Dienst stellt, der ihr von „Integrationsgipfeln" aufgetragen wird, produziert sie selbst Ausschlüsse: Abweichende Gruppen sollen in diesem Integrationsmodell an eine leitende – bürgerliche, weiße – Kultur ‚herangeführt' werden, um den gesellschaftlichen Frieden (im Interesse von Privilegierten) zu sichern (vgl. Mörsch 2016a).

Die Ausschlussmechanismen eines homogenen, statischen Kulturbegriffs werden bereits seit einigen Jahrzehnten vor allem aus den Cultural und Postcolonial Studies und Initiativen der Erwachsenenbildung sowie des Globalen Südens kritisiert; sie propagieren stattdessen Ansätze von Kultur als Konflikt und Prozess, als Aushandlungsraum und Praxis.(6) Eine Reflexion auf die in der Kulturellen Bildung verwendeten (Kultur-)Konzepte ist also dringend angezeigt. Eine solche Reflexion sowie weiterführende Theoriebildung verspricht die in Deutschland sich gerade festigende Entwicklung von Kultureller Bildung als Forschungsfeld. Bereits 2010 wurde das Netzwerk Forschung Kulturelle Bildung gegründet, in dessen Rahmen sich seit 2017 auch ein Themencluster Diversität kritisch den Kultur-, Bildungs- und Integrationskonzepten Kultureller Bildung nähert.(7)

Während sich die Theorie und Forschung zu Kultureller Bildung – vor allem durch Vernetzung und Transfer mit dem Ausland – in Bezug auf Diversity stark weiterentwickelt, ist die Forschungsförderung in Deutschland allerdings immer noch auf Projekte fokussiert, die (Transfer-)Wirkungen Kultureller Bildung untersuchen (Mörsch 2016a). Auch in diesen Priorisierungen zeigt sich wieder die Legitimation Kultureller Bildung über ihren Wert für die gesellschaftliche Integration. Parallel wird ebenso Praxisförderung vor allem Projekten zuteil, die den bestehenden Kulturbetrieb affirmieren oder reproduzieren – dekonstruktive und transformative Projekte mit institutionskritischer Perspektive bilden hier leider immer noch die Ausnahme (vgl. Mörsch 2016a).

Kultur soll nun aber nicht nur als Mittel in den Händen von Eliten verstanden werden, sondern sie kann natürlich auch Vehikel für Selbstbildung und Selbstermächtigung sein. Gerade in der vielgestaltigen Gesellschaft kommt kulturell-ästhetischen Aktivitäten eine besondere Bedeutung zu: Kunst, Kultur und allgemein ästhetische Praxis sind Formen der Auseinandersetzung mit der eigenen Selbst- und Weltwahrnehmung, der Selbstvergewisserung von Individuen oder auch Gruppen, aber auch des Befragens von Selbstverständlichkeiten (Wagner 2012: 8). Prozess und Formen des Zusammenlebens können in kulturellen und künstlerischen Formen ausgedrückt, gestaltet, verhandelt und verändert werden. In der Szene der Kulturellen Bildung wird mit diesem Potenzial für Transformation – von Selbstverständlichkeiten,

Institutionen und ausschließenden Strukturen in der Gesellschaft – gearbeitet, kritische Initiativen werden entwickelt und Veränderungen eingefordert. Aber die Grenzen des generell durch Sondermittel – und eben nicht strukturell – geförderten Projekts Kulturelle Bildung liegen hier auf der Hand: Kulturelle Bildung für alle Menschen und gesellschaftlichen Gruppen mit ihrer Vielfalt von Differenzen lässt sich nur erreichen, indem ihre strukturellen und konzeptuellen Grundlagen in Theorie wie Praxis kritisch hinterfragt werden. Dies ist ein längerfristiges Projekt, für das es mehr als gesellschafts- und förderpolitische Provisorien bräuchte.

Kulturelle Bildung und der Sommer der Migration 2015

2015. Im europäischen Sommer der Migration beginnt sich die Kulturelle Bildung in Deutschland neu aufzustellen: Zusätzliche Gelder fließen oder werden neu verteilt, Refugees werden als eine neue Zielgruppe entworfen(8) und viele Projekte gestartet. Akteure aus der Freien Szene, außerschulischen Einrichtungen, Schulen und Kulturinstitutionen kommen in neu entstehenden Kooperationen zusammen und werden längerfristig veränderte Netzwerke schaffen. „Insbesondere in der Kulturellen Bildung und der Kulturvermittlung machen Geflüchtete inzwischen einen großen Teil der Zielgruppe aus" (Micossé-Aikins/Sharifi 2016: 76). Die „Willkommenskultur" in der Kulturellen Bildung ist also nicht ganz uneigennützig.

Das Phänomen Flucht sollte aber vielmehr ein Ausgangspunkt dafür werden, etablierte Handlungsroutinen in der Kulturellen Bildung differenzsensibel zu verändern (vgl. Ziese/Gritschke 2016) und Begriffe wie ‚Integration' herrschaftskritisch zu hinterfragen. Insbesondere, da es in der deutschen Gesellschaft gerade ein Rollback gibt in Bezug auf Fragen von Migration: Die Ankunft von Geflüchteten in Deutschland gab Anlass für einen Diskurs, der deutlich nach rechts rückt und veraltete Konzepte, wie das der „Leitkultur"(9), wieder an die Oberfläche spült. So warnen auch Stimmen der Sozialwissenschaft: „Bei vielen Menschen hat sich [...] noch nicht durchgesetzt, dass Integration die Gesellschaft als Ganzes verändert. In dieses veraltete Gedankenkonstrukt passt die Willkommenskultur [...], weil wir dann weiter in der Rolle des Gastgebers agieren können" (Foroutan 2014). Statt weiterhin Migrantinnen und Migranten nur ‚als Gäste' willkommen zu heißen, und von ihnen zu verlangen, sich in ein bestehendes, ethnisch und kulturell homogenes ‚Wir' zu ‚integrieren', sollte die Gesamtgesellschaft sich verändern und ein diverses und dynamisches ‚Wir' einer Migrationsgesellschaft entwickeln. Die 2017 vom Deutschen Kulturrat gestartete Initiative Kulturelle Integration fordert eine solche Bewegung – von „allen hier lebenden Menschen" –, und sie will sich einmischen in den „langwierigen Prozess, in dem um Positionen gerungen werden muss" (Initiative Kulturelle Integration 2017: 11). Die von der Initiative vertretenen 15 Thesen sind dabei eine Versammlung unterschiedlicher Ansätze für interkulturelles Zusammenleben, die in den letzten Jahren und Jahrzehnten entwickelt wurde – mit Schwerpunkten auf dem Grundgesetz als Grundlage, der Integrationskraft von Erwerbsarbeit bis zu darüber hinausgehender Selbstverpflichtung und Solidarität beziehungsweise bürgerschaftlichem Engagement. Die Thesensammlung vermeidet zwar den umstrittenen Begriff der „Leitkultur" – lässt aber den Begriff der Integration, den sie im Titel führt, weitestgehend unhinterfragt. Dagegen schreibt wiederum Max Czollek 2017 in seiner Polemik „Desintegriert euch!" (Czollek 2018) an – denn im politischen Diskurs steht der Begriff Integration weiterhin lediglich für die Integration von Migrantinnen und Migranten, die vielmehr nun in gut oder schlecht integriert unterteilt werden.

Auch die Kulturelle Bildung muss endlich ihren Diskurs von Integration auf Diversity umstellen und nicht das homogen imaginierte ‚Wir' einer Vergangenheit, sondern die Gestaltung einer gemeinsamen Zukunft als Leitlinie nehmen. So plädiert Naika Foroutan (2013: 37) vielmehr „dafür, Diversity als ein Programm zu denken, das etwas Neues entstehen lässt, das wir alle noch nicht erahnen können".

(1) In der Bundesrepublik waren die bis 1988 ausgestellten Reisepässe dunkelgrün.
(2) vgl. https://www.bundesregierung.de/Webs/Breg/DE/Bundesregierung/BeauftragtefuerIntegration-alt2/nap/integrationsgipfel/_node.html (Abruf am 30.11.2017).
(3) Hier ist anzumerken, dass die außerschulische Jugendarbeit sich gegenüber immer weiter schwindenden Budgets (unter anderem aufgrund der Ganztagsschulentwicklung) verteidigen muss (vgl. auch Becker 2013).
(4) siehe http://www.kulturprojekte.berlin/blog/diversityartsculture-berliner-projektbuero-fuer-diversitaetsentwicklung (Abruf am 30.11.2017).
(5) Beispiele hierfür sind die Weiterbildungen „DiKuBi – Diversitätsbewusste Kulturelle Bildung" an der Akademie der Kulturellen Bildung Remscheid (s. *kulturellebildung.de/dikubi*) und „ART-PAED. Kulturelle Bildung in Offenen Settings", entwickelt von der Alice Salomon Hochschule und WeTeK in Berlin (s. *www.artpaed.de*).
(6) Einen Überblick über klassische Texte zu Transkulturalität in deutscher Übersetzung bieten Langenohl/Poole/Weinberg (2015) sowie Allolio-Näcke/Kalscheuer/Manzeschke (2005).
(7) vgl. http://www.forschung-kulturelle-bildung.de/cluster-menue/themencluster-ueberblick/131-die-themencluster-des-netzwerks-4
(8) zur Kritik siehe Mörsch 2016b

(9) siehe die Ende April 2017 vom Bundesinnenminister veröffentlichten „Zehn Thesen zur Leitkultur": *https://www.bmi.bund.de/SharedDocs/interviews/DE/2017/05/namensartikel-bild.html* (Abruf am 30.11.2017).

Literatur

Advanced Chemistry. 1992. *Fremd im eigenen Land*. 12-Inch. MZEE.
Aikins, Joshua Kwesi/Gyamerah, Daniel. 2017. *Handlungsoptionen zur Diversifizierung des Berliner Kultursektors*. http://www.kulturprojekte.berlin/fileadmin/user_upload/Presse/FINAL_mit_Grafik_auf_Doppelseite.pdf (Abruf am 30.11.2017).
Allolio-Näcke, Lars/Kalscheuer, Britta/Manzeschke, Arne (Hrsg.). 2005. *Differenzen anders denken. Bausteine zu einer Kulturtheorie der Transdifferenz*. Frankfurt/New York: Campus.
Becker, Helle. 2013. *Kulturelle Bildung nach Plan, oder: Die dunkle Seite des Hypes*. In: www.kubi-online.de. https://www.kubi-online.de/artikel/kulturelle-bildung-nach-plan-oder-dunkle-seite-des-hypes (Abruf am 30.11.2017).
Czollek, Max. *Desintegriert euch!* Berlin: Hanser.
Foroutan, Naika. 2014. *„Integration verändert die Gesellschaft als Ganzes"*. Naika Foroutan im Interview mit Zakia Chlihi. https://www.bamf.de/SharedDocs/Meldungen/DE/2014/20140904-interview-foroutan.html (Abruf am 30.11.2017).
Foroutan, Naika. 2013. *Neue Narrative für ein neues Deutschland?* Kulturpolitische Mitteilungen No. 140. I/2013, S. 34–37.
Frankfurter Allgemeine Zeitung (FAZ). 2015. *Merkel: Deutschland ist ein Einwanderungsland* http://www.faz.net/aktuell/politik/ausland/europa/angela-merkel-sieht-deutschland-als-einwanderungsland-13623846.html (Abruf am 30.11.2017).
Fuchs, Max. 2012. *Kulturbegriffe, Kultur der Moderne, kultureller Wandel*. In: https://www.kubi-online.de/artikel/kulturbegriffe-kultur-moderne-kultureller-wandel (Abruf am 16.08.2018).
Glaser, H./Stahl, K. H. (1974). *Die Wiedergewinnung des Ästhetischen. Perspektiven und Modelle einer neuen Soziokultur*. München
Glaser, H./Stahl, K. H. (1983). *Bürgerrecht Kultur*. Frankfurt am M./Berlin/Wien.
Ha, Kien Nghi. 1999. *Ethnizität und Migration*. Münster: Westfälisches Dampfboot.
Hoffmann, Hilmar. 1979. *Kultur für alle. Perspektiven und Modelle*. Frankfurt am Main.
Initiative Kulturelle Integration. 2017. *15 Thesen zu Kultureller Integration und Zusammenhalt*. https://www.kulturelle-integration.de/wp-content/uploads/2017/06/Initiative_Kulturelle_Integration.pdf (Abruf am 30.9.2018).
Keuchel, Susanne. 2015. *Das 1. InterKulturBarometer – Zentrale Ergebnisse zum Thema Kunst, Kultur und Migration*. https://www.kubi-online.de/artikel/1-interkulturbarometer-zentrale-ergebnisse-zum-thema-kunst-kultur-migration (Abruf am 30.11.2017).
Köhl, Christine. 2001. *Strategien der Interkulturellen Kulturarbeit*. Frankfurt: iko – Verlag für Interkulturelle Kommunikation.
Langenohl, Andreas/Poole, Ralph/Weinberg, Manfred (Hrsg.). 2015. *Transkulturalität. Klassische Texte*. Bielefeld: transcript.
Mandel, Birgit. [2016] 2017. *Audience Development, Kulturelle Bildung, Kulturentwicklungsplanung, Community Building. Konzepte zur Reduzierung der sozialen Selektivität des öffentlich geförderten*

Kulturangebots. https://www.kubi-online.de/artikel/audience-development-kulturelle-bildung-kulturentwicklungsplanung-community-building (Abruf am 30.11.2017).
Mecheril, Paul. 2004. *Einführung in die Migrationspädagogik.* Weinheim/Basel: Beltz Verlag
Menrath, Stefanie. 2002. *Represent what? Zitatschleifen und Identitätskonstruktion im HipHop.* In: Jochen Bonz (Hrsg.). *Popkulturtheorie.* Mainz: Ventil, S. 119–132.
Micossé-Aikins, Sandrine/Sharifi, Bahareh. 2016. *Die Kolonialität der Willkommenskultur. Flucht, Migration und die weißen Flecken der Kulturellen Bildung.* In: Maren Ziese/Caroline Gritschke (Hrsg.). 2016. *Geflüchtete und Kulturelle Bildung. Formate und Konzepte für ein neues Praxisfeld.* Bielefeld: transcript, S. 75–85.
Mörsch, Carmen. 2016a. *Urteilen Sie selbst: Vom Öffnen oder Schließen von Welten.* http://www.kultur-oeffnet-welten.de/positionen/position_2944.html (Abruf am 30.11.2017).
Mörsch, Carmen. 2016b. *Refugees sind keine Zielgruppe.* In: Maren Ziese/Caroline Gritschke (Hrsg.). 2016. *Geflüchtete und Kulturelle Bildung. Formate und Konzepte für ein neues Praxisfeld.* Bielefeld: transcript, S. 67–74.
Neubert, Stefan/Roth, Hans-Joachim/Yildiz, Erol. 2002. *Einleitung: Multikulturalismus – ein umstrittenes Konzept*, in: dies. (Hrsg.). *Multikulturalität in der Diskussion. Neuere Beiträge zu einem umstrittenen Konzept.* Opladen: Leske + Budrich, S. 9–29.
Presse- und Informationsamt der Bundesregierung. 2007. *Der Nationale Integrationsplan. Neue Wege – Neue Chancen.* http://www.kmk.org/fileadmin/Dateien/pdf/Bildung/AllgBildung/2007-10-
18-nationaler-integrationsplan.pdf (Abruf am 30.11.2017).
Reinwand-Weiss, Vanessa-Isabelle. 2012. *Zusammenfassung und Handlungsempfehlungen für die Praxis.* In: Andrea Ehlert/Vanessa-Isabelle Reinwand-Weiss (Hrsg.), *Interkultur – Teilhabe und Kulturelle Vielfalt in Niedersachsen.* Wolfenbüttel: Bundesakademie für Kulturelle Bildung Wolfenbüttel.
Stang, Kristina. 2017. *„Kultureinrichtungen öffnet euch." Kooperationen für mehr Perspektiven.* https://www.kubi-online.de/artikel/kultureinrichtungen-oeffnet-euch-kooperationen-mehr-perspektiven (Abruf am 30.11.2017).
Terkessidis, Mark. 2011. *Alte Strukturen und neue Bedürfnisse. Interkulturelle Herausforderungen für den Kulturbetrieb der Zukunft.* In: Dramaturgische Gesellschaft (Hrsg.). dramaturgie 2/2011, S. 15–18.
Terkessidis, Mark. 2010. *Interkultur.* Berlin: Suhrkamp.
Terkessidis, Mark. 2009. *Diversity statt Integration – Kultur- und integrationspolitische Entwicklungen der letzten Jahre.* In. Forum der Kulturen (Hrsg.). *Kulturelle Vielfalt und Teilhabe.* 2. Bundesfachkongress Interkultur, S. 12–15.
Wagner, Bernd. 2012. *Von der Multikultur zur Diversity.* In: kubi-online.de, https://www.kubi-online.de/artikel/multikultur-zur-diversity (Abruf am 30.11.2017).
Ziese, Maren/Gritschke, Caroline. 2016. *Geflüchtete und Kulturelle Bildung. Formate und Konzepte für ein neues Praxisfeld.* Bielefeld: transcript.

KAPITEL III

PRAXIS DER KULTURELLEN BILDUNG AUF BEIDEN SEITEN DER ODER

Musik kennt keine Grenzen

die Praxis der Kulturellen Bildung im Bereich Musik

Agnieszka Ostapowicz, Violinistin, Kulturarbeiterin, Managerin im Nationalen Musikforum (NFM) in Wrocław

Vorwort

Dass die deutsche Musikkultur einen hohen Wert hat, ist allgemein bekannt. Leider ist auch dieses außergewöhnliche Gebiet durch das Kriegsdrama gebrandmarkt. In den vergangenen 25 Jahren gab es eine ganze Reihe von Aktivitäten für die Verständigung, den Dialog und die Zusammenarbeit, was die Einstellung von Polen gegenüber Deutschen und von Deutschen gegenüber Polen wesentlich verändert hat. Meine persönliche Erfahrung, dass die Projekte, an denen ich teilnahm, wertvoll sind, und mein Bewusstsein dafür, wie man sie auf interessante Weise weiterentwickeln kann, haben dazu geführt, dass ich mich intensiv für die deutsch-polnische musikalische Bildung einsetze.

Das Internationale Symphonische Jugendorchester

Im Jahr 1999 habe ich das Internationale Symphonische Jugendorchester gegründet. Das Projekt basierte auf einer Partnerschaft zwischen Niederschlesien und Niedersachsen, unterstützt wurde es vom Landesmusikrat Niedersachsen und von der Allgemeinbildenden Musikschule Karol Szymanowski. Die Zusammenarbeit führte zu einem Austausch von BigBands und zu Jazzkonzerten. Im Jahr 2003 bekam sie polenweiten Charakter, und auf dem Gebiet Deutschlands klinkten sich Schulen und Hochschulen aus Sachsen und Sachsen-Anhalt in die Arbeit mit ein. Es entstand die Deutsch-Polnische Junge Philharmonie Niederschlesien, organisiert seit 2011 von Artes Agencja Artystyczna (Kunstagentur Artes) und dem Vogtlandkonservatorium Clara Wieck in Plauen unter dem Namen Junge Deutsch-Polnische Philharmonie (JDPP).

Die Junge Deutsch-Polnische Philharmonie

Die JDPP fördert talentierte junge Musikerinnen und Musiker beider Länder. Sie präsentiert Musik als Form, Beziehungen aufzubauen und zu festigen, den Geist der Toleranz und der Zusammenarbeit zu stärken. Durch das Musizieren im symphonischen Orchester und in Kammerensembles wird es möglich, ein außergewöhnliches Repertoire, außergewöhnliche Orchesterpraktiken und Praktiken der Kammermusik kennenzulernen. Es erweitert die technischen Fertigkeiten, entwickelt Fähigkeiten der Selbstdarstellung und interpersonelle Kontakte und regt dazu an, sich mit der Sprache des Nachbarn vertraut zu machen. Die Orchester- und Kammerworkshops des JDPP präsentieren internationale symphonische Meisterwerke und fördern polnische und deutsche Kompositionen. Besprochen werden Werke, Komponisten im Porträt und historische Zusammenhänge. Die Nachwuchsmusikerinnen und -musiker spielen derzeit in renommierten polnischen und ausländischen Orchestern, dozieren an Hochschulen, sind Jurymitglieder bei Wettbewerben, sind geschätzte Künstler und Pädagogen. Das Motto „Musik kennt keine Grenzen" begleitet die JDPP seit ihrem Beginn beim Aufbau eines vorurteilsfreien, gemeinsamen Europas.
Ein interessanter Aspekt der Tätigkeit der JDPP ist ihre Teilnahme an bedeutenden politischen Ereignissen. Dank der Jugendlichen bekommen diese Ereignisse eine tiefere Bedeutung. Folgende Ereignisse müssen an dieser Stelle unter anderem genannt werden: das Konzert zu den Feierlichkeiten des 800-jährigen Bestehens der Jüdischen Gemeinde in Wrocław[1], das Konzert „Anioły Europy" („Engel Europas") anlässlich des Beitritts Polens zur Europäischen Union[2] und die Teilnahme der JDPP an der Enthüllung des Denkmals für die ermordeten Juden Europas in Berlin[3]. Das Orchester eröffnete auch die Feierlichkeiten des Deutsch-Polnischen Jahres[4] und vertrat Polen auf dem Festival Young Euro Classic in Berlin und Hamburg im Jahr 2005. Ebenso nahm es an den Feierlichkeiten zum 800. Geburtstag der hl. Elisabeth und dem aus diesem Anlass veranstalteten Europäischen Forum „Frauen heute – auf den Spuren der hl. Elisabeth von Ungarn" teil. Im Rahmen dieses Ereignisses begleiteten wir eine Ausstellung, die von Ungarn über Tschechien und Polen nach Deutschland wan-

derte und Fotografien von Frauen zeigte, deren Einsatz für andere sich mit der Lebensmission der hl. Elisabeth vergleichen lässt.

Die Errungenschaften und das musikalische Niveau der JDPP werden auf vier CDs dokumentiert. Die Dirigenten, Pädagogen und Solisten der JDPP sind geschätzte Künstler aus Polen und Deutschland. Partner und Mitveranstalter sind Institutionen aus beiden Ländern, die Schirmherrschaften hingegen haben Vertreter der höchsten staatlichen Behörden und Selbstverwaltungen sowie Diplomaten übernommen. Die Tätigkeit des Orchesters trug zur Entstehung des Festivals der Jungen Orchester – Young Classic Wratislavia – in Wrocław bei (einer Stadt mit multikulturellen Wurzeln, Europäische Kulturhauptstadt 2016 und Ort für internationale Jugendbegegnungen).

Das Festival Young Classic Wratislavia

Der Gründungsimpuls dieses Festivals war mein Bedürfnis, einem breiten Publikum die wunderbaren Fähigkeiten und den Enthusiasmus junger Musikerinnen und Musiker zu zeigen, die fasziniert davon sind, ihre Instrumente zu spielen. Die Konzerte waren Begegnungen internationaler Symphonie- und Kammerorchester, eine ausgezeichnete Plattform für den Erfahrungsaustausch sowohl unter den Jugendlichen als auch unter den Pädagogen. Die Festivalprogramme stellte ich breitgefächert zusammen, sodass jeder Fan darin seine liebsten, bekannten klassischen Meisterwerke wiederfindet, aber auch neue, überraschende Inspirationen. Das Sommerfestival zog diejenigen an, die sporadisch (oder überhaupt nicht) an Kultur teilhaben. Es war die Krönung der ganzjährigen künstlerischen Tätigkeit junger Musiker und mobilisierte sie für ihre weitere Arbeit. Es präsentierte klassische Musik, Jazz und Filmmusik. Perfekt ergänzte es den Kalender der sommerlichen kulturellen Ereignisse in Wrocław und Niederschlesien. Im Rahmen des Festivals Young Classic Wratislavia in den Jahren 2004–2011 traten Orchester, Chöre, Bands und Solisten aus Polen, Deutschland, Großbritannien, den USA, den Niederlanden, Armenien, Österreich und Norwegen auf. Das Projekt mit Orchester- und Kammermusikworkshops der JDPP hat aktuell seine Pendants in der Jungen Polnischen Philharmonie, im Lutosławski Youth Orchestra, in Krzyżowa-Music und im Orchester der Beethoven-Akademie.

Das polnische musikalische Bildungssystem wurde auf natürliche Weise bereichert durch die guten Erfahrungen des westlichen Nachbarn, der sehr erfolgreich das Festival Young Euro Classic in Berlin veranstaltet, bei dem sich die besten jungen Musikerinnen und Musiker der ganzen Welt begegnen. Zwar haben wir in Polen noch immer nicht so viele regionale Ensembles, dennoch ist unser Angebot an Initiativen zur musikalischen

Bildung in den vergangenen Jahren deutlich gewachsen. Eine nicht unwesentliche Rolle spielten dabei Chorprojekte und die Person Andrzej Kosendiak, der Direktor des Nationalen Musikforums in Wrocław, Autor von Projekten wie „Śpiewający Wrocław" („Das singende Wrocław") (2001–2014), „Śpiewająca Polska" („Das singende Polen"), einem Programm des Nationalen Zentrums für Kultur (2006–2014), „Akademia Chóralna" („Chor-Akademie") (seit 2015) und „Singing Europe" im Rahmen von ESK Wrocław 2016 (Europäische Kulturhauptstadt Wrocław 2016). In Deutschland haben Begegnungen und Festivals von Chören eine reiche, jahrhundertelange Tradition. In Polen hat sich eine so ausgedehnte Aktivität erst in den letzten Jahren entwickelt.

Beispiele für durchgeführte Projekte der musikalischen Kulturellen Bildung

Chöre, Konzerte, Festivals

In den Jahren 2004–2008 organisierte ich in Wrocław Konzerte des Dresdner Kreuzchors und des Knabenchors Hannover. Damals gab es nur einen kleinen Knabenchor im Dom von Wrocław. Heute entwickelt sich der Knabenchor des Nationalen Musikforums rasch, und er konzertiert. Wahrscheinlich waren der Europäische Synagogalchor und der Leipziger Synagogalchor eine Inspiration für den Chor der Synagoge zum Weißen Storch in Wrocław.

Ein weiteres interessantes kulturelles Bildungsprojekt, das ich unter Schirmherrschaft der höchsten Behörden zum tausendjährigen Bestehen von Wrocław durchführte, war „Spotkanie Kultur – Pieśń Świata"(5) („Kulturtreffen – Lieder der Welt"). Diese Veranstaltung bestand aus Begegnungen zwischen jungen Musikern des Orchesters der Allgemeinbildenden Musikschule II. Stufe mit professionellen Chören: dem russisch-orthodoxen Chor Oktoich, dem Chor der Synagoge zum Weißen Storch und dem Collegium Vocale Dresden. Im Jahr 2009 bereitete ich als künstlerische Leiterin das 3. Festival der Deutschen Minderheit in Polen(6) vor. Ich inszenierte und realisierte das Konzert „Jan Schneider – orędownik człowieka na rozstajach dróg" („Pfarrer Johannes Schneider – Fürsprecher von Menschen am Scheideweg") als Schlusspunkt der Konferenz Pfarrer Johannes Schneider – Sozialaktivist des 21. Jahrhunderts in Wrocław und Zeuge für neue Zeiten. All diese Ereignisse waren wichtige Elemente Kultureller Bildung in der Stadt und der deutsch-polnischen Zusammenarbeit in der Grenzregion.

Orchester-Workshops und Jugendaustausch

Die Musikakademien und die Staatliche Musikschule der II. Stufe befassen sich mit der Organisation eines neuen Projektes: den Orchester-Workshops. Viele haben internationalen Charakter, und die Zusammenarbeit mit anerkannten deutschen Pädagogen aus Berlin, Hannover, München und Frankfurt gehört inzwischen zur Tradition. Jugendorchester treten in Wrocław in modernen, in den letzten Jahren eröffneten Konzertsälen des Nationalen Musikforums und der Musikakademie auf. Die Jugendlichen nehmen regulär an künstlerischen Projekten auf der ganzen Welt teil. Sowohl die Deutsch-Polnische Junge Philharmonie als auch Young Classic Wratislavia haben dazu beigetragen, dass Niederschlesien und Wrocław als wichtige Zentren der internationalen Zusammenarbeit und des künstlerischen Lebens bekannt geworden sind.

Ein wichtiges Element der musikalischen Bildung ist seit Jahren der Jugendaustausch zwischen Schulen sowie unter Hochschulen, der die kreative Entwicklung belebt und zur Integration der Musikerkreise beiträgt. Die deutsch-polnischen Projekte, die ich in den Jahren 1999–2015 organisierte, gehörten zu den ersten dieser Art; Ähnliches gilt für die Tätigkeit der Orchester Pomerania (seit 1989) und das deutsch-polnisch-tschechische Jugendorchester Europera (seit 1992). Das deutsch-polnische Jugendorchester Pomerania wurde 1998 vom Kommunalen Zweckverband für die Gemeinden Westpommerns Pomerania und dem Schloss der Pommerschen Herzöge in Szczecin ins Leben gerufen, in Zusammenarbeit mit Musikschulen in Mecklenburg-Vorpommern und in der Woiwodschaft Westpommern. Die Jugendlichen der Musikschulen trafen sich während des Workshops zwei-, manchmal sogar dreimal im Jahr während der Ferien und an Feiertagen. Die Ergebnisse der Arbeit mit polnischen und deutschen Pädagogen präsentierten sie in Konzerten in beiden Ländern, unter anderem auf Jugendfestivals. Das Orchester verlieh den Entstehungsjubiläen der Euroregion Pomerania in Löcknitz und in Szczecin feierlichen Glanz. Im Jahr 2004 wurde es vom Minister für Bildung, Wissenschaft und Kultur Mecklenburg-Vorpommern ausgezeichnet, und 2008 vertrat es in Brüssel die Euroregion mit einem Konzert.

Der Internationale Klavierwettbewerb Görlitz-Zgorzelec.
Die Tätigkeit von Izabela Helińska

Freundschaft und persönliches Engagement waren die Pfeiler der Zusammenarbeit zwischen den Direktionen der Staatlichen Musikschule der I. und II. Stufe F. Nowowiejski in Zgorzelec und der Musikschule Johann Adam Hiller in Görlitz. Izabela Helińska und Kati Kasper riefen 2001 den

Internationalen Deutsch-Polnischen Klavierwettbewerb Görlitz-Zgorzelec ins Leben – ein Solo-Turnier junger Nachwuchspianisten. Am Programm und Regelwerk arbeiteten Pädagogen beider Schulen mit. Es beruht auf den Prinzipien polnischer Wettbewerbe, auf den Programmanforderungen beider Lehrsysteme und dem deutschlandweiten Wettbewerb „Jugend musiziert". Die Wettbewerbsbeiträge wurden von einer internationalen außerschulischen Jury bewertet, die sich aus Professoren der Musikakademien in Dresden und Wrocław zusammensetzte. Dieser Klavierwettbewerb bewirkte, dass Schüler und Lehrer sich besser kennenlernten, mobilisierte dazu, die Lehrkompetenzen vieler Schulen zu verbessern, und führte zu einer stetig wachsenden Teilnahme von Jugendlichen und immer besserer professioneller Zusammenarbeit mit den Lehrerinnen und Lehrern. Die folgenden Durchgänge wurden erweitert um die Kategorien Kammermusik auf dem Flügel und Flügel für vier Hände. Am Wettbewerb nahmen Jugendliche aus Polen, Deutschland, Russland und der Ukraine teil, die Preisträger traten im Theater in Görlitz auf. Der Deutsch-Polnische Klavierwettbewerb wurde in den Veranstaltungskalender der künstlerischen Bildungseinrichtungen der I. und II. Stufe aufgenommen. Mit dem Wechsel der Direktion erstarb die Wettbewerbsidee. Der letzte Wettbewerb fand 2017 statt.

Das Deutsch-Polnische Jugendsinfonieorchester Görlitz-Zgorzelec

Neben dem Wettbewerb entwickelte sich das Deutsch-Polnische Jugendsinfonieorchester.(7) Die Jugendlichen trafen sich einmal wöchentlich zu gemeinsamen Proben in Görlitz und nahmen während der Winter- und Sommerferien an Workshops teil. Das Ensemble trat unter anderem in Italien (Verona), Polen (Wrocław, Bolesławiec), Deutschland (Görlitz) und in Belgien (im Europäischen Parlament in Brüssel) auf. Im Rahmen des Projekts „Tutti pro" und des Programms „Jeunesses Musicales Deutschland" der Deutschen Orchestervereinigung übernahm die Neue Lausitzer Philharmonie die Schirmherrschaft über das Orchester. Seit 2006 kann das Deutsch-Polnische Jugendsinfonieorchester Görlitz-Zgorzelec dank eines Innovationsprojekts, das allein von Izabela Helińska vorbereitet wurde, als Fach in der Staatlichen Musikschule der II. Stufe in Zgorzelec angeboten werden.

Das Projekt „Jedem Kind ein Instrument"

Ein weiteres Projekt, das im Rahmen der Zusammenarbeit zwischen der Staatlichen Musikschule der I. und II. Stufe F. Nowowiejski in Zgorzelec, der Musikschule Johann Adam Hiller in Görlitz und der Bochumer Stiftung Jedem Kind ein Instrument durchgeführt wurde, richtete sich an die jüngsten Schüler in allgemeinbildenden Schulen. Sein Ziel war es, einer möglichst großen Gruppe von Heranwachsenden den Kontakt mit Instrumenten zu ermöglichen. Kinder, die auf Streichinstrumenten und Flöten spielten, und die mit ihnen arbeitenden Lehrer aus Zgorzelec waren Teil des in Deutschland außerordentlich beliebten und geschätzten Projekts „Jedem Kind ein Instrument". Die polnische Seite übernahm symbolisch finanzielle Anteile. Sie wiederum profitierte davon durch einen sehr hohen Andrang bei der Musikschule, die Möglichkeit, im Theater in Görlitz aufzutreten, den Zugang zu Instrumenten und zu einer einzigartigen Plattform zur Einbeziehung der Musikerinnen und Musiker. Der Gruppenunterricht regte viele der Teilnehmer an, sich an Musikschulen zu bewerben, was wiederum – durch die Ausbildung der Allerjüngsten – die Weiterführung anderer künstlerischer Aktivitäten und die Teilnahme Jugendlicher und ihrer Familien an den organisierten Veranstaltungen garantierte. Zgorzelec war eine der Städte in Polen, die an diesem Projekt, das kein Pendant im polnischen Bildungssystem hat, teilnahmen. Dies zeigt, wie das persönliche Engagement von Partnern es ermöglicht, in kleinen Zentren mit beschränkten Ressourcen und Budgets Projekte weiterzuentwickeln.

Der Verein Meetingpoint Music Messiaen.
Die Arbeit von Dr. Albrecht Goetz

Noch eine weitere Bildungsinitiative, die Görlitz und Zgorzelec miteinander verbindet, war der von Dr. Albrecht Goetz gegründete Verein Meetingpoint Music Messiaen. Im Stammlager VIII A – an dem Ort, an dem das „Quartett für das Ende der Zeit" von Olivier Messiaen(8) entstanden war – trafen sich Jugendliche aus Polen, Tschechien und Deutschland, die Kunst- und Bildungsprojekte durchführten. Im Jahr 2005 fand dort das Projekt „Europa ist Musik" statt. Die Ausstellungen und Vorführungen in Galerien, Schulen, Theatern und sogar in der Bombardier-Halle wurden von Musik verschiedener Genres begleitet. In den folgenden Jahren wurde das interdisziplinäre Bildungsprojekt „Pauza na sztukę" („Pause für Kunst") mit Aktivitäten im Bereich Kunst, Theater, Musik, Bildende Kunst und Geschichte organisiert. Der Verein Meetingpoint Music Messiaen entwickelte seine Konzertaktivität zur Förderung zeitgenössischer Kunst weiter, und zwar unter besonderer Berücksichtigung der Werke von Olivier Messiaen. Musikwissenschaftliche Konferenzen und Kompositionsworkshops wurden organisiert. Das „Quartett für das Ende der Zeit", das Messiaen im 20. Jahrhundert im Kriegsgefangenenlager komponiert und in einer Theaterbaracke vor einem Publikum aus vierhundert Mithäftlingen und Wächtern(9) aufgeführt hatte, erklang erneut an diesem Ort.(10) Messiaen überlebte, auch dank seiner Vorstellungskraft, seines Blicks in die Zukunft, seines grenzenlosen Glaubens und des Vertrauens in die menschliche Güte.

Er komponierte ein herausragendes Werk in einer historischen Zeit der Apokalypse des Leides und des Todes. Sein Beispiel versinnbildlicht, dass es im Menschen und in der Kunst unerschöpfliche Reserven an Energie und Kraft gibt, um schwierigste Erfahrungen zu überstehen.

Die Entstehung von künstlerischen Projekten in Görlitz und in Zgorzelec hob das Niveau der lokalen Bildung und der Integration; die Entwicklung neuer Initiativen weckte Kreativität, den Geist der Zusammenarbeit und die Freude an den Ergebnissen.

Projekte, die aus der regionalen Partnerschaft entstanden. Die Arbeit von Hubert Prochota

Ein anderes interessantes Arbeitsfeld der Kulturellen Bildung sind musikalische Projekte, die im Rahmen regionaler Partnerschaften entstehen. Ein wunderbares Beispiel dafür ist die Partnerschaft zwischen dem Bundesland Rheinland-Pfalz und der Woiwodschaft Opole. Von Anfang an nahmen daran die Staatlichen Musikschulen der I. und II. Stufe F. Chopin in Opole teil. Die 1990 initiierte Zusammenarbeit mit dem Willigis-Gymnasium in Mainz wurde um die Beteiligung weiterer Einrichtungen(11) erweitert. Die musikalischen Projekte werden bis heute in verschiedenen instrumentalen und vokalen Zusammensetzungen durchgeführt. Das Repertoire ist sehr vielfältig. Streicherensembles, Kammerorchester, symphonische Orchester und Chöre begegnen sich. Die Schulen präsentieren ihre begabtesten Schüler als Solisten. Opole lädt auch seine Nachbarn zur Zusammenarbeit ein. So entstand das Young Musicians International Symphony Orchestra – YMISO. Es folgten: der Jugendkammerchor des Salesianischen Schulkomplexes in Kluczbork, das Kammerorchester in Nysa, die Chöre der allgemeinbildenden Lyzeen in Głubczyce und Głuchołazy; im Jahr 2003 fanden die Internationalen Musikworkshops der Jugendsinfonieorchester aus Opole, Nysa und Mainz statt, im Jahr 2004 wurden sie um das Orchester des Jan-Neruda-Gymnasiums aus Prag erweitert.
Die Staatliche Musikschule aus Opole und die Landesmusikakademie Rheinland-Pfalz organisierten auch Wettbewerbe für Kammerensembles. Die Zusammenarbeit entwickelte sich bei den Chören weiter: Der Deutsch-Polnische Kammerchor wurde ins Leben gerufen, der a cappella-Musik und große vokal-instrumentale Formen aufführt, unter anderem die über zweihundert Jahre lang vergessene Missa F-dur op. 25 von Joseph Elsner. Die Partitur und die Stimmen stammten aus dem Archiv in Jasna Góra und wurden von dem Dirigenten und Wegbereiter der Zusammenarbeit Hubert Prochota bearbeitet. Die Partner bereiteten ein gemeinsames didaktisches Programm vor, dessen Hauptziel es war, die große Symphonie- und Oratorienliteratur

kennenzulernen. In der Musikschule war dies aufgrund von mangelhaftem Instrumentarium nicht möglich gewesen. Die polnische Seite verfügt zumeist über ein sehr gutes Streicherquintett (Geiger, Bratschisten, Cellisten und Kontrabassisten), unsere Partner hingegen über ausgezeichnete Instrumentalistengruppen von Holz- und Blechbläsern.

**Musikalische Begegnungen.
Die Arbeit von Klaudiusz Lisoń**

Musikalische Begegnungen sind ein starkes Element der Aktivitäten und Förderung von Schulen. Die Teilnahme an Festivals und an Ereignissen, die lokale Feierlichkeiten schmücken, mobilisiert zur kreativen Entwicklung. Langfristige Bildungsaktivitäten bringen ausgezeichnetes pädagogisches Personal hervor, das die eingeübten Modelle weiterführt.
Das beste Beispiel dafür ist die Arbeit des Absolventen der Staatlichen Musikschule in Opole Klaudiusz Lisoń, der 2005 das Jugendblasorchester Leśnica gründete. Das Orchester belegte in den Jahren 2006, 2007 und 2011 den ersten Platz beim polenweiten Festival der Blasorchester der Musikschulen der I. Stufe in Będzin und gewann den Grand Prix auf dem internationalen Festival EURO Musiktage Bösel im Jahr 2010 und 2011. Von Anfang an war es beim partnerschaftlichen Austausch, bei Workshops, Konzerten und Begegnungen mit von der Partie. Seine Arbeit reiht sich ein in die Kontakte zwischen den Gemeinden Leśnica und Hirschaid. Die besten Musiker nehmen an Workshops und Konzerten der JDPP teil. Der wunderbare junge Trompeter Lennard Czakaj hat als Solist mit der JDPP eine CD aufgenommen. Das Orchester trat auf dem Young Classic-Festival Junger Orchester auf, wo es Kontakte zu den Organisatoren des Blechbläsertags Reichenbach knüpfte.
Klaudiusz Lisoń leitet auch das Jugendblasorchester Capriccio, das zum Gymnasium in Prószków gehört. Auch hier sind Orchesterkonzerte ein starkes Element der Begegnungen zwischen den Gemeinden Hünfeld und Prószków. Die jungen Menschen und ihre Familien lernen das Land und die Kultur des Nachbarn kennen und knüpfen Freundschaften.
Ergebnis der künstlerischen Zusammenarbeit ist oft das Bedürfnis, das eigene Wissen zu vertiefen und im Ausland zu studieren. Auf natürliche Weise entwickelt sich die Zusammenarbeit mit Musikhochschulprofessoren. Die Musikschulen in Opole, Leśnica und Krapkowice organisieren Workshops, Wettbewerbe und Vorträge, laden deutsche Professoren aus Stuttgart, Weimar, Berlin und Karlsruhe ein, die auch als Solisten in der Philharmonie in Opole auftreten. Workshops und Kurse für Lehrer, Studenten und Schüler, die von deutschen Dozenten geleitet werden, finden in vielen Städten in Polen statt, unter anderem in Łańcut, Opole, Warschau, Lusławice und in Krzyżowa (Kreisau).

**Geigenspiel-Workshops.
Die Arbeit von Helena Ostapowicz**

Ein einzigartiges Beispiel sind die Geigenspiel-Workshops, an denen ich als Übersetzerin teilnehmen durfte. Sie richteten sich an Pädagogen von Musikschulen, entstanden 1991 und wurden in den Jahren 1991–2012 auf Initiative der damaligen Direktorin Helena Ostapowicz von der Staatlichen Musikschule der I. Stufe F. Chopin in Oleśnica organisiert. Die Workshops waren die erste und einzige Kursform unter Beteiligung internationaler Dozenten und Lehrer, die in Musikschulen der I. Stufe in Polen Streichinstrumente unterrichten. Lehrer und Schüler von Musikschulen der II. Stufe und von Musikhochschulen hatten die Möglichkeit, an internationalen Musikwettbewerben in Łańcut teilzunehmen. Fünfmal war Anna Schmidt aus München dabei, Autorin der Publikation „Geigenschule für Kinder", die die Arbeit von Erich und Elma Doflein bekannt machte, Autoren einer fünfbändigen Publikation über Methoden des Spiels auf Streichinstrumenten (Erich Doflein war in den Jahren 1941–1944 Dozent an der Musikhochschule Breslau).

Inspirationsquellen

Viele niederschlesische Projekte sind von der Geschichte inspiriert, von außergewöhnlichen Persönlichkeiten wie herausragenden Philosophen, Theologen und gesellschaftspolitischen Aktivisten, an die unter anderem das Versöhnungskonzert erinnert, das von mir unter Beteiligung der JDPP zum 50. Jahrestag der Botschaft der polnischen Bischöfe an ihre deutschen Amtsbrüder organisiert wurde. In der heutigen Zeit, die auf Konkurrenz und Isolation setzt, kann die Erinnerung an das Leben und die Philosophie von Edith Stein, Bernard Lichtenberg, Gerhard Hirschfelder, Dietrich Bonhoeffer, Joseph Wittig, Helmuth James von Moltke und Michael von Matuschka den Patriotismus fördern und stärken und zivilgesellschaftliche Haltungen inspirieren und formen. Eine Bildungsdimension hatten auch die Konzerte „Magnificat!", die ich im Rahmen des Nationalen Musikforums in Wrocław und Berlin organisierte und die ein besonderes Echo erfuhren.(12) Der Hugo-Distler-Chor Berlin und das NFM Leopoldinum Orchester sprachen sich gegen soziale und politische Konflikte aus. Die Kompositionen Magnificat von Carl Philipp Emanuel Bach, Paweł Łukaszewski und Tarik O'Regan, die Symboliken des Katholizismus, des Protestantismus und des Anglikanismus regten zum Nachdenken über gegenseitiges kulturelles Verständnis und den Dialog an.

Zusammenfassung

Die innerhalb von 25 Jahren aufgebaute starke Struktur der Zusammenarbeit im Bereich Kulturelle Bildung zwischen Polen und Deutschland hat nicht nur die Bildungssysteme beider Länder bereichert und erweitert. Die musikalischen Projekte haben sich zu kulturellen, gesellschaftlichen, religiösen und politischen lokalen Veranstaltungen weiterentwickelt. Die Bildungsaktivitäten prägen auf natürliche und ungezwungene Weise nicht nur die Teilnehmer, sondern auch deren Freunde, Familien und lokale Gemeinschaften. Während der vielen einzigartigen Treffen durchdrangen sich Traditionen, Tendenzen und Trends. Die finanzielle Unterstützung, die den Projekten seit vielen Jahren zuteilwird, ermöglicht perspektivisches Planen und die Umsetzung außergewöhnlicher Vorhaben. Als Initiatorin oder Co-Organisatorin begegnete ich auf meinem Weg vielen Menschen, die sich in beeindruckendem Maße für die Dialog-Idee einsetzten, mit ihrer Haltung, ihrem engagierten Handeln und der Überzeugung und dem Glauben daran, dass es möglich ist, sich durch die Sprache der Kunst zu verständigen. Musik kennt keine Grenzen; einer der Dresdner Rotarier, Bischof Klaus von Stieglitz, ein großer Freund der deutsch-polnischen Versöhnung, sagte bei einem Konzert der JDPP über die symphonische Dichtung Les Préludes von Franz Liszt: „Ihr habt einen Exorzismus vollzogen – ihr habt die verfluchte Musik entzaubert."

(1) Das Orchester trat mit dem Oberkantor der Wiener Synagoge Shmuel Barzilai auf (2002, Synagoge in Wrocław).
(2) Die JDPP trat unter der Leitung von Piotr Rubik auf und begleitete Künstlerinnen und Künstler wie beispielsweise Stan Borys, Maryla Rodowicz, Edyta Geppert, Maciej Stuhr, Agnieszka Fatyga und Krystyna Prońko. Zur Seite standen dem Orchester die Band Dżem und Hochschulchöre von Wrocław sowie eine Gruppe von Tänzern und Mimen. Das Ereignis hatte ein europäisches Publikum, das mehrere Millionen zählte, und 22.000 Zuschauer (2004, Marktplatz Wrocław).
(3) 2005 trat das Orchester auf dem Pariser Platz in Berlin unter der Leitung von Stanisław Rybarczyk und Dan Ettinger gemeinsam mit dem hervorragenden Kantor der Fifth Avenue Synagogue in New York, Joseph Malovany, und mit Solisten der Staatskapelle Berlin sowie mit dem Chor der Synagoge zum Weißen Storch auf.
(4) Die Veranstaltung fand 2005 in der Magdalenenkirche in Wrocław statt.
(5) Das Konzert und die Vernissage, die im Rahmen dieses Projekts veranstaltet wurden, fanden im Jahr 2000 in der Elisabethkirche und auf dem Marktplatz statt.
(6) Veranstaltungsort war die Jahrhunderthalle in Wrocław.
(7) Die Idee eines Ensembles, das die Stadt an der Neiße verbindet, reicht bis ins Jahr 1973 und zu dem damals von den Direktionen der Musikschulen gegründeten Freundschaftsorchester zurück.

(8) Olivier Messiaen komponierte das Quartett für das Ende der Zeit (Quatuor pour la fin du temps) während seines Aufenthalts im Gefangenenlager in Görlitz. Das Werk gilt als ein Meisterwerk des 20. Jahrhunderts.
(9) Das Quartett für das Ende der Zeit wurde erstmals am 15. Januar 1941 aufgeführt.
(10) Gespielt wurde es von Izabela Helińska (Polen), Albrecht Scharnweber (Deutschland), Alwyn Tomas Westbrooke (Neuseeland) und Nadejda Krasnovid (Russland).
(11) Maria-Ward-Schule, Landesmusikakademie Rheinland-Pfalz, Villa Musica, Peter-Cornelius-Konservatorium der Stadt Mainz, Landesjugendorchester Rheinland-Pfalz, Städtische Musikschule Johann Sebastian Bach (Potsdam)
(12) Das Konzert in Wrocław fand am 24.09.2016 in der Magdalenenkirche und in Berlin am 22.10.2016 in der Philharmonie statt.

Unterschiede zum Klingen bringen

Das interreligiöse Musikprojekt „Trimum"

Bernhard König, Komponist, Konzertpädagoge und Leiter des Projekts „Trimum – Musik für Juden, Christen und Muslime" (Korschenbroich)

Können Juden, Christen und Muslime ihre religiöse Musik miteinander teilen oder sogar gemeinsam eine neue interreligiöse Musik erfinden und gestalten? Dieser Frage geht seit 2012 das interreligiöse und interdisziplinäre Projekt „Trimum" nach. Musikalische Basisarbeit und professionelles Konzertieren, theologisch-ästhetische Grundlagenforschung und pädagogische Vermittlung gehen dabei Hand in Hand: eine für dieses Thema bislang europaweit einmalige Konstellation.

Ein Kernteam aus jüdischen, christlichen und muslimischen Theologinnen und Musikern, Komponisten und Religionspädagoginnen gestaltet Auftritte und verständigt sich auf Repertoireauswahl und Textgrundlagen für neue Kompositionen und Lieder. Ein zweiter wichtiger und kontinuierlicher Ort der Begegnung ist das interreligiöse Chorlabor: ein experimenteller Laienchor für Juden, Christen und Muslime unter wechselnder Leitung. Darüber hinaus veranstaltet Trimum Schulworkshops, Fortbildungen, Hochschulseminare und Mitsing-Konzerte und hat mehrere Publikationen herausgegeben – darunter einen Band mit Essays, Interviews und wissenschaftlichen Aufsätzen[1] sowie Deutschlands erstes interreligiöses Liederheft[2].

Einer der Grundansätze von Trimum: Wir wollen die Gegensätze und Differenzen zwischen den Religionen nicht überwinden oder in einer Scheinharmonie zum Verschwinden bringen, sondern wir wollen sie zunächst einmal hörbar machen und bewusst gestalten. In der Musik sind Kontraste, Dissonanzen und Brüche nichts Negatives. Wenn in einem unserer Konzerte mit dem Titel „Die vielen Stimmen Davids" unvereinbare Facetten der David-Figur aufeinanderprallen – der jüdische König und Psalmist, der christliche Urahn Jesu, der islamische Prophet – dann wollen wir diese Unterschiede nicht glattbügeln, sondern stellen uns die künstlerische und theologische Frage: Wie können wir dem Unvereinbaren eine plausible Form geben, die Nahtstellen sinnlich erfahrbar machen und das Grenzland zwischen den Religionen beackern, bewässern und fruchtbar machen?

Dies gilt erst recht, wenn wir gemeinsam Gottesdienst feiern. 2017 konzipierten und gestalteten wir anlässlich des Deutschen Evangelischen Kirchentags in Berlin eine interreligiöse Feier, die den Charakter eines durchkomponierten Gottesdienstes hatte. Ein jüdischer Kantor begrüßte mit der traditionellen Kabbalat Schabbat-Liturgie den Sabbat; Muslime verrichteten das islamische Abendgebet; protestantische Christen feierten Abendmahl. Die einzelnen Gebete und Liturgien wurden in ihrer traditionellen Form belassen und nicht miteinander vermischt. Aber es blieb nicht bei diesen traditionellen Gottesdienstelementen. Hinzu kam ein durchkomponierter Rahmen aus Liedern, Musikstücken und Texten, in denen sowohl das Verbindende als auch das Trennende und Unvereinbare zwischen den Religionen deutlich benannt und miteinander besungen wurde. Für die interreligiöse Gemeinde wurde auf diese Weise sehr klar, wann man dazu eingeladen war, das Eigene aktiv mitzufeiern, und wann man bei ‚den Anderen' ein begrenztes Gastrecht im Rahmen des theologisch Möglichen genoss. Nicht nur das aktive Geschehen, auch die ‚Nicht-Partizipation' der Andersgläubigen war liebevoll gestaltet. So wurde beispielsweise den Nichtchristen parallel zum christlichen Abendmahl eine mit Walnuss gefüllte Dattel gereicht: ein Zeichen der Gastfreundschaft und eine deutliche Einladung, die Unterschiede zu respektieren und gemeinsam die Verschiedenheit zu feiern.

Programme wie diese werden vom Trimum-Team gemeinsam, in engem interreligiösen und interdisziplinären Dialog entwickelt. Genau hierin liegt der Schlüssel für eine andere, sehr viel wirksamere Art der Grenzüberwindung – nämlich auf der zwischenmenschlichen Ebene, im gemeinsamen Forschen, Suchen, Ringen um Lösungen. Man könnte also etwas paradox sagen: Wir überwinden Grenzen, indem wir gemeinsam nach Trennendem suchen. Dieses Trennende respektieren wir nicht nur, sondern wir betonen es sogar, um es miteinander gestalten, ihm einen theologischen Sinn und eine ästhetische Schönheit abgewinnen zu können.

Es liegt in der Natur dieser Vorgehensweise, dass wir uns von Anfang an ganz bewusst für das Zulassen von Heterogenität und gegen das Ziel einer ästhetischen Geschlossenheit entscheiden mussten. Für die einzelnen Künstlerinnen und Künstler kann das durchaus bedeuten, dass man Kompromisse in Kauf nehmen muss – mitunter sogar recht schmerzhafte. Die formal stringente Komposition ‚aus einem Guss' in der einen, unverwechselbaren Klangsprache steht nicht an erster Stelle. Unsere Programme basieren auf Patchwork-Dramaturgien – manchmal kunstvoll verwoben, manchmal aber auch brüchig, schroff und buntscheckig. Die Komponisten, Kantoren, Dirigentinnen und Musikerinnen in unserem Team lassen sich darauf ein, weil sie aufgrund ihrer eigenen Vorgeschichten genau das wollen – und weil sie wissen: Das, was wir gemeinsam als Prozess auf den Weg bringen können, ist viel wertvoller als die eigene künstlerische Profilierung.

Wertvoller auch deshalb, weil wir alle uns des historischen Privilegs bewusst sind, uns gefunden zu haben und in dieser Freiheit friedlich zusammenarbeiten zu können. Bei Trimum begegnen sich Menschen, für die es noch vor wenigen Jahren extrem unwahrscheinlich gewesen wäre, einander überhaupt kennenzulernen: Da sind muslimische und christliche Theologinnen, die erst seit wenigen Jahren die Möglichkeit haben, in Paderborn religionsübergreifend Komparative Theologie studieren zu können. Da sind Kantoren, die in Potsdam erstmals seit der Shoah eine fundierte Ausbildung für eine liberale jüdische Gemeindepraxis in Europa erhalten haben. Da ist der fromme Muslim, für den sich in der Rezitation des heiligen Korans die Stimme Gottes materialisiert – und da ist der Improvisations-Musiker, für den alles, was klingt, zunächst einmal ein verfremdbares und bearbeitbares Spielmaterial darstellt. All diese Experten treffen bei Trimum mit ihren unterschiedlichen Ansätzen aufeinander und erschaffen gemeinsam etwas völlig Neues – und zugleich etwas Uraltes.

Denn auch, wenn interreligiös-musikalische Begegnungs- und Akkulturationsprozesse in der Vergangenheit selten bewusst vollzogen oder gar gezielt initiiert wurden – es hat sie stets gegeben. Die Musikgeschichte Europas und des Orients ist voll von Querverbindungen und transkulturellen Beeinflussungen: Melodien, die rund ums Mittelmeer gewandert sind; Musikinstrumente, die von Reisenden und Migranten von einem Land ins nächste getragen wurden; religiöse Gesänge, die sich mit dem Ausbreiten einer Religion den unterschiedlichen regionalen Kulturen anpassten. Die europäische Renaissance wäre nicht möglich gewesen, hätten nicht arabische Gelehrte und jüdisch-sephardische Übersetzer das Wissen der griechischen Antike ins mittelalterliche Europa transferiert. Die Entwicklung der klassischen Musik in Deutschland hätte vielleicht einen völlig anderen Verlauf genommen, wenn es im Berlin des frühen 18. Jahrhunderts kein selbstbewusstes reformjüdisches Bürgertum gegeben hätte, das die Musik Johann Sebastian Bachs wieder zum Leben erweckte und als allgemeingültige Kunst in die säkularen Konzertsäle brachte.

Möglicherweise können wir auch im gegenwärtigen Deutschland den Beginn von gleich zwei neuen musikalischen Epochen miterleben. Seit etwa einer Dekade beginnt unsere christlich geprägte Mehrheitsgesellschaft – nach vielen Jahren und Jahrzehnten des Desinteresses an den Kulturen ihrer Einwanderer – allmählich zu erkennen, welch großer kultureller Reichtum mit den Migranten und Geflüchteten in unser Land kommt. Umgekehrt erleben wir, wie in Deutschland lebende Muslime – vor allem der zweiten oder dritten Generation – eine eigenständige mitteleuropäische Spielart der Weltreligion Islam zu entwickeln beginnen, die ihre eigenen kulturellen Ausprägungen kennt und in der auch die Rolle der Musik neu verhandelt wird. Trimum ist ein kleiner Teil dieser beiden parallel verlaufenden und einander beeinflussenden kulturellen Umschwünge, die auf vielen Ebenen des Musik-, Bildungs- und Kulturlebens zu beobachten sind und eines Tages im Rückblick möglicherweise als ähnlich einschneidender musikgeschichtlicher Paradigmenwechsel betrachtet werden wie die Entstehung des Jazz oder der Übergang vom Barockzeitalter in die Klassik.

∧ *Konzert im Rahmen des interreligiösen Musikprojekts „Trimum".*

Dementsprechend groß ist das Interesse an der interreligiös-musikalischen Expertise unseres Teams. Regelmäßig erreichen uns Anfragen von Städten und Gemeinden aus ganz Deutschland, die um Beratung oder Unterstützung bei eigenen interreligiösen Musikprojekten bitten. Trimum hat sich auf diese Weise in kurzer Zeit vom regional begrenzten Musikvermittlungsprojekt in ein deutschlandweit aktives und gefragtes interreligiöses Kompetenzzentrum verwandelt: ein erheblicher Kraftakt, der aufgrund unserer unsicheren, auf ehrenamtlicher Arbeit beruhenden Vereinsstruktur immer wieder an die Grenzen der Belastbarkeit seiner Akteure zu stoßen droht.

Die unerwartet dynamische Entwicklung legt die Frage nahe, ob es nicht lohnend und sinnvoll sein könnte, diese Arbeit auf sichere institutionelle Füße zu stellen, um sie auch international ausweiten und damit zur europäischen Verständigung beitragen zu können. Wenige Themen haben Europa in den zurückliegenden Jahren so in Unruhe versetzt wie der starke Zustrom von Geflüchteten und der damit verbundene kulturelle Clash. Trimum hat in seiner bisherigen Arbeit mehrfach zeigen können, in welchem Maße es möglich ist, jene Schönheit und Bereicherung sinnlich erfahrbar zu machen, die in jeder religiösen Vielfalt und in jeder Begegnung mit dem Fremden als Möglichkeit angelegt ist. An diesem Erlebnis möchten wir auch in Zukunft andere Menschen teilhaben lassen – innerhalb und vielleicht auch außerhalb Deutschlands.

(1) Isik König, Heupts (Hrsg.): Singen als interreligiöse Begegnung. Musik für Juden, Christen und Muslime. Verlag Ferdinand Schöningh, 2016.
(2) Bettina Strübel (Hrsg.): Trimum: Interreligiöses Liederbuch – Gemeinsam feiern und singen. TrimumSingen als interreligiöse Begegnung. Musik für Juden, Christen und Muslime. Verlag Breitkopf & Härtel, 2017.

Auf Kreuzfahrt nach „Neusehland"

An Bord: junge Berlinerinnen und Berliner zusammen mit ihren Altersgenossen, die auf Fluchtrouten Deutschland erreicht haben

Barbara Meyer, Künstlerische Leiterin und Geschäftsführerin, Schlesische27

Seine Sieben Sinne polieren, initiativ werden, sich selber Form geben, Zusammenleben gestalten – diese höchst kreativen Impulse können am besten im konkreten Raum erprobt werden, draußen, in der Stadt, auf einem Platz, auf einem Feld. So ziehen wir los, um Anlagen, Höfe, Gärtnereien, Werkstätten, leerstehende Ladenlokale anzueignen für konzeptionelle Ideen, die mit kreativem Eigenwillen und gestalterischen Interventionen kleine, überraschende Realitäten schaffen.

Die Schlesische27 in Berlin-Kreuzberg ist eine außerschulische kulturelle Bildungseinrichtung, basisfinanziert durch das Land Berlin. Im Zentrum der kreativen „Lehre" stehen künstlerische Experimente, performative Erkundungen gleichsam, die jungen Menschen helfen, ihre Wahrnehmung zu schärfen. Gemeinsam mit Künstlerinnen und Künstlern können sie herausfinden, welche Fragen sie selber beschäftigen und wie sich diese mit unserer konfusen Welt verbinden. Unsere künstlerischen Untersuchungen kreuzen ganz interdisziplinär durch ein Universum von Bildern, Klängen, Bewegungen. Gelungen sind solche Kreuzfahrten und Projekte, wenn sich schließlich neue „Bilder" abzeichnen. Land in Sicht! Utopia? Das wäre zu weit, wir sprechen lieber von Vor-Bildern. Wie soll das gehen?

Wir brauchen dafür neue Räume und Kunsträume, die viele Türen haben und allen zugänglich sind. Diese Räume bauen sich nicht von selbst. „Hilf mir, es selber zu tun!" – wer sich handelnd erlebt, traut sich und der Umgebung Veränderung zu. Die Schlesische27 orientiert sich auf den unsicheren Pfaden durch kleinere und größere Projekte an den lebendigen Leitbildern der Montessori- und Reggio-Pädagogik. Ebenso an der Bauhaus-Pädagogik, die seit sieben Jahren insbesondere die Entwicklung der „Bildungsmanufaktur" vorantreibt.

Mit den Projekten der Schlesischen27 erreichen wir vor allem junge Menschen, die mehrheitlich aus zugewanderten Familien stammen und besondere Unterstützung brauchen, um ihre eigenen Stärken zu erkennen und zu nutzen. Ganz gezielt engagieren wir uns für junge geflüchtete Kinder und Jugendliche, die aus internationalen Krisengebieten nach Deutschland und Berlin gereist sind. Zunehmend finden sich in unserem Jugendkulturzentrum in Kreuzberg junge Menschen aus aller Welt ein, die als Flüchtlinge in Berlin wortwörtlich ‚gestrandet' sind. Sie sind auf der Suche nach einer realen Perspektive, sie wollen sich einsetzen und ausprobieren wie andere junge Menschen auch – doch die Hürden sind hoch, viele verlieren den Mut in den kräfteraubenden Warteschleifen: Aufenthaltsklärung, versagter Elternnachzug, Warten auf einen Schulplatz, Warten auf einen Sprachkurs, Hoffen auf die Ausbildungs- und Arbeitserlaubnis. Wie geht es nun weiter? Wir meinen, die jungen Leute, die da sind und motiviert, sich für ihre Zukunft einzusetzen, sind die Richtigen!

CUCULA – Refugees Company for Crafts and Design

Im Herbst 2013 hatten wir fünf junge Männer, die aus Westafrika übers Mittelmeer nach Lampedusa und später nach Deutschland geflüchtet waren, in unseren Bauhaus-Vorkurs in der Schlesischen27 aufgenommen. Sie waren in Berlin auf dem Oranienplatz buchstäblich gestrandet, waren von Kälte und Obdachlosigkeit bedroht. Zusammen mit Künstlern und Designern begannen sie, Möbel für ihre improvisierte Notunterkunft in unserem Haus zu bauen. Die alten Baupläne des italienischen Designers Enzo Mari schienen als Wegweiser goldrichtig zu sein und begeisterten die Gruppe. Das Aufmüpfige und die Gesellschaftskritik Maris, die aus seinen einfachen Selbstbaumöbeln sprechen, verbanden die fünf Westafrikaner schnell mit eigenen Vorstellungen vom Notwendigen. Nachdem die ersten Betten, Stühle und Schränke für die Notunterkunft gebaut waren, wuchs die Idee, zusammen mit den Gestaltern einen Manufakturbetrieb zu gründen und über den Verkauf von Designermöbeln Einnahmen für den Lebensunterhalt der Flüchtlinge zu erzielen. Eine neue Serie wurde für die Designmesse in Mailand angefertigt, es sollten Möbel sein, die zugleich von den Fluchtgeschichten erzählen. Schwemmholzteile aus dem Hafen von Lampedusa, Relikte ihrer gefährlichen Überfahrt nach Italien, wurden in die Sitzmöbel der Reihe „Autoprogettazione" eingebaut.

Der Auftritt des neuen, ungewöhnlichen Startups bei der Mailänder Messe sorgte für Aufsehen, zahlreiche Medien berichteten und diskutierten die Verlagerung von versorgender Flüchtlingshilfe auf ein ökonomisch tickendes Modell als neue Idee für Integration. Enzo Mari erteilte dem jungen Designerkollektiv die Produktionsrechte, und über eine Crowd-Funding-Kampagne wurde ein Startbudget für die Möbelwerkstatt generiert.

Alles sieht aus wie ein funktionierender Wirtschaftsbetrieb, doch ist CUCULA als „Vorschein", als eine konkrete Utopie konzipiert. Wir wollten ein „Bild" erzeugen für die Öffentlichkeit, für Wirtschaft, Politik und Ausländerbehörden, das man optimistisch verfolgen kann. Nach drei Jahren CUCULA-Designbetrieb konnten 17 junge Gestalterinnen und Gestalter aus aller Welt einen Sprung machen in verschiedene Anschlussstrukturen: Einstiegsqualifizierung im Handwerksbetrieb, Ausbildung und Studium. Wenige sind nach Italien und in die Herkunftsregion zurückgekehrt.

Mit Geflüchteten zusammenarbeiten in Projekten und darüber hinausreichenden Gemeinschaften

Die Schlesische27 hat seit 2015 über 500 geflüchtete Jugendliche und junge Erwachsene in langfristige Projekte und Vollzeitkurse aufgenommen. Wie passt das Thema der Geflüchteten mit dem Auftrag internationaler Jugendbegegnungen zusammen? Bestens! Als internationales Jugendhaus wollen wir unseren Auftrag neu reflektieren und uns über den gut organisierten europäischen Jugendaustausch hinaus für jene internationalen jungen Menschen einsetzen, die direkt vor unserer Tür stehen. Dies bedeutet, dass wir uns intensiv mit ihren tatsächlichen Lebensbedingungen auseinandersetzen und flexible, ermutigende Brücken bauen für ihre aktive Beteiligung an gesellschaftlichen Umbauarbeiten – an Stadt/Kultur, Bildungs- und Arbeitswelten. Das fällt konzeptionell nicht schwer, denn wir verstehen Kreativität nicht nur als Motor für den Kunstbereich, sondern als Kurbel für engagierte Stadtentwicklung und sorgfältige Globalisierung, die in unseren Städten und Gemeinden neue Gestalt sucht.

Wie sind unsere Projekte gestrickt? Welche Vor-Bilder interessieren uns und schimmern durch? In der Zusammenarbeit mit zugewanderten jungen Menschen reihen sich die Aktivitäten ein in eine bundesweite Bewegung von kreativen Initiativen von Kunst- und Kulturschaffenden, die sich weniger in den klassischen Genres der Künste bewegen, sondern im Sinne der Beuys'schen „Sozialen Plastik" soziale Interaktion provozieren.

Motiviert von der antizipierten Freiheit, ästhetische Bildung als gesellschaftlichen Prozess für Veränderung anzulegen, haben Künstlerinnen und Künstler in Zusammenarbeit mit Geflüchteten landauf landab die Grenzen überschritten, die ihnen die Spielwiese „Projektförderung" zugedacht hatte. Sie bilden kreative Produktionsgemeinschaften, schaffen Zukunftslabore und krempeln institutionelle Ideen um – etwa die eines Hotels: Grandhotel Cosmopolis in Augsburg; die des Startups: CUCULA; die der Universität: silent university, mobile Akademien als Plattformen für neuen Wissenstransfer; oder die des Theaterraums: EcoFavela auf Kampnagel in Hamburg. Es sind Versuchsanlagen, die als interdisziplinäre und in alle Lebensbereiche hineinreichende Aktionen nicht nur die vorgegebenen Projektlaufzeiten weit überspannen, sondern die Logik des temporären Projekts überhaupt sprengen. Denn die impliziten Chancen für Innovationen aller Art, die gesellschaftlichen Umbrüchen innewohnen, lassen sich nicht im geschlossenen Projektformat planen; sie verlangen vielmehr ergebnisoffene Unternehmungen, Expeditionen, auf die wir uns begeben.

Förderinstrumente, die im Projektformat operieren – Pilotprojekte, Modellprojekte, Impulse für die breite Praxis usw. –, fordern und definieren Begrenzung. Einen Zeitbogen. Doch stößt die Zusammenarbeit mit geflüchteten Menschen, ganz besonders mit den Jugendlichen, schnell an die Grenzen der Sinnhaftigkeit von Kurzzeitinterventionen, denn aufgrund ihrer Erfahrungen mit radikalen Brüchen brauchen sie nichts dringender als Kontinuität und Verlässlichkeit – Zeit und die Zuversicht, dass sich in ihrem Leben etwas grundlegend ändern und neu etablieren kann. Das spricht für einen offenen Zeithorizont. Niemand erwartet von Kunstschaffenden eine generelle Lösung für die große Konfusion mit der wachsenden Zuwanderung; jedoch formiert sich unter den Kreativen großer Mut, gemeinsam aufzubrechen und auszuloten, wie das Zusammenleben künftig ausschauen könnte, als Vorschein des gesellschaftlich Möglichen.

Will-Bleiben-Kultur

Viel Platz, viel Geld und viele Ideen gibt es in unserem Land im Vergleich zu den völlig überforderten Nachbarländern von Kriegsgebieten, doch mehr Solidarität mit den Flüchtenden und Aufnahmebereitschaft tut Not. In vergangenen Jahren haben über eine Millionen Menschen in Deutschland Schutz gesucht, im aktuellen Jahr wird sich die Zahl weiter erhöhen. Das sollte uns nicht so viel Angst machen, denn es kommen Persönlichkeiten. Im Libanon, Bekaa-Tal, nahe der syrischen Grenze, traf ich 2015 syrische und libanesische Künstler, die in den restlos überfüllten Zeltlagern Schulzimmer und offene Ateliers eingerichtet hatten. Weil hier alles neu erfunden werden musste, wuchsen kreative Dienstleistungen, Tauschbörsen, Wanderbibliotheken, mobile Theater und Musikgruppen und nicht zuletzt Werkstätten für cleveres Not-Mobiliar: Dinge für den Alltag, Performatives und Raumlösungen, die absolut experimentell daherkommen. Sie sind nicht Resultate eines geplanten Projekts, sondern Statements und Spuren des Aufbruchs. Wer hier mitmacht, will Zukunft.

Wahrnehmung und die Ausgestaltung von gesellschaftlichen Transformationsprozessen verschmelzen auf einer ästhetischen Baustelle, bei der es um mehr geht als „Partizipation". Teilhaben kann man erst, wenn schon etwas da ist. Wo Flüchtende aufbrechen und ankommen, muss das Neue und Mögliche erst erprobt werden, von Grund auf. Menschen auf der Flucht wünschen sich nicht nur Partizipation, sie müssen und wollen initiativ werden, selber handeln. Ihr Eingreifen zielt ins Zentrum gesellschaftlicher Organisation, sie beanspruchen nicht nur Zugang zur hiesigen Arbeitswelt, zu Kultur und Bildung, sie interpretieren diese gleichzeitig neu – das ist es, wovor viele Angst haben: Wie wird sich alles verändern?

Die „Willkommenskultur" hat den Fokus auf das Vorübergehende gesetzt, als Begriff, der die eigentliche Herausforderung verbirgt: die „Will-Bleiben-Kultur". Das neue Zusammenleben fordert daher den Umbau gesellschaftlicher Architekturen, und das macht viel Arbeit! Es gibt so viel zu tun, dass diese Maloche keinesfalls von den Alteingesessenen alleine geleistet werden kann. Dafür müssen Asyl- und Bleiberecht an die Aufforderung zu aktiver Mitarbeit gekoppelt werden. Die bisherigen administrativen, juristischen, medizinischen, sozialarbeiterischen Versorgungsebenen wirken eher als Bremsen für neue Selbstständigkeit und Verantwortungsübernahme. Deutlich mehr und konkrete Formen der Beteiligung sind von Nöten – im besten Sinne kreative Formen, weil sich darunter neue Gestalt entwickelt: Gemeinschaft.

Doch Flüchtlinge wurden und werden erstmal ‚verwaltet‘, und Kunstprojekte können in diesem Zusammenhang leicht in die Falle geraten, diese verordnete Passivität zu stützen, weil die Menschen scheinbar froh um jede Abwechslung sind. Wichtige Eigeninitiative wird verzögert: Arbeit suchen, Ausbildung und Studium anpacken, in die Kita und Schule gehen, Wohnraum suchen, einteilen, ein Konto eröffnen. Erst nach langen Wartefristen und nach Endlosschleifen im Behördendschungel werden eigene Schritte möglich.

Was also tun? Wir wollen nicht um das eigentliche Problem, um verordnete Passivität herum tanzen, musizieren, malen, Theater spielen ... Alle Aktionen und gemeinsamen Initiativen mit Geflüchteten müssen daher zuallererst Selbstwirksamkeit in den bestehenden Systemen und gesellschaftlichen Institutionen ermöglichen. Da liegt die Herausforderung. Es reicht nicht, eine Bühne im Hinterzimmer zu bauen.

Künstlerinnen und Künstler sind bestens befähigt, die nötigen Umbauarbeiten zu entwerfen und in gemeinschaftlichen Aktionen umzusetzen. Kreative, die symbolisches Handeln bewusst überschreiten. Angewandte Kunst?

Experimente, die neue „Bilder" provozieren

Die Unternehmungen, die wir in unserem Kulturhaus in Kreuzberg zusammen mit jungen Geflüchteten angezettelt haben, versuchen im Kern nicht, „den Flüchtlingen etwas zu geben", sondern mehr entgegen zu „nehmen". Wir reagieren in unseren langfristig angelegten Projekten auf das eklatante Ungleichgewicht, das geflüchtete Menschen nach ihrer Ankunft zwingt, permanent passive Empfänger zu sein. Dazu ein kleiner Exkurs:

Man stelle sich vor, das eigene Haus sei abgebrannt und man müsse in der Wohnung von Freunden Unterschlupf finden – *Welcome* steht auf dem Fußabtreter vor der Eingangstür. Bereits nach kurzer Zeit würden wir uns Sorgen machen, wie wir uns erkenntlich zeigen und auf die großzügige Unterstützung reagieren könnten. Und natürlich würden wir so bald wie möglich wieder ausziehen, die Freunde entlasten wollen: selber auf die Beine kommen, Wohnungsannoncen verfolgen, mit Blumensträußen überraschen, kochen, einkaufen, putzen in der Gastwohnung. Jedwedes Engagement dieser Art würde uns jedoch strikt untersagt.

Und gleichzeitig würde die Stimmung kippen, wären die Gastgeber empört und beschimpften uns offen und öffentlich, dass wir uns nur bedienen ließen und nicht kümmern würden. Alles, was wir selber anpacken wollten, um schnell in die Selbstständigkeit zurückzufinden, würde jedoch radikal unterbunden. Kamil, ein junger Mann aus Pakistan, der in der Schlesischen27 ab und zu kocht, bringt es auf den Punkt: „They see me as a thief".

Die alten Ethnologen und frühen Strukturalisten haben einfache gesellschaftliche Rituale beschrieben, die sich in allen Kulturen gleichen und ausschlaggebend sind für ein breites Gerechtigkeitsempfinden und Frieden zwischen sozialen Gruppen. Es sind die Tauschverhältnisse, das Einhalten einer Balance zwischen Geben und Nehmen, die stark machen. Der französische Ethnologe und Soziologe Marcel Mauss hat in seinem 1925 erschienenen „Essai sur le don" auf die Praxis des Gabentausches hingewiesen und von Anfang an die „Gabe" als Gegenbegriff zur „Ware" gesetzt. Die soziale Tauschpraxis existiert jenseits des „Äquivalententauschs", der durch die Existenz des Geldes erst möglich wurde. Mauss spricht von dem „ganz Anderen" der Geldwirtschaft, vom Geben und Nehmen als sozialem Kapital.

Künstlerinnen und Künstler, die in ihren Projekten mit Geflüchteten die Regeln des Tauschens berücksichtigen, geben diesem „ganz Anderen" ein konkretes Gesicht. Sie kreieren einen Entwurf, leisten Anschauung von noch nicht Existentem. Die Projekte entrücken die Wahrnehmung vom „behandelten" Menschen in das Bild des „Handelnden", mit allen Konsequenzen. Und es sind original ästhetische Konzepte und Prozesse, die diese neuen Bilder schaffen können. Hier werden alle Beteiligten zu Gestaltern konkreter Utopien, ihr gemeinsames Tun folgt den Strategien der „Sozialen Plastik", die Prozesse sind diffus und dynamisch. Wie gesagt, wir begeben uns auf Expedition und nicht auf den vorgezeichneten Pfad des Ablaufplans.

Vom Junipark bis ARRIVO BERLIN – Stadtentwicklung und Selbstwirksamkeit

Einen großen Fokus des gesellschaftlichen Umbaus richtet die Schlesische27 auf Themen der Stadtentwicklung. In stadtplanerischen Projekten mit jungen Menschen aus Berlin und aus Flüchtlingskrisen und in mehrjährigen Programmen, die sich kreativ der Zukunft von Bildung und Arbeitswelt widmen, haben wir versucht, den Ideen und Entwürfen junger Menschen unkompliziert reale Gestalt zu gegeben. So bauten wir mit Jugendlichen und Nachbarn im Neuköllner Schillerkiez und mithilfe der Architekteninitiative raumlabor berlin im Sommer 2014 ein riesiges offenes Wohnzimmer – den Junipark. Auf der Brache des aufgelassenen St. Thomas-Kirchhofs wuchs eine Gerüststadt mit vielfältigen Möglichkeiten für temporäre Einnistungen, eine 16 Meter hohe Wohnskulptur, die zum Debattieren und zur gemeinsamen Bespielung einlud. Der Junipark markierte den größten Meilenstein der Jugendkampagne wohnwut und schuf ein Bild für das neue Zusammenleben in der Stadt, eine konkrete Utopie, welche von über 300 Jugendlichen im Verlauf zweier Jahre formuliert und konkretisiert wurde.

Doch Bilder sind wandelbar! 2015 konnte die städteplanerische Bespielung der Brache hinter dem Tempelhofer Flugfeld dank Unterstützung der Stiftung Parität und der Bundeskulturstiftung und durch die Bereitstellung von Brachland durch den Friedhofsverband Berlin-Mitte weiterentwickelt werden. Mit dem Zuzug vieler Flüchtlinge stellten sich Fragen des urbanen Zusammenlebens bald neu: In Zusammenarbeit mit jungen Geflüchteten, mit lokalen Gruppen und Initiativen im Schillerkiez entwickeln Künstler und Architekten seit Sommer 2015 hier eine lebendige Stadtgärtnerei, die dem wichtigen Zusammenwachsen performative Gestalt gibt.

Die Herausforderung für den Nachbarschaftsraum ist real, denn auf dem aufgelassenen Jerusalem-Kirchhof sollen demnächst Flüchtlingsunterkünfte gebaut werden. Unsere Gärtnerei und die angedockte Gartenschule stellen in diesem Kontext eine Art Pioniergestaltung dar, die Gartenanlage und die architektonischen Interventionen geben dem Gelände ein Gesicht und bereiten die Anwohner vor. Von Anfang an sollen die großen Schätze mitgebrachter Bilder der Flüchtlinge in die zukünftige Gestaltung des Kiezes einbezogen werden. Im Zentrum stehen das Gärtnerhandwerk und die Landschaftsgärtnerei. Nicht zufällig, denn mit dem Fokus auf Handwerk gelingt es auch in schwierigen gesellschaftlichen Konfliktlagen, eine gemeinsame „Sprache" – Verständnis über die Sprachbarrieren hinaus – zu entwickeln. Das Handwerk hat quer durch die verschiedenen internationalen Kulturräume hindurch gemeinsame Wurzeln und verwandte Praxen: „Man versteht sich!" – so kommentierte kürzlich ein Ausbilder in der Metallerinnung die Zusammenarbeit mit den Geflüchteten, Ausbildungsanwärter in unserem Übungswerkstättenprojekt ARRIVO HANDWERK (www.arrivo-berlin.de).

Mit dem stadtweiten Kampagnenprojekt ARRIVO BERLIN hat die Schlesische27 seit 2014 zusammen mit der Handwerkskammer, den Innungen und der Berliner Arbeitssenatsverwaltung einen konzentrierten und gleichzeitig kreativen Rahmen aufgebaut, um jungen Geflüchteten einen schnellen Einstieg in Berufsausbildung zu ermöglichen. Auch hier wirken die neuen Bilder: Geflüchtete aus aller Welt finden als Azubis ihren Platz in Berliner Unternehmen, gleichzeitig werden die Betriebe und deren Mitarbeiterteams internationaler. Das passt zu unserer Stadt!

So wie das CUCULA-Manufakturprojekt verfolgt auch ARRIVO BERLIN das Ziel, eine Alternative zum „abwartenden Flüchtling" zu schaffen und stabile Zugänge zur Bildungs- und Arbeitswelt für Geflüchtete zu erreichen.

Das Handwerk ist in allen Projekten der Schlesischen27 ein wichtiger Katalysator und ein Bild zugleich für Selbstwirksamkeit in Phasen der Metamorphosen und Übergänge mit all ihren Verunsicherungen geworden. Wer etwas ‚zu Stande bringt', gewinnt selber Sicherheit und vergewissert sich mit dem Bild des Geschaffenen, tätig zu sein, aktiv und initiativ. Das sind Werte, die tiefer greifen als das „Teil-Nehmen", die Partizipation, denn in der Neuschöpfung steckt die Qualität des „Eigen-Mächtigen", die sich jeweils aus eigenen Ressourcen speist und somit ein Gegenbild zur „Ohn-Macht" setzt.

Was interessiert uns an diesen Prozessen, Künstlerinnen und Künstler eines Hauses für Kulturelle Bildung? Im Zentrum der experimentellen Forschung steht die Erscheinungsform von Zukünftigem im Gegenwärtigen, als eine Art „Vor-Schein", wie es Ernst Bloch beschrieb. Wir knüpfen an ganz alte Traditionen der Bildschöpfung an.

Erziehung zur Kultur

Ausrichtung auf Vielfalt und die Wechselseitigkeit von Beziehungen

Dr. Monika Nęcka, Dozentin für künstlerische Bildung an der Krakauer Akademie der Schönen Künste und an der Fakultät für Kunst der Pädagogischen Universität

Vorwort

Die Methoden der Kulturellen Bildung (*edukacja kulturowa*)(1) verändern sich im Zuge der gesellschaftlichen Entwicklung wie auch mit dem wachsenden Wissen und Bewusstsein von Kulturpädagogen. Zu den Aufgaben der Kunstmethodik gehören die Unterstützung von Lehrerinnen beim Erkunden ihrer Möglichkeiten, die Analyse ihrer methodologischen Bedürfnisse im Bereich Kulturaktivitäten, die Inspiration sowie die Erstellung von Programmen und Arbeitsinstrumenten. Die in diesem Aufsatz beschriebenen Projekte im Bereich der Kulturellen Bildung (*edukacja kulturowa*) sind aus der Diskussion über Bildungsformen, aus den Erfahrungen von Didaktikern oder aus den Bedürfnissen kreativer Akteure entstanden – alle betrafen Probleme, die in der Kunsterziehung im Schulalltag vernachlässigt wurden. Sie machten Veränderungen in den Bedürfnissen der ästhetischen Erziehung bewusst wie auch die Notwendigkeit, Kompetenzen von Lehrkräften, die mithilfe von Kunst unterrichten, neu zu formulieren.

Eine Methode zur Konstruktion von Wirklichkeit: Słubfurt und Nowa Amerika

Als Studentin gehörte ich zu Beginn der 90er Jahre zu einem Team, das im Rahmen der Biennale „Kunst fürs Kind" in Poznań Workshops für künstlerische Bildung durchführte. Damals waren in nur wenigen Institutionen Angebote zu finden, die stark auf den Prozess und die kreative Beteiligung ausgerichtet waren. Im Laufe eines der Treffen wurde ein Projektkonzept vorgestellt, dessen Autor Michael Kurzwelly war, Mitbegründer der Stadt Słubfurt(2). Seit 2010 ist Słubfurt die Hauptstadt von Nowa Amerika – einer Föderation, die sich aus den vier Teilstaaten Szczettinstan, Terra Incognita, Lebuser Ziemia und Schlonsk zusammensetzt. NOWA AMERIKA – das ist ein Raum auf beiden Seiten der Oder und der Neiße.

> Friedrich der Große hat dazu beigetragen, dass Polen in der zweiten Hälfte des 18. Jahrhunderts von der Landkarte verschwand, was klar zu verurteilen ist. Aber er hat auch neue Landstriche ohne kriegerische Handlungen gewonnen, wie zum Beispiel das Oderbruch. Wenige wissen jedoch, dass er zugleich im Mündungsgebiet der Warthe Sümpfe trocken legen ließ, Deiche errichtete und so das Warthebruch entstand. Friedrich der Große siedelte hier Landwirte an, schenkte ihnen Haus, Hof und Land. Über mehrere Generationen waren die Landwirte von der Steuer befreit, und damit sie sich auch wie richtige Pioniere fühlten, erhielt der Landstrich den Namen Neu-Amerika. Neue Dörfer mit verheißungsvollen Namen entstanden, wie Pennsylvania, New Hampshire, Neu York, Florida, Maryland, aber auch Jamaika und Sumatra. Auf der heutigen Landkarte sind einige Dörfer wieder verschwunden, aus Jamaika wurde Jamno. Nur Malta ist geblieben. Diese ungewöhnliche Geschichte hat uns dazu inspiriert, unseren neuen Raum, der den durch die ehemalige deutsch-polnische Staatsgrenze getrennten Grenzbereich verbindet, Nowa Amerika zu nennen, das Land der Pioniere und Freiheitshungrigen, die einen neuen Raum bürgergesellschaftlich gemeinsam gestalten wollen und erkannt haben, dass dies unser Gelobtes Land ist. [...] NOWA AMERIKA bietet allen Pionieren und Freiheitshungrigen die Chance, die Geheimnisse unserer vier Staaten zu entdecken und ihre Eigenarten und Traditionen kennenzulernen.(3)

Im Jahr 2016 hielt Michael Kurzwelly bei der Ausstellung „Nowa Amerika – im Land der Migranten", die das Ergebnis von zehn Workshops von Jugendlichen aus Schulen und anderen Bildungseinrichtungen des gesamten deutsch-polnischen Grenzgebietes war, den Vortrag „Słubfurt und Nowa Amerika oder die Konstruktion von Wirklichkeit als angewandte Methode".

Der Titel des Vortrages definiert genau, was die beschriebenen Phänomene sind: nämlich eine Methode der gesellschaftlich-kulturellen Konstruktion von Wirklichkeit, die die Offenheit und Begegnung von Menschen befördert, oft unter Einsatz künstlerischer Aktivitäten.

„Internationale Workshops der Kreativen Unruhe, Vincents Hosentasche"

Die Treffen in Poznań waren Ort für kreative Arbeit, für das Ringen um didaktische Möglichkeiten, sie weckten Appetit auf das Schaffen von Raum für sensible und kluge Pädagogik. „Wegen der Biennale Kunst fürs Kind entstand das Zentrum [für Kinderkunst], als Institution, die dieses untypische Festival organisieren und den von ihm eröffneten künstlerischen und edukativen Raum ‚bewirtschaften' sollte. Achtzehn bisherige Durchgänge bedeuten unzählige Veranstaltungen, weit über 100.000 Teilnehmer und einen wichtigen Ort für Gespräche über Kunst für Kinder", erinnert Jerzy Moszkowicz, Direktor des Zentrums für Kinderkunst.(4) Die Biennale „Kunst fürs Kind" machte bewusst, dass es notwendig ist, jedes Jahr Begegnungen für kreative Menschen zu veranstalten: für Schüler von Schulen in Poznań, Studenten der Kunsterziehung aus Polen und dem Ausland und Professoren, die diese Studenten mit ihrem Rat und ihrer Unterstützung begleiten. So entstand das Projekt „Internationale Workshops der Kreativen Unruhe, Vincents Hosentasche" – ein wichtiger und inspirierender Ort, dessen alljährlicher Kurator Tadeusz Wieczorek ist. An Vincents Hosentasche nehmen Studierende aus Polen und aus dem Ausland zusammen mit ihren Betreuern teil, akademischen Lehrerinnen und Lehrern, die die Veranstaltungen zur künstlerischen Bildung oder kreative Projekte leiten. Zu den Workshops sind auch Kinder eingeladen, weil die Treffen im Zitadelle-Park für sie eine Gelegenheit sind, die Realität mittels der Kunst zu entdecken. Dies ist eine Zeit, die die Erfahrungen aller Teilnehmenden bereichert.

Methoden für partizipative Aktivitäten: die Ausstellung „Folge dem weißen Kaninchen!" („Podążaj za Białym Królikiem!")

Zu meinen methodischen Interessensgebieten gehört die zeitgenössische Kunst, ein unbeliebtes Territorium sowohl bei Lehrenden als auch bei Lernenden. Ich habe viel über Möglichkeiten nachgedacht, Methoden für Begegnungen mit dieser Kunst zu schaffen, die beide Seiten des didaktischen Prozesses einbeziehen. Im Jahr 2009 beschlossen Anna Bargiel, Anna Smolak und Magdalena Ujma in der Galerie für zeitgenössische Kunst Bunkier Sztuki (Galeria Sztuki Współczesnej Bunkier Sztuki) in Krakau, eine ungewöhnliche Veranstaltung vorzubereiten: eine Ausstellung für zeitgenössische Kunst, bei der Kinder die Hauptzielgruppe waren. Ich benutze absichtlich nicht die Formulierung ‚Ausstellung für Kinder', um die Denkweise der Kuratorinnen und die von ihnen aufgeworfenen Fragen hervorzuheben: „[...] existiert eine zeitgenössische Kunst nur für Kinder (so wie andere Gattungen, wie zum Beispiel die Literatur, die Animation und das Theater)? Und wenn es sie nicht gibt, kann man sie dann kreieren, ohne dabei in die Falle des Infantilen zu tappen?"(5) Eine Analyse der Situation und Möglichkeiten und eine Überprüfung ähnlicher Bedingungen in Polen und im Ausland hatten uns bewusst gemacht, dass es notwendig war, eine spezielle Methode auszuarbeiten, bei der das Engagement der Künstler in didaktischen Prozessen verbunden ist mit einer Ausstellung und der Teilnahme eines Methodikers auf jeder Etappe der Arbeit. Wir begannen mit Bildungsworkshops für die Künstler, die dazu eingeladen waren, an der Ausstellung teilzunehmen. Meine Aufgabe war es, ihnen zu vermitteln, wie Kinder die Welt wahrnehmen, welche Möglichkeiten sie haben, auf die Realität zu reagieren, aber auch, welchen Anteil die Kunst an der Erziehung hat und dass die Vorstellungskraft entwickelt werden muss, um Kunst interpretieren zu können. „Wir wollten erreichen, dass dieses Wissen die Künstler bei der Konzeptentwicklung für ihre auszustellenden Werke begleitet. Ob es im schöpferischen Prozess berücksichtigt wurde, war die individuelle Entscheidung jedes Künstlers."(6) Auf diese Weise lernten die Künstler den Hauptrezipienten ihrer Werke kennen, wurden sich aber gleichzeitig darüber bewusst, welche Rolle Kindheitserlebnisse in ihrer eigenen Welterfahrung spielen.

Während die Künstler ihre Objekte für die Ausstellung vorbereiteten, gab ich Workshops für Studenten der Kunsterziehung und bereitete sie auf die Arbeit mit jedem einzelnen Werk vor, auf jedes mit dem jeweiligen Werk verbundene Problem, auf die Arbeit mit Rezipienten in jeder Altersklasse. Wir hatten nämlich beschlossen, jedem Kind die Möglichkeit für ein Gespräch zu geben, selbst über die schwierigsten Themen. So kam es, dass vom 9. September bis zum 24. Oktober 2010 im Krakauer Bunkier Sztuki die außergewöhnliche Ausstellung „Folge dem Weißen Kaninchen!"(7) stattfand. Das Weiße Kaninchen – Protagonist des Buches „Alice im Wunderland" von Lewis Caroll – wurde zum symbolischen Guide, der die Kinder zur Interaktion mit den Werken in den Galerieräumen ermutigte, sie zum Spielen anregte, aber auch dazu, schwigrie Fragen zu stellen und nach Antworten in der Welt der sehr persönlichen Aussagen der Künstler zu suchen, die von deren Kindheitserlebnissen inspiriert waren. Sehr persönlich und engagiert waren denn auch die Teilnahme der Kinder an der Ausstellung und ihre Interaktion mit den Objekten zeitgenössischer Kunst.

Die Ausstellung und die Methodik im Umgang mit den Rezipienten exportierten wir nach Dortmund.(8) Auch hier überzeugte ich mich davon, wie sensibel die Arbeitsmethode in einem anderen Umfeld sein muss. Wir trafen nämlich auf eine vollkommen andere religiöse, soziale, partizipative und edukative Situation. Es wurde klar, dass Grundlage jeglicher Aktivitäten mit Menschen eine lokale Bedürfnisanalyse und das sensible Erkennen der vorhandenen Möglichkeiten sein müssen.

Verlagsreihe Kleiner Klub des Bunkier Sztuki

Als weiterer Bereich, den es zu bewirtschaften galt, erwiesen sich die schwierigen Themen und Probleme, die Kinder beschäftigen und die bereits in der oben beschriebenen Ausstellung angesprochen wurden. Die Erfahrungen bei der Arbeit mit Kindern anhand der Werke der Ausstellung „Folge dem Weißen Kaninchen!" hatten uns gelehrt, dass Kunst die Öffnung der Kinder für ein Gespräch erleichtert. Wir hatten ein enormes Bedürfnis nach solchen Gesprächen unter jungen Menschen festgestellt und auch, dass diese Gespräche weder bei schulischen noch bei außerschulischen Aktivitäten stattfanden. Das dort angeschnittene, aber nicht ausgeschöpfte Thema wurde in Form der Verlagsreihe Kleiner Klub des Bunkier Sztuki weitergeführt.(9) Dabei handelte es sich um eine Reihe von zehn Büchern für Kinder, die aus der Zusammenarbeit bekannter und anerkannter polnischer Literaturschaffender mit visuellen Künstlerinnen und Künstlern, die schon früher mit der Galerie zusammengearbeitet hatten, entstanden waren.(10)

Die Form des picturebook gestattete es, Wort und Bild für Gespräche mit Kindern zu nutzen und auch die Vielseitigkeit in der Anwendung des letzteren zu betonen. „Nicht bedeutungslos ist für uns der Bildungswert von Illustrationen für Kinder, die, indem sie von den ersten Lebensjahren an den Geschmack der Kinder formen, zur Verwischung der konventionellen Grenze zwischen der ‚reinen' Kunst und der Gebrauchskunst beitragen. Bücher lehren durch ihre Wirkung auf die kindliche Phantasie und die Entwicklung von Empathie die Akzeptanz der eigenen Unvollkommenheit und zeigen, dass jeder von uns anders und dass die Vielfalt ein Vorteil, kein Fehler ist. Die in Büchern erzählten Geschichten werden begleitet von Illustrationen, deren grundlegendes Ziel ästhetische Sensibilisierung ist und der Wunsch, die Phantasie von Kindern schon in jungen Jahren anzuregen."(11)

Die Bücher aus der Serie erzählen von verschiedenen Problemen und richten sich an Kinder verschiedenen Alters. Auf der Seite sztuka24h.edu.pl können sie alle gelesen und heruntergeladen werden.(12)

Eine Methode der kreativen Integration von Personen mit Behinderungen

Im Jahr 2012 wurden meine Studenten und ich von Schülern des Förderschulkomplexes Nr. 11 in Krakau eingeladen. Dies war eine außergewöhnliche Situation, in der Zwanzigjährige mithilfe ihrer Lehrer den Kontakt zu Gleichaltrigen suchten. Einen Kontakt, dem nicht die Erwartung von Hilfe zugrunde lag, der kein professionelles Wissen und keine professionelle Vorbereitung voraussetzte und dessen Grundlage nur die Begegnung sein sollte. Diese erwies sich als ausgesprochen wichtig für beide Seiten und war der Beginn einer multithematischen Zusammenarbeit. Das Bedürfnis der Erzieherinnen und Erzieher des Förderschulkomplexes entsprach, wie sich herausstellte, den – nicht ganz bewussten – Bedürfnissen der Studierenden. Nach und nach erarbeiteten wir eine gemeinsame Methode für unsere Treffen. Wir lernten, wie man sich angesichts von Behinderungen verhält, wodurch es uns möglich wurde, gemeinsam Projekte zu planen, die über einseitige Aktivitäten hinausgingen. Bei diesen Projekten steuerte jede Seite etwas von sich bei, um einander im Schaffensprozess zu begegnen. Bei dem Projekt „Begegnungen ohne Barrieren" (Spotkania bez barier) waren dies künstlerische Ausstellungen, bei Konzerten der Schüler- und Erzieherband der Förderschule Dobczycka Band handelte es sich um Visualisierungen und Projektionen, die für konkrete Stücke vorbereitet wurden. Die Fotografie-Ausstellung „Schauen wir uns an" (Popatrzmy na siebie), die ich mit zwei Studentinnen der Krakauer Akademie der Künste, Natalia Wiernik und Edyta Dufaj, im Bunkier Sztuki vorbereitete, wurde zur Illustration und zum Ausgangspunkt für Gespräche über Behinderungen mit den Kindern. Das gegenseitige Kennenlernen war auch die Grundlage eines weiteren, von Kuratorinnen der Galerie Bunkier Sztuki veranstalteten Projekts „Lernen wir uns kennen" (Poznajmy się), dessen Ergebnis ein Konzert, die Schau eines musikalischen Werks war, das von der Band unter Bezug auf ausgewählte Werke der Galerie-Sammlung erarbeitet wurde.(13) Gemeinsam gelang es dem sich vergrößernden Kreis von Institutionen, ein Projekt mit vielen Elementen zu kreieren, das über einmalige und oberflächliche Aktionen hinausging. Die Methode beruht auf Authentizität, Offenheit und dem Verzicht auf Vorurteile; sie wurde im Laufe unserer Arbeit weiterentwickelt, erwies sich als ausgesprochen erfolgreich und bereicherte die Erfahrungen auf beiden Seiten.

Kulturelle Identität

In letzter Zeit fällt uns häufiger auf, dass mit der gegenseitigen Durchdringung von Kulturen in den verschiedensten Sphären der Lebensrealität auch die einzelnen Gemeinschaften immer multikultureller werden. Interessant ist es zu analysieren, ob junge Menschen in dieser Situation darauf vorbereitet sind, Entscheidungen zu treffen und die Verantwortung dafür zu übernehmen, ob sie in der Lage sind, sich eine Form der Selbstbeschreibung zu erarbeiten, ihre Individualität zu finden. Es sieht danach aus, dass neue Mechanismen zur Erlangung solcher Fähigkeiten gebraucht werden. Die Situation verlangt eine Analyse und eine Beschreibung von Methoden der Arbeit mit Jugendlichen, die stärker in der Gegenwart angesiedelt sind. Diese Analyse und Methoden müssen von der Schule vorbereitet werden, weil die ihr zugeschriebenen Aufgaben sowohl kulturellen als auch individuellen Charakter haben. Die Kinder mit Werkzeugen auszustatten, die es ihnen ermöglichen, in der Zukunft die Welt kennenzulernen und bewusst an ihr teilzunehmen, ist Aufgabe der Kulturellen (Allgemein-)Bildung (*edukacja kulturowa*). Ob junge Menschen eine stabile Basis haben werden, um sich selbst zu kreieren, hängt von den Erwachsenen ab, von Eltern, Lehrerinnen und Lehrern und deren Verantwortungsgefühl dafür, in dem Kind eine bewusste kulturelle Verwurzelung aufzubauen (durch die Vermittlung von Vorbildern, das Erzählen von Geschichten über Protagonisten, mit denen sich die Kinder identifizieren können, durch die Kultivierung von Traditionen und Feiertagen, die Vermittlung von Offenheit und Verständnis für die sie umgebende Wirklichkeit).

Für die Durchführung der Studie zum kulturellen Identitätsgefühl von Schülerinnen und Schülern wählte ich internationale Schulen aus, in denen die beschriebene Gruppe hinsichtlich der Herkunftsländer am differenziertesten war. Zum Hauptgebiet der Befragungen wurde die International School of Maastricht in den Niederlanden. Im Laufe der Gespräche mit den Schülern und bei verschiedensten Aktivitäten, die verbale und visuelle Aussagen beinhalteten, ergab sich die deutliche Tendenz, dass kein Bedürfnis bestand, an die eigenen kulturellen Wurzeln zu erinnern, dass Themen, die mit der Kindheit und dem Herkunftsland zusammenhängen, keine Relevanz haben. Diese Tendenz steht im Widerspruch zu der Überzeugung von Wissenschaftlern, dass gerade das Gefühl, ein kulturelles Zuhause zu besitzen, es jungen Menschen erleichtert, einen Sinn in der Gesellschaft zu finden, Zugehörigkeit und Kontinuität zu spüren. Dies wiederum festigt die emotionalen Bindungen zur eigenen Gruppe und führt zu einem Gefühl der Sicherheit und zu einer positiven Stärkung der Identität.[14] Besonders wichtig beim Aufbau der kulturellen Identität ist, dass die Aktivitäten auf

Emotionen basieren, insbesondere auf solchen, die mit der ersten Teilnahme an gemeinsamen Aktivitäten in der Familie, an Spielen mit Gleichaltrigen, an Traditionen und Feierlichkeiten verbunden sind. Die Übungen, die den Schülern angeboten wurden, sollten ihnen helfen, sich in der Welt der Erinnerung durch das Interesse an dem, was nah ist, mit Momenten, die in der Vergangenheit positiv belegt sind, zu verwurzeln.(15) Die emotionale Erfahrung der eigenen Vergangenheit ermöglichte es den Schülern, in ihrem Bewusstsein den Begriff des kulturellen Zuhauses, des materiellen und immateriellen Erbes wiederzufinden, Themen, die zum Interessenfeld der Kulturellen Allgemeinbildung gehören. Im Lichte dieser Studie wird also sichtbar, dass mehr Wert darauf gelegt werden muss, Schülern kulturelle Kompetenzen zu vermitteln, aber auch darauf, die Lehrer mit Methoden und Werkzeugen auszustatten, die solche Aktivitäten leichter machen.

Eine Methode zur Nutzung des Bildungspotenzials von Kultur – das Programm „Synapsen"

Das nächste Projekt greift das Thema Kulturelle Allgemeinildung auf praktische Weise auf. „Ganz junge Kultur" (Bardzo Młoda Kultura) ist ein Programm des Nationalen Zentrums für Kultur, dessen Ziel es ist, „die Rolle der Kulturellen Bildung in Polen zu stärken, indem das Bildungspotenzial der Kultur angeregt und genutzt wird".(16) „[G]rundlegendes Mittel zur Umsetzung dieser Pläne ist es, organisatorische und inhaltliche Voraussetzungen zur Zusammenarbeit zwischen Kultur und Bildung zu schaffen, das heißt zwischen den Sektoren des gesellschaftlichen Lebens, die für die Herausbildung verschiedener Kompetenzen von Individuen verantwortlich sind".(17) Im Rahmen dieses polenweiten Programms im Kleinpolnischen Kulturinstitut (Małopolski Instytut Kultury) in Krakau entstand das Projekt mit dem Titel Synapsen. Ihm voran gingen eine Beschreibung der Kompetenzen eines Lehrers und Kulturarbeiters(18) und eine Diskussion über Möglichkeiten ihrer Entwicklung unter Kulturpädagogen. Hauptziel des Projekts war es, „gemeinsam eine moderne Kulturelle Bildung zu schaffen, indem die Schulbildung mit außerschulischen Aktivitäten verbunden wird und an Kinder und Jugendliche gerichtete Aktivitäten geplant werden, bei denen der junge Mensch nicht nur Zuschauer und Rezipient ist, sondern aktiver Teilnehmer und Koautor".(19) Dazu gehört auch zu betonen, wie unerlässlich es ist, Wissen zu entwickeln und kulturelle Sensibilität zu wecken. Unsere Aufgabe war es, ein Programm für Begegnungen zu erstellen, in denen wir Expertenwissen zur Kulturellen (Allgemein-)Bildung, zu Projektaktivitäten, zu Gruppenprozessen, zur Beobachtung und Kontrolle von Prozessen mit den Erfahrungen der Leitenden und der Teilnehmenden verbanden.

Der Projektbereich wurde zu einem Raum für Begegnungen mit Lehrenden, Kulturarbeitern und Teilnehmenden, die füreinander und für die Entwicklung von Kompetenzen in allen Bereichen offen waren, von persönlichen über soziale und kreative bis hin zu kulturellen.

Eine Priorität war für uns, die Teilnehmenden davon zu überzeugen, dass Aktivitäten in der Kulturellen (Allgemein-)Bildung auf dem Aufbau von Beziehungen beruhen müssten, die aus vielen Elementen und Ebenen bestehen. Diese Beziehungen haben persönlichen Charakter, insoweit sie individuelle Teilnehmer und ihre gegenseitigen Beziehungen während der Planung und Durchführung von Aktivitäten betreffen, und nichtpersönlichen, sofern sie sich auf Orte und Objekte beziehen. Am meisten lag uns daran, die gegenseitigen Beziehungen in der Kulturarbeit bewusst zu machen. Ebenso wichtig war uns, dass den Teilnehmern bewusst wird, dass ein kreatives Projekt auf der Analyse von Bedürfnissen, Möglichkeiten und Erwartungen fußen sollte und vor allem auf der Verantwortung für den Verlauf des Projekts und seine Konsequenzen für die Teilnehmenden.

Das erste Programmjahr schlossen wir mit der Herausgabe eines Lehrbuchs ab, das Lehrerinnen und Kulturarbeiter bei ihren Aktivitäten unterstützen soll.[20] Im Rahmen von Synapsen „führen wir weiterhin Aktivitäten zur Information und Netzwerkbildung durch, organisieren einen Workshop für Lehrer und Kulturarbeiterinnen, einen Wettbewerb zur Umsetzung von lokalen Projekten, machen Analysen und Evaluationen. Im Jahr 2016 entstand die Plattform *www.synapsy.malopolska.pl*, auf der wir neben aktuellen Programminformationen auch Bildungsmaterial einstellen."[21] Wir hoffen, dass die im Laufe des Programms erarbeiteten Mechanismen des Teilens von Wissen und Fähigkeiten dazu führen, dass neue Teilnehmer aufgenommen werden können und somit die Reichweite der Projektaktivitäten wesentlich erweitert wird.

Schluss – Über die Klugheit des Kindes und generationsübergreifende Wirklichkeitserfahrungen

Die Gegenwart unterscheidet sich von der Wirklichkeit von vor einigen Jahren hauptsächlich darin, dass die Möglichkeiten des Menschen, insbesondere des jungen Menschen, sich auf Gespräche, auf reflektierendes Kennenlernen der Welt und auf andere Menschen zu konzentrieren, zurückgehen. Die Gegenwart glorifiziert die Bedeutung von Informationen, indem sie den Zugang dazu immer jüngeren Teilen der Gesellschaft in immer kürzerer Zeit erleichtert. Dies gibt das trügerische Gefühl, umfassendes Wissen oder zumindest einen sofortigen Zugang zu ihm zu besitzen, womit, und das passiert immer häufiger, das Bedürfnis, Wissen zu vertiefen, und die Suche danach außerhalb von digitalen Geräten zurückgehen. Junge Menschen müssen sich jedoch dessen bewusst sein, dass Weisheit nicht nur im Wissen aus verschiedenen Bereichen oder im Zugang zu Wissen besteht, sondern vor allem in der persönlichen Fähigkeit, Informationen in verschiedensten Lebenssituationen zu nutzen. Die Anwendung von Informationen macht es erforderlich, seine eigenen oder fremde Erfahrungen zu nutzen – je nachdem, wie kompliziert ein Problem ist, wie es situativ verortet ist und welche Möglichkeiten wir besitzen. Diese Art von Erfahrungen machen wir vor allem bei Kontakten zu anderen Menschen, bei Begegnungen und im Gespräch, das heißt in Momenten, die es erfordern, jemandem Zeit und Aufmerksamkeit zu widmen. Immer öfter werden wir uns darüber klar, dass Weisheit gebraucht wird, die nicht nur in Situationen einsetzbar ist, die ernste Entscheidungen erfordern, sondern auch beim alltäglichen Lösen von Problemen und der persönlichen Entwicklung. Früher verband man mit Weisheit das Alter, das ein Element der Vermittlung zwischen Tradition und Gegenwart war. Die Weitergabe von Erfahrungen fand im intimen, bedeutungsschwangeren Raum des Gesprächs statt. Die Gegenwart muss diesen Raum neu abstecken und Methoden zur Vermittlung von Weisheit erarbeiten sowie Zeiten und Orte für diese Art von Begegnungen anbieten.

Einer dieser Orte zur Begegnung zwischen Vergangenheit, Gegenwart und Zukunft ist die Kunst. Kunst und Kultur enthalten die größten menschlichen Errungenschaften der Vergangenheit, doch darf darüber nicht vergessen werden, dass sie auch aktuell stattfinden, dass sie Kommentar der heutigen Geschehnisse sind. Die zeitgenössische Kunst als Gebiet, das noch nicht gänzlich interpretiert ist, kann zu einem Raum gemeinsamer Begegnungen von Jung und Alt werden, einem Raum der gemeinsamen Suche und des Austauschs neuer Erfahrungen. Solche Begegnungsorte mit der Anwendung von Kunst können auch geschickt eingesetzte Bücher sein, picturebooks und Publikationen zur künstlerischen Bildung. Es können Aktivitäten sein, die zur kreativen Arbeit in der Zukunft inspirieren. All solchen Aktivitäten aber liegt immer zugrunde, dass man sich für die Teilnahme entscheidet und davon überzeugt ist, dass sie wertvoll sind.

(1) Die Autorin verwendet, anstelle des in seiner deutschen Entsprechung verbreiteteren Begriffs edukacja kulturalna (Kulturelle Bildung), ausschließlich edukacja kulturowa (kulturelle Allgemeinbildung). Zur Begriffsunterscheidung siehe Anmerkung (1) im Text von Anna Wotlińska. (Anm. d. Red.)

(2) Słubfurt besteht aus zwei Stadtteilen, aus Słub und Furt, die rechts und links der Oder liegen. Sie ist die erste Stadt, die zur Hälfte in Polen und in Deutschland liegt. Gegründet 1999, wurde sie im Jahr 2000 ins Register der europäischen Städte aufgenommen. Die Menschen verständigen sich dort auf Deutsch, Polnisch und Englisch sowie in der Słubfurter Sprache, was interkulturelle Aktivitäten begünstigt. Siehe: *www.slubfurt.net/informacjonen/o-slubfurcie-ueber-slubfurt* (Abruf am 06.06.2018).
(3) *www.nowa-amerika.eu/informacjonen/nowa-amerika* (Abruf am 06.06.2018).
(4) *www.csdpoznan.pl/biennale-sztuki-dla-dziecka* (Abruf am 06.06.2018).
(5) *http://sztuka24h.edu.pl/?p=429* (Abruf am 08.06.2018).
(6) Ebd. (Abruf am 08.06.2018).
(7) An der Ausstellung nahmen teil: Olaf Brzeski, Hubert Czerepok, Justyna Koeke, Wojciech Kosma, Agnieszka Kurant, Aleksandra Wasilkowska, Angelika Markul, Aleksandra Polisiewicz, Zorka Wollny.
(8) Auf Einladung von Sandra Dichtl vom Dortmunder Kunstverein.
(9) Die Reihe war eine der Aktivitäten im Rahmen des Projektes „Mały Klub Bunkra Sztuki" (Der Kleine Klub der Galerie Bunkier Sztuki); mehr zu dem Projekt auf: *http://bunkier.art.pl/?projekty
=maly-klub-bunkra-sztuki* (Abruf am 15.06.2018).
(10) „Historia Myszki Franciszki" (Die Geschichte der Maus Franciszka) von M. Stoch mit Illustrationen von M. Ruszkowska; „Magiczny las" (Der Magische Wald) von M. Stoch mit Illustrationen von M. Ruszkowska und P. Czepurka; „Przygody Vendetty" (Die Abenteuer der Vendetta) von S. Chutnik mit Arbeiten von M. Małek; „Dziewczynka ze światła" (Das Mädchen aus Licht) von M. Rejmer mit Illustrationen von J. Pawlik; „Marcin i pełnia w zoo" (Marcin und der Vollmond im Zoo) von J. Bargielska mit Illustrationen von D. Buczkowska; „Kopciuszek idzie na wojnę, czyli historia kołem się toczy" (Das Aschenputtel zieht in den Krieg oder Die Geschichte läuft im Kreis) von S. Shuty mit Illustrationen von A. Piksa; „Dzieci z jeziora" (Die Kinder vom See) von Ł. Orbitowski mit Illustrationen von O. Brzeski; „Zdarzenie nad strumykiem" (Der Vorfall am Bach) von J. Żulczyk mit Arbeiten von A. Bogacka; „Dom na polach" (Das Haus auf dem Feld) von S. Twardoch mit Arbeiten von R. Bujnowski; „Las latających wiewiórek" (Der Wald der fliegenden Eichhörnchen) von J. Bator und K. Łukasiewicz mit Arbeiten von M. Starska.
(11) *http://sztuka24h.edu.pl/?p=1727* (Abruf am 08.06.2018).
(12) An dieser Stelle sollte darauf hingewiesen werden, was die Seite *sztuka24h.edu.pl* ist Die Macher bezeichnen sie als Bildungsportal, als universelle Informationsseite für Kinder, Eltern, Lehrerinnen und Lehrer. Sie ist auch eine Art Galerie, Ratgeber, eine Zusammenstellung didaktischer Hilfsmittel und Beweis dafür, dass die Bildungsarbeit der Galerie Bunkier Sztuki in vielen Bereichen stattfindet. Ich hatte das Vergnügen, an der Erstellung der Seite teilzunehmen, und leiste bis heute inhaltliche Hilfestellung bei pädagogischen Aktivitäten, Workshops und Vorträgen. Ein Element des Portals ist auch das Bildwörterbuch der zeitgenössischen Kunst, das für die jüngsten Rezipientinnen und Rezipienten gemacht ist. Studierende der Kunsterziehung fügen jedes Jahr weitere Stichwort-Illustrationen hinzu, die eine einzigartige Form der Lehre in Bezug auf die neuste Kunst darstellen.

(13) Die Jugendlichen mit Behinderungen von der Dobczycka Band, Beata Wojtasiewicz, Zygmunt Gruntkowski und andere mit der Gruppe befreundete Musiker spielten beim Abschlusskonzert (22.01.2014) Stücke, die zu Arbeiten aus der Sammlung der Galerie Bunkier Sztuki komponiert wurden: von M. Maciejowski Lekarz powiedział… (Der Arzt sagte …); von B. Bańda aus der Serie Codzienne wiadomości (Tägliche Nachrichten); von N. Grospierre Dom, który rośnie (Das wachsende Haus); von K. Kowalska Okno na zimę (Das Fenster zu Winter); von Ł. Jasturbczak Need for Speed.

(14) Siehe zum Beispiel: V.N. Vivero, S.R. Jenkins: Existential hazards of the multicultural individual: Defining and understanding „cultural homelessness", „Cultural Diversity and Ethnic Minority Psychology" 1999, Nr. 5 (1), S. 6–26; M. Castells: The Power of Identity: The Information Age – Economy, Society and Culture, Volume II, Wiley-Blackwell, Chichester 2009; Pedagogika miejsca (Pädagogik des Ortes), Hrsg. M. Mendel, Wrocław 2006; J.A. Majcherek: Kultura, osoba, tożsamość: z zagadnień filozofii i socjologii kultury (Kultur, Mensch, Identität: von Problematiken der Kulturphilosophie und -soziologie), Kraków 2009. Diese und viele andere Autoren führe ich in meinem Buch: M. Nęcka: Pictures from the past for the future. Exercising cultural identity, Kraków 2016, an.

(15) Ich empfehle mein Buch, das eine Theorie, Beispiele und eine Zusammenstellung von Übungen enthält, die beim Nachdenken über die kulturelle Identität von Kindern helfen können. Siehe: M. Nęcka: Pictures from the past for the future. Exercising cultural identity, Kraków 2016.

(16) *http://synapsy.malopolska.pl/o-programie* (Abruf am 08.06.2018).

(17) Ebd. (Abruf am 08.06.2018).

(18) M. Nęcka: Kompetencje animatora z punktu widzenia edukacji artystycznej (Kompetenzen des Kulturarbeiters unter dem Gesichtspunkt der Kunsterziehung); *http://forumkrakow.info/wp-content/uploads/Kompetencje-animatora-edukacja-artystyczna.pdf* (Abruf am 08.06.2018); M. Krajewski: Kompetencje animatorów (Kompetenzen des Kulturarbeiters), (*http://forumkrakow.info/wp-content/uploads/Kompetencje-animator%C3%B3w.pdf*) auf der Seite *http://forumkrakow.info/blog/2015/04/13/kompetencje-animatorow-kultury-stanowisko-forum-krakow* (Abruf am 08.06.2018).

(19) *http://synapsy.malopolska.pl/o-programie* (Abruf am 08.06.2018).

(20) W. Idzikowska, M. Nęcka: Projektuj z dziećmi. Edukacja kulturowa w praktyce (Plane mit Kindern. Kulturelle (Allgemein-)Bildung in der Praxis). Downzuloaden auf der Seite *http://synapsy.malopolska.pl/podrecznik* (Abruf am 08.06.2018).

(21) *http://synapsy.malopolska.pl/o-programie* (Abruf am 08.06.2018).

Wer integriert hier wen, was und wie?

Soziologische und pädagogische Blicke auf Migration und Kultur in Deutschland am Beispiel der Chormusik

Dr. Karl Ermert, Bundesvorsitzender des Arbeitskreises Musik in der Jugend e.V. (AMJ). Von Oktober 2014 bis Mai 2016 auch Leiter des AMJ-Forschungs- und Diskursprojektes „Chormusikkultur und Migrationsgesellschaft"

Welche Konsequenzen muss man aus der Tatsache ziehen, dass sich unsere Gesellschaft durch den Zuzug von Menschen aus anderen geografischen Regionen der Welt verändert? Deutschland befindet sich, wie die meisten europäischen Länder, in einem tiefgreifenden demografischen Wandel. Dazu gehören nicht nur altersdemografisch, sondern auch migrationsdemografisch bedingte Veränderungen in der Bevölkerungsstruktur. Die deutsche Gesellschaft wird nicht nur älter (und weniger), sondern auch kulturell ‚bunter', und das heißt auch: diverser.(1) Wo sind die „Ligaturen"(2) zu finden, die weiterhin für den Zusammenhalt der Gesellschaft sorgen? Die Enquetekommission Kultur in Deutschland des Deutschen Bundestages nahm 2007 in ihrem Schlussbericht an, dass „mithilfe künstlerischer Prozesse […] der soziale Integrationsprozess wirksam unterstützt und gefördert werden" kann(3). Das ist plausibel.

Künstlerisch-kulturelle Partizipation kann die ökonomische, soziale und politische Integration nicht ersetzen; aber die Musikkultur(4) in Deutschland zum Beispiel ist ein sehr umfangreiches Feld kultureller und sozialer Aktivitäten. Nach den Befunden des Deutschen Musikinformationszentrums musizieren rund 14 Millionen Menschen in Deutschland in ihrer Freizeit in Instrumentalgruppen oder Chören(5). Das sind rund 17 Prozent der Gesamtbevölkerung. Hinter dieser Zahl stehen eine enorme Menge künstlerisch-kultureller Aktivitäten, aber auch sozial-kultureller Vorgänge. Musik schafft Heimat – als künstlerisches und als soziales Aktionsfeld.

Bislang geschieht dies in der Wirklichkeit noch unzureichend. Das 1. Interkulturbarometer des Zentrums für Kulturforschung, Bonn, das die Ergebnisse einer repräsentativen Umfrage unter der deutschen Bevölkerung ab 14 Jahren auf dem Stand von 2011 präsentierte, stellt unter anderem fest: „Das kulturelle Kapital, das Deutschland durch Migration im Bereich der Künste gewinnt, wird noch verhältnismäßig selten von der deutschstämmigen Bevölkerung aufgegriffen."(6) Umgekehrt gelte, dass Kulturangebote sowohl von klassischen Kultureinrichtungen als auch aus der freien Kulturszene Menschen mit Migrationshintergrund als Publikum schlechter erreichen als die deutschstämmige Bevölkerung.

Was muss man wissen, was kann man tun? Viel und wenig zugleich. Die Musik, speziell die Chormusik, als Teil des Kulturbetriebs soll in diesem Beitrag beispielhaft für Möglichkeiten und Ansätze der kulturellen Bildung beleuchtet werden.

Worüber sprechen wir, wenn wir über Migration sprechen?

Wir sprechen über ein Geschehen, das sich (auch) in Deutschland in jedem Jahr millionenfach ereignet. Deutschland war historisch wegen seiner zentralen Lage mitten in Europa schon immer Drehscheibe von Wanderungsbewegungen. Insbesondere als Kriegsfolge oder auch aus politischen Umständen fanden Wanderungswellen statt, für Deutschland am stärksten zuletzt durch den Nationalsozialismus und den II. Weltkrieg begründet. Aber auch wirtschaftlich bedingt kamen immer wieder Millionen von Menschen nach Deutschland oder verließen es. Die aktuelle Situation: Laut Statistischem Bundesamt sind zwischen 2008 und 2013 die jährlichen Ein- und Auswanderungen Deutscher und Nicht-Deutscher von etwa 1,4 Millionen auf über 2 Millionen angestiegen. Die Nettozuwanderung wuchs von minus 55.000 auf plus 430.000 Menschen(7). Das ist wirtschafts- und sozialpolitisch gesehen auch gut so. Denn sonst schlüge die altersdemografische Entwicklungsschwäche der Deutschen noch viel stärker durch. Migrationsbewegungen nach und von Deutschland sind der Normalfall. Nicht der Normalfall war die politische Grundeinstellung über Jahrzehnte, dass Deutschland kein „Einwanderungsland" sei – trotz millionenfacher Arbeitsmigrantenzuwanderung (bezeichnenderweise Gastarbeiter genannt) seit den 60er Jahren. Deutschland war ein „Einwanderungsland ohne Einwanderungsbewusstsein", und zwar auf beiden Seiten, bei den Herkunftsdeutschen und den Zuwanderern.(8) Eine realistischere Haltung hat sich erst mit der Wende ins 21. Jahrhundert durchgesetzt und gesetzlich niedergeschlagen.

Die Fluchtmigration nach Deutschland 2015/16 war dann besonders stark und gekennzeichnet durch eine fast globale Dimension. Sie, wenn auch nicht sie allein, führte in 2015 zu einer Netto-Zuwanderung von rund 1,1 Millionen Menschen(9). Dies bedeutet eine Ausnahmesituation, die das Gesamtsystem von Staat und Gesellschaft vor besondere und voraussichtlich lang währende Herausforderungen stellt. Das darf nicht unterschätzt werden. Bei einem Teil der Bevölkerung bewirkt sie auch Beunruhigung, die von nationalkonservativen bis rechtsextremen politischen Kräften ausgebeutet wird. Die weit überwiegende Einstellung der deutschen Bevölkerung und die bislang gezeigten Leistungen des Gemeinwesens, insbesondere auch der deutschen Zivilgesellschaft, berechtigen aber zur Hoffnung.

Worüber sprechen wir, wenn wir von „Migrationsgesellschaft" sprechen?

Von Deutschland als einer „Migrationsgesellschaft" zu sprechen, ist eine hoch problematische Redeweise.

Erstens: Wenn wir so reden, könnte man den Eindruck bekommen, als ob wir es mit einer Gesellschaft zu tun hätten, die hauptsächlich von Migration, genauer: von Immigranten, denn darum geht es, geprägt sei. Richtig ist, dass aktuell rund ein Zehntel der Bevölkerung in Deutschland eine nicht-deutsche Staatsangehörigkeit hat und dass – diese Gruppe eingeschlossen – rund 22 Prozent einen „Migrationshintergrund" haben (sie selbst oder mindestens ein Elternteil sind zugewandert). Richtig ist, dass der Anteil der Menschen „mit Migrationshintergrund" steigt, je jünger die Alterskohorten sind. Haben unter den Menschen über 65 Jahren weniger als zehn Prozent einen Migrationshintergrund, liegt er bei den bis 15-jährigen bei rund einem Drittel (Stand 2015).(10) Zudem verteilen sich die Menschen mit Migrationshintergrund in Deutschland geografisch sehr ungleich. In Westdeutschland und in Großstädten ist ihr Anteil viel höher, in Ostdeutschland und in ländlichen Räumen viel niedriger als im Durchschnitt. Aber abgesehen von Kindergärten und Schulen in bestimmten Vierteln industrieller Ballungsgebiete der westlichen und südlichen Bundesländer kann selbst aktuell nicht die Rede davon sein, dass unsere Gesellschaft insgesamt, wirtschaftlich, politisch, sozial und kulturell, vom Sachverhalt Migration oder Migranten geprägt sei. Wer das behauptet, ist in eine sozialpathologisch selektive Wahrnehmung verfallen. Das ist übrigens ein Kennzeichen nationalistischen Sektierertums.

Zweitens: Die Rede von der Migrationsgesellschaft kann auch bedeuten, dass wir Teile unserer Gesellschaft so sehen, als ob deren entscheidende Eigenschaft die Tatsache ist, dass sie oder ihre Eltern nicht aus Deutschland stammen. Diese Sicht macht sie zu ‚Anderen' nur aufgrund der Tatsache, dass sie einen „Migrationshintergrund" haben. Dass sie auch Eltern, Freunde, Arbeitskollegen, Unternehmer, Gewerkschafter, Zeitungsleser sind, dass sie klug oder dumm, gebildet oder weniger gebildet, ärmer oder reicher sind und musikalisch mehr oder weniger begabt, tritt demgegenüber zurück.

Diese Fokussierung auf die eigene „Volkszugehörigkeit" (Ethnozentrismus) ist weit verbreitet, meist ohne böse Absicht und fast vorbewusst. Sie führt aber in die Irre. Das hat zum Beispiel die Migranten-Milieu-Studie des SINUS-Instituts von 2007/2008 schon gezeigt: „Der zentrale Befund ist, dass es in der Population der Menschen mit Migrationshintergrund (ebenso wie in der autochthonen beziehungsweise einheimischen deutschen Bevölkerung) eine bemerkenswerte Vielfalt von Lebensauffassungen und Lebensweisen gibt. Es wird der empirischen Wirklichkeit nicht gerecht, diese Menschen weiterhin als ‚besondere' Gruppe in unserer Gesellschaft zu betrachten. Vielmehr zeigen sie sich als integrierender Teil dieser multikulturellen, von Diversität geprägten Gesellschaft."(11)

Das in diesem Zitat aufscheinende Gesellschaftsbild fußt auf dem Befund, dass die Bevölkerung in Deutschland auch ganz unabhängig von den Gruppen mit Migrationshintergrund in sich schon eine enorme Spannbreite unterschiedlicher Milieus aufweist. Sie stehen für nebeneinander existierende unterschiedliche soziale Kulturen und Lebensstile, unterschiedliche normative Orientierungen und Verhaltensweisen und im Resultat für eine soziokulturell diverse Situation. Das muss uns als Laien nicht gefallen, widerstrebt auch der politischen Denkweise, die gerade in Deutschland lieber mit einem Bild der möglichst homogenen Leitkultur operiert, an der sich im Prinzip jeder zu orientieren hat, der dazugehören will. Die beschriebene Diversität ist aber nach soziologischen Erkenntnissen eine dauerhafte und zudem schon alte Tatsache. Die Tendenz dazu wurde schon seit den 70er und 80er Jahren konstatiert, für die Jugendkulturen zum Beispiel von Thomas Ziehe(12), unter dem Stichwort Wertewandel unter anderem von Helmut Klages(13). In diesem Szenario von Multikulturalität ist das Merkmal „Migrationshintergrund" nur noch eins von vielen. Gleiche Milieus stehen sich näher als gleiche Migrationshintergründe. Vor allem ist es falsch, das Kriterium „Migrationshintergrund" mit festen inhaltlichen Zuschreibungen zu verknüpfen. Es ist ein rein formaler ‚Containerbegriff'.

Chöre als soziale Kulturorte

Wir haben eingangs bereits gesehen, dass der Amateurmusikbereich ein enormes kulturelles Handlungsfeld ist. Für den Bereich Chorsingen, der uns im Folgenden vor allem interessieren soll, gilt: Nach den oben zitierten Statistiken des MIZ existieren in Deutschland allein rund 59.000 weltlich und kirchlich organisierte Chöre mit rund 2,15 Millionen aktiven Sängerinnen und Sängern, davon rund 350.000 Kinder und Jugendliche.(14) Hinzu kommt eine große Zahl von Vokalensembles im Rahmen von Musikschulen, Volkshochschulen, Allgemeinbildenden Schulen sowie Rock-, Pop-, Jazz- und Folkloregruppen mit insgesamt noch einmal wenigstens 1,5 Millionen aktiven Sängerinnen und Sängern, darunter einem noch deutlich höheren Anteil von Kindern und Jugendlichen als bei den organisierten Chören.

Im Zentrum des Chorsingens steht das gemeinsame Singen, von der eigenen Freude am Singen bis zur Weitergabe des musikalischen Genusses an andere, an Publikum. Dazu gehört das Proben, dazu gehören bestimmte Haltungen, nicht zuletzt Disziplin, auch Empathiefähigkeit. Singen im Chor ist immer auch eine sozialkommunikative Situation. In vielen Chören gehört das Teilen des Lebens ein Stück weit dazu – und ist ein wesentliches Motiv des Mitmachens. Etwas von-sich-geben – und gebraucht werden.(15)

(Musik-)Pädagogik, Transkulturalität und Integration

Arbeitet man in der kulturellen Bildung, so auch in musikalischer Bildung und Kulturarbeit, zum Beispiel in Instrumentalensembles und Chören, stellt sich immer die Frage, auf welchen Voraussetzungen die Vermittlung von Wissen, Fähigkeiten und Fertigkeiten aufbauen kann beziehungsweise welche sie berücksichtigen muss. Vor diesem Hintergrund entwickelte sich beginnend in den 80er Jahren die Interkulturelle Musikpädagogik (IMP). Sie wollte unter anderem Musik der Herkunftsländer in den Musikunterricht in Deutschland einbeziehen, um den Menschen mit dem sogenannten Migrationshintergrund ihren Respekt zu erweisen, aber ihnen auch quasi eine Brücke in die deutsche Kultur zu bauen. Auch die IMP ist inzwischen von der naiven Vermutung abgerückt, dass es zwischen geografischen Herkünften und sozialem und kulturellen Habitus feste Verbindungen gebe. Auch die IMP hat inzwischen erkannt, dass das Wissen um gesellschaftlich bedingte Ungleichheiten und die Achtung unterschiedlicher Identitätsentwürfe in einen theoretischen Widerspruch führt: Gerade indem das Andere erkannt und gewürdigt wird, werden diejenigen, denen dieses Merkmal zugeschrieben wird, zu ‚Anderen' gemacht und also tendenziell ausgegrenzt. Auf den Punkt gebracht: „Interkulturalismus und verwandte Konzepte operieren mit einem traditionellen national geprägten oder ethnozentristischen Kulturverständnis, welches sich zum Ziel setzt, andere, als ‚fremd' titulierte Kulturen anzuerkennen und zu tolerieren. Gerade dadurch tragen sie jedoch zur Erhaltung von Differenzbeziehungen bei."[16]

Das Konzept der Transkulturalität nach Wolfgang Welsch[17] scheint angesichts der lebensweltlichen Bedingungen der Moderne realistischer. Es gibt die Vorstellung klar voneinander zu unterscheidender Kulturen auf und schlägt ein „Modell der Durchdringungen und Verflechtungen" der Kulturen vor. Jeder Mensch, nicht nur der Migrant, lebt spätestens im Zeitalter globaler Kommunikation und Informationsmöglichkeiten in vielfältigen kulturellen Bezügen und ist auch in seiner Identität nicht mehr national oder ethnisch begrenzt vorzustellen. „Unsere Kulturen haben de facto längst nicht mehr die Form der Homogenität und Separiertheit, sondern sie durchdringen einander, sie sind weithin durch Mischungen gekennzeichnet." Welsch spricht von „Hybridisierungen": „Für jedes Land sind die kulturellen Gehalte anderer Länder tendenziell zu Binnengehalten geworden." Diese Vorstellung entspricht noch nicht dem Denken der Mehrheit in Deutschland. Aber sie wird der zunehmenden lokalen, sozialen und kulturellen Binnendifferenzierung ebenso wie der globalen Verflechtung von Märkten, Politik und Kulturen besser gerecht als die alten Vorstellungen. Auch das ist, vor allem seitens bestimmter ethnologischer Positionen, nicht unumstritten[18], aber es ist die beste Theorie, die wir derzeit zur Erklärung der „migrationsgesellschaftlichen" Vorgänge haben. Sie eröffnet eine entkrampfte Vision von gesellschaftlicher „Integration" im kulturpädagogischen Handeln. Die Lösung heißt: vom „Entweder-Oder-Denken" zum „Sowohl-Als-Auch-Denken" kommen.

Die Herausforderungen oder: Was kann man praktisch tun?

Erstens: Nicht mehr machen, als sinnvoll ist. Wenn musikalische Bildung und Kulturarbeit mit der umfassenden und richtigen Absicht antritt, auch solche Bevölkerungsgruppen einzubeziehen, die bislang nicht in ausreichendem Maße erreicht werden, mögen dazu auch Gruppen von „Menschen mit Migrationshintergrund" gehören. Wenn Integration jetzt nicht mehr eine Vorstellung einer Einbahnstraße und im Kern Anpassung an die „Leitkultur" der Mehrheitsgesellschaft bedeutet, meint sie auch nicht mehr eine notwendige Inkorporierung vorgeblich fassbarer ‚anderer' Kulturen der Zugewanderten. Die Exotisierungsfalle wird am besten dadurch vermieden, dass jede Sonderbehandlung unterbleibt. Integration funktioniert am besten, indem von Themen oder Projekten her gedacht wird, in die alle Beteiligten ihre eigenen Fähigkeiten, Vorlieben oder auch Betroffenheiten einbringen, wenn sie wollen. Das Thema heißt dann nicht: Musik aus Syrien (oder Frankreich, Polen oder der Türkei), weil es in dem Ensemble Menschen aus diesen Ländern gibt. Das Thema kann vielmehr zum Beispiel heißen: Wie feiert man in der Musik die Liebe (in Deutschland, Frankreich, Polen, der Türkei, Syrien)? Oder: Wie können Klänge der Natur, Klänge der Stadt usw. musikalisch gestaltet werden? Oder: Wie wird Heimat in der Musik (anderer Länder) thematisiert? Das erscheint zunächst als nur kleine Veränderung, aber bedeutet eine im Grundsatz andere Haltung, nämlich respektvoll das wahrnehmen, was ALLE Mitglieder eines Chores womöglich einzubringen haben, aber auch niemanden zu zwingen, anders zu sein, als er oder sie will.

Zweitens und vor allem aber: Keine Angst haben. Unter den jungen Menschen, die der erst einmal nur äußerlichen Kategorie „Menschen mit Migrationshintergrund" zugehören, finden sich vielerlei Herkünfte und ebenso viel Milieudiversität wie in der einheimischen Bevölkerung. Die „Migrationsgesellschaft", insoweit sie für Kinder- und Jugendchöre eine Rolle spielt, birgt quantitativ nicht mehr und qualitativ nur wenige Herausforderungen, die über die hinausgehen, die in jeder Chorgruppe sowieso zu finden sind. Der Autor hat in einem Forschungsprojekt untersucht, welche Bedeutung die „Migrationsgesellschaft" für die Arbeit in Kinder- und Jugendchören hat.(19) Dazu wurden unter anderem bundesweit 173 Chorleitungen sehr ausführlich befragt. Darunter waren Leitungen von Chören mit und ohne migrantische Mitglieder. Dabei wurde deutlich, dass im Umgang mit dem Thema Migration und Integration sehr viel Psychologie im Spiel ist.

Eine der Fragen lautete, ob durch einen Einsatz besonderer Methoden oder Arbeitsmittel für den Umgang mit migrantischen Mitgliedern ein besonderer Arbeitsaufwand getrieben werden müsse. Das stellten nur 22 Prozent der Chorleitungen mit migrantischen Mitgliedern in ihren Chören fest, diejenigen ohne solche vermuteten das aber zu 38 Prozent. Eine weitere Frage war, ob es bei der sozialen Integration von Chormitgliedern mit Migrationshintergrund schon einmal Hindernisse hinsichtlich unterschiedlicher sozialer, kultureller oder religiöser Werte und Normen zu bewältigen gäbe. Das Ergebnis: Nur 13 Prozent der Chorleitungen mit Kindern und Jugendlichen mit Migrationsgeschichte in ihren Chören sahen Probleme. Aber 63 Prozent der Chorleitungen ohne solche Mitglieder in ihren Chören nahmen an (!), dass es Probleme gäbe.

Man sieht, offenbar ist die Wirklichkeit des Umgangs mit Vielfalt und Verschiedenheit nicht so kompliziert wie die Vermutung darüber. Das ist keine neue Erkenntnis. „Nicht die Dinge selbst beunruhigen die Menschen, sondern die Vorstellung von den Dingen", sagte schon der griechisch-römische Philosoph Epiktet (50–138 n. Chr.).

Zur nötigen pädagogischen Kompetenz gehört allerdings kulturtheoretisches und -historisches Wissen, das eine ethnologisch historische Einordung, ein In-Beziehung-Setzen des Eigenen der verschiedenen Akteure erlaubt, zum Beispiel in der Literatur, die gespielt und gesungen und gemocht wird, aber auch in Übungs- und Umgangsformen in Instrumentalensembles und Chören durch die Ensemble- und Chorleitung oder auch Lehrerinnen und Lehrer. Sie führt zu einer selbstbewusst offenen Haltung, die die Furcht vor dem Anderen verliert und den Wert des Eigenen, auch des eigenen Eigenen, nicht gering schätzt.

---

(1) Vgl. zum Thema allgemein auch Ermert, Karl (2012): Demografischer Wandel und Kulturelle Bildung in Deutschland. In: Handbuch Kulturelle Bildung. Hrsg. von Bockhorst, Hildegard/Reinwand, Vanessa-Isabelle/Zacharias, Wolfgang. München: kopaed, S. 237–240.
(2) Ligaturen bezeichnen in der Soziologie die Zugehörigkeiten und Bindungen, ohne die gesellschaftliches Leben nicht möglich ist. Ralf Dahrendorf beschrieb Ligaturen als „tiefe kulturelle Bindungen, die Menschen in die Lage versetzten, ihren Weg durch die Welt der Optionen zu finden." *https://de.wikipedia.org/wiki/Ligaturen_(Soziologie)*, (Abruf am 26.09.17).
(3) Deutscher Bundestag (Hrsg.): Kultur in Deutschland. Schlussbericht der Enquete-Kommission. Mit allen Gutachten der Enquete sowie der Bundestagsdebatte vom 13.12.2007 auf DVD, Regensburg 2008, Hier: BT-Drucksache, S. 213. Auch als Download der Bundestagsdrucksache 16/7000 beim Deutschen Bundestag verfügbar. Siehe: *http://dip21.bundestag.de/dip21/btd/16/070/1607000.pdf*, (Abruf am 25.09.17).

(4) Die folgenden Gedanken beziehen sich immer auf den Amateurmusikbereich. Der professionelle beziehungsweise offizielle Musikbetrieb unterliegt anderen Bedingungen.
(5) Deutsches Musikinformationszentrum (11/2014): Musizierende im Laienbereich – Überblick. *http://www.miz.org/intern/uploads/statistik39.pdf*, (Abruf am 25.09.17).
(6) Susanne Keuchel: Das 1. Interkulturbarometer, Bonn 2012, S. 10.
(7) Nach Pressemeldung des Statistischen Bundesamtes vom 3. August 2015 (PM 277/15).
(8) Vgl. Klaus J. Bade 2013: Als Deutschland zum Einwanderungsland wurde. In: Die ZEIT online am 24. November 2013 (*http://www.zeit.de/gesellschaft/zeitgeschehen/2013-11/einwanderung-anwerbestopp*; (Abruf am 08.11.17).
(9) Nach Pressemeldung des Statistischen Bundesamtes vom 14.07.16. *https://www.destatis.de/DE/PresseService/Presse/Pressemitteilungen/2016/07/PD16_246_12421.html;jsessionid=E-6F4E1C801055067C32E868D10FBAF33.cae1*, (Abruf am 26.09.17).
(10) Nach Destatis: Statistisches Bundesamt: Bevölkerung und Erwerbstätigkeit. Bevölkerung mit Migrationshintergrund. Ergebnisse des Mikrozensus 2015, Fachserie 1, Reihe 2.2, Wiesbaden 2017, S. 65.
(11) Karsten Wippermann, Berthold Bodo Flaig: Lebenswelten von Migrantinnen und Migranten, in: Aus Politik und Zeitgeschichte, Ausgabe 5/2009, S. 5.
(12) Siehe zum Beispiel Thomas Ziehe: Gesellschaftlicher Wandel und sein Bezug zu Kunst, Kulturarbeit und Ästhetischer Erziehung, in: Boström, F. und andere (Hrsg.): Jahrbuch Ästhetische Erziehung 1, Berlin 1983.
(13) Helmut Klages, Peter Kmieciak (Hrsg.): Wertwandel und gesellschaftlicher Wandel, Frankfurt/M., New York 1979.
(14) Nach: „Chöre und Mitglieder in den Chorverbänden des Laienmusizierens". Deutsches Musikinformationszentrum, 6/2016. *http://www.miz.org/downloads/statistik/41/41_Choere_Mitglieder_2016.pdf*, (Abruf am 25.09.17), Doppelmitgliedschaften sind nicht erfasst.
(15) Form und Bedeutung von Musik als sozialer Praxis sind bislang nur unzureichend wahrgenommen und untersucht. Darauf verweist zum Beispiel Raimund Vogels: Impulsreferat für das Handlungsfeld Musik, in: Andrea Ehlert, Vanessa-Isabelle Reinwand-Weiss (Hrsg.): Interkultur. Teilhabe und kulturelle Vielfalt in Niedersachsen, Wolfenbüttel 2012 (Wolfenbütteler Akademie-Texte Bd. 58), S. 58–63.
(16) Lisa Gaupp: Von der interkulturellen Pädagogik zur transkulturellen Performanz – Aspekte der Kultur- und Bildungspolitik in institutionellen transkulturellen Kontexten, in: Susanne Binas-Preisendörfer, Melanie Unseld (Hrsg.): Transkulturalität und Musikvermittlung, Frankfurt M./New York 2012, S. 153–169, hier: S. 156.
(17) Folgende Zitate aus: Wolfgang Welsch: Was ist eigentlich Transkulturalität? In: Lucyna Darowska, Thomas Lüttenberg, Claudia Machold (Hrsg.): Hochschule als transkultureller Raum? Kultur, Bildung und Differenz in der Universität, Bielefeld 2010, S. 39–66.
(18) Eine informative Diskussion dieser Aspekte enthält: Susanne Binas-Preisendörfer, Melanie Unseld (Hrsg.): Transkulturalität und Musikvermittlung, Frankfurt/M., New York 2012.
(19) Die Ergebnisse sind vollständig dokumentiert in dem Band: Karl Ermert (Hrsg.): Chormusik und Migrationsgesellschaft – Erhebungen und Überlegungen zu Kinder- und Jugendchören als Orten transkultureller Teilhabe, Wolfenbüttel: Bundesakademie für Kulturelle

Bildung 2016 (auch als kostenfreier Download unter *www.amj-musik.de/cum* erhältlich). Einen Überblick gibt: Karl Ermert: Kulturarbeit in Kinder- und Jugendchören und die Migrationsgesellschaft. Ein Thema und ein Projekt, in: Kulturelle Bildung online, 2016. *https://www.kubi-online.de/artikel/kulturarbeit-kinder-jugendchoeren-migrationsgesellschaft-thema-projekt*, (Abruf am 26.09.17).

Zeitgenössische Kunst verstehen

Bildungsprogramme für Kinder und Jugendliche in polnischen Museen und Galerien

Dr. Izabela Franckiewicz-Olczak, Soziologin, Kulturwissenschaftlerin, wissenschaftliche Mitarbeiterin des Instituts für Forschungen zur Sozialen Kommunikation der Universität Łódź

Brauchen Ausstellungsorte Bildungsprogramme?

Die zeitgenössische Kunst ist schwer zu rezipieren, sie operiert mit einer hermetischen Sprache, sie muss nicht jedem gefallen – das sind die häufigsten Beschreibungen, die von kunstnahen Kreisen artikuliert werden. In der breiten gesellschaftlichen Rezeption hingegen wird die zeitgenössische Kunst oft als sinnentleert erlebt, als Praxis, die kein Genie erfordert, die von jedem gemacht werden kann. Unter diesen Bedingungen koexistieren zwei Welten – die der Profis und die der Laien – konfliktlos. Mehr gesellschaftlichen Nutzen jedoch bringt der Versuch, die existierenden Ordnungen zu verändern, ein Versuch, der mithilfe von Bildungsprogrammen in Ausstellungsorten unternommen wird.

Eine Binsenweisheit ist die Äußerung, dass darauf, wer wir sind und wie wir die Welt verstehen, die Familie Einfluss hat, die Schule und in der heutigen Realität auch die Medien. Wie wir mit Kunst in Kontakt kommen, ist das Resultat vieler Faktoren. In meiner Analyse beschränke ich mich auf die zeitgenössische Kunst und konzentriere mich auf drei Hauptgründe für die Schwierigkeit, sie zu verstehen. Dieser Argumentation liegt die Überzeugung zugrunde, dass der Kontakt mit zeitgenössischer Kunst in der Kindheit und in der frühen Jugend Einfluss hat auf ihre Rezeption als Erwachsener.

Der erste Faktor, der entscheidend ist für Schwierigkeiten im Kontakt mit der Kunst, ist ein wenig ausgeprägtes Bewusstsein von Eltern, die – wie aus dem vom Nationalen Zentrum für Kultur erstellten Bericht „Zwischen Spiel und Kunst"(1) zu kulturellen Entscheidungen von Betreuern von Heranwachsenden hervorgeht – ihre Schützlinge nicht bei der kulturell-künstlerischen Entwicklung unterstützen und ihnen keinen Kontakt mit kulturellen Inhalten hoher Qualität garantieren.(2)

Der zweite Faktor ist ein Mangel in der schulischen kulturellen Bildung. Wie aus den Untersuchungen zum Musik- und Kunstunterricht in Grundschulen und Gymnasien 2013–2014 von Marek Krajewski und Filip Schmidt(3) hervorgeht, hat der Kunstunterricht in Schulen mit Defiziten verschiedener Art zu kämpfen. Die Forscher zeigen drei grundlegende Problemgebiete auf: bei den Kompetenzen der Unterrichtenden, in der Infrastruktur der Schulen und im Verhältnis zum Kunstunterricht. Von den Lehrern der besprochenen Fächer besitzen lediglich 14 Prozent eine künstlerische Ausbildung, für viele stellen die analysierten Fächer eine Aufstockung ihres Stundensolls dar. Vorbehalte weckt auch die Ausstattung der Schulen im Bereich künstlerische Bildung: ungeeignete Unterrichtsräume, mangelnde technische und materielle Ausstattung. Ein ebenso wichtiges Problem ist die Geringschätzung der Schülerinnen und Schüler und der Pädagoginnen und Pädagogen gegenüber den künstlerischen Fächern und ihre geringe Position im Vergleich zu anderen Fächern.

Der dritte Faktor ist die fehlende Präsenz zeitgenössischer Kunst in Medien, die keine Fachzeitschriften sind. Wie Ergebnisse von Untersuchungen zum Zustand der zeitgenössischen Kunst in Polen zeigen, die 2015 im Rahmen des Programms „Wissenschaftliche Begleitung Kultur" des Ministeriums für Kultur und Nationales Erbe durchgeführt wurden, ist dies ein Problem, das sowohl von Kunstrezipienten als auch von Künstlerkreisen wahrgenommen wird. Erstere beklagen hauptsächlich den Mangel an populärwissenschaftlichen Programmen im Bereich der zeitgenössischen Kunst, zweitere sprechen – neben den von den Kunstrezipienten diagnostizierten Defiziten – von fehlendem Interesse der Medien an Veranstaltungen zu zeitgenössischer Kunst, die außerhalb der Hauptstadt stattfinden.(4)

Anhand der Ergebnisse der angeführten Untersuchungen lässt sich sagen, dass die Familie, die Schule und auch die Medien einen jungen potenziellen Rezipienten von Kunst so nicht zufriedenstellend mit den notwendigen Kompetenzen dafür ausstatten. Bevor ich mich mit der Beschreibung von Aktivitäten befasse, die auf dieses Defizit reagieren, möchte ich kurz die Veränderungen, die im Museumswesen vor sich gegangen sind und in deren Ergebnis die Bildungsarbeit in Museen an Bedeutung gewinnt, beschreiben.

Die Modernisierung von Ausstellungsorten

Die Museen in Polen durchlaufen eine intensive Modernisierung, sowohl hinsichtlich der Infrastruktur als auch in Bezug auf Inhalte und Programme. Der Wandel von Inhalten und Programmen resultiert einerseits aus der in der Museumskunde aktuell stattfindenden kritischen Reflexion zur ideologischen Rolle von Museen (Kontrolle der Wahrnehmungsarten von Wirklichkeit, Erhaltung und Wiederherstellung der gesellschaftlichen Gleichheit), andererseits aus umfassenden Umgestaltungen in der Herangehensweise an Kultur, die mit ihrer Verbreitung, Instrumentalisierung und Ökonomisierung zusammenhängen.(5)

Gegner der erwähnten Umgestaltungen formulieren ihre Argumente auf der Grundlage einer elitären und autotelischen Kulturvision.(6) Ihr Hauptvorwurf gegen die neue entstehende Ordnung besteht darin, dass sie infrage stellen, ob es richtig ist, den Wert von Kultur an Besucherzahlen zu messen. Die kritisierte Herangehensweise jedoch, obwohl sie gewisser Fehler nicht entbehrt, verdrängt nicht nur das Verständnis von Kultur und ihren Inhalten als Selbstzweck, sondern stellt die Frage, ob diese Kulturinstitutionen, die bisher auf exklusive Weise gearbeitet haben, ohne Versuche zu unternehmen, einen breiteren Abnehmerkreis zu erreichen, richtig funktionieren.

Das muffig riechende Museum, in dem der Besucher als Eindringling behandelt wird, der die Sammlungen in Gefahr bringt, gerät in Vergessenheit. Auf der Welle der Modernisierungsprozesse werden Museen zu Einrichtungen mit spezialisierten Abteilungen, die zeitgemäß verwaltet werden und sich – was aus der Perspektive dieses Aufsatzes am wichtigsten ist – für das Publikum öffnen. Im Laufe des vergangenen Jahrzehnts haben sich die Funktionsprinzipien und die Rollen von Ausstellungsorten gewandelt. In modernen Museumsräumen, deren Arbeit sich nicht nur auf die Aufbewahrung von Sammlungen und die Pflege von Kollektionen beschränkt, gewinnen Bildungsabteilungen an Bedeutung. Im Jahr 2006 wurde das Forum für Museumspädagoginnen und Museumspädagogen ins Leben gerufen, das bis heute sehr aktiv ist.

Die Veränderungen, die mit den verschiedenartigen Aufgabenbereichen von Ausstellungsräumen zusammenhängen, verlaufen auch nicht schmerzlos. Abgesehen von den ontologischen Dilemmata, die mit Kultur verbunden sind, treten sowohl in der Literatur, die sich mit dem Thema Museumswesen befasst, als auch in öffentlichen Aussagen von Museumsmitarbeiterinnen und -mitarbeitern Befürchtungen zutage, Museen könnten ihre Identität verlieren(7), wenn sie Aufgaben erfüllen, die typisch sind für andere kulturelle Einrichtungen wie zum Beispiel Kulturhäuser, Bibliotheken und Kinos. Dabei scheint das Bildungspotenzial von Museen nicht gefährdet und fest in die Museumsordnung integriert, und zwar bereits seit dem 19. Jahrhundert, als es eine der Determinanten ihrer Institutionalisierung und des Aufbaus ihres Status quo im Verhältnis zu anderen kulturellen Institutionen war – wie Raritätentheater und Vergnügungsparks, die damals ebenfalls ein Novum darstellten, und internationale Messen oder Ausstellungen(8). Von Anfang an wurde die Ausstellungsarbeit von Bildungsarbeit begleitet, letztere war ihr jedoch immer nicht nur inhaltlich, sondern auch symbolisch untergeordnet. Dies spiegelt sich weiterhin sowohl in der Aufteilung von Museumsbudgets als auch in der inneren Hierarchie der jeweiligen Arbeitsplätze wider. Die Museumsmitarbeiterinnen und -mitarbeiter von Bildungsabteilungen, insofern solche überhaupt eine Sonderstellung einnehmen, standen und stehen noch immer, wie ein Teil von ihnen berichtet, innerhalb der sogenannten inhaltlichen Museumsmitarbeiterinnen und -mitarbeiter von Ausstellungsorten an letzter Stelle. Sichtbar ist jedoch eine deutlich positivere Veränderung in der Haltung gegenüber Bildungsarbeit in Museen.

Bei Institutionen, die zeitgenössische Kunst ausstellen, kann die Lage der Bildungsabteilungen problematischer sein als an Orten, die alte Kunst zeigen. Diese Institutionen besitzen – in Bezug auf die institutionelle Kunsttheorie und die Überlegungen zur symbolischen Macht von Pierre Bourdieu(9) – die symbolische Macht des Definierens von Kunst, der Entscheidung darüber, was als Kunst gilt. Liegt es tatsächlich im Interesse dieser Einrichtungen, ihr Wissen über Kunst dem durchschnittlichen Rezipienten mitzuteilen? Bedeutet das Streben nach Verbreitung von Wissen und Kompetenzen, von gesellschaftlicher Bildung im Bereich Kunst nicht eine Schwächung der eigenen Autorität?

Schaut man sich die hermetische Sprache an, in der der künstlerische Diskurs in Fachzeitschriften, Ausstellungskatalogen und Aufsätzen geführt wird, kann man den Eindruck bekommen, dass er der Wissenschaft nahesteht, aber weit entfernt ist von der Bildung. Analysiert man die Situation von Institutionen, die zeitgenössische Kunst präsentieren, kann sie als große Ambivalenz und Gegensatz beschrieben werden. Aus der hier bereits angeführten Studie zur Lage der zeitgenössischen Kunst geht hervor, dass durch die Anpassung an die aktuellen Funktionsbedingungen, die ich im vorangegangenen Absatz beschrieben habe, in den Räumen der besprochenen Institutionen zwei gesellschaftliche Welten quasi nebeneinander funktionieren: die professionelle und die der Laien. Erstere besteht aus dem Ausstellungspublikum und den Teilnehmerinnen und Teilnehmern performativer künstlerischer Aktionen, geladenen Gästen von Vorträgen und Konferenzen. Die zweite Welt besucht die Institutionen außerhalb von Vernissagen und nimmt manchmal das Bildungsangebot wahr. Das Museum aber ist, obwohl es sich für einen breiten Nutzerkreis öffnet, weiterhin eine Institution, die die von der Museologin Eilean Hooper-Greenhill an der Universität Leicester beschriebene Spaltung in Eliten und Massen, Experten und Laien fortführt.(10)

Zum Kern der Sache kommend, möchte ich das an Kinder und Jugendliche gerichtete Bildungsangebot von Einrichtungen, die zeitgenössische Kunst ausstellen, untersuchen und prüfen, wer dieses Angebot nutzt, sowie die Hauptmotivation und Grenzen bei der Umsetzung von Bildungsprogrammen aufzeigen.

Das Bildungsangebot

Aus der Analyse des Bildungsangebotes von Einrichtungen, die zeitgenössische Kunst ausstellen(11), und aus Befragungen der Pädagoginnen und Pädagogen geht hervor, dass wir es seit einigen Jahren mit einem Anstieg des Interesses für Bildungsprogramme zu tun haben, die sich an verschiedene gesellschaftliche Gruppen richten. Für Museumsinstitutionen ist die Bildungsarbeit ein Element ihrer im Statut festgelegten Tätigkeit. Dennoch nehmen auch Kunstgalerien in ihre Angebote Bildungsveranstaltungen auf, nicht selten mit regelmäßigem Charakter. Wenn es an Personal mangelt, verlagern sie diese Aufgabe an externe Träger, die in der Regel aus dem Nonprofit-Sektor stammen. Von 47 analysierten Einrichtungen führten lediglich zehn in den Jahren 2015/2016 Aktivitäten im Bereich Kinder und Jugendliche durch. In Kunstgalerien wird das Bildungsprogramm in hohem Maße mit Fremdmitteln aus eingeworbenen Zuschüssen finanziert. Daher kommt es auch, dass es in der Regel mit einem größeren Projekt oder einer größeren Ausstellung in der Einrichtung verbunden ist und mit deren Abschluss ebenfalls zu Ende geht. Eine andere Art und Weise der Organisation von Unterricht, der in Museen und Kunstzentren dominiert, sind zyklische, regelmäßige Treffen. Museumseinrichtungen sind in der Regel zweigleisig tätig: Sie befassen sich mit der Bildung für organisierte, meist schulische Gruppen im Rahmen sogenannter Museumslektionen oder einer anderen Aktivität (an Wochentagen) und organisieren Unterricht für individuelle Kunstrezipientinnen und -rezipienten (meistens an Wochenenden vormittags). Immer häufiger öffnen sie sich auch für Kinder, die von gesellschaftlichem Ausschluss betroffen sind oder aus ‚sozial benachteiligten' Familien stammen, indem sie mit Kinderheimen und auch mit Jugendklubs und Erziehungseinrichtungen zusammenarbeiten. Das Bildungsangebot ist zunehmend auch an Kinder mit Behinderungen gerichtet.

Die erste Form (Museumslektionen) erfreut sich so großer Beliebtheit, dass in manchen Einrichtungen die Anmeldungen für den Unterricht durch die Schule mit einem Vorlauf von mehreren Monaten erfolgen müssen. Normalerweise muss man sich für den Unterricht anmelden und oft, so die Museumspädagoginnen und -pädagogen, gibt es mehr Interessierte als Plätze. Das ist aber nicht die Regel. Aus den durchgeführten Beobachtungen geht hervor, dass trotz der enormen Attraktivität mancher Veranstaltungen nur ein paar Personen daran teilnahmen. Andere hingegen waren so überlaufen, dass die Organisatoren einigen Interessierten absagen mussten.

Eltern, deren Kinder an Bildungsveranstaltungen teilnehmen, sind froh, dass diese Veranstaltungen angeboten werden. 49,8 Prozent der Befragten waren dabei der Meinung, dass es ausreichend Veranstaltungen im Bereich Kunst gibt, 28,6 Prozent sagten, dass es viele gibt, aber noch mehr sein könnten. Lediglich 6,4 Prozent fanden, dass entschieden zu wenig Veranstaltungen angeboten werden. Es lässt sich also schlussfolgern, dass das Bildungsangebot von Ausstellungsorten sich regen Interesses erfreut und der derzeitigen Nachfrage entspricht; die Nutzer empfinden keinen Mangel in dieser Frage. Jedoch muss erwähnt werden, dass das Bildungsprogramm nicht explizit beworben wird. Die Einrichtungen informieren in der Regel auf ihren Internetseiten darüber. Vielleicht wäre es hilfreich, über eine Verbreitung auch auf anderen Kanälen nachzudenken. Natürlich würde dies bedeuten, sich für den Ausbau dieser Art von Museumsarbeit und vielleicht für eine Erweiterung der Bildungsabteilungen um weitere Museumspädagoginnen und -pädagogen zu entscheiden.

Das analysierte Angebot ist an verschiedene Altersgruppen gerichtet. Über die Hälfte der Veranstaltungen (56,4 Prozent) sind für Grundschülerinnen und -schüler gedacht, 25,2 Prozent an Kinder im Vorschulalter gerichtet, 17 Prozent an Gymnasiasten, lediglich 1,4 Prozent sind Veranstaltungen für die Jüngsten. Analysiert wurden auch die Veranstaltungskosten (233 Fälle wurden untersucht); die Einrichtungen führen sowohl kostenpflichtigen als auch unentgeltlichen Unterricht durch. Am beliebtesten sind Workshops, deren erster Teil in Ausstellungsräumen stattfindet und in einem Gespräch des Museumspädagogen mit den Kindern über ausgewählte Werke besteht. Der zweite Teil hingegen, organisiert in Workshop-Räumen, besteht aus entsprechenden manuellen Aktivitäten, in deren Rahmen die Kinder verschiedenste Artefakte herstellen. Es kommen auch andere Formen von Bildungsaktivitäten vor, wie beispielsweise Vorträge, Vorlesungen, Filmvorführungen und Wettbewerbe. Eine Form, die sich großer Beliebtheit unter den Teilnehmern erfreut, ist der Besuch von Ausstellungen mit von Museumspädagogen vorbereitetem Material, anhand dessen die Teilnehmer bestimmte Aufgaben erfüllen. Solche Unternehmungen führt das Nationalmuseum in Krakau durch. Zu festgelegten Zeiten sonntagvormittags erhalten die daran teilnehmenden Familien eine Broschüre mit Aufgaben, die sie während ihres Museumsbesuchs lösen müssen. Zusätzlich stehen an ausgewählten Objekten Praktikanten helfend zur Seite. Die Teilnehmer können nach eigenem Tempo und in eine selbständig ausgewählte Richtung die Museumssammlung erforschen. Krönender Abschluss ist die manuelle Beschäftigung im Unterrichtsraum. In dem besprochenen Fall fertigten die Kinder ein Werk aus Plastilin an.

Die Bildungsabteilungen wurden auch unter dem Gesichtspunkt der Ausbildung ihrer Museumsmitarbeiter analysiert. Unter den Museumspädagogen sind zwei Gruppen auszumachen. Die einen sind im Bereich Kunst ausgebildet (hauptsächlich Kunsthistorikerinnen und Kunsthistoriker); sie dominieren zahlenmäßig. Die anderen besitzen Kompetenzen für die Arbeit mit Kindern (überwiegend Pädagoginnen und Pädagogen). Beide Gruppen bilden sich in der Regel in dem Bereich weiter, der nicht ihrer Grundausbildung entspricht.

Die Ziele der Pädagogen im Vergleich mit den Erwartungen von Eltern und Kindern

Die Museumspädagogen haben bei ihrer Arbeit, außer der Bildung im Bereich Kunst, noch höhere Ziele. Ihrer Ansicht nach haben Kulturinstitutionen die Aufgabe, in den jungen Rezipienten soziale Kompetenzen heranzubilden und integrierende Funktionen zu erfüllen. Manche sprechen auch von therapeutischen Zielen und sind der Meinung, dass die von ihnen durchgeführten Veranstaltungen Selbstakzeptanz lehren, helfen, Schüchternheit zu überwinden, und den Charakter positiv formen. Allerdings entsteht der Eindruck, dass sie in ihren Aussagen recht unreflektiert die formalisierte Antragssprache von Zuschussprogrammen nachahmen.[12]

Auf die Frage, ob in der von ihnen durchgeführten Bildungsarbeit die Entwicklung von künstlerischen Fähigkeiten des Kindes oder sein Wissen im Bereich Kunst das Ziel ist, nennen sie zweiteres. Wichtiger sei es demnach, sich mit der Kunst vertraut zu machen und Rezeptionskompetenzen zu erwerben, als die manuellen Fähigkeiten oder Talente eines Kindes weiterzuentwickeln. Viele Museumspädagogen gestanden ein, dass vor allem aufgrund der Dauer des Unterrichtes und seiner geringen Häufigkeit kaum von wirklichen Lernwerkstätten gesprochen werden kann. Ihrer Einschätzung nach beschränken sich die Möglichkeiten der aktuellen Angebote von Bildungsprogrammen auf dieser Ebene meist auf Übungen, die es gestatten, grundlegende motorische Fähigkeiten zu erlernen, und junge Teilnehmer ermutigen, unter anderem mit dem Pinsel oder der Schere zu arbeiten. Am häufigsten wurde in den Aussagen der Befragten auf die Sensibilisierung der Kinder Wert gelegt, auf die Herausbildung ihres Ästhetik-Empfindens sowie auf eine weit gefasste Aufklärung, nicht nur in der Herausbildung von Rezeptionskompetenzen, sondern auch bei der Erweiterung ihrer Offenheit für die sie umgebende Wirklichkeit und der Entwicklung der Teamfähigkeit. Die Befragten hoffen zudem, dass ihre Arbeit zu langfristigen Wirkungen der Bildungsprogramme führt, indem sie zukünftige Generationen bewusster Kunstrezipienten herausbilden helfen.

In der Studie wurden auch die Teilnehmer gefragt, was auf mehr Enthusiasmus stößt, was für sie in den Kunst-Bildungsprogrammen von größerer Bedeutung ist: die Wissenskomponente oder die Entwicklung von manuellen Fähigkeiten, das Bedürfnis, sich selbst als Rezipienten von Kunst weiterzuentwickeln, oder das Bedürfnis, die eigenen künstlerischen Fähigkeiten zu entfalten. Für Kinder zählte in erster Linie die zweite Komponente. Sie schätzen vor allem die Möglichkeit, manuell arbeiten zu können, zu malen und zu zeichnen. Ihre Lieblingsveranstaltungen sind Workshops (60,7 Prozent), dann Spiele (21,4 Prozent), weniger Führungen durch eine Ausstellung (11,1 Prozent) und Vorträge (5,2 Prozent). Kinder erwarten von den Veranstaltungen in erster Linie die Entwicklung ihrer künstlerischen Fähigkeiten (31,7 Prozent), an zweiter Stelle Wissen und Informationen über Kunst und über Künstlerinnen und Künstler (22,5 Prozent); ebenso hoch ist die Erwartung, Spaß zu haben (22,5 Prozent). Die Aussagen der Kinder zum Ausbau ihrer Fähigkeiten im Bereich bildende Kunst können auf die Vorliebe für aktive partizipative Unterrichtsformen zurückgeführt werden, denn lediglich etwas über 15 Prozent erklären, in der Zukunft Künstlerinnen und Künstler werden zu wollen.

Die Frage an die Eltern wurde etwas anders formuliert (die Befragung der Kinder wurde weitestgehend vereinfacht), doch lassen sich hier dieselben Erwartungen feststellen, allerdings in umgekehrter Reihenfolge. Die Eltern erwarten von den Veranstaltungen vor allem eine allgemeine intellektuell-soziale Entwicklung (65,4 Prozent), eine Form der Freizeitbeschäftigung (46,3 Prozent), als nächstes die Entwicklung der Kompetenzen ihres Kindes in der Rezeption von Kunst (40,1 Prozent), und erst dann kommt für sie die Entwicklung des Talentes ihres Kindes (17 Prozent). Aus den Antworten geht hervor, dass die Eltern die Wissenskomponente über die Komponente der künstlerischen Fähigkeiten stellen. Sie erwarten, dass dank des Unterrichts ihre Kinder bewusstere Rezipienten von Kunst werden, aber keine Künstler.

Teilnehmerprofil, Verhältnis zur Kunst und Erwartungen an die Veranstaltungen

Bei der Analyse des Teilnehmerprofils für Bildungsprogramme wurden Teilnehmerinnen und Teilnehmer von individuellem Unterricht in 13 Einrichtungen im ganzen Land (N=200) und ihre Eltern (N=200) betrachtet. Für die Studie an den Kindern wurden drei Versionen von Fragebögen eingesetzt, die das Alter der Befragten berücksichtigten (Kinder bis sechs Jahre, sieben bis elf Jahre und zwölf bis 15 Jahre). Mit der jüngsten Gruppe führten die Interviewer ein lockeres Gespräch, bei dem sie die Antworten auf die Fragen eines kurzen Fragebogens bekamen. Überraschend ist, dass, wenn man die Teilnehmerstatistiken hinsichtlich des Geschlechts vergleicht, unter den Rezipientinnen und Rezipienten von Bildungsprogrammen in Einrichtungen für zeitgenössische Kunst der Anteil der Jungen (bis sechs Jahre – 64,4 Prozent, sieben bis zwölf Jahre – 57,5 Prozent, zwölf bis 15 Jahre – 80 Prozent) überwiegt. Begleitet werden die Kinder hingegen überwiegend von Müttern (69,3 Prozent). 12 Prozent der Befragten kamen zu den Veranstaltungen aus Städten mit weniger als 100.000 Einwohnern und aus Dörfern (die Studie wurde in größeren Ballungsgebieten durchgeführt). Die meisten Kinder, die an den Veranstaltungen teilnehmen, haben Eltern mit einer höheren Bildung (91,9 Prozent der Eltern gaben an, einen Bachelor oder höheren Abschluss zu haben). 82,8 Prozent der Eltern erklärten, dass sie beruflich nicht mit der Kunstwelt verbunden sind, aber es zeichneten sich keine deutlichen Tendenzen bei den Berufen der befragten Eltern ab.

Die Eltern wurden danach gefragt, wie oft ihre Kinder an Museumsveranstaltungen im Bereich zeitgenössische Kunst teilnehmen. Die größte Gruppe nahm mehrmals im Jahr teil (31,3 Prozent), 15 Prozent der Befragten partizipierten unregelmäßig (Antworten: Ich bin das erste, zweite, dritte Mal dabei), 29,6 Prozent tun dies einmal monatlich. 22,1 Prozent der Befragten können als dauerhafte Teilnehmerinnen und Teilnehmer der Bildungsprogramme bezeichnet werden; sie nehmen einmal wöchentlich teil. Die Eltern nehmen die Bildungsveranstaltungen in Museen nicht als etwas wahr, das wie ein Kurs systematische Teilnahme erfordert, sondern als eine sporadische Attraktion. Es gibt hingegen auch Leute, die diese Aktivitäten konsequent weiterführen. 34,4 Prozent der Befragten gaben an, dass ihre Kinder bereits seit mehreren Jahren an den Veranstaltungen über Kunst teilnehmen, 24,6 Prozent taten dies seit über einem Jahr. Neben der Konsequenz der Eltern zeugt dies von der Qualität des Angebots, das für Kinder und Erwachsene langfristig attraktiv ist.

Die weitere Analyse hatte das Ziel, das Verhältnis der Teilnehmerinnen und Teilnehmer zur zeitgenössischen Kunst zu erfassen und festzustellen, inwieweit sie sich mit ihr vertraut gemacht hatten. Fast die Hälfte (46,2 Prozent) der Kinder gab an, dass sie mehrmals jährlich Kunstausstellungen besuchen, 47 Prozent tun dies öfter, 6,6 Prozent der Antworten zeigten eine geringere Häufigkeit. Schlechter sehen die Statistiken aus, die Gespräche über Kunst betreffen. Lediglich zehn Prozent der Befragten geben an, häufig mit den Eltern Gespräche über Kunst zu führen. Die Antworten zeigen, dass die Eltern der Befragten sich bemühen, ihren Kindern den Kontakt mit Kunst zu garantieren, doch es fällt ihnen schwer, eine Diskussion über Kunst zu führen. Dies bestätigt das oben erwähnte Problem der hermetischen Sprache über Kunst: Es ist leichter, sie anzusehen, als über sie zu sprechen. Das Problem bei der Diskussion über Kunst kann aus der Tatsache herrühren, dass lediglich 9,8 Prozent der Eltern angeben, ein wirkliches Interesse an zeitgenössischer Kunst zu haben, 46,8 Prozent interessieren sich nur mäßig für sie, 32,7 Prozent interessieren sich eher nicht dafür, und für 2,4 Prozent stellt sie keinen Interessensgegenstand dar; die übrigen 8,3 Prozent hatten Schwierigkeiten, die Frage zu beantworten.

Eltern, deren Kinder an den untersuchten Veranstaltungen teilnehmen, sind sich der Bedeutung des frühen Kontakts des Kindes mit Kunst bewusst. Für 68 Prozent ist es ein sehr wichtiges Element in der Entwicklung, 29 Prozent sind weniger davon überzeugt, dass dies wichtig ist. Sie beschränken sich nicht auf die Bildung im Bereich Kunst, sondern suchen für ihre Kinder auch andere Entwicklungsimpulse. Neben Veranstaltungen zur Kunst erfreuen sich sportliche Aktivitäten der größten Beliebtheit, zu denen 45,3 Prozent der Eltern ihre Kinder schicken.

Zusammenfassung

Die dargelegten Untersuchungsergebnisse weisen auf einen egalitären Charakter der Bildungsprogramme hin. Die Eltern der teilnehmenden Kinder haben beruflich nicht mit Kunst zu tun, die Mehrheit von ihnen ist mäßig an Kunst interessiert. Sie sehen die angebotenen Bildungsprogramme als eine Form, die die Entwicklung ihres Kindes unterstützt, als eine von vielen Möglichkeiten der Freizeitbeschäftigung, als Wochenendattraktion. Im Hinblick auf das Hermetische der Kunstwelt, ist – wie zu sehen war – die von Laien genutzte Möglichkeit zum Umgang mit zeitgenössischer Kunst, die Möglichkeit, sich mit ihr vertraut zu machen und Rezeptionskompetenz zu erlangen, auf der Mikroebene ein wichtiges Element nicht nur für die Entwicklung ästhetischer Sensibilität, sondern auch für die allgemeine Entwicklung des Individuums. Auf der Makroebene hingegen ist diese Möglichkeit ein Element der kulturellen Partizipation und auch – die Unternehmenssprache paraphrasierend – der gesellschaftlichen ästhetischen Verantwortung, das heißt gesellschaftlicher Verhaltensweisen, die mit dem Aussehen öffentlicher Räume korrespondieren, nicht die Prinzipien der ästhetischen Ordnung verletzen, nicht den Raum der alltäglichen Existenz verunstalten.

Zusammenfassend kann gesagt werden, dass die Bildungsarbeit in Ausstellungsorten für zeitgenössische Kunst das Potenzial hat, diese bekannt zu machen und Barrieren ihrer Rezeption zu überwinden. Während sich die Museumspädagoginnen und -pädagogen selbst der Vorteile sehr bewusst sind, die aus den Bildungsprogrammen resultieren, ist dies bei der Leitung von Ausstellungsinstitutionen, bei Kuratoren und bei Personen, die für die Planung und Produktion von Ausstellungen zuständig sind, nicht immer der Fall. Es ist sinnvoll, die Richtung und das Tempo der Entwicklung von künstlerischen Bildungsprogrammen im Museumswesen in Polen beizubehalten. Selbst wenn die besprochenen Programme sich einer hohen Frequenz erfreuen, wäre eine umfassendere Bekanntmachung von Bildungsveranstaltungen angemessen, die eine stärkere Fluktuation bei den Teilnehmerinnen und Teilnehmern bedeuten würde. Sicherlich muss auch Wert auf eine engere Zusammenarbeit innerhalb der Museen gelegt werden, um bereits bei der Ausstellungsentstehung die Bedürfnisse der Bildungsabteilungen und somit die Bedürfnisse junger Kunstrezipienten zu berücksichtigen.

(1) *www.nck.pl/badania/projekty-badawcze/raport-miedzy-zabawa-a-sztuka-wybory-kulturalne-opiekunow-dzieci* (Abruf am 22.02.2018).
(2) *www.nck.pl/badania/projekty-badawcze/raport-miedzy-zabawa-a-sztuka-wybory-kulturalne-opiekunow-dzieci* (Abruf am 22.02.2018).
(3) *www.mkidn.gov.pl/media/docs/2015/20150325_raport_pm_4.pdf* (Abruf am 22.02.2018).
(4) *http://nck.pl/badania/raporty/kondycja-sztuk-wizualnych-percepcja-i-spoleczny-obieg-sztuki-wspolczesnej-w-polsce* (Abruf am 22.02.2018).
(5) Diese Prozesse werden in hohem Maße äußerlich stimuliert, durch die Kulturpolitik auf den verschiedenen Ebenen: auf der EU-Ebene, der staatlichen und der lokalen Ebene. Im Jahr 2011 initiierte das Ministerium für Kultur und Nationales Erbe das Programm Akademie für Museumsmanagement; seit einigen Jahren wird die Arbeit von Museen zudem durch verschiedene Programme des Ministeriums unterstützt, unter anderem die Unterstützung von Museumsarbeit, Künstlerische Bildung, Kulturelle Bildung und durch Programme für den Kauf von Kunstwerken für Sammlungen.
(6) Elitäre Kultur ist für mich synonym mit Hochkultur. Die Selbstzweck-Vision von Kultur, in der Kunst einen Wert an sich darstellt, Zweck an sich ist, stellt eine reduktionistische Betrachtungsweise von Kultur dar. Dieses Verständnis von Kultur geht auf Überlegungen aus der Zeit um die Jahrhundertwende vom 19. zum 20. Jahrhundert zurück und ist häufig verbunden mit Kritik an der Massenkultur.
(7) Siehe: L. Karczewski: Kłopoty z partycypacją. Nowa muzeologia i agoniczna demokracja (Schwierigkeiten mit der Partizipation. Neue Museumskunde und agonische Demokratie), in: Edukacja kulturalna jako projekt publiczny (Kulturelle Bildung als öffentliches Projekt), Poznań 2012, S. 89–108.
(8) T. Bennet, The Birth of the Museum, London 2009, S. 5.
(9) Siehe: P. Bourdieu: Reguły sztuki. Geneza i struktura pola literackiego (Die Regeln der Kunst. Genese und Struktur des literarischen Feldes), Kraków 2001; G. Dickie: Czym jest sztuka? Analiza instytucjonalna (Was ist Kunst? Eine Institutionsanalyse), übers. v. M. Gołaszewska, in: Estetyka w świecie (Ästhetik in der Welt), Bd. 1, Hrsg. M. Gołaszewska, Kraków 1985, S. 9–30.
(10) E. Hooper-Greenhill: Museums and the Shaping of Knowledge, London 1992, S. 190.
(11) Analysiert wurden vier Museen, die auf zeitgenössische Kunst und auf moderne Kunst ausgerichtet sind, fünf Nationalmuseen, die Sammlungen zeitgenössischer Kunst besitzen, 31 staatliche Galerien und Kunstzentren sowie sieben Galerien, die dem Nonprofit-Sektor oder dem IV. Sektor angehören.
(12) Davon zeugt unter anderem die Tatsache, dass die verschiedenen Gesprächspartner die gleichen Formulierungen benutzten.

Meine eigene Geschichte – als eigenes Buch!

Nina Stoffers, Kulturwissenschaftlerin, in Zusammenarbeit mit **Birgit Schulze-Wehninck und Sven Riemer,** Geschäftsführung Buchkinder e.V., und **Rulo Lange,** Pädagogischer Leiter Freundeskreis Buchkinder e.V.

Die Vereine Freundeskreis Buchkinder e.V. sowie Buchkinder Leipzig e.V. gestalten Buch- und Schreibwerkstätten für Kinder und Jugendliche. Diese (er-)finden Geschichten und diskutieren sie in der Gruppe, schreiben sie auf, illustrieren sie – und dann entsteht in einem schöpferischen Prozess mit ihnen und durch sie ein eigenes Buch. Ziel ist es, die Freude am eigenen Ausdruck zu wecken und im kreativen Arbeitsprozess zu erhalten, immer dicht an der Lebenswirklichkeit der Protagonisten. In vereinseigenen Buchmanufakturen werden die Bücher in kleiner Auflage hergestellt. Die jungen Buchgestalter, Schriftsteller und Illustratoren präsentieren ihre eigenen Bücher dann nicht nur in ihrem direkten Lebensumfeld, sondern auch auf Lesungen, Messen und Ausstellungen. Doch der eigentliche ‚Schatz' der Buchkinderarbeit ist – neben den wunderbaren Büchern, die entstehen – das Vertrauen in die eigene Wahrnehmung und Kreativität als persönlichkeitsstärkendes Rüstzeug.

Wer sind und was machen die Buchkinder?

In einem Leipziger Wohnzimmer gegründet, kann die Buchkinderidee auf eine langjährige Geschichte zurückblicken. Die Anfänge reichen zurück bis in die 90er Jahre, als Pädagogen in den Umbruchsjahren nach neuen Formen in der pädagogisch-kreativen Ausgestaltung der Arbeit mit Kindern suchten. Durch zahlreiche, meist ehrenamtliche Helfer und Mitarbeiter, Fördermitglieder, Geld- und Sachspenden und eine gute Portion Improvisationsvermögen hat sich die Buchkinderidee seitdem erfolgreich gehalten, weiterentwickelt und immer größer ausgebaut. Heute umfassen die Angebote der beiden Vereine in Leipzig sowohl offene wöchentliche Kursangebote als auch Kooperationen mit Kitas, Horten und Schulen. Im März 2013 eröffnete der erste auf der Buchkinderidee gründende BuchKindergarten in Deutschland.

Das Prinzip der Buchkinderarbeit ist denkbar simpel: Kinder und Jugendliche finden in geschützten Kreativräumen zu ihrem eigenen Ausdruck. Das Besondere dabei ist, dass eine Idee zur Geschichte wird, dass Text und Bild zum Medium Buch werden, in dem sich dieser Ausdruck manifestiert. An den Ideen, Geschichten und Bildern wird gearbeitet, sie sind nicht mehr nur flüchtig, werden vergessen oder verschwinden in Schubladen und Malmappen. Die Welten der Kinder und Jugendlichen, wie sie sie in diesem Moment ihres Lebens erleben, werden in Text und Bild greifbar.

Fünf Buchkinderregeln geben die Schlagzahl für die pädagogische Arbeit vor:

1. Es wird so wenig wie möglich vorgegeben.
Das gilt auch für die Rechtschreibung. Kinder, die sich ihre eigenen Texte über die Lautierung erarbeiten, können ohne Rücksicht auf die richtige Schreibung ihren gesamten Wortschatz nutzen und sind stolz auf ihre Geschichten. Sie wollen den Vergleich mit dem ‚echten Buch' und lesen. Das kann man Leseförderung nennen, denn über das Lesen der richtigen Schreibung wollen sie dann auch die Rechtschreibung.

2. Bild und Text entstehen gleichzeitig und bedingen sich.
Es entsteht kein Text ohne dazugehörige Illustration und kein Bild ohne Bildtext, der dann Bestandteil der Geschichte wird. Durch diese Herangehensweise wird ein Prozess der Selbstschöpfung in Gang gesetzt.

3. Jedes Buch braucht seine Zeit.
Zum einen muss das Entwicklungstempo des einzelnen Kindes Beachtung finden. Bücher entstehen nicht unter Zeitdruck oder mal eben in einer Projektwoche. Zum anderen soll das Buch einer bestimmten Entwicklungsphase entsprechen und in ihr abgeschlossen werden.

4. Bücher entstehen in der Gruppe.
Die Altersspanne in der Gruppe sollte drei Jahre nicht überschreiten. Da die Texte und Bilder in unterschiedlichem Entwicklungsstand in der Gruppe

gezeigt werden, kommen aus der Gruppe sowohl Anregungen als auch Korrekturen. Gleichzeitig erprobt jeder Einzelne im Gestaltungsprozess wichtige Grundsätze des sozialen Miteinanders.

5. Die Kinder und Jugendlichen stellen sich mit ihrem Buch der Erwachsenenwelt.
Kinder und Jugendliche, die eigene Texte schreiben, haben auch das Bedürfnis, sich mit anderen zu vergleichen. Buchkinder erfahren in der Beschäftigung mit den Texten anderer auch die Bestätigung ihrer eigenen Einzigartigkeit. Durch das Lesen öffnen sich ihnen neue Horizonte und Anreize, den eigenen Ausdruck zu erweitern oder ihn spezifischer werden zu lassen.

Das Konzept der Buchkinderarbeit ist dabei nicht starr und unveränderlich, sondern entwickelt sich stetig weiter. Entsprechend den örtlichen Gegebenheiten wird es angepasst und kann ab dem frühen Kindesalter in vielen Lebensbereichen zum Einsatz kommen – direkt in pädagogischen Institutionen wie Kita und Schule, im Freizeitbereich für Kinder und Jugendliche, aber auch in der Arbeit mit Geflüchteten sowie für erwachsene Schreib- und Buchgestalter bis zum Rentenalter.

Mit Ausstellungen und Seminaren ist die Buchkinderarbeit heute bundesweit und international präsent. Auf Grundlage der Idee sind viele weitere Buchkinderinitiativen in Deutschland und darüber hinaus entstanden. Das Verlagsprogramm der beiden Vereine umfasst inzwischen weit über 1.200 verschiedene Titel und bietet neben Büchern auch Kalender, Postkarten, Magnete, Plakate und viele weitere Dinge an.
Seit ihren Anfängen wurde die Buchkinderarbeit mit vielen Preisen und Nominierungen auf regionaler, landes- sowie bundesweiter Ebene prämiert, so etwa mit dem STARTSOCIAL-Preis der Bundesregierung (2004) sowie mit einer Nominierung für den von der Beauftragten der Bundesregierung für Kultur und Medien ausgelobten Preis für Kulturelle Bildung (2016).

Wie sieht die Buchkinderarbeit nun konkret aus? Im Folgenden werden verschiedene Formate und Ausprägungen der Buchkinderarbeit vorgestellt.

Der BuchKindergarten

Im März 2018 feierte der BuchKindergarten seinen 5. Geburtstag. Wo vorher eine Brandruine, eine Asbestbaracke, verfallene Garagen und zwei vom Hausschwamm zersetzte Gründerzeithäuser standen, herrscht heute buntes Kindergartenleben. Im Spannungsfeld von gesetzlichen Vorgaben und

Rahmenbedingungen, dem Anspruch an die Arbeit mit dem Kind und den jeweiligen persönlichen Fähigkeiten jedes einzelnen Mitarbeiters befindet sich der BuchKindergarten in einem fortwährenden und gemeinsamen Entwicklungsprozess. Die Übertragung der Buchkindermethodik auf die Alltagssituationen eines Kindergartens ist dabei die größte Herausforderung. Denn wie müssen heute Rahmenbedingungen aussehen, damit die Lust der Kinder am Lernen wachsam aufgegriffen und weitergetragen werden kann? Es sind die kleinen Signale, Gesten und Andeutungen des Kindes, die, vom Erwachsenen wahrgenommen, in einen bis dahin noch unbekannten Prozess oder ein Ergebnis münden. Deshalb steht die wache Begleitung des Kindes mit seinen eigenen Fragen und Ausdrucksmöglichkeiten im Mittelpunkt.

Der rote Faden ist dabei der Dialog zwischen dem einzelnen Kind und einem erwachsenen Begleiter, von der ersten Begegnung, der ersten Idee bis zum fertigen Buch oder dem persönlichen Vortragen der Geschichten vor anderen Menschen. Wenngleich dieser Dialog immer auch zwischen mehreren Kindern und mehreren Erwachsenen stattfindet, ist die Verantwortung des einzelnen Pädagogen für die Gestaltung dieses Prozesses von enormer Wichtigkeit. Denn: Ein sechsjähriges Kind wäre ohne passendes Umfeld von sich aus nicht in der Lage, eine eigene Geschichte in Buchform zu verstetigen. Wie also schafft die begleitende Person die passenden Bedingungen, damit sich die Gedanken, Ideen und inneren Vorstellungen des Kindes in Text und Bild ausdrücken können? Das betrifft sowohl die konkreten räumlichen und materiellen Voraussetzungen als auch den gemeinsamen Dialog. Jedes Nachfragen – wie zum Beispiel „Mit wem lebt denn dein Dinosaurier zusammen?" – ist ein klarer Impuls des Erwachsenen und beeinflusst den Fortgang der Geschichte. Das Nachfragen zeigt aber auch ein echtes Interesse an der Geschichte des Kindes und somit an dem Kind selbst. Jedes Kind spürt dieses Interesse. Das ist ein ganz entscheidendes Moment: Die Kinder werden ernst genommen in dem, was sie äußern. Die Neugierde des Erwachsenen auf den Fortgang der Geschichte, so wie sie sich im Kind entwickelt, ist eine grundlegende Voraussetzung für die Arbeit. Gleichzeitig ermöglicht diese Offenheit, mit Fragestellungen vorsichtig umzugehen, die mögliche Wendungen oder Ergebnisse der Geschichte intendieren.

Der schmale Grat in der Nachfrage macht die Verantwortung des Pädagogen deutlich, weshalb es relevant ist, aus welcher Haltung heraus er dies tut. Neben dem Zuhören und Nachfragen bedeutet diese innere Bewegung des Erwachsenen zum Kind hin auch, die jeweiligen Ausdrucksmöglichkeiten zu beachten, die dem Entwicklungsstand des Kindes entsprechen. Bei den Zwei- bis Sechsjährigen ist die naheliegende Ausdrucksform der eigenen Gedanken und Ideen vor allem das Bild.

Ein Beispiel aus der Schatzkiste: „Lieblingslied verbacken"

Ein sechsjähriges Kind hat im Kopf ein bestimmtes ‚Bild' und äußert sich gegenüber dem Erwachsenen mit folgendem Anliegen: „Ich möchte gern mein Lieblingslied verbacken." Diesen Impuls des Kindes aufgreifend, fragt der Begleiter bei dem Kind nach, was es damit auf sich haben könnte. Sie einigen sich auf das Anfertigen von Backformen, welche die Figuren des Liedes wiedergeben. Dafür können von einem Mitarbeiter einer Schlosserei 2 cm breite Metallstreifen zur Verfügung gestellt werden. Diese werden gemeinsam von Kind und Pädagogen mit der Zange entsprechend gebogen und vernietet. Zu einem späteren Zeitpunkt wird Teig geknetet, und die Figuren werden mit den eigens angefertigten Backförmchen ausgestochen. Es folgt das Backen und dann das Bemalen der Figuren. Kleine Stäbe werden an der Figur angebracht, und es kommt zur Aufführung eines kleinen Stücks für die Gruppen des Kindergartens. Das Lied wird abgespielt, und das Kind hält zur passenden Passage des Liedes die entsprechende Figur in die Höhe. Für jede Gruppe gibt es außerdem gebackene Figuren aus dem Lied zum Naschen. Hilfestellung wird in dem Prozess auf Nachfrage geleistet, soweit als möglich hat das Kind die Dinge selbst getan.

Die Möglichkeit, solch einen Wunsch im Alltagstrubel zu überhören, ist sehr groß, zumal die Idee, ein Lied zu verbacken, ja auch eine vermeintliche Widersprüchlichkeit in sich birgt. Voraussetzung für solch einen Prozess ist, dass das Kind in seinen Äußerungen ernst genommen wird, dass der Pädagoge in der Lage ist, im passenden Moment die richtige Art der Hilfestellung zu leisten, und gegebenenfalls auch mal ‚um die Ecke' denkt, um die eigene Logik des Kindes zu verstehen. Dazu gehört natürlich ebenso, die entsprechende Geduld in einem über mehrere Monate andauernden Prozess mitzubringen.

Zugleich wird deutlich, wie vielfältig die Lernerfahrungen sein können, wenn man dem Interesse des Kindes auf der Spur ist. Das Kind kann erleben, wie aus seiner Idee eine Aufführung für andere Kinder und Erwachsene wird. Es kann Erfahrungen in handwerklichen Bereichen machen: Wie gehe ich mit einer Nietzange um und forme und verbinde Metallstreifen zu Figuren? Es macht konkrete mathematische Erfahrungen genauso selbstverständlich wie Erfahrungen musischer Bildung. Die sozialen Kompetenzen werden ausgebildet, indem es das Bedürfnis verspürt, den anderen Menschen im Kindergarten sein Ergebnis mitzuteilen: Es werden Einladungen ausgesprochen und Möglichkeiten der Aufführung geschaffen. In dem komplexen spielerischen Prozess eines Kindergartenalltags kommen alle Bildungsbereiche (somatische, soziale, kommunikative, ästhetische, naturwissenschaftliche, mathematische) des sächsischen Bildungsplanes zum Tragen. Der Impuls für diesen Prozess jedoch liegt intrinsisch im Kind begründet: Lernen macht Spaß!

∧ Ritzen in Linoleum. Projekt „Buchkinder" der Vereine Buchkinder Leipzig e.V. und Freundeskreis Buchkinder e.V. , https://regentaucher.com/

Die Vorschularbeit

Für die pädagogische Vorschularbeit wurde ein eigener Pfad zum Schrifterwerb entwickelt. Dieser aktiviert und greift zurück auf die dem Kind zu eigen gewordene Bildsprache. Sie speist sich aus ihrer Umgebung und aus ihrer direkten Sicht auf die Welt. Der Zugang zur Umwelt ist unmittelbar und bildhaft, wie das Beispiel „Lied verbacken" veranschaulicht. Für ihre Gefühle, ihre Emotionen brauchen die Kinder Bilder, welche der Allerlei-Tag jedoch selten für sie bereithält. Sie wollen sich erproben, Grenzen zwischen Realität und Fantasie sind fließend: Sie sind Vater, Mutter, Kind; Hund und Katz; Prinzessin oder Sternenritter. Und sie sind es ganz und gar – auch in ihren Bildern. So tauchen immer wieder die gleichen Figuren auf. Werden diese zu Papier oder auf Linoleum gebracht, eröffnet dies die Möglichkeit des unmittelbaren Austauschs über das, was der Erwachsene und das Kind jeweils sehen. Die Ideen beginnen zu sprudeln, und die Kinder erzählen ihre Geschichten, die sie immer wieder hören wollen. Der nächste Schritt ist nun: Der Erwachsene schreibt das Gesprochene mit.

Das Vorlesen des Textes, das Vorzeigen der Bilder und die Freude über die Wirkung von Text und Bild wecken beim Kind die Lust am Selberschreiben. Dabei erleben Kinder Schrift als Transportmittel und als eine Art Zauberstab für (wiederholbare) Anerkennung. Sie sehen die Schrift selbst zunächst als Bild – als rätselhafte, immer wiederkehrende Zeichen – und natürlich als Kommunikationsmittel der Schriftkundigen untereinander. Fast alle Kinder wollen diese fremde Welt kennenlernen. Es ist ganz wichtig für sie, ihren Text selbst aufzuschreiben – und so wird die eigene Geschichte von dem Erwachsenen ganz langsam, jeden Laut betonend, zurückdiktiert. Über die gehörten Laute erobern sich die Kinder Buchstabe für Buchstabe, Wort für Wort, Satz für Satz. Die Übergänge vom bildnerischen Ausdruck zum geschriebenen Wort sind fließend. Es ist ein intensiver Lernprozess, der nicht selten für eine Geschichte, ein Buch das ganze Vorschuljahr über dauert. Wohlgemerkt: Es sind Vorschul-, noch keine Schulkinder, die ein ganzes Jahr lang nicht nur kreativ, sondern auch sehr geduldig und ausdauernd an einer Idee arbeiten, bis diese zur Geschichte in Text- und Bildform wird. Irgendwann können die Kinder schreiben und fast gleichzeitig lesen. Die eigene Welt ist be-schreib-bar geworden und endlich festgehalten. Nun kann sie den Eltern, den Großeltern oder der Kitagruppe präsentiert werden.

Die Präsentation

Das Präsentieren der eigenen Bilder, Texte, Geschichten oder Bücher vor anderen Kindern und Erwachsenen schafft Begegnungsräume. Die Wirkung des eigenen Tuns kann erfahren werden, und es kann ein direkter Austausch entstehen. Die Herausforderung, Anspannung und Aufregung zu meistern und bei Lesungen vor 20 oder 30 Personen, teilweise mit Mikrofon, etwas vorzutragen, schafft spielerische Übungsfelder für die Entwicklung einer selbstbewussten, auf die eigene Wahrnehmung vertrauenden Persönlichkeit.

Die Orte des Präsentierens können sehr verschiedenartig sein: So finden Lesungen in den eigenen Werkstätten, auf Buchmessen wie in Leipzig oder Frankfurt, in Cafés oder möglicherweise auf einer Lokomotive statt, wenn es thematisch sinnvoll ist. Wichtig ist, dass das Kind wie bei allen Prozessen nach dem Prinzip der Freiwilligkeit agiert und auf Unterstützung zurückgreifen kann. Ein erster Schritt zum eigenen Vorlesen kann darin bestehen, dass der Erwachsene, das Kind neben sich sitzend, die Geschichte in dessen

Namen vorträgt. In dem Sich-Zeigen der Kinder passiert aber auch noch etwas weiteres sehr Wesentliches: Die Kinder zeigen sich mit ihrer Sicht auf die Welt und teilen sie nicht nur anderen Kindern, sondern auch Erwachsenen mit. Humorvoll werden für Erwachsene längst vergessene und grundlegende Fragestellungen wachgerufen. Neue Perspektiven entstehen, die wiederum für die Pädagogen zu einer Quelle der Motivation werden können.

Freundeskreis Buchkinder e.V.
- pädagogische Vorschularbeit in verschiedenen Leipziger Kitas
- wöchentliche Kurse für Kinder und Jugendliche, Schulkooperationen
- Mitmachseminare für Erwachsene, Lehrerseminare
- Ausstellungen
- mobile Druckwerkstatt im Leipziger Umland
- weitere Informationen sowie Onlineshop unter: *www.buki-leipzig.de*

Buchkinder Leipzig e.V.
- Träger des BuchKindergartens
- wöchentliche Kurse für Kinder und Jugendliche, Schulkooperationen
- Workshops für Erwachsene
- Ausstellungen
- bundesweites Netzwerk
- weitere Informationen sowie Onlineshop unter: *www.buchkinder.de*

Die Verbreitung der Buchkinderidee: Multiplikatoren und die mobile Druckwerkstatt

Das Interesse an der Buchkinderarbeit wächst stetig, und die Buchkinderarbeit hat weiter an mitstreitenden Personen gewonnen. Immer häufiger wollen Menschen Ähnliches auf die Beine stellen, weil sie zunächst von den Ergebnissen dieser Arbeit, den Büchern, begeistert sind. Damit sich die Arbeitsweise der Buchkinder auch ganz konkret und erfahrbar verbreiten kann, wird die Methodik an Multiplikatoren weitervermittelt. Buchkinderseminare sind deshalb ganz bewusst als Mitmachseminare für Erwachsene konzipiert. Es wird praktisch aufgezeigt, wie Kinder innerhalb einer Gruppe eigenständig ihr Buch erarbeiten. So sollen und dürfen die Erwachsenen – als künftige Umsetzer der Buchkinderidee vor Ort – zunächst ihr eigenes Buch gestalten. Sie erarbeiten sich über das Büchermachen die pädagogisch-kreative Vorgehensweise, die sie später an die Kinder weitergeben.

Über die eigene Tätigkeit erleben sie den Gestaltungsprozess: vom unscheinbaren Geschichtenanfang über die ersten Illustrationen bis hin zum selbst gebundenen kleinen Büchlein. Die Umsetzung der Buchkinderarbeit in der eigenen Einrichtung kann dann zum Beispiel mit dem noch jungen Modell der mobilen Druckwerkstatt erfolgen. Diese findet in Kitas und/oder Schulen statt und wird als Buchkinderdruckwerkstatt auf Zeit gemeinsam mit den Pädagogen für mindestens ein halbes Jahr eingerichtet. Im besten Falle richten die Einrichtungen nachfolgend eine eigene kleine Druckwerkstatt ein.

Bundesweit (und international) gibt es inzwischen ähnliche Buchkinder-Initiativen. Vor allem im urbanen Raum findet die Buchkinderarbeit großes Interesse. Deshalb wird in der Buchkinder-Gründerstadt Leipzig nun eine neue Herausforderung angenommen: der ländliche Raum. Seit Sommer 2017 gibt es im Leipziger Landkreis zwei Partner im Vorschulbereich (Trebsen und Krostitz, Sachsen). Im gemeinsamen Arbeitsprozess mit den kooperierenden Pädagogen und den Kindern vor Ort wurde aufgezeigt und erprobt, wie und wo man den Kindern helfen und wie und wo ihnen Raum gelassen werden kann. Die Lebenswirklichkeit der Kinder floss auch hier direkt in die Texte ein und zwar in Form von Altbekanntem: Aus einem Trecker wird Minecraft-Steve, und die einfachen Pferde vom Gestüt nebenan werden zu vielfarbigen Einhörnern.

Für die nahe Zukunft sind weitere Buchkinderstandorte im Leipziger Umland geplant, und im März 2018 konnte ein leerstehendes Ladengeschäft in der Innenstadt von Pegau als neue Buchkinderwerkstatt eröffnen. Dort werden wöchentlich Kurse stattfinden, und die Werkstatt wird auch offen sein für Aktivitäten anderer ortsansässiger Akteure oder Initiativen. Neu ist daran nicht nur der ländliche Raum, sondern auch der Kulturort außerhalb der Schule. Dieser wird bewusst aufgesucht und aufgebaut, um weitere interessierte Kinder und Jugendliche zu erreichen. An solchen Orten geht zwar die unmittelbare Beziehung zu den Pädagogen der einzelnen Bildungseinrichtungen verloren, aber es wird zum Beispiel eine andere Sichtbarkeit der Arbeit in der Stadtgesellschaft erreicht.

Entsprechend den örtlichen Gegebenheiten können durch den Prozesscharakter der Buchkinderidee wieder kleine und große Menschen gewonnen werden, mit denen in einer langfristigen Kooperation zusammengearbeitet werden kann. Gerade Kinder können Kristallisationspunkte dörflicher oder kleinstädtischer Kultur bilden. Die Dorf-Kita, die Dorfschule haben das Potenzial, zu einem kulturellen Mittelpunkt zu werden. Und eine vor Ort funktionierende Buchkinderwerkstatt könnte dies auf alle Fälle sein. Der erste Schritt im ländlichen Raum ist gemacht.

Und was bleibt?

Die unterschiedlichen Ausprägungen und Formate der Buchkinderarbeit bieten zahlreiche Anknüpfungspunkte für Interessierte: Ob als Besucher einer Ausstellung oder auf einer der beiden Buchmessen, ob als junge oder ältere Leser der vielen, vielen Bücher, ob als engagierte Person und Multiplikator in einem Mitmachseminar oder als pädagogische Institution, die die mobile Druckwerkstatt zu sich einlädt – die Buchkinder erfinden (sich) immer wieder neu(es) und laden ein dazuzukommen. Oder, um es aus der Perspektive eines Buchkindes zu sagen: „Und die Kuh Mariluise wond auf dem Bauernhof. Sie ist ser gutmütig und sie kaut sich ihre Gedanken schön." Das ist doch allerhand!

∧ Kuh – Buchillustration. Projekt „Buchkinder" der Vereine Buchkinder Leipzig e.V. und Freundeskreis Buchkinder e.V.

Die partizipative Bildungsarbeit in Museen

Marianna Otmianowska, Direktorin des Nationalen Digitalen Archives (Narodowe Archiwum Cyfrowe)
Marek Płuciniczak, Leiter der Abteilung für Bildungsarbeit im Nationalmuseum in Warschau

Sowohl reale als auch virtuelle Museen wenden als Bildungsform am häufigsten das Spiel an. Das Spiel, in dem der wichtigste Faktor die Zeit ist, ihr Lauf, die Möglichkeit, umzukehren und die Vergangenheit zu gestalten. Vielleicht ist gerade diese Eigenschaft des Museums, das Spiel mit der Zeit, ein Magnet und (...) ein tiefer Grund für die Musealisierung der Welt. Das Spiel zieht Menschen verschiedenen Alters in die Museen, ermöglicht ihnen, „aus ihrer Zeit" hinauszugehen und sich selbst, die Geschichte, die Kunst, die Wissenschaft und die Natur aus einer anderen Perspektive zu betrachten.[1]

Vorwort

Das umfangreiche Thema dieses Aufsatzes, die Bildungsarbeit in Museen mit Blick auf die alte Kunst, lenkt unsere ersten Gedanken auf die traditionellen, ernsthaften, ruhigen Innenräume. Dabei wollen Museen heute immer öfter als einladende Räume wahrgenommen werden, als Orte, die zu besuchen sich lohnt, als Institutionen, die offen sind für den Dialog mit dem Publikum. Nina Simon, Leiterin des Santa Cruz Museum of Art and History und strategische Beraterin vieler Museen auf der Welt, hat die Formulierung „Participatory Museum" geprägt, die einen Ort beschreibt, an dem man kreativ arbeiten, diskutieren, Visionen und Herangehensweisen austauschen, aber ebenso in Interaktion sowohl mit den Mitarbeitern als auch den Besuchern treten kann.(2) Von einer solchen Bildung, einer einbeziehenden Bildung, die bereit ist zum Dialog mit den Rezipienten, soll im folgenden Aufsatz die Rede sein.(3) Unter den zahlreichen grundlegenden Pflichten eines Museums ist gerade die Bildungsarbeit die Plattform für die Interaktion zwischen Institution und Besuchern. „Bei der Wertschätzung der Bedeutung des Museums als Forschungsinstitution, die sammelt und Sammlungen sichert, dürfen wir jedoch das eigentliche Ziel aller Aktivitäten nicht aus den Augen verlieren: das gewonnene Wissen der Gesellschaft mitzuteilen", so Dr. Agnieszka Morawińska, Leiterin des Nationalen Museums in Warschau.(4)

Die Kategorien der Besucher und ihrer Museumserfahrungen

In den vergangenen Jahren können die meisten Museen in Polen einen Anstieg der Besucherzahlen und der Teilnehmer an Bildungsaktionen aufweisen.(5) Es gibt inzwischen ein so breites Bildungsangebot, dass sich darin für alle Abnehmergruppen etwas finden lässt, vom Zweijährigen bis zum Senioren, darunter auch für Menschen mit Hör- und Sehbehinderungen.

Die Definition der Hauptzielgruppen und ihrer jeweiligen Bedürfnisse ist für die Erstellung des Bildungsangebotes zentral. Doch neben dieser Unterteilung ist noch ein anderes Problem wichtig, das sich aus der Beziehung zwischen Museum und Besucher und der Frage nach der Rolle, die die Institution für die Gesellschaft erfüllt, ergibt. In ihrem Artikel von 1999 definiert Zahava D. Doering drei grundlegende Herangehensweisen der Institution Museum an den Besucher, der als Fremder (*stranger*), als Gast (*guest*) und auch als Kunde (*client*) gesehen wird, und weist auf den fortschreitenden Wandel des Rollenverständnisses des Museums für den Besucher hin.(6) Als offenste Haltung, die sich am spätesten herausgebildet hat, bezeichnete sie letztere, die aus der Einstellung resultiert, dass Museen sich vor der Gesellschaft für ihre Tätigkeit zu verantworten haben (*to be accountable to*). Ihre notwendige Schlussfolgerung ist eine Neudefinition der Haltung gegenüber dem Besucher und die Akzeptanz der Tatsache, dass der Besuch im Museum eine Form der Freizeitbeschäftigung ist. Obwohl aus heutiger Sicht eine solche Schlussfolgerung nicht überraschend ist, müssen wir uns dessen bewusst sein, dass gerade die letzten Jahrzehnte über die Verbreitung dieses Verständnisses von der Rolle von Museen entschieden haben. Sie haben es ermöglicht, dass man davon abgehen konnte, Museen nur als Räume für Wissensgewinnung zu verstehen, und sie auf andere gesellschaftliche Funktionen erweitert wurden.

Doering argumentiert, dass die drei genannten Einstellungstypen in einer Institution gleichzeitig auftreten können, je nachdem, welche Einheit analysiert wird (die eine Haltung kann den Bereich charakterisieren, der die Sammlungen bearbeitet, eine andere die Bildungsabteilung, eine weitere den Bereich, der das Publikum betreut). Ähnlich fließend ist der Charakter der „Museumserfahrungen" (*museum experiences*), der Museen von anderen Räumen für Freizeitbeschäftigung unterscheidet. Hier treten vier grundlegende Erfahrungskategorien auf: *social experiences*, *object experiences*, *cognitive experiences*, *introspective experiences*. Je nach individueller Prädisposition ist für jeden Besucher eine andere Kategorie zentral. Für einen Teil der Museumsbesucher wird es also das Wichtigste sein, die Möglichkeit zu haben, Zeit in Gesellschaft mit Freunden und Familie zu verbringen. Für andere ist das Wesentliche, in Kontakt mit außergewöhnlichen, authentischen Gegenständen zu kommen, während für einen weiteren Teil der Besucher der kognitive Aspekt vordergründig ist.

Wenn wir uns diese vier Kategorien ansehen, drängt sich natürlich die Schlussfolgerung auf, dass bei der Bildungsarbeit in Museen die kognitive Erfahrung am häufigsten geplant und am stärksten betont wird. Oft wird davon gesprochen, dass der inhaltliche Wert und der Prozess der Wissensweitergabe in Veranstaltungen das übergeordnete Ziel von Bildungsmaßnahmen ist. Stimmt das aber? Verflacht das nicht die Erfahrungen der Teilnehmer an Veranstaltungen in Museen, wenn sie auf die Rolle des Schülers reduziert werden? Der vielfältige Charakter von Museumserfahrungen zeigt gleichzeitig die Fülle der Motivationen zur Teilnahme an Kultur und die Vielfalt an Wirkungen von Bildungsprogrammen. In den Jahren 2014 bis 2017 wurden von Mark Schep, Carla van Boxtel und Julia Noordegraaf in Museumsinstitutionen in den Niederlanden Untersuchungen durchgeführt, die zwanzig Ergebnisse von Bildungsveranstaltungen in Kunstmuseen ergaben. Die meisten davon hängen nicht mit Wissenserweiterung zusammen, sondern sollen Neugier wecken und unter anderem die Fähigkeit zum kritischen Denken und Fragenstellen angesichts eines Kunstwerks und gesellschaftlicher Phänomene vermitteln.(7) Als eines der Resultate wird auch die alleinige Zufriedenheit mit einer gelungenen Besichtigung genannt. Wenn Museen das Niveau ihres Angebots von Bildungsveranstaltungen heben und den Abnehmerkreis vergrößern wollen, ist eine ebensolche erweiterte Herangehensweise unerlässlich. Bildungsmaßnahmen sollten – neben der Umsetzung kognitiver Ziele – einen Rahmen schaffen für die soziale und persönliche Entwicklung der Teilnehmer. Dies aber scheint viel schwieriger zu sein als lediglich Wissen zu vermitteln.

Das Museum als gesellschaftlicher Raum wird wohl am sichtbarsten in Programmen, die Institutionen an die jüngsten Besucher und ihre Eltern richten. Die im Nationalmuseum durchgeführten Programme für Kinder bis zum fünften Lebensjahr haben vor allem sozialisierenden Charakter; sie ermöglichen es, Kinder mit neuen Räumen vertraut zu machen, sich an das Zusammensein in der Gruppe und an das Spiel mit Gleichaltrigen zu gewöhnen. Dies bedeutet jedoch nicht, dass bei älteren Menschen, die an Kultur partizipieren, dieser Aspekt marginale Bedeutung hat – im Gegenteil.

Die Rezeption alter Kunst (für diesen Artikel fassen wir den Begriff sehr weit: alle Kunstwerke bis zum 19. Jahrhundert) unterscheidet sich in vielen Aspekten von Kontakten mit der modernen und zeitgenössischen Kunst. Einerseits operiert sie auf der visuellen Ebene mit einer verständlicheren formalen Sprache, funktioniert nach festgelegten Regeln, scheint einfacher in der Rezeption und Bewertung und somit „sicherer" im Kontakt. Der nicht zufällig häufig auftauchende Vorwurf an die moderne und zeitgenössische Kunst ist ein Gefühl der Unsicherheit, geradezu des Unangenehmen in der Rezeption der Werke, die den Besucher oft gezielt dazu zwingen, die traditionellen kognitiven Kriterien zu verlassen. Es ist also nicht verwunderlich, dass die alte Kunst, und insbesondere die Malerei, für einen bedeutenden Teil der Museumsbesucher die populärste und sicherste Entscheidung ist. Nur scheinbar jedoch ist die Rezeption der alten Kunst leichter und aus der Sicht der Planung individueller Erfahrungen einfacher. Auf der Ebene der kognitiven Erfahrung erfordert sie die Kenntnis des historisch-kulturellen Kontextes, ursprünglicher Funktionen, von Darstellungssymbolen und -konventionen, die dem Besucher häufig vollkommen fremd sind. Daher kann es auch leicht passieren, dass man bei Bildungsarbeit in Museen in die Falle übermäßiger Erklärungen tappt, der Erweiterung des historischen Kontextes, ohne aber einen Bezug zur Wirklichkeit der Rezipienten des 19. Jahrhunderts zu finden.

Andererseits ist es hier – obwohl ein Gemälde nicht so starke Emotionen freisetzt (selbst wenn es negative Emotionen sind) wie die zeitgenössische Kunst – viel schwieriger, Aktivitäten zu planen, die sich dem Besucher stark einprägen. Paradoxerweise wirkt also „das Einfache der Rezeption" zu Ungunsten der alten Kunst, bleibt sie doch für den Besucher vornehm, vorhersehbar und *de facto* gleichgültig.

Wie schafft man es also, dass sich im Prozess der Museumserfahrung alte Kunst dem Gedächtnis einprägt? Eine der möglichen Lösungen ist es, die Authentizität der ausgestellten Werke und Gegenstände zu betonen.

Museen sehen ähnlich wie andere Institutionen bei ihrer Arbeit die Notwendigkeit, den User (Gast, Rezipienten) in den Mittelpunkt zu stellen. Alle Aktivitäten für ihn, darunter auch kommerzielle, wie zum Beispiel Restaurants und Museumsshops, sollten so konzipiert sein, dass der Besucher das Museum zufrieden und erfüllt verlässt und vorhat wiederzukommen. Nach ähnlichen Zielen, das heißt dem Willen, den Besucher zufriedenzustellen, ergo sein Wissen unter komfortablen Bedingungen zu bereichern, richten sich Bildungsabteilungen, wenn sie ihr Angebot für verschiedene Zielgruppen erstellen.

Im Nationalmuseum in Warschau beispielsweise wird neben einmaligen Aktivitäten, die temporäre Ausstellungen begleiten, in jedem Schuljahr eine Veranstaltungsreihe angeboten.(8)

Für Familien mit Kindern werden folgende Programme vorbereitet:
- „MAMAS im Museum" (MAMY w Muzeum) – die einmaligen Veranstaltungen finden alle zwei Wochen um 11 Uhr für Eltern mit kleinen Kindern statt. Das Programm ist ausgerichtet auf Eltern im Erziehungsurlaub und findet teilweise in Galerien, teilweise in Unterrichtsräumen statt, wo während eines Vortrags oder Gesprächs über Kunst die Kinder spielen, schlafen, essen usw.
- „Wir sind zwei, zweieinhalb" (Mam dwa latka, dwa i pół) – Veranstaltungsreihe, die einmal monatlich für Kinder von 2 bis 3 Jahren und ihre Eltern stattfindet, sie besteht in sehr kurzen Besuchen in Galerien und weiteren künstlerischen Aktivitäten im Unterrichtsraum. Das Szenario für jedes Treffen ist mit einer Farbe verbunden, z.B. rot, gelb, grün
- „Drei, vier, START!" (Trzy, cztery, START!) – Veranstaltungsreihe, die einmal monatlich für Kinder im Alter von 3 bis 4 Jahren und deren Eltern stattfindet, sie besteht in kurzen Besuchen in Galerien und weiteren künstlerischen Aktivitäten im Unterrichtssaal. Bei jedem Treffen geht es darum, Verbindungen zwischen Alltag und Kunst aufzuzeigen, z.B. „Wer hat diese Bilder gemalt?" oder „Auf wie viele Arten kann man Mama und Papa malen?"
- „Programm für Familien" (Program dla rodzin) – eine Reihe monatlicher Treffen für ganze Familien in allen Galerien des Museums, wobei jedes Mal sowohl Workshops als auch theoretische Aktivitäten stattfinden
- „Familiensonntage" (Rodzinne niedziele) – ein Angebot zur kreativen Beschäftigung für ganze Familien an jedem Sonntag. Dies sind einzelne Treffen, die keine Reihe bilden

Für Jugendliche und Erwachsene:
- „Abende im Museum" (Wieczory w Muzeum) – ein Angebot von Treffen in Galerien an Freitagabenden, wenn das Museum bis 21 Uhr geöffnet ist (an jedem anderen Tag ist es bis 18 Uhr geöffnet)
- „Meistergeburtstage" (Urodziny mistrzów) – nachmittägliche Treffen vor Werken konkreter Künstler an ihrem Geburtstag(9)
- „Workshops für Malereitechniken" (Warsztaty technik malarskich) – praktische Seminare, in denen Jugendliche und Erwachsene sich ausprobieren und unter Anwendung verschiedener Kunsttechniken selbstständig ein Werk anfertigen können
- „Kunstgeschichtskurse" (Kursy historii sztuki) – eine ganzjährige chronologische Vortragsreihe: „Von den Pyramiden bis zur Renaissance" und „Große Künstler des 20. und 21. Jahrhunderts"

Für Senioren:
- „Museumsdienstag" (Muzealne wtorki) – Angebot kostenloser Vorträge für Senioren in den Mittagsstunden. Weil die Dienstage auch eintrittsfreie Tage im Museum sind, wurden die Vorträge so konzipiert, dass der Hörer nach dem Vortrag direkt in die Galerie gehen kann
- „Kunst für den Enkel"(Sztuka dla wnuka) – Workshops für Großeltern und Enkel, die ebenfalls an Dienstagen kostenlos stattfinden

Neben festen Bildungsprogrammen führt das Nationalmuseum in Warschau eine Reihe von Sonderprojekten durch (unter anderem „Museums-Kinderrat" (Dziecięca Rada Muzealna), „Museum zum Mitnehmen" (Muzeum na wynos] und organisiert Ereignisse, die temporäre Ausstellungen begleiten (Vorträge, Workshops, Führungen). Viel wird dafür getan, dass die Veranstaltungen möglichst für alle zugänglich sind, deshalb werden Vorträge und Führungen oft von einem Übersetzer für Gebärdensprache begleitet. Veranstaltet werden auch Workshops, die für Menschen mit Sehbehinderungen konzipiert sind, sowie „Workshops für Familien mit Kindern mit Autismus-Spektrum-Störung" (Warsztaty dla rodzin z dziećmi ze spektrum autyzmu). Darüber hinaus verfügt das Museum über ein reiches Angebot an Museumsunterricht für Schulen, Themen zur Besichtigung mit Führung für Erwachsene und weiterbildende Seminare für Lehrer und Stadtführer.

Der Kontakt mit der authentischen Sehenswürdigkeit, nach Prinzipien, die im Alltag nicht umsetzbar sind, das Bedürfnis nach Wissen, auch nach Wissen, das im Alltag nicht zugänglich ist, sowie die individuelle Herangehensweise an die Besucher gehören zum Programm „Akademie der Kennerschaft" (Akademia znawstwa), das in Verbindung mit der Eröffnung von Galerien für Alte Kunst und bei Eröffnungen ausgewählter temporärer

∧ Führung durch die Galerie der Alten Kunst im Nationalen Museum in Warschau. Zu Schlüsselkompetenzen eines guten Museumspädagogen gehört die Fähigkeit, mit anregender Erzählung das Interesse der Teilnehmenden zu wecken und ihre Aufmerksamkeit auf unscheinbare Details zu richten.

Ausstellungen durchgeführt wird. Das Konzept dieses Programms beruht auf der Überzeugung, dass den Besuchern ein Kontakt mit den Kunstwerken ermöglicht werden muss, der ähnlich funktioniert wie für die Museumsmitarbeiter, die die Sammlungen bearbeiten. Unter den Augen von Kuratoren und Kustoden haben die Teilnehmer die Möglichkeit, Themen zu vertiefen, die nirgendwo anders aufgegriffen werden, wie zum Beispiel die Technologie der Malerei oder Grafiktechniken. Auch die Bedingungen sind etwas Besonderes. Ein Teil der Veranstaltungen findet in Galerien und Ausstellungen statt, zentral hingegen ist der praktische Unterricht auf der Grundlage von Objekten, die in den Museumsmagazinen aufbewahrt werden. Die Zeichnungen und Illustrationen sind nicht in Sicherheitsglas gerahmt und die Stoffe nicht in undurchlässigen Vitrinen verschlossen. Die Teilnehmer dürfen Papier aus dem 17. Jahrhundert anfassen, darauf Wasserzeichen suchen, lernen, wie sie selbstständig die Zeichnungs- und Grafiktechnik erkennen können, unter der Lupe die Struktur einer Gotik-Stickerei untersuchen. Mit einem Wort, sich wie ein wahrer Erforscher der Alten Kunst fühlen. Im Verhältnis zwischen Institution und Rezipienten ermöglicht das Museum ihnen auf diese Weise, in eine Rolle zu schlüpfen, die nur wenigen zugänglich ist. Denn ebenso wichtig wie der Wert des übermittelten Wissens ist die Planung einer einzigartigen Erfahrung. Diese Erfahrung ist es, die sich viel tiefer ins Gedächtnis einprägt als Informationen, die im Unterricht vermittelt werden.

Werden selten gezeigte Studiensammlungen ausgestellt, hat dies sowohl für den Besucher als auch – und dies muss hervorgehoben werden – für die Institution einen enormen Nutzen. Der Maßstab für eines der Dauerprogramme des Nationalmuseums in Warschau, das im Jahr 2013 mit der Reihe „Meistergeburtstage" startete, ist die Verbindung von Treffen in Galerien mit Präsentationen von Werken aus dem Magazin. Die Treffen finden genau am Geburtstag der jeweils ausgewählten Künstler statt, was eine etwas andere Perspektive für die Rezeption von Kunst ermöglicht. Allein der Titel des Programms soll positive, individualisierte Assoziationen wecken. Dadurch bekommen Künstler, die vor hundert, zweihundert oder dreihundert Jahren lebten, einen „realeren" Charakter, und es ist leichter, eine Beziehung zwischen dem zeitgenössischen Besucher und dem Werk und seinem Autor aufzubauen. Für viele Werke ist das Treffen im Rahmen der „Meistergeburtstage" die einzige Gelegenheit, bei der sie dem Publikum zugänglich gemacht werden (abgesehen vom virtuellen Raum des Digitalen Nationalmuseums in Warschau). Gemälde, Zeichnungen, Illustrationen und Fotografien werden nur einen Tag oder wenige Tage lang gezeigt. Für die Besucher ist dies eine einmalige Chance, mit den Schätzen der Magazine in Berührung zu kommen, z.B. mit Grafiken von Rembrandt. Auf diese

Weise kommt das Museum den Erwartungen des Publikums und den Bedürfnissen nach einer außergewöhnlichen Erfahrung entgegen. Allein der Kontakt mit im Alltag unzugänglichen Gegenständen (*object experience*) kann ein starker Reiz sein, was die Tatsache, dass die Teilnehmer dieser Treffen viel Wert auf die aus dem Magazin hervorgeholten Werke legen, beweist. Das Museum selbst bewirbt die Reihe, indem es die Möglichkeit hervorhebt, Werke besichtigen zu können, zu denen es für gewöhnlich keinen Zutritt gibt. Für die Institution ist dies natürlich eine Möglichkeit, die Sammlung zu bewerben.

Zuweilen aber kann der Vorteil für die Museen überraschend sein, so wie es im Falle von „Das Innere von Gemäldegalerien" war (Imitation der gemalten Komposition von David Teniers dem Jüngeren (1610-1690)), einer Veranstaltung zum 407. Geburtstag des Künstlers, die in den Sozialen Medien angekündigt wurde.(10) Dank dessen erhielt das Museum ein Feedback bezüglich der wahrscheinlichen Herkunft des Werks und der Umstände seiner Entstehung, indem es das Warschauer Gemälde mit einem ähnlichen, in der Nationalgalerie in Prag aufbewahrten Gemälde in Zusammenhang brachte. Wie man sieht, kann eine Institution viel Nutzen aus der Interaktion mit dem Rezipienten ziehen, der oft selbst Liebhaber eines jeweiligen Themas sein kann.

Das Museum im virtuellen Raum

Gerade der virtuelle Raum – von Natur aus der demokratischste – zeigt wunderbar, wie der zeitgenössische Rezipient das Potenzial der alten Kunst nutzt. Polnische Museen haben immer stärker die Ambition, ihre Bildungsarbeit in diesen schwierigen Raum zu übertragen. Die Museumsmitarbeiter antworten auf die für diesen Aufsatz gestellte Frage nach der digitalen Seite des Lebens von Kunstwerken mehrheitlich, dass das Kunstwerk in der virtuellen Welt den Ausgangspunkt bildet; es sei eine Einladung und ein Anreiz dafür, sich in der Wirklichkeit mit ihm zu befassen.

Unter den Museen, mit denen Gespräche geführt wurden, hatte das Museum in der Residenz des Königs Jan III. Sobieski im Warschauer Stadtteil Wilanów(11) das umfangreichste Bildungsangebot im Internet, das nicht nur Fotos von Objekten in hoher Auflösung und mit detaillierten Beschreibungen bietet, sondern auch E-Learning-Veranstaltungen. Erste konzeptionelle Arbeiten zur Erweiterung der Bildungsarbeit im Internet haben auch das Nationalmuseum in Krakau und das Nationalmuseum in Warschau aufgenommen.

An dieser Stelle soll die zunehmende Präsenz des polnischen Museumswesens in großen allgemeinbildenden digitalen Repositorys, wie zum Beispiel Wikimedia Commons und Google Arts & Culture, erwähnt werden. Besondere Möglichkeiten, unter anderem einen virtuellen Spaziergang, gibt Internetusern die Plattform Google Arts & Culture. Auf diese Weise kann man von jedem Ort auf der Welt aus beispielsweise die Galerie Faras im Nationalmuseum in Warschau(12) und ein Dutzend andere polnische Beispiele ansehen. Derzeit sind auf der Plattform über 50.000 Datensätze aus Polen zu sehen, zu der Zusammenstellung gehören Kopien von Fotos, Gemälden, Skulpturen und Dokumenten, aber auch Filme von Orten wie beispielsweise dem Museum der Geschichte der polnischen Juden POLIN und das Museum der Polnischen Geschichte. Hier kann man ebenfalls über 90 Aufsätze lesen, die mit ikonografischem Material illustriert sind. Ein großer Vorteil (aus Sicht der Museen und anderer Institutionen, die hier ihre Sammlungen platzieren) ist die Tatsache, dass die User zu den eigenen Seiten geleitet werden, aus denen sich das Angebot zusammensetzt, wodurch es glaubwürdiger und breiter zugänglich wird. Dies ermöglicht auch eine wirksame Positionierung im Internet, was die Verbreitung und die Information über diese Institutionen verstärkt.

Lassen wir die komplexe Frage nach der historisch-künstlerischen Bildung im Internet beiseite und wenden uns etwas in eine andere Richtung – und suchen nach einer Antwort auf die Frage, wie die Wirklichkeit digitaler Medien das Verhalten und die Erwartungen des Publikums, das die Institution besucht, wiedergibt. In der virtuellen Welt ist die alte Kunst am lebendigsten nicht etwa in Form von „Kurzwissen" im Internet, das von Museen erarbeitet wird, sondern in den Sozialen Medien. Fotos, Filme, Berichte, die beliebte Soziale Netzwerke füllen, erfüllen die Rolle von Notizen, spontanen Bemerkungen dazu, was dem zeitgenössischen Besucher aus seiner Besichtigung am wichtigsten erscheint. Dies kann ein lustiges oder überraschendes Detail sein oder ein Selfie mit einem berühmten Kunstwerk. Die alte Kunst wird auch zu einem Wandlungsgegenstand, oft ganz bewusst unvereinbar mit dem ursprünglichen Kontext, indem sie zum Kommentar der Gegenwart wird.

An dieser Stelle soll darauf hingewiesen werden, wie Museen in Sozialen Medien im Internet funktionieren. Vielleicht ist es sinnvoll, in der Zukunft die Abhängigkeit zwischen dem Anstieg der Besucherzahlen, dem Anstieg der Teilnehmerzahlen an Bildungsereignissen und dem Anstieg der „Likes" und der aktiven User des jeweiligen Museumsprofils auf Facebook, Twitter und Instagram zu analysieren. Dem Anschein nach hat dies nicht viel mit der Vermittlung von Wissen zu tun, doch aus der Sicht der Bildungsarbeit in Museen zeigt es ein breiteres Phänomen, das auf dem Bedürfnis nach Individualisierung der Erlebnisse beruht, auf der Suche nach einem Kommentar zur uns umgebenden Wirklichkeit in Gegenständen, die hundert, zweihundert, dreihundert Jahre alt sind. Je mehr Koordinatoren von Bildungsprogrammen und Pädagogen in der Lage sind, solche Brücken zwischen der Vergangenheit und der Gegenwart zu bauen, umso größer ist die Chance, bei einem neuen Publikum anzukommen.

Interessanterweise ist das Bedürfnis, seine eigene Meinung, seine individuelle Interpretation mitzuteilen, in der virtuellen Welt viel sichtbarer als in realen Museumsräumen. Unter den Teilnehmern an Bildungsereignissen sind zwei widersprüchliche Tendenzen festzustellen: einerseits die Bindung an die klassische Vortragsform, andererseits das Bedürfnis nach Interaktion und danach, seine eigene Meinung auszudrücken. Je nachdem, an welche Zielgruppe wir unser Angebot richten, und in Abhängigkeit von den individuellen Prädispositionen der Teilnehmer dominiert entweder die eine oder die andere Haltung. Besonders sichtbar ist dies im Falle von Programmen, die für Senioren erarbeitet werden, eine Gruppe, die aus Sicht von Kulturinstitutionen immer wichtiger wird, gern das Kulturangebot nutzt und gleichzeitig anspruchsvoll ist. Diese Gruppe hat klar präzisierte Erwartungen und fühlt sich am besten in bewährten und vorhersehbaren Formaten wie Vorlesungen und Vorträgen aufgehoben – bei einem gleichzeitigen Bedürfnis, ihre eigene Meinung auszudrücken und Fragen zu stellen. Dabei darf nicht vergessen werden, dass man, folgt man den immer stärkeren Tendenzen in der Bildungsarbeit, Interaktionsräume einzurichten, aktivierende Veranstaltungen anzubieten, die besser sind als traditionelle Vermittlungsmethoden, leicht in die Falle tappen kann, für die Partizipation an Ereignissen ein Format vorzuschreiben.

Dieses Problem lässt sich anhand von zwei Programmen nachvollziehen, die an Senioren gerichtet sind und seit Jahren im Nationalmuseum in Warschau veranstaltet werden – „Kunst für den Enkel" und „Museumsdienstage". Jedes von ihnen hat ein etwas anderes Ziel; ersteres ist ein Angebot für Großeltern, mit ihren Enkeln zusammen einen Workshop in einer Dauerausstellung und im Unterrichtssaal zu besuchen; das zweite ist gedacht als Wissensspritze für Menschen, die bereits ihre berufliche Aktivität abgeschlossen haben. Das ursprüngliche Konzept des Workshops für Großeltern und Enkel setzte voraus, dass die Großeltern der Kinder sehr aktiv sein mussten. Der leitende Pädagoge sollte hierbei eher anregen, einen Rahmen schaffen für die gemeinsame Aktivität von Großeltern und Enkeln. Nach einem entsprechenden Szenario für die Veranstaltung sollten die Großeltern auf natürliche Weise die Rolle des Guides übernehmen und den Jüngsten die sie umgebende Welt erklären. In der Praxis zeigte sich aber, dass ein solches Format nicht ganz den Interessenten entspricht. Obwohl sie an den Veranstaltungen sehr gern teilnahmen, wollten sich die Großeltern nicht in einem so hohen Maße einbringen, wie das angenommen wurde, sondern lieber eine passive Haltung einnehmen, den Kindern beispielsweise bei künstlerischen Aufgaben helfen. Sie wollten nicht die Initiative in Veranstaltungsteilen ergreifen, die zum Beispiel in einem Gespräch über ein Werk bestanden hätte.

Anhand der wöchentlichen Vortragsreihe „Museumsdienstage" ist ebenfalls zu sehen, dass hier in den sicheren Grenzen bereits bekannter Aktivitätsformen verblieben wird. In diesem Falle erhalten wir konsequent die klassische Vortragsform, bemühen uns hingegen – ohne dies jedoch aufzuzwingen –, auch die individuelle Vertiefung in ein Kunstwerk anzubieten, indem dieses bei einem Vortrag im Vorlesungssaal besprochen wird. Deshalb kann in der Galerie jeder Besucher individuelle Arbeitsblätter verwenden, die dabei helfen, die Wahrnehmung von Werken zu schärfen, und die zu Antworten auf Fragen anregen, die im nächsten Schritt in einem Vortrag besprochen werden. Man kann also sagen, dass hier vor allem die Besucher zu Wort kommen sollen, denn sie wissen am besten, was sie brauchen. Das Schlimmste wäre, fertige Konzepte vorzugeben. Nicht immer ist das, was dem Koordinator eines Bildungsprogrammes am besten erscheint, für den Besucher gut. Oft erwarten die Besucher traditionelle Maßnahmen.

Das Museum arbeitet mit den Sinnen

Obwohl die Grundlage für die Bildungsmaßnahmen stets ein originaler Kunstgegenstand darstellt, ist es nicht immer möglich, sein Potenzial mit traditionellen Methoden in Gänze auszuschöpfen. Als Beispiel dafür können Werke dienen, die nur im Kontext von Bewegung funktionieren, von Manipulation mit ihnen, wenn sie unter besonderen Umständen und von besonderen Orten abgeholt werden. Aus Sicht der Ausstellungsprinzipien und der alltäglichen Bildungspraktiken ist die Erfahrung der Besonderheit der Figurenuhr „Löwe", ein Werk des Augsburger Goldschmieds Jeremias Pfaff (er wirkte von 1639 bis 1682) nicht möglich.(13) Das Werk, das täglich in der Vitrine in einer Dauerausstellung alter Kunst zugänglich ist, darf, obwohl sein Mechanismus bis heute funktioniert, nicht eingeschaltet werden. Dadurch entgeht dem Besucher bei der Museumserfahrung der zentrale Aspekt des Gegenstandes, die Rezeption beschränkt sich auf die ästhetische Ebene, nämlich darauf, die Präzision der Details wertzuschätzen, der Aspekt des funktionierenden Gerätes geht aber verloren. Umso mehr, als es dabei nicht nur und ausschließlich um den Zeiger geht, der sich auf dem Zifferblatt bewegt, sondern auch um das Konzept des barocken Automaten: Der Löwe bewegt die Augen und öffnet sein Maul, wobei er Geräusche von sich gibt. Man kann also sagen, dass in einem solchen Fall die Museumsarbeit grundsätzlich machtlos ist. Der entsprechende Kommentar in der Beschriftung, im Audioguide, auf Arbeitsblättern oder in der lebendigen Beschreibung eines Museumspädagogen *macht* natürlich das Außergewöhnliche des Gegenstandes *bewusst*, gestattet aber nicht, es zu *erleben*. Diese Art Gegenstände gibt es im Falle von alter Kunst sehr viele – Bücher und Handschriften, kleine Andachtsbilder, die früher während Gebeten in den Händen gehalten und geküsst wurden, abgesehen von reinen Gebrauchsgegenständen. Gemeint sind auch größere Objekte wie Möbel, die geöffnet und, je nach den Bedürfnissen, auf unterschiedliche Weise arrangiert wurden, und monumentale mittelalterliche Altarretabel in Form von Polyptycha. Zur Erfahrung dieser Gegenstände gehörte immer die Bewegung, die feierliche Öffnung und Schließung. Die einzige Art und Weise – wenn natürlich auch nicht die perfekte –, dem zeitgenössischem Besucher die ursprünglichen Umstände der Wirkung dieser Antiquitäten näher zu bringen, sind Herangehensweisen aus dem Multimediabereich. Animationen und Filme können besser als die bloße Beschreibung ihren Charakter wiedergeben, z.B. indem sie das sich schließende und öffnende „*Jerusalemtriptychon*" zeigen, das etwa aus dem Jahr 1500 stammt und ursprünglich in einer Kapelle der Marienkirche in Gdańsk stand.(14) Gegenstand von Meinungsverschiedenheiten – die wahrscheinlich nicht zu klären sind – ist die Frage des Ortes dieser Art von Multimedien im Verhältnis zum Original. Ist ein Bildschirm neben einem fünfhundert Jahre alten Werk die richtige Stelle, oder sollte die Präsentation besser in der digitalen Sphäre verbleiben?

Die Erfahrung der Materialität eines Gegenstandes wird für die Besucher zunehmend wichtiger, und gerade die Erweiterung um andere Sinne als nur den visuellen ist eine weitere Tendenz, die in die Museumswelt eindringt. Im Übrigen ist in der Kunstgeschichte und im Museumswesen der letzten Jahrzehnte eine interessante Umwertung der Wahrnehmung des Museumsexponats eingetreten, die nämlich auf sein Material, auf seinen physischen Aspekt ausgerichtet ist.(15) Eines der bemerkenswertesten Bildungsbeispiele dafür sind neue Lernstationen in der neuen Dauerausstellung im Museum für Gebrauchskunst (einer Abteilung des Nationalmuseums in Poznań), die den materiellen Charakter der gezeigten Gegenstände herausstellen sollen. Im Falle einer Institution, die Beispiele für Kunsthandwerk sammelt, ist eine solche Entscheidung vollkommen natürlich. Wichtig ist, dass die erwähnten Lernstationen einen integralen Teil der Ausstellung bilden, dass sie nicht abgetrennt vom Narrativ der Ausstellung sind, sondern es weiterentwickeln. In dem Saal, der der mittelalterlichen Kunst gewidmet ist, kann man eine Kopie eines Messbechers berühren, dessen Original sich in der Vitrine daneben befindet. Die Ausstellung von Rokoko-Kleidern hingegen wird vervollständigt durch verschiedene Stoffproben, die dem Besucher ermöglichen, die Eigenschaften von Materialien mit anderen Strukturen kennenzulernen, die oft mit goldenen und silbernen Fäden durchzogen sind. Solche einfache Maßnahmen, die auf physischen Erfahrungen beruhen, ermöglichen es, stärker als mit trockenen Beschreibungen in das Spezifische der Epoche einzudringen.

Diese Art Konzepte, die den Tastsinn aktivieren, assoziiert man im Aneignungsprozess vor allem mit sehbehinderten Menschen. Im Gedanken an solche Rezipienten wurde im Rahmen der Ausstellung „Polnische Zeitgenössische Kunst" im Nationalmuseum in Wrocław ein ganzer Besichtigungspfad entwickelt. Die dort ausgestellten Gemälde wurden mithilfe von taktiler Grafik, sprich Reliefs, die die Komposition und Details des Originals in für die Bedürfnisse des Tastsinns angepasster und vereinfachter Form darstellen, wiedergegeben. Zu den Reliefs gehörten Textkommentare in Braille-Schrift, es konnten Audiodeskriptionen (spezielle Beschreibungen

∧ *Workshop im Rahmen der „Akademie der Kennerschaft" (Akademia znawstwa) zur Eröffnung der Galerie für Alte Kunst. Teilnehmende beim Besuch im Magazin der alten Stoffe.*

für sehbehinderte Menschen) abgehört werden, und in besonderen Fällen konnten originale Gegenstände (mit Handschuhen) berührt werden. Interessanterweise werden diese Art Konzepte, obwohl sie mit dem Gedanken an eine ganz konkrete und eng gefasste Rezipientengruppe eingeführt wurden, für alle Museumsgäste attraktiv.

Dies bestätigen Beobachtungen des Besucherverhaltens in der Galerie Faras im Nationalmuseum in Warschau. Die Besucher nehmen gern die Kopien der äthiopischen Prozessionskreuze in die Hand, die aus Holz geschnitzt und in Bronze gegossen sind. Das Berühren einer Kopie eines Artefakts, die aus dem gleichen Material wie das Original angefertigt ist, ermöglicht es, ihr Gewicht, ihre Temperatur zu spüren, sich vorzustellen, wie dieser Gegenstand zu der Zeit, da er entstanden war, funktionierte. Auf diese Weise hat die Kopie, die anfangs von den Herstellern als Werkzeug konzipiert war, das den Erkenntnisprozess durch Sehen ersetzt, einen zusätzlichen Bildungswert, der sowohl für blinde Menschen wichtig ist als auch für diejenigen, die das Original in der Vitrine sehen können. Der physische Kontakt hilft dabei, sich bewusst zu machen, welche Verhaltensweisen ein Gegenstand beim Benutzer „erzwingt". Oft rufen die Form, das Material und das Gewicht

∧ *Workshop im Rahmen der Reihe „Drei, vier, START!" (Trzy, cztery, START!) in der Galerie des 19. Jahrhunderts im Nationalen Museum in Warschau.*

bestimmte Verhaltensweisen, Gesten und konkrete Reaktionen hervor. Es ist eine der natürlichsten Versuchungen bei einem Museumsbesuch, die ausgestellten Gegenstände berühren zu wollen. Andererseits müssen die Museen aus offensichtlichen Gründen originale Museumsstücke in Vitrinen vor ungewolltem Kontakt schützen. Speziell erstellte Kopien, manchmal Originale mit geringem historischem Wert, können dieses unter Besuchern übliche Bedürfnis beantworten. Die entsprechende Auswahl an Beispielen bietet eine breite kognitive Perspektive von der Technologie des alten Handwerks über die Art und Weise der Benutzung von Gegenständen bis hin zu konservatorischen Fragen. In diesem Zusammenhang scheint es sinnvoll, dass Museen, die mit dem Tastsinn arbeiten, sich in Zukunft in Richtung Universalität ausrichten, so dass sowohl sehbehinderte Besucher als auch Sehende Nutzen daraus ziehen können.

Im Übrigen ist das Tasten nicht der einzige Sinn, der von Museen zur Stimulierung des kognitiven Prozesses bei den Besuchern angesprochen wird. Auch mit dem Geruch und Geschmack wird gearbeitet. Das bereits erwähnte Museum für Gebrauchskunst hat als festes Element Lernstationen eingeführt, an denen man Gerüche kennenlernen kann, die mit der jeweiligen Epoche zu tun haben. Eine andere Maßnahme, die auf dem Versuch der Rekonstruktion alter Erfahrungen beruht, sind Programme, die mit der Tischkultur zu tun haben – einem der flüchtigsten Aspekte dieser Welt. Ein Beispiel für die Arbeit in diesem Bereich ist das Programm für kulinarische Rekonstruktion im Museum in der Residenz des Königs Jan III. Sobieski im Warschauer Stadtteil Wilanów. Es besteht aus vielen Komponenten, die die Bearbeitung und Publikation alter Rezepturen umfassen wie auch aktive Tätigkeiten wie gemeinsames Kochen und Verzehren der Gerichte und sogar den Anbau historischer Pflanzenarten. Schulen können nicht nur einzelne Veranstaltungen besuchen, sondern die Einrichtungen, die in der näheren Umgebung des Museums tätig sind, wurden zu regelmäßigen Besuchen eingeladen, um sie dazu anzuregen, die Patenschaft für einen Teil des Nutzgartens zu übernehmen. Dieses Beispiel zeigt, wie weit Museen aus dem allgemeinen Verständnis für Museumstätigkeiten herausgehen, indem sie Erfahrungen gestalten, denen die Einbeziehung des Teilnehmers und die Einladung zum gemeinsamen Schaffen zugrunde liegen.

Schlussbemerkung

Polnische Museen haben sich während der letzten dreißig Jahre seit 1989 im Bereich der musealen Bildung sehr verändert. Im Vergleich zu den westeuropäischen Ländern sind sie aus einer ungünstigen Position gestartet und haben schnell aufgeholt. Es lohnt sich, sie umfassend zu betrachten. Normalerweise befinden die Museen sich in Gebäuden, in denen die Infrastruktur kein modernes Funktionieren zulässt. Insbesondere, wenn es um Fragen zur alten Kunst geht, haben wir es mit Innenräumen zu tun, die für ausstellerisch-kontemplative Zwecke entworfen wurden und deren oberstes Ziel nicht partizipative Zwecke waren. Oft ist für die Mitarbeiter, die sich mit Bildung und dem Kontakt zum Besucher befassen, die Erarbeitung eines interessanten Angebotes genauso eine Herausforderung, wie mit den Bedingungen für die kognitive und kreative Tätigkeit zurechtzukommen. Schaut man sich die zeitgenössischen Tendenzen an, muss man sich die Frage stellen, in welche Richtung weitere Maßnahmen gehen, wohin sich Bildungsangebote entwickeln und wie sie sich profilieren sollen. Es stellt sich auch die Frage nach der Rolle neuer Technologien bei der Gestaltung von Ausstellungen und nach Hilfsmitteln, die Ausstellungen begleiten.

(1) D. Folga-Januszewska: Zabawa czasem. Edukacja w muzeum rzeczywistym i wirtualnym (Spiel mit der Zeit. Bildung in echten und virtuellen Museen), in: Edukacja w muzeum rzeczywistym i wirtualnym (Bildung in echten und virtuellen Museen), Serie „Muzeologia" (Museologie), Bd. 7, Hrsg. D. Folga-Januszewska, E. Grygiel, Kraków 2013, S. 22.
(2) N. Simon, The Participatory Museum, Santa Cruz 2010. Online: *www.participatorymuseum.org/read* (Abruf am 05.04.2018).
(3) Für diesen Aufsatz wurden das Königsschloss in Warschau, das Nationalmuseum in Krakau, das Nationalmuseum in Poznań, das Schlesische Museum in Katowice und das Museum in der Residenz des Königs Jan III. Sobieski im Warschauer Stadtteil Wilanów um Informationen bezüglich der Bildungsprogramme gebeten, die dort jeweils durchgeführt werden; daher der Bezug auf die Erfahrungen genau dieser Institutionen. Die meisten Beispiele stammen jedoch aus dem Nationalmuseum in Warschau, in dem die Autoren des Textes tätig sind: Marianna Otmianowska (Leiterin der Bildungsabteilung von 2013 bis 2016) und Marek Płuciniczak (Leiter der Bildungsabteilung seit 2016). Die erwähnten Institutionen wirken in großen Zentren, es muss jedoch erwähnt werden, dass zahlreiche Einrichtungen mit lokalerem Charakter ebenfalls innovative Bildungsmaßnahmen ergreifen, die darin bestehen, das Publikum einzubeziehen.
(4) Raport o stanie edukacji muzealnej. Suplement. Część 1 (Bericht über den Zustand der Bildung in Museen), Hrsg. M. Szeląg, Reihe „Muzeologia" (Museologie), Bd. 8, Kraków 2014, S. 123.
(5) Die Daten sind zugänglich in Berichten der einzelnen Museen, so zum Beispiel die Teilnehmerzahl an Bildungsmaßnahmen im Schlesischen Museum in Katowice: 2015 – 3.731 Personen, 2016 – 10.273 Personen, 2017 – 13.567 Personen; im Nationalmuseum in Krakau: 2015 – 58.851 Personen, 2016 – 59.533 Personen, 2017 – 106.614 Personen; auf dem Königsschloss in Warschau – Museum der Königsresidenz und der Republik: 2015 – 79.240 Personen, 2016 – 82.691 Personen, 2017 – 82.881 Personen.

(6) Z. D. Doering: Strangers, Guests, or Clients? Visitor Experiences in Museums, „Institutional Studies", Smithsonian Institution 1999; online: *www.si.edu/content/opanda/docs/rpts1999/ 99.03.strangers.final.pdf* (Abruf am 05.04.2018).

(7) Guiding is a profession. The museum guide in art and history museums, Hrsg. M. Schep, P. Kintz in Zusammenarbeit mit N. Bijvoets, C. van Boxtel, H. van Gessel, F. Jorna, M.-T. van de Kamp, M.-J. van Schaik, S. 18–25, Rijksmuseum Amsterdam, Stedelijk Museum Amsterdam, Van Gogh Museum, University of Amsterdam 2017. Online: *www.lkca.nl/primair-onderwijs/ praktijkverhalen/guiding-is-a-profession* (Abruf am 05.04.2018).

(8) Detaillierte Veranstaltungsbeschreibung: *www.mnw.art.pl/edukacja* (Abruf am 25.04.2018).

(9) Erörterung im weiteren Teil dieses Aufsatzes.

(10) Nr. inv. M.Ob.1475 MNW. Cyfrowe Muzeum Narodowe w Warszawie (Digitales Nationalmuseum in Warschau): *http://cyfrowe.mnw.art.pl/dmuseion/docmetadata?id=36585&show_nav =true* (Abruf am 05.04.2018).

(11) *www.wilanow-palac.pl/multimedialnie_o_historii.html* (Abruf am 05.04.2018).

(12) *https://artsandculture.google.com/streetview/muzeum-narodowe-w-warszawie/xAFeYrf3rgdi2 Q?sv_h=169&sv_p=0&sv_pid=jByykCXx-_0MDHQaGDRtmQ&sv_lid=12361600620702367794&sv_ lng=21.025009038625285&sv_lat=52.23199681154441&sv_z=1.0000000000000002* (Abruf am 25.04.2018).

(13) Nr. inv. 74326 MNW. Cyfrowe Muzeum Narodowe w Warszawie (Digitales Nationalmuseum in Warschau): *http://cyfrowe.mnw.art.pl/dmuseion/docmetadata?id=18128&show_nav =true* (Abruf am 05.04.2018).

(14) *www.youtube.com/watch?v=Dn6-dwWE45Q* (Abruf am 31.03.2018).

(15) Diese Programmwende hin zum Gegenstand ist in Polen am besten zu sehen in der neuen Dauerausstellung im Museum von Warschau, siehe: Rzeczy warszawskie (Warschauer Dinge), Hrsg. M. Jurkiewicz, M. Mycielska, Warszawa 2017, insbesondere der Artikel von M. Wróblewska Rzeczy w muzeum (Dinge im Museum), Ebd., S. 167–172.

Die Sieben Künste von Pritzwalk

Clegg & Guttmann und Neue Auftraggeber in Nordbrandenburg: Eine Stadt aktiviert sich durch ein Selbstporträt

Gerrit Gohlke, Publizist, Künstlerischer Leiter des Brandenburgischen Kunstvereins und Leiter Regionale Entwicklung bei der Gesellschaft Neue Auftraggeber

Es gibt Begriffe, die ließen sich in Höhenmetern messen, weil sie sofort ein Gefälle schaffen, wenn man sie benutzt. Sie markieren soziale Hierarchien, die sich wie Abhänge und Höhenzüge zwischen die Menschen schieben. Und obwohl Vermittlung und Kulturelle Bildung, Partizipation und Inklusion zunächst nur Worte des guten Willens sind, mit dem Kultureinrichtungen Menschen jenseits ihres Stammpublikums ansprechen wollen, verwandeln sie bei jedem Gebrauch Kunst, Musik, Literatur, Tanz oder Theater in Instrumente mit einer klaren Wirkungsrichtung und professioneller Autorität. Hier das Hochplateau der Gebildeten, dort die Tiefebene, der man Geschenke macht.

Vor allem Kulturelle Bildung, seit einigen Jahren die Standardvokabel kulturpolitischer Programmformulierungen, zeigt deutlich, wie sich Haupt- und Nebenrollen verteilen. Die Kultur wird zur Beifügung eines Bildungsgedankens, der Akteure und Aktivierte kennt und den Zugang zur Kultur als Qualifikation begreift. Der Begriff ist die Beschreibung eines Nachholbedarfs. Gelingt das Bildungsvorhaben, sind seine Empfänger nachher kulturell qualifizierter als zuvor. Man könnte ihnen ein Ertüchtigungs-Zertifikat aushändigen, ein Bildungszeugnis, das der Kulturbetrieb zu seinen Bedingungen vergibt. Die Wissenden unterrichten die Unwissenden über die Codes, mit denen man vom Zaun- zum Stammgast werden kann. Der feste Glaube, dass auch in einer sich spaltenden Gesellschaft jedem der Zugang zur Hochkultur erstrebenswert erscheint, wird dabei vorausgesetzt. Wer Kultur noch für den Mitgliedsausweis der Gesellschaftsmitte hält, kann sich nicht so recht vorstellen, Menschen könnten ganz andere Prioritäten setzen als die soziale Teilhabe an einer gemeinsamen, institutionell verwalteten Kultur.

Immerhin ist es eine Bildung zu ermäßigtem Entgelt, die Kultur im Namen führt. Denn während Schulen und andere Bildungseinrichtungen eine kostspielige Angelegenheit sind, ist das wichtigste Instrument der Kulturellen Bildung das Projekt. In ihm treffen die Verwalter des Bildungsgutes auf jene Fremden, die sich ihnen bislang entzogen hatten – und werden am Ende eines begrenzten Zeitraumes wieder ihrer Wege gehen. Zurück bleibt eine gemeinsame Erfahrung, die Spuren eines Zusammenstoßes. Vorbei an den staatlichen Bildungseinrichtungen mit ihren langfristigen Strukturbedarfen können Kunst und Kultur so für einen Augenblick ihre Strahlkraft demonstrieren. Für Momente ist man sich nah. Die Bildungsempfänger entdecken, wie es ist, wenn die Kultur einmal nicht den anderen gehört. Der kulturelle Überschuss der Bildungsagenten ist hingegen so groß, dass er bald danach am nächsten Ort ausgeschüttet werden kann.
Natürlich ist es wie bei jedem euphorischen Rausch. Der Kater kommt bestimmt. So gesehen ist Kulturelle Bildung auch ein Konditions- und Ausdauerproblem. Der langfristige schulische Bildungsbegriff und der kurzfristige Interventionsgedanke der meisten Kulturprojekte stehen quer zueinander. Um an einem beliebigen Ort über die eigene Kultur zu entscheiden, bedarf man einer Vielzahl von Sensibilitäten und Qualifikationen. Vor allem benötigt man Vertrauen in die Langlebigkeit einer Dorf- oder Stadtgesellschaft, in die Kompromissfähigkeit der lokalen Gemeinschaft, in die Flexibilität im Umgang mit Zwischenzuständen. Weniger klar ist, ob man vor der eigenen Haustür auch Kulturelle Bildung braucht. Kultur, die sich nach und nach an einem Ort ausbildet, statt ihn von außen bilden zu wollen, braucht vor allem eines: Zeit.

„Die Sieben Künste von Pritzwalk", um die es hier geht, könnte man so gesehen als hartnäckiges Bildungsverweigerungsprojekt beschreiben. Das Projekt, das Clegg & Guttmann unter diesem Titel den Bürgern der Stadt vorschlugen, ist Kunst und kein Stadtentwicklungsinstrument, und es folgt einem Bürger-, nicht einem Bildungsauftrag. Es will nichts anderes leisten, als einen lokalen Wunsch zu erfüllen. Der Wunsch, um den es geht, ist von enormer Wichtigkeit für die Einwohner der Kleinstadt Pritzwalk mit ihren 6.600 Haushalten. Er handelt nicht von einer Nebensächlichkeit, sondern von den Überlebensaussichten der eigenen Stadtgesellschaft. Der ist kein Symbol. Er ist nicht übertragbar. Er lässt sich auch nicht in die professionalisierten Hände eines kulturellen Trägers legen. Er kommt aus der Mitte der Stadt und beschäftigt sich mit ihr. Dort, wo die Straßen immer mehr verwaisen, Geschäfte leer stehen und das Gewerbe weiter abwandert, soll Kultur zur neuen Anziehungskraft werden. Eine kleine Gruppe von Bürgerinnen formuliert diesen Wunsch und wünscht sich Skulpturen in die Innenstadt.

Als sie sich an den Brandenburgischen Kunstverein, den lokalen Ankerpunkt des europäischen Netzwerks Neue Auftraggeber wenden, geht es ihnen also um die Sehnsucht nach Schönheit für eine Stadt, die ihren eigenen Stadtkern nicht mehr respektiert. Neue Auftraggeber, in den 90er Jahren von dem Künstler François Hers gegründet, will Bürgergruppen ermächtigen, mit internationalen Künstlerinnen und Künstlern zusammenzuarbeiten und so zu eigenständigen Auftraggebern herausragender Kunstwerke zu werden. Den Pritzwalkern geht es dabei um ein Signal an die eigene Bürgerschaft, die einen Bogen um die urbane Mitte macht. Die Kunst soll jene aus ihrer Lethargie reißen, die draußen auf den grünen Wiesen einkaufen, in die nächste Metropole pendeln oder sich in die Privatheit zurückziehen. Die Hoffnung, Schönheit in die Stadt zu bringen, lässt sich von der Hoffnung nicht trennen, mit der sie die Kunst als magisches Werkzeug nutzen wollen. Da, wo die Altstadt verödet, hat es keinen Sinn, zweckfrei nach Kultur zu suchen. Dort soll die Kunst das Wunder vollbringen, eine Gemeinschaft herbeizuzaubern, die sich längst in alle Richtungen zerstreut hat. Es ist, als vertraue man der Kunst mehr als allen Mitteln der Stadterneuerung. Oder wie die Pritzwalkerin Marion Talkowski, damals verantwortlich für die Außenstelle der Industrie- und Handelskammer Potsdam, es lakonisch formulierte: „Wenn sonst nichts hilft, hilft vielleicht Kunst." Die Lakonie ist hier, weil sie übertriebene Hoffnungen dämpft, der wahre Optimismus. Nur, was die Stadt am Leben erhält, lässt sich unter den Bedingungen der Schrumpfung als gute Kunst akzeptieren. Vor den Türen leerer Geschäfte ist gute Kunst, meinen die Pritzwalker, nur als Vehikel wirklich legitim. Ein Wunschprojekt, das kein Bildungsprojekt ist, muss ihnen nicht widersprechen.

Doch welche Kunst könnte ein Heilmittel gegen den Bedeutungsverlust einer Stadtmitte sein, nachdem konventionellere Kuren dem Patienten offenbar nicht helfen konnten? Wirklich die Skulpturen, für die sich vor allem Skulpturenliebhaber interessieren würden? Und bestünde nicht das Risiko, dass die grandioseste Skulptur nur ein Mittel der Selbstablenkung wäre, wenn doch alle wirtschaftlichen Faktoren unverändert blieben, die Ursache der Krise unberührt bliebe? Wie viele Skulpturen wiegen einen Prozentpunkt Kaufkraftverlust auf?

Neue Auftraggeber führt den Auftrag im Namen, um sich von den alten Auftraggebern abzugrenzen. Wo früher Adel und Klerus, später Reiche und staatliche Institutionen legitimierte Auftraggeber waren, sollte nach dem 1990 von François Hers formulierten Protokoll „ausnahmslos jedem Menschen" die Möglichkeit gegeben werden, die „Verantwortung" für die Beauftragung eines Kunstwerkes zu übernehmen. Vermittelt durch eine Mediatorin oder einen Mediator sollen Angehörige der Zivilgesellschaft auf Augenhöhe mit internationalen Künstlern kommunizieren. In der Hand der Bürger soll der Produktionsprozess liegen. Aber wie lautet der Auftrag, wenn man den Pritzwalkern zuhört und ihren Wunsch erforscht und interpretiert? Skulpturen zu schaffen? Sich um Optimismus stiftende Artefakte zu versammeln? Anziehungskraft zu schaffen? Ein Denken außer Kraft zu setzen, das in der Innenstadt selbst keinen zureichenden Grund mehr erkennt, sie zu besuchen? Anders gefragt: Könnte eine alles überragende Skulptur womöglich auch ein Hemmnis sein, die Innenstadt besser zu verstehen und sich der Leere zu stellen, an der doch vermutlich jeder Einwohner seinen kleinen eigenen Anteil hat?

Während das Team in Pritzwalk Monat um Monat an immer neuen Terminen recherchierte, um die Stadt, ihre Geschichte und ihre Institutionen zu verstehen, entstand bald der Verdacht, dass Pritzwalks Problem nicht die Ästhetik der Innenstadt ist, die man durch die Aufstellung von Kunstwerken verändern könnte, sondern ein Gespenst, das für niemanden greifbar ist, aber das Denken aller beherrscht. Das Gespenst sind die Anderen. Jene, die nicht in die Innenstadt kommen. Solche, die lieber im Mega-Supermarkt mit Großparkplatz kaufen. Diejenigen, welche sich in den Kleingarten zurückziehen und die Stadt (oder ihre Politik) lieber den anderen überlassen. Und alle, die nicht mit den Anderen reden.

In jedem Gespräch mit den Pritzwalker Auftraggebern ist offen oder versteckt von diesen Anderen die Rede. Man will sie motivieren, gewinnen und überzeugen. Und doch zählt jeder, der mit grenzenlosem Einsatz unter Aufbietung von Kunst und Kultur um die wegbleibenden Nachbarn werben will, selbst zu ihnen. Die Verhaltensmuster, aus denen die Ignoranz für die Innenstadt entsteht, sind nicht auf eine Minderheit beschränkt. Sie sind schon deshalb nicht eingrenzbar, weil sich die Funktion der Kleinstadtkerne überall verändert. Online-Handel, Abwanderung und Überalterung lassen sich so wenig durch Kunstwerke besiegen wie der frustrierte Rückzug aus der Kommunalpolitik. Nichts davon liegt übrigens in der Verantwortung der Kunst. Nichts aber auch wäre fahrlässiger als das Versprechen, die Sinnkrise lasse sich von Ästhetik-Agenten lösen. Wie bei einem Bauvorhaben kommt es darauf an, den Auftraggeber auch da zu begreifen, wo keine schnelle Lösung greifbar ist. So wie Architekten dem Bauherren sagen müssen, was sich bauen lässt und was nicht, gibt es in Pritzwalk keine magische Formel, sondern nur Provisorien. Die naheliegende Antwort muss den blinden Fleck einbeziehen, der den Blick auf die Probleme versperrt. Erst wenn man nicht mehr mit Fingern auf die schweigende Mehrheit zeigt und sichtbar macht, wer es ist, der nicht kommt und sich der Stadtgesellschaft verweigert, wird man verstehen, was die Anderen, zu denen man selbst gehört, von ihrer Stadt erwarten. Ein bleibendes Kunstwerk gelänge erst dann.

Es ist das Geschäft eines Maklers, das Neue Auftraggeber hier betreibt. Gerade wenn man ihn ernst nimmt, verlangt der Auftrag einen Gegenvorschlag, der den Auftraggeberinnen, jenen Pritzwalker Bürgerinnen also, die nach Skulpturen riefen, bei einem Treffen auf den Tisch gelegt wird. Der Mediator schlägt vor, in fünf leerstehenden Ladengeschäften die schweigende Mehrheit abzubilden. Das Gespenst soll dem Tageslicht ausgesetzt werden. Was auch immer über die ‚Anderen', also alle, in Erfahrung zu bringen wäre, soll abgebildet werden. Der Vorschlag wird „Pritzwalk-Atlas" genannt und als Zwischenlösung charakterisiert, mit der konkretisiert werden soll, wie sich die Gruppe der Flüchtigen, der Innenstadtvermeider zusammensetzt. Wer sind die Anderen? Wie sehen sie aus? Was machen sie in ihrer Freizeit? Malen sie Aquarelle? Bauen sie Modelle? Besitzen sie zwei Kraftfahrzeuge? Welche Bilder stecken in ihren Fotoalben? Was sagen die Statistiken über sie aus? Wie vielfältig ist diese Stadt überhaupt? Und was ändert sich, wenn, skulptural verdichtet, die heterogene Eigenheit der Stadt in ihr selbst sichtbar wird? Wenn die schweigende Mehrheit plötzlich in effigie die Geschäfte bevölkert? Und was geschieht, wenn die ‚Anderen' kommen, und sich selbst in den Schaufenstern erkennen?

Niemand kann diese Fragen beantworten, denn die Geschichte der meisten gelungenen Neue Auftraggeber-Projekte ist eine Geschichte der Radikalisierung. Nicht allerdings der Radikalisierung eines künstlerischen Egos, sondern der Unmittelbarkeit, mit der die künstlerische Gestaltung sich den artikulierten Bürgerwunsch zu eigen macht. An die Stelle des planerischen Gedankens, des systemischen kuratorischen Ansatzes tritt die überraschende Direktheit, mit der sich die Künstlerinnen oder Künstler den langwierig ermittelten Wunsch, die lokale Bedürfnisstruktur, den sozialen oder politischen Bedarf aneignen, um nicht allein symbolisch, sondern auch pragmatisch-praktisch mit ihren Partnern zu interagieren.

Das klingt abstrakt, ist aber handfeste Arbeit. Hier hieß es, dass Clegg & Guttmann, zwei Stars des internationalen Kunstbetriebs mit einer langen Werkbiografie, die erst mehr als zwei Jahre nach dem Beginn der Bürgerarbeit in Pritzwalk hinzugezogen wurden, den Auftrag hinterfragten und den Ort bereisten. Der Mediator hatte ein Dutzend Künstler besucht, mit der Pritzwalker Situation konfrontiert und schließlich Clegg & Guttmann zum Lokaltermin gebeten, bis er sie schließlich der Bürgergruppe als Partner vorschlug. Die 1957 in Dublin und Jerusalem geborenen Künstler wurden erst Auftragnehmer der Pritzwalker Bürger, als sie den Ort bereits kannten. Als die Auftraggeber eingeschlagen hatten, begannen sie sofort, das Projekt vom Kopf auf die Füße zu stellen. Die „schweigende Mehrheit" abzubilden, verstehen sie nun, ausgehend von dem ursprünglichen Wunsch, Skulpturen ins Zentrum zu bringen, als Sehnsucht nach einem Bild von der Stadt. Clegg & Guttmann sprechen von einem „sozialen Porträt" in der Mitte der Stadt. Sie reisen nach Pritzwalk und weisen die Bürger darauf hin, dass ein Porträt nie vom Porträtisten allein, sondern immer auch vom Porträtierten bestimmt werde. Sie erklären der Stadt, in der die Furcht vor dem Scheitern viele Gespräche prägt, ein Scheitern sei unmöglich, weil ein korrektes Porträt stets zeige, was der Porträtierte zu zeigen bereit sei. Zeige er nichts, sei ein leeres Bild ein gutes Porträt. Und so legt der neue Plan das Projekt ganz in die Hände der Pritzwalker. Statt einer forensischen Ermittlung der „schweigenden Mehrheit" fordern sie die Pritzwalker auf, drei Monate lang sieben ihrer verwaisten Geschäfte mit Leben zu füllen. Macht, was ihr wollt, sagen sie.

In den Ladengeschäften soll nur das gezeigt werden, was die Pritzwalker selbst realisieren wollen, geordnet in den sieben Disziplinen Kunst, Fotografie, Mode, Theater, Sprache, Musik und Tanz. Ein Buch soll anschließend zeigen, was Pritzwalk aus eigener Kraft hervorbringen kann. Sie gewinnen ein ortsansässiges Café dafür, sich zum Café der Sieben Künste umzubenennen, laden 12.500 Bürger in 6.600 Haushalten schriftlich ein, Projektvorschläge einzureichen, und beschließen, dass alles, was nicht menschenverachtend oder strafbar sei, gezeigt werden müsse. Eine Zensur zugunsten eines harmonischen Gesamtbildes findet nicht statt. Bliebe die Stadt untätig, sei auch dies ein Selbstporträt, das zu respektieren sei. Nichts kommt von außen, selbst die Kennzeichnung der Ladengeschäfte muss ohne ein international anschlussfähiges Design auskommen. In Kollaboration mit einem lokalen Zimmermann werden die Eingänge mit massiven Holzrahmen eingefasst. Wer durch sie eintritt, ist im Bild. Für Auswärtige bleibt die Rahmung unauffällig, sie sehen die unterschwellige Veränderung am Stadtbild kaum.

Von 2011 bis 2014 war das Projekt in Pritzwalk vor Ort aktiv. Zunächst mit Vorarbeiten und Recherchen. Ab 2013 mit der Beauftragung von Clegg & Guttmann. 2014 durch die Inbesitznahme der Ladengeschäfte und eine Aktivierung der ganzen Stadt, in der sich das Projekt unsichtbar ausgebreitet hatte. Innerhalb weniger Monate gehen nun 74 Vorschläge ein, gegen alle Prognosen des Scheiterns, und zwei Drittel von ihnen werden umgesetzt. Sie schließen Straßentheater und eine Kinder- und Jugendbibliothek, einen Textworkshop für Rapper und die Aufnahme eines Pritzwalk-Songs von Jugendlichen ein. Bauchtanz, Malerei, die Aufbereitung historischer Architekturfundstücke, Modeworkshops, Konzerte und sogar eine Strandbar werden vorgeschlagen. Die Künstler weigern sich, irgendeinen künstlerischen Kriterienkatalog aufzustellen oder Einfluss auf die Erscheinung der Ladengeschäfte zu nehmen. Es entsteht tatsächlich ein Atlas, ein Panorama, ein großes Porträt der Stadt und ihrer sozialen Zusammenhänge. Wer kommt, wer bleibt weg? Wie verhält sich die Politik (und wann überwindet sie ihre Angst vor der ungelenkten Gruppe der Teilnehmer) – und worüber reden die Aktiven mit den Passiven? Wer nörgelt? Was kommt zur Sprache? Überhaupt, die Sprache: Als Hauptbedürfnis der Stadt erweist sich der Dialog der Bürger miteinander. „Wir müssen reden, bis es knallt", fordert ein Besucher und formuliert den Konsens aller, die sich zeigen. Der Aktivismus wird vorübergehend zur Mehrheitserscheinung und zeigt, wozu die Stadt imstande ist. Und dass Demokratie improvisierbar ist.

Künstlerisch aber ist dieser Aktivismus der Bürger das Nebenprodukt eines künstlerischen Vorhabens, das der Stadt mit einem Porträt den Spiegel vorhalten will. Am Ende wollen Clegg & Guttmann ein Buch publizieren, das – halb Chronik, halb Abenteuerroman – die Stadt in all ihrem Potenzial zeigt. Sie wollen abbilden, was sichtbar wird, wenn man hinter die sozialen Konventionen blickt, die standardisierten Diskurse überwindet und gewissermaßen ein vergessenes Selbstbild entfesselt. Nur dies war das Ziel: das Bild zu schaffen und publik zu machen. Nicht, zu Sozial-Ingenieuren zu werden, die Pritzwalk ja offensichtlich nicht braucht.

Und so wird Pritzwalk zu einem Bildungsparadox: Weil die Sieben Künste von Pritzwalk einen Freiraum eröffnen, in dem kein äußerer Maßstab wichtiger wird als die Handlungen der Pritzwalker selbst, handelt Pritzwalk. Je mehr es handelt, desto mehr verändert sich. Weder aber hat es jemand zum

Handeln gezwungen noch waren die Handlungen ein künstlerisches Ziel. Das Nichthandeln wäre so berechtigt wie das Handeln gewesen. Eine Bühne zu bauen, erlaubt, auf ihr zu spielen, erzwingt aber kein Spiel. Das gute Recht, sie nicht zu betreten, war für die Sieben Künste wichtiger als die Sehnsucht, das Theater möge sich mit Leben füllen. Wenn Bildung ihrem Konzept nach ein Erfolgsmaßstab ist, war Pritzwalk vollkommen maßstablos.

Der Anstoß zur Veränderung war eine Kunst, die sich mit äußerstem Trotz der Proklamation von Normen, der Manipulation, der Inszenierung verweigert. Dass die Pritzwalker am Ende einen Kunstverein gründeten und so mitten in ihrer Stadt jenen Anziehungspunkt schufen, den sie anfangs mit Skulpturen konstruieren wollten, war nicht vorhersehbar. Die Kunst Freunde Pritzwalk sollten nicht Sieben Künste heißen und auch nicht das Projekt verlängern, sondern der neu entwickelten Aktivität einen dauerhaften Raum verleihen, ohne Hilfe von außen und ohne fremdbestimmtes Programm.

Gerade die Unbedingtheit der Kunst machte das Unwahrscheinliche, die erste zivilgesellschaftliche Gründung im Bereich der Bildenden Kunst an diesem Ort seit der Wende, möglich. Sie schuf die Voraussetzungen, weil sie das Selbstbild derjenigen verändert, die an ihr beteiligt sind. Und dies gilt nicht allein für die Pritzwalker, sondern ebenso gut für die Projektmacher und Künstler. Als radikale Selbsterforschung waren die Sieben Künste von Pritzwalk demnach vor allem der Bildungserfolg einer Bürgerschaft gegenüber dem Selbstverständnis des Kunstbetriebs. Über alles andere sind die verschiedensten Meinungen denkbar, die je nach Herkunft, Nähe oder Distanz variieren mögen. Einen Auftrag von außen, diese Perspektiven zusammenzuzwingen und einen edukativen Erfolg nachzuweisen, hat gute Kunst nicht.

Vom Freiraum des Scheiterns

Der Club der Polnischen Versager in Berlin

Adam Gusowski, Journalist, Autor, Satiriker, Mitbegründer des Clubs der Polnischen Versager in Berlin und Redakteur des Radiosenders COSMO rbb/wdr

Als sich der Staub der Mauer legte

Die Berliner Mauer fiel. Nicht von allein. Sie war aus Beton, solide gemacht. In einem Betrieb hergestellt, der sich auf Mauern und Zäune für die Landwirtschaft spezialisiert hatte. Die Bauelemente der Mauer waren ursprünglich dafür gedacht, ein Güllebecken zu bauen, schnell, unkompliziert, eben für die Ewigkeit. Die Elemente mussten einen Druck von mehreren tausend Tonnen aushalten. Dem Druck des Volkes hielten sie nicht stand. So fiel die Mauer. Wie gesagt, nicht von allein. Es brauchte sehr viel Energie und Kraft vieler Menschen, Geduld und Ungeduld der Zeitgeschichte zugleich. Und als dann der Beton endlich nachgab und mit einem Krachen zerbrach, erhob sich an den Schnittstellen des alten Ost- und West-Berlins eine riesige Staubwolke. In dieser Staubwolke formierte sich, wie nach einem Urknall, langsam eine neue Ordnung aus dem Chaos. Ein langer Prozess, von dem alle Teile der Gesellschaft betroffen waren, auch die Kultur und die Subkulturen. Jeder suchte nach seiner Chance. Die Künstler suchten, wie eh und je, nach Freiraum, und den fanden sie im Osten.

Autohändler und Künstler zuerst

Es war wie eine überlange Silvesternacht. Freude, Tränen, Hoffnung und Wünsche prägten die erste Phase nach dem Mauerfall. Freiheit war die Losung der ersten Stunde. Skepsis mischte sich erst später darunter, Sorge um das alte Leben, um die gewohnten Abläufe, machte sich bemerkbar, in Ost und West. Und dennoch überwogen der Wille und die Suche nach dem Neuen. Für die einen war es ein neuer Absatzmarkt für Autos und Softdrinks, für die anderen der Freiraum. Verwaiste Wohnungen im Ostberliner Citybereich, leer stehende Ladengeschäfte, aufgegebene Produktionsstätten, Lager, Hallen hinterließen Schutzräume für Künstler und ihre Subkulturen. In den alten, abgeranzten Berliner Mietshäusern im Osten der Stadt entstanden Galerien, Literaturcafés, Konzertkneipen, Dachbodenkinos wie Paradiesvogelnester. In leer stehenden Wohnungen wurden Ateliers eingerichtet, in den Kellern Probenräume (prominentes Beispiel: die Hackeschen Höfe vor der Totalsanierung). Der Hunger nach Freiraum war so groß, dass ganze Häuser, ja ganze Straßen besetzt wurden. Im Ostberliner Bezirk Friedrichshain waren dies zum Beispiel die Mainzer und die Kreutziger Straße. Im Nachbarbezirk Lichtenberg, im Weitlingkiez, wurden mehrere Häuser mit Kunst- und Wohnprojekten besetzt. Viel präsenter, manchmal auch nach außen, und viel aktiver waren die Kunst- und Kulturhäuser in Mitte wie der Eimer in der Rosenthaler Straße, der Schokoladen in der Ackerstraße oder das Tacheles in der Oranienburger Straße.

Die Künstler waren die ersten, die die Freiräume nutzten. Sie veränderten das Gesicht der Stadt, sie prägten das kulturelle Bild Ostberlins nach der Wende und noch bis in die frühen 2000er Jahre. 15 Jahre Freiheit pur. 15 Jahre Entfaltung mit allen Sonnen- und Schattenseiten – bis die Gentrifizierung vom losen Begriff zu einer handfesten Tatsache und die Projekte nach und nach geschlossen wurden. In dieser Atmosphäre der Freiheit, des Gefühls, dass alles möglich ist, wenn man es nur will, wenn man ehrlich und sich treu, aktiv und kreativ genug ist, erblickte eine Idee die Welt, die noch Jahrzehnte später ihren Platz in Berlin behaupten wird – die Idee vom Bund der polnischen Versager.

Scheitern als Chance 2000

Anfang der 90er Jahre trafen sich im „Polnischen Sozialrat" in Berlin ein paar Polen, die Ende der 80er mit der großen Migrationswelle nach Deutschland gekommen waren. Sie alle hatten ähnliche Erfahrungen gemacht. Sie hingen erst in Erwartung auf ein besseres Leben herum, dann im Warteraum zur Legalität, dann in Sprachkursen mit viel Fleiß und wenig Mut, dann mit der Hoffnung auf eine Arbeitsstelle, auf eine Wohnung, auf eine Zukunft. Obwohl sie erst seit kurzem in Berlin waren, einten sie die gleichen Erlebnisse. Sie scheiterten privat, beruflich, familiär. Sie scheiterten an ihren Träumen. Und dennoch wollten sie mitspielen, die Gesellschaft mitkreieren, aus der Not eine Tugend machen und schrieben 1994 das „Kleine Manifest der Polnischen Versager":

„Unseresgleichen gibt es nicht viele in der Stadt. Ein paar nur, vielleicht einige zehn. Der Rest, das sind Menschen des Erfolgs, kühle und kaltblütige Spezialisten – was immer sie auch tun, das tun sie bestens. Wir – die Schwachen, weniger Begabten – können kaum etwas erwirken; die Milch versuchen wir in der Apotheke zu kaufen und beim Friseur ein halbes Kilo Käse. Autos hupen uns an, wir stolpern auf dem geraden Wege, immer wieder treten wir in die Hundescheiße, bloß es will und will uns kein Glück bringen.

Wir lassen den Terror der Vollkommenheit jener anderen über uns ergehen. Ihre Gegenwart schüchtert uns ein. Denen ist es nur recht so, denn sie leben in der Angst, das Schaffensmonopol, das sie für sich reklamieren, zu verlieren. Wir sind geneigt, ihren Vorrang anzuerkennen, dennoch wollen wir Schöpfer bleiben, und zwar nach unseren Möglichkeiten, auf einem niedrigeren Niveau. Demiurg verehrte die ausgesuchte, vollkommene und komplizierte Materie, wir bevorzugen den Schund."

1994 ist die Geburtsstunde des Bundes und des späteren Clubs der Polnischen Versager in Berlin. Es sollten noch sechs sehr lange Jahre vergehen, bis sechs Polen im Berliner Amtsgericht einem Beamten gegenübertraten und den Bund der Polnischen Versager als e.V. eintragen ließen. Der Beamte nahm es amtlich, ohne Augenzwinkern, ohne Angst, ohne Verwunderung oder gar Verachtung. Nach eingehender Prüfung der Papiere wurde der Bund in das Berliner Vereinsregister eingetragen. Diese kühle, amtliche, nicht historisierte Haltung hätten sich die polnischen Versager auch in den Jahren davor gewünscht. Nur selten stießen sie auf offene Arme. Kein Wunder, in einer Gesellschaft, die sich über den Erfolg definiert, war wenig Platz fürs Scheitern und Versagen. Ein weites Feld, das wenig beackert wurde. Sie ließen sich aber nicht entmutigen oder beirren. Sie glaubten an ihre Idee, an die Kraft des ehrlichen Bekennungsaktes. Sie gründeten einen Verlag, gaben regelmäßig Kolano (Knie), das Organ des Bundes der Polnischen Versager, heraus, stellten das Theaterensemble Babcia Zosia (Oma Sophia) zusammen und organisierten die Festivals der Polnischen Versager.

Der Durchbruch war wohl das Festival der Polnischen Versager in der Schwartzschen Villa im Westberliner Bezirk Steglitz, auf Einladung der vorausschauenden und mutigen Doris Fürstenberg. Auf dem Plakat lasen interessierte Besucher:

Der Bund der Polnischen Versager präsentiert – Musik; Theater; Literatur
16. September 2000, von 12.00 bis 24.00 Uhr.
12 Uhr Eröffnung
14 Uhr Rock-Konzert für Hunde
16 Uhr Lesungen von Niewrzeda, Skibinski, Lopez, Helbig, Olszowka, Jaworski
17 Uhr Theater Oma Sophia (Babcia Zosia)
22.30 Uhr Tempotanga – ein Jass-Konzert
Tageskarte 20, erm. 15 DM
Einzelne Veranstaltungen: 10, erm. 5 DM
Ort: Schwartzsche Villa, Berlin-Steglitz, Grunewaldstraße 55

Die Veranstaltung war ein unerwarteter Erfolg und gleichzeitig Startschuss für die neue Idee des Bundes der Polnischen Versager, einen Ort für sich zu reklamieren, einen Club der Polnischen Versager zu eröffnen. Die Zeit war reif. Inzwischen auch für andere deutsche Künstler und Künstlerkollektive, die sich dem Scheitern verschrieben. Es gab zum Beispiel „Die Show des Scheiterns", eine Veranstaltungsreihe an unterschiedlichen Orten in Berlin. Dort konnten geladene Gäste über ihre interessantesten Misserfolge referieren. Ein nicht zu Ende geschriebenes Buch, ein nicht abgedrehter Film, eine wissenschaftliche Arbeit, die im Sande verlief, ein Haus ohne Türen oder ein Fahrrad ohne Lenker. All diese Projekte sind gescheitert, und dennoch hatten sie etwas Wunderbares, etwas Spannendes, etwas Ehrliches in sich. Sie begeisterten das Publikum, machten Mut und Lust auf mehr. Auf mehr Scheitern? Ja, denn inzwischen war das Scheitern als Chance entdeckt worden. Nicht zuletzt durch den viel zu früh verstorbenen, genialen Film- und Theaterregisseur Christoph Schlingensief und seine Produktionen „Scheitern als Chance" und „Chance 2000".

Der Club der Polnischen Versager musste allerdings noch auf seine ersten Räume warten. Zäh verliefen die Gespräche mit Vermietern. Bis sich ein skrupelloser Makler fand, der sich um so etwas wie den Namen des Mieters nicht scherte. „Am 1. September 2001 um 5.45 wurde zurückgeöffnet" (sic!), hieß es in der Presseerklärung des Bundes der Polnischen Versager. Es war die Eröffnung des Clubs der Polnischen Versager, Startschuss für ein unglaubliches Abenteuer, das das deutsch-polnische Verhältnis maßgeblich beeinflussen sollte.

Der Osten im Osten

Das erste große Schild mit der Aufschrift Club der Polnischen Versager wurde über einem Ladengeschäft in der Torstraße 66 angebracht. Große schwarze Buchstaben auf weißem Hintergrund. Kaum zu übersehen. Die Torstraße war Ende der 90er und Anfang der 2000er Jahre wie bereits zu ihrer Gründung im 18. Jahrhundert eine Grenzstraße. Doch während sie im 18. Jahrhundert die nördliche Grenze der Bebauung Berlins darstellte, war sie knapp 200 Jahre später eher eine subkulturelle Grenze. Während südlich der Torstraße, im nicht weit entfernten Kiez an der Oranienburger Straße, zwischen den Hackeschen Höfen und dem Tacheles sowie in der kleineren August- und der Linienstraße, das Kultur- und Nachtleben tobte und nördlich der Torstraße die Entwicklung am Prenzlauer Berg die Mieten erhöhte und alte Mieter verscheuchte, war die Torstraße um die Jahrtausendwende eher eine vergessene Ecke der Stadtmitte. Viele Ladengeschäfte standen leer. Kaum Laufpublikum. Keine Shoppingmeile. Eher zu laut, eher zu unruhig, eher zu nichtssagend, und mit einer Straßenbahn auf dem Mittelstreifen als einziger Grünfläche weit und breit lud sie nicht gerade zum Flanieren und Entdecken ein. Vielleicht gerade deswegen zog sie Außenseiter magisch an. Als der Club der Polnischen Versager in die Torstraße zog, war nur ein paar Häuser weiter bereits eine Institution ansässig – die Tanzwirtschaft Kaffee Burger. Das Kaffee Burger war damals eine schräge Kneipe mit Konzerten, Lesungen, Volksküche und Disco, vor allem „Russendisko", einer Veranstaltung des selbst ernannten und späteren Stars der deutschsprachigen Russenliteratur Wladimir Kaminer und seines treuen Weggefährten und musikalischen Kenners und Perlentauchers Yuriy Gurzhy. Nicht nur die Russendisko gab dem Kaffee Burger einen eher gen Osten blickenden Charakter. Auch der Mitbetreiber des Lokals, der Schriftsteller und Dichter Bert Papenfuß liebte den Osten, Polen, Russen, Ukrainer. Im Kaffee Burger, Torstraße 60, fanden auch die ersten Treffen des Bundes der Polnischen Versager e.V. statt, bevor der Verein den eigenen Sitz in der Torstraße 66 für sich reklamieren konnte. Eine kurze Zeit später zog noch ein östlicher Kulturbetrieb in die Torstraße und platzierte sich genau zwischen das Kaffee Burger und den Club der Polnischen Versager: DKB – Dom Kultury Berlin. Ein russischer Laden für extreme Kunsterfahrungen. Konzerte, Ausstellungen, Performances und buntes Treiben bis zum Sonnenaufgang prägten den Ort, der sich vor allem mit Kunst und Kultur aus Russland beschäftigte. Damit waren gleich drei Läden nebeneinander, die sich der östlichen Kultur verschrieben hatten und der Berliner Presse den Anlass gaben, die Torstraße am Rosa-Luxemburg-Platz „den Osten im Osten Berlins" zu nennen.

Polens neue Welt

Schnell wurde der Club der Polnischen Versager zu einer der polnischen Locations auf der kulturellen Ausgehkarte Berlins. Zugegeben, die polnische Präsenz in Berlin um die Jahrtausendwende war mehr als dürftig. Kaum eine Kneipe mit polnischen Getränken, kaum ein polnisches Restaurant, kaum ein polnisches Theater, Kino oder eine Galerie. Und dennoch war der CPV, der Club der Polnischen Versager, viel mehr als Kneipe, Theater, Kino, Galerie und Domizil in einem. Der Club der Polnischen Versager wurde zur Ikone für eine neue, unbelastete, deutsch-polnische Kommunikation. Sehr schnell wuchs auch die Zahl der Mitglieder. Allein in den Anfangsjahren des Clubs waren es hunderte Berliner, die einen „vorläufigen Mitgliedsausweis des Bundes der Polnischen Versager" bei sich trugen.

In den ersten sieben Jahren, in denen der Club der Polnischen Versager in der Torstraße agierte, wurden über tausend Veranstaltungen durchgeführt. Neben geladenen Künstlern, Musikern, Filmemachern und Schriftstellern waren es die eigenen Produktionen, die für Aufsehen sorgten. Die Aufführungen des CPV-eigenen Theaterensembles Babcia Zosia zum Beispiel oder die ersten Satireshows sorgten für viel Gesprächsstoff und halfen den polnischen Künstlern in Berlin, auch an anderen Orten selbstbewusst die polnische Kulturfahne hoch über ihren Köpfen zu schwingen. Der Club der Polnischen Versager wurde ein Teil der dadaistischen Subkultur Berlins. Er wurde mit seinen Eigenproduktionen in andere Kulturstätten eingeladen (unvergessen unter anderem die Veranstaltung in der Neuen Nationalgalerie in Berlin im Rahmen der „Melancholie"-Reihe). Für ein Theaterfestival zog der Club der Polnischen Versager sogar um. Die Innenausstattung des Clubs wurde für eine Woche in das HAU2 (das Theater Hebbel am Ufer 2) transportiert und als Plattform zur Kommunikation über die Zukunft der performativen Kunst genutzt. Doch der Club der Polnischen Versager war mehr als nur eine Kulturstätte mit Kulturschaffenden, mehr als ein Ort mit einer bestimmten Ausstattung, mehr als eine Kommunikationsplattform, mehr als eine Schnittstelle zwischen den gesellschaftlichen, kulturellen und subkulturellen Welten. Der Club wurde zu einem Zustand, und jedem ist es frei, diesen Zustand für sich zu reklamieren, in welcher Form auch immer.

Die Geister, die die Freiheit rief

Nach sieben Jahren war Schluss für den Club der Polnischen Versager. Die Entwicklung hatte sich schon seit Monaten angekündigt. In der Gegend um den Hackeschen Markt sorgten neue Konsumtempel für viel Druck unter den Kulturschaffenden und unabhängigen Gastronomen. Auch im Prenzlauer Berg hörte der Spaß auf, und kleinere Läden, unabhängige Kunstbetriebe, kleine Galerien, Ateliers, Arbeitsräume, Werkstätten wurden verscheucht. Von beiden Seiten also, vom Süden und vom Norden her, erhöhte sich der Druck auf den Freiraum in der Torstraße. Bald war jeder Laden in der Gegend vermietet. Das DKB musste weichen, zu wenig auf Profit ausgerichtet, um bestehen zu bleiben. Das Kaffee Burger hatte Glück im Unglück. Die Russendisko war ein Kassenschlager und rettete die alte Tanzwirtschaft. Viele andere Läden konnten dem Druck nicht standhalten. Nach und nach wurden Galerien zu Wodkabars, Plattenläden zu Schuhgeschäften, Ateliers zu Modeboutiquen. Die Subkulturen zogen weiter. Die östlichen Bezirke wie Friedrichshain und Lichtenberg konnten vieles auffangen, im Westen waren es der Wedding und Neukölln. Jede Woche überboten sich die Stadtanzeiger mit Meldungen, welcher Bezirk demnächst „die neue Mitte" wird. Die Gentrifizierung, die man bis jetzt im Club der Polnischen Versager nur als Fremdwort kannte, kam mit jedem Monat näher und wurde auf dem Konto realer. Denn jede Veränderung im Kiez, jeder neue Mieter, jedes neues Lokal, jede neue Boutique bedeutete die nächste Mieterhöhung und kurioserweise immer mehr Einsamkeit für den Club der Polnischen Versager. Bis nach sieben Jahren endgültig Schluss war. Die Miete war zu hoch für ein alternatives Kulturprogramm, zu hoch für die kulturelle Unabhängigkeit, zu hoch für die künstlerische Freiheit, zu hoch für ehrenamtliche Kulturarbeit.

Neue Räume, alte Wurzeln

Doch der CPV, auch als Zustand, war sehr gut vernetzt. Nicht weit von der Torstraße 66 in der Ackerstraße 168 beherbergte ein ehemals besetztes Haus und inzwischen lebensfrohes Kultur- und Wohnprojekt „Schokoladen" die Redaktion des „Scheinschlag", einer Kiezzeitung. Der Scheinschlag berichtete stets über die Veränderungen im Kiez, über die sozialen Probleme, den Alltag, aber auch über die Kunst und Kultur. Nun war das Projekt am Ende, die Finanzierung nicht mehr gegeben, die Redaktion aufgegeben. Nur die Räume waren noch da. Der Scheinschlag schlug den CPV als Nachmieter vor, und so wurden die Polnischen Versager ein Teil des Schokoladens. Es war wie die Rückkehr zu den eigenen Wurzeln. Wie der erneute Atemzug von Freiheit. Ein Ort künstlerischer Vielfalt mit Kneipe, Theater, Ateliers, Probenräumen, Künstlerwerkstätten. Alles unter einem Dach und der CPV mittendrin. Nun spürte der CPV auch die Kraft und Energie der subkulturellen Insel im Mitte-Meer. Einer der letzten Orte dieser Art, von denen es kurz nach der Wende in dieser Gegend unzählige gab, erweckte den CPV zu neuem Leben. Ab jetzt waren es vor allem eigene Produktionen und Aktionen, die das Club-Leben prägten, auch selbst gedrehte Filme, selbst geschriebene Bücher und aufwendige Kunstinstallationen gehörten dazu, gern in Zusammenarbeit mit den Leuten aus dem Schokoladen, die diese Stadt durch ihre Subkultur maßgeblich geprägt haben und die darauf stolz sein können.

Lokale Initiativen dynamisch gestalten

Erfahrungen des Programms „Ehrenamt Kulturelles Erbe"

Małgorzata D. Zielińska, Lehrerin und Managerin von Bildungsinstitutionen im öffentlichen und privaten Sektor

Ein zentrales Ziel der Kulturellen Bildung und Wissensvermittlung im Bereich kulturelles Erbe ist es, einer rein passiven Teilhabe an Kultur vorzubeugen. Das Programm „Ehrenamt Kulturelles Erbe" wurde 2016 ins Leben gerufen. Es kann als Beispiel einer erfolgreichen Aktivierung gesellschaftlicher Kreise dazu betrachtet werden, kulturelles Erbe zu schützen und bekanntzumachen. Die administrative Betreuung des Programms liegt beim Nationalen Institut für Kulturelles Erbe (Narodowy Instytut Dziedzictwa, NID). Zu den Aufgaben dieser staatlichen Kulturinstitution gehört unter anderem, Wissen über das kulturelle Erbe zu sammeln und zu verbreiten sowie ein gesellschaftliches Bewusstsein für seine Bedeutung und Bewahrung zu schaffen. Das genannte Programm ist als ein Baustein der Freiwilligenbewegung für Kultur in Polen zu betrachten.

Das Programm – Genese, Ziele, Zielgruppen sowie Grundsätze der Antragstellung

Schon seit 2008, weit bevor das Programm Ehrenamt Kulturelles Erbe ins Leben gerufen wurde, entwickelten Mitarbeiterinnen und Mitarbeiter des NID Initiativen zur Förderung des gesellschaftlichen Engagements im Bereich des Kulturerbeschutzes. Im damaligen Zentrum für die Erforschung und Dokumentation von Kulturdenkmälern (Krajowy Ośrodek Badań i Dokumentacji Zabytków, KOBiDZ), dem heutigen NID, erkannte man, dass Initiativen zur Einbindung Freiwilliger, lokaler Gemeinschaften, NGOs und kommunaler Selbstverwaltungen eine Chance für das kulturelle Erbe bedeuteten. Eine zentrale Rolle spielte hier das Team um Paulina Florjanowicz (2011–2013 Direktorin des NID, heute Direktorin der Abteilung Kulturelles Erbe im Ministerium für Kultur und Nationales Erbe, MKiDN), Bartosz Skaldawski (heute Amtierender Direktor des NID) und Adam Lisiecki (heute Kustode des Museums Warschau-Praga).(1) „Wir wollten einen neuen Raum schaffen, in dem NGOs, die sich im Kulturerbeschutz engagieren, ihre Erfahrungen austauschen und ihre Bedürfnisse und Sorgen artikulieren konnten", so Lisiecki. „Aber woher kam die Idee, Freiwillige einzubinden? Das Schicksal von Kulturdenkmälern hängt von allen ab, nicht nur von den für Denkmalschutz zuständigen Stellen. Wir möchten, dass die Teilnehmerinnen und Teilnehmer unserer Camps in der Überzeugung nach Hause zurückkehren, dass auch verfallene Kulturdenkmäler bei ihnen vor Ort gerettet werden und sie selbst Verantwortung dafür übernehmen können, ihre Nachbarn aufzuklären und zu schulen."(2)

Die Rettung für Kulturdenkmäler braucht eine Gesellschaft, die sich ihrer Werte bewusst ist. Am wichtigsten also war es, einen Sinneswandel hinsichtlich der Rolle der Gesellschaft im Bereich des Kulturerbeschutzes herbeizuführen, vor allem hinsichtlich der Rolle lokaler Gemeinschaften.(3) Dabei ging es um eine Abkehr vom stereotypen Bild der Gesellschaft als passivem Rezipienten von Kultur, für den der Denkmalschutz allein in der Verantwortung der zuständigen Behörden und professioneller Spezialisten liegt. Die aktive Teilhabe am Denkmalschutz war das Mittel, um bei den Menschen ein Bewusstsein dafür zu schaffen, dass jedes Kulturdenkmal ein „einzigartiger Teil unserer Kultur ist" und dass das kulturelle Erbe nicht nur aus dem Krakauer Wawel und dem Warschauer Königsschloss besteht, sondern auch das ländliche Gutshaus, der städtische Altbau, der Friedhof und die Kapelle am Wegesrand dazugehören.(4) Eine wichtige Inspiration waren die vielfältigen Erfahrungen des französischen Projekts REMPART(5), das seit mehr als 50 Jahren freiwillige Initiativen im Bereich kulturelles Erbe koordiniert. Ein erster Schritt zur Umsetzung der Idee in Polen war die Schaffung einer Basis von NGOs im Kulturbereich sowie einer Plattform für den Erfahrungsaustausch über Denkmalpflege auf lokaler Ebene. In einem nächsten Schritt entstand als Pilotprojekt die Idee von Freiwilligencamps. Unter dem Motto „Komm her, entdecke und rette vor dem Vergessen" („Przyjedź, odkryj i ocal od zapomnienia") führte das KOBiDZ 2008 gemeinsam mit ausgewählten Einrichtungen und NGOs – dem Verein Sadyba (Stowarzyszenie Sadyba), der Stiftung Borussia (Fundacja Borussia), dem Institut für Archäologie der Universität Łódź (Instytut Archeologii Uniwersytetu Łódzkiego) sowie dem Forstamt Pisz (Nadleśnictwo Pisz) – zwei Freiwilligencamps im Waldgebiet der Puszcza Piska und in Koniecpol durch. Das Projekt sollte den Weg für das Förderprogramm in seiner heutigen Form bahnen. 130 Freiwillige bewarben sich damals – ein Beleg für den großen Bedarf an Angeboten dieser Art. Zwanzig junge Menschen im Alter von 18 bis 26 Jahren qualifizierten sich für die Teilnahme an den Camps. Dabei handelte es sich vor allem um Studentinnen und Studenten der Fachrichtungen Pädagogik, Soziologie und Kulturwissenschaften. An dem internationalen Camp in der Puszcza Piska nahmen auf Einladung der Stiftung Borussia auch Freiwillige aus Deutschland und Russland teil.(6)

Schon einige Jahre später war die Initiative so gereift, dass ihre Grundsätze in das „Nationale Programm für Denkmalschutz und Denkmalpflege für die Jahre 2014–2017", Detailziel 3: „Schaffung von Bedingungen für die aktive Teilhabe an Kultur und Bildung für kulturelles Erbe sowie dessen Förderung und Reinterpretation", einflossen.(7) Das Programm Ehrenamt Kulturelles Erbe, in dessen Rahmen sich lokale Gemeinschaften in den Prozess des Erhalts von Kulturdenkmälern einbringen, wurde 2016 begründet. Im darauffolgenden Jahr folgte die zweite Auflage des Programms.

Fortan übernahm das NID die administrative Betreuung des Programms, dessen Absicht darin bestand, „in der Zusammenarbeit mit NGOs, kommunalen Selbstverwaltungen, Einrichtungen der Denkmalpflege sowie freiwilligen und lokalen Gemeinschaften gesellschaftliches Engagement für eine Annäherung an das eigene kulturelle Erbe sowie im Bereich des Denkmalschutzes zu erleichtern und anzuregen".(8)

Entsprechend den Programmbestimmungen entwickelten NGOs verschiedene Aktivitäten, in deren Folge lokale Gemeinschaften begannen, sich Kulturdenkmälern und ihrem historischen Kontext zu nähern und sich für ihren Schutz einzusetzen.(9) Die Maßnahmen betrafen unter anderem die erzieherische Funktion kulturellen Erbes und seine Nutzung bei der Suche, Aneignung und Weitergabe von Wissen sowie die Frage, wie Interesse geweckt, der Lernwunsch gefördert und Teilhabe an einer Restaurierung oder Aufwertung von Kulturdenkmälern ermöglicht werden kann. Themen waren darüber hinaus die Nutzung kulturellen Erbes für den Tourismus vor Ort, gesellschaftliche Aktivierung, Maßnahmen, um das lokal vorhandene kulturelle Erbe bekanntzumachen, Aufgaben der Sicherung, Erhaltung und Bewahrung der Denkmalsubstanz, unterstützende Arbeiten zur Dokumentation und Inventarisierung von Objekten sowie Quellen- und Geländedokumentation.

Im Ergebnis bildete sich unter anderem ein Kooperationsnetz verschiedener im Denkmalschutz tätiger Sparten heraus, und die Rolle des Ehrenamts im Kulturerbeschutz wurde gestärkt. Es entstand ein Katalog guter Praktiken sowie ein Forum für den Erfahrungsaustausch im Bereich des ehrenamtlichen Engagements für kulturelles Erbe. Lokale Gemeinschaften wurden aktiviert und wuchsen im gemeinsamen Bemühen um einen breit verstandenen lokalen Kulturerbeschutz stärker zusammen. Schließlich erwarben die Freiwilligen im Rahmen ihres Engagements neue Kompetenzen im Bereich des Kulturerbeschutzes.

Ein zentrales Kriterium für die Bewerbung um eine Förderung war die Planung eines mindestens dreiwöchigen Freiwilligencamps in Polen. Die Antragsteller konnten dabei aus einer der folgenden Kategorien wählen:
1. Aufräumarbeiten und Aktivitäten zum Erhalt von Kulturdenkmälern sowie Hilfsarbeiten im Zuge konservatorischer Maßnahmen oder Forschungen im Bereich Restaurierung, Architektur und Archäologie,
2. Maßnahmen im Bereich der Inventarisierung und Dokumentation kulturellen Erbes,
3. Bildungsarbeit sowie Aktivitäten, um Kulturdenkmäler bekannt zu machen und über sie zu informieren.

Alle Arbeiten an den Kulturdenkmälern wurden entsprechend den geltenden Vorschriften des Denkmalschutzes und der Denkmalpflege vorgenommen und griffen folglich nicht in die Substanz des Kulturdenkmals ein. Die geförderten Organisationen waren verpflichtet, zu geplanten Arbeiten an den betroffenen Kulturdenkmälern eine Stellungnahme des zuständigen Denkmalpflegers der Woiwodschaft vorzulegen.

Die zugewiesenen finanziellen Mittel beliefen sich in beiden Durchgängen des Förderprogramms auf jeweils 1 Million Złoty. Die minimale Antragssumme betrug 10.000 Złoty, die maximale Bewilligung belief sich auf 40.000 Złoty. Dabei durfte die Antragssumme 80 Prozent der im Projektbudget ausgewiesenen Gesamtkosten nicht überschreiten, sodass 20 Prozent des Gesamtbudgets durch Eigenmittel des Antragstellers abgedeckt werden mussten.

Das Bestehen des Programms über zwei Jahre erlaubte seine statistische Auswertung. Die erhobenen Daten vermitteln einen Eindruck von der Reichweite und Wirkung des Programms: Insgesamt wurden 55 NGOs gefördert und 78 Projekte realisiert. In ihrem Rahmen wurden 114 Camps für Freiwillige durchgeführt, an denen insgesamt 1.829 Personen teilnahmen. Angesichts eines Richtwerts von je 600 Freiwilligen für die letzten beiden Jahre im Nationalen Programm für Denkmalschutz und Denkmalpflege für die Jahre 2014–2017 kann das Ergebnis als Erfolg verbucht werden. Die Freiwilligen erarbeiteten 96 Lernpfade, führten Maßnahmen an 635 in der Denkmalliste verzeichneten Kulturdenkmälern durch sowie an 2.182 Objekten, die anderweitig als Kulturdenkmal ausgewiesen sind. Die Projekte fanden an 150 Orten statt, in denen 236 Begleitveranstaltungen organisiert wurden. Schulungen und Infoabende über Kulturdenkmäler waren mit insgesamt 37 Projekten ein besonders beliebtes Format. Aufräumarbeiten und Aktivitäten zum Erhalt von Kulturdenkmälern wurden 18-mal durchgeführt, Maßnahmen im Bereich der Inventarisierung und Dokumentation kulturellen Erbes 23-mal.

Den krönenden Abschluss des Programms bildete eine Konferenz im Dezember 2017, bei der die Ergebnisse der Projektaktivitäten aus zwei Jahren vorgestellt wurden. Eine Präsentation guter Praktiken, Workshops zur Wissensvermittlung zum Thema kulturelles Erbe sowie eine Podiumsdiskussion rundeten die Konferenz ab. Vor allem bot sie Vertreterinnen und Vertretern von NGOs, Freiwilligen sowie den Organisatoren des Programms Ehrenamt Kulturelles Erbe als Veranstalter der Konferenz einen Rahmen für Begegnungen, Gespräche und den Erfahrungsaustausch.

Im Rahmen der Konferenz fanden außerdem eine Buchpräsentation und eine Filmpremiere statt. Damit sollte nicht nur für das Förderprogramm und seine Ergebnisse geworben werden, sondern zugleich für die Idee des ehrenamtlichen Engagements für kulturelles Erbe als solches. Das Buch „Wir nehmen und wir geben. Reportagen über ehrenamtliches Engagement für kulturelles Erbe"[10] entstand in Zusammenarbeit mit Absolventinnen und Absolventen des Instituts für Reportage (Instytut Reportażu) in Warschau, die zehn Organisationen während der Umsetzung ihrer Projekte in ganz Polen besuchten. Die Autorinnen und Autoren sprachen nicht nur mit den Vertreterinnen der NGOs, sondern auch mit den Freiwilligen sowie mit den Einwohnern der Orte, in denen die geförderten Projekte stattfanden. Das dabei gesammelte Material war der Ausgangspunkt für Reportagen, die ein Kaleidoskop der Projekte und Arbeitsmethoden der Freiwilligen bilden. Vor allem aber zeigen sie das wachsende Engagement der Freiwilligen und Einwohner, ihre Emotionen und ihren Wunsch nach persönlicher Teilhabe am kulturellen Erbe, kurz: die Wirkung der Projekte auf die lokalen Gemeinschaften. Die Publikation steht als Onlineangebot zur Verfügung und wird in gedruckter Version kostenlos an Organisationen, Medien, kommunale Selbstverwaltungen und andere Einrichtungen abgegeben.(11)

Der etwa zehnminütige Film „Ein Grund, stolz zu sein" (Powód do dumy) ergänzt die im Rahmen des Projekts entstandenen Reportagen.(12) In dieser vom bewegten Bild geprägten Zeit schien den Initiatoren ein Kurzfilm das geeignete Mittel, NGOs, Freiwillige und die Ergebnisse ihrer Arbeit zu zeigen. Tatsächlich erwies sich der Spot in dieser für trockene Inhalte so unempfänglichen Welt als wirksame Botschaft des Kulturerbeschutzes, mit der es gelang, in die Gesellschaft und zu ganz normalen Menschen vorzudringen.

Bewertung des Programms durch die Zuwendungsempfänger

In beiden Durchgängen des Programms Ehrenamt Kulturelle Bildung waren die geförderten Organisationen aufgerufen, zum Abschluss des Projekts mithilfe von Fragebögen an einer Evaluation teilzunehmen. Ihre Aussagen sind vielschichtig und eine wertvolle Quelle, um die starken und schwachen Seiten des Programms zu identifizieren. Im Folgenden werden ausgewählte Aspekte der Bewertung vorgestellt.(13)

Am Programm schätzen die geförderten Organisationen seine „Lokalität" (mit diesem Begriff beschrieb es einer der Befragten) und dass es insbesondere auch Aktivitäten in kleinen Orten außerhalb der großen kulturellen Zentren unterstützt. Denn vor Ort aktiv zu werden, auf eine lokale Gemeinschaft mit einer passgenauen und in ihrem jeweiligen kulturellen Kontext verwurzelten Botschaft einzuwirken sowie Sorge für das zu tragen, was sich „gleich nebenan" befindet, ist der vielleicht vielversprechendste Weg pädagogischen Erfolgs. Andere Befragte heben hervor, dass das Programm „kleinen, lokalen Vereinen in ländlichen Gegenden eine Chance gibt", es sei geprägt durch „Offenheit in der Form, fördert lokale und individuelle Initiativen und stellt hinsichtlich der Teilnahme keine Hürden auf", zudem umfasse das Programmprofil „non-formale und nicht-institutionelle Aktionsformen, die sich für kulturelles Erbe stark machen". Einer der im lokalen Umfeld tätigen Projektverantwortlichen weist darauf hin, das Programm eröffne „kleinen Organisationen in der Provinz die Möglichkeit, sich in eine wichtige Aufgabe von landes- und europaweiter Bedeutung einzubringen".

Viele Befragte bestätigen, dass das soziale Umfeld der Zuwendungsempfänger aus eben jener „Provinz" sie unterstütze. In einer Aussage heißt es: „Nach zwei Jahren Teilnahme unseres Vereins am Programm des NID entstand im lokalen Umfeld das ‚Bedürfnis', die Bemühungen fortzusetzen. Die lokalen Medien haben sehr wohlwollend über das Programm berichtet. Die Kommune hat sich im zweiten Programmjahr ebenfalls engagiert und Mitarbeiterinnen und Mitarbeiter zur Abschlusskonferenz delegiert. Dabei wurde das Interesse für eine Zusammenarbeit mit dem Ziel der Weiterführung des Programms bekundet […], wobei betont wurde, dass es sich um die einzige Initiative für den Denkmalschutz handelt, die sich ‚in der Provinz' an lokale Gemeinschaften richtet." Das Programmprofil rief jedoch auch Kritik hervor. Einer der Befragten hält die integrierende Kraft der Aktivitäten im Bereich Ehrenamt mit Unterstützung des lokalen Umfelds ganz offenbar für nebensächlich, wenn er schreibt: „Ausmaß des Engagements der lokalen Gemeinschaft im Projekt: Ich halte diese Anforderung in der Praxis für unerheblich. Sie sollte in der Planungsphase entfallen."

Ein wichtiges Ziel der Förderung des Ehrenamts durch das Programm des NID ist das Engagement junger Menschen. Das Programm soll niemanden ausschließen und bemüht sich um die Einbindung der jungen Generation in den Kreis der Freiwilligen. Die Berichte der Zuwendungsempfänger zeigen, dass das Angebot bei jungen Menschen auf große Resonanz stieß (auch im Umfeld der Polonia, der polnischen Gemeinschaften im Ausland, sind Jugendliche aktiv geworden). Eine gewisse Rolle in diesem Zusammenhang kam den Freiwilligencamps zu. Einer der Veranstalter schreibt: „Die Erfahrung zeigt, dass dank der Teilnahme an den Camps die Jugendlichen tatsächlich Feuer für die Arbeit und den Freiwilligendienst im Denkmalschutz gefangen haben, und darum ging es!" Insgesamt würdigen die Befragten die Wirkung der Camps. Zu finden sind jedoch auch kritische Stimmen, wie diese: „Es scheint mir lohnenswert, sich für andere Aktionsformen als nur Camps zu öffnen. Die Anforderung, ein Camp zu organisieren, ist recht einengend und führt dazu, dass recht ähnliche Projekte durchgeführt werden. Vielleicht aber ist es sinnvoll, auch andere Formate zu fördern, nicht nur Camps." Am häufigsten werden kollektive Formate (wie die Camps), die „einer großen Gruppe Freiwilliger ein tiefes, emotionales Engagement ermöglichen", als eindeutig positiv bewertet, um junge Menschen mit der Idee des Ehrenamts vertraut zu machen.

Als starke Seite des Programms wird die Möglichkeit wahrgenommen, Kulturdenkmäler außerhalb der offiziellen Denkmalliste sowie nicht ausschließlich auf Kulturdenkmäler beschränkte Aktivitäten für den Schutz des kulturellen Erbes, wie die Traditions- und Brauchtumspflege, miteinzubeziehen. Auf diese Weise wird eine „Rückübertragung von Kulturdenkmälern an die lokale Gemeinschaft" erreicht. Einer der Befragten schreibt: „Das Programmziel, also die Weiterentwicklung der Idee des ehrenamtlichen Engagements für kulturelles Erbe, ist die einzige Chance, ein positives Image des Staates als desjenigen zu schaffen, der die Betreiber von Kulturdenkmälern unterstützt, die nicht in der offiziellen Denkmalliste verzeichnet sind (sich aber zum Beispiel in den kommunalen Denkmalverzeichnissen befinden oder um die Anerkennung als Kulturdenkmal bewerben), und der auch kleinere Träger stärkt, die daran interessiert sind, kulturelles Erbe im lokalen Umfeld (in der polnischen Provinz) bekannt zu machen."

Einige Zuwendungsempfänger sind an einer Förderung von Konservierungsmaßnahmen von Denkmälern interessiert – bei gleichzeitiger Schwächung des Schulungsaspekts und der Rolle des Ehrenamts. Dies aber liefe den Grundsätzen des Programms zuwider. In diesem Zusammenhang ist auch die folgende Aussage zu sehen: „Nach den Präsentationen während der Konferenz in Warschau waren wir erstaunt, dass ein Teil der Projekte keine aktive Arbeit am kulturellen Erbe und an den Kulturdenkmälern beinhaltete, sondern lediglich Ausflüge, Führungen und Begegnungen. Auch Werbe- und Informationsmaterialien gingen nicht auf die Arbeit der Freiwilligen zurück." Es sei darauf hingewiesen, dass in jedem der durchgeführten Projekte die Aktivitäten im Bereich der Freiwilligenarbeit immer mit einer Aneignung von Wissen über das nationale kulturelle Erbe (einschließlich Kulturdenkmäler) sowie über die Möglichkeiten seines Schutzes und seiner Bewahrung einhergingen. Im Rahmen des Programms ist das Engagement der Freiwilligen daher kein Ziel an sich, sondern ein besonders wichtiges Instrument wirksamer Denkmalpflege.

Die kritischen Stimmen enthalten auch Hinweise für die Organisatoren ähnlicher Programme. Empfohlen werden:
- höhere Fördersummen (von mehr als 40.000 Złoty) bereitzustellen,
- die Bewerbung des Programms in den Massenmedien auszuweiten,
- die Berichtspflichten zu vereinfachen,
- den Prozess der Berichtsprüfung zu beschleunigen und zu optimieren.

Zum Abschluss der hier vorgestellten Evaluationsergebnisse sollen jene Stimmen Gehör finden, die die Einzigartigkeit des Programms Ehrenamt Kulturelles Erbe hervorheben. Wiederholt gab es Äußerungen wie diese: „Unter den bestehenden Programmen der Regierung oder der kommunalen Selbstverwaltungen gibt es kein Pendant zu diesem." Das bestätigt, wie sinnvoll die Bemühungen um eine – mit einigen Korrekturen versehene – Wiederauflage des Programms in der Zukunft sind.

Zusammenfassung

Eine wesentliche Qualität des vorgestellten Programms ist das Bemühen, die Rolle von lokalen Initiativen und des lokalen Umfelds bei der Pflege des kulturellen Erbes in Polen in seinem ganzen Reichtum und seiner Vielfalt hervorzuheben. Die Initiatoren gingen davon aus, dass wertvolle Elemente der geistigen und materiellen polnischen Kultur nicht nur in den leicht identifizierbaren „Wundern Polens" zu finden sind, sondern auch an Orten, die abseits der viel besuchten Touristenpfade und Ausflugsziele liegen. So kann im Prinzip jede Gemeinde des Landes zu einem Begegnungsort mit wertvollen historischen Denkmälern werden, wenn sie mit ihren kulturellen Hinterlassenschaften entdeckt wird und sich die lokale Gemeinschaft engagiert, Traditionen, Bräuche, historische Leistungen und materielle Kulturdenkmäler, die für frühere Generationen bedeutsam waren, ihre Identität gestalteten und ihrem Leben Sinn und Farbe gaben, zu rekonstruieren und zu bewahren. Bei der Förderung von Aktivitäten in diesem Bereich nahm das Programm Ehrenamt Kulturelles Erbe alle gesellschaftlichen Gruppen und Altersstufen in den Blick. Es zeigte sich jedoch, dass sich vor allem Jugendliche als Freiwillige engagierten. Auf diese Weise wird die junge Generation zu einem Verbündeten im Kampf um die dauerhafte Bewahrung historischen Kulturguts. Nutzen daraus ziehen auch die jungen Menschen selbst: Nie hätten sie gedacht, dass ein Engagement in der Pflege des älteren oder neueren kulturellen Erbes interessant und attraktiv sein könnte.

Zwei Durchgänge dieses für Polen neuartigen Programms fanden statt, was es ermöglichte, seine starken und schwachen Seiten zu identifizieren. Alle Erfahrungen flossen in die Entwicklung eines neuen, umfangreicheren Vorhabens ein. Auch ein Freiwilligenprogramm unter dem Motto „Gemeinsam für Kulturelles Erbe" ist Teil dieser 2018 aufgelegten Maßnahme.

(1) Vgl. *www.wolontariat.nid.pl* (Abruf am 25. März 2018).
(2) Zit. n. *www.polskieradio.pl/23/266/Artykul/178283,Na-ratunek-dziedzictwu* (Abruf am 25. März 2018).
(3) Vgl. auch: Dziedzictwo obok mnie. Poradnik zarządzania dziedzictwem w gminach („Kulturerbe in meiner Nähe. Ratgeber zum Umgang mit kulturellem Erbe in Gemeinden"), hrsg. v. Aleksandra Chabiera, Anna Kozioł, Bartosz Skaldawski, Narodowy Instytut Dziedzictwa, Warszawa 2016.
(4) Adam Lisiecki, Iwona Liżewska: „Wolontariusze ratują dziedzictwo kulturowe" (Freiwillige retten kulturelles Erbe), in: Ochrona Zabytków 2008, Nr. 56/3 (242), S. 9–10. Der Text wurde im Internet auf der vom Museum der Geschichte Polens (Muzeum Historii Polski) betriebenen Seite *bazhum.muzhp.pl* veröffentlicht: *http://bazhum.muzhp.pl/czasopismo/31/?idno=4551*

(5) Vgl. *www.rempart.com* (Abruf am 25. März 2018).
(6) Adam Lisiecki, Iwona Liżewska: „Wolontariusze ratują dziedzictwo kulturowe", a.a.O.
(7) Krajowy Program Ochrony Zabytków i Opieki nad Zabytkami na lata 2014–2017, Załącznik do uchwały nr 125/2014 Rady Ministrów z dnia 24 czerwca 2014 r. (Nationales Programm für Denkmalschutz und Denkmalpflege für die Jahre 2014–2017, Anlage zum Beschluss Nr. 125/2014 des Ministerrats vom 24. Juni 2014), Ministerstwo Kultury i Dziedzictwa Narodowego, Warszawa 2014, S. 43.
(8) Regulamin Programu Narodowego Instytutu Dziedzictwa „Wolontariat dla dziedzictwa" (Bestimmungen des Programms des Nationalen Instituts für Kulturelles Erbe „Ehrenamt Kulturelles Erbe"), S. 1.
(9) Ebd.
(10) Coś bierzemy, coś dajemy. Reportaże o wolontariacie dla dziedzictwa (Wir nehmen und wir geben. Reportagen über ehrenamtliches Engagement für kulturelles Erbe), hrsg. v. Aleksandra Chabiera, Anna Kozioł, Bartosz Skaldawski, Warszawa 2017.
(11) *https://nid.pl/pl/Wydawnictwa/inne%20wydawnictwa/Coś%20bierzemy_coś%20dajemy_reportaże.pdf* (Abruf am 5. Juli 2018).
(12) Der Film steht auf dem YouTube-Kanal des NID zur Verfügung: *https://youtu.be/aRc2hHy3Xa4* (Abruf am 5. Juni 2018).
(13) Die Teilnahme an der Evaluation war nicht obligatorisch. Die Fragebögen wurden an 200 Träger verschickt, lediglich 20 Fragebögen kamen ausgefüllt zurück. Für den vorliegenden Beitrag wurde jeder Fragebogen einzeln analysiert. In allen Fragebögen wurde das Programm im Allgemeinen positiv bewertet. Die kritischen Stimmen betrafen Einzelaspekte. Die in den folgenden Ausführungen vorgestellten positiven Bewertungen sind als typische Aussagen der Befragten insgesamt zu betrachten – die von einer Minderheit kritisch bewerteten Einzelaspekte ausgenommen. Die hier vorgenommene Darstellung stützt sich bewusst auf eine Gegenüberstellung positiver und kritischer Anmerkungen bezüglich einzelner Aspekte des Freiwilligenprogramms.

Was kann und soll Kultur im ländlichen Raum?

Ein Beispiel: Land & Kunst e.V.

Peter Henze, Projektleiter und ehrenamtlicher Geschäftsführer Land & Kunst e.V. (Arbste/Asendorf)

Dorf, Land, Kultur

Natürlich gibt es Kultur in unseren Dörfern: die so wichtige freiwillige Feuerwehr, Sport- und Schützenvereine, die Laienspielgruppe, gesellige Angebote von Kirchen und sozialen Einrichtungen und diesen oder jenen Event mit Künstlern aus der Stadt. Aber: Reicht das für die Zukunft?

Denn: Demografischer Wandel, Strukturveränderungen und ländlicher Raum gehören zu den Schlagwörtern unserer Zeit. Sie betreffen die mehr oder weniger weiter vorhandene Abwanderung von (jungen) Menschen vom Land in die Städte und die gleichzeitig eintretende Überalterung in diesen Regionen, die teils dramatische Ausmaße annimmt. Nach langer Missachtung beziehungsweise Unterschätzung der entstehenden Fragen und Probleme suchen Politik und Menschen vor Ort Antworten auf diese so gewaltigen quantitativen Verschiebungen mit qualitativen Konsequenzen, da es an einigen Orten durchaus bereits ums Überleben als mehr oder weniger funktionierender, stabiler und attraktiver Lebensraum geht.

Schnelle Antworten enthalten erst einmal wieder Schlagwörter: Arbeitsplätze, (ärztliche) Versorgung, Öffentlicher Personennahverkehr (ÖPNV) vor Ort und Anbindung an die nächsten Klein- und Mittelstädte – nach einer Pause folgen Vereine und Ehrenamt, weiche Faktoren. Und ein bisschen Kultur, wie erwähnt.

Die Frage aber, ob das reicht für eine nachhaltige Perspektive, die Gestaltung und Zukunft unserer Dörfer und der ländlichen Räume – diese Frage stellte sich auch den beiden Initiatoren von Land & Kunst e.V., als sie vor Jahren ‚aufs Land' in die Mitte Niedersachsens zogen. Und die Frage: Nach Jahrzehnten Erfahrungen in Kulturarbeit in der Stadt – gibt es da Unterschiede? Was bedeutet denn Kultur im ländlichen Raum, was kann sie leisten angesichts der Veränderungen, und wozu das Ganze überhaupt?

Zudem ist bekannt: DEN ländlichen Raum gibt es nicht. Geschichtliche, wirtschaftliche und strukturelle Unterschiede prägen unser Land, was man aber auch durchaus als Vielfalt und Schönheit, Schatz und Qualität begreifen kann und nicht nivellieren muss mit leicht gesagten, gern gehörten und gar nicht immer gewollten Postulaten von „gleichwertigen Lebensverhältnissen". Sicher, Menschen sollten überall genug zu essen und zu arbeiten haben, sollten ärztlich versorgt sein; grundsätzlich aber werden sehr unterschiedliche Antworten für unterschiedliche Regionen und auf die Bedürfnisse von Menschen zu finden sein.

Der wirkliche ländliche Raum

Es geht bei unserer Fragestellung nicht um aufgrund von Besonderheiten (Wirtschaft, Tourismus) prosperierende Räume, nicht um Kleinstädte, die so wichtig sind, sondern es geht genau um die Räume dazwischen. Räume mit wenig Produktivkraft und Arbeitsmöglichkeiten und überwiegend konventioneller Landwirtschaft. Menschen in diesen Regionen haben über Jahrhunderte hinweg vor allem gelernt zu ertragen, abzuwarten, sich zurechtzufinden, auch sich zu fügen, natürlich zu kritisieren; die Idee, der Impuls, die Lust und die Möglichkeiten, sich selbst als – politisch – Gestaltende im Gemeinwesen zu verstehen, diese Fähigkeiten sind dabei oft zu kurz gekommen, und für viele sind diese Gedanken selbst heute noch neu. Bekannte Strukturen, der Bürgermeister, der Rat (der heute kaum noch etwas zu entscheiden hat) und, nicht mehr so wie früher, aber doch: der Pastor, die Feuerwehr, der Schützenverein – diese Sicherheiten und Gewohnheiten geraten durcheinander.

Es ist leicht, sich darüber zu amüsieren. Besser wäre es, es zu verstehen: Auf dem Land geht alles langsamer. Das ist verständlich und auch gut so. Manchmal indes ist es hinderlich – vor allem in einer Zeit, in der Veränderung nicht mehr einem halbwegs natürlichen Wandel folgend geschieht, sondern durch die Tendenzen zu Globalisierung und Zentralisierung in einem atemberaubenden Tempo, dem das Land derzeit nicht folgen kann, und in der auch Demokratie erst wieder neu gelernt werden muss. Nur wenn wir verstehen, was lange Zeit sehr sinnvoll war und ‚tief drin sitzt', werden wir auch sehen, dass das allein für die Zukunft nicht reicht.

Was soll denn nun die Kultur?

Kulturelle Angebote erschöpfen sich vielerorts in weitgehend traditionellen Inhalten und Formen. Es sind Angebote meist zur Unterhaltung, zum Zeitvertreib; neben den verdienstvollen aktiven Angeboten von Feuerwehr und Sportvereinen gibt es eine merkwürdige, etwas träge Konsum-Kultur – vielleicht auch angesichts der Überalterung, tradiert aber ebenso durch ein uraltes Verständnis des Gegenübers von Arbeit und Ausruhen beziehungsweise Unterhaltung.

In besonderen Situationen und an besonderen Orten, in Niedersachsen beispielsweise im Wendland oder in Heckenbeck (Bad Gandersheim), erfuhr Kultur durch den Zuzug von meist jungen, politisch interessierten, ‚alternativen' Menschen eine große Bereicherung und neue Funktionen – was nur möglich war, weil bei der ursprünglichen Bevölkerung die Bereitschaft und Fähigkeit vorhanden war, diese friedliche ‚kulturelle Invasion' letztlich erfreut zu dulden – oder, wie auch an anderen Orten geschehen, weil sie eine aktive (kommunal-)politische Unterstützung bei Politikern und Verantwortlichen der Zivilgesellschaft erhielten. Was wahrlich nicht überall in ländlichen Regionen der Fall war und ist.

Kultur also als ‚Rettung'? Ja, wenngleich der Gedanke verwegen scheint. Eine Kultur allerdings, die sich nicht weiterhin auf Angebote zur Gestaltung von Freizeit beschränkt, sondern eine Kultur, die sich – nach dem Motto „Kultur und Teilhabe für alle" – erneut erweitert definiert als wesentliches Gestaltungselement von Zukunft und gemeinsamem Leben. Das ist immer noch für viele neu, weil es in früheren Zeiten nicht gefragt war, heute aber überlebenswichtig ist.

Was tut Land & Kunst e.V.?

Unter diesem aktiven, sozialen und politischen Gestaltungsgesichtspunkt stand schon unsere jahrzehntelange Kulturarbeit in urbanen Räumen. Unsere Fähigkeiten, Mittel und Techniken der Theater- und Kulturarbeit mussten fürs Land nicht neu erfunden werden, nur muss man sie im Dorf in den entsprechenden Kontext und in Bezug zu den dort anstehenden Fragen stellen. Wie in der Stadt galt unser Interesse besonders auch den sogenannten Randgruppen, den oft Benachteiligten und den Sorgenvollen. Berichten wir von zwei Beispielen unserer Arbeit, bei der es hilfreich ist, dass wir auch tatsächlich auf dem Land leben, es lieben und dort mittlerweile verankert sind.

„TafelTheater – Futter für die Seele"

Neun Jahre bereits gibt es das Projekt „TafelTheater – Futter für die Seele". Auch auf dem Land gibt es die „Tafeln", bei denen Bedürftige gegen einen symbolischen Beitrag Lebensmittel erhalten. Die Kunden dort erzählten uns viele Geschichten voll von Sorgen und Nöten, aber auch wunderbare von Träumen, Hoffnungen und Lebensmut. Eine Idee war geboren: Wir luden sie ein zu erzählen, tranken zusammen Kaffee. Wir begannen zu spielen, zu improvisieren, immer mit viel Bewegung, Tönen und Sprache und später auch mit Requisiten, Masken und bildnerischen Momenten. Ein Kantor

∧ *Szene aus dem aktuellen Projekt des TafelTheaters Bruchhausen-Vilsen.*

∧ *Inklusiv in jeder Beziehung: Das TafelTheater Bruchhausen-Vilsen.*

leitet inzwischen die musikalische Arbeit, eine Mediengruppe begleitet die Arbeit immer wieder filmisch. Aus den Spielereien entstanden unzählige Szenen und Theaterstücke, die immer wieder öffentlich präsentiert wurden. Zusammen oft mit Partnern innerhalb von Gottesdiensten, auf der Straße, einer Seniorenmesse, für die Kunden der Tafel und als Aufführungen für alle. Viele Szenen gestalteten sich zu theatralischen Interventionen und Gedanken; Träume und Anliegen fanden so den Weg in den Lebensalltag der Menschen und des Dorfes, luden ein zu Betrachtung und zum Diskurs. Das war die Außenwirkung.

Nach innen für die teilnehmenden Spieler und Spielerinnen bedeutete diese Tätigkeit Selbstwahrnehmung, Selbstbestätigung, neue Erfahrungen und neue Kenntnisse. Die kulturelle Verarbeitung zunächst privater Angelegenheiten wurde auch zu „Futter für ihre Seelen". Für viele ist dieses Projekt inzwischen ein Stück Heimat, für manche so etwas wie die sonst fehlende Familie. Neue Kontakte und Freundschaften sind entstanden, Kreativität geweckt, und einige, die inzwischen Arbeit gefunden haben, berichten, dass ihnen gewonnenes Selbstvertrauen bei der Arbeitssuche sehr geholfen hat. Eine Auszeichnung wie die Nominierung für den BKM-Preis Kulturelle Bildung 2014 war dann auch für alle Beteiligten eine besondere Wertschätzung.

Im Projekt werden Akzeptanz und Inklusion gelebt, Mut gemacht, Lebensentwürfe und Träume ausgetauscht, Streit ausgehalten und Generationen zusammengebracht – eine bunte Gruppe aller Altersgruppen, über 300 Teilnehmer und Teilnehmerinnen in all den Jahren; und das derzeitige Thema heißt „Leben leben mit und ohne Krankheit, Arbeit, Geld und Handicap".

„Die spinnenden Dorfweiber"
Es gibt sie noch: die Dorfkultur, die Tradition des Helfens, des Sich-Kümmerns, weiterhin meist getragen von den Frauen des Dorfes, heute meist um die 50 Jahre und älter, oft alleinstehend. Da gibt es dann bei viel ehrenamtlicher Arbeit jedoch auch Helfersyndrom, Einsamkeit, Erschöpfung und Überforderung. Oder aber den Wunsch, noch einmal etwas ganz Anderes, Neues zu machen.

Alle diese Themen greift unser Angebot auf. Bei den „spinnenden Dorfweibern" wird erzählt, gefilzt, modelliert, gesungen, gespielt und gesponnen, denn das Wort spinnen ist natürlich doppeldeutig gemeint. Wie beim TafelTheater geht es auch um Entspannung und Resilienz – und die Zukunft des Dorfes. Es gibt einen eigenen Laden mit selbst hergestellten Dingen, Theaterstücke wurden präsentiert, ein Buch veröffentlicht mit Geschichten von früher und Fragen nach morgen. Und lange stand ein Thema im Raum: „Wohnen und Leben im Dorf – allein oder zusammen?"

Auch in allen unseren weiteren Projekten, Seminaren, Theaterprojekten, Kooperationen mit Schulen und Kirchengemeinden sowie kulturellen Elementen in Diskussionen und Veranstaltungen geht es um ‚alles' – um Seelenfrieden im Inneren, ums Lebendigwerden, um eine lustvolle Gestaltung des Alltäglichen und die Verpflichtung und Chance zur Mitgestaltung eines Lebens in der Gemeinschaft. Immer verstehen wir uns als Kulturarbeiter auch an der Seite von Sozialarbeiterinnen und Seelsorgern und wissen um den politischen Aspekt solcher Arbeit.

Es ist nicht so einfach …, aber notwendig

„Zukunftsfähigkeit ist eine Frage der Kultur", sagen die österreichischen Kulturwissenschaftler Thomas Haderlapp und Rita Trattnigg in ihrem Buch desselben Titels[1], gemeint ist, die Menschen einzuladen und zu befähigen, sich selbst für die Gestaltung ihres Lebens einzusetzen und damit auch ihren Lebensraum lebenswert zu erhalten. Kulturelle Bildung thematisiert alles: wie wir leben, was wir essen, wie wir mit Tieren und der Natur umgehen, wie wir uns solidarisch organisieren, mit alten und neuen Mitbürgern, mit verschiedenen Kulturen, und natürlich auch, wie wir feiern, Theater spielen und uns Geschichten erzählen. Geschichten nicht nur von gestern, sondern Geschichten von morgen und nach morgen.

Was wir dazu zukünftig brauchen, sind professionelle Kulturarbeiterinnen und Kulturarbeiter für das Land, angedockt an Kulturvereine und ähnliche Einrichtungen, deren Aufgabe es dann ist, soziokulturelle Projekte zu initiieren, Verknüpfungen zwischen alten, guten Bräuchen und Erfahrungen und neuen Techniken und Entwürfen zu schaffen.
Dazu müssen Finanzierungsmittel bereitgestellt werden. Und es bedarf dringend der Zusammenarbeit und Unterstützung der Ehrenamtlichen durch professionelle Impulse, damit dieses nicht in Erschöpfung versanden soll. So können – entsprechend unterschiedlichen Bedürfnissen in verschiedenen Regionen – „kulturelle Knotenpunkte" geschaffen werden, die gleichermaßen ein kulturelles Netz über eine Landschaft legen, das auf alle gesellschaftlichen Begegnungsorte aktiv ausstrahlt und andererseits allen auch als Ideengeber zur Verfügung steht. Damit würden Bedürfnisse nach kreativer kultureller Tätigkeit und sozialer Integration beantwortet werden. Ebenso berührt werden dann dadurch auch Fragen der Zukunftsgestaltung in Dorf und Region unter Beteiligung zivilgesellschaftlicher Gruppen.

Das wiederum bedeutet als politische Forderung: eine große neue ressortübergreifende sozial-kulturelle Bildungsinitiative für die Zukunft des ländlichen Raums, den wir alle brauchen, aus Sicht der Naturerhaltung, der Lebensmittelproduktion und der Vielfalt unserer Lebensräume.

(1) Thomas Haderlapp, Rita Trattnigg: „Zukunftsfähigkeit ist eine Frage der Kultur", München 2013.

„Kunst auf Rädern"

Katarzyna Zarzycka,
Kunsthistorikerin, Kulturarbeiterin, Autorin

Einleitung

Theater, Kino, dynamisch agierende Bibliotheken, eine reichhaltige Auswahl an Museumsworkshops und Angeboten in Kulturzentren, kreative Grundschulen und Seniorenuniversitäten – Kulturerziehung von klein auf und Kulturelle Bildung lassen sich in Städten, wo die kulturelle Infrastruktur gut ausgebaut und ein Netz an Akteuren und Einrichtungen vorhanden ist, die Projekte in diesem Bereich durchführen können, verhältnismäßig leicht umsetzen. Eine große Herausforderung hingegen sind die Hürden, die in kleineren Orten den Zugang zu moderner Kultureller Bildung auf hohem Niveau versperren. Leicht lässt sich ein Ausstellungsbesuch für Schülerinnen und Schüler einer Krakauer oder Warschauer Schule organisieren. Für Lehrkräfte, Kulturarbeiterinnen, Kulturpädagogen, aber auch für Eltern aus Szalowa, Koniecpol oder Tarczek hingegen handelt es sich um kein einfaches Vorhaben: Die Frage der Anfahrt ist zu klären, finanzielle Mittel zu beschaffen, ein ganzer Tag ist für die Fahrt einzuplanen, und auch der Lehrplan muss eingehalten werden. Ein weiteres Problem der Kulturellen Bildung in kleineren Orten ist die Übernahme altbekannter Muster, wie die Fokussierung auf Folklore in ländlichen Gebieten. Erschwerend kommt hinzu, dass lokale Ressourcen, die für die Kulturelle Bildung von großem Nutzen sein können – eine Kate in der Nachbarschaft, ein nahegelegener Wanderweg, vor allem aber Kulturdenkmäler – unerkannt bleiben und nicht wertgeschätzt werden. Eine Antwort auf einige der angesprochenen Probleme sind Initiativen wie das seit zehn Jahren bestehende Projekt „Kunst auf Rädern" („Sztuka na kółkach").

Über das Projekt

Das Vorhaben ist landesweit einmalig – dies gilt sowohl für das Format als auch hinsichtlich seiner Reichweite. Das Projekt stützt sich auf das Potenzial des kulturellen Erbes vor Ort. So finden die in seinem Rahmen veranstalteten Workshops vor allem in alten Kirchen statt. Mona Lisa auf einem Roller steht als Sinnbild für das Projekt, die Bewegung ist eines seiner charakteristischen Merkmale. Die verschiedenen Veranstaltungsorte werden von den Projektverantwortlichen, dem Verein der Kunsthistoriker (Stowarzyszenie Historyków Sztuki) und der Stiftung Plenerownia (Fundacja Plenerownia), festgelegt oder von den Teilnehmerinnen und Teilnehmern, vor allem Schulen, angeregt.

Wie kommt es, dass die Workshops in Kirchen stattfinden? Sie sind verfügbar, offen, und sie besitzen historischen und künstlerischen Wert. Zudem sind sakrale Baudenkmäler häufig die einzigen materiellen historischen Spuren, die im ländlichen Raum in Polen erhalten geblieben sind. Die Idee des Projekts ist die Durchführung von Museumsworkshops – ein Angebot, wie es heute in Museen weltweit üblich ist. Hier jedoch werden sie in lokalen Gemeinschaften abgehalten, in Baudenkmälern in der Nähe. „Da der Berg nicht zu Mohammed kam, musste Mohammed zum Berg gehen" – dieser Leitspruch führt qualifizierte Pädagogen (Kunsthistorikerinnen und -historiker mit pädagogischer Erfahrung) mit Menschen in Baudenkmälern in ihrer Nähe zusammen, um hier über Kunst und kulturelles Erbe zu sprechen. Die Workshops finden an einem Ort statt, der den Teilnehmerinnen und Teilnehmern vertraut ist, der Teil ihrer Lebenswirklichkeit ist. Auf diese Weise gelingt es, sie für das Thema zu interessieren. Architektonische Begriffe, Symbole und Themen von Kunstwerken bleiben nicht länger abstrakt, sondern werden konkret. In der Praxis lernen die Teilnehmerinnen und Teilnehmer, was die Gotik vom Barock unterscheidet, was ein Portal und was eine Apsis ist. Eingehend betrachten sie Gemälde und Skulpturen und betreten auf diese Weise die große Welt der Kunst, lernen den kulturellen Code kennen, der es ihnen später erlaubt, die Werke der großen Meister bewusst zu rezipieren.

Oft kommt es vor, dass die Einwohnerinnen und Einwohner eines Ortes das nahegelegene Baudenkmal nicht wertschätzen, sich nicht angemessen darum zu kümmern wissen und sich für sein Schicksal nicht interessieren. Die Organisatoren des Projekts bekamen in den zehn Jahren seines Bestehens häufig zu hören: „Bei uns gibt es nichts Interessantes, die Holzkirche ist klein, man sollte sie besser abreißen und stattdessen eine neue aus Stein bauen." Auch darauf soll das Projekt eine Antwort sein: Es soll Sensibilität und Verantwortungsgefühl für Kulturgüter entwickeln und zeigen, wie kulturelles Erbe gepflegt und das Potenzial der Heimatverbundenheit im Kleinen genutzt werden kann. Darüber hinaus ist es ein vordringliches Ziel, Toleranz und Offenheit gegenüber anderen Religionen und Kulturen zu fördern – ein Ziel, das angesichts des kulturellen Erbes in Polen, einem Land, das die Tragödie von Kriegen erleben musste, aber auch mit Blick auf die heutige Situation in der Welt besonders wichtig erscheint. Regionales Kulturerbe erinnert an verschiedene nationale und ethnische Gruppen, an unterschiedliche Glaubensrichtungen, Kulturen und Epochen. Das Projekt stützt sich vor allem auf das christliche Erbe als grundlegende Basis europäischer Identität. Die von Kunst auf Rädern besuchten Baudenkmäler sind Teil des gemeinsamen europäischen Erbes: Erinnerungen an das romanische und gotische Mittelalter, Zeugen des Humanismus der Renaissance, ferne Spuren einer Rezeption von Vorbildern aus Rom und Paris, barocker Vergeistigung und eines aufgeklärten Kults des Geistes, aber auch europäischer Konflikte oder der Wanderung von Menschen über den Kontinent. Viele dieser Spuren befinden sich an wichtigen Touristenpfaden und Kulturrouten, wie dem Jakobsweg oder der Route der Holzarchitektur. Die Mona Lisa auf dem Roller machte auch an Orten halt, die sich auf der Liste des UNESCO-Weltkulturerbes befinden.

Das Projekt besteht seit 2009. Bis 2018 war es in fast 200 Ortschaften und Baudenkmälern zu Gast. Dazu gehörten unter anderem die Zisterzienserklöster in Wąchock, Koprzywnica und Jędrzejów, die Bernhardinerklöster in Leżajsk, Dukla, Przeworsk und Kalwaria Zebrzydowska, die alte Johanniterkirche in Stara Zagość, die auf der UNESCO-Liste verzeichneten Holzkirchen in Dębno Podhalańskie, Blizno, Haczów und Lipnica Murowana, die von König Kasimir dem Großen gestifteten Bußkirchen in Wiślica, Stopnica und Szydłów, die romanischen Bauwerke in Opatów und Prandocin sowie die Barockkirchen in Klimontów, Nowy Wiśnicz und Ibramowice. Schätzungsweise 20.000 Menschen nahmen an den Veranstaltungen teil. Als bewusstere und verantwortungsvollere Rezipienten von Kultur trugen sie fortan Sorge für das europäische Erbe und engagierten sich auf unterschiedlichste Weise, um es bekannt zu machen und für künftige Generationen zu bewahren: Im Zuge eines Wettbewerbs entwarfen Kinder Plakate in verschiedenen Techniken, mit denen sie über lokale Baudenkmäler informierten, andere zeichneten Comics zu ihrer Geschichte; in drei Durchgängen des Wettbewerbs „Schulprojekttage Kulturelles Erbe" („Szkolne Dni Dziedzictwa Kulturowego") bereiteten Lehrkräfte mit ihren Schülerinnen und Schülern Kulturveranstaltungen vor: Sie organisierten Treffen, Ausstellungen, Ausflüge, Geländespiele sowie Publikationen, darunter auch multimediale Veröffentlichungen, und sogar Modenschauen zu bestimmten Themen. Wie in Dzierzgowo in der Woiwodschaft Heiligkreuz (Świętokrzyskie) nahmen sich die Menschen vielerorts der unmittelbaren Umgebung der Baudenkmäler an, brachten Friedhöfe in Ordnung und suchten zusammen mit den Verantwortlichen nach finanziellen Mitteln für die Wiederherstellung und Erhaltung der historischen Bauwerke.

Das Veranstaltungsformat

Die Workshops Kunst auf Rädern gestalten sich in jedem Ort individuell und werden auf die örtlichen Gegebenheiten abgestimmt. Gearbeitet wird mit Aufgabenkärtchen und weiteren Hilfsmitteln. Als Beispiel kann das schon erwähnte Projekt in der Kirche von Dzierzgowo aus dem 19. Jahrhundert dienen: Hier erarbeiteten die Teilnehmerinnen und Teilnehmer zunächst eine Definition des Begriffs kulturelles Erbe und führten entsprechende Beispiele an, bei denen sie sich auf das lokal Vorhandene bezogen. Im Anschluss versuchten sie, das Charakteristische der Außenansicht der Kirche zu beschreiben. Sie zeichneten auch einen Bauplan, wobei unter anderem mathematische Kompetenzen gefragt waren. Eingeführt wurden Begriffe wie Kirchenschiff, Transept und Presbyterium. Die Gruppe diskutierte darüber hinaus Fragen der Multikulturalität, Erwähnung fanden in diesem Zusammenhang auch Gebäudeformen, die Angehörigen anderer Glaubensgemeinschaften als Ort des Gebets dienen. In einem weiteren Schritt wurden die Ausstattungsmerkmale der Kirche, wie der Altar, eingehend untersucht, was einen Blick auf die Veränderungen in Kunst und Liturgie ermöglichte. Der fesselndste Teil des Workshops war ein Spaziergang durch das Innere der Kirche, die eingehende Betrachtung der Gemälde und Skulpturen und die Entschlüsselung ihrer Ikonografie und Symbolik. Diese Aufgabe eignete sich für die Arbeit mit Kindern und Erwachsenen gleichermaßen. Bei Workshops in Frydman und Włoszczowo oder Dębno Podhalańskie stellten die älteren Einwohner zahlreiche Fragen. Erst jetzt entdeckten sie, wen die Skulptur des Hauptaltars verkörperte oder was der heilige Nikolaus auf dem Bild in der Hand hielt. Anfangs noch gehemmt, wurden sie während der Workshops gelöster und vergnügter. Sie übten sich als Detektive und fanden Antworten auf verschiedene Fragen.

Im abschließenden Teil der Workshops Kunst auf Rädern stehen in der Regel mit dem kulturellen Erbe verbundene Werte sowie der Erhalt und die Pflege von Denkmälern im Fokus. Der sogenannte Mona Lisa-Koffer enthält verschiedene Materialien und Werkzeuge von Künstlern und Restauratoren, die das Interesse der Teilnehmerinnen und Teilnehmer wecken. Gemeinsam versuchen sie eine Liste der sieben Wunder ihrer Gegend zu erstellen. In Alwernia, Złotoryja und Zator schlüpften die teilnehmenden Jugendlichen in die Rolle von PR-Leuten und entwickelten – unter Zuhilfenahme von Werbeprospekten anderer polnischer Städte – eine PR-Strategie für das eigene Baudenkmal. Zum Abschluss der Workshops waren die jüngsten Teilnehmerinnen und Teilnehmer aufgerufen, verschiedene praktische Aufgaben zu lösen. So fertigten sie in Niedzica und Czarnca ein Bildwörterbuch der Kunstwerke an. In Łapanów und Wysocice malten sie alle Tiere, die sie im Kircheninnern fanden. In Wieliczka und Dobra entstand jeweils ein Pappmodell der Kirche. Auch während der Workshops mussten verschiedene Aufgaben gelöst werden. In Bochnia und Rembieszyce verwandelten sich die Teilnehmerinnen und Teilnehmer als „lebende Skulpturen" gegenseitig in Altarfiguren. In Szydłowo formten sie mithilfe ihrer Hände das Modell des Gewölbes nach. In Secemin, Kluczewsko und Pilica entzifferten sie Grabinschriften. Ganz nebenbei erwarben sie durch diese Aktivitäten neue Kenntnisse über die Lebenswirklichkeit einer Epoche, übten ihre Sprachkompetenzen (zum Beispiel durch die Beschreibung von Objekten), schulten ihre Fähigkeiten der Ableitung und Schlussfolgerung sowie der eigenständigen und der gemeinschaftlichen Arbeit.

Finanzierung

Das Projekt wird aus Mitteln verschiedener Förderprogramme und Eigenmitteln finanziert. Die Veranstalter arbeiten mit Lehrkräften an Schulen und mit NGOs zusammen. Auch bemühen sie sich um die Weitergabe ihrer Erfahrungen. So werden seit 2014 im Rahmen des Projekts Praxis-Workshops für Lehrkräfte angeboten. Hier erfahren die Teilnehmer unter anderem, wie Schülerinnen und Schüler für Kunst und kulturelles Erbe interessiert und lokale Baudenkmäler in den Lehrplan einbezogen werden können – und wie es gelingt, dass Jugendliche ein Verantwortungsgefühl für Kulturgüter entwickeln und ihre Herkunft wertschätzen.

2017 fanden im Rahmen von Kunst auf Rädern erstmals zwei Freiwilligencamps im Schloss Dunajec in Niedzica statt. Die Teilnehmer – Lehrkräfte, Kulturarbeiterinnen, Kulturpädagogen sowie am Engagement für den Schutz des Kulturerbes interessierte Menschen – erwarben theoretische Kenntnisse und bereiteten sich vor allem praktisch auf die eigenständige Durchführung von Projekten mit lokalen Baudenkmälern im Fokus vor. Ziel der Camps war es, das Wirkpotenzial des Projekts Kunst auf Rädern noch besser zu nutzen und auszuweiten. Mithilfe der Freiwilligen aus ganz Polen gelang, was zuvor nicht möglich gewesen war: das Projekt in den meisten Landesteilen zu etablieren. Auch der online zur Verfügung gestellte Projektleitfaden „Kunst auf Rädern" diente diesem Zweck. Er enthält unter anderem Unterrichtspläne, Vorschläge für Aufgabenstellungen und andere Hilfsmittel zur Durchführung von Unterrichtseinheiten zum Thema kulturelles Erbe.

Materialien

Auf Basis der Erfahrungen im Projekt Kunst auf Rädern entstanden eine Reihe von Hilfsmitteln, um Lehrkräfte, Kulturarbeiterinnen sowie Kulturpädagoginnen bei der Durchführung von Projekten im Bereich Kulturelle Bildung zu unterstützen. Dazu gehören unter anderem das Bildungspaket „Mobiles Zentrum für die Interpretation Kulturellen Erbes" (Przenośne Centrum Interpretacji Dziedzictwa, PCID), das Buch „Kulturelles Erbe knacken. Handbuch guter Praktiken der Vermittlung und Bildung im Bereich kulturelles Erbe"[1] und die an Kinder gerichtete zweibändige „Chronik des Denkmalomanen"[2] – alle Publikationen wurden vom Nationalen Institut für Kulturelles Erbe (Narodowy Instytut Dziedzictwa, NID) herausgegeben.

Schon die Aufmachung des PCID-Bildungspakets weckt Interesse: In seiner Form erinnert es an das Gebäude einer ehrbaren Kultureinrichtung. Die Idee geht auf Freeman Tildens Theorie der Natur- und Kulturinterpretation aus den 50er Jahren zurück. Dabei handelt es sich um eine Methode, die ein Erleben, ein Verständnis und einen persönlichen Zugang zu kulturellem Erbe erlaubt. Tilden beschrieb die Interpretation als Bildungsaktivität. Diese muss als aktive Beteiligung der Teilnehmerinnen und Teilnehmer daran verstanden werden, sich des kulturellen und natürlichen Erbes – und mit dessen Hilfe auch bestimmter aktueller Erscheinungen und Prozesse – bewusst zu werden.

Das PCID-Bildungspaket bringt die Grundsätze dieser Methode in die Schule, es trägt zur Wissensvermittlung, zur Herausbildung einer aktiven Haltung und zur Aneignung neuer Kompetenzen auf Basis des kulturellen Erbes bei. In dem im Paket enthaltenen „Kulturerbe-Beutel" befinden sich 50 Magnettäfelchen (auf denen für das kulturelle Erbe zentrale Begriffe verzeichnet sind) sowie 50 Personenkärtchen (die auf Persönlichkeiten verweisen, die den Schutz und die Entwicklung des kulturellen Erbes wesentlich beeinflusst und den mit diesem Erbe verbundenen Werten hohe Bedeutung beigemessen haben). Hinzu kommen eine Karte des kulturellen Erbes in Polen, die DVD „moNIDła" (die Vorschläge für einen kreativen Umgang mit dem vor Ort vorhandenen kulturellen Erbe enthält) und das Spiel „Die Entdecker des kulturellen Erbes" (Odkrywcy dziedzictwa). Das Material des PCID-Bildungspakets kann fächerübergreifend Verwendung finden: im Geschichts- oder Fremdsprachenunterricht, in der Klassenstunde, in Regional-AGs, im Rahmen von Schulausflügen und in Schülerprojekten. Das Bildungspaket ist ein vortreffliches Werkzeug, das dazu motiviert, die Geschicke eines Baudenkmals, die Geschichte eines Ortes und seiner Bewohner sowie Traditionen und Bräuche zu ergründen. Es regt zu eingehender Betrachtung und Interpretation an, es lehrt selbständiges Denken und Teamarbeit. Ein großer Vorzug ist, dass der Bereich des – materiellen oder immateriellen – kulturellen Erbes, in dem es eingesetzt werden soll, frei wählbar ist. Das PCID-Bildungspaket wurde vor allem für die Arbeit mit Schülerinnen und Schülern im Grundschulalter entwickelt, eignet sich jedoch auch für den Einsatz in der Mittel- und Oberstufe. Das 2016 vom NID produzierte Paket wurde kostenlos an mehrere Hundert Schulen in ganz Polen abgegeben.

Eine sehr gute Ergänzung zum PCID-Bildungspaket ist die schon erwähnte Publikation „Kulturelles Erbe knacken. Handbuch guter Praktiken der Vermittlung und Bildung im Bereich kulturelles Erbe", das ebenfalls vom NID herausgegeben wurde. Wie ein Kochbuch enthält der Band zahlreiche Rezepte für die pädagogische Arbeit zum Thema kulturelles Erbe. Das Buch besticht durch seine eingängige Sprache und praktische Form. Interessierte Leserinnen und Leser finden hier allgemeine Informationen, Hinweise zu Methoden und Werkzeugen der pädagogischen Arbeit im Bereich kulturelles Erbe sowie Beispiele durchgeführter Maßnahmen aus der ganzen Welt. Die Publikation wurde in gedruckter Form herausgegeben und wird kostenlos durch das NID vertrieben. Sie ist auch online als pdf-Version verfügbar.

Ein Angebot, mit dem das Interesse von Kindern für das Thema kulturelles Erbe geweckt wird, ist die ebenfalls schon erwähnte zweibändige „Chronik des Denkmalomanen". Die Bücher sind als Krimis konzipiert, und die Wissensvermittlung erfolgt auf kreative und unterhaltsame Weise. Die Leserinnen und Leser begleiten die Hauptfiguren Staś und Helenka, die das Rätsel um das Verschwinden wertvoller alter Objekte aus der Restauratorenwerkstatt lösen und das Geheimnis der alten Kapelle lüften. Dabei vermitteln sie Kenntnisse über das materielle und immaterielle kulturelle Erbe. Die Bücher liegen in gedruckter Form und zum Download als pdf-Version vor.

Preise und Auszeichnungen

Der beste Beweis, dass diese Initiativen sinnvoll sind, ist die Anerkennung, die ihnen immer wieder zuteilwurde. 2011 wurde Kunst auf Rädern als beispielhaftes Projekt der Kulturellen Bildung vom Nationalen Zentrum für Kultur (Narodowe Centrum Kultury, NCK) ausgezeichnet; 2014 wurde den Autorinnen des Projekts, Katarzyna Zarzycka und Barbara Łepkowska, vom Kulturminister der Orden „Verdiente der Polnischen Kultur" verliehen. 2016 wurden sie im Rahmen des Marian-Kornecki-Preises der Woiwodschaft Kleinpolen für ihr herausragendes Engagement im Bereich der Holzarchitektur geehrt. Auch im 1. Wettbewerb des Generaldenkmalpflegers für Bildungsinitiativen in Baudenkmälern wurde 2015 das Projekt Kunst auf Rädern ausgezeichnet. Im 1. Landesweiten Wettbewerb des NID für Bildungsmaterialien im Bereich kulturelles Erbe für Schulen erhielt ein Jahr später das PCID-Bildungspaket einen Preis. Besonders wichtig für die Stiftung Plenerownia war der Sonderpreis der Jury für das Projekt Kunst auf Rädern im Wettbewerb um den Preis der Europäischen Union für das Kulturerbe Europa Nostra Award 2017.

(1) Katarzyna Zarzycka: Rozgryźć dziedzictwo. Podręcznik dobrych praktyk upowszechniania dziedzictwa i edukacji o dziedzictwie kulturowym (Kulturelles Erbe knacken. Handbuch guter Praktiken der Vermittlung und Bildung im Bereich kulturelles Erbe), Warszawa 2016. Als pdf-Version unter: *www.nid.pl/pl/Informacje_ogolne/Konkursy/MATERIA%C5%81Y%20EDUKACYJNE/Podrecznik%20dobrych%20praktyk_.pdf*
(2) Katarzyna Wydra: Kronika zabytkomaniaka (Chroniken des Denkmalomanen), Bd. 1, Warszawa 2013, 2. Aufl. 2016 (Katarzyna Zarzycka), und Bd. 2, Warszawa 2015. Als pdf-Version unter: *https://issuu.com/plenerownia/docs/kronika_zabytkomaniaka* beziehungsweise *www.plenerownia.com/kronika-zabytkomaniaka-tom-ii.*

www.plenerownia.com/rozgryzc-dziedzictwo/
www.sztukanakolkach.com
http://sztukanakolkach.pl/podrecznik-sztuka-na-kolkach-2017/

Mit allen Sinnen – das Wunderkammerschiff

Julia Rust, Direktorin Me Collectors Room Berlin, Stiftung Olbricht

Mit der Jungfernfahrt des Wunderkammerschiffs im Jahr 2016 ging für uns von der Stiftung Olbricht ein Herzenswunsch in Erfüllung.

Seitdem das Schiff auf Wasserstraßen in Berlin und Brandenburg unterwegs ist, sind wir – in Kooperation mit der Helga Breuninger Stiftung, der Evangelischen Schule Berlin Zentrum, der Gemeinschaftsschule Campus Hannah Höch und mit Unterstützung verschiedener Brandenburger Ministerien sowie von Unternehmen und engagierten Privatpersonen – einem unserer wichtigsten Ziele ein großes Stück näher gekommen: möglichst vielen Kindern niedrigschwelligen Zugang zu Kunst und zu kultureller Bildung zu verschaffen.

Dazu ist das Schiff als eine Art mobiler Museumsraum ideal. Es erreicht auch jene Kinder in ländlichen Regionen, für die Berlin mit seinem vielfältigen kulturellen Angebot schon aus räumlichen Gründen fern liegt. Wir haben uns bei diesem Projekt in jeder Hinsicht bemüht, die Barrieren abzubauen, die üblicherweise den Zugang zu den ‚hehren' Kunsttempeln erschweren. Deswegen ist auch der Besuch des Schiffes für Schulklassen kostenlos. Aber noch wichtiger: Das Schiff ist in entscheidenden Punkten anders konzipiert und gestaltet als herkömmliche Museen. Seine Sammlung ist konsequent auf die Neugier und die Interessen von Kindern zwischen Kindergarten- und Grundschulalter zugeschnitten. Sie besteht aus Leihgaben der Olbricht Collection sowie der Lehrmittelsammlung des Museums für Byzantinische Kunst der Staatlichen Museen zu Berlin (Bode Museum): einzigartige historische Objekte aus den Bereichen Wissenschaft, Natur und Kunst, die ebenso außergewöhnlich wie geheimnisvoll und damit in ihrer besonderen Wunderlichkeit in großem Maße anziehend für Kinder sind. Dazu gehören zum Beispiel ein Narwalzahn, der noch vor hundert Jahren als Beweis für die Existenz des sagenhaften Einhorns angesehen wurde, ein über viertausend Jahre alter Meteorit oder eine aus Rochenhaut gefertigte Sanduhr. Die Kinder dürfen diese seltenen und faszinierenden Stücke nicht nur betrachten, sondern auch anfassen – und damit in einem umfassenden Sinn begreifen. Jede Besucher-Klasse ist aufgefordert, den Ausstellungsraum nach eigenen Interessen mit- und umzugestalten. Sämtliche Wände dürfen mit Kreide bemalt und beschriftet, eigene mitgebrachte Sammelobjekte in die Präsentation integriert werden. Die Kinder machen auf diese Weise sinnliche Erfahrungen, die auf spielerische Weise Wissen vermitteln, kulturelle Kompetenzen fördern, Kreativität und Fantasie anregen.

Aus unserer Sicht ist es von ganz besonderer Bedeutung, dass die Kinder nicht von Erwachsenen, sondern von eigens dazu geschulten Vermittler-Kindern an die Sammlung herangeführt und beim interaktiven Umgang mit ihr angeleitet werden. Denn von niemandem lernen Kinder so bereitwillig und nachhaltig wie von älteren Kindern. Dieses Peer-to-Peer-Prinzip ist wesentlich für das Wunderkammerschiff. Wir haben schon bei seiner Planung und Gestaltung Schülerinnen und Schüler verschiedener Berliner Grundschulen eingebunden und ihnen ermöglicht, ihre Wünsche und Visionen einzubringen.

Das Wunderkammerschiff verdankt seine Existenz nicht nur dem großen persönlichen Engagement aller Beteiligten aus allen Generationen. Am Ende war es vor allem auch das glückliche Zusammentreffen verschiedener, so gar nicht planbarer Umstände, die das Projekt in seiner heutigen Form ermöglicht haben. Welche das waren und wo die Wurzeln des Projekts liegen, unter welchen Bedingungen es schließlich realisiert werden konnte, welche Erfahrungen wir bis heute damit gemacht haben und welche zukünftigen Ziele wir verfolgen, möchte ich nun schildern.

Die Stiftung Olbricht unterhält seit dem Jahr 2010 mit dem me Collectors Room Berlin einen festen Ausstellungsort für private Kunstsammlungen im Zentrum des Berliner Scheunenviertels. Es ist seit der Eröffnung dieses Orts unser ganz besonderes Anliegen, Kunst im Alltag von Kindern und Jugendlichen zu verankern. Deshalb haben wir neben dem Ausstellungsbetrieb mit seinem Begleitprogramm auch ein Vermittlungsprogramm für Kindergarten- und Schulkinder unter der Leitung von Charlotte Esser konzipiert, das seitdem zehntausende Kinder erreicht hat. Dazu gehörten neben täglichen Führungen und Workshops für Kitagruppen und Schulklassen langfristige

Kooperationen wie das zusammen mit unserer Partnerschule Gustave Falke geschaffene Projekt „Schillernde Schätze und Klingende Kuriositäten", bei dem Schulkinder eine Ausstellung, Wunderkarten, Kunstkammerkisten und einen Audioguide eigens für andere Kinder entwickelt haben.

Im Verlauf dieser vielfältigen Unternehmungen wurde uns aber immer bewusster, dass wir mit unserem Programm nur bestimmte Kinder, in einem begrenzten Umfeld erreichen – und das kaum über die Berliner Grenzen hinaus. Wir aber wollten auch und gerade die Kinder ansprechen, in deren Alltag der Zugang zu und Umgang mit Kunst alles andere als selbstverständlich ist. Also überlegten wir, wie wir unser Kinder- und Jugendprogramm mobil machen könnten. Mit dieser Frage wandten wir uns an den Fachbereich Design für Innenraum und Ausstellungsdesign der Fachhochschule Potsdam. Im Verlaufe fruchtbarer Diskussionen entstanden erste Ideen für eine „Wandernde Wunderkammer", die in Form eines dafür extra umgebauten LKW durch Brandenburg fahren und Schulen auch in ländlichen Regionen besuchen sollte. Allerdings nahmen wir dann nicht nur aus finanziellen Gründen davon Abstand, diese Idee mit einem eigens dafür anzuschaffenden Fahrzeug umzusetzen: Eine Wunderkammer auf (LKW-)

∧ Schülerinnen und Schüler auf dem Wunderkammerschiff.

Rädern versprach einfach nicht den Charme und das Besondere, das wir uns für unsere wandernde Wunderkammerausstellung wünschten.

Eher zufällig erfuhren wir aber, dass die Helga Breuninger Stiftung mit der MS John Franklin über ein Schiff verfügte, bei dem es freie Kapazitäten gab. Und plötzlich fügten sich die Dinge wie von selbst. Eine Wunderkammer, die auf einem Schiff hinaus aufs Land zu den Kindern fahren würde, war in unseren Augen ideal. Denn erstens hätte es einen ganz besonderen Zauber, wenn die Kinder das Land verlassen und ein Schiff betreten müssten, um sich die Sammlung anzusehen. Allein das verspricht ein Abenteuer, für das Kinder besonders empfänglich sind. Und endlich böte das Schiff die Möglichkeit, dass die Vermittlerkinder eine ganze Woche lang, befreit aus dem regulären Unterricht, ganz in das Abenteuer einer Schiffsfahrt eintauchen könnten; sie würden auf dem Schiff übernachten, kochen, zusammen leben und Spaß haben. Das würde eine ganz bestimmte Atmosphäre, Energie und Zusammenhalt fördern, die auch die Besucher-Klassen spüren würden. Zu unserer Freude zeigte sich die Helga Breuninger Stiftung von der Idee eines Wunderkammerschiffs begeistert und stellte uns die MS John Franklin zur Verfügung.

Doch ein Schiff allein machte noch kein Wunderkammerschiff. Zunächst musste aus dem Schiff ein schwimmendes Museum werden. Der Ausbau zur mobilen Wunderkammer wurde durch den Studiengang für Ausstellungsdesign der FH-Potsdam unter Leitung von Prof. Detlev Saalfeld vorgenommen. Parallel musste ein inhaltliches Programm erarbeitet werden. Hier war die enge Zusammenarbeit mit zwei Berliner Grundschulen entscheidend. Zusammen mit der Evangelischen Schule Berlin Zentrum (ESBZ) und der Gemeinschaftsschule Campus Hannah Höch entwarfen wir das Workshop-Programm für das Wunderkammerschiff. Dabei wurde zugleich – mit finanzieller Unterstützung durch das Ministerium für Wissenschaft, Forschung und Kultur Brandenburg – in Zusammenarbeit mit Rebecca

< *Projekt „Wunderkammerschiff" der Stiftung Olbricht – Außenansicht des Schiffes.*

Hoffmann das „Wunderkammerschiff Logbuch" entwickelt, das seitdem als Lehrmaterial bei allen Workshops eingesetzt wird. Dieses Logbuch ist nicht nur Lehrmittel für die Schulklassen, die damit ihren Besuch des Wunderkammerschiffes im Unterricht vor- und nachbereiten können, es gibt den Kindern auch etwas Bleibendes in die Hand, das sie über den Besuch hinaus an das Erfahrene erinnern und ihr Interesse an den dort betrachteten Objekten lebendig halten soll.

Noch wichtiger als die Erstellung solcher Lehrmaterialien war allerdings die Schulung der Vermittlerkinder selbst. Hierzu veranstalteten wir unter anderem mit Schauspielern mehrtägige Workshops, auf denen die Vermittlerkinder auf ihre neue Rolle als Lehrende vorbereitet wurden. Eine besonders eindrückliche und schöne Erfahrung dabei war zu beobachten, wie die Vermittlerkinder in ihrer neuen Rolle plötzlich an Selbst- und Verantwortungsbewusstsein gewannen und ein sehr nachhaltiges Interesse für die zu vermittelnden Zusammenhänge entwickelten.

Heute ist der Besuch des Schiffes Höhepunkt eines fachübergreifenden Gesamtprogramms (Naturwissenschaften, Deutsch, Kunst, Sachkunde) für interessierte Schulklassen. Die Vor- und Nachbereitung erfolgt innerhalb von sechs Unterrichtsstunden durch die Lehrkräfte in der Schule mit den bereitgestellten Logbüchern. Es ist ein über alle unsere Erwartungen hinaus erfolgreiches Projekt, das inzwischen mehr als 1.200 Schülerinnen und Schülern den Museumsbesuch als Möglichkeit der Welterfahrung auf eine abenteuerliche und interaktive Weise nahegebracht hat. Das hervorstechende Merkmal ist, dass Kinder Kindern Wissen vermitteln. Besonders freut uns zudem, dass mit Schülern, Studenten, Eltern, Lehrern, Professoren und den Mitarbeitern der beteiligten Stiftungen wirklich alle Altersklassen eingebunden sind. Dieser generationenverbindende Aspekt stößt auf viel Sympathie und hilft, finanzielle Unterstützung von anderen Institutionen und Privatpersonen zu erhalten. Doch im Kern ist das Wunderkammerschiff bis heute eine private Initiative. Die Stiftung Olbricht trägt bis mindestens 2018 die Betriebskosten und übernimmt mit seinen Mitarbeitern die Projektsteuerung. Ebenso lange wird die Helga Breuninger Stiftung das Schiff zur Verfügung stellen. Für die Zukunft würden wir uns wünschen, dass das Ministerium für Bildung in Brandenburg mit einer anderen großen Stiftung den Betrieb des Wunderkammerschiffs übernehmen und es als staatliches Bildungsprojekt institutionalisieren wird. Unabhängig davon hoffen wir, dass durch unser Programm Lehrkräfte angeregt werden, Museumsbesuche als festen Bestandteil in ihr Schulfach zu integrieren und ihren Schülern und Schülerinnen das Museum als Raum des Wissens, der Welterkundung und der kulturellen Debatten nahezubringen.

Neue Trends in der theatralen Bildung

Joanna Kocemba, Theater- und Kulturwissenschaftlerin, arbeitet im Institut für Kunst an der Polnischen Akademie der Wissenschaften (PAN)

Theatrale Bildung (*edukacja teatralna*) ist ein beliebter und weit gefasster Begriff, der in der polnischen Sprache tief verwurzelt ist und viele verschiedene Praktiken beschreibt. Innerhalb des letzten Jahrzehnts hat sich dieser Bereich dynamisch entwickelt und wurde neu konzipiert, was nicht nur mit dem Wandel in der Kulturellen Bildung[1] insgesamt zusammenhing, sondern auch mit der steigenden Beliebtheit konkreter neuer Methoden und Denkweisen in der theatralen Bildung. So erfreuen sich heute zum einen alle Aktivitäten aus dem Bereich der Theaterpädagogik eines immer größeren Interesses, zum anderen aber auch – wenn man den Begriff der theatralen Bildung sehr weit fasst – Formen partizipativer Theaterarbeit mit Bildungscharakter, die sowohl in der Kunstwelt als auch in der Sozialarbeit verwurzelt sind. Im vorliegenden Aufsatz werde ich die neusten Trends in der theatralen Bildung charakterisieren und mich dabei besonders auf die beiden oben genannten Handlungsrichtungen konzentrieren.

Der Begriff theatrale Bildung lässt verschiedene Auslegungen zu, die den Charakter der in diesem Rahmen entstehenden Aktivitäten bestimmen. Erstens funktioniert der Begriff in seiner am weitesten gefassten Bedeutung als Nachdenken über die Bildungsfunktion des Theaters per se. Unter Berufung auf Friedrich Schiller und seine Schrift „Über die ästhetische Erziehung des Menschen"[2] sowie auf andere Künstler nationaler Aufklärungstheater (wie beispielsweise Wojciech Bogusławski[3]) beschreiben Forscher die theatrale Bildung als Beteiligung des Individuums am Theaterleben durch den Besuch von Aufführungen. Besondere Bedeutung haben hier Inszenierungen, die darauf abzielen, Inhalte mit Bildungs- und Erziehungscharakter sowie ethische Grundsätze zu vermitteln, die also keinen reinen Unterhaltungscharakter haben. Diesem Begriffsverständnis folgend, setzen Lehrer an Schulen Aktivitäten aus dem Bereich der theatralen Bildung um, indem sie Theaterbesuche mit Schülern organisieren oder Theatergruppen in die Schule einladen. Manche zeitgenössische staatliche Theater erklären in ihren Statuten den Bildungsanspruch ihrer Arbeit allein durch die Tatsache, dass sie Aufführungen vorbereiten.

Zweitens wird, und das ist eine engere Auslegung des Begriffes, die theatrale Bildung verstanden als die Lehre vom Theater. Eine so ausgerichtete Arbeit, die sowohl in der Schule als auch in Kulturinstitutionen durchgeführt wird, kann verschiedene Formen annehmen: traditionelle Vorlesungen, Vorträge, die immer beliebteren Podiumsdiskussionen, Treffen und Gespräche mit Experten und Künstlern, auch Besichtigungen von Theatern und der Blick hinter die Kulissen, sprich in die Garderoben, die Ateliers, die Maschinenräume.

Drittens, und das ist eine noch engere Begriffsbestimmung, wird unter theatraler Bildung die künstlerische Arbeit von Amateuren im Theaterbereich verstanden, die meistens Bildungscharakter hat. Sie findet in Schulräumen, im Theater, in Kulturhäusern und anderen Kulturinstitutionen, in Gebäuden, in denen lokale NGOs ihren Sitz haben, und in öffentlichen Räumen statt. Dazu gehören die Vorbereitung von Amateurtheateraufführungen, unter anderem mit Mitspielcharakter, Theaterworkshops, Kurse, aber auch eine sehr besondere Form, die sogenannten Workshops für eine Aufführung (Warsztaty do spektaklu).(4)

Die oben genannten Aktivitäten lassen sich nach ihren Hauptzielen beziehungsweise nach den wichtigsten Zielen des Bildungsprozesses, den sie planen, unterteilen. Die offensichtlichste, traditionelle Aufteilung ist die Unterscheidung nach Aktivitäten, die darauf vorbereiten, Rezipient oder aber Theaterschaffender zu sein.(5) Aktivitätsformen entsprechend der ersten und zweiten Auslegung des Begriffs theatrale Bildung sollen den Rezipienten (den Zuschauer, das Publikumsmitglied) bilden, Praktiken aus dem dritten Spektrum hingegen bilden den Theaterakteur.

Der qualitative Wandel, der eine Entwicklungsrichtung neuer Formen in der theatralen Bildung repräsentiert, gründet jedoch auf der Verbindung der beiden oben genannten Ziele der Bildungsarbeit im Bereich Theater. So ist beispielsweise der kürzlich in institutionellen Theatern (unter anderem im TR Warszawa, im Teatr Powszechny in Warschau und im Teatr Dramatyczny in Wałbrzych) eingeführte Workshop für eine Aufführung, der zentral für die Praxis der Theaterpädagogik ist, ein Bildungsangebot vor allem für die Rezipienten eines Theaterwerks, das jedoch mit kreativen Handlungsformen arbeitet. Ähnlich verhält es sich mit den Dramatechniken, die sich eines wachsenden Interesses erfreuen. Setzt man letztere – die sich aus ästhetischer und sozialer Sicht sehr von dem Workshop für eine Aufführung unterscheiden – im Bildungsprozess ein, nutzt und entwickelt man ebenfalls die Kreativität der Teilnehmer, ohne sie aber zu Theaterkünstlern auszubilden. Das an Beliebtheit gewinnende Teatr Forum(6) (entwickelt unter anderem dank der Stiftung Drama Way und des von ihr herausgegebenen Buchs „Übungen und Spiele für Schauspieler und Nicht-Schauspieler" ihres Gründers Augusto Boal) wird als Form der theatralen Bildung für die Theaterbesucher verstanden, die als gesellschaftliche Individuen behandelt werden, indem diese kreativ an der Theaterarbeit mitwirken.

Wo ist auf dem so skizzierten Feld zeitgenössischer Aktivitäten und Auslegungsformen von theatraler Bildung die Theaterpädagogik verortet? Vor allem ist dies ein Begriff, der in Polen noch immer neu ist, obwohl er sich sowohl im Denken als auch in der Praxis immer stärker festsetzt. Er wird unterschiedlich verstanden, oft sehr weit gefasst oder aber traditionell, und beschreibt beinahe synonym mit dem Begriff theatrale Bildung alle Verbindungen zwischen dem Theater und der Erziehung.(7) Diese Auslegung wird jedoch immer stärker verdrängt von einem engeren Verständnis, das Theaterpädagogik als Fachgebiet betont, das die Theaterkunst sowohl spielenden als auch zuschauenden Menschen näher bringt und dabei mit dem Gruppenprozess und dem Element des Spiels arbeitet.(8) Noch enger spricht man von ihr als Methode, sogar als Methodik, die auf einer bestimmten Philosophie des Kontakts zwischen Theater und Rezipienten und auch auf konkreten Arbeitstools basiert.(9)

Mit der letzten Auslegung verbinden sich konkrete Arbeitsformen. Die Workshops für eine Aufführung, wie auch alle anderen Aktivitäten, die der Philosophie der Theaterpädagogik folgen, gehen von der Idee aus, die Theatersprache einzusetzen, indem sie benutzt und dekonstruiert wird – was sie egalitär macht, geeignet für die Forschung, für das Kommentieren und für die Welterfahrung. Besonders wichtig wird aber all das, was den jeweils Teilnehmenden nahe und wichtig ist(10), die oft aus Gruppen stammen, die gesellschaftlich marginalisiert sind. Die Entscheidungen auf dem kreativen Feld werden demokratisch getroffen und fördern, indem sie zu Reflexion und kritischem Denken anregen, Handlungsfähigkeit und Handlungskompetenz auch im sozialen Bereich.

Diese Demokratisierung des kreativen Prozesses scheint eine der fundamentalen Grundlagen der Theaterpädagogik zu sein, was verglichen mit den früher dominierenden Arbeitsmodellen von Theaterpädagoginnen und -pädagogen eine bedeutsame Verschiebung darstellt. Die Theaterpädagogik als Arbeitsphilosophie, als Methode für Aktivitäten und als konkrete Praxis fügt sich so in das umfassendere Gebiet der theatralen Bildung ein. Oft jedoch geraten ihre Grundlagen in Konflikt mit verfestigten Arbeitsweisen der Theaterpädagoginnen und -pädagogen und mit den von ihnen in der Theaterarbeit – oft unbewusst – reproduzierten Denkweisen über künstlerisches Schaffen, die gesellschaftliche Handlungskompetenz und das Elitäre von Theaterarbeit.

Dies erleben Menschen, die eine langjährige Praxis in der theatralen Bildung hinter sich haben und anfangen, mit Methoden der Theaterpädagogik zu arbeiten. Dann passiert es, dass sie sich bestimmte für gerade diese Denkrichtung zentrale Fragen zum ersten Mal stellen: Fragen, die mit den Machtverhältnissen in den von ihnen durchgeführten Projekten zusammenhängen, mit dem Politischen dieser Aktivitäten und mit dem Einfluss der Teilnehmerinnen und Teilnehmer des Theaterprojekts auf die endgültige Form der vorbereiteten Vorstellung. Nicht immer ziehen sie die gleichen Schlussfolgerungen, und nicht immer überzeugt sie die Arbeit nach den Maßstäben der Theaterpädagogik. Doch sie herauszufordern, verfestigte alte Schemata in der Vorgehensweise aufzubrechen, sie zu reflektieren und eventuell für sich selbst wieder zu aktualisieren, ist allein schon Arbeit im Sinne der Theaterpädagogik.

Den oben beschriebenen Prozess durchlaufen die Studierenden der Aufbaustudiengänge Theaterpädagogik, die seit 2014 vom Zbigniew-Raszewski-Theaterinstitut und dem Institut für Polnische Kultur an der Universität Warschau angeboten werden.[11]

In dem zweijährigen Studienprogramm gibt es praktische und theoretische Fächer. Zieht man in Betracht, dass das Studium darauf ausgerichtet ist, Praktiker weiterzubilden, Menschen, die aktiv in der Kultur tätig sind, kann dies überraschend erscheinen. Dies folgt jedoch vor allem der tiefen Überzeugung von der Notwendigkeit, die Praxis zu reflektieren. Theaterpädagoginnen und -pädagogen sollten sich ihrer Tätigkeit bewusst sein, ihres Charakters, der Bedingungen, des Einflusses, den sie ausüben. Sie sollten in der Lage sein, ihre eigene Tätigkeit kritisch und analytisch zu betrachten, sie sowohl in einem breiteren soziokulturellen Kontext als auch im Kontext mit anderen Theateraktivitäten und sozialen Theaterprojekten betrachten können. Kritisches Denken ist andererseits auch die Grundlage vieler pädagogischer Theaterprojekte, und darauf fußt der angeleitete kreative Prozess in der Gruppe. Mehr noch, reflektierte Praxis führt dazu, die Philosophie zu verstehen, die hinter der praktizierten kreativen Arbeit steht, und damit zu ihrer Vertiefung und Erweiterung, zum Aufgeben von Aktivitäten, die auf unreflektierter und nachahmender Anwendung konkreter Konzepte, sogenannter fertiger Rezepte, beruhen. Die Theaterpädagogik hingegen erlaubt und erfordert eine Konzentration darauf, die Gruppe zu verstehen, mit der man zusammenarbeitet, auf ihre Interessen und Möglichkeiten, die eigenen Leidenschaften sowie auf die soziokulturellen Zusammenhänge, die Arbeitsziele und die zu erwartenden Ergebnisse.

Das Aufbaustudium der Theaterpädagogik bereitet auf die Praxis kreativer und künstlerischer Arbeit mit verschiedenen gesellschaftlichen Gruppen im Bereich Theater vor. Die Schwerpunktsetzung auf Gruppenprozesse, der Ausbau sozialer Kompetenzen, der horizontale Austausch von Wissen und Fähigkeiten, die Entwicklung von kritischem und analytischem Denken, das Reflektieren der Praxis, das Lernen durch Erfahrungen – all das sind mit Sicherheit Elemente des Bildungsprozesses von Studierenden, die sich mit der Philosophie der Theaterpädagogik überschneiden. Es handelt sich in diesem Fall also um ein Theater- und Pädagogikstudium, obwohl es im Universitätssystem angesiedelt ist, in dessen Rahmen Bewertungen, Termine, genau festgelegte Prinzipien gelten. Diese Situation kann als typisch für die Theaterpädagogik allgemein beschrieben werden: Sie ist eine kreative Arbeit, die an den Grenzen verschiedener Welten operiert, die feste Regeln sprengt und gleichzeitig aus ihnen schöpft, die das Element des Spiels und des ungezwungenen Schaffens einsetzt, während sie die Dinge dabei ungewöhnlich ernst nimmt.

Die Vorbereitung partizipativer Theaterarbeit ist ein zweiter populärer Trend auf dem Gebiet der theatralen Bildung. Nach den bereits genannten verschiedenen Möglichkeiten zur Auslegung des Begriffs theatrale Bildung müsste die partizipative Arbeit in den dritten Bedeutungsbereich eingeordnet werden, der die Arbeit mit Amateuren auf dem Gebiet der theatralen Bildung einschließt. In diesem Kontext ließe sich beispielhaft – für diesen Aufsatz – die künstlerische Praxis von Michał Stankiewicz anführen, wie die Stücke Jilbaz MOH, Import/Export, Bieżenki (Flüchtende) und Modlitwa. Teatr Powszechny (Das Gebet. Allgemeines Theater), manche Inszenierungen von Strefa WolnoSłowa wie beispielsweise Narysowałam więcej, niż tu widać, Uchodź! Krótki kurs uciekania dla początkujących (Ich habe mehr gezeichnet, als hier zu sehen ist, Flieh! Schnellkurs im Fliehen für Anfänger) und Bogowie (Götter), des Vereins Stowarzyszenie Praktyków Kultury Święto Wiosny (Das Opferfest), Nurt. Spektakl z różnych źródeł (Strömung.

Ein Spektakel aus verschiedenen Quellen) und von Weronika Fibich Lotto. Re(we)lacje! (Lotto. Sensation!), Nic osobistego (Nichts persönliches), 7 Resztek głównych (7 Hauptreste), Kryjówka (Das Versteck), Twórczość. Pole akcji, Historie znikania (Das Schaffen. Das Aktionsfeld. Die Geschichte des Verschwindens), Nasza szkoła (Die neue Schule) – all dies sind Beispiele für partizipative Theaterarbeit mit enormer Bedeutung für die Bildung.(12)

Partizipation ist ein Begriff, der aus der Sozialwissenschaft stammt und heute immer stärker an Popularität gewinnt, und zwar zugleich mit der systematisch steigenden Zahl partizipativer Praktiken nicht nur im Theater, sondern vor allem auch auf dem Gebiet der Kunst oder des zivilgesellschaftlichen Handelns. Partizipation „wird so eingesetzt, als würde sie zum Beispiel in der Beschreibung eines künstlerischen Projektes dessen Bedeutung verstärken", schreibt Karol Sienkiewicz.(13) Tatsächlich wird sie in verschiedensten Zusammenhängen verwendet, manchmal benutzt, manchmal gar missbraucht.(14) Es ist jedoch wichtig, trotz der Menge an negativen Beispielen nicht zu vergessen, dass es auch viele Aktivitäten in verschiedenen gesellschaftlichen Bereichen gibt, die mit der Einstellung konzipiert sind, eine reale Partizipation der Teilnehmenden zu ermöglichen.

Partizipative Theaterarbeit beinhaltet Projekte, die von der Teilnahme und kreativen Arbeit von Amateuren ausgehen, die verschiedene soziale Gruppen repräsentieren. Es handelt sich um eine Beteiligung, die zum Engagement und gemeinschaftlichen Handeln anregt, die die Ideen der Emanzipation und der Handlungsfähigkeit durch die Kunst teilt. Das partizipative Theater ist eine soziale Strategie engagierter Kunst, die in der kollektiven Entscheidung über die künstlerische Form eines Werkes oder einer Aktivität besteht, bei gleichzeitiger Gestaltung der sozialen Werte, die einem so verstandenen Prozess der künstlerischen Arbeit folgen. Anders gesagt, liegt das Wesen partizipativer Theatervorstellungen – sowohl derer, zu denen ganz klar der Bildungsprozess gehört, als auch derer, die außerhalb didaktischer Ziele funktionieren – in der Gewaltenteilung, mit der der Regisseur die Entscheidungshoheit über die Aufführung den übrigen Projektteilnehmern überlässt. Deshalb wird die Theaterkunst in größerem Maße demokratisch, deshalb kommt es zu Mehrstimmigkeit und Dialogizität.

Die gemeinsame Entscheidung über die Form der Theateraufführung, die Aufteilung der Regiehoheit bedeutet eine offene Haltung für das Geben und Nehmen. Das Entgegennehmen wiederum erfordert eine subjektorientierte Herangehensweise an den Menschen oder die Menschen, mit denen man zusammenarbeitet, die Anerkennung seiner beziehungsweise ihrer Werte, Überzeugungen und Erfahrungen. Dies hat besonders politische

Bedeutung, speziell bei der Zusammenarbeit mit Vertretern von Gruppen, die von gesellschaftlicher Ausgrenzung bedroht sind. Menschen, die sich in der besonderen Situation befinden, häufig zum Schweigen verurteilt zu sein und übergangen zu werden, werden in Vorführungen, die auf echte partizipative Weise vorbereitet werden, als Subjekte und als Partner behandelt. Jacques Rancière schreibt in seiner Publikation „Die Ästhetik als Politik" von einer ungewöhnlich politischen Macht der Kunst, „als Sprecher jene vernehmbar zu machen, die nur als lärmende Tiere wahrgenommen wurden".(15) Menschen, denen gegenüber das soziale Klima negativ ist oder im besten Falle philanthropisch-paternalistischen Charakter hat, können sich mithilfe partizipativer Kunst als ‚Sprecher' vernehmbar machen. Mit der Erarbeitung und Aufführung einer Inszenierung, in der sie auf der Bühne das erzählen, was sie selbst erzählen wollen, in einer Form, die sie gemeinsam erarbeitet haben, liefern sie nicht nur ästhetische Erlebnisse, wie sie einem Kunstwerk zu eigen sind, sondern können in ihren eigenen Augen und denen der Zuschauer ein neues Bild von sich zeichnen. Das partizipative Theater hat also subversiven Charakter mit Blick auf die geltenden Normen und Prinzipien, es kehrt sie um und stellt sie in Frage, zeigt ihre Kulturbezogenheit und Willkürlichkeit auf. Ein eventueller Bildungsprozess, der zu partizipativen Projekten gehört, hat also emanzipatorischen Charakter und soll zu Handlungskompetenz führen.

Das, was die heutigen, immer beliebter werdenden Trends in der theatralen Bildung vor allem auszeichnet, was sie von den traditionellen Formen der theatralen Bildung unterscheidet, ist das in den Projekten anschaulich werdende Verhältnis zur Norm und zu vorhandenen sozialen Strukturen sowie der Einsatz von Theaterarbeit für das Thematisieren von Fragen, die für die jeweilige soziale Gruppe relevant sind. Man könnte sagen, dass die theatrale Bildung derzeit Prozesse der Sozialisierung und Demokratisierung durchläuft. Es besteht kein Zweifel daran, dass man bei der Umsetzung von Projekten aus dem Bereich der Theaterpädagogik und bei der Entwicklung partizipativer Theaterprojekte, denen ein Bildungsgedanke innewohnt, noch immer von Innovation sprechen kann. Doch die Sprache, die für die Beschreibung von Maßnahmen der theatralen Bildung verwendet wird, hat sich verändert. In immer stärkerem Maße nutzen Theaterpädagoginnen und -pädagogen Formulierungen aus den in diesem Aufsatz beschriebenen Praktiken, selbst wenn ihre Aktivitäten weit davon entfernt sind. Dies zeugt mit Sicherheit von eintretenden Veränderungen, doch wie umfassend und dauerhaft ihr Charakter sein wird, zeigt sich gewiss erst in einigen Jahren.

(1) Um die Ausführungen zu verkürzen, benutze ich hier den Begriff Kulturelle Bildung in einer weit gefassten Bedeutung, die verschiedene künstlerisch-soziale Praktiken mit Entwicklungs- und Bildungscharakter enthält, nicht nur die, die mit der Kulturvermittlung an Mitglieder einzelner sozialer Gruppen verbunden sind.
(2) Siehe: K. Prykowska-Michalak: Obserwatorium Kultury: Edukacja w polskim teatrze. Wprowadzenie historyczne (Wissenschaftliche Begleitung Kultur: Bildung im polnischen Theater. Historische Einführung), Fundacja Rokoko, Łódź 2005, S. 13–17.
(3) D. Ratajczakowa: „Teatr mój widzę powszechny..." – Wojciecha Bogusławskiego zbiór zasad funkcjonowania sceny ojczystej („Mein Theater sehe ich als allgemeines ..." – Funktionsprinzipien der heimischen Bühne von Wojciech Bogusławski"), „Wiek Oświecenia. Wojciech Bogusławski i teatr polski w XVIII wieku" (Das Jahrhundert der Aufklärung. Wojciech Bogusławski und das polnische Theater im 18. Jahrhundert), 1996, Nr. 12, S. 33.
(4) Siehe die Berichte über theatrale Bildung in der Schule und in Theaterinstitutionen, vorbereitet auf der Grundlage von Qualitätsstudien (durch die Abteilung Pädagogik des Theaters im Zbigniew-Raszewski-Theaterinstitut) und Quantitätsstudien (durch die Stiftung Fundacja Rokoko): Poza afiszem. Edukacja teatralna w teatrach instytucjonalnych (Außerhalb des Plakates. Theatrale Bildung in institutionellen Theatern), Hrsg. M. Babicka, K. Kalinowska, K. Piwońska, Zbigniew-Raszewski-Theaterinstitut in Warschau, Warszawa 2017; Teatralny Plac Zabaw Jana Dormana. Edukacja teatralna w szkołach podstawowych. Raport z badań (Der Theaterspielplatz des Jan Dorman. theatrale Bildung in Grundschulen. Studienbericht), Hrsg. K. Kalinowska, Zbigniew-Raszewski-Theaterinstitut in Warschau, Warszawa 2013; Obserwatorium Kultury: Edukacja w polskim teatrze. Badania ilościowe (Wissenschaftliche Begleitung Kultur: Die Bildung im polnischen Theater. Eine Quantitätsstudie), Hrsg. D. Kubiak und J. Czurko, Fundacja Rokoko, Łódź 2015.
(5) Siehe: Poza afiszem. Edukacja teatralna w teatrach instytucjonalnych (Außerhalb des Plakates. theatrale Bildung in institutionellen Theatern), S. 15.
(6) Teatr Forum (Forumtheater) erfreut sich derzeit in Polen eines immer stärkeren Interesses. Die Inszenierungen, die von verschiedenen kreativen Gruppen erarbeitet werden, haben jedoch selten den Charakter einer Systemkritik an der gesellschaftlichen Wirklichkeit, die der Fokus von Augusto Boal war. Sie sind keine „Revolutionsversuche", wie Boal sie wollte. Sie betreffen eher Probleme, die damit verbunden sind, seinen Platz in der gesellschaftlichen Wirklichkeit zu finden, als daran zu arbeiten, diese zu verändern. Ihr Charakter besteht vielmehr darin, Gleichgewicht wieder herzustellen, ihr Ziel ist nicht der Umsturz, sondern die Arbeit an individuellen Haltungen. Mehr zu diesem Thema schreibe ich in dem Aufsatz Aktywny/bierny – Teatr Forum jako teatr partycypacyjny (Aktiv/passiv – Das Forumtheater als partizipatives Theater), in: „Maska. Magazyn Antropologiczno-Społeczno-Kulturowy" (Die Maske. Das anthropologisch-gesellschaftlich-kulturelle Magazin) 2017, Nr. 34, S. 263–273.
(7) Siehe: W. Żardecki: Teatr w refleksji i praktyce edukacyjnej. Ku pedagogice teatru (Das Theater im Bildungsgedanken und in der Bildungspraxis), Wydawnictwo Uniwersytetu Marii Curie-Skłodowskiej, Lublin 2012.

(8) Siehe: S. Blaschko: Niemiecka pedagogika teatru wobec edukacji estetycznej (Die Deutsche Theaterpädagogik angesichts ästhetischer Bildung), Towarzystwo Teatralne im. Jędrzeja Cierniaka, Warszawa 2015.

(9) Siehe: Poza afiszem. Edukacja teatralna w teatrach instytucjonalnych (Außerhalb des Plakates. Theatrale Bildung in institutionellen Theatern), S. 32.

(10) Siehe: D. Ogrodzka: Odsłaniając rusztowanie. Pedagogika teatru jako poszerzenie pola gry (Das Gerüst aufdecken. Theaterpädagogik als Erweiterung des Spielfeldes), „Dialog" 2016, Nr. 4, S. 142–157.

(11) Die Verfasserin dieses Aufsatzes arbeitet für den Bereich Diplom-Aufbaustudium Theaterpädagogik, seit 2015 ist sie in der Organisation des Studiums tätig und unterrichtet derzeit auch das Fach Bildung in der Kunst.

(12) Sie alle haben einen Bildungswert und funktionieren darüber hinaus auch gut im sogenannten Kunstumlauf. Sie werden von Kulturinstitutionen produziert, kommentiert von Theaterkritikern, als Kunstwerke bewertet, zu Theaterfestivals eingeladen und haben ihr Publikum.

(13) K. Pobłocki, Pułapki partycypacji: Wstęp do wydania polskiego (Die Fallen der Partizipation. Vorwort zur polnischen Ausgabe), in: C. Bishop: Sztuczne piekła. Sztuka partycypacyjna i polityka widowni (Künstliche Höllen. Die partizipative Kunst und die Publikumspolitik), übers. v. J. Staniszewski, Fundacja Bęc Zmiana, Warszawa 2015, S. 5.

(14) Die Autoren des Lehrbuchs Partycypacja. Przewodnik Krytyki Politycznej (Partizipation. Guide durch die Politische Kritik) sind sogar der Meinung, dass „Partizipation trendy ist!" Siehe: P. Sadura, J. Erbel: Partycypacja jest trendy! (Partizipation ist trendy!), in: Partycypacja. Przewodnik Krytyki Politycznej (Partizipation. Guide durch die Politische Kritik), Hrsg. J. Erbel, P. Sadura, Wydawnictwo Krytyki Politycznej, Warszawa 2012, S. 6–8.

(15) Jacques Rancière, Die Ästhetik als Politik, in: derselbe: Das Unbehagen in der Ästhetik, Wien 2007, S. 29–56.

Die neue polnische Museumslandschaft

und ihre Angebote zur historisch-politischen Bildung

Marek Mutor, Direktor des Zentrums Pamięć i Przyszłość (Erinnerung und Zukunft) in Wrocław

Historische Museen erleben in Polen einen Boom. Ein Grund sind die zahlreichen innovativen Projekte der sogenannten Museen neuen Typs – Einrichtungen, die mit Interaktion, modernen Ausdrucksmitteln und einer interessanten dramaturgischen Gestaltung arbeiten. Anders als im klassischen Museumswesen tritt hier das Original gleichsam in den Hintergrund. Im Zentrum der Aufmerksamkeit stehen die Betrachterinnen und Betrachter und ihre durch die ihnen dargebotene Narration geweckten Emotionen. In diesem Verständnis wird der Umgang mit dem Exponat nur Mittel zum Zweck – dem Erleben der Besucherinnen und Besucher sowie der erzielten pädagogischen Wirkung. Große Aufmerksamkeit erlangte dieser Ansatz erstmals mit dem 2004 eröffneten Museum des Warschauer Aufstands (Muzeum Powstania Warszawskiego). Seit dieser Zeit wurden in Polen über ein Dutzend staatliche Museen sowie eine deutlich größere Zahl von Ausstellungen oder Museen auf lokaler Ebene finanziert. Der Aufschwung des modernen Museumswesens in Polen lässt sich in gewisser Weise auf die polnischen Debatten zur Erinnerungspolitik zurückführen.

Nicht ohne Bedeutung ist auch die Attraktivität dieser Art von Einrichtungen: Sie ziehen zahlreiche Besucherinnen und Besucher aus der Region an und sind zugleich ein wichtiges touristisches Highlight. Diese Museen verzeichnen Besucherrekorde und können bereits einige Erfolge im Bereich der historisch-politischen Bildung vorweisen.

Zugleich möchte ich jedoch betonen: Meine Absicht ist es nicht, das klassische Museumswesen herabzusetzen. Im Gegenteil: Es scheint, dass die Museen neuen Typs die Besucherinnen und Besucher auf anspruchsvollere Präsentationsformen vorbereiten. Dazu gehören auch Museen, in denen Exponate auf herkömmliche Art präsentiert werden. Beide Museumsformen ergänzen sich vortrefflich. Zudem treten sie niemals in reiner Form auf. Die bestehenden Museen passen sich an die neue Realität an, gestalten ihre Ausstellungen um und machen neue Bildungs- und Vermittlungsangebote. Gleichzeitig suchen die neuen Museen Exponate und Erinnerungsstücke und gehen mit ihnen in ‚klassischer' Weise um: konservieren sie, präsentieren sie in Vitrinen und machen sie zuweilen zur ‚Hauptattraktion'. Es sei deshalb daraufhin hingewiesen, dass die Grenze zwischen ‚altem' und ‚neuem' Museumswesen etwas Künstliches ist. Trotzdem liegt dem vorliegenden Text diese Einteilung zugrunde, denn wie es scheint, sind die neuen Museumsprojekte, die häufig mit einem großem Finanzierungsaufwand einhergehen, in besonderer Weise Teil der öffentlichen Debatte. Es liegt deshalb nahe, die Aktivitäten dieser Einrichtungen im Bereich der historisch-politischen Bildung genauer in den Blick zu nehmen.[1]

Betrachten wir die Entwicklung musealer Einrichtungen in Polen, muss uns bewusst sein, dass wir es hier eher mit einem Aufholen von Versäumnissen zu tun haben als mit einer Fülle von Angeboten. In diesem Text beschränke ich mich auf ein thematisches Beispiel dafür. In Bezug auf die museale Institutionalisierung der Erinnerung an die Geschichte der früheren deutschen Gebiete, die als Folge des Zweiten Weltkriegs Teil des polnischen Staatsgebiets wurden, ist ein beträchtliches Ungleichgewicht zwischen Deutschland und Polen auszumachen. In Deutschland gibt es sechs große, durch den Bund geförderte Landesmuseen (Ulm, Lüneburg, Greifswald, Görlitz, Gundelsheim und Münster) sowie weitere Institutionen und zahlreiche Gedenkorte, die sich dieser Geschichte widmen und die zumindest teilweise aus öffentlichen Mitteln finanziert werden. Auf polnischer Seite gelang in den letzten Jahren unter großen Anstrengungen der Aufbau zweier entsprechender Einrichtungen: des Geschichtlichen Zentrums Zajezdnia (Centrum Historii Zajezdnia) in Wrocław und des etwas kleineren Dialogzentrums Umbrüche (Centrum Dialogu Przełomy), einer Zweigstelle des Nationalmuseums in Szczecin. Im Entstehen begriffen ist das Netzwerk der westlichen und nördlichen Gebiete (Sieć Ziem Zachodnich i Północnych), das als Forschungs- und Bildungseinrichtung die Rolle eines „vernetzten Museums" zu diesem Thema einnehmen könnte.

Es geht jedoch keinesfalls darum, mit dem Nachbarland in einen Wettstreit zu treten. Vielmehr trägt meiner Meinung nach ein ausgewogenes Verhältnis der institutionellen Grundlagen einer auf diese Gebiete bezogenen Erinnerungspflege dazu bei, den internationalen Dialog und die gegenseitige Verständigung zu begünstigen. Ein wichtiger Bezugspunkt kann dabei das Jahr 1965 mit der Botschaft der polnischen Bischöfe an ihre deutschen Amtsbrüder und der Ostdenkschrift der Evangelischen Kirche in Deutschland sein (und nicht nur sie allein).(2) Bei der Betrachtung der Museumsdichte in Polen darf nicht unerwähnt bleiben, dass derzeit weitere Museen im Bau sind. Erwähnenswert sind das Józef-Piłsudski-Museum (Muzeum Józefa Piłsudskiego) in Sulejówek, das Museum der Verstoßenen Soldaten und Politischen Gefangenen der Volksrepublik Polen (Muzeum Żołnierzy Wyklętych i Więźniów Politycznych PRL) im früheren Untersuchungsgefängnis in der Ulica Rakowiecka in Warschau (mit einer hervortretenden architektonischen Form, die das frühere Gefängnis für Ausstellungszwecke adaptiert), das als Kulturpark konzipierte Museum der Schlacht bei Warschau von 1920 (Muzeum Bitwy Warszawskiej 1920 roku) in Ossów oder das geplante Museum des Warschauer Ghettos (Muzeum Getta Warszawskiego) im früheren Bersohn-Bauman-Kinderkrankenhaus (Szpital Dziecięcy Bersohnów i Baumanów) in Warschau.

Wenn in den neuen Museen der Narration größere Bedeutung als der Sammlung zukommt, ist offensichtlich, dass die Bildungsarbeit eine wichtige und unentbehrliche Ergänzung im Programm der Einrichtung sein muss. Im Folgenden gebe ich einen Überblick über die Bildungs- und Vermittlungsarbeit der neuen polnischen Museen. In der Regel bildet die Dauerausstellung einer Einrichtung den Ausgangspunkt und den Raum für Workshops, museumspädagogische Angebote oder andere Bildungsaktivitäten. Deshalb werden in diesem kurzen Text weder die Aktivitäten der einzelnen Museen in Bezug auf ihre Dauerausstellungen erörtert noch die sie begleitenden Debatten. Ich beschränke mich vielmehr auf einen Überblick an repräsentativen Beispielen für Bildungs- und Vermittlungsangebote jenseits der Dauerausstellungen und zuweilen sogar jenseits der Museen selbst. Die Auswahl der einzelnen Institutionen erfolgte anhand verschiedener Kriterien. Auf der Liste befinden sich zum einen öffentliche Einrichtungen mit Museumsfunktion (die in formaler Hinsicht den Status von Museen oder auch von Kultureinrichtungen besitzen können); entscheidend war dabei, ob eine großflächige Dauerausstellung vorhanden ist. Zum anderen kommen Einrichtungen des 21. Jahrhunderts ins Spiel, die sich dem Konzept eines modernen Museumswesens, wie oben beschrieben, verpflichtet sehen. Schließlich wurden Institutionen ausgewählt, die sich großer Besucherzahlen erfreuen. Aus dieser Liste habe ich einige Projektbeispiele historisch-politischer Bildung ausgewählt, die in den betreffenden Einrichtungen realisiert wurden und meiner Meinung nach repräsentativ sind. Der folgende Überblick ist zugleich das Ergebnis von Forschungen zu musealen Praktiken in Polen, die am Zentrum „Erinnerung und Zukunft" (Ośrodek „Pamięć i Przyszłość") in Wrocław durchgeführt wurden – für den vorliegenden Text stütze ich mich auf die Untersuchungen von Barbara Kowalska. Bei den vorgestellten Bildungs- und Vermittlungsprojekten handelt es sich in der Regel um aktuelle Beispiele aus den Jahren 2017 und 2018.

Das Museum des Warschauer Aufstands (Muzeum Powstania Warszawskiego) erzählt die Geschichte der polnischen Erhebung des Jahres 1944, die zu einem der wichtigsten Elemente der kollektiven Erinnerung in Polen wurde. Das Museum ist Beispiel einer Einrichtung, die auch außerhalb des eigenen Hauses überaus aktiv ist und durch eine starke Präsenz in sozialen Netzwerken und im städtischen Raum in die Öffentlichkeit tritt. Neben dem regelmäßigen Angebot an Workshops (Modellbau und künstlerische Projekte) sowie traditionellen museumspädagogischen Aktivitäten ist die Bildungs- und Vermittlungsarbeit des Museums darauf ausgerichtet, den Warschauer Aufstand als Thema im öffentlichen Raum zu verankern und seine Opfer und Helden ins gesellschaftliche Bewusstsein zu rücken. Neueste Projektbeispiele sind: die Twitteraktion „Wir sind da, wenn du dich an uns erinnerst" (#JesteśmyJeśliPamiętasz) – hier werden die Nutzerinnen und Nutzer des Dienstes dabei einbezogen, die Heldinnen und Helden des Aufstands bekanntzumachen; das Projekt „Freiheit verbindet" (Wolność Łączy) – es bezieht das gesamte Stadtgebiet ein, lenkt die Aufmerksamkeit der Warschauerinnen und Warschauer auf die in der Stadt verteilten Erinnerungsorte und macht das Symbol des Kämpfenden Polens (*Polska Walcząca*) bekannt; die Veranstaltung „Aufständische aus der ganzen Welt" (Powstańcy z całego świata) – ein attraktives Angebot für Familien mit Kindern, die im Rahmen einer Freiluftveranstaltung etwas über aus dem Ausland stammende Aufständische erfahren. Erwähnenswert ist auch die Aktion „Aufständische Masse 2018" (Masa powstańcza 2018) nach Vorbild der „Kritischen Masse" (Masa Krytyczna) – regelmäßigen Fahrraddemonstrationen für eine stärkere Präsenz von Fahrrädern im Stadtverkehr. Die „Aufständische Masse 2018" führte entlang der Wege der Bataillone *Miłosz* und *Ruczaj*, die im Warschauer Aufstand auf Seiten der Aufständischen gekämpft hatten. Ein weiteres, einzigartiges pädagogisches Angebot des Museums findet im Warschauer Kaiserpanorama (Fotoplastikon Warszawski) statt. Schülerinnen und Schüler der fünften und sechsten Klasse nähern sich hier der Geschichte der Stadt in den Workshops „Stadtplan des nicht mehr bestehenden Warschaus" (Mapa nieistniejącej Warszawy) oder „Meine Waffe war der Fotoapparat" („Moją bronią był aparat"), in dem die Geschichte von Fotografen und Filmemachern, die am Warschauer Aufstand beteiligt waren, thematisiert wird.

Besondere Aufmerksamkeit in der Vermittlungsarbeit des Museums des Warschauer Aufstands verdient das alljährlich vom Stefan-Starzyński-Institut (als einer dem Museum angegliederten Abteilung) veranstaltete Stadtspiel „Dein Bild vom Aufstand" (Twoja klisza z Powstania). Die Teilnehmerinnen und Teilnehmer lernen dabei die Geschichte von Orten kennen, die mit den Ereignissen im August und September 1944 verknüpft sind. Das Stadtspiel fand 2018 bereits zum zwölften Mal statt, diesmal unter dem Motto „Geschichten einer nicht mehr bestehenden Stadt" (Historie nieistniejącego miasta). Als Vorlage für das Drehbuch diente das Schicksal einer Meldegängerin des Batallions *Chrobry I*. Die an der abzulaufenden Strecke verteilten strategischen Punkte des Spiels waren mit den Geschicken der Protagonistin verbunden und ließen ihre Erinnerungen an Plätzen von damals, die heute so nicht mehr existieren, wieder aufleben. Die Teilnehmerinnen und Teilnehmer des Stadtspiels begaben sich für drei Stunden in die Rolle von Reporterinnen und Reportern in der Zeit des Warschauer Aufstands. Dabei mussten sie nicht nur die vorgegebene, fünf Kilometer lange Strecke bewältigen und alle Fragen beantworten, sondern ihre Hauptaufgabe war es, eine Fotodokumentation in vier Kategorien zu erstellen: Detail, Objekt in Bewegung, Porträt und Reportage. Eine Herausforderung wie diese birgt großes Lernpotenzial: Den Teilnehmerinnen und Teilnehmern wurden nicht nur Fertigkeiten der klassischen Fotografie abverlangt, sondern sie mussten zudem interessiert und engagiert in die Geschichte des Warschauer Aufstands eintauchen. Die Gewinnerinnen und Gewinner des Fotowettbewerbs wurden per Votum im Internet ermittelt und abschließend im Rahmen einer Preisverleihung geehrt.

Das Posener Tor (Brama Poznańska) ist eine Einrichtung des Zentrums für Kulturtourismus TRAKT (Centrum Turystyki Kulturowej TRAKT). Als erstes Museum in Polen versteht es seinen Auftrag als „Interpretation des Erbes". Unter Einsatz neuer Technologien erzählt es die Geschichte der Posener Dominsel und der Anfänge des polnischen Staates. Das Museum zeichnet sich durch ein vielfältiges Bildungs- und Vermittlungsangebot aus, das sich an Erwachsene und Kinder richtet. Dazu gehören Angebote für Familien mit Kindern unterschiedlichen Alters (Der magische Teppich, Kleine Streiche), ein Reiseführer für Kinder entlang der Posener Route der Könige und Kaiser sowie das an Lehrkräfte gerichtete, jährlich stattfindende Bildungsprojekt „Schule des Erbes" (Szkoła Dziedzictwa). Besondere Aufmerksamkeit im Programm des Posener Tors verdient das Workshopangebot für Menschen mit Behinderungen. Das Ziel der Museumspädagoginnen und -pädagogen ist nicht nur die Wissensvermittlung, sondern auch, die Teilnehmerinnen und Teilnehmer am gesellschaftlichen und kulturellen Leben teilhaben zu lassen. Das Angebot für Menschen mit kognitiven Einschränkungen umfasst vier Workshops: „Wer auf Reisen geht, braucht eine Karte!" (Komu w drogę, temu mapa!), „Ausflug in den Garten" (Wyprawa do ogrodu), „Mieszko und Dubrawka – sie leben hoch!" (Vivat Mieszko i Dobrawa!) sowie „Mit der Mode durch die Jahrhunderte" („Z Modą przez wieki). Hinzu kommen spezielle Ausstellungsführungen. Sowohl in der Ausstellung selbst als auch außerhalb des Museums gibt es eigene Angebote für sehbehinderte und blinde Kinder und Jugendliche – „Die Bewohner des alten Gartens" (Mieszkańcy dawnego ogrodu), „Archäologische Spuren" (Archeologiczne Tropy), „Angefasst: Die Dominsel" (Dotknij: Ostrów Tumski) – sowie für gehörlose und hörgeschädigte Kinder und Jugendliche – „Das liegt auf der Hand" (Jak na dłoni), „Festung aus Holz und Stein" (Twierdza z drewna i kamienia), „Zu Zeiten Mieszko I." (Za panowania Mieszka I). Ein weiteres Beispiel dieses Engagements ist das Projekt „Unsichtbares Erbe" (Niewidzialne dziedzictwo), in dessen Rahmen 2016 mehrere Sensorik-Workshops für sehbehinderte und blinde Kinder und Jugendliche stattfanden. Das Museum ließ taktile Modelle des Posener Tors, der Dominsel und der Fassade des Posener Doms herstellen und diese durch die Schülerinnen und Schüler erkunden – zunächst in der Schule und später im Rahmen von Workshops vor Ort, die ihnen das tausendjährige Erbe der Dominsel anhand ausgewählter Exponate näherbrachten. In Audio-Workshops lernten die Teilnehmerinnen und Teilnehmer Techniken kennen, das auditive Umfeld mittels binauraler Tonaufnahmen zu dokumentieren und selbständig Töne aufzunehmen. Ergebnis der Workshops war die Erarbeitung eines sensorischen Rundgangs zum Besuch der Dominsel sowie eines dazugehörigen akustischen Stadtplans.

Das Europäische Solidarność-Zentrum (Europejskie Centrum Solidarności) möchte seinen Besucherinnen und Besuchern das Erbe der polnischen Gewerkschaftsbewegung Solidarność näherbringen und vermitteln, dass ihre Ideale nichts an Aktualität verloren haben. Wie die schon erwähnten Einrichtungen spricht auch das Zentrum mit seinem ständigen Angebot alle Altersgruppen an. Dazu gehören natürlich ebenfalls spezielle Angebote für Schulklassen und Kindergärten. Die Workshops finden in der Spielabteilung statt, einem speziell für die jüngsten Besucherinnen und Besucher hergerichteten Raum. Das Workshopangebot für Jugendliche stützt sich auf die Arbeit mit historischen Quellen – „Die Geburt der Solidarność" (Narodziny Solidarności), „Kriegszustand" (Stan Wojenny) –, untersucht Biografien oder verwendet die Questing-Methode, ein Geländespiel, bei dem wie bei einer Schnitzeljagd verschiedene Stationen zu finden und Fragen zu beantworten sind – „Familiengeschichte" (Rodzinna historia), „Dezember 1970" (Grudzień '70). Ähnlich wie beim Posener Tor ist es das Ziel der Pädagoginnen und Pädagogen des Europäischen Solidarność-Zentrums, historisches Wissen und die Vermittlung sozialer Kompetenzen zu verbinden. Im Angebot der Danziger Einrichtung sind deshalb auch Workshops zu Themen wie Stereotype und Vorurteile (Stereotypy i uprzedzenia), Grenzen der Freiheit des Wortes im Internet (Granice wolności słowa w Internecie) oder Grenzen überwinden (Przekraczając granice) mit dem Thema Migration im Fokus. Ein Angebot zur Förderung ästhetischer Kompetenzen ist der Workshop „Als Josef nach Prag zurückkehrte" (Kiedy Josef wrócił do Pragi), der sich auf die Ausstellung „Invasion. Prag 1968" (Inwazja. Praga 68) mit Arbeiten des tschechischen Fotografen Josefa Koudelka stützt. Das Europäische Solidarność-Zentrum unterstützt darüber hinaus aktiv die Bewegung der Schülerselbstverwaltung. So war es Ausrichter der 3. Konferenz der Schülerselbstverwaltungen (III. Konferencja Samorządów Uczniowskich) und der Schülerkonferenz Jugendforum (Forum Młodych). Jedes Jahr findet das Projekt „Sommer auf der Werft" (Lato w Stoczni) statt, in dessen Rahmen Schülerinnen und Schüler ein attraktives Ferienprogramm im historischen Raum erwartet. Erwähnenswert ist auch die Tätigkeit der Einrichtung als Bildungsort für Lehrkräfte. In seinem Programm „Solidarische Schule" (Solidarna Szkoła) gibt das Zentrum anderen Bildungseinrichtungen Methoden an die Hand und unterstützt sie inhaltlich bei der Vermittlung der Geschichte der Solidarność. Workshops für die Betreuerinnen und Betreuer der Schülerselbstverwaltungen ergänzen das Angebot.

Das Museum der Geschichte der Polnischen Juden POLIN (Muzeum Historii Żydów Polskich POLIN) gründet sich auf das gemeinsame Engagement der Regierung, der Stadt und des Jüdischen Historischen Instituts (Żydowski Instytut Historyczny). Das Museum präsentiert die tausendjährige Geschichte der polnischen Juden. Sein Ziel ist es zugleich, ein Ort der Begegnung und des Dialogs über die Vergangenheit und die gegenwärtige jüdische Kultur zu sein. Die Bildungs- und Vermittlungsarbeit des Museums umfasst neben einem ständigen Veranstaltungs- und Workshopangebot für Gruppen auch einige Sonderprojekte. Das speziell für die jüngsten Besucherinnen und Besucher und ihre Familien entwickelte Angebot „Bei König Maciuś" (U Króla Maciusia) regt zu Aktivitäten in ungezwungener Atmosphäre an und macht sie mit dem Museum als Ort vertraut. Das Programm für Erwachsene umfasst Vorträge, Diskussionen und Workshops zur Geschichte und Kultur der polnischen Juden, aber auch zu kultureller, ethnischer und religiöser Vielfalt und den damit verbundenen Herausforderungen. In diesem Rahmen fand unter anderem das Künstlerresidenz-Programm „Offenes Museum – Bildung in Aktion" (Muzeum Otwarte – edukacja w działaniu) statt. Aufmerksamkeit verdient auch das Programm „Jüdisches Kulturerbe 2013–2017" (Żydowskie Dziedzictwo Kulturowe 2013–2017), das über mehrere Jahre in Zusammenarbeit mit norwegischen Einrichtungen durchgeführt wurde. Kooperationspartner waren The Center for Studies of Holocaust and Religious Minorities, The Falstad Memorial and Center for Human Rights, The European Wergeland Centre sowie die Jüdischen Museen in Oslo und Trondheim. Das Programm erreichte 435.000 Teilnehmerinnen und Teilnehmer in Polen und Norwegen, und es fanden insgesamt rund 3.000 Veranstaltungen statt. Eine weitere Initiative ist das gesellschaftliche Bildungsprojekt „Narzissen" (Żonkile), mit dem an den Beginn des Aufstands im Warschauer Ghetto erinnert und die Narzisse als sein Symbol in der Warschauer Bevölkerung bekannt gemacht wird. Das Museum zeichnet sich zudem durch vielfältige Bemühungen aus, sein Angebot offener für Menschen zu gestalten, für die der Zugang aus unterschiedlichen Gründen erschwert ist, zum Beispiel Menschen aus kleineren Städten oder Menschen mit Behinderungen. Beispiele dafür sind das Projekt „Museum auf Rädern" (Muzeum na kółkach), das Interessenten außerhalb von Warschau erreicht sowie die Audiodeskription von Objekten in der Dauerausstellung oder die Übersetzung der gezeigten Filme in polnische Gebärdensprache.

Das Dialogzentrum Umbrüche (Centrum Dialogu Przełomy) ist eine junge Zweigstelle des Nationalmuseums in Szczecin (Muzeum Narodowego w Szczecinie). Es wurde gegründet, um einen Ort der Begegnung und Diskussion zur neuesten Geschichte der Stadt, Pommerns, Polens und der Welt zu schaffen. Workshops zu geschichtlichen Themen – Das Mauermuseum in Berlin (Muzeum Muru w Berlinie), Potsdam, Ravensbrück – stehen im Zentrum seiner Bildungs- und Vermittlungsarbeit. Zur Erinnerung an den Besuch von Papst Johannes Paul II. wurde das Stadtspiel „Operation Papst" (Operacja Papież) entwickelt. Der pädagogische Wert des Museums wird zudem durch die Möglichkeit gesteigert, die Einrichtung mithilfe von Virtual Reality unter Nutzung von Mobiltelefonen und 3D-Brillen zu erkunden. Die Präsentationen umfassen unter anderem eine Ansicht der Stadt aus der Vogelperspektive und sind online unter *www.pomorzezachodnie360.wzp.pl* verfügbar.

Das Familie-Ulma-Museum der Polen, die während des Zweiten Weltkriegs Juden gerettet haben, (Muzeum Polaków Ratujących Żydów podczas II Wojny Światowej im. Rodziny Ulmów) in Markowa besteht seit 2016. Es will die heroische Haltung von Polen zeigen, die während der deutschen Besatzung jüdischen Mitbürgern zur Hilfe kamen und damit das eigene Leben und das ihrer Familie aufs Spiel setzten. Das Museum bietet Workshops an und konzentriert sich dabei auf das polnisch-jüdische Verhältnis (Zielgruppe sind sowohl Kinder und Jugendliche als auch Erwachsene). Ein besonderes Bildungs- und Vermittlungsangebot ist das Projekt „Die Welt der Gerechten" (Świat Sprawiedliwych), das sich an Menschen im Strafvollzug richtet. Ziel ist es, den Häftlingen Fakten zur deutschen Besatzung in Polen zu vermitteln sowie ihnen die Rolle jener Polen näherzubringen, die den Juden in dieser Zeit beistanden. Das Projekt ist Beispiel für ein Angebot im Bereich Resozialisierung, bei dem die Haltung der Familie Ulma, die Opfern Schutz bot, auf Menschen mit deutlich antisemitischen Einstellungen trifft und eine besondere Aussagekraft erlangt. Das Projekt bezog zehn Strafanstalten ein und erreichte über 150 Häftlinge. Vorgeschaltet waren Workshops für die Bediensteten der Justizvollzugsanstalten.

Das vom Zentrum Erinnerung und Zukunft (Ośrodek Pamięć i Przyszłość) auf dem Gelände eines ehemaligen Straßenbahndepots betriebene Geschichtliche Zentrum Zajednia (Centrum Historii Zajezdnia) erzählt die Breslauer Nachkriegsgeschichte unter besonderer Berücksichtigung der Stadt als Ort des antikommunistischen Widerstands, aber auch als Ort, in dem der Gedanke der deutsch-polnischen Wiedervereinigung nach dem Zweiten Weltkrieg Gestalt annahm. Das Zentrum ist Beispiel einer stark im lokalen Umfeld verwurzelten Institution. Sie beschränkt sich in ihrer Tätigkeit jedoch nicht auf die Region Wrocław und Niederschlesien, sondern ist auch in anderen polnischen Städten präsent. Thematischer Schwerpunkt der Aktivitäten ist die Nachkriegsgeschichte der polnischen Westgebiete. Im pädagogischen Angebot werden alljährlich mehrere Wettbewerbe für Kinder und Jugendliche ausgerichtet, zum Beispiel „Historische Zeugnisse" (Świadectwa historyczne) oder „Mal mir die Geschichte" (Namaluj mi historię). Besondere Aufmerksamkeit verdient das aus Mitteln des Mehrjährigen Regierungsprogramms „UNABHÄNGIGES POLEN" (Wieloletni Program Rządowy NIEPODLEGŁA) finanzierte Projekt „Volljährig 1918/2018" (Pełnoletni 1918/2018). Es richtet sich als Wettbewerb an Schülerinnen und Schüler der Oberstufe. Ihre Aufgabe besteht darin, Menschen ausfindig zu machen, die um 1900 geboren wurden und mit der Wiedererlangung der staatlichen Unabhängigkeit Polens volljährig wurden, Interviews zu führen und ihre Geschichten aufzuschreiben. Ziel des im Herbst 2018 abgeschlossenen Projekts war die Förderung intergenerationeller Beziehungen. Die am besten recherchierten Biografien werden der breiten Öffentlichkeit auf der Projektwebseite vorgestellt.

Darüber hinaus organisiert das Geschichtliche Zentrum Zajezdnia regelmäßig Stadtspiele. Das letzte fand unter dem Motto „Schlacht von Breslau" (Bitwa Wrocławska) statt und beschäftigte sich mit den Ereignissen vom 31. August 1982. (Damals war es in Wrocław am zweiten Jahrestag der Unterzeichnung des Danziger Abkommens zwischen der Solidarność-Führung und der Regierung zu einer Demonstration gegen das im Dezember 1981 verhängte Kriegsrecht gekommen, gegen die staatlicherseits gewaltsam vorgegangen wurde. Anm. d. Übers.) Aufgabe der Teilnehmerinnen und Teilnehmer des Stadtspiels war es, die westlichen Medien über die dramatischen Ereignisse zu informieren. Das Drehbuch schrieb vor, Berichte von Augenzeuginnen und Augenzeugen der Demonstration zu sammeln, aus denen im Anschluss eine Pressemitteilung verfasst werden musste. Zunächst mussten Augenzeugen gefunden werden, die darüber berichten konnten, was sie gesehen hatten, um sie dann davon zu überzeugen, ihre Erfahrungen zu teilen. Dies wurde zusätzlich durch Schauspielerinnen und Schauspieler in der Rolle von Geheimdienstfunktionären erschwert.

Das 2017 eröffnete Museum des Zweiten Weltkriegs (Muzeum II Wojny Światowej) erzählt die Geschichte des Zweiten Weltkriegs unter besonderer Berücksichtigung der Rolle Polens und Mitteleuropas. Seit 2008 wartet das Museum mit vielfältigen museumspädagogischen Angeboten auf. Regelmäßig organisiert die Einrichtung zusammen mit dem Museum des Volksbauwesens – Ethnografischer Park in Olsztynek (Muzeum Budownictwa Ludowego – Park Etnograficzny w Olsztynku) die Inszenierung der Aktion „Burza" (Akcja Burza), bei der die Kämpfe der Heimatarmee im Gebiet Wilna 1944 dargestellt und im Rahmen der Feierlichkeiten des Jahres der Cichociemni (der im besetzten Polen agierenden Fallschirmagenten der polnischen Exilstreitkräfte, Anm. d. Übers.) auch ausgewählte Spezialoperationen nachgestellt werden. Organisiert werden Geschichtsworkshops wie „Die Geheimnisse der Enigma" (Sekrety Enigmy), „Das Los der Soldaten. Soldatenalltag im Zweiten Weltkrieg" (Żołnierska dola. Życie codzienne żołnierzy w czasie II wojny światowej) oder „Alles in deiner Hand" (Wszystko w Twoich rękach), ein Angebot für Erwachsene, das die Bedeutung der Sparsamkeit im Zweiten Weltkrieg zeigt. Regelmäßig werden Spieletreffs mit Brettspielen zu historischen Themen oder Geländespiele veranstaltet wie zum Beispiel „Westerplatte. Finde den Schlüssel zur Geschichte" (Westerplatte. Znajdź klucz do historii), und unter dem Motto „Geschichte im Gelände" (Historia w terenie) finden Pfadfinderlager statt. Alle diese Aktivitäten vermitteln Jugendlichen und den Bewohnerinnen und Bewohnern der Region Wissen über den polnischen Untergrundstaat in der Zeit des Zweiten Weltkriegs und über die aus der Heimatarmee hervorgehende Untergrundbewegung in den Jahren 1944–1956.

Das Museum der Geschichte Polens (Muzeum Historii Polski) zeigt die Hauptstränge der polnischen Geschichte unter besonderer Berücksichtigung des Themas Freiheit in Bezug auf parlamentarische Traditionen, gesellschaftliche Institutionen und Bewegungen sowie Freiheits- und Unabhängigkeitskämpfe. Entsprechend gestaltet es seine Vermittlungsarbeit. Der Sitz des Museums befindet sich derzeit im Bau. Neben der Forschungsarbeit handelt es sich bei den bisher umgesetzten Projekten vor allem um Bildungsprojekte und Ausstellungen im öffentlichen Raum. An Kindergartenkinder richteten sich die Projekte „Piastengeschichte" (Piastodzieje) und „Jagiellada", bei denen kreative Elemente mit (Puppen-)Theater verknüpft wurden. Das Museum organisiert verschiedene Veranstaltungen unter dem Motto „Unabhängigkeit – was ist das?" (Co to jest niepodległość?). Zudem wird das Thema Schülerinnen und Schülern auch im Rahmen von anderen museumspädagogischen Angeboten für unterschiedliche Altersgruppen nähergebracht. Auf dem Programm stehen außerdem Wettbewerbe in den Bereichen Literatur: „Vierzig Generationen" (40 pokoleń), Kunst: „Piastenpaare" (Piastowskie pary), „Königspaare" (Królewskie pary), sowie Film: „Helden im Hintergrund" (Bohaterowie drugiego planu). In Zusammenarbeit mit der Seniorenuniversität bietet das Museum auch ein Bildungsprojekt für Erwachsene an. Besondere Aufmerksamkeit verdient das vom Museum bereitgestellte Angebot an Online-Spielen. Dazu gehören die App Zeitleiste (Linia czasu), die Kenntnisse zu den Herrschern Polens und zu wichtigen Ereignissen in der Geschichte des Landes vermittelt, sowie das Verhandlungsspiel „Die Verlassenen" (Osamotnieni), bei dem sich die Spielerinnen und Spieler in die Rolle polnischer Regierungsvertreter bei den Verhandlungen während des Polnisch-Sowjetischen Kriegs im Jahr 1920 begeben.

Erwähnenswert bei der Betrachtung des Bildungs- und Vermittlungsangebots der polnischen historischen Museen ist ein Blick auf die verzeichneten Besucherzahlen, die auf den Umfang dieser Aktivitäten in den besprochenen Einrichtungen verweisen. 2017 wurden im Museum des Warschauer Aufstands 713.000, im Museum des Zweiten Weltkriegs 639.000 und im Geschichtlichen Zentrum Zajezdnia (Ausstellung und andere Projekte) 345.000 Besucherinnen und Besucher gezählt. Die angeführten Zahlen belegen das große Interesse am Angebot der Einrichtungen.

Der oben skizzierte Überblick zur Vermittlungsarbeit an den neuen, historisch ausgerichteten Museen lässt folgende verallgemeinernde Bemerkungen und Schlussfolgerungen zu: Erstens sind in allen beschriebenen Einrichtungen historisch-politische Bildungsangebote üblich, die über die Dauerausstellung des Museums hinausgehen oder sogar außerhalb der Einrichtung selbst stattfinden. Solche Projekte werden in großer Zahl durchgeführt, sie finden entweder regelmäßig statt oder sind als einmalige thematisch ausgerichtete Veranstaltungen konzipiert (die angeführten Projekte stehen lediglich exemplarisch für ein weitaus umfangreicheres Angebot). Zweitens stellen die Projekte im Bereich der historisch-politischen Bildung in der Regel eine Ergänzung zu den Themen dar, die in den Dauerausstellungen der einzelnen Museen präsentiert werden und beziehen sich auf diese. Und drittens sind Projektformen wie Stadtspiele oder Wettbewerbe bei Jugendlichen sehr beliebt. In fast allen erwähnten Einrichtungen werden entsprechende Projekte durchgeführt. Innovative Vorhaben wie das in Poznań realisierte Projekt „Unsichtbares Erbe" sind relativ selten (was erstaunlich ist, denn in ihren Erklärungen betonen die neuen Museumseinrichtungen häufig, dass sie nach neuartigen Formen suchen).

Die vielfältige Vermittlungsarbeit der neuen polnischen Museen stellt zweifellos eine wichtige Ergänzung zu ihren Kernaufgaben der Ausstellungsentwicklung und -begleitung dar. Eine komplexere Frage ist, welchen Einfluss diese Aktivitäten auf die historischen Kenntnisse der Nutzerinnen und Nutzer ihres Angebots haben. Untersuchungen in diesem Bereich fehlen noch und werden somit eine Aufgabe für die kommenden Jahren sein.

(1) Zur Vertiefung des Themas siehe zum Beispiel: Joanna Wojdon (Hrsg.): Historia w przestrzeni publicznej (Geschichte im öffentlichen Raum), Warszawa 2018; Dorota Folga-Januszewska: Muzeum: fenomeny i problemy (Das Museum: Phänomene und Probleme), Kraków 2015; Magdalena Kap: Muzeum w dobie konwergencji i nowych mediów – nowe trendy, technologie, nowe możliwości ... (Das Museum in Zeiten von Konvergenz und Neuen Medien – neue Trends, Technologien und neue Möglichkeiten ...), in: „Kultura – Media – Teologia" 2016, Nr. 25, S. 100–132; Aldona Chlewica, Tomasz Kawski (Hrsg.): Kultura Pamięci. Studia i szkice (Erinnerungskultur. Studien und Skizzen), Bydgoszcz 2013.
(2) Vgl.: Magdalena Izabella Sacha: Muzea wobec utraty. Strategie (re-)konstrukcji dziedzictwa utraconych ojczyzn na przykładzie muzeów w Polsce i Niemczech (Museen angesichts des Verlustes. Strategien der (Re-)Konstruktion des Erbes verlorener Heimaten am Beispiel von Museen in Polen und Deutschland), in: „Zbiór Wiadomości do Antropologii Muzealnej" 2015, Nr. 2, S. 83–102; Marek Mutor: Jakie muzeum – kilka uwag o projekcie (Was für ein Museum – einige Bemerkungen zum Projekt), in: Wojciech Kucharski, Grzegorz Strauchold (Hrsg.): Ziemie zachodnie – historia i perspektywy (Die Westgebiete – Geschichte und Perspektiven), Wrocław 2009, S. 13–20.

Historisch-politische Bildung auf dem Spielbrett

Karol Madaj, Direktor der Abteilung Historische Bildung im Büro für Nationale Bildung am Institut für Nationales Gedenken, Designer von Brettspielen

Pavlína ist Tschechin und acht Jahre alt. Ihre Eltern flohen aus der Tschechoslowakei, die in die Einflusssphäre der UdSSR geraten war, in den Westen. Das Mädchen ließen sie in der Obhut der Großmutter zurück. Der kommunistische Staat verweigert die Ausreise Pavlínas zu ihren Eltern, die daher versuchen, ihre Flucht zu organisieren.

„Konnte sie wirklich nicht zu ihrer Mutter?!" Die siebenjährige Lidia kann es nicht glauben. In dem Spiel „Across the Iron Curtain" (Über den Eisernen Vorhang hinweg) wählt sie als Spielfigur immer Pavlína, die jüngste Protagonistin von allen. Es ist ihr sehr wichtig, dem Mädchen zu helfen, den Eisernen Vorhang zu überwinden und zu ihren Eltern zu gelangen. Lidia sammelt deshalb eifrig Fluchtkarten, auf denen ein Schuh (um die Grenze zu Fuß zu überqueren), ein unterirdischer Gang, ein Auto, ein Flugzeug, ein Segelboot, ein Heißluftballon oder eine Tauchermaske (um schwimmend zu fliehen) abgebildet sind – im Spiel werden die häufigsten, aber auch die verrücktesten Wege genannt, wie Menschen versuchten, in den Westen zu gelangen. Je mehr Karten von einer Sorte gesammelt werden, desto höher ist die Wahrscheinlichkeit, das freie Europa zu erreichen, das auf der Karte in einem sattem Grün erscheint und durch einen symbolisierten Stacheldraht von den als graue Flecken dargestellten Ländern hinter dem Eisernen Vorhang getrennt ist. Das Risiko von Denunziation, Verfolgung und Gefängnis aber hängt immer in der Luft, sogar bei der am besten vorbereiteten Flucht. Das

Spiel wird nach Einschätzung der Spielergemeinde daher von allzu großer Zufälligkeit bestimmt. Aber die Kinder und Jugendlichen verstehen am Spielbrett schnell: Die Chancen einer erfolgreichen Flucht waren gering, manchmal entschied das Quäntchen Glück. So war es im Falle der Brüder Adam und Krzysztof Zieliński, deren Flucht von Polen nach Schweden in einem LKW vor allem deshalb gelang, weil am 26. September 1985 im Hafen von Świnoujście … der Hund des Zöllners erkrankt war.

Gespannt liest die elfjährige Zuzanna die Geschichte der beiden Polen in dem Begleitheft zum Spiel, dann sucht sie im Internet nähere Informationen zur Flucht der Brüder und ihrem Leben im Ausland. Die Geschichten der Protagonisten des Spiels Across the Iron Curtain sind authentisch, auch wenn ihre Namen geändert wurden. Es sind diese ergreifenden Geschichten, die bei den jungen (aber auch bei erwachsenen!) Spielerinnen und Spielern so viele Emotionen auslösen. Das Spiel über die Flucht auf die andere Seite des Eisernen Vorhangs wurde von der Plattform für das Gedenken und Gewissen Europas (Platform of European Memory and Conscience, *www.memoryandconscience.eu*) in Zusammenarbeit mit dem polnischen Institut für Nationales Gedenken (Instytut Pamięci Narodowej, IPN) entwickelt und wird vom IPN in der historisch-politischen Bildung mit polnischen Kindern eingesetzt – sowohl in Polen als auch im polnischen Auslandsschulwesen.

Dies ist nur ein Beispiel der Nutzung von Brettspielen als einem neuen Element im Bereich der historisch-politischen und Kulturellen Bildung in Polen. Das Phänomen ist neu, die Brettspiele selbst jedoch sind (fast) so alt wie die Welt. Sie sind nicht nur Teil der Kultur, sondern besitzen auch eine jahrhundertelange, tief in der Antike verwurzelte Tradition. Die ältesten Brettspiele, wie Mancala oder Backgammon, sind Jahrtausende alt und haben seit der Zeit der alten Kaiser und Pharaonen eine treue Anhängerschar.

Spiele sind seit Tausenden von Jahren ein Gut des Kulturaustauschs zwischen Völkern. Das gilt bis heute. Im Falle von Deutschland und Polen ist der Austausch in den letzten zehn Jahren besonders intensiv. Brettspiele ermöglichen, Grenzen zu überschreiten. Nicht nur auf dem Spielbrett, wie Pavlína es tut, sondern auch in der realen Welt, durch die Einbindung von Menschen aus verschiedenen Sprach- und Kulturkreisen. Ein Beispiel ist das vom Museum der Geschichte der polnischen Juden (Muzeum Historii Żydów Polskich) herausgegebene Lernspiel „Polin". Jede Karte ist mit Symbolen versehen, die auf Polnisch und Hebräisch beschrieben werden und auf die 800-jährige Gegenwart von Juden auf polnischem Gebiet verweisen.

Das Spiel wurde so konzipiert, dass es von vielen Personen mit unterschiedlichen Sprachen gleichzeitig gespielt werden kann.

In diesem kurzen Beitrag werde ich versuchen, besonders charakteristische Lernspiele und die sie begleitenden Phänomene zu beschreiben. Letztere helfen, die Rolle von Brettspielen bei der Verbreitung von Kultur im Allgemeinen und in der historisch-politischen Bildung im Besonderen zu verstehen. Seit zehn Jahren beschäftige ich mich mit der Entwicklung von Lernspielen und führe Schulungen für Lehrkräfte zum Einsatz von Brettspielen im Unterricht durch.

Spielmechanismen und Emotionen im Dienst des Themas

Durch ein faszinierendes Spiel geweckte Emotionen führen die daran Beteiligten über das Spielbrett hinaus ins Internet, zu Büchern und zu anderen Quellen – oder lassen sie zur Vertiefung des Themas, auf das sie kurz zuvor auf dem Spielbrett zum ersten Mal gestoßen sind, ganz einfach diejenigen befragen, die gerade zur Stelle sind: Eltern oder Lehrkräfte. Also ist es die Aufgabe eines Entwicklers von Lernbrettspielen, der – anders als die Spielerinnen und Spieler – von einem bestimmten Thema ausgeht, Mittel, Mechanismen und Komponenten zu finden, die mit der im Spiel aufgegriffenen Problematik korrespondieren, um auf diese Weise das Interesse der Spielerinnen und Spieler zu wecken. Folglich werden die Spielmechanismen dem Thema untergeordnet und sollen zur Beschäftigung mit ihm anregen. Ziel des Entwicklers ist es nicht, mithilfe des Spiels das gesamte Thema in all seinen Nuancen und in seiner gesamten Komplexität zu behandeln. Vielmehr besteht die Aufgabe darin, die wichtigsten Fakten herauszufiltern und Emotionen durch eine Fokussierung auf ausgewählte Details, die eine bestimmte Stimmung vermitteln, hervorzurufen.

Die Popularität von Brettspielen erreichte Polen über Deutschland: 2005 erschienen die polnischen Versionen der Spiele „Die Siedler von Catan" (herausgegeben vom polnischen Verlag Galakta unter dem Titel „Osadnicy z Catanu") und „Carcassonne" (in Polen unter dem gleichen Namen vertrieben durch die tschechische Firma Albi). Diese preisgekrönten Bestseller sind thematisch im Mittelalter verortet und kamen in Deutschland 1995 und 2000 auf den Markt. Bis sie es in das transformationsgeschüttelte Polen schafften, vergingen also einige Jahre. Zuvor waren polnische Spielerinnen und Spieler auf private Importe und Übersetzungen der Spiele aus dem Westen angewiesen oder mussten beim Kauf auf traditionelle Logikspiele (die ihren Wert nicht eingebüßt haben), archaische und in ihrer Aufmachung nicht besonders ansprechende Kriegsspiele (die in Deutschland eher unüblich sind) oder einfache, auf Glück und Zufall basierende Spiele für Kinder zurückgreifen: „Mensch ärgere dich nicht" (in der Welt als „Ludo" bekannt) oder zahlreiche Varianten des „Gänsespiels" (in Polen vor allem unter dem Namen „Grzybobranie" – Pilzesammeln erhältlich). Die Gesellschaftsspiele aus dem Nachbarland, auch als Spiele deutschen Typs (*German style boardgames*) bezeichnet, brachten eine starke Belebung auf der bislang begrenzten Bühne polnischer Brettspiele.

Gesellschaftsspiele, für die das erwähnte Die Siedler von Catan eines der bekanntesten Beispiele sind, verwenden moderne Spielmechanismen (die über reines Würfeln und einen Wettlauf der Spielsteine Richtung Ziel entlang eines vorgegebenen Parcours hinausgehen), beschränken das Zufallsprinzip, heben den Faktor Entscheidung hervor, verzichten auf das Ausscheiden von Spielerinnen und Spielern und halten deren Rivalität (meist um Ressourcen) bis zum Schluss aufrecht. Als Spielmechanismen kommen unter anderem „Worker-Placement", „Hand-Management", Auktion, Sammeln, Handel und Tausch zum Einsatz. Im Gegensatz zu Logikspielen, denen ein Narrativ meist gänzlich fehlt, sind Gesellschaftsspiele in der Regel in eine grob umrissene Handlung eingebettet. Es kommt jedoch vor, dass diese allzu sehr den Spielmechanismen untergeordnet wird, die häufig zuerst entstehen. Das Thema wird erst in einer weiteren Etappe der Spieleentwicklung hinzugefügt. Das Ziel dieser Gesellschaftsspiele ist vor allem gute Unterhaltung auf hochgradig intellektuellem Niveau.

Anders liegt der Fall bei Spielen amerikanischen Typs (*American style games*), wo die Handlung deutlich in den Vordergrund tritt. Meist handelt es sich um Abenteuerspiele, in denen Figuren mit unterschiedlichen Eigenschaften und Fähigkeiten auftreten. Die Gewinnchancen sind somit absichtlich ungleich verteilt.

Der polnische Markt moderner Brettspiele speist sich eher aus der deutschen als aus der amerikanischen Tradition. Er befindet sich bereits in einem jugendlichen Alter und ist – als Teenager – der sich am schnellsten entwickelnde Markt in Europa sowie der drittgrößte nach Deutschland und Frankreich. Lernbrettspiele haben darin ihren festen Platz. Aufgrund der untergeordneten Rolle der Spielmechanismen gegenüber dem Thema handelt es sich um eine Art hybride Form zwischen Gesellschaftsspielen deutscher Prägung und Spielen amerikanischen Typs.

Es begann mit dem Spiel „Kolejka" (Warteschlange)

Mit einer Einkaufsliste stelle ich mich in eine Warteschlange vor ein Geschäft. Aber in welche Schlange zuerst, wenn doch alle Läden leer sind? Normalität in der Volksrepublik Polen. Meine Aufgabe ist es, die mir zugeteilte Wohnung auszustatten. Ich brauche also vor allem Möbel. Auf der Liste habe ich aber auch Kleidung (die muss man im Bekleidungsgeschäft mit der Lupe suchen), Toilettenpapier (eine Seltenheit in den Zeiten, in die das Spiel mich führt) und Fleisch (natürlich sind die Haken in der Fleischabteilung leer). Ich nehme eine strategische Position vor dem Möbelgeschäft ein, übe mich in Geduld und nehme mir vor, gelassen auf die nächste Lieferung zu warten (das Leben hat mich gelehrt, dass das dauern kann, selbst die Verkäuferin weiß nicht, wann es neue Ware gibt). Doch selbst das Anstellen vor Morgengrauen garantiert keinen Erfolg. Gleich beginnen, wie jeden Tag, die Drängeleien: Die Reihenfolge der Wartenden wird festgelegt, irgendein privilegierter Kunde drängt mich aus der Schlange (ein Wichtigtuer, der mit dem Ausweis eines verdienten Blutspenders wedelt, ich wette, dass er ihn nur geliehen hat). Aufgrund eines Irrtums landet die Schlafcouch, auf die ich warte, im benachbarten Geschäft. Gut, dass ich wenigstens im Lebensmittelgeschäft eine Bekannte habe, vielleicht verkauft sie mir ein paar kubanische Orangen unter dem Ladentisch.
„So war es, so war es!", bestätigt der fast 80-jährige Konstanty, der seinen Enkeln anfangs eine Partie des vom IPN herausgegebenen Spiels Kolejka abschlug und nun Lust auf eine weitere hat. „Erinnerst du dich, Danusia, wie viele Leute für einen Kühlschrank anstanden? Für einen Moment habe ich die Warteschlange verlassen, aber obwohl ich auf der Liste stand, wollten sie mich nicht zurücklassen. Doch schließlich habe ich einen gekauft!"

„Dafür wusstest du immer, wo und wann sie Aufschnitt bringen." Danuta lobt ihren Mann vor den Enkeln. „Wirklich, es war so schwer, aber euer Großvater hat es sogar geschafft, Schinken zu besorgen."

Über dem Spielbrett kommen Erinnerungen. Die Jugendlichen können es nicht glauben. Sie kennen Warteschlangen nur, wenn es um Erstausgaben von Luxusartikeln geht: den letzten Harry-Potter-Band mit Widmung der Autorin oder das neueste Modell der Spielekonsole im Angebot bei der Eröffnung eines neuen Elektromarkts. Aber mehrere Stunden für eine Strumpfhose anstehen?! Großvater Kostek erklärt die Prinzipien und Mechanismen der sozialistischen Wirtschaft. Einen Augenblick später lachen alle über die Witze, die in dem Text im Beiheft zum Spiel enthalten sind. Die historisch-wissenschaftliche Abhandlung ist in einer zwar sachlichen, den jungen Spielerinnen und Spielern jedoch zugleich zugänglichen Form gehalten.

Das 2011 erschienene Spiel weckt Erinnerungen, provoziert sie sogar sowohl durch das Thema als auch durch die im Detail ausgearbeitete grafische Gestaltung. Das innovative Projekt wurde im Auftrag des IPN von der Agentur Manuka Studio entwickelt. Auf dem Markt zeichnet sich das Spiel schon durch die asketisch gestaltete Schachtel aus, deren Äußeres Packpapier imitiert. In ihr befinden sich unter anderem 60 Spielkarten mit Fotos von Objekten „aus jener Epoche": ein Wählscheibentelefon, eine Schrankwand, modische Stiefel oder Zigaretten. Interessanterweise trug zum Erfolg des Spiels Kolejka im Ausland dessen Anpassung durch Abbildungen charakteristischer Artikel aus den einzelnen Ländern selbst bei. Kolejka wurde unter anderem nach Deutschland exportiert. Bei der vollständig auf Deutsch erschienenen, gleichnamigen ‚DDR-Version' des Spiels ist ein Glas mit Spreewaldgurken durch das ‚aufgerissene' Papier der Schachtel zu sehen.

Für seine grafische Gestaltung wurde Kolejka in Deutschland für den Hauptpreis des „Graf Ludo" nominiert. In Polen wurde es nicht nur zum Spiel des Jahres 2012 gekürt, sondern auf dem Łódź Design Festival mit dem Titel „Must Have" ausgezeichnet. Das Spiel war darüber hinaus in der Ausstellung „+48 Social Club" in Tokio vertreten, in der die besten polnischen Produkte aus dem Bereich Gebrauchsgrafik und Design der letzten Jahre präsentiert wurden. Die Karriere von Kolejka ist ein eindrückliches Beispiel fruchtbaren Kulturaustauschs und beweist, dass ein Brettspiel nicht selten selbst ein kleines Kunstwerk ist, mit meisterhaft gestalteten Karten und Holzelementen.

Das IPN hat über 100.000 Exemplare des Spiels auf Polnisch herausgegeben. Auflagen in Höhe mehrerer Tausend Exemplare in sieben weiteren Sprachversionen (auf Deutsch, Englisch, Russisch, Rumänisch, Tschechisch, Slowakisch und Ungarisch) erreichten Spielerinnen und Spieler in ganz Europa.

Lech Wałęsa auf dem Spielbrett

Auch die Systemveränderungen sowie der Prozess, der zum Ende des Eisernen Vorhangs führte und symbolisch mit der Unterschrift Lech Wałęsas unter das berühmte Danziger Abkommen mit der kommunistischen Regierung im August 1980 begann und mit den polnischen Wahlen und dem Fall der Berliner Mauer 1989 endete, wurden thematisch in Brettspielen aufgegriffen. Die Ereignisse des Jahres 1989 können in dem Spiel „1989. Jesień narodów" (1989. Herbst der Völker) nachempfunden werden, das von der Firma Bard unter Schirmherrschaft des IPN herausgegeben wurde. Der Polnische Herbst wiederum wurde thematisch in dem vom Nationalen Zentrum für Kultur (Narodowe Centrum Kultury, NCK) herausgegebenen Spiel „Strajk! Skok do wolności" (Streik! Sprung in die Freiheit) aufgegriffen. Hier können die Spielerinnen und Spieler auf dem Spielbrett die Aktivitäten von Lech Wałęsa und des Überbetrieblichen Streikkomitees beeinflussen. Die Spielfigur von Wałęsa wird abwechselnd von allen Spielerinnen und Spielern gesetzt. Aufgabe ist es, mithilfe der Figur den Streik zu lenken. Der Reihe nach müssen zunächst die Arbeiterinnen und Arbeiter der Danziger Werft überzeugt werden zu streiken, anschließend müssen Interviews mit Journalisten aus dem Westen geführt werden, um dann Kontakt zu polnischen Intellektuellen zu knüpfen und die notwendige Unterstützung für erfolgreiche Verhandlungen mit den kommunistischen Machthabern zu erhalten. Interessant ist, dass das Spiel zur Premiere des Films „Wałęsa. Der Mann aus Hoffnung" (Wałęsa. Człowiek z nadziei) erschien – im Übrigen nicht der einzige Fall, bei dem Brettspiele eine Synergie mit anderen kulturellen Formaten eingehen. Brettspiele erscheinen nicht nur anlässlich von Filmpremieren – genannt werden kann hier ebenfalls das Spiel „Obywatel" (Bürger), das das NCK zur Premiere des gleichnamigen Films herausbrachte –, sondern auch von Ausstellungen, wie das Spiel „303. Bitwa o Brytanię" (303. Luftschlacht um England), das ein Element der Ausstellung Brothers in Arms. Poles and Czechoslovaks in the Battle of Britain (Waffenbrüder. Polen und Tschechoslowaken in der Luftschlacht um England) im Europäischen Parlament in Brüssel bildete. Gelegenheit bieten sogar Großveranstaltungen wie der Weltjugendtag, aus dessen Anlass das Kartenspiel „Campus Mundi" erschien, das eine Annäherung an die Geschichte des Ereignisses und die Orte, an denen es stattfand, erlaubt.

Spieleentwicklung als Modeerscheinung

Die Förderung moderner historisch-politischer und Kultureller Bildung mithilfe von Brettspielen durch kulturelle Einrichtungen in Polen – allein das IPN, das NCK und das Kulturinstitut der Region Kleinpolen (Małopolski Instytut Kultury, MIK) gaben mehrere Dutzend Lernbrettspiele heraus, die insgesamt von über einer Million Menschen gespielt wurden – hat in Schulen und privaten Haushalten ihre Spuren hinterlassen. Brettspiele sind zu einem dauerhaften Element der schulischen und außerschulischen Bildung in Polen geworden. Sie haben ihr wirtschaftliches Nischendasein beendet, in dem sie sich noch vor mehr als zehn Jahren befanden, als erstmals deutsche Brettspiele in einer polnischen Version erschienen.

Die Popularität lässt sich nicht nur daran ablesen, dass viele kommerzielle Firmen Lernspiele zu historischen Themen vertreiben. Auch Lehrkräfte, Pädagoginnen und Pädagogen und Privatpersonen beginnen, Spiele mit historischen Inhalten zu entwickeln. Zunehmend und mit großem Eifer konzipieren Erwachsene Spiele für den eigenen Bedarf und belegen die am Markt zur Verfügung stehenden Kurse und Workshops zum Thema Spieleentwicklung. Einer dieser Kurse findet regelmäßig im Rahmen der Offenen Universität an der Universität Warschau statt. Zu jedem Termin kommen mehrere Dutzend Teilnehmerinnen und Teilnehmer. Auch das MIK in Krakau hat zweimal eine Schulung zum Thema Spieleentwicklung in kulturellen Einrichtungen durchgeführt.

Ein eigenes Brettspiel zu entwerfen, ist auch der Traum einer immer größeren Zahl von Kindern und Jugendlichen. Im Büro für Historisch-Politische Bildung des IPN, das ein gutes Dutzend Brett- und Kartenspiele zu historischen Themen herausgegeben hat – neben Kolejka unter anderem „Awans – zostań marszałkiem Polski" (Beförderung – Werde polnischer Feldmarschall), die Fliegertrilogie „303. Bitwa o Brytanię" (303. Luftschlacht um England), „111. Alarm dla Warszawy" (111. Alarm für Warschau) und „7. W obronie Lwowa" (7. Die Verteidigung von Lwów) sowie „Reglamentacja" (Rationierung) –, melden sich immer öfter junge Menschen mit Prototypen von Spielen, die sie sich selbst ausgedacht haben.

Eines dieser Projekte ist das Spiel „Miś Wojtek" (Wojtek, der Bär): Die sich unter dem Befehl von Władysław Anders formierende polnische Armee (2. Polnisches Korps) zieht kämpfend von Buzuluk in Russland nach Monte Cassino in Italien und weiter nach Edinburgh in Schottland. Begleitet werden die Soldaten von Korporal Wojtek, einem in die Armee eingegliederten Bär, dem ein militärischer Rang zuerkannt worden war – den Bären hatte man für seine Verdienste im Kampf gegen die Nationalsozialisten tatsächlich auf diese Weise geehrt. An Wojteks Seite ist der sechsjährige Kacper. Er lernt die Vorlieben des Bären kennen – was er am liebsten isst, sein Lieblingsspielzeug –, aber auch die Flaggen der Länder, durch die die Armee zieht, und die Abzeichen der militärischen Verbände, auf die der Bär trifft. Der Bär ist Freund und Maskottchen des 2. Korps und wird so zu einer beliebten Identifikationsfigur der jungen Spielerinnen und Spieler, die gern auch zu Büchern über diesen außergewöhnlichen Soldaten und seinen militärischen Stammverband greifen.

Ideengeberinnen für das Spiel waren die beiden Schwestern Magdalena und Aleksandra Gąsiorek, Schülerinnen einer jener Breslauer Grundschulen, die im Rahmen der Aktion „Fröhliche Feierlichkeiten zum Unabhängigkeitstag" (Radosne obchody Święta Niepodległości) ein Brettspiel über die Reise des Bären Wojtek entwickelten. Die Mädchen orientierten sich dabei an ihnen bekannten Würfelspielen, bei denen sich die Spielfiguren entlang eines Parcours Zug um Zug fortbewegen (eigenhändig fertigten sie Spielbrett und Spielfiguren), und schickten den vorbereiteten Prototypen an das IPN. Zwar benötigte das Spiel eine weitere Ausarbeitung (das Wichtigste war es, durch Verzicht auf das Würfeln die Zufälligkeiten im Spiel zu reduzieren und stattdessen mit dem Mechanismus des Kartensammelns auf die Entscheidung der Spielerinnen und Spieler zu setzen), dennoch entschied sich das IPN für eine Herausgabe unter Beibehaltung des von den Autorinnen entwickelten kognitiven und grafischen Konzepts. So erinnert das Spielbrett sehr an den Originalentwurf der Mädchen. Die Popularität des Spiels wurde zudem dadurch gesteigert, dass ein von Kindern besetztes Gremium über seine grafische Gestaltung entschied. Das Spiel wurde in Kindergärten und Schulen getestet, wo den Kindern mehrere Entwürfe vorgelegt wurden und sie ein Votum für den ihrer Meinung nach sympathischsten ‚Strich' abgeben sollten.

Die Zusammenarbeit mit einer staatlichen Institution und die Wertschätzung für ihr Projekt, aber vor allem die fertige Ausgabe ihres Spiels in einer gedruckten Version waren für die jungen Spieleentwicklerinnen eine große Genugtuung und Motivation für die Zukunft. Eine Folge ist auch, dass seither noch mehr Prototypen von Spielen an das IPN gesendet werden.

Wenn das Spielbrett zu klein ist

Historisch-politische und Kulturelle Bildung unter Einsatz von Brettspielen drängt auch in den öffentlichen Raum. Ein hervorragendes Beispiel dafür ist das durch die Polnische Humanitäre Aktion (Polska Akcja Humanitarna, PAH) herausgegebene Spiel „Studnia w Sudanie Południowym" (Ein Brunnen im Südsudan), das die Mechanismen von Brettspielen nutzt, um über das komplexe Thema des Wassermangels in Afrika zu informieren. Das Spiel kam parallel in einer Online-Version und als Großformat heraus. Bei Freiluftveranstaltungen werden die Spielerinnen und Spieler zu Spielfiguren und können am eigenen Leib erfahren, wie zeitraubend es ist, wenn das zum Leben notwendige Wasser ständig aus dem Nachbardorf geholt werden muss. Der Lerneffekt des Projekts stellt sich im zweiten Teil des Spiels ein, nachdem in dem Dorf auf dem Spielbrett von der PAH ein

Brunnen gebaut wurde. Der Zugang zu Wasser erlaubt es den Spielerinnen und Spielern, die gewonnene Zeit in Bildung zu investieren, wodurch zusätzliche Punkte erworben werden können.

Auch die drei Teile der bereits erwähnten Fliegertrilogie des IPN, 303. Bitwa o Brytanię, 111. Alarm dla Warszawy und 7. W obronie Lwowa, liegen inzwischen in Großformat vor. Das Spielbrett ist jeweils so groß wie eine Tischtennisplatte, und wie die Telegrafistinnen der Royal Air Force bewegen die Spielerinnen und Spieler die durch große, runde Spielsteine symbolisierten Flugzeuge. Diese Version des Spiels war parallel zu einer Ausstellung über polnische Flieger im Europäischen Parlament zu sehen. Das großformatige Spielbrett wurde wiederholt zum Anziehungspunkt für Spielerinnen und Spieler bei Freiluftveranstaltungen des IPN wie auch an dem Stand des IPN bei der für die polnische Brettspielgemeinde wichtigen Spielemesse Brettspiele im Nationalstadion (Planszówki na Narodowym) im Warschauer Nationalstadion.

Schluss

Interkulturelle historisch-politische Bildung unter Einsatz von Hilfsmitteln wie Brettspielen ist heutzutage gang und gäbe. Jedoch waren solche Brettspiele in Polen nicht automatisch mit dem Umbruch von 1989 präsent und fanden nicht sofort Anklang bei den Autoritäten im didaktischen Bereich. Die Spiele brauchten längere Zeit, um zu bestehen und ihre Existenz als Medium der historisch-politischen und kulturellen Vermittlung zu legitimieren – nicht nur ergänzend zu Text, Bild, Film und Internet, sondern auch als selbständiges pädagogisches Werkzeug. Heute ist der Kreis der Brettspielanhänger und -praktiker wesentlich größer als die Zahl der Skeptiker (Einzelmeinungen, die vor allem aus Unkenntnis des Themas resultieren, sprechen von einer „Infantilisierung der Geschichte" durch Spiele) – und er wächst beständig. Möge dieser Trend nicht abreißen!

Virtuelle Realität als neues Instrument in der historischen Bildung

Tomasz Dobosz, Regisseur, Produzent und Drehbuchautor, Regisseur des Cinematic Virtual Reality
Mariusz Laszuk, Film- und Werbeproduzent

Einführung

Erst vor nicht allzu langer Zeit wurde die virtuelle Realität (VR) als neues Medium von Kulturwissenschaftlerinnen und -wissenschaftlern definiert. Dabei wurde richtig erkannt, dass sie nicht nur eine neue Form bereits existierender Übermittlungsmethoden ist. Sie besitzt eine einzigartige Struktur der Interpretation von Meldungen, Narrativen und Interaktionen des Zuschauers mit einem Werk. Mit anderen Worten: sie hat ihre eigenen Gesetze. Diese Gesetze unterliegen derzeit Entstehungs- und Vereinheitlichungsprozessen. Im Kontext des neuen Mediums wird oft folgender Vergleich angewendet: „Wir wissen inzwischen, dass es sich um eine neue Sprache handelt, jetzt muss ihr Alphabet definiert werden, und als nächstes ihre Grammatik." Ein ähnlicher Prozess war bei der Entwicklung der Filmkunst in den 30er Jahren des 20. Jahrhunderts zu beobachten. Die Filmsprache, wie man sie heute bezeichnet, entwickelte sich zu der Form, die uns aus den ersten 40 Jahren seit der Erfindung der Kinematografie bekannt ist. Die mit der technologischen Seite der virtuellen Realität verbundenen Phänomene und Problematiken sind Gegenstand für eine gesonderte Publikation. Dennoch muss auch hier zur Eingrenzung des Themas eine gewisse Kategorisierung der Formen virtueller Realität vorgenommen werden. Die Form, die auf besondere Weise Anwendung im Zusammenhang mit der Kulturellen Bildung findet, heißt Cinematic VR.

Was ist Cinematic VR? Es handelt sich dabei um einen sphärischen Film (Sichtfeld sind 360 Grad), aufgezeichnet mit Spezialfilmkameras in Form eines Stereoskop-Bildes (3D), der mit einer VR-Brille angeschaut wird (Foto 1). Wie leicht zu bemerken ist, unterscheiden sich die im Internet bereits verbreiteten 360-Grad-Videos vom Cinematic VR-Film durch die Stereoskopie und das Gerät, mit dem abgespielt wird (VR-Brille). Natürlich gibt es auch andere Unterschiede. Cinematic VR braucht eine deutlich höhere Bildauflösung, sollte beim Zuschauer das Gefühl von Immersion (des Eintauchens in das ‚Hier und Jetzt') hervorrufen und seine Aufmerksamkeit durch Ambisonic-Sound lenken. So soll der Zuschauer, nachdem er die VR-Brille aufgesetzt hat, das Gefühl bekommen, am Ort der Handlung körperlich anwesend zu sein. Der Ambisonic-Sound über Surround-Kopfhörer lässt den Zuschauer gänzlich in den gezeigten Raum eintauchen und die Quellen der Soundeffekte aus den Richtungen lokalisieren, die vom Soundregisseur programmiert wurden.

Obwohl die Technologie der virtuellen Realität ein neues Phänomen ist, versuchten Künstlerinnen und Künstler schon viel früher, einen ähnlichen Effekt zu erzielen. Einen der ersten Versuche, den Zuschauer in das Zentrum der Ereignisse zu versetzen, konnte man bereits im 19. Jahrhun-

∧ *VR-Brille.*

dert in den Cyklorama-Werken von Wojciech Kossak und Jan Styk sehen. Als Beispiel kann hier das Panorama-Gemälde Bitwa pod Racławicami (Die Schlacht von Racławice) (1894) genannt werden, heute bekannt als Panorama Racławicka (Das Panorama von Racławice). Schon vor über einhundert Jahren wollten Künstlerinnen und Künstler das Trugbild der räumlichen Tiefe nutzen und platzierten in der ursprünglichen Installation des sphärischen Bildes vor ihm eine monumentale Szenografie. Die Art, wie das Panorama von Racławice als komplettes Werk derzeit präsentiert wird, entspricht also nicht dem ursprünglichen Konzept der Künstler, deren Absicht es war, das Gemälde als Hintergrund zu nutzen, als Ergänzung für ein größeres Erlebnis.

Weitere Versuche im 20. Jahrhundert, das Potenzial der virtuellen Realität auszunutzen, waren unter anderem Fotoplastikons (die ebenfalls Stereoskopie nutzten) und Sensorama, eine Erfindung von 1962, die ein bewegliches Stereoskop-Bild mit Vibrationen und Gerüchen ausstrahlt.

Obwohl jeder von uns zu verstehen meint, was Kulturelle Bildung ist, verweigert sich diese standhaft wissenschaftlichen Definitionsversuchen. Treffend ist hier wohl die Feststellung von Karl Ermert: „Bildung und Kultur sind zwei Seiten derselben Medaille: Die Bildung ist die subjektive Seite der Kultur und die Kultur die objektive Seite der Bildung."(1) Für diesen Aufsatz legen wir Katarzyna Maldis Überlegungen als gelungenste Definition von Kultureller Bildung zugrunde. Maldis spricht davon, dass „dank der Kulturellen Bildung die Gesellschaft von ihrem kulturellen Erbe erfährt und dieses Wissen an die nachfolgende Generation weitergibt. Mithilfe der Kunst bezieht sich der Mensch auf sich selbst, auf sein Umfeld, auf die Gemeinschaft, in der er lebt. Das Bewusstsein des kulturellen Erbes überträgt sich international auf das gegenseitige Verstehen. In diesem Sinne wird die Kulturelle Bildung zur Grundlage des Dialoges zwischen den Völkern und die Kultur zum Diskurs, der die Völker trotz – oder eher dank – ihrer kulturellen Unterschiede verbindet. Das Verstehen der Unterschiede ermöglicht nämlich diesen Diskurs. Und der Weg zum Verstehen ist eben die Kulturelle Bildung"(2).

In diesem Kontext kommt VR als Werkzeug, das die Kulturelle Bildung unterstützt, ins Spiel – denn sie ermöglicht es, den Zuschauer in der Zeit und im Raum zu versetzen. Dies eröffnet vollkommen neue Perspektiven für den interkulturellen Dialog, denn wenn der Teilnehmer die VR-Brille aufsetzt, nimmt er eine Welt auf, die mit den Augen eines anderen Menschen dargestellt wird. Dies erzeugt gänzlich andere Gefühle, zum Beispiel beim Ergründen der Geschichte des eigenen Volkes durch die direkte Teilnahme an für dieses Volk historisch bedeutsamen Ereignissen. Wir können nicht nur an Erfahrungen unserer Urahnen teilhaben, mit ihren Augen beobachten, sondern wir haben auch die Möglichkeit, uns in die Vorfahren anderer Nationalitäten zu verwandeln und die Geschehnisse aus ihrer Sicht zu betrachten. Mit anderen Worten: Man kann die Entdeckung Amerikas aus der Sicht eines Matrosen, der sich der Küste nähert, zeigen, und aus der Perspektive der Ureinwohner, die dies beobachten. Die Geschichte des Holocaust wird man sowohl aus der Perspektive eines Häftlings als auch aus der eines Gefängniswächters darstellen können. All das mit dem authentischen Gefühl, im Körper der Heldin oder des Helden zu stecken, die/der durch das Drehbuch (Immersion) vorgegeben wird. Damit nähern wir uns der Möglichkeit, die Sichtweise anderer Menschen zu verstehen, und zwar wörtlich, und schauen so anders auf die Motivationen von Menschen und verstehen die Umstände anders.

Ähnliche Versuche, die Wahrnehmungsperspektive umzukehren, wurden natürlich auch in der Kinematografie erfolgreich unternommen. Als Beispiele können hier Filme wie Letters from Iwo Jima und Flags of Our Fathers genannt werden, in denen Clint Eastwood von der gleichen Schlacht aus der Perspektive beider Seiten erzählt. Der Unterschied zwischen solchen filmischen Maßnahmen und der Anwendung der VR-Technologie ist grundlegend. Schaut man sich das Material durch die VR-Brille an, spürt man, dass die inszenierten Ereignisse einem direkt geschehen, man nimmt daran teil, und durch die Möglichkeit, in jede Richtung schauen zu können, nimmt man auch an der Entstehung des filmischen Werkes teil (indem man gewissermaßen am Filmschnitt mitwirkt). In diesem Zusammenhang muss festgehalten werden, dass die virtuelle Realität als Werkzeug der Kulturellen Bildung (ähnlich wie der Film) ein breites Anwendungsspektrum hat – doch als einzigartiges Medium verfügt sie gleichzeitig über eine Eigenschaft, die nirgendwo anders zu finden ist. Sie ermöglicht den bereits zuvor von Katarzyna Maldis erwähnten kulturellen Diskurs und dank des Perspektivwechsels beim Erleben der Geschehnisse wirkliches gegenseitiges internationales Verstehen in der Kulturellen Bildung.

Cinematic VR ermöglicht es, uns sowohl in der Zeit als auch im Raum versetzen zu lassen. Diese Unterteilung hat wesentliche Bedeutung im Kontext der Kulturellen Bildung. Wir können uns nämlich durchaus Filme vorstellen, die auf dem Versetzen in der Zeit bei gleichzeitigem Verbleiben im gleichen Kulturkreis oder sogar am gleichen Ort beruhen. Dadurch wird es möglich, das eigene Kulturerbe und die Geschichte besser kennenzulernen. Der Einsatz dieser Technologie wird laut Experten schon bald in Museen auf der ganzen Welt und auch in neuen Formen der Schulbildung deutlich zunehmen. Die zweite Möglichkeit, das heißt sich im Raum versetzen zu lassen bei Beibehaltung der Zeit, ermöglicht es hingegen, die breite Palette von Kulturen kennenzulernen, die geografisch weit von uns entfernt liegen. Die (direkte) Teilnahme am Stammesleben indianischer Dörfer am Amazonas oder an der Jagd der Inuit oder auch die Besichtigung ägyptischer Pyramiden machen es nicht mehr erforderlich, sich im Raum zu bewegen, und eröffnen ein breites Betätigungsfeld für Kulturpädagoginnen und -pädagogen. Doch ebenfalls interessant, wenn nicht sogar interessanter, ist es aus Sicht der Kulturellen Bildung, sich gleichzeitig im Raum und in der Zeit zu bewegen. Die Vielzahl von Spezialeffekten, die heute in Filmen eingesetzt werden, wird schon bald in Gänze für VR-Filme genutzt werden. Setzt man die VR-Brille auf, kann man dann nicht nur eine Kultur durch das Prisma zwischenmenschlicher Beziehungen, der Sprache oder historischer Ereignisse betrachten, sondern beispielsweise auch durch das Prisma von nicht mehr existierenden anthropogenen Wesen. Solche Möglichkeiten wären für die heutigen Kulturpädagoginnen und -pädagogen unschätzbar. Wer von uns würde nicht gern, wenn er die Kultur des antiken Griechenlands behandelt, mit einem Boot unter dem Koloss von Rhodos hindurch fahren oder den nicht mehr existierenden Tempel des Olympischen Zeus besuchen? Oder vielleicht in eine mit Leben vibrierende antike Stadt der Maya fahren, dort eine Weile bleiben und das Stammesleben der Autochthonen aus der Perspektive, einer von ihnen zu sein, beobachten?

Vergessen werden darf hierbei nicht, dass der VR-Film als Dokumentarfilmform oder als selbstständiges künstlerisches Werkzeug (zum Beispiel Abstraktion) eingesetzt werden kann.

VR in der Kulturellen Bildung und in Kultur und Kunst

Der derzeitige Einsatz von VR in der Kulturellen Bildung lässt sich hinsichtlich der Form in zwei verschiedene Gattungen unterteilen. Die erste von ihnen ist die bereits ausführlicher besprochene Cinematic VR, die zweite sind VR-Computeranwendungen, in denen das Bild in Gänze durch Animation und durch Bildsynthesedesign generiert wird. Dieses Verfahren besitzt zweifelsohne seine Vorteile, wie beispielsweise die größere Interaktionsfähigkeit (zum Beispiel indem künstlich generierte Gegenstände angehoben werden) oder die Möglichkeit, jede Art von Raum im Computer zu kreieren, und zwar von Null bis zur Finalversion. Leider schrecken die VR-Applikationen, die derzeit in der Kulturellen Bildung angewendet werden, die User eher ab. Das vollständig computergenerierte Bild erinnert an die optischen Täuschungen von Computerspielen (böse Zungen meinen sogar, dass dies

Computerspiele mit einer Grafik sind, die an die 90er Jahre erinnern). Das Ergebnis solcher Verfahren ist die faszinierende Möglichkeit der Interaktion mit einer Welt, die mit ihrer Ästhetik nicht zu dieser Interaktion einlädt. Eine zusätzliche Einschränkung ist (ähnlich wie in Computerspielen) die Schwierigkeit, das Verhalten des virtuellen Menschen abzubilden, was das Spektrum der Kulturellen Allgemeinbildung (edukacja kulturowa) im Bereich zwischenmenschlicher Interaktion eingrenzt, sowie die Tatsache, dass es keine Möglichkeit gibt, eine schlüssige Narration zu entwickeln.

Der Charakter vieler Applikationen dieses Typs auf dem VR-Markt ist eine direkte Folge der kurzen Evolution des Mediums, in der hauptsächlich Computeringenieure, Programmierer und Videospiele-Macher damit beschäftigt waren. Sie waren es, die als erste auf die Erwartungen des Marktes eingingen, während die für Cinematic VR verantwortliche Filmwelt sich dem geschäftlichen Wettrennen nicht nur wesentlich später angeschlossen hat, sondern auch mit einem Ballast an Problemen, die den Machern von Applikationen und VR-Brillen fremd waren, wie entsprechende Kameras, die Spezifik der Cyklorama-Produktion und -Szenografie, Software für die filmische Nachproduktion etc.

Trotz der erwähnten Schwierigkeiten scheint Cinematic VR als Werkzeug für Kulturpädagoginnen und -pädagogen die bessere Wahl zu sein. Diese Form ist besser zugänglich (Google Cardboard), in ästhetischer Hinsicht (als filmisches Bild) wesentlich attraktiver und vor allem billiger in der Produktion verglichen mit VR-Applikationen, die ganze Teams an Programmierern, Grafikern und 3D-Machern erfordern.

Die interessantesten Anwendungen von Cinematic VR im Kontext der Kulturellen Bildung sind:
- Carne y Arena (Virtually Present, Physically Invisible) (2017, USA). VR-Film, der 2017 mit dem Oskar ausgezeichnet wurde. Künstlerischer Blick auf die Situation von Emigranten, die die Wüste durchqueren mit dem Ziel, über die Grenze zur USA zu gelangen.
- Clouds over Sidra (Within, 2015, USA). Film, der auf dem Sundance Film Festival und in Tribeca ausgezeichnet wurde. Blick auf die Welt aus der Perspektive eines zwölfjährigen Mädchens, das sich im Übergangslager für Kriegsopfer in Syrien aufhält. In dem Lager befinden sich 130.000 Menschen, davon die Hälfte Kinder.
- Nomads (Felix & Paul Studios, 2015, Kanada). Auf dem Sundance Film Festival ausgezeichnete Serie, in der der Zuschauer in die Realität von drei Nomadenkulturen versetzt wird: mongolische Hirten, Massai in Kenia und Seenomaden, die an der Küste von Borneo leben.

∧ *Fotoaufnahme aus dem VR-Film „Die Karte zum Aufstand".*

- Discovery TRVLR (Discovery, seit 2016, USA). Eine Dokumentarfilmreihe, die sich auf exotische Bräuche alter und zeitgenössischer Kulturen konzentriert.
- Kartka z Powstania (Die Karte zum Aufstand) (VRheroes, Narodowe Centrum Kultury, 2018, Polen) (Foto 2). Eine auf Tatsachen beruhende VR-Erfahrung, mit der der Zuschauer direkt am Warschauer Aufstand teilnimmt.
- Biesy (Die Dämonen) (Centrala, Teatr Studio, 2018, Polen). Experimentelle Adaption einer Theaterinszenierung unter Anwendung neuer Ausdrucksmittel (VR).

Große Hoffnungen auf die Entwicklung der Kulturellen Bildung durch Cinematic VR sind verbunden mit einem neuen Projekt von Maciej Ślesicki und Bogusław Linda, das in Zusammenarbeit mit der Warschauer Filmschule unter dem Titel „Laboratorium Rzeczywistości Wirtualnej i Nowych Technik Filmowych. Innowacyjna oferta edukacji kulturalnej" (Labor für Virtuelle Realität und Neue Filmtechniken. Ein innovatives Angebot für die Kulturelle Bildung) durchgeführt wird.

„Kartka z Powstania" (Die Karte zum Aufstand) – der erste polnische Spielfilm in Cinematic VR-Technologie

„Kartka z Powstania" ist der erste Spielfilm in Cinematic VR-Technologie in Polen. Der Film versetzt den Zuschauer in die Wirklichkeit des Zweiten Weltkriegs. Er basiert auf dem Gefühl einer eigenen, in das Geschehen eintauchenden Erfahrung. Die Handlung beruht auf wahren Begebenheiten und wird aus der Sicht eines Warschauer Aufständischen gezeigt. Der Film erzählt von Hauptmann Władysław Sieroszewski, Pseudonym Sabała, der, als er in den Kampf zum Warschauer Aufstand zieht, von seiner achtjährigen Tochter eine Karte mit einem Gedicht erhält. Während der Kämpfe wird er in die Brust, auf der Höhe des Herzens, von einer Kugel getroffen, die aber von der Karte aufgehalten wird. Diese Geschichte ist tatsächlich passiert, Sieroszewski ist 96 Jahre alt geworden, und die Karte mit dem Gebet ist derzeit als Exponat im Museum des Warschauer Aufstandes ausgestellt. Die Autoren dieses Aufsatzes sind auch Autoren des hier besprochenen Films. Weil wir uns darüber im Klaren sind, dass es nicht möglich ist, dieses Thema in objektiver Form darzustellen, wollen wir uns auf die Frage der Kulturellen Bildung im Kontext des zu besprechenden Werkes konzentrieren.

Sehr wichtig ist die Attraktivität der Botschaft für die junge Zuschauergeneration. Aufgrund der sehr schnellen technologischen Entwicklung ist es heute immer schwieriger, die Jugend mit Inhalten in einer Form zu erreichen, die sie als attraktiv empfinden. Junge Menschen haben sich nämlich an vielfältige audiovisuelle Aktivitäten gewöhnt, und in der Zeit des allgegenwärtigen Internets und der Überflutung mit Informationen ist es schwieriger, mit wichtigen Meldungen zu ihrem Bewusstsein durchzudringen. Die Frage der ‚Darbietungsform' eines künstlerischen Werks war wohl nie so zentral wie heute. Für dieses Projekt war die Wahl der VR-Form eine bewusste Entscheidung. Die Attraktivität der technologischen Neuheit und der ‚Wow-Effekt', der den ersten Kontakt mit VR-Technologie begleitet, stellen im Falle dieses Filmes einen zusätzlichen Wert dar.

Ein weiterer Bildungswert von Kartka z Powstania ist die außergewöhnliche Möglichkeit, an den Ereignissen teilzunehmen. Dank der Filmsprache von Cinematic VR hat die Zuschauerin oder der Zuschauer das Gefühl, mittendrin zu sein. Im Zusammenhang mit dem behandelten Thema hat dies besondere Bedeutung – wir können mit den Figuren an historischen Ereignissen teilnehmen, die ein wichtiges Element des kulturellen Erbes der Polen sind. Schaut man sich den Warschauer Aufstand aus der Perspektive eines Aufständischen an, ermöglicht dies auch, die sogenannte vierte Wand abzuschaffen. Wir müssen uns nicht mehr vorstellen, was wir getan hätten, wenn wir in den jeweiligen Zeiten gelebt hätten. Wir spüren unsere physische Anwesenheit in der Zeit und am Ort des Geschehens, was dazu führt, dass ein Zuschauer mit entsprechender Sensibilität in der Lage ist, in seinem Herzen zu spüren, welche Entscheidungen er treffen würde. Welchen emotionalen Impuls spürt er, wenn er an den Ereignissen teilnimmt? Hat er, wenn er eine Szene mit Partisanenkämpfen sieht, das Bedürfnis, sich zu verstecken oder aber mit den Protagonisten zu kämpfen? Spürt er Trauer oder Wut, wenn er das zerstörte Warschau sieht? Bisher konnten wir uns solche Fragen nur in der Fantasie stellen, nur hypothetisch. Oft bekommt man dann zu hören: „Du warst nicht dabei, du weißt nicht, was du an ihrer Stelle getan hättest." Dadurch, dass die VR in der Lage ist, das menschliche Gehirn mit dem Gefühl der Anwesenheit an einem bestimmten Ort zu überlisten, sind wir den Antworten auf diese Fragen näher gekommen.

So wie eine Person polnischer Nationalität durch die oben beschriebene Teilnahme in der Lage ist, mehr über sich (zum Beispiel über ihre Emotionen) zu erfahren, so werden auch andere Nationalitäten in der Lage sein, den Kontext der damaligen historischen Ereignisse aus der Perspektive eines Polen zu betrachten. Und die Möglichkeit, die historische Situation der Polen aus der Perspektive anderer Kulturen besser zu verstehen, ist mit Sicherheit ein interessanter Beginn eines neuen Kapitels für den Dialog und das gemeinsame interkulturelle Verständnis.

Der Film erweitert das historische Wissen des Zuschauers auf mehreren Ebenen. Seine Handlung beruht auf der wahren Geschichte eines Warschauer Aufständischen. Die Welt, die im Film gezeigt wird, stellt mit einer Vielfalt an Details (funktionierende historische Waffen, die Szenografie erarbeitet von Historikern, Kleidung aus der Epoche etc.) eine historische Rekonstruktion und keine filmische Interpretation des Themas Warschauer Aufstand dar. Zudem wurden im Film sogenannte historische Leckerbissen eingesetzt, die selten im schulischen Geschichtsunterricht besprochen werden. Dies regt Jugendliche an, die dahinter versteckten Bedeutungen zu entdecken. Unter anderem handelt es sich um eine Wandmalerei mit einer Schildkröte auf der Fassade eines Gebäudes (dies war ein von Polen während der Besatzung durch die Nationalsozialisten genutztes Symbol, das die Zivilbevölkerung dazu anregen sollte, sich bei der Arbeit für den Besatzer Zeit zu lassen), eine Adolf-Hitler-Strohpuppe auf den Barrikaden während des Aufstandes (ein Kunstgriff und Scherz der kämpfenden Warschauer, der die Nazis zwang, auf das Ebenbild des Führers zu schießen, wodurch ihr Kampfgeist auf die Probe gestellt wurde), die Militärjacke eines der Protagonisten, die suggeriert, dass sein Vater an den nationalen Befreiungskämpfen im Ersten Weltkrieg auf Góra Straceńców (dem Berg der Todesmutigen, Anm. d. Red.) bei der Verteidigung von Lwów (Lemberg) beteiligt war, und viele andere. Der Film zeigt symbolisch das historische Missverhältnis der bewaffneten Streitkräfte der Warschauer Aufständischen (einer kleinen Gruppe mit ein paar Pistolen und Granaten und einem Gewehr) und denen der Nazis (mit großen organisierten Abteilungen, Panzern, Motorrädern, Maschinengewehren und Militärfahrzeugen).

Darüber hinaus wurden die filmischen Bilder für den jungen Zuschauer angepasst. Obwohl der Film sehr emotional aufgeladen ist und unter kriegerischen Umständen spielt, gibt es keine drastischen Szenen. Diese Vorgehensweise dient dem Zweck, den Film auch jungen Menschen zeigen zu können.

Wie allgemein aus der Filmkunst bekannt ist, verfehlt ein historisches Ereignis, wenn es allgemein dargestellt wird, seine Wirkung beim Zuschauer, der dazu kein emotionales Verhältnis aufbaut. Deshalb wird im Falle von Kartka z Powstania die Geschichte des Warschauer Aufstandes anhand der Geschichte eines einzigen Menschen und eines einzigen Gegenstandes erzählt. Dieses Verfahren wird neben der Kinematografie auch im Museumswesen vielfach angewendet, wo oft ein Ausstellungsobjekt den Anlass dafür bietet, die Geschichte eines Menschen und seines Schicksals zu erzählen, aber auch größere historische Gegebenheiten darzustellen.

Zusammenfassung

Auf Grundlage der hier geführten Diskussion zur virtuellen Realität als neuem Instrument in der Kulturellen Bildung können wir ein paar Schlussfolgerungen ziehen, die uns gestatten, sowohl die enormen Möglichkeiten von VR zusammenzufassen als auch auf die Gefahren hinzuweisen, die mit ihrer Anwendung verbunden sind.

Einerseits können wir mithilfe von VR-Erfahrungen den Zuschauer innerhalb von Raum und Zeit versetzen (möglich ist auch die künstlerische Interpretation bereits existierender Kultur- und Kunstprodukte), wobei man ihm ein greifbares Gefühl seiner tatsächlichen Anwesenheit ermöglicht. Diese Teilhabe an durch VR dargestellten Wirklichkeiten kann vor allem unser Wissen über andere Kulturen und historische Epochen erweitern, aber auch eine einzigartige psychologische Erfahrung sein, die durch andere Vermittlungsformen nicht zugänglich ist. Die persönliche Rezeption von

VR-Inhalten ermöglicht es, manche Prozesse, Motivationen von Individuen und ihre Sichtweise (wörtlich) besser zu verstehen.

Durch die Attraktivität ihrer Form ist die VR vor allem ein neues und interessantes Werkzeug der Kulturellen Bildung. Die Darstellung von kulturellen und historischen Ereignissen aus verschiedenen Perspektiven (zum Beispiel „von zwei Seiten der Barrikaden") ermöglicht es, Empathie aufzubauen und kognitive Barrieren abzubauen, und stellt ein neues Kapitel des interkulturellen Dialoges dar. Cinematic VR ist also ein wichtiges, attraktives Werkzeug, das es möglich macht, auf besondere Weise vom historischen und kulturellen Erbe eines Volkes zu erzählen.

Andererseits sollte es – wie jedes Tool – im vollen Bewusstsein seiner Grenzen (wie der Computeranwendungen für VR) und seiner Vorteile (Immersion) genutzt werden. Im Hinblick auf die Innovativität von Cinematic VR und auf die breite Palette kognitiver Möglichkeiten, die sie bietet, bleiben der Faktor des Komforts und des Sicherheitsgefühls für den Zuschauer wesentlich. Es ist nämlich schwierig, seine Reaktion beim Eintauchen in eine für ihn neue Wirklichkeit ganz vorauszusehen, insbesondere wenn diese – wie im Falle von Kartka z Powstania – starke Gefühle oder negative Assoziationen hervorrufen kann. Deshalb ist es in diesem Kontext ausgesprochen wichtig, den Zuschauer in die Erfahrung einzuführen. Sinnvoll erscheint es daher, Informationsmaterial schon vorher vorzubereiten und Betreuung anzubieten oder auch eine Begleiterin beziehungsweise einen Begleiter, die/der extra darauf geschult ist. Ansonsten könnte es passieren, dass die Pädagoginnen und Pädagogen das Gegenteil dessen erreichen, was sie beabsichtigten.

(1) Zitiert nach: K. Maldis: Edukacja kulturalna – poszukiwań definicji ciąg dalszy (Kulturelle Bildung – die Suche nach Definitionen, Fortsetzung), *www.wpek.pl/wpek,3,318.html?locale=pl_PL* (Abruf am 26.06.2018).
(2) Ebd. (Abruf am 26.06.2018).

Digitale Kulturelle Bildung

Bildungstheoretische Gedanken zum Potenzial Kultureller Bildung in Zeiten der Digitalisierung

Benjamin Jörissen, Professor für Pädagogik mit dem Schwerpunkt Kultur, ästhetische Bildung und Erziehung an der Friedrich-Alexander-Universität Erlangen-Nürnberg
Lisa Unterberg, Wissenschaftliche Mitarbeiterin am Lehrstuhl für Pädagogik mit dem Schwerpunkt Kultur, ästhetische Bildung und Erziehung an der Friedrich-Alexander-Universität Erlangen-Nürnberg

Einleitung

Digitalisierung und mobile Vernetzung haben unsere Lebenswelten und ebenso die Lebenswelten von Kindern und Jugendlichen enorm verändert. Unterscheidungen von On- versus Offline, Cyberspace versus Meatspace oder gar ‚realer' Welt versus ‚virtueller' Welt des Internet sind obsolet. Schon der Verweis auf diese Unterscheidung hat einen historischen Charakter: „my son once asked how we used the internet before computers were invented"(1). Pädagogische Arbeit mit Kindern und Jugendlichen ist mit neuen Medienhabitus, neuen medienkulturellen Sichtweisen und Möglichkeiten konfrontiert – übrigens nicht nur in Bezug auf Kulturelle Bildung, sondern bezogen auf alle Bildungsbereiche.

Die Kulturelle Bildung erhält in diesem Zusammenhang insofern eine besondere Relevanz, als dass die digitale Transformation unserer Welt neue digitale Kulturtechniken erforderlich macht. Diese entstehen nicht einfach aus sich heraus, sondern bedürfen einer bildungstheoretischen Diskussion.

Im Nachfolgenden wird ein eng gefasstes Verständnis von Kultureller Bildung fokussiert, in dem es um ästhetische Prozesse und ästhetische Formen, von Alltagsästhetiken bis hin zu den Künsten geht. Ausgehend von diesen Überlegungen werden Herausforderungen für die Kulturelle Bildung in der post-digitalen Welt beschrieben.

Kulturelle Bildung als Praxis der Reflexion auf Kultur durch Kultur

Nach einer Formel Dietrich Benners ist Bildung als Prozess der „nichtaffirmativen Selbstbestimmung" zu verstehen(2), also als Prozess, in dem wir – so kann man diesen Gedanken auslegen – uns nicht nur innerhalb gegebener Rahmen und Regeln ‚bestimmen' (das wäre affirmativ), sondern in dem wir uns zu den Bedingungen der Selbstbestimmung verhalten (das wäre nicht-affirmativ, also kritisch). Bildung bedeutet dann kulturtheoretisch gefasst, dass Selbstbestimmung nicht nur unvermeidbar innerhalb gegebener kultureller Formen und Ordnungen geschieht, sondern dass Selbstbestimmung immer auch eine zumindest implizite oder praktische Positionierung zu diesen Formen beinhalten muss. Das heißt dann in letzter Konsequenz sogar und nur scheinbar paradox, auch zu affirmativen Festlegungen dessen, was als „Selbstbestimmung" zu verstehen sei, auf Distanz zu gehen.(3) Wie aber können kulturelle Grundlagen der Selbstverortung, die ja schließlich Wahrnehmungsweisen, Sprache, Habitus und Werthaltungen überhaupt erst hervorbringen, reflexiv zugänglich werden? Wie können in einer solchen Tiefe Ideen von Subjektivität – Selbstbestimmung (‚Selbstverwirklichung' etc.), der kulturelle Imperativ des Selbst-Erkennens („*gnothi seauton*"), die individuelle Geschichtlichkeit – in ihren normativen subjektkonstitutiven Aspekten hinterfragbar werden?

Wo schließlich sind Modelle zu finden, mit den resultierenden Paradoxien umzugehen?

Vor diesem Hintergrund lässt sich das Verhältnis von Bildung und Kultur naheliegender Weise nicht nur als Kultivierung im Modus der pädagogischen Vermittlung und/oder subjektiven ‚Aneignung von Kultur' verstehen und schon gar nicht als ein bloßes ‚Lernen über …' kulturelle Angelegenheiten, Ausdrucksformen, Kulturtechniken, Künste etc. Vielmehr ist Bildung, nimmt man den Terminus bildungstheoretisch ernst (was leider oft genug nicht der Fall ist), eine Praxis der Reflexion auf Kultur – verstanden nämlich als implizit machtförmiges Formenrepertoire der Gestaltung von Selbst- und Weltverhältnissen.

Bildungsprozesse sind daher immer Prozesse der Positionierung. Eine solche Positionierung wird nun im Allgemeinen als eher rationale Reflexion vorgestellt. Explizite (verbal-argumentative, theoretische) Reflexion ist jedoch nur eine spezifische Praxisform unter anderen. Eine andere Möglichkeit der Positionierung liegt in der ästhetischen Artikulation, und sie wird wesentlich ermöglicht durch das Spannungsverhältnis kultureller Formen, tradierter Ästhetiken und medialer Bedingungen des Ausdrucks und der Kommunikation. ‚Artikulation' meint dabei nicht nur ‚Ausdruck', also das Nachaußenbringen eines schon existierenden Inneren. Vielmehr bringt Artikulation im ‚Explizit-machen'(4)(5) das Auszudrückende überhaupt erst hervor – so, wie ein nur ‚gefühlter' Gedanke, eine Idee für ein Bild, die Vorstellung eines Klangs oder einer Bewegung eben erst dann Gedanke, Bild, Klang oder Geste werden, wenn sie artikuliert werden. Die Artikulation geht mit einer Sichtbarkeit einher, mit der wir verbunden sind, für die wir einstehen.(6) Artikulationsprozesse bringen nicht nur etwas Symbolisches, sei es epistemisch-kognitiv oder ästhetisch-sinnlich, zum Vorschein, sondern sie positionieren uns in Bezug auf das Artikulierte vor einer Rezeptionsgemeinschaft (zum Beispiel den Eltern, einer Peergroup oder einem Publikum gegenüber). In diesem Sinne werden wir durch Artikulationsprozesse selbst artikuliert(7)(8); wir begegnen – nicht selten überraschenden – Lesarten und Festlegungen unserer Selbst, müssen oder sollen für diese einstehen und werden somit als Subjekt anerkannt beziehungsweise anerkennungsfähig.

Kulturelle Bildung zwischen Bestimmtheit und Unbestimmtheit

Ästhetische Artikulationsprozesse sind mithin Positionierungen in einem zugleich sozialen und kulturellen Raum, in und an denen wir uns selbst als kulturelle und soziale Wesen überhaupt erst erfahren können. Diese Prozesse zu ermöglichen und zu befördern, sie soweit zu entwickeln, dass möglichst nicht nur affirmative Positionierungen, sondern nicht-affirmative Artikulationsformen ermöglicht werden, ist eine Kernaufgabe der Kulturellen Bildung. Dies ist mehr als nur ästhetischer Ausdruck. Es geht um eine ästhetische Selbstbestimmung, nicht als Festlegung einer personalen ‚Ästhetik' oder eines ‚Stils' (lifestyle), sondern eine ästhetische Bestimmung über die Formen und Regeln, innerhalb derer wir angerufen sind, uns zu verorten.

Die Aufgabe umfasst natürlich auch die Vermittlung von Sachwissen und Fertigkeiten – unter anderem das, was im Diskurs bisweilen als Forderung nach künstlerisch-ästhetischer ‚Alphabetisierung' auftaucht. Hierbei geht es um die Vermittlung ästhetischer Artikulationsformen. Kulturelle Kinder- und Jugendbildung (wie auch kulturelle Erwachsenenbildung und Kulturgeragogik) schafft Anschlussmöglichkeiten, sodass die sinnliche Erfahrung von Kultur differenziert und erweitert wird, dass ästhetische Urteilsfähigkeit entwickelt wird, dass damit übrigens auch neue, andere, komplexere Genussfähigkeiten geschaffen werden. Damit kulturelle Prozesse, Manifestationen, Werke in ihrer ästhetischen Verfasstheit zugleich als sinnlich und sinnhaltig wahrgenommen werden können. Und dies bezieht sich keinesfalls nur auf die sogenannte Hochkultur und die etablierten Künste, sondern auf die Vielfalt und Breite kultureller Ausdrucksformen in unserer Gesellschaft.

Auf dieser pragmatischen, aber noch unterkomplex gefassten Ebene läge die Herausforderung durch digitale Medien vor allem im Anschluss an digitale Kinder- und Jugendkulturen und die Nutzung digitaler Geräte und Anwendungen (Kommunikationsformen der Vermittlung, Einsatz digitaler Medien etc.). Jedoch geht es eben nicht nur um affirmative Vermittlung, um ein Dazulernen und die dazu geeigneten medientechnischen Instrumente. Wer die digitale Revolution darauf, etwa auf das gern zitierte „Mitmachnetz" beschränkt, übersieht zum einen die Tiefe der mit ihr einhergehenden Veränderungen und verharmlost sie. Zum anderen aber würde eine solche Vermittlungsperspektive nicht dem gerecht, was Bildung in einer hochkomplexen Gesellschaft bedeuten kann und muss.

Wie also können kulturelle Grundlagen der Selbstverortung, die ja schließlich Wahrnehmungsweisen, Sprache, Habitus und Werthaltungen überhaupt erst hervorbringen, reflexiv zugänglich werden? Nach einer für diese Fragen ausgesprochen bedeutsamen Formulierung des Allgemeinpädagogen und Bildungstheoretikers Winfried Marotzki muss es in Bildungsprozessen um „die Herstellung von Bestimmtheit und die Ermöglichung von Unbestimmtheit"(9) gehen. Damit ist gemeint, dass einerseits etwas gelernt, erfahren, bekannt sein muss: Dies meint „Herstellung von Bestimmtheit", wie sie soeben angesprochen wurde. Bildung ist aber zugleich nur angemessen zu verstehen oder auch pädagogisch zu erhoffen, wenn sie „Unbestimmtheitsbereiche ermöglicht und eröffnet"(10). Was bedeutet dies? Unbestimmtheit entsteht, wenn die Rahmungen des Bekannten – unsere Weltsicht, innerhalb derer alles einen bestimmten Sinn ergibt – erweitert, transformiert, aufgebrochen, überschritten werden. Erst dann können wir die Dinge in einem neuen, komplexeren, weiteren Licht sehen. Reflexivität und Kritik sind klassische Wege hierzu, aber auch Ironie, Humor, Spiel und ganz besonders genuine ästhetische Erfahrungen(11), in denen uns plötzlich ein Klang als Klang, eine Farbe als Farbe, ein Musikwerk als spannendes auditives Formereignis, eine Fernsehwerbung in ihren ästhetischen Taktiken und Strategien oder auch – aisthetisch – ein zugleich überzuckertes, übersäuertes und unterkühltes sogenanntes Erfrischungsgetränk trotz aller werbepsychologischen Überformung von Imagination und Körperschema als dieses fragwürdige Geschmackserlebnis blitzartig – gefühlt, mit Emotionen verbunden, aber grundsätzlich auch der sinnhaften Reflexion zugänglich – deutlich werden.

Die zweite wesentliche Aufgabe Kultureller Bildung liegt in diesem Sinne darin, eine sinnlich-sinnhafte Unbestimmtheit, also alternative Erfahrungsformen und neue Erfahrungsmöglichkeiten, zu befördern.

Es versteht sich in Bezug auf Kinder und Jugendliche insbesondere, dass dies in Zeiten marktförmig organisierter Identitätsangebote eine wesentliche Voraussetzung von Selbstbestimmung auch jenseits dessen, insbesondere aber in Akten kreativer Umdeutung darstellt. In einer globalisierten, vernetzten, hochkomplexen Welt kann ich ein Instrument spielen, ein Bild malen, tanzen, Theater spielen etc. lernen, doch kommt es letztendlich nicht darauf an, dies oder jenes nachmachen oder nachspielen zu können, sondern mich selbst über dies alles vermittelt auf einen ästhetischen Weg zu begeben, der mich zu meiner Welt auf neue Weise in Beziehung setzt, mir letztlich eine Positionierung ermöglicht (man hätte früher von Persönlichkeitsbildung oder Identitätsbildung gesprochen).

Herausforderungen Digitaler Kultureller Bildung

In Bezug auf Medialität und Digitalität bedeutet diese beschriebene bildungstheoretische Zielsetzung zweierlei. Erstens kann man Medien als ein Gegenstandsfeld Kultureller Bildung betrachten. Hierbei wird der lebensweltliche Umgang mit ‚Mediendingen' (beispielsweise Smartphones) und Medienphänomenen (beispielsweise Werbung) in den Mittelpunkt der Beschäftigung gerückt. Bei dieser Betrachtung bleibt aber unberücksichtigt, dass Medialität ein Prozessgeschehen ist, in dem etwas zur Erscheinung kommt und gleichzeitig etwas Wesentliches sich entzieht, also unsichtbar wird: die Strukturen der Medialität, die Strukturen dessen, was ‚etwas' mit immer anderen Inhalten hervorbringt(12). Marshall McLuhan, einer der Begründer moderner Medientheorie, hat dies mit seinem berühmt gewordenen Satz „The medium is the message"(13) hervorgehoben.

Eine große Herausforderung für die Pädagogik liegt im Umgang mit etwas, das sich systematisch der Sichtbarkeit und Gegenständlichkeit entzieht, im Umgang mit den verborgenen Strukturen von Medialität, ihren Bedingungen und Effekten.

Nehmen wir als Beispiel da Vincis Mona Lisa. In ihr manifestiert sich eine bestimmte kulturelle Geschlechterordnung, die im Bild durch ästhetische Kompositionsprinzipien aufgegriffen, reinszeniert und bisweilen vorder- oder hintergründig hinterfragt wird. Die Festlegung einer bestimmten Blickordnung im Bild beruht ihrerseits auf den medialen Eigenschaften von Leinwand und Farbe, die es erlauben, einen bestimmten Raum zu fixieren – etwa einen Raum der zweidimensionalen Anordnung entsprechend der mittelalterlichen Bedeutungsperspektive oder eine virtuell dreidimensionale Anordnung der neuzeitlichen Zentralperspektive, die zugleich auf ein Betrachtersubjekt vor dem Bild verweist. Im Gemälde, also im Trägermedium von Leinwand und Farbe, ist die dargestellte Ordnung nicht veränderbar. Überführt man jedoch die materiale Medialität des Gemäldes in die mediale Materialität eines Scans (oder sonstiger digitaler Reproduktionsverfahren), so provoziert diese hochgradig offene, manipulierbare Form des Digitalen Reproduktionen, Dekontextualisierungen, Remixes(14), kurz: ästhetische Umdeutungen, die auch die ursprüngliche Message – im Beispiel hier die Geschlechterinszenierung – hinterfragen. Dies ist, als eines von unzähligen Beispielen, an den diversen im Netz kursierenden Remixes der Mona Lisa zu sehen.

Das Moment der Medialität ist in diesen Beispielen gleichsam gegen die verschworene Einheit von Ästhetik und tradierter Genderinszenierung verwendet worden. Es lassen sich (besonders in der Kunst) unschwer Beispiele finden, in denen die Ästhetiken gegen Medialität (Yves Klein, Malewitsch), Ästhetiken und Medialitäten gegen kulturelle Formen (von Duchamp bis Warhol) usw. mobilisiert werden.

Das Bedingungsgefüge von kulturellen, ästhetischen und medialen Aspekten eröffnet Freiräume, die Veränderung, Distanznahme und Transformation ermöglichen. Diese Referentialität und darin ständig stattfindende kollektive Aushandlung von Bedeutung ist eine der wesentlichen Eigenschaften einer Kultur der Digitalität(15). Die kulturellen Objekte sind inzwischen in einer Form zugänglich, die ihre Synthese unkompliziert möglich macht.

Wenn Bildung im vorhin genannten Sinn heißt, eine nicht-affirmative, kritische Position auch gegenüber den zumeist im Verborgenen wirkenden kulturellen, ästhetischen und medialen Formen, Regeln und Bedingungen einzunehmen, so muss in diesem Sinne Medienbildung als etwas verstanden werden, das nicht nur Medienkompetenz vermittelt – so wichtig dies auch ist –, sondern das die impliziten und verborgenen Machteffekte, Strukturen und Möglichkeiten des Medialen begreifbar und zugänglich macht. Es geht um das, was man als ‚performative Wirkung' bezeichnet, also um die Hervorbringung dessen, was wir – vermittelt über kulturelle Bedeutungsmuster (Semantiken) und Wahrnehmungsformen – als Realität erfahren.

Potenziale einer Digitalen Kulturellen Bildung

Deutlich geworden ist sicher, dass der Unterricht in Programmiersprachen im Informatikunterricht, die bloße Vermittlung von Medienkompetenz oder der pragmatische Umgang mit dem Internet als Informationsquelle nicht ausreichen, um den komplexen Anforderungen, die die Digitalisierung mit sich bringt, gerecht zu werden. Die digitale Revolution, in der wir leben, ist schlichtweg zu komplex, zu heterogen, zu vielschichtig, zu unübersichtlich, zu opak, dynamisch und unvorhersehbar in ihren Effekten – selbst für Fachleute. Als einzelne Person kann man den Phänomenen auch mit anspruchsvoller informationstechnischer Bildung nicht angemessen begegnen. Und genau hier liegt das Potenzial der Kulturellen Bildung. Wir können der digitalen Revolution und den damit einhergehenden Phänomenen nicht, beziehungsweise nur sehr eingeschränkt und punktuell kognitiv begegnen. Zugleich verändern sie aber nicht nur unsere technischen Infrastrukturen, sondern unsere Kulturen. Digitalisierung manifestiert sich nicht nur informationell, sondern gleichermaßen ästhetisch-kulturell. Sie ist Teil unserer Kulturen, ob wir es wollen oder nicht; sie verändert kulturelle Formen, Ästhetiken, Wahrnehmungsweisen. In der Digitalisierung von Kultur und Ästhetik und einer Digitalen Kulturellen Bildung liegt das Potenzial, Digitalisierung im Rahmen ästhetischer Prozesse und Vollzüge umfassender zu erfahren und zu verstehen, als es mit bloßen kognitiven Mitteln möglich wäre.

(1) Baym, N. K. (2015): Personal Connections in the Digital Age. Hoboken.

(2) Benner, Dietrich (2005): Allgemeine Pädagogik. Eine systematisch-problemgeschichtliche Einführung in die Grundstruktur pädagogischen Denkens und Handelns. (5., korrigierte Auflage Aufl.) Weinheim. S. 155 ff.

(3) Ricken, N. (2006): Die Ordnung der Bildung: Beiträge zu einer Genealogie der Bildung. Wiesbaden. S. 345 ff.

(4) Jung, M. (2005): „Making us explicit": Artikulation als Organisationsprinzip von Erfahrung. In: Schlette, M. & Jung, M. (Hrsg.): Anthropologie der Artikulation. Begriffliche Grundlagen und transdisziplinäre Perspektiven. (S. 103–142). Würzburg.

(5) Jung, M. (2009): Der bewusste Ausdruck: Anthropologie der Artikulation. Berlin.

(6) Jörissen, Benjamin (2011): Bildung, Visualität, Subjektivierung. In: Meyer, T.; Mayrberger, K.; Münte-Goussar, S. und Schwalbe, C. (Hrsg.): Kontrolle und Selbstkontrolle. (S. 57–73). Wiesbaden.

(7) Butler, Judith (2001): Psyche der Macht: Das Subjekt der Unterwerfung. Frankfurt a. M.

(8) Jergus, K. (2012): Politiken der Identität und der Differenz. Rezeptionslinien Judith Butlers im erziehungswissenschaftlichen Terrain. In: Ricken, N. & Balzer, N. (Hrsg.): Judith Butler: Pädagogische Lektüren. (S. 59 ff.). Wiesbaden.

(9) Marotzki, W. (1990): Entwurf einer strukturalen Bildungstheorie. Weinheim.

(10) Ebd.

(11) Seel, Martin (1985): Die Kunst der Entzweiung: zum Begriff der ästhetischen Rationalität. Frankfurt a. M.

(12) Mersch, Dieter (2002): Ereignis und Aura: Untersuchungen zu einer Ästhetik des Performativen. Frankfurt a. M.

(13) McLuhan, M. (1964): Understanding media: the extension of man. New York.

(14) Navas, Eduardo; Gallgher, Owen & Burrough, xtine (Hrsg.) (2014): The Routledge Companion to Remix Studies. New York, London.

(15) Stalder, Jens (2017): Kultur der Digitalität (2. Aufl.) Frankfurt a. M., S. 96 ff.

Teile des vorliegenden Textes erschienen in veränderter Fassung unter dem Titel „Digital/kulturelle Bildung: Plädoyer für eine Pädagogik der ästhetischen Reflexion digitaler Kultur" auch in: Mayer, T.; Dick, J.; Moormann, P. (Hrsg.): Where the magic happens. Bildung nach der Entgrenzung der Künste. München: kopaed, 2016.

Anhang

Die Partnerinstitutionen

Stiftung Genshagen
Die Stiftung Genshagen ist eine gemeinnützige Stiftung bürgerlichen Rechts, Stifter sind die Beauftragte der Bundesregierung für Kultur und Medien und das Land Brandenburg. Die Stiftung Genshagen verfolgt das Ziel, Europa in seiner kulturellen Vielfalt, politischen Handlungsfähigkeit, sozialen Kohärenz und wirtschaftlichen Dynamik zu stärken. Ihre besondere Aufmerksamkeit gilt den deutsch-französischen und den deutsch-polnischen Beziehungen sowie dem Weimarer Dreieck. Die Stiftung veranstaltet Tagungen, Seminare, Workshops und Jugendbegegnungen und fungiert so als Begegnungsstätte und Ort des Erfahrungsaustauschs und der Netzwerkbildung sowohl für die junge Generation als auch für Expertinnen und Experten aus den Bereichen Kultur, Politik, Wissenschaft und Wirtschaft.

Narodowe Centrum Kultury
Das Nationale Zentrum für Kultur (Narodowe Centrum Kultury, NCK) ist eine öffentliche staatliche Kulturinstitution. Laut ihrem Statut ist ihr Ziel, vielfältige Aktivitäten zur Förderung und Entwicklung der Kultur in Polen durchzuführen. Die Aktivitäten des NCK konzentrieren sich vor allem auf die Kulturelle Bildung, die Professionalisierung des Kultursektors und die Bewerbung des nationalen polnischen Kulturerbes als Element des europäischen Kulturerbes. Darüber hinaus widmet sich das NCK in seiner Tätigkeit zivilgesellschaftlichen Initiativen und Initiativen von NGOs, die im Kulturbereich arbeiten, indem es sie zu inspirieren und zu unterstützen versucht. Das NCK führt auch Forschungsarbeiten durch und erstellt Expertisen in den Bereichen Kultur und Kulturerbe.

Biografien der Autorinnen und Autoren

Dobosz, Tomasz, Regisseur, Produzent und Drehbuchautor, Regisseur des Cinematic Virtual Reality (VR), Absolvent der Warschauer Filmhochschule und des Doktorandenstudiums im Fach Organisation und Management, langjähriger akademischer Dozent, Initiator des Lehrprogramms Cinematic VR an der Filmhochschule, Mitbegründer des Filmstudios VRheroes.

Ermert, Karl, Dr. phil., geboren 1946, Germanist, Historiker, Erziehungswissenschaftler. 1999 bis 2011 Direktor der Bundesakademie für Kulturelle Bildung Wolfenbüttel, Bundesvorsitzender des Arbeitskreises Musik in der Jugend e. V. von 2012 bis 2018. Von Oktober 2014 bis Mai 2016 auch Leiter des Forschungs- und Diskursprojektes „Chormusikkultur und Migrationsgesellschaft".

Franckiewicz-Olczak, Izabela, Dr., Soziologin, Kulturwissenschaftlerin, wissenschaftliche Mitarbeiterin des Instituts für Forschungen zur Sozialen Kommunikation der Universität Łódź. Autorin der Bücher Kolor, dźwięk i rytm. Relacja obrazu i dźwięku w sztukach medialnych, (Farbe, Klang und Rhythmus. Das Verhältnis von Bild und Klang in der medialen Kunst), Warszawa 2010; Sztuka interaktywna. Społeczny kontekst odbioru (Interaktive Kunst. Der soziale Kontext der Rezeption), Warszawa 2016 und von Artikeln über die zeitgenössische Kunst und Kultur. Sie leitete zahlreiche Forschungsprojekte im Bereich Kultur, u.a. 2016-2017 das Projekt „Edukacja artystyczna i popularyzacja sztuki w Polsce. Analiza i ewaluacja projektów kierowanych do dzieci i młodzieży" (Künstlerische Erziehung und Verbreitung von Kunst in Polen. Eine Analyse und Evaluation von Projekten für Kinder und Jugendliche), das von der Universität Łódź im Rahmen des Programms „Kulturaufsicht" des Ministeriums für Kultur und Nationales Erbe durchgeführt wurde.

Fuchs, Max, Prof. Dr. phil., Honorarprofessor für Erziehungswissenschaft an der Universität Essen-Duisburg. Von 1988 bis 2013 Direktor der Akademie Remscheid, von 2001 bis 2013 Präsident des Deutschen Kulturrates. Ehrenvorsitzender der Bundesvereinigung kulturelle Kinder- und Jugendbildung. Arbeitsschwerpunkte: Konstitution von Subjektivität und Kulturelle Schulentwicklung.

Gohlke, Gerrit, freier Autor und Kurator, lebt in Berlin. Künstlerischer Leiter des Brandenburgischen Kunstvereins Potsdam (BKV) und Leiter Regionale Entwicklung bei der Gesellschaft Neue Auftraggeber. 2007 bis 2010 Redakteur, dann Chefredakteur des artnet Magazins; von 2009 bis 2010 auch Executive Director der artnet AG. Seine jüngsten Projekte und Veröffentlichungen beschäftigen sich mit Partizipationspotentialen und der Sprach- und Vermittlungsfähigkeit zeitgenössischer Kunst. Publiziert auch zu Kunstkritik und dem Kunstmarkt sowie zu Medienkunst und zu zeitgenössischer Malerei. Zahlreiche Ausstellungsprojekte. Seit 2005 Lehraufträge unter anderem an der F + F Schule für Kunst und Mediendesign in Zürich, an der Königlichen Kunsthochschule in Stockholm (KKH) und an der Weißensee Kunsthochschule Berlin (KHB).

Gusowski, Adam, Journalist, Autor, Satiriker. Seit 2001 Mitbetreiber des „Clubs der Polnischen Versager" in Berlin, eines Orts des kulturellen Austausches zwischen Ost und West, zwischen Polen und Deutschland. Autor der Bühnenshows „Leutnant-Show", „Die Schzonationale", „Die Polenverklärer" und der Filmserien „Das Gespräch mit einem interessanten Menschen", „Umgefragt in Bernau", „Der Assistent verklärt", „Eule und Freunde", „Frau Selke und der Haß". Redakteur des Radiosenders COSMO (rbb/wdr) in Berlin.

Henze, Peter, Schauspieler, Regisseur und Autor. Initiator und Mitbegründer der „Theaterwerkstatt Hannover", von 1975 bis 1991 deren Künstlerischer Leiter. Theaterarbeiten im europäischen Raum, über lange Jahre vor allem in Russland. 2001 Initiierung des Vereins Land & Kunst e.V. mit dem Schwerpunkt soziokultureller Kulturarbeit. Lehraufträge, Leitung von Theaterprojekten und Autor zahlreicher Theaterstücke. Texte zur Kulturpolitik, vornehmlich im ländlichen Raum.

Jarmoszuk, Zina, Dr., Absolventin der Fakultät Polonistik der Universität Warschau. Doktor der Geisteswissenschaften, Fakultät Neophilologie der Universität Warschau. Spezialisiert sich auf Fragen zur Durchführung von Forschungen zum Thema Kultur, Kulturmanagement und zum Wissen über Kultur. Autorin und Koautorin von Vorlagen, Analysen und Expertisen zur Kultur. Koordinatorin von Forschungsprojekten. 2000-2006 Vizedirektorin des Instituts für Kultur und des Nationalen Zentrums für Kultur. Von 2008 bis 2016 Direktorin des Departments für staatliche Kunstförderung im Ministerium für Kultur und Nationales Erbe. Koautorin von „Strategia Rozwoju Kapitału Społecznego w Polsce na lata 2011–2020" (Entwicklungsstrategie des Sozialkapitals in Polen in den Jahren 2011-2020). Langjährige wissenschaftlich-didaktische Mitarbeiterin und Dozentin an der Universität Warschau, an der Polnisch-Japanischen Akademie für Computertechnik und derzeit an der Warschauer Filmhochschule.

Jörissen, Benjamin, Prof. Dr. phil., Jg. 1968. Professor für Pädagogik mit dem Schwerpunkt Kultur, ästhetische Bildung und Erziehung an der Friedrich-Alexander-Universität Erlangen-Nürnberg. Arbeitsschwerpunkte: Medienbildung, Kulturelle Bildung, Erziehungswissenschaftliche Medienforschung, Erziehungswissenschaftliche Anthropologie, Theorie und Probleme der Identität.

Karowska-Koperwas, Magdalena, Absolventin der Universität Warschau; Autorin und Realisatorin zahlreicher Bildungs-, Erziehungs- und Präventionsprojekte; Lehrerin, Autorin von Unterrichtsplänen und anderen Handreichungen für Kulturarbeiter, Erzieher und Lehrer. Mehr als zwanzig Jahre lang als Betreuerin bei den Pfadfindern u.a. verantwortlich für die Ausbildung der Kader; Direktorin des polenweiten Wettbewerbs „Do Wolnej Polski" (Für ein Freies Polen) für Schüler von Gymnasien und Lyzeen (u.a. unter Schirmherrschaft des Premierministers der Republik Polen). Seit über zwanzig Jahren befasst sie sich in der öffentlichen Verwaltung mit der Koordination sozialer Projekte, mit kulturellen Aktivitäten und gesellschaftlicher Kommunikation. Derzeit führt sie im Nationalen Zentrum für Kultur ein Schulungsprogramm für Mitarbeiterinnen und Mitarbeiter des polnischen Kultursektors durch.

Krajewski, Marek, Prof. Dr., Soziologe, ordentlicher Professor am Institut für Soziologie der Universität „Adam Mickiewicz" in Poznań. Autor zahlreicher Artikel zur zeitgenössischen Kultur, Kunst und Kulturellen Bildung sowie folgender Bücher: Kultury kultury popularnej (Die Kulturen der Popkultur), Poznań 2003; POPamiętane, Wörterbuch der Popkultur, Gdańsk 2006; Za fotografię! W stronę radykalnego programu socjologii wizualnej (Auf die Fotografie! Für ein radikales Programm der visuellen Soziologie) (mit R. Drozdowski), Warszawa 2010; Są w życiu rzeczy… Szkice z socjologii przedmiotów (Es gibt im Leben Dinge … Skizzen zur Soziologie der Gegenstände), Warschau 2013; Diagnoza w kulturze (Die Analyse in der Kultur) (mit A. Skórzyńską), 2016; Incydentologia (Die Zwischenfalltheorie), 2017. Mitbegründer der Projekte „Niewidzialne miasto" (Die unsichtbare Stadt) (*www.niewdzialnemiasto.pl*), „Archiwum badań nad życiem codziennym" (Archiv für

Forschungen am Alltagsleben) *(www.archiwum.edu.pl)* sowie des Programms „Bardzo młoda kultura" (Sehr junge Kultur).

Kocemba, Joanna, Theater- und Kulturwissenschaftlerin, Absolventin der Universität Łódź, arbeitet im Institut für Kunst an der Polnischen Akademie der Wissenschaften (PAN), wo sie zur Geschichte des Theaters Węgajty forscht. Im Institut für Polnische Kultur an der Universität Warschau promoviert sie derzeit über das partizipative Theater. Sie ist Mitglied des Lehrkörpers im Aufbaustudium Theaterpädagogik, arbeitet zusammen mit dem Team für Kulturarbeit (animacja kultury) des Instituts für Polnische Kultur der Universität Warschau und des Vereins Städtischer Initiativen „Topographie". Mitglied der Polnischen Gesellschaft für Theaterforschung. Publikationen: Kultura zezwoleń wobec kultury dostępu. Między interesem publicznym a prywatnym (Die Kultur der Genehmigungen und die Kultur der Verfügbarkeit. Zwischen dem öffentlichen und dem privaten Interesse), „Kultura Współczesna" (Zeitgenössische Kultur), 2016, Nr. 1; Aktywny/bierny. Teatr Forum jako teatr partycypacyjny (Aktiv/passiv. Das Theaterforum als partizipatives Theater), „Maska" (Die Maske), 2017, Nr. 34.

König, Bernhard, freiberuflicher Komponist, Autor und Interaktionskünstler. Kompositionsstudium bei Mauricio Kagel. 1997 Mitbegründer des Kölner „Büros für Konzertpädagogik". Im Mittelpunkt seiner Arbeit steht die Konzeption, Umsetzung und systematische Erforschung einer „Experimentellen Gebrauchsmusik". Weitere Informationen: *www.schraege-musik.de* und *www.trimum.de*

Kraft, Daniel, studierte Politikwissenschaft, Soziologie und Germanistik in Freiburg im Breisgau und Brno, Tschechische Republik, sowie Fundraising am Verbandsmanagement Institut (VMI) der Universität Freiburg, Schweiz. Bis 2005 Studienhausleiter des Brücke-Most-Zentrums der Brücke/Most-Stiftung zur Förderung der deutsch-tschechischen Verständigung und Zusammenarbeit in Dresden und Prag. Seit 2005 Mitarbeiter, ab 2009 Leiter der Stabsstelle Kommunikation und Pressesprecher der Bundeszentrale für politische Bildung (bpb). Ehrenamtlich Kuratoriumsmitglied im Centrum občanského vzdělávání (COV), Prag, und der Brücke/Most-Stiftung, Dresden. Zahlreiche Publikationen, u.a. zu grenzüberschreitender politisch-historischer Bildung, zu tschechisch-deutscher Geschichte und zu Fundraising für die politische Bildung.

Kröger, Franz, stellvertretender Geschäftsführer der Kulturpolitischen Gesellschaft e.V. Arbeitsschwerpunkte: Interkulturelle Kulturarbeit, Landeskulturpolitik NRW, Kulturelle Bildung und Inklusive Kulturarbeit. Redaktionsmitglied der Kulturpolitischen Mitteilungen, Zeitschrift für Kulturpolitik der Kulturpolitischen Gesellschaft. Koordinator des Bundesweiten Ratschlags Kulturelle Vielfalt.

Krüger, Thomas, Präsident der Bundeszentrale für politische Bildung (seit Juli 2000). Absolvierte eine Ausbildung zum Facharbeiter für Plast- und Elastverarbeitung (1976 bis 1979), nahm dann ein Studium der Theologie auf, anschließend Vikar. Gründungsmitglied der Sozialdemokraten in der DDR (SDP), bis 1990 deren Geschäftsführer in Berlin (Ost) und Mitglied der Volkskammer der DDR. 1990 bis 1991 Erster Stellvertreter des Oberbürgermeisters in Ost-Berlin und Stadtrat für Inneres beim Magistrat Berlin und in der Gemeinsamen Landesregierung. Von 1991 bis 1994 Senator für Jugend und Familie in Berlin, 1994 bis 1998 Mitglied des Deutschen Bundestages. Aktiv im kulturellen und sozialen Bereich: Seit 1995 Präsident des Deutschen Kinderhilfswerkes, seit 2012 zweiter stellvertretender Vorsitzender der Kommission für Jugendmedienschutz (Mitglied seit 2003). Außerdem seit 2013 Mitglied des Forschungsbeirats des ifa-Forschungsprogramms „Kultur und Außenpolitik", seit 2014 im Kuratorium der Kulturstiftung des Deutschen Fußball-Bundes (DFB), seit März 2018 Mitglied im Rat für kulturelle Bildung sowie im Kuratorium „Kulturhauptstadt Dresden 2025".

Kukołowicz, Tomasz, Dr., Doktor der Sozialwissenschaften, Leiter der Abteilung für Forschung und Analysen des Nationalen Zentrums für Kultur. Chefredakteur der Zeitschrift „Rocznik Kultury Polskiej" (Jahrbuch der Polnischen Kultur) und der Quartalszeitschrift „Nowości Badawcze NCK" (Forschungsnachrichten des Nationalen Zentrums für Kultur). Ausgewählte Publikationen: Pięć kierunków poszerzania pola kultury (Fünf Richtungen zur Erweiterung des Kulturbereichs), in: Pomorskie poszerzenie pola kultury (Die Erweiterung des Kulturbereichs in Pommern) (mit R. Wiśniewski), Hrsg. C. Obracht-Prondzyński, P. Zbieranek, Gdańsk 2017; Koautor von Rola samorządu terytorialnego w finansowaniu polityki kulturalnej w Polsce w latach 1990-2015 (Die Rolle der territorialen Selbstverwaltung bei der Finanzierung der Kulturpolitik in Polen in den Jahren 1990-2015), „Studia BAS" 2016, Nr. 46 (2). Er interessiert sich für die Problematik der Unschärfe von Kreativität, für Forschungen zur Popkultur (unter besonderer Berücksichtigung von Hip Hop) und für die Kulturpolitik.

Lange, Rulo, Diplomlehrer für Deutsch und Geschichte. Gründungslehrer an der Freien Schule Leipzig-Connewitz, an der Freien Ganztagsschule Gernrode/Thale und an der Freien Naturschule Templin. Mitgründer des Projektes Bleilaus-Verlag. Gründer und pädagogischer Leiter des Freundeskreises Buchkinder e.V.

Laszuk, Mariusz, Film- und Werbeproduzent, Cutter, Stitcher. Seit vier Jahren arbeitet er mit der Warschauer Filmhochschule zusammen, ist Produzent und Koautor des ersten Drehbuchs in Polen für einen Spielfilm in VR-Technologie mit dem Titel „Eine Karte vom Aufstand". Begründer des Lehrprogramms Cinematic VR in der Filmhochschule, Eigentümer von VR-heroes – Cinematic VR Studio.

Ligarski, Sebastian, Dr., Historiker, Doktor der Geisteswissenschaften, Leiter des Abteilungsbüros für Historische Forschungen des Instituts für Nationales Gedenken in Szczecin. Autor folgender Bücher: W zwierciadle ogłoszeń drobnych. Życie codzienne na Dolnym Śląsku w latach 1945–1949 (Im Spiegel von Kleinanzeigen. Das Alltagsleben in Niederschlesien in den Jahren 1945–1949), Wrocław 2007; W kleszczach totalitaryzmów. Księdza Romana Gradolewskiego i ojca Jacka Hoszyckiego życiorysy niedopowiedziane (In den Fängen von Totalitarismen. Der unklaren Lebensläufe von Pater Roman Gradolewski und Pater Jacek Hoszycki), Warszawa 2017. Koautor der Publikation Wojna o eter. Media elektroniczne od solidarnościowego karnawału do początków rządów solidarnościowych (Der Krieg um den Äther. Elektronische Medien seit dem Karneval der Solidarność bis zum Beginn der Solidarność-Regierung) (mit G. Majchrzak), Warszawa 2016. Redakteur u.a. von Środki masowego zakłamania. Gadzinówki w czasie stanu wojennego (Mittel der massenhaften Verlogenheit. Propagandablätter während des Kriegszustands), Szczecin 2012. Seit 2007 polenweiter Koordinator des zentralen Forschungsprojekts „Władze PRL wobec środowisk twórczych, dziennikarskich i naukowych" (Die Regierung der Volksrepublik Polen gegenüber den kreativen, journalistischen und wissenschaftlichen Kreisen) des Instituts für Nationales Gedenken.

Madaj, Karol, Absolvent der biblischen Theologie des Alten Testaments, Designer von Brettspielen. Derzeit amtierender Direktor der Abteilung Historische Bildung im Büro für Nationale Bildung am Institut für Nationales Gedenken. Autor von mehreren Dutzend Brettspielen, die sich mit der Geschichte des 20. Jahrhunderts beschäftigen, unter anderem: 303. Bitwa o Brytanię (303. Luftschlacht um England), 2010; Kolejka (Die Schlange), 2011; ZnajZnak (Kenne dein Zeichen), 2012; Strajk! Skok ku wolności (Streik! Sprung in die Freiheit), 2013; Miś Wojtek (Bärchen Wojtek), 2018. Im November 2013 wurde er „für Verdienste bei der Schaffung eines historischen und patriotischen Bewusstseins" vom Präsidenten der Republik Polen mit dem Goldenen Verdienstkreuz ausgezeichnet. Träger des Preises Klio für sein Buch Proboszcz getta (Der Pfarrer des Ghettos), Warszawa 2010, über das Wirken von Pastor Marceli Godlewski im Warschauer Ghetto.

Menrath, Stefanie Kiwi, Dr. phil., Kultur- und Musikvermittlerin sowie Dozentin für Kultur- und Bildungsinstitutionen und transkulturelle Projekte. Wissenschaftliche Mitarbeiterin an der Alice Salomon Hochschule Berlin im Weiterbildungsprojekt „ARTPAED. Kulturelle Bildung in Offenen Settings" für Kunst- und Kulturschaffende (2014-17). Publikationen (Auswahl): „Kulturelle Jugendbildung in Offenen Settings" (hrsg. mit Elke Josties, 2018); „Phantominseln für eine transformative Musikvermittlung" (in: Binas-Preisendörfer, Susanne/Unseld, Melanie (Hrsg.), Transkulturalität und Musikvermittlung, 2012, S. 113-129); „Represent what ... Performativität von Identitäten im HipHop" (2001). Weitere Informationen: *www.etaboeklund.de*

Meyer, Barbara, ausgebildete Primarschullehrerin, studierte freie Kunst und Grafik an der Schule für Gestaltung Luzern, Meisterschülerin an der Akademie der Bildenden Künste München. Es folgte ein postgraduales Kulturpädagogikstudium an der HdK Berlin. Nach ihrer Tätigkeit als Ausbildungsleiterin „IHK-Veranstaltungskaufmann" beim Bildungswerk der Wirtschaft Berlin und Brandenburg als Lehrbeauftragte am Institut für Kunst im Kontext der UdK Berlin tätig. Ab 2007 leitete sie den Geschäftsbereich Kulturelle Bildung bei der Kulturprojekte Berlin GmbH und die Geschäftsstelle des Berliner Projektfonds Kulturelle Bildung. Seit 2009 Geschäftsführerin und künstlerische Leiterin des Internationalen Jugendkunsthauses Schlesische 27 in Berlin-Kreuzberg. Der Schwerpunkt ihrer Arbeit liegt in der ästhetischen Praxis an Schnittstellen kultureller und politischer Bildung.

Modzelewska, Marlena, Absolventin der Soziologie an der Universität Kardinal Stefan Wyszyński in Warschau, arbeitet in der Abteilung für Forschung und Analyse des Nationalen Zentrums für Kultur. Unter anderem Koautorin der Forschungsberichte Świętowanie Niepodległości 11 listopada 2017 roku (Feierlichkeiten zur Unabhängigkeit am 11. November 2017), Pamięć o Zbrodni Katyńskiej w Polsce (Die Erinnerung an das Massaker von Katyń in Polen), und des Artikels Finansowanie kultury przez samorządy. Plany, wykonanie, realizacja wydatków na kulturę (Die Finanzierung von Kultur durch Selbstverwaltungen. Pläne, Ausführung, Realisierung der Ausgaben für Kultur).

Mutor, Marek, Direktor des Zentrums „Pamięć i Przyszłość" (Erinnerung und Zukunft) in Wrocław. Polonist, Historiker, Absolvent der Universität Wrocław. Chef des Nationalen Zentrums für Kultur in den Jahren 2006-2007 und 2016. Autor von wissenschaftlichen und publizistischen Aufsätzen. Fester Mitarbeiter des gesellschaftlich-kulturellen Monatsmagazins „Nowe Życie" (Neues Leben) und des Portals wszystkoconajwazniejsze.pl. Ausgewählte Publikationen: Nowoczesne metody prezentowania wydarzeń historycznych na przykładzie projektów Ośrodka „Pamięć i Przyszłość" (Moderne

Methoden der Darstellung historischer Ereignisse am Beispiel der Projekte des Zentrums „Erinnerung und Zukunft"), in: Kultura Pamięci. Studia i szkice (Erinnerungskultur. Studien und Skizzen), Hrsg. A. Chlewicka, T. Kawski, Bydgoszcz 2013; Praktyka polityki historycznej a instytucje (Praxis der Geschichtspolitik und Institutionen), in: Historia w przestrzeni publicznej (Geschichte im öffentlichen Raum), Hrsg. J. Wojdon, Warszawa 2018; Centrum Historii Zajezdnia. Przygoda z powojennym Wrocławiem (Zentrum für Geschichte „Zajezdnia". Ein Abenteuer mit dem Wrocław der Nachkriegszeit), „Światowid", Rocznik Muzeum PRL-u w Krakowie (Jahrbuch des Museums für die Volksrepublik Polen in Krakau), Jg. 4, 2017.

Nęcka, Monika, Dr., Dozentin für künstlerische Bildung an der Krakauer Akademie der schönen Künste und an der Fakultät für Kunst der Pädagogischen Universität, Initiatorin kultureller Aktivitäten. Sie arbeitet mit Kunst- und Kulturinstitutionen zusammen sowie mit Stiftungen, die sich für benachteiligte Menschen einsetzen. Sie befasst sich mit Aktivitäten für Kinder und Jugendliche, der Arbeit mit Menschen mit Behinderungen sowie mit generationsübergreifenden und interkulturellen Workshops. Bei künstlerischen Aktivitäten verbindet sie das Interesse an der Arbeit zum kulturellen Erbe und der kulturellen Identität mit ortsspezifischen Aktivitäten. Auswahl ihrer Publikationen: Sztuka współczesna – przestrzeń do spotkania międzypokoleniowego (Zeitgenössische Kunst – Raum für generationsübergreifende Begegnungen), „Fragile. Melancholia" 2015, Nr. 4 (30); Pictures from the past for the future: exercising cultural identity, Kraków 2016; Projektuj z dziećmi. Edukacja kulturowa w praktyce (Entwirf mit Kindern. Kulturelle Bildung in der Praxis) (mit W. Idzikowska), Kraków 2016.

Ostapowicz, Agnieszka, Geigerin, Kulturarbeiterin und Kulturmanagerin, Ideengeberin und Direktorin der Deutsch-Polnischen Jungen Philharmonie, von Young Classic Wratislavia – Festiwal Młodych Orkiestr (Festival der Jungen Orchester) und zahlreichen deutsch-polnischen Projekten der kulturellen Zusammenarbeit. Ausgezeichnet mit dem Preis des Deutsch-Polnischen Jugendwerks „Guter Nachbar/Dobry Sąsiad" (2011) und mit der Dankurkunde des deutschen Botschafters in Warschau (2017). Managerin des NFM-Orchesters Leopoldinum im Nationalen Musikforum in Wrocław.

Otmianowska, Marianna, seit 2016 Direktorin des Nationalen Digitalen Archivs. Absolventin des Instituts für Kunstgeschichte, des Studiums der Pädagogisierung an der Universität „Kardinal Stefan Wyszyński" in Warschau sowie des Promotionsstudiums am Institut für Kunst der Polnischen Akademie der Wissenschaften (IS PAN). Befasst sich mit der Verbreitung von Wissen über das kulturelle Erbe, mit der Bildungsarbeit in Museen und der

Nutzung und Einführung neuer Technologien im Kultursektor. Zuvor war sie Leiterin der Abteilung für Bildungsarbeit des Nationalmuseums in Warschau. Zu ihren Leidenschaften zählen Segeln und Reiten. Sie ist Koautorin folgender Publikationen: „Szukaj w archiwach" jako źródło („Such im Archiv" als Quelle), in: Educare necesse est – powrót do źródeł. Przykłady dobrych praktyk edukacyjnych (Educare necesse est – Rückkehr zu den Ursprüngen. Beispiele für gute Bildungspraktiken), Warszawa 2017; Zdjęcia, historia i internet. Udostępnianie zdigitalizowanych zasobów na przykładzie Narodowego Archiwum Cyfrowego (Bilder, Geschichte und das Internet. Die Bereitstellung digitalisierter Bestände am Beispiel des Nationalen Digitalen Archivs).

Plebańczyk, Katarzyna, Dr., Theaterwissenschaftlerin, Doktor der Geisteswissenschaften im Bereich Management. Arbeitet mit vielen Kulturinstitutionen zusammen, ist Autorin von Forschungsprojekten und mehrerer Entwicklungsstrategien von Kulturinstitutionen. Sie ist Mitglied u.a. von COST ACTION IS 1007 Investigating Cultural Sustainability, ENCATC, Culturelink, der Kommission für Kultur- und Medienmanagement PAU (Komisja Zarządzania Kulturą i Mediami PAU) und der Polnischen Kulturwissenschaftlichen Gesellschaft (Polskie Towarzystwo Kulturoznawcze). Ihr wissenschaftliches Interesse gilt u.a. der nachhaltigen Entwicklung im Kontext von Kultur, dem strategischen Management in der Kultur, dem Wissensmanagement, der Entwicklung von Kulturorganisationen und der Entwicklung des Publikums. Autorin u.a. von: Edukacja kulturalna jako element realizacji zasad strategicznego zarządzania kulturą i edukacją w Polsce (Kulturelle Bildung als Element der Umsetzung von Prinzipien des strategischen Kultur- und Bildungsmanagements in Polen), in: Kompetencje do prowadzenia edukacji kulturalnej (Kompetenzen für die kulturelle Bildungsarbeit), Katowice 2014.

Płuciniczak, Marek, Absolvent der Kunstgeschichte an der Universität Warschau, Leiter der Abteilung für Bildungsarbeit im Nationalmuseum in Warschau. Befasst sich mit Bildungsarbeit in Museen sowie der Problematik der digitalen Bildung und ist Autor von Bildungsprogrammen. Mitglied des Polnischen Komitees ICOM. Mitglied und Gründer der Vereins Forum der Museumspädagogen (Stowarzyszenie Forum Edukatorów Muzealnych). Publikationen: Projekty rozbudowy Muzeum Narodowego w Warszawie na przykładzie wybranych koncepcji z lat 60 i 90. XX wieku (Ausbauprojekte des Nationalmuseums in Warschau am Beispiel ausgewählter Konzepte aus den sechziger und neunziger Jahren des 20. Jahrhunderts), „Rerum Artis. Rocznik Studentów Historii Sztuki Uniwersytetu Warszawskiego" (Rerum Artis. Jahrbuch der Studenten der Kunstgeschichte an der Universität Warschau) 2011, Nr. 6; Plany rozbudowy Muzeum Narodowego w Warszawie między 1945 a 1972 rokiem (Ausbaupläne des Nationalmuseums in Warschau zwischen 1945 und 1972), in: „Na wieczną rzeczy pamięć.." (Zur ewigen Erinnerung an die Dinge ...), Gmach Muzeum Narodowego w Warszawie (Gebäude des Nationalmuseums in Warschau), Ausstellungskatalog, Warschau 2016.

Reinwand-Weiss, Vanessa-Isabelle, Prof. Dr., studierte Pädagogik, Theater- und Medienwissenschaften, Italoromanistik und Philosophie in Erlangen und Bologna. Leitete als Postdoktorandin eine Studie zur frühkindlichen Bildung an der Universität Fribourg, Schweiz. Seit 2012 Professorin für Kulturelle Bildung am Institut für Kulturpolitik der Universität Hildesheim und Direktorin der Bundesakademie für Kulturelle Bildung Wolfenbüttel, der bundesweiten Fort- und Weiterbildungseinrichtung für Kulturschaffende, Kulturvermittler/-vermittlerinnen und Kulturmanager/-managerinnen. In zahlreichen Gremien und Jurys aktiv, so z.B. Gründungsmitglied des bundesweiten Netzwerks Forschung Kulturelle Bildung und im Rat Kultureller Bildung. Zahlreiche Publikationen, u.a. „Handbuch Kulturelle Bildung" (2012), „Forsch! Innovative Forschungsmethoden für die Kulturelle Bildung" (2015), „Von Mythen zu Erkenntnissen? Empirische Forschung in der Kulturellen Bildung" (2017).

Riemer, Sven, verschiedene handwerkliche Ausbildungen. Verantwortliche Mitwirkung in der Aufbauphase der Gesellschaft Natur und Kunst e.V., Schloss Freudenberg, Wiesbaden. Fine Art Studium, Oxford Brookes University. Die Frage nach dem Zusammenspiel von Raum und sozialer Begegnung ist Antriebsmotor für die verschiedenen Etappen seiner Arbeit. Seit 2007 in die Buchkinderarbeit involviert.

Rust, Julia, seit 2009 Direktorin des me Collectors Room Berlin/Stiftung Olbricht. Engagiert sich ehrenamtlich und ist Gründungsmitglied des Kunstvereins OST. Die Kulturmanagerin kam nach ihrer Studienzeit in Köln im Jahr 2002 nach Berlin und war bei C/O Berlin – Kulturelles Forum für Fotografie für die Bereiche Marketing und Fundraising zuständig. Von 2004 bis 2009 im Haus am Waldsee, Ort internationaler Gegenwartskunst in Berlin, für Marketing, Fundraising und Geschäftsführung verantwortlich.

Schulze Wehninck, Birgit, Dipl. Ing. Landespflege, Master of Science Europäische Urbanistik. Im März 2004 Einstieg in die Buchkinderarbeit – quasi als Ergebnis einer Suchbewegung nach einer sinnhaften Arbeit. Anfangs im unmittelbaren Kontakt mit den Kindern, später Umsetzung der inhaltlichen und strukturellen Weiterentwicklung des Bildungsansatzes. Seit 2013 gemeinsam mit Sven Riemer als geschäftsführender Vorstand für Verein und BuchKindergarten in der Verantwortung für 250 Buchkinder und die sie begleitenden 60 Mitwirkenden.

Sievers, Norbert, Dr. phil. Leiter des Instituts für Kulturpolitik der Kulturpolitischen Gesellschaft e.V., Geschäftsführer des Fonds Soziokultur e.V sowie Herausgeber des Jahrbuchs für Kulturpolitik. Arbeitsschwerpunkte: Theorie und Konzepte der Kulturpolitik, Soziokultur, Verbandstheorie.

Stoffers, Nina, studierte „Kulturwissenschaften und ästhetische Praxis" als Doppeldiplom an den Universitäten Hildesheim und Université de Provence, Aix-Marseille 1. Zudem Gasthörerin am Institut für Ethnologie der Universität Leipzig. Dissertation zum Thema „Kulturelle Teilhabe durch Musik? Musikprojekte der transkulturellen Kinder- und Jugendbildung für Roma im Spannungsfeld von Empowerment und Othering" an der Humboldt-Universität zu Berlin. Von 2013 bis 2017 wissenschaftliche Mitarbeiterin am Institut für Kulturpolitik der Universität Hildesheim im Bereich Kulturelle Bildung mit dem Schwerpunkt „Diversität". Seit 2017 baut sie an der Hochschule für Musik und Theater Leipzig ein Mentoring-Programm für Studierende auf. Ihre Arbeitsschwerpunkte sind Fragen der Teilhabe, der kulturellen Repräsentation und des „Sprechens über" vor dem Hintergrund der Diversität.

Unterberg, Lisa, Dr. phil., Jg. 1987. Wissenschaftliche Mitarbeiterin am Lehrstuhl für Pädagogik mit dem Schwerpunkt Kultur, ästhetische Bildung und Erziehung an der Friedrich-Alexander-Universität Erlangen-Nürnberg. Arbeitsschwerpunkte: Kulturelle Bildung, Digitalisierung in der Kulturellen Bildung, Musikvermittlung.

Witt, Kirsten, Grundsatzreferentin und stellvertretende Geschäftsführerin der Bundesvereinigung Kulturelle Kinder- und Jugendbildung. Damit Ansprechpartnerin für Querschnittsthemen der Kulturellen Bildung, beispielsweise die Fragen, wie mehr Teilhabechancen an Kultureller Bildung für alle Kinder- und Jugendlichen zu gewährleisten sind, wie Kulturelle Vielfalt, Inklusion und Bildung für nachhaltige Entwicklung mit Methoden der Kulturellen Bildung ermöglicht werden, aber auch danach, wie sich die Qualität Kultureller Vermittlung und kulturpädagogischer Angebote entwickeln und nachhaltig sichern lässt. Redakteurin des Magazins Kulturelle Bildung der BKJ. Kulturwissenschaftliche Forschungstätigkeit u.a. zu den Themenbereichen demografischer Wandel, bürgerschaftliches Engagement, Kultur und Arbeitsgesellschaft sowie Kulturförderung durch Unternehmen.

Wolf, Birgit, Dr. phil, Diplom-Museologin, Kulturermöglicherin, Autorin und Lehrbeauftragte. Kunstredakteurin des Leipziger Stadtmagazin KREUZER (1992-1996), Bildungsreferentin der Landesvereinigung Kulturelle Kinder- und Jugendbildung Sachsen (1997-2011), wissenschaftliche Mitarbeiterin beim Deutschen Kulturrat (2012) und der Landeskooperationsstelle

Schule – Jugendhilfe Brandenburg (2013-2015). Mitglied der Kulturpolitischen Gesellschaft und des Netzwerkes Forschung Kulturelle Bildung. Publikationen (Auswahl): „Neue Inhalte? Neue Methoden? – Von der ästhetischen Erziehung zur kulturellen Bildung" (2010); „Kulturelle Bildung zwischen kultur-, bildungs- und jugendpolitischen Entwicklungen – 50 Jahre Bundesvereinigung Kulturelle Kinder- und Jugendbildung" (2014); „Bundesweite Akteure der Kulturellen Bildung: Eine Einführung in die Strukturen" (2017).

Wotlińska, Anna, Dr., leitet seit 2008 die Abteilung für Kulturelle Bildung im Ministerium für Kultur und Nationales Erbe. Sie ist Mitbegründerin der Programme „Kulturelle Bildung" und „Medien- und Informationsbildung". Seit 2017 Expertin des Polnischen Zentrums für Digitalprojekte. Seit 2013 arbeitet sie mit der Nationalen Kunstgalerie Zachęta an der Organisation einer Konferenzserie unter dem Titel „Die Kunst der Bildung", die der Einbindung von Kunst in Bildungsprogramme gewidmet ist. Sie ist Mitglied der Kommission für Bezeichnungen von Orten und physiologischen Objekten (Komisja Nazw Miejscowości i Obiektów Fizjograficznych) und des Polnischen Rats für Gebärdensprache. Ihr Forschungsinteresse liegt in der Frauen-Presse aus komparatistischer und interdisziplinärer Sicht.

Zarzycka, Katarzyna, Kunsthistorikerin, Kulturarbeiterin, Autorin von Reportagen, Publikationen und Bildungsmaterialien, Kinderbüchern, Programmen und Projekten zum kulturellen Erbe, Kuratorin von Ausstellungen, darunter mehreren, die beim Wettbewerb für das Museumsevent des Jahres Sybilla ausgezeichnet wurden. 2014 erhielt sie das Abzeichen „Verdient für die Polnische Kultur" und 2016 eine Auszeichnung für herausragende Leistungen im Bereich Pflege und Schutz der Holzkultur im Rahmen des „Marian Kornecki"-Preises der Woiwodschaft Kleinpolen. Sie ist Mitbegründerin der Stiftung Plenerownia, in der sie von Anfang an das Projekt „Sztuka na kółkach" (Kunst auf Rädern) durchführt.

Zielińska, Małgorzata Danuta, Absolventin der Akademie für Musik „Karol Szymanowski" in Katowice und der Universität Warschau, Lehrerin und Managerin von Bildungsinstitutionen im öffentlichen und privaten Sektor, Spezialistin im Bereich Fördergelder der Europäischen Union, Mitarbeiterin des Nationalinstituts für Kulturerbe in Warschau, das sich mit dem Programm „Wolontariat dla dziedzictwa" (Ein Volontariat für das Kulturerbe) befasst.

Impressum

Herausgeber
Stiftung Genshagen und Narodowe Centrum Kultury

Stiftung Genshagen
Am Schloss 1, 14974 Genshagen
03378 8059 31
institut@stiftung-genshagen.de
www.stiftung-genshagen.de

Narodowe Centrum Kultury
ul. Płocka 13
01-231 Warszawa
www.nck.pl
sklep.nck.pl

Projektleitung: Magdalena Nizioł, Weronika Warzocha
Agnieszka Skudzińska-Szruba
Redaktion: Magdalena Nizioł, Elżbieta Wrotnowska-Gmyz
Michał Kosiorek, Weronika Warzocha
Lektorat und redaktionelle Begleitung: Britta Kollberg, Iwona Hardej

Übersetzerinnen und Übersetzer
Polnisch-Deutsch: Sandra Ewers, Antje-Ritter Jasińska
Deutsch-Polnisch: Judyta Klimkiewicz, Konrad Miller, Zofia Sucharska

Das Buch erscheint in Deutschland im Verlag

B&S SIEBENHAAR VERLAG

© B&S Siebenhaar Verlag Berlin/Kassel
sowie bei den Autoren und den Herausgebern
Beratung und Lektorat im Verlag: Dagmar Boeck-Siebenhaar
Berlin 2018
www.siebenhaar-verlag.de

Umschlaggestaltung und Layout: VISULABOR® Berlin / Leipzig
Druck und Bindung: Ruksaldruck Berlin
Auflage: 800

Printed in Germany
ISBN 978-3-943132-52-6

Das Werk ist in all seinen Teilen urheberrechtlich geschützt, jede Verwertung ist ohne Zustimmung des Verlags unzulässig. Dies gilt insbesondere für Vervielfältigung, Übersetzungen, Microverfilmungen und die Einspeicherung in die elektronischen Systeme.

Bildnachweis
Bartosz Bajerski: S. 308; Adam Berry: S. 355; Bernd Borchardt: S. 356; Buchkinder Leipzig e.V. und Buchkinder Leipzig e.V.: S. 289, S. 293; Wioletta Cicha: S. 300; Beata Kwiecińska: S. 125; Małgorzata Martyniak: S. 307; Arnold Morascher: S. 342; Cezary Pomykało: S. 395; Anna Rezulak: S. 157; Holger Schneider: S. 239; Oliver Siedenberg: S. 341; Mateusz Skonieczny: S. 390; Stiftung Genshagen, René Arnold: Cover, S. 17, S. 97, S. 223; Alicja Szulc: S. 155; Tomasz Tołoczko: S. 154

Die Stiftung Genshagen hat sich bei der Erstellung des Buches bemüht, auf eine gendergerechte Schreibweise zu achten. Um den Lesefluss nicht zu stören, wird bei Aufzählungen oder Aneinanderreihungen von Begriffen davon ausgegangen, dass das generische Maskulinum im geschlechtsneutralen Sinne verwendet wird.

Das Buch erscheint in Polen 2019
© Narodowe Centrum Kultury, 2018
Auflage: 500